Das Fremde in der Gesellschaft:
Migration, Ethnizität und Staat

L'altérité dans la société:
migration, ethnicité, État

Herausgegeben von / Sous la direction de

Hans-Rudolf Wicker, Jean-Luc Alber,
Claudio Bolzman, Rosita Fibbi, Kurt Imhof
und Andreas Wimmer

D1722763

Das Fremde in der Gesellschaft:

L'altérité dans la société:

Migration, Ethnizität und Staat

migration, ethnicité, État

Herausgegeben von
Sous la direction de

Hans-Rudolf Wicker
Jean-Luc Alber
Claudio Bolzman
Rosita Fibbi
Kurt Imhof
Andreas Wimmer

Publiziert mit Unterstützung der Schweizerischen Akademie der Geistes- und Sozialwissenschaften.

CIP-Titelaufnahme der Deutschen Bibliothek
Das Fremde in der Gesellschaft : Migration, Ethnizität
und Staat = L'altérité dans la société / hrsg. von
Hans-Rudolf Wicker ... - Zürich : Seismo-Verl., 1996
   ISBN 3-908239-39-7
NE: Wicker, Hans-Rudolf [Hrsg.]; L'altérité dans la société

Umschlaggestaltung: C. Wirth, PC Grafik AG, Wetzikon
Druck: Druckerei Schüler AG, Biel

VORWORT

Das vorliegende Buch zeichnet sich in verschiedener Hinsicht aus. Einmal genügt es der häufig erhobenen – jedoch selten eingelösten – Forderung nach Interdisziplinarität. Weiter bescheinigen die hier abgedruckten Beiträge, dass gerade jüngere Sozialwissenschaftlerinnen und -wissenschaftler nachdrücklich an Fragen arbeiten, die in einer Zeit von tiefgreifendem sozialen und politischen Wandel von hoher Relevanz sind – und dies vermutlich auch noch einige Zeit bleiben werden. Drittens enthält die Veröffentlichung divergierende, sich konkurrierende und sich ergänzende Interpretationen, so dass Simplifizierungen, welche sich in der Gegenwart gerade in Diskussionen rund um das «Fremde» häufig finden, relativiert werden.

1992 trugen sich die Schweizerischen Gesellschaften für Soziologie und Ethnologie mit dem Gedanken, ihre Fachtagungen dem Thema «Migration» zu widmen. Zwecks Vermeidung von Doppelspurigkeit und wegen der Vorteile, welche eine fächerübergreifende Diskussion bringt, wurde beschlossen, die Vorhaben zusammenzulegen und die Organisation der gemeinsamen Tagung einer gemischten Kommission zu übertragen. Resultat der Bemühungen war der im Oktober 1993 an der Universität Bern durchgeführte Kongress «Das Fremde in der Gesellschaft. Ethnizität und Migration». In Anbetracht der 45 vorgetragenen Referate und der rund dreihundert Teilnehmerinnen und Teilnehmer aus dem universitären und ausseruniversitären Umfeld war die Veranstaltung als grosser Erfolg zu werten. Der nun aufliegende Sammelband enthält eine Auswahl von überarbeiteten und weiterentwickelten Tagungsbeiträgen.

Die Herausgeberin und die Herausgeber danken all jenen, welche an diesem Projekt mitgewirkt haben. Dazu gehören insbesondere Florence Galland, Claudia Dubuis und Rebekka König, die – neben den zeichnenden Herausgebern – ebenfalls in der Kommission zur Tagungsplanung mitarbeiteten. Eingeschlossen sind hier auch die beiden Präsidenten der nationalen Gesellschaften für Soziologie und Ethnologie, Prof. Dr. René Levy und Dr. Christian Kaufmann, die das Kooperationsvorhaben von Anfang an unterstützt haben. Dank gebührt auch der Schweizerischen Akademie für Sozial- und Geisteswissenschaften, deren finanzielle Hilfe sowohl die Durchführung der Tagung als auch die Publikation des Buches ermöglicht hat. Ganz besonders verdanken wir den grossen Arbeitseinsatz von Frau Christiane Girardin, die als Tagungssekretärin und als Publikationskoordinatorin gewirkt hat.

Die Herausgeberin, die Herausgeber

Avant-propos

Ce recueil d'articles se singularise à plusieurs égards. Il répond tout d'abord à une demande d'interdisciplinarité souvent formulée mais rarement satisfaite. Il démontre ensuite, de manière probante, que de jeunes chercheuses et chercheurs en sciences de l'homme et de la société s'occupent expressément des questions qui marquent et marqueront certainement encore de façon cruciale cette période de profond changement social et politique. Nuançant les simplifications qui alimentent trop souvent le débat actuel sur l'altérité, il comporte enfin des interprétations divergeantes qui rivalisent et se complètent.

Tout débuta en 1992 lorsque les Sociétés Suisses de Sociologie et d'Ethnologie conçurent indépendamment le projet de consacrer leur séminaire annuel au thème de «la migration». Afin d'éviter cette superposition et de profiter des avantages du dialogue transdisciplinaire, la décision fut prise d'articuler les deux projets et de déléguer l'organisation d'un colloque commun à une commission mixte. Cette manifestation eut lieu en 1993 à Berne sous le titre «L'altérité dans la société: ethnicité et migration». Elle connut un grand succès: environ trois cents participants appartenant au monde universitaire et para-universitaire se réunirent pour écouter quarante-cinq communications. Le présent ouvrage est le résultat d'une sélection de ces contributions qui ont été approfondies et réaménagées pour la publication.

Nous remercions tous ceux qui nous ont prêté leur concours, en particulier Florence Galland, Claudia Dubuis et Rebekka König qui ont œuvré, avec les soussignés, dans la commission de préparation du colloque de Berne. Nous tenons également à remercier Monsieur le Professeur René Lévy, Président de la Société Suisse de Sociologie, et Monsieur Christian Kaufmann, Président de la Société Suisse d'Ethnologie, pour le soutien qu'ils ont apporté dès le début à la mise sur pied d'une coopération entre les deux Sociétés. Que soit encore remerciée l'Académie Suisse des Sciences Sociales et Humaines sans l'aide financière de laquelle la rencontre de Berne et la publication de cet ouvrage n'auraient pas été possibles. *Last but not least,* notre reconnaissance va tout spécialement à Madame Christiane Girardin pour l'engagement sans borne dont elle a fait preuve, tant comme secrétaire du colloque que comme coordinatrice d'édition.

Les éditeurs

Inhaltsverzeichnis
Sommaire

1. Teil / 1ère partie
Migration und soziale Dynamik
Migration et dynamique sociale

2. Teil / 2ème partie

ETHNIZITÄT UND STAAT – EINBINDUNG UND AUSSCHLUSS
L'ETHNICITÉ ET L'ETAT: INTÉGRATION ET EXCLUSION

3. Teil / 3ème partie

UNIVERSALISMUS UND KULTURELLER PARTIKULARISMUS
UNIVERSALISME ET PARTICULARISME CULTUREL

Hans-Rudolf WICKER

EINLEITUNG

Im Laufe der einjährigen Vorbereitungsarbeit zur Herbsttagung 1993 wandelte sich kaum merklich das ursprünglich festgesetzte Thema. Die Frage nach den Ursachen, den Organisationsformen und den Wirkungen von Migration trat nach und nach in den Hintergrund. Mehr Gewicht erhielt dagegen die Frage, welche Verantwortung Nationalstaaten im Hinblick auf die Entstehung und Steuerung von Migration und auf die Verwaltung von Ausländern zukommt. Zwei unterschiedliche Folgerungen, die eine mehr pragmatischer, die andere mehr theoretischer Natur, lassen sich aus dieser «Ver-rückung» ableiten. Einmal scheint es, dass die klassische Migrationsforschung gegenwärtig deshalb weniger Beachtung findet, weil namentlich Ursachenforschung in den spannungsgeladenen Abwanderungsgebieten nicht nur mehr Mittel, sondern auch mehr Zeit und Geduld erfordert als etwa das Studium von «Integrationsproblemen» in den Aufnahmeländern. Zum andern kann die neue Sicht aber auch als Weigerung interpretiert werden, Migration weiterhin mittels der gängigen dichotomen Analysemuster (*push-pull*, Unterentwicklung-Entwicklung, Niedriglohngebiet-Hochlohngebiet, Senderland-Aufnahmeland, Herkunftskultur-Aufnahmekultur) deuten zu wollen. Dem dualen Modell wird jenes einer arbeitsteiligen, interdependenten und komplexen Welt vorgezogen, das die internationale Migration genauso – oder genauso wenig – erklärungsbedürftig macht wie die Arbeitswanderung eines Hamburger Kaufmanns nach Zürich. Dieser neueren Vorstellung zufolge kann Migration nur noch im Zusammenhang mit den jeweiligen nationalen und internationalen Politiken betrachtet werden, welche sie mit erzeugen, steuern und prägen. Nicht individuelle Wanderungsentscheide stehen demnach im Vordergrund des wissenschaftlichen Interesses, sondern die dynamischen sozialen, wirtschaftlichen und politischen Felder, welche Migration als eine von mehreren Strategien hervorbringen. Welche der beiden Erklärungen nun der Wahrheit näher kommt, oder ob sich gar beide als gültig und komplementär erweisen, wird wohl erst die Zukunft zeigen. Im vorliegenden Sammelband dominiert indes zweifelsfrei die zweite Ausrichtung.

Auf den folgenden Seiten werden einige Themen aufgerollt, welche den theoretischen Kontext der abgedruckten Beiträge soweit möglich erhellen sollen. Zuerst gehe ich kurz auf den Migrationsbegriff selbst ein. Es folgen Hinweise zur Geschichte der Migrationsforschung mit Gewicht auf Soziologie und Ethnologie, wobei speziell auch Ursachentheorien diskutiert werden, um wenigstens auf diese Weise jene Seite des Migrationsprozesses zu thematisieren, welche im vorliegenden Sammelband kaum zur Sprache kommt. Anschliessend erörtere ich die wichtigsten Ansätze zur Integrationsproblematik, der die meisten Artikel gewidmet sind. Vor diesem Hintergrund lassen sich dann die einzelnen Beiträge zusammenfassen.

EMIGRATION – IMMIGRATION – MIGRATION

Sprachen speichern Gedanken, Ideen und Ideologien; Wissen demnach, welches im Alltag unreflektiert, aber sinngebend mitgetragen wird. Der Wandel von Sprache verweist meist auf die Ablösung von Sinnstrukturen und auf neue Deutungen von Wirklichkeit. Im Laufe der letzten Jahrzehnte fand in der Wanderungsforschung eine solche Umbenennung statt: Emigranten und Immigranten wurden zu Migranten; sinngemäss wurde der Prozess der Emigration und jener der Immigration im Begriff der Migration zusammengefasst.

Das Einsparen von Silben mag als belanglose terminologische Vereinfachung in Erscheinung treten. Die Änderung kann jedoch auch als Aufforderung verstanden werden, Konzepte der veralteten Einwanderungs- und Auswanderungsforschung endlich aufzugeben und Wanderung als das zu definieren, was sie immer schon gewesen ist; als eigenständigen und für sich sprechenden Prozess (Hoerder 1985: 3-4), in welchem es nicht eigentlich um Aus- oder Einwanderung, sondern um die wandernde Arbeitskraft selbst gehe (Golab 1978: 45). Soll jedoch der im Wort Migration eingewobene neue Akzent erkennbar gemacht werden, bedarf es einer gründlicheren Analyse.

Das dem «Emigranten» einverleibte Bild besagt, dass dieser sein Heimatland auf Dauer verlässt, dass er mit seinem sozialen Umfeld bricht und dass er, wie das im 19. Jahrhundert noch üblich war, sogar bereit ist, auf seine nationale Zugehörigkeit zu verzichten. Der Auswanderer setzt sich, wenn auch vielleicht nur fiktiv, von den alten Bindungen ab. Die Silbe «Aus» steht deshalb für «nach draussen gehen». Der «Immigrant» wiederum ist jener, der von «draussen» in ein neues gesellschaftliches Gebilde eindringt und sich dort dauerhaft niederlässt. Der Einwanderer lässt sich – wenigstens der Idee nach – langfristig nieder. Die Metaphern für Ein- und Auswandern verweisen deshalb auf unabhängig voneinander existierende gesellschaftliche Gebilde, die verlas-

12

sen und betreten werden können (oder müssen) und zwischen denen das «Draussen» liegt.

Der Begriff «Einwanderer» ist positiv konnotiert. Die Einwanderungsgesellschaft lädt den Einwanderer ein, sich dauerhaft niederzulassen und anzusiedeln. Ist eine solche Einladung auch nicht uneigennützig, hat sie dennoch nicht allein rhetorischen Charakter. Es sei daran erinnert, wie häufig im 19. Jahrhundert insbesondere lateinamerikanische Diplomaten bei europäischen Regierungen um Siedler nachsuchten. Der Einwanderer wurde effektiv eingeladen und – zumindest aus der Sicht des Gastgebers – mit Blick auf eine dauerhafte Niederlassung bevorzugt behandelt. Die verheissungsvolle Einladungssymbolik, die dem Begriff des Einwanderers anhaftet, mag die Abneigung vieler vom Überfremdungsvirus befallener Industriestaaten gegen die Bezeichnung «Einwanderungsgesellschaft» erklären. Der Grossteil der heutigen «Einwanderer» wird nicht eingeladen, weshalb eine Bezeichnung für diese neue Menschengattung zu finden war, welche dies unausgesprochen und unreflektiert zum Ausdruck bringt. «Migrant» eignet sich dazu vorzüglich.

«Migration» – verstanden als Prozess, welcher den «Migranten» zum Subjekt hat – steht somit für eine zeitgenössische Deutung des Wanderungsphänomens. Einmal wird im neuen Begriff keine räumliche Orientierung mehr mitgetragen, wie dies bei der Aus- und Einwanderung noch der Fall war. Die Silben «Aus» und «Ein» wiesen auf die Länder hin, welche verlassen, beziehungsweise betreten wurden. Der Migrant hingegen wird zum Kosmopoliten, der weder Ursprung noch Destination hat. «Migrieren» artikuliert allein die Bewegung, das «Hin-und-her-gehen», das «Irgend-wohin-gehen», das «den Standort ändern». Ein Migrant darf deshalb nicht zur Ruhe kommen. Er darf sich – von der Idee her – nicht niederlassen, sonst ist er kein Migrant mehr, sondern ein Einwanderer.

An Begriffe geknüpfte Ideen spiegeln allerdings nicht immer die Wirklichkeit. Oft stehen sie nur für den Wunsch. Trotz der weitläufigen Verwendung des Migrationsbegriffs, welcher zur Weiter- oder Rückwanderung auffordert – und vor dem wir uns auch in diesem Buch nicht verschliessen können –, bleibt heute ein nicht zu unterschätzender Teil der Migrierenden im Exil ansässig und lässt sich nieder. Zweite und dritte Wanderergenerationen werden im Aufnahmeland geboren, neue Heimat wird geschaffen. Freilich existierte auch schon in der Epoche der europäischen Auswanderung die Weiter- und Rückwanderung in beachtlichem Masse. Zwischen 1857 und 1914 wanderten um die 43 % der Europäer, die nach Argentinien gelangt waren, wieder zurück oder in ein Drittland (Nugent 1992:35); von jenen, die zwischen 1899 und 1912 nach Brasilien gekommen waren, gar 66 % (ebd.). 52 % der Ankömmlinge in den Vereinigten Staaten nutzten zwischen 1908 und 1914 das gelobte Land allein als Zwischenstation zur Rück- oder Weiterwanderung. Rund ein Drittel der zwischen 1899 und 1924 statistisch Erfassten kehrten wieder aus den USA in die europäischen Heimatstaaten zurück (Hoerder 1985: 9). Rückkehrmigration ist deshalb kein neues Phänomen, wird aber erst in jüngerer Zeit im Zuge staatlicher Abwehrpraxis breit diskutiert.

Der internationale Wanderer, für den Sesshaftwerdung begrifflich nicht mehr vorgesehen ist, wird zum Repräsentanten einer sich abzeichnenden, allein auf Mobilität, Prozesshaftigkeit und Transformation hinzielenden Weltgesellschaft gemacht, welche das «Draussen» nicht mehr kennt, oder vielmehr, welche es sich einverleibt hat. Wie sein Zwillingsbruder, der Manager, der genauso im Dienste uneingeschränkter Mobilität und Transformation steht und für den sich das «Draussen» ebenfalls zur Heimat wandelt, versinnbildlicht der Migrierende die Durchlässigkeit von Grenzen sowie das Aufweichen von regionaler und nationaler Geschichte. Beide Mobilitätstypen führen uns deshalb die Zeitlichkeit von Grenzen und schützender Geschichte vor, mit dem Unterschied allerdings, dass der mit Macht ausgestattete Manager als Wegweiser für eine vorgestellte (ökonomische) Zukunft steht, während Migranten die Bedrohung sich schnell wandelnder, deshalb schwacher Ordnungen allegorisieren.

EXKURS ZUR GESCHICHTE DER URSACHENFORSCHUNG

Die Theoriengeschichte zur Migrationsforschung ist bisher nur in Fragmenten geschrieben (Kearney 1986, Eades 1987, Fijalkowski 1988, Feagin 1990, Straubhaar 1994). Entsprechend schwierig ist es, sich einen Überblick zu verschaffen. Das Fehlen von Kompendien ist freilich nicht gleichzusetzen mit einem Mangel an Studien zur internationalen Wanderung. Das Gegenteil trifft zu. Sowohl in Europa als auch in den Vereinigten Staaten – dem Land mit der bedeutendsten Zuwanderung – besteht seit der Wende zum 20. Jahrhundert eine ungebrochene Tradition in der Wanderungsforschung. Es gehört deshalb wohl zu den dringenden Aufgaben, die Geschichte dieses Wissenschaftszweiges aufzuarbeiten.

Eines der augenfälligsten Attribute der Migrationsforschung ist, dass sie sich seit jeher eingehender mit den Wirkungen als mit den Ursachen der Wanderung beschäftigt hat. Die Frage danach, wie eine Aufnahmegesellschaft Migrierende zu sehen, zu interpretieren und zu kategorisieren hat, welcher Status «Zuwanderern» gewährt wird und welche Rechte ihnen eingeräumt, beziehungsweise vorenthalten werden sollen, hat die Forschung allemal mehr interessiert als die der internationalen Wanderung zugrundeliegenden Ursachen und Gesetzmässigkeiten. Ausdruck dieser einseitigen

Akzentsetzung ist das beachtliche Übergewicht von wissenschaftlichen Beiträgen zu – um einen Begriff von Feagin (1990) zu verwenden – Ordnungsthemen. Ordnungsforschung legt das Gewicht im weitesten Sinn auf die Eingliederung (Integration, Adaption, Assimilation) von Migrierenden in Aufnahmegesellschaften sowie auf jene Faktoren, welche mächtig genug sind, spezifische Eingliederungsmuster zu definieren und durchzusetzen. Ursachentheorien dagegen – denen dieser Abschnitt gewidmet ist – stehen für den Versuch, das Phänomen Migration selbst zu erklären.

Die Auffassung, dass Zwangswanderung ihren Ursprung sowohl in drückender, meist ländlicher Armut als auch in der Gier nach billiger Arbeitskraft hat, ist nicht neu. Sie findet sich schon bei Karl Marx; etwa an jener Stelle, wo er den durch die expandierende englische Textilindustrie ausgelösten Strukturwandel mittels einer Kausalitätskette zu fassen sucht: steigender Bedarf an Schafwolle – *enclosure*-Bewegung zur Gewinnung von Weideland – Expropriation von Bauern – Abwanderung in die Städte – Bildung eines Lumpenproletariats und schliesslich Auswanderung. Das Paradigma «bäuerliche Armut – billige Arbeitskraft» zur Erklärung von Wanderung findet sich in der sozialkritischen Literatur um die Jahrhundertwende häufig, etwa auch in Jakob Lorenz' kleiner Studie über jene polnischen Bauern, die ab 1904 über eine bernische Agentur in die Schweiz geschleust wurden. Lorenz prognostiziert, dass Zuwanderung solange erhalten werde, als die Menschen aufgrund ihrer Armut zur Abwanderung gezwungen werden, aber auch solange «die Landwirtschaft über Mangel an Arbeitskräften klagt und (...) die Industrie bestrebt ist, stetsfort billigere Arbeitskräfte zu finden» (Lorenz 1910:4-5). Die spätere Modernisierungsdoktrin übernimmt diese dualistische Erklärung, polt jedoch die Wertung um: Während die sozialkritische Gesinnung Migrierende noch als Opfer widriger und ausbeuterischer Umstände darstellt, entwickelt die Fortschrittsideologie später das Bild des initiativen Land-Stadt-Wanderers.

Robert Redfield, ein mit der Migrationssoziologie der Chicago-Schule eng verbundener Ethnologe, der auch die damals schon beachtliche Literatur zur Atlantikwanderung – etwa Thomas' und Znanieckis Arbeit *The Polish Peasant in Europe and America* (1974 [1918]) – bestens kannte, definiert auf Basis seiner mexikanischen Feldstudien zu Beginn der dreissiger Jahre das *folk-urban-continuum* (Redfield 1941, 1947). Er bereitet damit die modernisierungstheoretische Deutung der zu jener Zeit auch in der Dritten Welt einsetzenden Land-Stadt-Wanderung vor. Land-Stadt-Wanderer sind nach Redfield Menschen, welche dem rückständigen, durch Tradition gebundenen ruralen Raum entfliehen, um in den urbanen Zentren – der Welt der Moderne – ihre Lebenssituation zu verbessern. Später kehren sie in ihre Herkunftsgemeinden zurück und lösen mit ihrem neuen Wissen und ihrem ersparten Geld Entwicklung aus. Das für die modernisierungstheoretischen Ansätze so bedeutungsvolle Gegensatzpaar *tradi-*

tionell (konservativ, unterentwickelt, ungebildet, dörflich) und *modern* (fortschrittlich, entwickelt, gebildet, städtisch) war damit neu definiert. Migration ist aus dieser Sicht die natürliche Folge von Entwicklungsgefällen, die zwischen Dorf und Stadt, zwischen Provinzstadt und Kapitale und zwischen Agrarstaat und hochindustrialisiertem Land zu beobachten sind.

Das Modernisierungstheorem behielt seine Gültigkeit für einen Grossteil der sozialwissenschaftlichen Studien bis in die siebziger Jahre hinein. Der massive Fluss von Bauern in die wachsenden Städte der Dritten Welt, die Arbeitswanderung aus Süd- nach Mitteleuropa und die nach dem Zweiten Weltkrieg einsetzende Bracero-Wanderung vom ruralen Mexiko nach den Vereinigten Staaten schienen das *folk-urban-continuum* vollauf zu bestätigen. Allerdings wurde auch schon früh am Modernisierungsgerüst gerüttelt. So widerlegten etwa Richards (1939) und Schapera (1947) mit ihren Arbeiten zur zirkulären Migration im südlichen Afrika die These, dass Rückkehrmigranten zu tatkräftigen Entwicklungsexponenten würden, welche den Anstoss zur Überwindung von Armut und von selbstgenügsamer ländlicher Tradition gäben. Sie verwiesen im Gegenteil auf die «destabilisierende» und «demoralisierende» Wirkung zirkulärer Wanderung. Jene vor allem in Lateinamerika wirkenden Sozialwissenschaftler (Lewis 1952, Kemper 1977), welche den von ihnen untersuchten abwandernden Bauern in die Städte oder gar ins Ausland gefolgt waren, stellten einen weiteren Modernisierungsgrundsatz in Frage. Sie belegten erstens, dass Migrierende nicht – wie von Ökonomen postuliert – nackte Maximierungsstrategien verfolgen, und zweitens, dass beschleunigte Urbanisierung ohne «Entwicklung» sehr wohl möglich ist – eine Erkenntnis übrigens, die von der neoklassischen Migrationsforschung noch Jahrzehnte negiert wurde (Todaro 198:231).

Wiewohl Modernisierungsthesen schon früh unter Beschuss kamen, sind alle späteren sozialwissenschaftlichen und ökonomischen Wanderungstheorien streng genommen Variationen dieser Deutung. Zwar wurde das Gegensatzpaar *traditionell – modern* mit anderen Inhalten gefüllt; die Beziehung jedoch, welche das Gefälle zwischen den Polen kennzeichnet, wird beibehalten: So spricht die Ökonomie von Hochlohn- und Niedriglohngebieten (Sjaastad 1962), die Dependenztheorie (Frank 1968) von Zentrum und Peripherie, die Verflechtungstheorie (Meillassoux 1975, Portes 1978) von der Existenz warenwirtschaftlicher (kapitalistischer Sektor) und subsistenzorientierter (nicht-kapitalistischer Sektor) Produktionsformen, welche über die Migration miteinander verflochten werden. Unterschiede sind allein bezüglich der ideologischen Setzungen zu vermerken. Gemäss neo-klassischen Theorien migrieren Menschen auf Basis individueller Optimierungsbestrebungen (Todaro 1969), gemäss Dependenztheoretikern kraft der Peripherisierung von Hinterländern, welche zu Verarmung und damit zu Abwanderung führt und, laut Verflechtungstheoretikern, aufgrund der Annahme, dass die Konservierung von informellen oder subsistenzorientierten Sektoren für das kapitalistische System durchaus Sinn ergebe, da von dorther Arbeitskraft bezogen werden könne, für deren Reproduktions- und Sozialisationskosten nicht die migrationsabsorbierende Industrie, sondern die Subsistenzsektoren aufzukommen hätten. Daraus würde ein spezieller Gewinn – die *rente du travail* (Meillassoux 1972) – resultieren.

Makrotheorien vermögen, grössere Strukturzusammenhänge aufzudecken und damit die Entstehung von Zwangswanderung aus einer übergeordneten Perspektive heraus verständlich zu machen. Sie verleiten jedoch auch dazu, gewisse Wanderungstypen auszublenden. So lässt sich etwa die europäische Auswanderung des 18. und 19. Jahrhunderts nur schwerlich mit einer der geläufigen Theorien erklären, schliesslich wanderten die Menschen damals mehrheitlich aus «hochentwickelten» Nationen in Richtung der «Peripherien» ab – Schweizerfamilien etwa ins zaristische Russland (Ballmer-Tschudin 1992), in die argentinische Pampa (Anderegg 1992), in die südbrasilianische Provinz Santa Catarina oder in den Mittleren Westen der USA. Dasselbe Phänomen lässt sich auch heute beobachten. Neben den bekannten Migrationen, welche kapitalistische Hochburgen (USA, Kanada, Europa, Südafrika, arabische Emirate, Japan usw.) zum Ziel haben, verläuft eine andere in Richtung der Peripherien. Erwähnt sei nur die grosse Bewegung, welche in den letzten fünfzig Jahren zur Durchdringung der tropischen und subtropischen Gebiete Lateinamerikas, Afrikas und Asiens geführt hat. Auch die Rückkehrmigration (Rhoades 1978, Gmelch 1980) verläuft in die «falsche» Richtung und ist theoretisch – vom Verflechtungsansatz einmal abgesehen – nur schwach erfasst.

Makrotheorien genügen deshalb zur Analyse von tatsächlichen Wanderungen nicht, da neben Strukturaspekten immer auch solche anderer Natur wirksam sind. Dazu gehören auf der Senderseite politische Krisen, Bürgerkriege, aber auch bereits etabliertes Migrationsdenken, welches sich in Lebenszyklusstrategien niedergeschlagen hat. Auf Empfängerseite sind vor allem die Kontraktarbeit, konjunkturabhängige Arbeitsmarktregulierungen, aber auch die Pull-Wirkungen der Flüchtlings- und Sozialpolitiken zu nennen. Was den alten Strukturtheorien zudem gänzlich fehlt, ist eine Erfassung der Motive jener Menschen, die trotz existierender Entwicklungsgefälle in unterprivilegierten Lebenssituationen verharren – und in diese Gruppe fallen doch immerhin 95 % der Menschheit (Straubhaar 1994:5). Es ist offensichtlich, dass keine der bisherigen Erklärungen genügend Qualität aufweist, um Entstehung und Verlauf von Migrationsbewegungen umfassend deuten zu können. Eine der Voraussetzungen zur Formulierung einer validen Migrationstheorie dürfte wohl sein, die Strukturmodelle

mit den Ergebnissen der empirischen Forschung in Kongruenz zu bringen. Strukturmodelle erklären, weshalb jemand migrieren könnte, basisnahe Untersuchungen erläutern, aufgrund welcher Vorgaben wirklich gewandert wird und wie Migrationsprozesse tatsächlich gestaltet werden.

Die englische Sozialanthropologie hat mit ihren Studien im südlichen Afrika schon
früh gezeigt, dass Migration als Prozess – von Mayer (1962) treffend *migrancy* genannt –
zu verstehen ist, welcher Abwanderungs- und Zuwanderungsregionen mittels konti-
nuierlichem Auf- und Ausbau von sozialen – oft verwandtschaftlich geprägten – Netzwerken über Jahre, manchmal über Jahrzehnte hinweg miteinander in ein einziges
Interaktionsfeld einbindet. Das Migrancy-Konzept relativiert somit die Aufteilung des
Migrationsgefüges in die Etappen Emigration, Immigration, Integration und Remi-
gration, und führt hin zur Sicht, dass Migration als konstituierte und konstituierende
Bewegung zu werten ist, welche die unterschiedlichen strukturellen Determinanten,
die Normsysteme und Sozialisationsagenzien der Sender- und Aufnahmeregionen in
einen einzigen Prozess einbringt. Mittels Fallbeispielen konnte ausgeleuchtet werden,
in welcher Weise Regionen über grosse Distanzen hinweg verflochten, wie Migrations-
wissen, Devisen und Güter entlang sozialer Linien verschoben, und auf welche Weise
zirkuläre Wanderungen organisiert werden (MacDonald et al. 1974, Mines 1981,
Massey et al. 1987, Schierup 1986); aber auch, wie mittels solcher Netze Arbeits-
markt- und Gütermarktnischen besetzt werden (Sassen-Koob 1982, Yücel 1987,
Werbner 1990, Waldinger et al. 1990).

Eine moderne Theorie der Migration hat solche Erkenntnisse zu berücksichtigen.
Sie hat ferner dem Sachverhalt Rechnung zu tragen, dass die weltweite Durchsetzung
marktwirtschaftlicher Prinzipien und die Globalisierung der Wirtschaften und Medien – die Wertintegration in den Worten Hoffmann-Nowotnys (1987: 47) – die Forderung nach gesteigerter sozialer, beruflicher und bildungsmässiger Mobilität und damit
implizit den Aufruf zur Migration in sich trägt. Es ist deshalb ganz besonders auch
nach dem Verhältnis von marktwirtschaftlich geforderter Mobilität und unerwünsch-
ter internationaler Migration sowie nach den spezifischen Überlappungen dieser beiden Sphären – etwa im Bereich des *brain drain* – zu fragen. Eine Migrationstheorie,
welche nicht auf einem allgemeinen Mobilitätstheorem aufbaut, wird in ihrer Erklärungsreichweite beschränkt sein (Alber 1990: 224-225).

Um die Jahrhundertwende wurden in Europa Auswanderung und Einwanderung gleichermassen öffentlich thematisiert; eine Tatsache, die nicht erstaunt, wenn berücksichtigt wird, dass zu jener Zeit auf dem alten Kontinent beide Wanderungsformen gleichermassen wichtig waren und – was besonders auffällig ist – sich oft auch in denselben Regionen kreuzten. Allein aus der Schweiz wanderten zwischen 1871 und 1911 über 225.000 – im Jahresdurchschnitt über 5000 – Menschen ab. Die Spitzenjahre dieser Phase waren 1881 bis 1883, als sich innerhalb von nur drei Jahren mehr als 35.000 Menschen verabschiedeten (Brockhaus 1914/1:128-129, zur quantitativen Interpretation der schweizerischen Übersee-Emigration s. Ritzmann 1992). Zur selben Zeit stieg aber auch der Ausländeranteil: Von 71.570 geschätzten Ausländern im Jahr 1850 (3% der schweizerischen Bevölkerung) auf 565.296 (15%) im Jahr 1910 (Addor 1911:2; 1913:14). Trotz starker Abwanderung verzeichnet die Schweiz in dieser Periode eine Nettoeinwanderung.

Mehr als der Bevölkerungsverlust durch Auswanderung sorgte in den ersten Jahrzehnten des 20. Jahrhunderts allerdings der demographische Zuwachs durch Zuwanderung für Aufsehen. So wurde etwa zwecks Veranschaulichung der «Überfremdung» der fünfzehnprozentige Ausländeranteil, welchen die Schweiz 1910 aufzuweisen hatte (Genf 41%, Basel 38,2%, Tessin 28,7%, Schaffhausen 23,5%, Zürich 20,4%), den niederen Anteilen anderer europäischer Länder (Belgien 3,1%, Frankreich 2,6%, Österreich 2%, Deutschland 1,7%) gegenübergestellt (Addor 1911:3).

In dieser Zeit der vielfältigen internationalen Wanderungen entstehen diesseits und jenseits des Atlantiks die ersten «Migrationsstudien». Schon damals zeigt sich indes die auffällige Neigung der Forschenden, Auswanderung und Einwanderung nicht nur getrennt zu behandeln, sondern auch unterschiedlich zu werten. Einerseits wird Anteil an den Schicksalen der ausgewanderten Landsleute genommen und wohlgefällig von gepflegtem Nationalstolz berichtet; Bewunderung erregen oft gerade jene Wesensarten, welche einer Assimilation im Wege stehen. Andererseits rücken Schreibende, welche sich der Immigration annehmen, die durch den Zuzug bewirkte gesellschaftliche Neuordnung in den Vordergrund. Ihre Aufmerksamkeit gilt der Einbürgerung und der Überfremdung, ganz besonders aber der schnellstmöglichen Assimilation.

So wird in Arbeiten des ersten Typus in äusserst subtiler Weise die bleibende affektive Bindung der Auswanderer an ihr Ursprungsland als Teil eines unaustilgbaren Heimatgefühls hervorgehoben. Dies geschieht manchmal in patriotisch-nationalistischer Manier. Etwa beim Zofinger Adolf Schuster (1913, 1929), der, nachdem er die Schweizer Kolonien in Argentinien und Paraguay bereist hatte, deren entbehrungsreiche Geschichte in dicken Büchern aufarbeitete und in eine Poesie der Heimatklänge kleidete, die er bei Schweizern am Silberstrom gefunden zu haben glaubte (Schuster 1912). Heimatgebundenheit von Auswanderern wird aber auch in mehr analytischer Weise betont, wie dies beispielsweise Max Weber tut:

> Denn die Nachwirkung der Angepasstheit an das Gewohnte und an Jugenderinnerungen besteht als Quelle des «Heimatgefühls» bei den Auswanderern auch dann weiter, wenn sie sich der neuen Umwelt derart vollständig angepasst haben, dass ihnen selbst eine Rückkehr in die Heimat unerträglich wäre ... (Weber 1964: 306).

Als Gründe dafür, dass trotz starker «Mischung mit den Bewohnern des Koloniallandes» und trotz erheblicher «Änderungen des Traditionsguts und des Erbtypus» die innere Beziehung der Kolonisten zur Heimat fortdauern, sieht Weber das politische Rückhaltebedürfnis, weiter die Endogamie, welche zu «durch Konnubium geschaffenen Verschwägerungen» (ebd.: 307) führt und zuletzt die mit dem Senderland aufrechterhaltenen Absatzbeziehungen. Zusammen mit anderen Wissenschaftlern der damaligen Zeit bringt Weber der Assimilationsverweigerung europäischer Auswanderer und dem Beharren auf «ethnischen» Grenzen grosses Verständnis entgegen. Nur parenthetisch sei hier vermerkt, dass Weber über die Beschäftigung mit Auswanderern und Minoritäten zu einer – wissenschaftsgeschichtlich gesehen – sehr frühen Definition der «ethnischen Gruppe» gelangt. Er sieht «ethnische Gemeinsamkeit» überall dort, wo an sich nur «geglaubte Gemeinsamkeit», nicht jedoch reales Gemeinschaftshandeln vorliegt (ebd.: 307). Es gehört wohl zu den kleinen – aber aufschlussreichen – Besonderheiten der Geschichte, dass jenes assimilationshemmende «ethnische Denken», welches heute vorwiegend den in Industrieländern lebenden «kulturfremden» Migranten zugeschrieben wird, zuerst bei europäischen Auswanderern entdeckt wurde.

Die alten Einwanderungsländer beobachteten mit Argwohn die Persistenz partikularistischer, heimatlich ausgerichteter und kulturell gefärbter Gefühle von Ausländern. Ihr politisches Streben ging denn auch oft dahin, die «Ähnlichmachung» (lat. *assimilatio*) dieser Gruppen an die nationale Bevölkerung durchzusetzen. Frühe Schriften, welche die Präsenz von Ausländern in der Schweiz behandeln, lassen dieses Assimilationsinteresse ebenfalls deutlich erkennen. Neben kleineren Studien, welche vor allem das Anliegen verfolgen, die «Ausländerfrage» mit der «nationalen Frage» zu koppeln (Göttisheim 1910, Lorenz 1907), sind es namentlich die Schriften des waadtländischen *Chancelier* Gustave Addor, welche diese Tendenz am augenfälligsten widerspiegeln.

Im August 1912 verschickt Addor an die Amtskollegen anderer Kantone einen Fragebogen, um die Meinungen zur «Naturalisation» der in der Schweiz lebenden Ausländer zu sammeln. Wie der Titel der kurze Zeit darauf publizierten Auswertung bezeugt – «De l'assimilation des étrangers en Suisse» (Addor 1913) –, war der Assimilationsbegriff, wie er später in den Sozialwissenschaften verwendet wird, zu jener Zeit in der Politik nicht nur bekannt, sondern wurde auch breit diskutiert. Die Mehrheit der Kantonsvertreter gab der Meinung Ausdruck, dass dem Ausländerproblem allein durch erleichterte Einbürgerung beizukommen sei – eine auffallende Parallele zu heutigen Diskussionen. Einbürgerung wurde damals nicht – hier zeigen sich Unterschiede zur heutigen Praxis – als Belohnung für die innere und äussere Angleichung an die Werte und Normen der nationalen Gesellschaft gesehen. Anstelle einer Auszeichnung sah man damals in der Naturalisation vielmehr ein Druckmittel, um Ausländer zur Assimilation und damit zur Verschweizerung zu zwingen. Assimilation und Naturalisation wurden deshalb nicht selten als Synonyme betrachtet. So formulierte etwa Zürich seine Meinung hinsichtlich des Problems, ob den Ausländern in der Schweiz die Assimilation erleichtert werden sollte – eine Frage, die übrigens von Bern mit einem trockenen «Oui» beantwortet wurde – folgendermassen:

> Oui, dans le sens que l'assimilation, c'est-à-dire que la naturalisation qui est un moyen d'assimilation, doit non seulement être facilitée, mais avant tout imposée. En la facilitant seulement, on n'atteindrait pas un résultat suffisant (...) parce que les naturalisés ressentent plus les charges du citoyen (service militaire, contribution à l'entretien du pauvres) que ses droits (ebd.: 4).

Verschiedene Modelle zur Umsetzung des Einbürgerungsvorhabens wurden diskutiert. Während Appenzell-Ausserrhoden die erleichterte Naturalisation – wen erstaunt es – allein auf die Grenzkantone beschränkt sehen mochte, schlug Freiburg unter Hinweis auf das gute französische Beispiel vor, das *jus solis* zu übernehmen: In der Schweiz geborene Kinder von Ausländern sollten automatisch die schweizerische Staatsbürgerschaft zugesprochen erhalten. Allerdings wurden auch Ängste vor dem Fremden artikuliert, welche an jene gemahnen, welche in der heutigen Zeit von rechtsnationalen Gruppen formuliert werden. Der Kanton Zug etwa, obwohl grundsätzlich die Vorteile einer erleichterten Naturalisation von Ausländern anerkennend, fragt zum Schluss:

> (...) d'un autre, la naturalisation en masse ne risque-t-elle pas de nous faire perdre notre caractère national? Ces étrangers s'assimileront-ils complètement? Deviendront-ils de véritables Suisses ou garderont-ils plus ou moins leur propre caractère national (...) et n'auront-ils pas une influence néfaste sur la population indigène? (ebd.: 4-5).

Diese kurzen Bemerkungen mögen genügen, um den Unterschied, welcher die frühe Auswanderungs- von der Einwanderungsforschung trennt, zu illustrieren. Beide Richtungen orientieren sich am Konzept nationalstaatlicher Zugehörigkeit. Dem ausgewanderten Staatsbürger wird das Festhalten an seiner «Nationalkultur» zugestanden, während dem Ausländer im eigenen Staat dessen potentielle Heimatgebundenheit zum Vorwurf gemacht wird. Assimiliation – und zeitweilig auch Naturalisation – wird in jener Zeit als Mittel zur Brechung von Fremdsein und zur Erzwingung von nationaler Identität und Loyalität gedacht. Assimilationsansprüche sind deshalb fast immer mit der Fiktion einer gesellschaftlichen und kulturellen Ganzheit verknüpft – das mit eigenen Werten und Normen, mit eigener Geschichte und Tradition versehene Schweizerische –, an der sich die «Ähnlichmachung» zu orientieren hat und in welcher das Fremde – im doppelten Sinn des Wortes – aufgehoben werden soll. Totalisierende und idealisierende Ganzheitsvorstellungen dieser Art, die zweifelsohne an die romantische Volksidee anknüpfen, und die letztlich die Idee des Ausmerzens des «Fremdgesitteten» durch Ausgrenzung oder Einbindung nahelegen, zeugen nicht von einer starken Gesellschaft, wie vielleicht vermutet werden könnte, sondern von einem politischen Gebilde, welches starker äusserer Grenzen bedarf, um innere Anomien zu verdecken.

Nach dem Ersten Weltkrieg war nicht nur die Zahl der Nicht-Schweizer wesentlich tiefer als vorher, auch die Gesinnung gegenüber Ausländern hatte sich inzwischen gewandelt. Die Idee der Assimilation mittels Naturalisation wich allmählich einer Politik, welche die Staatsbürger offen zu «gesundem Misstrauen» gegenüber Fremden ermahnte. Redlichkeit, Sitten und Bräuche der Ausländer bedurften nun der Beobachtung und Erforschung, um nationalstaatliche Kontrolle und Sicherheit verbürgen zu können. Die Genfer Soziologin Claire Raymond-Duchosal ist die erste, die sich dieses heiklen Themas wissenschaftlich-gewissenhaft annimmt. Im ersten Teil ihrer mit *Les étrangers en Suisse* (1929) betitelten Dissertation gliedert sie die Ausländer nach ethnischen, biologischen und wirtschaftlichen Kriterien. Sie wertet Geburts- und Todesstatistiken aus und zeigt, in welchen Wirtschaftssektoren Ausländer hauptsächlich tätig sind. Im zweiten Teil – der eigentlichen *étude sociologique* – wendet sie sich den von Ausländern in der Schweiz gelebten Sitten zu: Familiennormen werden genauso aufgeführt wie die Meinungen und Haltungen zu Politik, Arbeit und Religion. Spezielle Beachtung verdienen – wie könnte es anders sein – die kriminellen Neigungen sowie die «mœurs sexuelles» der Zuwanderer.

Obwohl der Assimilationsbegriff lange vor dem Ersten Weltkrieg in vielen Ländern Europas zum politischen Vokabular gehörte, wurden die eigentlichen Assimilationstheorien, wie gemeinhin bekannt, nicht von europäischen, sondern von amerikanischen Wissenschaftlern erarbeitet. Die schon erwähnte Studie von Thomas und Znaniecki (1974 [1918]) sowie jene von Fairchild (1911), Park (1969 [1921], 1928) und anderen mehr stehen im eigentlichen Sinne für die Anfänge der Einwanderungssoziologie. Nachdem Park schon früh erkannt hatte, dass die europäische Auswanderung einer der Hauptkatalysatoren für die Reorganisation der Welt war, entwickelte er nicht – wie erwartet werden könnte – eine soziologische Theorie der Migration, sondern eine solche der Integration; was er treffend *americanization as assimilation* (1969

[1921]: 762) nannte. Adaptionsstufen, die Gruppen von Zuwanderern im Aufnahmeland durchlaufen, führen nach Park von «Kontakt» (zwischen Einheimischen und Eingewanderten), über «Wettbewerb» (um Arbeitsplätze, Wohnungen usw.), zur «Anpassung» (an die herrschenden Normen und Werte) und endlich zur «Assimilation». Die
letzte Stufe wird möglicherweise erst in der zweiten oder gar in der dritten Generation
erreicht. Die Assimilation im schon sprichwörtlich gewordenen Schmelztiegel symbolisiert die Auflösung der Kategorien «Einheimische» und «Zugewanderte» im Sinne,
dass Erfahrung und Geschichte von beiden Gruppen geteilt werden. Gordon baute
später in seinem einflussreichen Werk *Assimilation in American Life* (1964) das von
Park Vorgegebene weiter aus. Einwanderer hatten seiner Meinung nach auch nicht die
geringste Möglichkeit, der Adaption an die *anglo-conformity* zu entgehen.

Leicht modifiziert taucht die *melting pot*-Terminologie später auch in der europäi-
schen Migrations- und Gastarbeiterforschung auf. So geht etwa die Unterscheidung
von «struktureller» (die Eingliederung in die Arbeitswelt und in die gesellschaftliche
Statuskonfiguration) und «kultureller Assimilation» (die Übernahme von Normen und
Werten der Aufnahmegesellschaft), wie sie heute in der Soziologie noch gebraucht
wird (Hoffmann-Nowotny 1992), direkt auf Gordons Assimilationsstudien zurück.
Assimilationstheorien dominierten das Wissenschaftsfeld solange, bis in den sechziger
Jahren differenziertere Studien die Schmelztigelthese in Frage zu stellen begannen. In
der Soziologie prägten Glazer und Moynihan (1975 [1963]) zu dieser Zeit den fol-
genschweren Begriff der Ethnizität und belegten, dass – bezogen auf die Vereinigten
Staaten – das Ethnische als Organisationsform auch bei jenen Einwanderergruppen
erhalten blieb, die nach den Prämissen der Modernisierungstheoretiker schon längst
im *melting pot* hätten aufgehen müssen. In der Ethnologie formulierte Barth etwas
später (1969) eine Theorie, derzufolge ethnische Grenzen nicht als quasi natürliches
Resultat von bestehenden kulturellen Unterschieden zu verstehen sind, sondern vielmehr als Folge von Prozessen identitätsbildender Selbst- und Fremdzuschreibungen.

Dem wissenschaftlichen Überdenken von Integrationsmechanismen gingen an den
Universitäten freilich die sozialen und politischen Bewegungen von Randgruppen und
Minoritäten voraus – allen voran die amerikanische Bürgerrechtsbewegung –, welche
das Bild einer spannungsfreien homogenen Gesellschaft mit Radikalität in Frage stellten und sich zunehmend nach dem Merkmal ethnischer Gemeinsamkeit zu organisieren begannen. Dem Gebot zur Assimilation in eine als gleichförmig vorgestellte Gesellschaft wurde nun das Recht auf Differenz in einer als pluralistisch gedachten Welt
entgegengesetzt. Die Integration von Zuwanderern wird folglich immer häufiger als
Eingliederungsprozess verstanden, welcher – um bei Gordons Begriffen zu bleiben –
zwar eine strukturelle, nicht jedoch unbedingt eine kulturelle Assimilation verlangt.

23

Entsprechend rücken in der Migrationsforschung Konzepte wie kulturelle Identität, kulturelle Herkunft, kulturbedingte Sozialisation, ethnische Gemeinschaft, ethnische Zugehörigkeit, ethnische Strategien usw. in den Vordergrund. Mit dem Wechsel vom Assimilations- zum Differenz-, respektive vom Homogenitäts- zum Pluralitäts-paradigma, verliert auch jenes vor allem von den Chicago-Soziologen formulierte Theorem an Bedeutung, demzufolge sich die für kollektives Handeln unabdingbare Kommunikationsbereitschaft zwischen unterschiedlichen Gruppen nur bei erreichter Norm- und Wertäquivalenz einstellt.

ÜBERBLICK ZU DEN BEITRÄGEN

Damit sind wir an dem Punkt angelangt, an welchem die Diskussion in diesem Buch einsetzt. Vier Themen beherrschen die neuere Migrationsforschung. Die zwei ersten schliessen an die klassische Forschung an, wie sie oben ansatzweise umrissen wurde. Sie handeln *erstens* von den Ursachen, der Organisation und der allgemeinen Bedeutung von Migrationsprozessen innerhalb des Weltsystems, *zweitens* von den Strategien, welche Migrierende im Aufnahmeland im Zuge der Integration ins gesellschaftliche Leben entwickeln, und von den subjektiven Schwierigkeiten und strukturellen Barrieren, welchen sie auf diesem Weg begegnen. Im *dritten* Themenkomplex geht es einerseits um die Verantwortlichkeit des Nationalstaates bei der Produktion von Migration und von migrationsspezifischen Problemen, andererseits um die allgemeinen Mechanismen der Einbindung und Ausgrenzung. Der *vierte* Komplex dreht sich um das Phänomen der Persistenz, beziehungsweise des Wiederauflebens von ethnischen Diskursen, die zur Formulierung von Gruppeninteressen eingesetzt werden. Eng damit verbunden ist die Debatte rund um das Konzept des Multikulturalismus.

Der vorliegende Sammelband ist gemäss diesen vier Untersuchungsgebieten gegliedert, wobei die ersten beiden Themen im Eingangsteil des Buches – «Migration und soziale Dynamik» – zusammengefasst werden. Das dritte Thema entspricht dem zweiten Teil «Ethnizität und Staat – Einbindung und Ausschluss», das vierte Thema erscheint unter dem Titel «Universalismus und kultureller Partikularismus».

Zum ersten Punkt äussert sich allein der bemerkenswerte Beitrag von *Evangelos Pteroudis*. Der Autor untersucht den Prozess, in dessen Verlauf die südeuropäischen Länder von Auswanderungs- zu Zuwanderungsländern wurden. Am Exempel Griechenlands zeigt er die Vielschichtigkeit der Einwanderung auf und analysiert die nationale Antwort auf die neue Situation. Seine Fallstudie veranschaulicht, wie feinfühlig Migration kurz- und mittelfristig auf regionale Entwicklungs- und Strukturverschiebungen reagiert. Es wird zudem deutlich, dass Migration nur noch mit Hilfe systemischer Ansätze verstanden werden kann; etwa im Sinne, dass internationale Wanderung als eines von mehreren Elementen zu betrachten ist, welches zur Verflechtung unterschiedlicher sozialer und ökonomischer Einheiten beiträgt, die ihrerseits ein einziges komplexes Bezugsfeld konstituieren. Pteroudis lenkt die Aufmerksamkeit auch auf jene Aussengrenzen Europas, an denen sich der grosse Kampf um Eintritt und Ausschluss zum EU-Raum abspielt.

Im zweiten Themenkomplex – in diesem Band mit sechs Beiträgen vertreten – stehen Migrierende als agierende und auf die Gegebenheiten der Aufnahmegesellschaften reagierende soziale Akteure im Mittelpunkt des Interesses. Dem Moment der sozialen und ethnischen Transformation kommt insofern Bedeutung zu, als festzuhalten ist, dass Adaptionsprozesse ausschliessen, dass im Aufnahmeland beobachtete «kulturelle Muster» mit jenen der Herkunftsländer noch identisch sein können. Schon allein aus theoretischen Erwägungen verliert deshalb jene oft gehörte Behauptung an Gehalt, die Integrationsschwierigkeiten seien durch kulturelles Beharrungsvermögen zu erklären.

Sophie Chevalier hat mit ihrem Beitrag zur Musiktradition portugiesischer Einwanderer im Pariser Becken dieses Thema in geradezu mustergültiger Art und Weise behandelt. Während Erstgenerationsmigrierende die Anerkennung von vollzogenem Wandel dadurch abzuwehren suchen, dass sie die heimatliche Musiktradition möglichst unverfälscht fortführen, spielen Musikbands der nachfolgenden Generationen schon mit dem «ethnischen Markt». Sobald sie genügend Popularität unter den Landsleuten aufgebaut haben, um aus dem ethnischen Markt heraustreten zu können, wird der partikular-ethnische Musikstil zugunsten eines eher «universellen» aufgegeben.

Auch *Etienne Piguet* thematisiert den ethnischen Markt. Er analysiert den Trend, dass Migrierende zunehmend das Kleingewerbe und den Handel als Integrationsmöglichkeiten nutzen. Seine Lausanner Studie zu ausländischen Nahrungsmittelläden ist für die Schweiz die erste dieser Art. Sie dokumentiert, dass in dieser Stadt ein beachtliches ethnisches Unternehmertum existiert, das jedoch, im Gegensatz beispielsweise zu vielen Städten der Vereinigten Staaten, keine ausgeprägte geographische Konzentration aufweist, so dass auch kein Eindruck ethnischer Segregation entsteht. Piguet folgert, dass der Bezeichnung *ethnic business* insofern Gültigkeit zukommt, als sich die Geschäfte sehr wohl, wenn auch nicht ausschliesslich, auf die Nachfrage nach «ethnischen Produkten» und auf eine ethnische Klientel stützen. Er zeigt andererseits, dass diesem Kleinhandelssektor eine symbolische Bedeutung zukommt, welche jene wirtschaftlicher Art eher noch übertrifft.

Das Spiel mit ethnischen Grenzen ist ebenfalls Gegenstand des Beitrags von *Annemarie Sancar* – allerdings wird es hier in einen ganz anderen Zusammenhang gestellt. Anhand eines Gerichtsfalles, bei welchem türkische Flüchtlinge wegen angeblich illegaler politischer Umtriebe in der Schweiz auf der Angeklagebank sassen, versucht die Autorin die Ethnisierungsdynamik nachzuzeichnen. Sie zeigt, wie und mit welchen Mitteln die Ankläger, die Angeklagten, aber auch Vertreter schweizerischer Solidaritätsgruppen mit ethnischen Zuschreibungen handelten und wie ethnische Grenzen nach Bedarf verschoben wurden.

Auch im Beitrag von *Jachen Curdin Nett* zu ethnischer Kriminalität geht es um ethnische Benennungen; um solche, die besondere Beachtung verdienen, weil sie zunehmend öffentliche Resonanz finden. Unbehagen setzt dort ein, wo Ausländern aufgrund ihrer ethnischen oder nationalen Zugehörigkeit gewisse – schändliche oder edle – Verhaltensmuster zugeschrieben werden. So wie die Kriminalistik mittels fragwürdiger Statistiken suggeriert, dass Ausländer eine höhere Disposition zur Gewalt zeigen als Schweizer Staatsbürger, so kann allein die Frage nach den typischen ethnischen Delikten den Verdacht aufkommen lassen, es gehe um den Nachweis, dass gewisse Ethnien zu bestimmten Formen kriminellen Handelns neigen würden – etwa im Sinne: Alle Italiener haben die Disposition zu mafiösem Verhalten. Der Vergleich mit der vor noch nicht allzu langer Zeit ad acta gelegten Lehre, welche einer Rasse jeweils einen Charaktertyp zuordnen wollte, ist zumindest naheliegend. Wie schwierig die Gratwanderung zwischen Analyse und Stereotypisierung in einem solchen Untersuchungsfeld ist, zeigt sich daran, dass Nett in seinem ansonsten interessanten und gründlichen Beitrag einer problematischen Definition aufsitzt, wenn er ethnische Kriminalität dort sieht, wo sie «spezifische Charakteristika aufweist, die durch ‹ethnische Zugehörigkeit› bedingt» sind. Nicht nach ethnischen Charakteristiken wäre zu fragen, sondern die organisierte Kriminalität zu untersuchen, welche ethnische Ressourcen instrumentalisiert. So wie unter Strassenmusikanten der Name *Los Paraguayos* nicht selten auch von Peruanern und Bolivianern benutzt wird und wie Chinesenrestaurants manchmal Schweizern gehören, so wird wohl auch im Sektor Verbrechen mit Ethnizität gehandelt. Genauso wie das *ethnic business* nutzt die ethnisch organisierte Kriminalität «Marktvorteile», welche der ethnische Zusammenschluss und eine ethnische Symbolik bringen können.

Von einer ganz anderen Seite gehen die Artikel von *Bolzman-Fibbi-Vial* und *Eckmann-Bolzman* an die Integrationsfrage heran. Nicht ethnische Abgrenzung, sondern aktuelle soziale Probleme von in der Schweiz lebenden Ausländern werden analysiert. Obwohl seit langem bekannt ist, dass Migration – und Integration in Form der für die Schweiz typischen Unterschichtung – zu spezifischen sozialen Problemen und erhöhter psychischer Vulnerabilität führt, sind ernsthafte wissenschaftliche Studien hierüber nach wie vor äusserst selten. Gerade das Fehlen valider Daten kann aber der

«Problematisierung» von Ausländern Vorschub leisten, da sich anstelle von empirisch erhobenem Wissen das pseudowissenschaftliche – heute oft rechtspopulistische – *labeling* breitmacht, welches sich mit Vorliebe der Kategorien der sozialen und psychischen Devianz bedient.

Mit ihrer Datensammlung zur Altersproblematik von Ausländern in der Schweiz und ihrer Literaturrecherche zum selben Thema haben *Claudio Bolzman, Rosita Fibbi* und *Marie Vial* eines dieser bisher kaum wahrgenommenen sozialen Problemfelder bearbeitet. Vor allem jene Gruppen, welche bis zu Beginn der siebziger Jahre als «Gastarbeiter» ins Land geholt wurden, nähern sich bezüglich der Altersstruktur zusehends den schweizerischen Werten. Folge dieser demographischen Angleichung ist die steigende Zahl von Ruheständlern und Ruheständlerinnen mit ausländischem Pass, eine Tatsache, die von den Institutionen der Alterspflege kaum oder zu spät wahrgenommen wird. Forschungen im Bereich «Migration und Altern» sind deshalb dringend notwendig.

Mit dem Vergleich von Lebensprofilen schweizerischer und ausländischer Jugendlicher, welche ihre Ausbildung abgebrochen haben, bearbeiten *Monique Eckmann* und *Claudio Bolzman* ein weiteres soziales Thema. Auch dieser Beitrag belegt, dass naheliegende Mutmassungen leicht zu falschen Schlüssen führen, wird doch erstens die gängige Vermutung entschärft, dass Jugendliche aus Gastarbeiterfamilien ihre Ausbildung häufiger abbrechen würden als Schweizer Jugendliche. Zweitens wird die ebenso geläufige These falsifiziert, welche besagt, dass solche Brüche bloss als Problem unterer sozialer Schichten zu werten seien.

Dass Nationalstaaten die Zuwanderung zu steuern und das Fremde im Lande administrativ zu kontrollieren suchen, ist als Phänomen so alt wie die Nationalstaaten selbst und wird von den Geschichtswissenschaften gegenwärtig intensiv erforscht (Noiriel 1991). Neu ist dagegen die Frage – und sie liegt dem dritten grossen Themenkomplex zugrunde –, inwiefern der Staat für die Produktion eben jener Phänomene verantwortlich ist, welche er zu steuern und zu verwalten sucht. So wie Foucault gezeigt hat, dass die Konzepte des Irreseins und der Deliquenz nicht losgelöst von den Institutionen betrachtet werden können, welche geschaffen wurden, um deviantes Verhalten zu verwalten, so müssten jene Institutionen analysiert werden, die über genügend Macht verfügen, um gängige Migrationskategorien – das «Fremde», der «Migrant», die «Integrationsschwierigkeiten von Migranten» – und damit die spezifischen Erscheinungsformen der Migration selbst zu generieren. Die sechs Beiträge unseres Buches, welche in diese Richtung vorstossen, behandeln Teilaspekte dieser äusserst wichtigen Frage.

Heinzpeter Znoj beginnt die Diskussion mit der Weltebene. Aufgrund eines Vergleichs des «Drittwelt»- und des «Welt»-Staates kommt er zum Schluss, dass beide Staats-Typen insofern schwach sind, als sie ihren Bürgern keine rechtsstaatlichen Garantien zusichern können. Der Prototyp des Weltstaatsbürgers ist jener schutzbedürftige Flüchtling, der von nationalstaatlicher Zugehörigkeit ausgeschlossen ist. Den schwachen stehen «starke Staaten» gegenüber, die ihren Bürgern in hohem Masse Rechtsstaatlichkeit und damit auch nationale und internationale Mobilität zu garantieren vermögen. Paradoxerweise sind es gerade diese starken Gebilde, welche den Weltstaat schwach halten und die seinen «Bürgern» ausserhalb ihrer jeweiligen Herkunftsorte Sicherheiten absprechen. Die fortschreitende Globalisierung, welche unweigerlich die Zahl der «Bürger» im schwachen Weltstaat ansteigen lässt, könnte nun – dies seine Schlussfolgerung – trotz bleibender nationalstaatlicher Stärke weltweit die Abnahme von Rechtssicherheit zur Folge haben.

Die beiden folgenden Artikel versuchen, die Einbindungs- und Ausgrenzungsmechanismen des starken Nationalstaates näher zu beleuchten. Nach der kritischen Würdigung bestehender Theorien legt *Andreas Wimmer* in seinem Beitrag eine eigene These zur Deutung von Rassimus und Xenophobie vor. Er postuliert, dass aufgrund der Verknüpfung von wichtigen, im Nationalstaat gefassten Funktionsbezügen – Territorialiät, über nationale Zugehörigkeit vermittelte Rechtsansprüche, Nationalisierung der Bürokratie – eine nationale Solidargemeinschaft entsteht, an deren Loyalität in Krisenzeiten insbesondere jene Gruppen appellieren, deren Sozialstatus durch die gesellschaftlichen Umbrüche gefährdet scheint. Fremde werden als zusätzliche Bedrohung des ohnehin angeschlagenen Sozialverbandes wahrgenommen, was xenophobe Stimmungen verstärkt. Rassistische und xenophobe Strömungen lassen sich – laut Wimmer – deshalb nicht vom Hintergrund des nationalstaatlichen Funktionierens lösen. Noch weniger lassen sie sich bekämpfen, ohne gleichzeitig an jenem Primat zu rütteln, auf das sich der Nationalstaat *per definitionem* stützt.

Kurt Imhof untermauert den krisentheoretischen Entwurf mittels Resultaten einer empirischen Untersuchung deutsch-schweizerischer Leitmedien für den Zeitraum von 1910 bis 1993. Imhofs Daten belegen überzeugend, dass soziale und ökonomische Krisen immer mit Orientierungs- und Identitätskrisen einhergehen, welche neue Identifikationsmuster und neue Formen gesamtgesellschaftlicher Integration nahelegen. Derlei Entwürfe treiben die «Ethnisierung des Politischen» dadurch voran, dass sie einerseits auf in der Geschichte gefundener Orientierung aufbauen und andererseits das Zusammenleben des Nicht-Fremden mit dem Fremden verstärkt problematisieren.

Silvia Kobis Analyse jüngerer nationalpopulistischer Ideologien bringt die Diskussion auf die nächst untere Abstraktionsebene. Kobi nimmt sich Teile jener Deutungsmuster vor, die – gemäss Imhof – in Krisensituationen zwecks Identitätskonstitution neu entstehen und – nach Wimmer – einen Mahnruf an die nationale Solidargemeinschaft enthalten. Nationalpopulistische Diskurse werden von der Autorin in diesem Sinne als Strategien interpretiert, welche auf eine Stärkung der geschwächten nationalen Solidargemeinschaft hinzielen – eine Vorgabe, die nach innen mittels der autoritativen Verstärkung sozialer Kontrolle und nach aussen mittels der unmissverständlichen Abgrenzung gegenüber Fremden und sozialen Randgruppen erreicht werden soll. Die Autorin verweist mit Recht auf die Tatsache, dass sich nationalpopulistische Ideologien nur bedingt mit dem links-rechts-Schema erfassen lassen. Die politische Programmatik richte sich nicht gegen den Nationalstaat selbst, sondern vor allem gegen jene Politiker und Funktionäre, die sich im Hüten und Schützen der «nationalen Interessen» in Zeiten der Not – insbesondere auch in der Abwehr des Fremden – als inkompetent erwiesen hätten.

Eine ähnliche Diskussion führt *Laurence Ossipow* mit ihrem Beitrag zu *citoyenneté* und Nationalität. Sie untersucht die politischen Auseinandersetzungen rund um die Frage der Stimm- und Einbürgerungsrechte für Ausländer. Indem sie Diskurse auf umfassende historische Entwicklungen rückbezieht – Assimilation im Sinne der Internalisierung von Werten und Normen entspricht mehr dem deutschen Volksbegriff, Integration mit Betonung der reziproken Anerkennung eher dem französischen *jus solis* –, gelingt es ihr zuerst einmal, die Mischung beider Systeme herauszuarbeiten, wie sie sich in der Schweiz ergeben hat. Ossipow zeigt anschaulich, dass sich die politischen Debatten bezüglich der Rechte von Ausländern an den beiden grossen Konzepten orientieren: Während rechtspopulistische Gruppen Ausländern die erweiterten politischen Rechte nur gewähren wollen, wenn die Assimilation an die Normen und Werte einer als geschlossen und homogen vorgestellten schweizerischen Kultur vollzogen ist, argumentieren ihre Kontrahenten mit Fragmenten des französischen Modells. Sie erachten Integration im Sinne einer kontraktuellen Übereinkunft – Anerkennung gleicher Rechte und Pflichten innerhalb und gegenüber staatlichen Institutionen – als genügend, um Ausländern weitergehende Stimm- und Einbürgerungsrechte einzuräumen. Die Argumentation der ausländerfreundlichen Gruppen bewegt sich auf eine Trennung von Staatsbürgerschaft und Naturalisation zu, oder – extremer formuliert – auf eine Trennung von *citoyenneté* und Nationalität. Eine solche Vision schliesst an die Schlussgedanken Wimmers an, der zur Lösung des Xenophobieproblems die Aufhebung des nationalistisch legitimierten Staatsmodells vorschlägt.

Der Nationalstaat spielt aber nicht nur bei der Selbstbeschreibung und sozialen Abschliessung von Mehrheitsbevölkerungen eine bedeutende Rolle, sondern auch bei der Konstituierung ethnischer Gruppen. Mit seiner Studie zu den Rejang Indonesiens, die über Herrschaftseingriffe von vorkolonialen «Willensgemeinschaften» zu Minderheits-«Ethnien» transformiert wurden, zeigt *Michele Galizia*, dass Gruppen, welche heute mit eigenen «Kulturen» und eigenen sozialstrukturellen Charakteristiken ausgestattet sind, nicht ohne Berücksichtigung der kolonial- und nationalstaatlichen Interventionen und Entwicklungen begriffen werden können. Der Autor nimmt klar zugunsten jener sozialwissenschaftlichen Theorien Stellung, die ethnische Ausdrucksformen als Produkt einer sozialen und gesellschaftlichen Dynamik sehen und nicht als Ausdruck einer persistierenden kulturellen Tradition.

In welcher Form und wie subtil sich nationalpopulistische Strömungen in xenophoben Konzepten niederschlagen, dokumentieren *Patricia Roux* und *Juan Antonio Pérez* mit ihrer psychosozialen Studie. Die von ihnen erhobenen Daten beleuchten das nachbarschaftliche Neben- und Miteinander von rassistischen und antirassistischen Vorstellungen, welche je nach der Struktur von Gruppenprozessen unterschiedlich wirksam werden.

Um Xenophobie dreht sich auch der Beitrag von *Margarita Sanchez-Mazas* und *Gabriel Mugny*. Ausgehend von sozialpsychologischen Konzepten zum Funktionieren von Referenzgruppen untersuchen die beiden, unter welchen Bedingungen xenophobe und xenophile Haltungen entstehen, respektive mittels welcher Massnahmen die xenophoben zugunsten der xenophilen aufgegeben werden.

Mary Haour-Knipe erforscht in ihrer Studie, wie und unter welchen Vorgaben bei der Konstitution von HIV-Risikogruppen Stigmatisierungen auftreten können. Dies unter Berücksichtigung der Tatsache, dass sich im Laufe der Geschichte Krankheit immer wieder als effizientes Mittel erwiesen hat, um soziale Gruppen auszugrenzen. Besondere Vorsicht ist deshalb – laut Haour-Knipe – gerade in der Präventionsarbeit zur AIDS-Problematik unter ausländischen Gruppen angezeigt, besteht doch die Gefahr, gleich doppelt zu stigmatisieren, da sich die Botschaft an «Fremde» und an potentielle «HIV-Träger» richtet.

Es bleiben noch die Beiträge zum letzten der vier Themenkreise, in welchem es im weitesten Sinn um das Phänomen der ethnischen und kulturellen Pluralität hochmoderner Industriestaaten geht, respektive um das, was seit den achtziger Jahren häufig mit dem Begriff des Multikulturalismus umschrieben wird. Dass gerade in diesem Gebiet kontrovers diskutiert wird, liegt wohl daran, dass hier die Grundlagen des westlichen Gesellschaftsmodells zur Debatte stehen und die verschiedensten Zukunftsentwürfe verhandelt werden. Die damit verbundenen Grenzsetzungen beinhalten wiederum – und hier liegt wohl die Brisanz – unterschiedliche Formen von Ausschluss und Einbindung.

In ihrer auf Grossbritannien – dem in Europa wohl kraftvollsten interkulturellen Feld – bezogenen Arbeit untersucht *Pnina Werbner*, wie im öffentlichen Raum mittels unterschiedlicher Konzepte von vorgestellten Gemeinschaften um Anerkennung und Repräsentation gerungen wird. Sie zeigt, dass muslimische Gruppen kraft einer Politik der Ethnizität moralische und ästhetische Gemeinschaftlichkeit nach innen und Differenz nach aussen entwickeln, und dass Wir-Gruppen dieser Art unter dem Druck rassistischer Gewalt zu «Gemeinschaften des Leidens» werden können. Werbner bezweifelt, dass in ethnisch heterogenen Nationalstaaten auf kulturelle Repräsentation verzichtet werden kann. Sie stellt jedoch richtig, dass nicht alle Kollektividentitäten dieser Art essentialistisch sind – Rassismus allerdings gehört in diese Kategorie –, dass diese nicht selten situational entstehen, sich überlappen und auch wieder auflösen. Vertreter und Vertreterinnen aus Wissenschaft und Politik, die identitätsbildende Objektivierung grundsätzlich ablehnen, leisten – laut Werbner – keine Hilfe zur Lösung aktueller Probleme, sondern essentialisieren nun ihrerseits den Essentialismus – hier freilich über die absolute Negation von Differenz.

Einen gegenteiligen Standpunkt nimmt *Frank-Olaf Radtke* ein. Zumindest hinsichtlich der Bundesrepublik Deutschland, auf die sich sein Beitrag bezieht, gibt er der Überzeugung Ausdruck, dass Kategorien wie Kultur und Ethnos nicht so sehr der Beschreibung von Wirklichkeit dienen, sondern vielmehr dazu, die «Ausländer» mittels eines neuen Herrschaftsdiskurses in «Fremde» zu transformieren. Das geistige Rüstzeug für diesen Prozess stellt gemäss seiner Ausführungen die ethnologische Begrifflichkeit bereit, da sich die Ausgrenzung von Ausländern mit dem Konzept der «kulturellen Distanz» gut und verständlich begründen lasse. Träger des kulturalisierenden Diskurses seien vor allem in der Pädagogik zu suchen; mit der Schulung von Gastarbeiterkindern überforderte Lehrer und Lehrerinnen würden mit dem aus der Ethnologie entlehnten Pseudowissen «kulturelle Distanz» schaffen, um eigenes Ungenügen zu kaschieren. Radtke liefert mit seiner vehementen Kritik am Kulturbegriff und an dessen Instrumentalisierung einen wichtigen Beitrag zur Demontage populistischer Ideologien, welche ihre Ausgrenzungsdiskurse heute ebenfalls mit Konzepten dieser Art – Volk, Nation, eigene und fremde Kultur – führen. Andererseits entlarvt er jene Mystifikationen, welche entstehen, wenn Diskriminierung, institutionelle Ohnmacht, sozialer Missstand und Chancenungleichheit mit der Existenz unterschiedlicher kultureller Prägungen zwischen Einheimischen und Ausländern plausibilisiert werden.

Gita Steiner-Khamsi nimmt sich in ihrem Beitrag der Arbeiten Radtkes an, um diese auf die allgemeine sozialwissenschaftliche Brauchbarkeit hin zu überprüfen. Sie diskutiert seinen Ansatz innerhalb des Dreisphärenmodells von Hannah Arendt und kommt aufgrund ihrer Analyse zu einer anderen Beurteilung der Wirkung von Kultur und Ethnizität. Zwar teilt sie Radtkes Einschätzung, dass Multikulturalismus in der öffentlich-gesellschaftlichen Sphäre kein Instrument sein könne, um die Gleichstellung von Ausländern und Einheimischen einzuklagen, da sich diese Sphäre gerade durch Wettbewerb und Diskriminierung auszeichne. Während Radtke die kulturalisierenden Ideologien allein als Herrschaftsinstrumente interpretiert, verweist Steiner-Khamsi auf die Möglichkeit emanzipativer Vergemeinschaftung – hier führt sie den Feminismus und die Bürgerrechtsbewegungen an, die sich genauso auf ethnisierende Wir-Kategorien stützen. Ethnizität könne deshalb weder moralisch verurteilt noch wissenschaftlich ausgeklammert werden.

Die von Radtke und anderen geäusserte Kritik an der Instrumentalisierung von «Kultur» hat *Hans-Rudolf Wicker* in seinem Beitrag verarbeitet. Er zeigt, dass jener heute in der breiten Öffentlichkeit perzipierte Kulturbegriff weitgehend dem klassischen ethnologischen Terminus entspricht, der übrigens von der Soziologie mitformuliert und mitgetragen wurde. Dieser schreibt Kulturen innere Homogenität, historische Kontinuität, Invariabilität und gegenseitige Inkompatibilität zu. Globalisierungs-, Verflechtungs- und Kreolisierungsprozesse verweisen auf die Untauglichkeit dieses Konzepts. Ein valabler Kulturbegriff sollte eigens jene Charakteristiken des kulturellen Prozesses in Betracht ziehen, die beobachtbare Wirklichkeit schaffen. Dies sind insbesondere auch Anlagen, welche intersystemisches und damit kreolisierendes Handeln ermöglichen. Kultur kann deshalb allein als im Lebensprozess erworbene Dispositionen gefasst werden, welche Individuen zu sinnhaftem Handeln und interaktiver Bedeutungssuche befähigen. Eine solche Sicht von Kultur führt zur Folgerung, dass nicht gesellschaftliche Konstellationen, welche zur Kreolisierung führen, der Erklärung bedürfen, sondern solche, welche diesen Prozess unterbinden.

Jean-Luc Alber befasst sich in seiner Analyse des Multikulturalismus auf Mauritius nicht zuletzt auch mit der Frage der Kreolisation. Entgegen der Prognosen, welche der 1968 in die Unabhängigkeit entlassenen, ethnisch heterogenen Insel kaum politische Überlebenschancen einräumten, war die nationale Politik zugunsten einer eigentlichen Desethnisierung so erfolgreich, dass, wie Alber zeigt, sogar der symbolträchtige Mannschaftssport universalisiert werden konnte. Desethnisierung mit synchron laufender Stärkung des nationalen Denkens hatte freilich auch die Ausgrenzung jener zur Folge, die ausserhalb dieses nationalen Gebäudes stehen; gemeint sind Männer und Frauen von Nachbarinseln, die sich auf Mauritius als billige Arbeitskräfte verdingen.

Mit Mauritius haben wir ein weiteres Beispiel, das die Interdependenz von Ethnizität, Nationalität und Multikulturalismus bestätigt; es zeigt, dass sich die drei Formen kollektiver Grenz- und Identitätsbildung nicht gegenseitig ausschliessen müssen. Die Frage jedoch, wie Nationalismus, Kultur und Ethnizität konkret zusammenhängen, ist auch mit diesem Beitrag wohl noch nicht eindeutig geklärt.

Mit dem Zusammenhang von Grenzsetzung und innerer politischer Ordnung beschäftigt sich ebenfalls die politische Philosophie. Philosophen haben sich insbesondere bemüht, politische Situationen zu denken, in denen Diskriminierung und Ausschluss keinen Platz finden. Mit der kritischen Analyse der Theorie der Gerechtigkeit von John Rawls stellt *Marie-Claire Caloz-Tschopp* in ihrem Aufsatz einen solchen Entwurf vor. Im Anschluss an die klassische Vertragstheorie konstruiert Rawls den kontrafaktischen Idealtyp einer Gesellschaft, in welcher Gerechtigkeit für alle Menschen gleichermassen zu gelten hat, unabhängig von deren gesellschaftlichen Funktionen sowie deren Schicht- und Geschlechterzugehörigkeit. Caloz-Tschopp gelangt dann allerdings zum Schluss, dass Rawls, aufgrund der Tatsache, dass er in seiner Argumentation von der Setzung eines geschlossenen Territorialstaates ausgeht, nicht erkennen kann, dass die Grenzen dieses Staates Scheidelinien darstellen, welche definieren, wem Gerechtigkeit widerfahren soll und wem nicht.

Ebenfalls mit Blick auf die Utopie einer gerechten Gesellschaft hat sich *Christian Jäggi* mit dem Prozess grenzüberschreitender Verständigung auseinandergesetzt. Mittels kommunikationstheoretischer Ansätze versucht er, der intra-gesellschaftlichen Kommunikation in einer Zeit wachsender ethnischer und kultureller – aber auch sozialer – Differenzierung auf die Spur zu kommen. Sein Modell thematisiert unterschiedliche Formen der Integration von Migranten, welche die Angleichung der Kommunikations-Codes der Herkunfts- und der Aufnahmekultur fördern oder aber behindern und damit gegenseitiges Verstehen ermöglichen oder blockieren.

LITERATUR

ADDOR Gustave
1911   «De la naturalisation et de l'assimilation des étrangers en Suisse». Separat-Ab-
            druck aus dem *Schweizerischen Zentralblatt für Staats- und Gemeindeverwaltung*,
            XII. Jahrgang, Zürich: Orell Füssli.
1913   «De l'assimilation des étrangers en Suisse». Separat-Abdruck aus dem *Schweize-
            rischen Zentralblatt für Staats- und Gemeindeverwaltung*, XIV. Jahrgang, Zürich:
            Orell Füssli.

ALBER Erdmute
1990   *Und wer zieht nach Huayopampa?* Saarbrücken: Breitenbach.

ANDEREGG Klaus
1992   «Abgrenzung und Anpassung in der Oberwalliser Kolonie San Jerónimo Norte
            in der argentinischen Pampa», in: MESMER Beatrix (Hrsg.), *Der Weg in die Frem-
            de*, S. 99-131. Basel: Schwabe & Co.

BALLMER-TSCHUDIN Gisela
1992   «Die Schweizer Auswanderung nach Russland von Peter dem Grossen bis zur
            Oktoberrevolution», in: MESMER Beatrix (Hrsg.), *Der Weg in die Fremde*, S. 47-
            58. Basel: Schwabe & Co.

BARTH Fredrik
1969   *Ethnic Groups and Boundaries. The Social Organization of Culture Difference.*
            Bergen: George Allen & Unwin.

BROCKHAUS
1914   *Brockhaus' kleines Konversationslexikon.* Fünfte, vollständig neu bearbeitete Auf-
            lage. 2 Bde. Leipzig: F. A. Brockhaus.

EADES Jeremy
1987   «Anthropologists and migrants: changing models and realities». In: EADES Jeremy
            (ed.), *Migrants, Workers and the Social Order*, pp. 1-16. London and New York:
            Tavistock Publications.

FAIRCHILD Henry P.
1911   *Greek Immigration to the United States.* New Haven: Yale University Press.

FEAGIN Joe R.
1990   «Theorien der rassischen und ethnischen Beziehungen in den Vereinigten Staa-
            ten. Eine kritische und vergleichende Analyse». In: DITTRICH Eckhard J. und
            Frank-Olaf RADTKE (Hrsg.), *Ethnizität*, S. 85-118. Opladen: Westdeutscher
            Verlag.

FIJALKOWSKI Jürgen
1988   *Ethnische Heterogenität und soziale Absonderung in deutschen Städten. Zu Wissens-stand und Forschungsbedarf.* Occasional Papers 13. Freie Universität Berlin. Berlin: Verlag Das Arabische Buch.

FRANK Andre Gunder
1968   *Capitalism and Underdevelopment in Latin America.* London: Monthly Review Press.

GLAZER Nathan and Daniel P. MOYNIHAN (eds.)
1975 [1963]   *Ethnicity. Theory and Experience.* Cambridge: Harvard University Press.

GMELCH George
1980   «Return migration». *Annual Review of Anthropology* 9: 135-159.

GOLAB Caroline
1978   *Immigrant Destinations.* Philadelphia: Temple University Press.

GORDON Milton M.
1964   *Assimilation in American Life. The Role of Race, Religion and National Origins.* Oxford: Oxford University Press.

GÖTTISHEIM F.
1910   «Das Ausländerproblem, eine nationale Frage». *Schweizerische Gemeinde* XLIX, S. 327.

HOERDER Dirk (ed.)
1985   *Labor Migration in the Atlantic Economies.* Westport: Greenwood Press.

HOFFMANN-NOWOTNY Hans-Joachim
1992   *Chancen und Risiken multikultureller Einwanderungsgesellschaften.* Bern: Schweizerischer Wissenschaftsrat.
1987   «Gastarbeiterwanderungen und soziale Spannungen». In: REIMANN Helga und Horst REIMANN (Hrsg.), *Gastarbeiter. Analyse und Perspektiven eines sozialen Problems*, S. 46-66. Zweite, völlig neu bearbeitete Auflage. Opladen: Westdeutscher Verlag.

KEARNEY Michael
1986   «From the invisible hand to visible feet: Anthropological studies of migration and development». *Annual Review of Anthropology* 15: 331-361.

KEMPER Robert V.
1977   *Migration and Adaption. Tzintzuntzan Peasants in Mexico City.* Beverly Hills: Sage.

LEWIS Oscar
1952   «Urbanization without breakdown: A case study». *Science Monthly* 75: 31-41.

LORENZ Jakob

1907   «Zur Italienerfrage in der Schweiz», *Monatsschrift für christliche Sozialreform*, Jahrgang 29 (Dezember).

1910   *Polnische Arbeiter in der Schweiz.* Zürich: Schweiz. Grütliverein.

MACDONALD John S. and Leatrice. D. MACDONALD

1974   «Chain Migration, Ethnic Neighborhood Formation, and Social Networks», in: TILLY Charles (ed.), *An Urban World*, pp. 226-236. Boston: Academic Press.

MASSEY Douglas et al. (eds.)

1987   *Return to Aztlan.* The Social Process of International Migration from Western Mexico. Berkeley: University of California Press.

MAYER Philip

1962   «Migrancy and the Study of Africans in Towns». *American Anthropologist* 62: 576-592.

MEILLASSOUX Claude

1972   «From reproduction to production». *Economic and Society* 1:93-105.

1975   *Femmes, greniers et capitaux.* Paris: Maspéro.

MINES Richard

1981   *Developing a Community Tradition: A Field Study in Rural Zacatecas, Mexico and California Settlement Areas.* San Diego: University of California.

NOIRIEL Gérard

1991   *La Tyrannie du National. Le droit d'asile en Europe (1793-1993).* Paris: Calmann-Lévy.

NUGENT Walter

1992   *Crossings. The Great Transatlantic Migrations, 1870-1914.* Bloomington: Indiana University Press.

PARK Robert E. and Ernest W. BURGESS

1969 [1921] *Introduction to the Science of Sociology.* Chicago: The University of Chicago Press.

PARK Robert E.

1928   «Human Migration and the marginal man». *The American Journal of Sociology* 33/6: 881-893.

PORTES Alejandro

1978   «Migration and Underdevelopment». *Politics and Society* 8/1: 1-48.

RAYMOND-DUCHOSAL Claire

1929   *Les Etrangers en Suisse.* Paris: Felix Alcan.

REDFIELD Robert

1941   *The Folk Culture of Yucatan.* Chicago: University of Chicago Press.

1947   «The folk society». *The American Journal of Sociology* 52/4: 293-308.

RHOADES Robert E.
1978   «Intra-european return migration and rural development: Lessons from the Spanish case». *Human Organization* 37/2: 136-147.

RICHARDS Audrey I.
1939   *Land, Labour and Diet in Northern Nigeria.* London: Oxford University Press.

RITZMANN Heiner
1992   «Eine quantitative Interpretation der schweizerischen Übersee-Emigration im 19. und frühen 20. Jahrhundert», in: MESMER Beatrix (Hrsg.), *Der Weg in die Fremde*, S. 195-250. Basel: Schwabe & Co.

SASSEN-KOOB Saskia
1982   «Recomposition and peripheralization at the core». *Contemporary Marxism* 5: 88-100.

SCHAPERA Isaac
1947   *Migration and Tribal Life.* London: Oxford University Press.

SCHIERUP Carl-Ulrik and Alexandra ÅLUND
1986   *Will they still be dancing? Integration and Ethnic Transformation among Yugoslav Immigrants in Scandinavia.* Göteborg: Graphic Systems.

SCHUSTER Adolf N.
1912   *Heimatklänge vom Silberstrom.* Zürich: Verlag F. von Lohbauer.
1913   *Argentinien. Land, Volk, Wirtschaftsleben und Kolonisation.* 2 Bde. München: J. T. Huber.
1929   *Paraguay. Land, Volk, Geschichte, Wirtschaftsleben und Kolonisation.* Stuttgart: Strecker und Schröder.

SJAASTAD Larry A.
1962   «The costs and returns of human migration». *The Journal of Political Economy* 70/5: 80-93.

STRAUBHAAR Thomas
1994   *Neuere Entwicklungen in der Migrationstheorie.* Diskussionsbeiträge Nr. 41; Hamburg: Institut für Wirtschaftspolitik.

THOMAS William I. and Florian ZNANIECKI
1974 [1918] *The Polish peasant in Europe and America.* New York: Octagon Books.

TODARO Michael P.
1969   «A model of labour migration and urban unemployment in less developed countries». *American Economic Review* 59/1: 138-148.
1981   *Economic Development in the Third World.* New York: Longman.

WALDINGER Roger, Howard ALDRICH, Robin WARD (eds.)
1990   *Ethnic Entrepreneurs: Immigrant Business in Industrial Societies.* Newbury Park: Sage Publications.

WEBER Max

1964   *Wirtschaft und Gesellschaft. Grundriss der verstehenden Soziologie.* Köln, Berlin: Kiepenheuer & Witsch.

WERBNER Pnina

1990   *The Migration Process. Capital, Gifts and Offerings among the British Pakistanis.* New York: Berg.

YÜCEL A. Ersan

1987   «Turkish Migrant Workers in the Federal Republic of Germany. A case study». In: BUECHLER Hans-Christian and Judith-Maria BUECHLER (eds.), *Migrants in Europe. The Role of Family, Labor and Politics,* pp. 117-148. New York: Greenwood Press.

MIGRATION UND SOZIALE DYNAMIK

MIGRATION ET DYNAMIQUE SOCIALE

Evangelos Pteroudis

Migrations en Grèce

Changements sociaux et problèmes
de légitimation

Au début du mois de juillet 1993, la police grecque a procédé à des expulsions massives de travailleurs clandestins albanais. Près de 23.000 personnes ont ainsi été reconduites à la frontière gréco-albanaise en l'espace de 10 jours sur une simple décision administrative. La presse a vu dans cette opération «coup de poing» des représailles justifiées par la décision, prise à la fin du mois de juin par le gouvernement albanais, d'expulser un prélat grec. Par contre, les autorités grecques ont parlé de situation économique difficile et d'obligations prises envers l'Union Européenne pour justifier leur politique, et ont proposé un accord qui permettrait la régulation du flux migratoire[1]. Implicitement les autorités grecques reconnaissent l'existence d'un problème: la présence sur le sol national d'une importante population étrangère qui, dans sa plus grande partie, est totalement clandestine. Ces hommes et ces femmes, qui sont employés dans les différents secteurs de l'économie grecque, échappent à toute forme de contrôle de la part des différentes administrations étatiques. La volonté de régulation a posteriori que contenait la proposition grecque peut être vue non seulement comme une manière de prendre en main et de contrôler cette population étrangère, mais également comme l'acceptation de fait d'une nouvelle donne migratoire.

C'est de ce changement dans la situation migratoire de la Grèce dont il sera question dans ce texte. Cette nouvelle immigration au Sud de l'Europe soulève des problèmes qu'il s'agit d'éclairer à partir de l'examen du cas grec. Certaines interrogations et interprétations peuvent être valables pour les autres pays de la côte européenne de la Méditerranée (Italie, Espagne, Portugal), d'autres par contre relèvent de spécificités propres à la formation sociale hellénique. On peut à cet effet soulever les questions suivantes:

---

[1]   Pour les faits concernant cette affaire d'expulsion, nous nous sommes basés sur les coupures de presse de différents journaux grecs et étrangers.

Comment rendre compte du fait que des pays, qui ont été à l'origine des grands mouvements migratoires vers l'Europe centrale et occidentale depuis 1950, sont aujourd'hui récepteurs de flux de population? Quelle relation peut-il y avoir entre l'émigration des Grecs à l'étranger entre 1955 et 1975, la migration-retour des années 70 et cette nouvelle immigration d'étrangers en Grèce? De quelle manière et dans quel sens la présence des immigrés agira-t-elle sur la participation de la population grecque au processus de production? Comment ces étrangers s'insèrent-ils ou ne s'insèrent-ils pas dans la structure sociale du pays? Sont-ils acceptés ou non par les autochtones?

Des liens entre politique migratoire, discours sur l'immigration et idéologie nationale semblent se manifester au niveau de l'appréhension de cette nouvelle immigration par les pouvoirs publics et par l'ensemble de la population. Le décalage observé entre l'évolution de l'immigration en Grèce et le discours et la politique migratoires peut trouver une explication dans les principes posés par l'idéologie nationale en tant que catégorisations obligatoires se trouvant à la base de tout discours et de toute action touchant à l'identité nationale.

Dans un premier moment de ce travail, il sera question de la taille, de la composition et de l'origine de la population étrangère ainsi que de la spécificité du cas grec eu égard aux autres pays européens de la Méditerranée. Dans un second temps, il s'agira d'examiner l'insertion de ces étrangers dans les structures économiques du pays et finalement la manière dont sont appréhendées par la société et l'Etat grecs cette nouvelle immigration et la population étrangère qui en résulte.

TAILLE, COMPOSITION ET ORIGINE DE LA POPULATION ÉTRANGÈRE EN GRÈCE

Selon les statistiques de la population étrangère en Grèce, telles qu'elles sont fournies par l'Office national de la Statistique, la population active étrangère disposant d'un permis de travail compterait environ 30.000 personnes, tandis que les résidents étrangers seraient eux de 80.000 (1992: 19). Pour la plupart (2/3), il s'agit de personnes originaires des pays d'Europe occidentale et principalement de la C.E.; leur nombre est même en régression ces dernières années. Mais, depuis quelques années, les étrangers statistiquement visibles ne constituent plus qu'une petite partie du total des étrangers résidant en Grèce.

Pour les autres étrangers, on ne peut s'appuyer que sur des estimations faites par différentes organisations gouvernementales ou privées. Selon le ministère de l'Intérieur, il y aurait en Grèce environ 500.000 étrangers, dont les 9/10 sont des clandestins exerçant une activité lucrative de manière accidentelle, saisonnière ou permanente (cité par Kyriazis 1993:22; voir aussi Linardos-Rylmon 1994:84). Les étrangers représenteraient ainsi près de 4,5% de la population nationale et plus du 10% de la main-d'œuvre officiellement active. Près de la moitié du contingent étranger serait originaire de l'Albanie et la plupart seraient arrivés en Grèce à la fin des années 80, voire même au début de cette décennie.

Les premiers travailleurs étrangers sont arrivés en Grèce à la fin des années 1960 et au début des années 1970 (Kavouriaris 1974:42; Nicolinakos 1974:81; et Emke-Poulopoulou 1990: 11 et 71). Ces immigrés ont été employés dans la marine marchande et dans la grande industrie, secteurs économiques qui commençaient à souffrir d'une relative difficulté à engager une main-d'œuvre non-qualifiée d'origine nationale, devenue rare suite à l'émigration massive des Grecs pendant les années précédentes, et suite aux changements enregistrés dans le mode d'insertion des jeunes actifs sur le marché du travail. Ce phénomène reste dans l'ombre pendant toute la période qui va du début des années 70 à la fin des années 80, et cela malgré une augmentation constante des travailleurs étrangers. Mais dans l'ensemble leur nombre reste bas, variant selon les estimations entre 40 et 70 mille personnes pour l'année 1987. Jusqu'à l'ouverture des pays de l'Est, la plupart des clandestins en Grèce étaient originaires de pays du Tiers-Monde comme l'Egypte, l'Inde, les Philippines. Certes, on trouve aussi des Polonais qui entrent en Grèce principalement par le canal du droit d'asile (Korai 1989:23).

La fin des années 80 marque un changement dans la composition de ce flux migratoire, mais aussi une amplification de son volume.

Avec la chute des régimes des pays de l'Est et plus particulièrement des pays limitrophes de la Grèce comme l'Albanie et la Bulgarie, les frontières instaurées à la fin de la première Guerre Mondiale perdent leur étanchéité. L'espace balkanique, qui était pendant toute la période de l'empire ottoman un espace de circulation pour les hommes comme pour les marchandises, se reconstitue. L'émergence et la consolidation de l'Etat-nation, couplé à la division bipolaire entre Est et Ouest, avaient fait de la Grèce un isolat coupé de son espace de voisinage, et cela du début des années 1950 à la fin des années 1980. La chute des régimes communistes se traduit par la réouverture d'un espace de circulation que la Grèce n'avait pas évalué dans toutes ses implications. Selon un auteur, «la Grèce se trouve obligée de se commettre dans les Balkans» (Yerasimos 1992:307). Un exemple révélateur de cette nouvelle situation géopolitique est celui de l'Albanie. L'écroulement du régime albanais se traduit notamment par la perte de la maîtrise de la frontière. Il s'ensuit une liberté de circulation pour les populations qui ne se heurtent au début à aucun contrôle du côté grec. Aux premiers moments de cette ouverture des frontières, les autorités grecques avaient même vu d'un œil positif cette liberté de mouvement retrouvée pour les citoyens des pays de l'Est. La presse grecque répercute elle aussi de manière positive ces mouvements encore sporadiques et individuels qui expriment – selon ses dires – la faillite des régimes de l'Est: «Coups de feux à la frontière albanaise sur un fuyard» titrait le journal grec Eleutherotypia en août 1990 en parlant du cas d'un Albanais qui avait traversé la frontière, poursuivi par les soldats albanais, et obtint l'asile politique en Grèce. Moins de deux ans après, ce sont les soldats grecs qui surveilleront les frontières pour éviter l'entrée de clandestins albanais. La Grèce fonctionne comme un pôle d'attraction dans l'espace balkanique, de par son niveau de vie supérieur à celui de ses voisins et du fait de son appartenance à l'espace de prospérité occidental. Avec l'affaire de Bari en août 1991, qui s'est terminée par la reconduite brutale de milliers de clandestins albanais par les autorités italiennes, le mirage grec se substitue progressivement au mirage italien dans l'imaginaire des désœuvrés albanais.

Avec la chute des régimes des pays de l'Est, un autre mouvement s'est amplifié: des personnes qui peuvent se prévaloir d'une origine grecque ont commencé à migrer à un rythme soutenu en direction de la Grèce. Deux mouvements séparés peuvent être distingués:

– les Epirotes du Nord, originaires d'Albanie, ont commencé à migrer vers la Grèce en 1990. Leur mouvement peut difficilement être distingué de celui des Albanais; il a en quelque sorte précédé et entraîné celui des Albanais (Mousourou 1991:50);
– les Pontioi sont originaires de l'ex-URSS, et plus spécifiquement de la région du Caucase. Les premiers sont arrivés en Grèce au milieu des années 60, suite à des accords entre le gouvernement grec et celui de l'ex-URSS. Près de 70.000 entrées avaient été comptabilisées jusqu'en 1990 (Emke-Poulopoulou 1990:18). Depuis deux ans cependant, le rythme de leurs arrivées en Grèce s'est considérablement accéléré.

D'une manière globale, environ 100.000 Pontioi ou Epirotes du Nord sont venus en Grèce ces dernières années et leur nombre augmente de manière continue. La déliquescence des structures économiques et sociales des pays de l'Est explique cette augmentation des mouvements des Epirotes du Nord et des Pontioi en direction de la Grèce, situation aggravée encore pour les seconds, qui subissent aussi les effets de la guerre civile dans le Caucase. Ce qui différencie ces immigrés, c'est leur caractérisation par le gouvernement grec comme étant de «souche grecque», et cela en fonction de leur patronyme et/ou de l'existence d'un ancêtre grec dans leur généalogie familiale. Aussi les liens de cette communauté avec les Pontioi de l'ancien Empire ottoman, qui avaient massivement pris le chemin de la Grèce au moment des échanges de populations dans les années 1920 et du traité de Lausanne (1923), fait de la Grèce leur «terre d'origine» et donne à l'Etat grec la possibilité de se poser comme leur représentant légitime sur la scène internationale. Leur migration devient ainsi «retour au pays». L'Etat grec s'est aussi posé comme le défenseur des minorités grecophones, que ce soit pour les Pontioi d'URSS ou les Epirotes du Nord d'Albanie. Ainsi, par différentes lois et règlements administratifs, l'appartenance à ces minorités signifiait en même temps l'appartenance à la nation grecque et donc le droit au passeport grec. Certes, l'origine grecque attribuée à ces populations de la part des autorités ne peut pas constituer dans l'absolu un critère de différenciation de ces mouvements par rapport à ceux des autres personnes originaires des pays de l'Est et des Balkans, du moins pour ce qui est des causes de l'immigration en Grèce: «il s'agit bien d'une immigration et non d'une migration-retour ou d'un retour au pays» (Emke-Poulopoulou 1989:18). Cette qualification joue toutefois un rôle non négligeable pour ce qui est des conditions administratives de séjour et de la possibilité d'obtention d'un emploi.

Outre les Albanais et les migrants originaires des pays de l'Est et des Balkans, la Grèce continue à attirer des migrants en provenance du Tiers-Monde. A cela on peut avancer deux types d'explication.

D'une part, les immigrés qui sont arrivés en Grèce dans les années 70 et 80, et qui ont pu y rester, ont établi ce qu'on appelle des filières migratoires. Celles-ci fonctionnent comme des canaux de communication et de transmission de représentations souvent idéalisées de la Grèce vers les espaces d'origine des immigrés (Béteille 1981). Ces représentations vont provoquer de nouvelles migrations de ces pays vers les lieux d'installation des premiers immigrés, alimentant ainsi le courant migratoire en direction de la Grèce.

D'autre part, l'entrée de la Grèce dans la C.E.E. en 1981 et le resserrement progressif de la politique migratoire de l'ensemble des Douze, qu'on peut observer au niveau des accords sur la circulation des personnes extra-communautaires et plus particulièrement les accords de Schengen[2], signifient pour la Grèce une position géopolitique de porte d'entrée pour les immigrants du Tiers-Monde qui espèrent atteindre l'Europe Communautaire. D'une manière similaire à l'Espagne, le Portugal et l'Italie, la Grèce doit faire face à des tentatives quotidiennes d'entrée de clandestins sur son territoire. Gardiens de la «forteresse Europe» (Ravenel 1992:113), les pays du Sud de l'Union Européenne (U.E.) n'arrivent pas à contrôler cette nouvelle immigration en provenance du Sud et

---

[2]   La Grèce a adhéré aux accords de Schengen en 1992. Ceux-ci ne sont toujours pas entrés en vigueur, officiellement pour des raisons purement techniques. Il semblerait cependant que les frontières de certains pays signataires soient jugées trop perméables.

de l'Est de la Méditerranée. Cette situation n'est donc pas spécifique à la Grèce. D'autres pays du Sud de l'Europe ont aujourd'hui une forte population d'étrangers, produit d'une immigration récente qui commence au début des années 70.

LE CAS GREC DANS UNE PERSPECTIVE MÉDITERRANÉENNE

Tous les pays méditerranéens appartenant à l'U.E. (Italie, Espagne, Portugal, Grèce) sont aujourd'hui récepteurs de flux migratoires. Le passage de pays d'émigration, en direction notamment de l'Europe Communautaire, à des pays d'immigration peut être expliqué par un ensemble de facteurs qui les concerne tous quoique à des degrés divers.

Les années 70 constituent pour tous ces pays le moment du renversement du solde migratoire (Italie 1972, Espagne et Grèce 1975, Portugal 1981): ils deviennent récepteurs nets de migrants, soit de nationaux précédemment émigrés en Europe Occidentale, soit de nouveaux immigrés en provenance d'autres parties du monde (Montanari et Cortese 1993a: 219-221). Cette décennie marque aussi un autre changement démographique dans la plupart de ces pays: leur croissance naturelle, après avoir été forte pendant les années 50 et 60, tombe de manière assez rapide et arrive à un niveau où, au début des années 80, le renouvellement des générations n'est plus assuré. Le Portugal fait ici exception à la règle; c'est le seul pays qui voit croître sa population potentiellement active (voir Simon 1986: 14-18). Une forte croissance économique pendant toute la période de l'après-guerre caractérise également l'ensemble de ces pays. Leur situation démographique et économique les rapproche désormais davantage des autres pays de la Communauté Européenne que des pays du Sud et de l'Est de la Méditerranée (sur les aspects du différentiel Nord-Sud voir: Cagiano de Azevedo 1992; Montanari et Cortese 1993a). Dans ces pays, l'économie au noir garde aussi toute sa force et semble même se développer. L'entrée de la Grèce en 1981 dans la C.E.E. et celle de l'Espagne et du Portugal en 1988 consacre en quelque sorte les progrès économiques intervenus dans ces pays, mais signifie en même temps un changement au niveau de leur rôle géopolitique. Si le poids de l'Europe méditerranéenne dans l'U.E. se trouve renforcé par ces adhésions, les pays du Sud se voient désormais dans l'obligation de protéger cet espace de prospérité auquel ils ont accès. Les processus institutionnels engagés par Schengen montrent qu'il y a transfert de la pression pour un contrôle efficace de l'immigration clandestine du niveau des frontières nationales au niveau des frontières extérieures de l'ensemble de la Communauté. Ainsi ces quatre pays se voient-ils obligés de renforcer la surveillance de leurs frontières, notamment celles du Sud et de l'Est.

Cependant, malgré ces facteurs qui rapprochent les quatre pays européens de la Méditerranée, la nouvelle immigration ne se déroule pas de la même manière dans chacun de ces pays. Si dans la plupart des cas il s'agit d'une immigration clandestine, les aires de provenance des immigrés sont différentes selon les pays. D'une manière globale on peut dire que, dans le cas de l'Espagne et du Portugal, outre l'immigration en provenance des pays du Sud de la Méditerranée et principalement du Maroc, on trouve une immigration qui a pour point d'origine les anciennes colonies de ces deux pays. Pour eux, l'éclatement du bloc soviétique n'a pas signifié un changement important dans l'origine des flux d'immigration. Dans le cas de l'Italie, à l'immigration majoritairement en provenance du Sud s'ajoute celle de l'Est de l'Europe et en particulier de l'Albanie, de la Yougoslavie et de la Pologne. On assiste dans le contexte italien à une modification du poids des deux composantes (Sud et Est), avec la montée de la pression migratoire en provenance des pays de l'Est (Montanari et Cortese 1993b: 290). Finalement, dans le cas de la Grèce, ce n'est qu'avec la chute des régimes de l'Est que l'immigration a pris sa dimension de phénomène de masse, les migrants en provenance du Tiers-Monde étant désormais bien moins nombreux que ceux des pays de l'Est et des Balkans. Le nombre précis de ces immigrés est difficile à estimer du fait même de leur clandestinité. Au milieu des années 80, on estimait leur nombre à près de 2 millions, l'Italie concentrant la moitié des immigrés (Simon 1986: 26). Pour le début des années 90, l'hypothèse basse retenue par le Conseil de l'Europe est de 1,3 à 1,5 millions de clandestins (cité par Salt 1993: 18), mais il est reconnu que ces pays ont vu le nombre des clandestins s'accroître fortement pendant ces dernières années. Il serait donc plus réaliste de parler d'une manière globale d'une immigration clandestine totalisant 2,5 voire 3 millions de personnes pour l'ensemble de ces quatre pays. Finalement il faut signaler que, si tous les pays de la zone ont, ces dernières années, dû revoir et surtout rendre plus sévère leur législation sur la question de l'immigration et du travail clandestins, seule l'Italie a dans le même temps pris diverses mesures de légalisation qui ont fait sortir de l'ombre près de 500.000 immigrés clandestins pendant les années 80 (Montanari et Cortese 1993b).

La situation de la Grèce se distingue donc de celle des autres pays du Sud de l'Europe. Si l'attraction que ces pays exercent sur les migrants est croissante, c'est en raison du fonctionnement des filières migratoires actionnées par les anciens immigrés installés déjà à la fin des années 60 et au début des années 70 selon les pays, de la réouverture de l'espace de circulation Est-européen et balkanique liée à la crise économique et sociale des pays de l'Est, et aussi en raison de la participation de ces pays à un espace de prospérité européen qui en fait en même temps des gardiens privilégiés de l'Europe

Communautaire. La Grèce, par son appartenance géographique aux Balkans, doit faire face à une immigration massive qui provient essentiellement de cette région.

Mais si l'immigration en Grèce suit une tendance à la hausse, ce mouvement et son évolution récente ne peuvent s'expliquer uniquement par des facteurs d'expulsion agissant au niveau des pays de départ, ni même par le fonctionnement des filières et réseaux migratoires. Il faut également tenir compte des changements propres à la société grecque; ces derniers ont eu des implications qui doivent être comprises au niveau de la répartition de la population active entre les différents secteurs économiques et des changements qui ont pu intervenir, provoquant ou étant provoqués par l'immigration. Aussi, ces changements sont à mettre en relation avec les anciens mouvements migratoires qui ont concerné la population grecque depuis 1945.

Mouvements migratoires et changements socio-économiques en Grèce

Les liens des anciens mouvements d'émigration des Grecs et de leur migration-retour avec les mouvements actuels peuvent dans un premier temps sembler faibles, voire inexistants.

Certes, les premiers immigrés étrangers en Grèce sont arrivés pour suppléer aux besoins de main-d'œuvre qui se faisaient sentir dans des secteurs spécifiques de l'économie nationale, suite au départ massif des travailleurs grecs. Cependant, malgré le fait que les mouvements-retour de Grecs travailleurs en Europe occidentale sont supérieurs en volume aux nouveaux départs, et cela dès le début des années 1970, ces besoins de main-d'œuvre ne se sont pas atténués (pour les chiffres de l'émigration grecque en Europe Occidentale voir le tableau 1); bien au contraire, ils se sont progressivement accrus et même étendus à d'autres secteurs de l'économie. Pour comprendre cette contradiction, il faut expliciter les projets sociaux qui ont conduit à l'émigration des Grecs et la manière dont la migration-retour à servi à l'accomplissement, certes partiel, de ces projets. Une enquête faite à la fin des années 70 indique que les Grecs qui retournent de l'étranger expriment une forte volonté d'ascension sociale, qui passe par la négation d'un simple retour au travail et à l'espace de vie d'origine. Si près d'un émigré sur deux reprend à son retour son travail d'avant le départ, seul un très petit pourcentage se dirige vers les emplois industriels, qui avaient pourtant constitué l'occupation de la plupart des émigrés pendant leur séjour à l'étranger (voir Kasimati 1984: 42).

Tableau 1: Emigration permanente et migration-retour en Grèce (1955-1977)

	EMIGRATION		MIGRATION-RETOUR
1955-59	143.769		
1960-64	396.300		
1965-69	389.211	1968-69	37.014
1970-74	249.799	1970-74	121.657
1975-77	57.214	1975-77	78.853

Pour la migration-retour, l'enregistrement des données commence en 1968 seulement, tandis que par une décision gouvernementale, tout enregistrement de données sur la migration internationale a été arrêté en octobre 1977. De plus, il faut signaler que des problèmes de fiabilité touchent les deux séries, car on enregistre uniquement les personnes qui déclarent quitter la Grèce pour une année au minimum ou qui déclarent retourner pour s'y établir. Ainsi une comparaison avec la R.F.A., principal pays receveur, permet dans une certaine mesure de vérifier l'inexactitude des données de l'Office National de la Statistique grec.

La migration-retour va également amplifier un autre phénomène qui a transformé la Grèce de l'après-guerre: la concentration de la population dans les villes, et principalement dans les deux grandes métropoles, Athènes et Thessalonique. Le mouvement d'urbanisation, qui a recommencé dès 1945, se traduit par le renversement du rapport population rurale/population urbaine en l'espace de trois décennies. Si presque toutes les villes grecques, grandes et moyennes, vont profiter de cette migration intérieure, Athènes va voir sa population doubler. Sa zone d'attraction couvre toute la Grèce et est plus ou moins exclusive pour les régions du Sud et du Centre-Ouest de la Grèce. Thessalonique puise la plus grande partie de ses immigrants dans le nord du pays (Kayser, Pechoux et Sivignon 1971:196-7; pour la croissance urbaine en Grèce voir aussi le tableau 2). La migration intérieure agit comme un complément de l'émigration pendant toute la période des grands départs vers l'étranger. Par contre, dès le moment où les mouvements-retour ont pris l'ascendant sur les départs, on peut considérer que la mobilité intérieure de la population grecque va se substituer à l'émigration vers l'étranger, devenue plus difficile suite aux restrictions mises sur pied par les pays de l'Europe Centrale. La migration-retour a encore accentué la périphérisation de ces espaces et l'urbanisation-concentration de la population grecque. Ainsi, les espaces ruraux, notamment agricoles, qui avaient été fortement touchés par l'émigration, voient une bonne part des anciens émigrés abandonner tout projet de ré-installation au lieu d'origine.

Tableau 2: L'urbanisation de la population grecque (1951-91)

	1951	1961	1971	1981	1991
Athènes	1.378.586	1.852.709	2.540.241	3.027.331	3.096.775
Thessalonique	302.124	380.654	557.360	706.180	739.998
Métropoles régionales	256.095	310.628	366.188	475.009	519.931
Autres villes	943.189	1.084.114	1.203.700	1.451.008	1.509.342
Bourgs et villages	4.752.807	4.760.448	4.101.152	4.080.889	4.398.110
Population totale	7.632.801	8.388.553	8.769.640	9.740.417	10.264.156

Mais les changements les plus importants, en ce qui concerne les anciens émigrés et la société grecque dans son ensemble, se sont déroulés au niveau du marché du travail et du mode d'insertion de la population nationale sur ce marché. Ces changements prennent les formes décrites ci-dessous.

D'une manière globale c'est la vision du travail qui a changé. On a vu que les immigrés – agriculteurs pour la plupart à leur départ et travailleurs industriels en Europe – ont refusé un simple retour au travail agricole, mal payé, socialement dégradant et de plus en plus saisonnier, mais aussi l'entrée dans le monde industriel en Grèce. Des tactiques[3] individuelles et/ou familiales ont été mises en œuvre pour essayer d'échapper aux contraintes que poserait le retour au travail d'avant l'émigration. Aussi, dans la communication symbolique qui s'établit entre l'ancien émigré et les membres de sa communauté d'origine, l'utilité ou la profitabilité de l'émigration devait se traduire en un changement plus ou moins réel dans les conditions de vie et de travail des personnes qui avaient pris le chemin de l'étranger. Les signes de cette ascension sociale sont visibles dans plusieurs domaines de la vie quotidienne: l'emploi, le logement, l'utilisation et la consommation d'appareils ménagers importés, les enfants et les attentes placées dans leur éducation, les relations sociales qui dépassent le cadre de la communauté d'origine.

Pour ce qui est de l'emploi des anciens émigrés, on note une montée certaine des formes de travail indépendant et plus généralement une tertiarisation de leur emploi, qui accompagne leur installation dans un milieu urbain. Ce mouvement des anciens immigrés illustre une tendance plus globale de la société grecque. Toute la période de l'après-guerre est caractérisée par la montée inexorable du secteur tertiaire. Cette dynamique est sous-tendue par la croissance du secteur public, croissance parasitaire

---

[3] Pour Michel De Certeau, la tactique se définit comme une action «qui ne peut pas compter sur un propre, ni donc sur une frontière qui distingue l'autre comme une totalité visible. La tactique n'a pour lieu que celui de l'autre»; (1990: LXVII et 50-68) pour la distinction entre tactique et stratégie.

qui consiste en un gonflement des services sans extension de leur champ d'activité (Tsoucalas 1993Tableau 2: L'urbanisation de la population grecque (1951-91)33; Charalambis 1989:154).

Un autre secteur en forte croissance est celui du tourisme, qui absorbe de plus en plus la population de certaines régions, fonctionnant même comme un frein à l'émigration (Tsartas 1989:130).

La croissance du tertiaire répond à la même logique que celle qui a conduit à l'émigration. Il s'agit pour les individus de s'assurer les moyens d'une ascension sociale rapide qui passe par la stabilisation d'une activité qui devrait offrir un minimum de sécurité. Ainsi les phénomènes de double emploi à l'intérieur d'un même ensemble familial, en général un dans le public et un dans le privé, permettent d'assurer un revenu minimal, tout en ouvrant les portes d'une ascension sociale (Tsoucalas 1993).

Dans d'autres cas, le projet d'ascension sociale est transgénérationnel. Ce sont les enfants qui deviennent l'objet d'un plus grand investissement de la part de la famille. On dénote une diminution de la taille des familles, un allongement du temps des études, un accroissement de la proportion des jeunes suivant des études universitaires (porte d'accès privilégiée pour tout emploi public). Dans le même temps, toute autre occupation est socialement dévalorisée. Ainsi s'expliquent les échecs de l'enseignement technique et professionnel, mais aussi les pressions sur les salaires dans les secteurs de la construction et de l'industrie, et surtout l'accroissement de la moyenne d'âge des exploitants agricoles.

Un autre phénomène, qui s'inscrit dans la même dynamique que les précédents, est la croissance de l'économie souterraine, qui passe par la multiplication des activités partielles des individus entre privé et public, le gonflement des activités tertiaires, surtout du tourisme, et le maintien d'une agriculture de façade. On estime qu'aujourd'hui ces formes d'activité en dehors de tout contrôle étatique contribuent pour 35% au PNB (Babouras et Koutris 1991:107).

Tous ces facteurs font que plusieurs secteurs de l'économie, soit abandonnés par la main-d'œuvre nationale, soit s'établissant en dehors du marché traditionnel régulé par des procédures administratives et juridiques émanant des instances étatiques, doivent, pour assurer leur maintien et leur croissance, couvrir leurs besoins de main-d'œuvre. La non-transparence de ces activités exige une main-d'œuvre docile, malléable, moins chère, et surtout sans possibilité de recours ou de sanction (Offe 1985:43) en cas de disparition ou simplement d'arrêt des activités saisonnières. Ainsi, dans les secteurs de l'agriculture comme dans celui du tourisme, une bonne partie de la main-d'œuvre employée de manière saisonnière se recrute aujourd'hui dans l'immigration clandestine ou encore parmi les touristes qui visitent la Grèce. De même, selon certaines estimations syndicales, près de la moitié des personnes employées dans la construction seraient aujourd'hui d'origine étrangère, majoritairement albanaise mais aussi polonaise ou encore d'autres pays du Tiers-Monde. La non-transparence de ces formes d'activité économique fait que ces quelques estimations ne peuvent pas être mieux étayées au niveau statistique. On peut cependant avancer que la possibilité d'employer des immigrés clandestins pour ces tâches devient ainsi non seulement la solution toute indiquée pour les employeurs potentiels mais aussi une solution acceptable pour de larges pans de la société grecque.

La volonté de mobilité sociale qui a conduit à l'émigration des Grecs, mais aussi à une migration-retour signifiant le passage à un autre type d'activité et d'habitat, fut à l'origine d'importants changements dans la taille et dans la répartition par secteurs économiques de la population active. Certains de ces secteurs ont dû dès lors se tourner vers une main-d'œuvre autre que celle disponible. Les immigrés travailleurs clandestins ont en quelque sorte permis la survie et le développement d'activités qui auraient eu sans eux bien de la peine à se maintenir. Leur présence a par ailleurs facilité le passage de certaines activités du secteur officiel au secteur parallèle de l'économie (voir schéma 1: de l'émigration grecque à l'immigration étrangère).

ACCENTS NATIONALISTES DANS LE DISCOURS POLITIQUE

Si l'intégration de fait de ces travailleurs dans l'économie grecque, certes dans des positions marginales du système de production, ne peut que difficilement être contestée, cette intégration ne dépasse pas pour autant les limites de l'économique. Peu de signes d'acceptation de la présence de ces immigrés par les nationaux peuvent être décelés dans les discours et dans les pratiques de la société grecque. Par contre, les tendances xénophobes se font de plus en plus pressantes et les discours dans ce sens inondent le quotidien. Cette apparition d'un nouveau «problème», qui se poserait au niveau de la société grecque et qui se manifesterait dans tous les domaines du social, présente quelques difficultés d'analyse. Au-delà de l'apparente contradiction entre l'intégration économique de fait des travailleurs étrangers et les pratiques et discours qui se tiennent sur cette nouvelle immigration, il est possible de rendre compte de ces discours et pratiques en recourant à leur mode de légitimation, qui ne s'inscrit pas nécessairement dans l'économique mais dans le politique et l'idéologique. Certes la marginalisation des étrangers s'appuie – aussi et nécessairement – sur une série d'éléments qui pourraient être caractérisés comme «objectifs».

Schéma 1: De l'émigration grecque à l'immigration étrangère

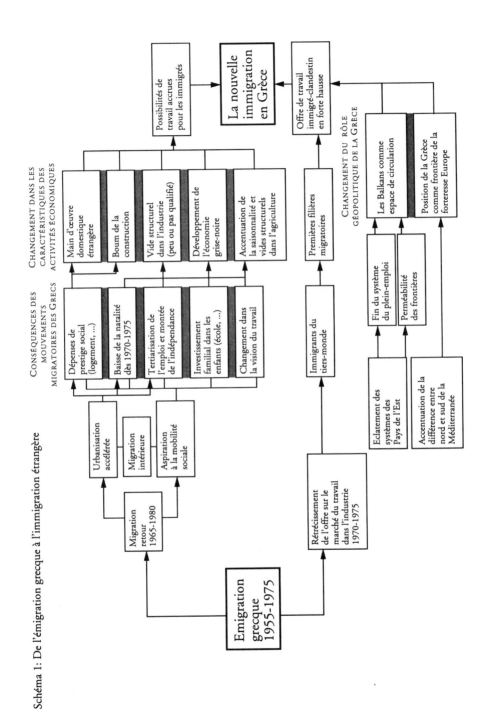

Leur mode d'insertion sur le marché du travail ne peut que contribuer au maintien de ces populations aux marges de la société. Les immigrés clandestins ne sont utiles à la société grecque que parce qu'ils permettent à des activités s'établissant hors du marché régulé de se perpétuer et de se développer. Comme le soulignait récemment le ministre de l'économie, «les Albanais[4] contribuent au maintien de la compétitivité de l'économie nationale. C'est la seule raison qui explique leur présence» (Eleutherotypia 25.8.1993). La logique de l'exploitation et du profit économique, qui s'affirme clairement dans les discours et dans les actes, ne peut pas favoriser l'intégration des communautés étrangères en Grèce. Les immigrés sont les bienvenus aussi longtemps qu'ils se contentent de leur sort d'exploités et sont expulsables en fonction des fluctuations de la conjoncture. Leur utilité est fonction directe des bénéfices que leur travail amène à l'économie grecque et de l'absence de coûts qu'entraîne leur présence[5]. Ainsi la question du coût et du profit de l'immigration ne se pose qu'en fonction de la société d'accueil et non pas en fonction des autres acteurs sociaux de l'immigration, les immigrés eux-mêmes: cette question du «coût» et du «profit» de l'immigration «a masqué toute une série d'autres questions devenues impensables, comme par exemple, la question de savoir à qui ‹coûte› et à qui ‹rapporte› l'immigration» (Sayad 1986:80).

En dehors de la sphère du travail, les discours et les pratiques émanant des acteurs de la société grecque tendent à confirmer cette exclusion des étrangers.

Au niveau de l'habitat, les immigrés subissent aussi les conséquences de leur exclusion et de leur illégalité. Malgré le nombre élevé des étrangers dans les grandes villes grecques, seule une petite part d'entre eux (ceux qui sont là avec un permis de travail, un titre de séjour et généralement un bon revenu) peuvent accéder au logement au même titre

---

[4] On peut noter ici une caractéristique essentielle du discours sur l'immigration en Grèce. Les Albanais représentent l'objet de discours privilégié et aussi l'ensemble de l'immigration étrangère. Il y a donc réduction de la diversité des étrangers à une catégorie unique – représentative, englobante –, celle «d'Albanais» et symétriquement extension des caractéristiques attribuées à la population albanaise à l'ensemble des étrangers. La caractérisation négative de l'ensemble de l'immigration en Grèce passe par cette réduction-extension, mais aussi par la criminalisation-marginalisation préalable de l'ensemble des Albanais immigrés en Grèce.

[5] L'évolution récente de cette intégration socio-économique des immigrés en Grèce permet de souligner encore d'autres paradoxes. Étant donné que l'emploi de clandestins est punissable par la loi, mais aussi que le seul organisme mandaté pour effectuer les contrôles est la Sécurité Sociale grecque, des entrepreneurs légalisent leurs travailleurs étrangers en versant les cotisations sociales dues à la Sécurité Sociale. Cependant, les immigrés ne peuvent pas en bénéficier car l'obtention de prestations sociales dépend de la possession d'un permis de travail en règle, qui suppose lui-même la possession d'un titre de séjour valable délivré par le ministère de l'Intérieur. Dans ce jeux de règles juridiques et de renvoi de responsabilités, tout le monde y trouve son compte sauf les immigrés (voir Linardos-Rylmon 1993:103).

que les Grecs. Pour les autres, qui constituent cependant la grande majorité des étrangers, leur présence comme locataires dans des bâtiments abritant aussi des Grecs est exclue du fait même de leur clandestinité. Souvent ils sont logés par leurs employeurs dans des conditions d'extrême promiscuité, ou occupent des maisons abandonnées ou des bâtiments délabrés des anciens quartiers industriels et commerciaux délaissés des grandes villes. Ainsi se constituent des franges urbaines, véritables espaces vides, réinvestis aujourd'hui par ces nouveaux marginaux de la société grecque.

Ce double confinement n'est pas de nature à favoriser le développement de rapports avec la société grecque. L'image de ces étrangers auprès de la population grecque est soit celle qui résulte de contacts accidentels et biaisés à la frontière de deux mondes qui se meuvent en parallèle, soit celle de l'absence de contacts, impliquant dès lors la médiation de constructions sociales effectuées par différentes organisations (Etat, syndicats, partis politiques, médias, etc.).

L'information telle qu'elle est relatée par les médias a fortement contribué à l'émergence d'une image négative des étrangers, et plus spécifiquement des Albanais, en faisant d'eux un peuple de criminels. Cette polarisation du discours sur les Albanais peut s'expliquer de deux manières. De par sa proximité et la déliquescence totale de ses structures économiques et sociales, l'Albanie est aujourd'hui le principal émetteur de flux migratoires en direction de la Grèce. On estime que la moitié des clandestins en Grèce sont d'origine albanaise. D'autre part, les conflits historiques entre les deux pays, à propos par exemple de la question de l'Epire du Nord depuis les guerres balkaniques (1912-14) ou encore concernant le sort des minorités grécophones ou Tsam (ponctuées par des expulsions ou des répressions), sont des sujets de discorde qui empoisonnent leurs relations diplomatiques. Les conflits et les discours racistes que cette nouvelle immigration clandestine suscite peuvent donc se comprendre comme une actualisation de l'opposition séculaire entre la Grèce et l'Albanie.

Ainsi, dans différents champs sociaux de la société grecque, les discours et les prises de position des acteurs ne peuvent que confirmer cette image négative de l'immigration et en particulier des clandestins albanais. Au niveau syndical, on insiste sur l'exploitation des travailleurs clandestins, non pas pour la dénoncer mais pour souligner le danger qu'elle représente pour les acquis de la main-d'œuvre nationale. Aux récentes élections (octobre 1993), les grands partis ont encore contribué à la construction de cette image négative des travailleurs étrangers en adoptant des positions semblables sur la politique à mener vis-à-vis de cette population. L'immigration en Grèce n'est pas un sujet qui divise la classe politique, du moins pour ce qui est des grands partis. Autre fait révélateur, la gestion de cette politique s'inscrit dans la politique étrangère globale et non pas comme un problème de politique interne: il n'y a pas en Grèce de nécessité d'établir une politique de gestion de la population étrangère, il n'y a pas de politique pour les immigrés, et on peut supposer qu'il y en aura «seulement quand leur nombre deviendra important et qu'ils poseront des demandes substantielles pour des services sociaux» (Hammar 1985: 293). Finalement, la répression policière et administrative, dont l'épisode du mois de juillet 1993 ne constitue qu'un extrême (environ 560.000 Albanais ont été expulsés entre juillet 1991 et décembre 1993), fait office en quelque sorte de la seule politique étatique qui pourrait être envisagée. Cette position et action de l'Etat grec ne peut que contribuer à asseoir cette image des immigrés clandestins comme un peuple de criminels et un danger pour les conditions de travail, la sécurité et la vie même des Grecs. On peut aussi s'interroger sur la production institutionnelle de la clandestinité et donc sur les effets qu'a la position officielle de l'Etat sur la création et l'élargissement d'un second marché du travail, parallèle, presque réservé aux travailleurs clandestins (Babouras et Koutris 1991: 30 et 78). Mais il ne faudrait pas ici surévaluer le rôle de l'Etat: le phénomène clandestin en Grèce s'inscrit dans la dynamique du développement de l'économie souterraine, il ne la commande pas.

La marginalisation sociale des clandestins est donc multiforme, elle s'institue comme discours dominant à tous les niveaux du social. L'altérité, réalité de la vie quotidienne, est refusée par une société qui se replie sur elle-même.

Le seul courant d'immigration à bénéficier d'un autre discours et d'autres pratiques de la part des autorités et de la société grecque est celui des Pontioi et des Epirotes du Nord. Le gouvernement grec a instauré des aides pour ces personnes «d'origine grecque» qui s'installent dans le pays (Emke-Poulopoulou 1990: 73-4). Ces aides sont destinées à faciliter ce qu'on qualifie pudiquement, dans les discours officiels, de «retour des Grecs au pays». Elles ont été étendues aux Pontioi et Epirotes du Nord, après avoir été mises en place dès le début des années 70 pour aider à la réinstallation des Grecs émigrés en Europe Occidentale. Aussi, du moment que l'origine grecque de la personne peut être prouvée, l'accession à la nationalité est automatique. En effet, le droit grec se base – de manière similaire à l'Allemagne ou à Israël – sur le *jus sanguinis* (Prujiner 1993: 68) pour déterminer l'appartenance à la nation. Cependant, cette politique au premier abord volontariste et désintéressée, mêle aussi d'autres objectifs à celui de l'aide à la réinstallation au pays de supposés grécophones. Les zones d'installation proposées, et promues par des subventionnements spéciaux, se situent presque toutes dans les régions du Nord où des minorités musulmanes et slavophones existent. Prenant la possibilité de revendications territoriales de la part des autres Etats de la région au sérieux (malgré le fait que ces minorités ne représentent au plus que 2% de la population de la Grèce et peut-être 5% de celle du Nord du pays), le gouvernement grec essaye donc, par l'implantation de Pontioi, de renforcer la présence d'un hellénisme orthodo-xe dans le Nord de la Grèce.

Un grand principe organisateur semble sous-tendre aussi bien la politique migratoire qui est suivie par les autorités grecques que les discours quotidiens sur l'immigration. L'appartenance à la Nation, mythique, éternelle et indépassable, devient le principe unificateur de toute position et action qui sont – ou devraient être – prises pour ou contre l'immigration. Ce repli nationaliste-identitaire doit être compris en regard de l'idéologie de l'hellénisme qui domine toute l'histoire moderne de l'Etat grec. Ainsi certains problèmes qui se posent à la société grecque d'aujourd'hui ne peuvent être traités qu'en fonction de codes du passé, de principes bien ancrés, qui peuvent même empêcher l'émergence et la prise en compte au niveau du social de ces nouveaux problèmes: «ces problèmes réels ne peuvent être problèmes, ne se constituent comme ces problèmes-ci que telle époque ou telle société se donne comme tâche de résoudre, qu'en fonction d'un imaginaire central de l'époque ou de la société considérée» (Castoriadis 1975:187). Ce discours messianique, d'une libération nationale et d'un regroupement de tous les Grecs sous une même bannière et dans un même territoire, a encore atteint une apogée dans les semaines qui ont suivi l'expulsion des 23.000 Albanais avec l'arrivée de l'expédition de la «Toison d'or», organisée par l'État grec et largement couverte par les médias, qui a ramené des côtes géorgiennes de la Mer Noire plus de 2.000 Pontioi grecophones, enfants perdus du peuple grec.

BIBLIOGRAPHIE

BABOURAS Ioannis et Andreas KOUTRIS
1991   *Economie parallèle, les dimensions du phénomène en Grèce et à l'étranger*. Athènes: Papazisis.

BÉTEILLE Roger
1981   «Une nouvelle approche géographique des faits migratoires: champs, relations, espaces relationnels». *L'Espace Géographique* 3: 187-197.

CAGIANO DE AZEVEDO Raimondo
1992   «Migration from Mediterranean Developing Countries to Europe. Demographic Background and Political Implications». *Affari Sociali Internazionali* XX/3: 5-26.

CASTORIADIS Cornelius
1975   *L'institution imaginaire de la société*. Paris: Seuil.

CHARALAMBIS Dimitris
1989   *Relations clientélistes et populisme*. Athènes: Exantas.

DE CERTEAU Michel
1990   *L'invention du quotidien, 1. Arts de faire*. Paris: Folio-Essais.

EMKE-POULOPOULOU Ira
1990   «Immigrés et réfugiés en Grèce 1970-1990». *Eklogi* avril-juin et juillet-septembre,
            No 85-86.

HAMMAR Thomas
1985   «Comparative analysis», in: HAMMAR Thomas (ed), *European migration policy, a
            comparative study*, pp. 237-304. Cambridge: Cambridge University Press.

KASIMATI Koula
1984   *Migration – Migration-retour. La problématique de la deuxième génération*. Athènes:
            Ekke.

KAVOURIARIS E.
1974   «Quelques réflexions sur les causes et les conséquences de la migration», in:
            NIKOLINAKOS Marios (ed.), *Développement économique et migration en Grèce*,
            pp. 24-62. Athènes: Kalvos.

KAYSER Bernard, P. Y. PECHOUX et Michel SIVIGNON
1971   *Exode rural et attraction urbaine en Grèce*. Athènes: Ekke.

KORAI Christina
1989   «Migrants: et soudainement ils préfèrent la Grèce». *Eleutherotypia* 20.11.: 22-
            23.

KYRIAZIS Christos
1993   «Le dérangeant ‹autre›, à propos du racisme de notre ‹doux› pays». *Anti*, 16 avril:
            22-23.

LINARDOU-RYLMON Petros
1993   «A nouveau sur la question des étrangers». *Oikonomikos Taxydromos*, 4 novembre:
            103.
1994   «4,5% de la population grecque sont des étrangers». *Oikonomikos Taxydromos*,
            24 février: 84.

MONTANARI Armando et Antonio CORTESE
1993a   «South to North migration in a Mediterranean perspective», in: KING Russell
            (ed.), *Mass migrations in Europe: The legacy and the future*, pp. 212-233.
            London: Belhaven Press.
1993b   «Third World immigrants in Italy», in: KING Russell (ed.), *Mass migrations in
            Europe: The legacy and the future*, pp. 275-292. London: Belhaven Press.

MOUSOUROU Loukia
1991   *Migration et politique migratoire en Grèce et en Europe*. Athènes: Gutenberg.

NIKOLINAKOS Marios
1974   «Les contradictions du développement capitaliste en Grèce: insuffisance des forces
            de travail et migration», in: NIKOLINAKOS Marios (ed.), *Développement économique
            et migration en Grèce*, pp. 78-97. Athènes: Kalvos.

OFFE Claus
1985   *Disorganized capitalism. Contemporary transformations of works and politics.*
            Oxford: Polity Press.

PRUJINER Alain
1993   «Nationalité, migration et relations internationales». *Revue Etudes internationa-
            les* XXIV/1: 63-78.

RAVENEL Bernard
1993   «L'insoutenable forteresse Europe». *Confluences Méditerranée* 5 (hiver): 101-120.

SALT John
1993   *Migration and population change in Europe.* New York: UNIDIR Research Paper
            No 19, United Nations.

SAYAD Abdelmalek
1986   «‹Coûts› et ‹profits› de l'immigration. Les présupposés politiques d'un débat
            économique». *Actes de la Recherche en Sciences Sociales* 61: 79-82.

SIMON Gildas
1986   «La nouvelle donne migratoire en Europe du Sud». *Revue Européenne des Migra-
            tions Internationales* 2/1: 9-35.

TSARTAS Paris
1989   *Répercussions sociales et économiques du développement touristique dans le
            département des Cyclades avec une mention spéciale pour les îles de Ios et Seriphos
            entre 1950-1980.* Athènes: Ekke.

TSOUCALAS Konstantin
1993   «Maquignons au pays des merveilles: à propos des Grecs en Grèce». *Revue Grecque
            de Science Politique* 1/1: 9-52.

YERASIMOS Stéphane
1992   «L'autre Alexandre». *Politique étrangère* 2: 293-308

OFFICE NATIONAL DE LA STATISTIQUE
            Bulletin statistique mensuel. Athènes: Office national de la Statistique (divers
            numéros).

Des coupures de presse des journaux et périodiques grecs et étrangers. Principalement:
Kathimerini, Eleutherotypia, Anti, Oikonomikos Taxydromos et Le Monde.

Sophie Chevalier

«Tradition musicale» et construction identitaire

L'exemple portugais en région parisienne

Si les processus sociaux et culturels liés à l'immigration ont suscité de nombreuses études de la part des ethnologues, c'est rarement, du moins en France, qu'ils ont été abordés à travers les pratiques musicales. Pourtant, des recherches anglo-saxonnes ont clairement montré l'intérêt d'analyser les implications non-musicales de la musique et ses pratiques dans nos sociétés occidentales et urbaines, notamment au niveau de la sociabilité et de l'identité d'un groupe (Finnegan 1989; Tawa 1982; Trimillos 1986)[1].

La réflexion sur la «tradition musicale» proposée ici fait suite à une commande de la Direction de la Musique portant sur les pratiques musicales au sein de l'immigration en France et, dans le cas précis, des Portugais à Paris et dans sa région. Cette recherche

---

[1] R. Finnegan, s'appuyant sur H. S. Becker, propose une monographie des pratiques musicales dans une petite ville anglaise. Elle centre son analyse sur la sociabilité qui s'organise autour et à travers ces pratiques, en distinguant les différents répertoires, et leurs implications non musicales sur la vie sociale de cette ville.

N. Tawa, quant à lui, dresse un portrait général des musiques des immigrés arrivés aux Etats-Unis. Il s'intéresse à la transmission de ces pratiques musicales, à leurs transformations, à l'émergence de nouveaux répertoires et à l'intégration éventuelle de ces musiques dans le répertoire national. Il se penche également sur des trajectoires individuelles de musiciens, les conduisant de leur communauté à la scène américaine.

R. Trimillos centre son analyse sur les pratiques musicales des immigrés philippins aux Etats-Unis. Il dégage de ces observations cinq stratégies autour de la musique: le maintien d'une pratique des musiques traditionnelles, l'utilisation du répertoire des musiques traditionnelles dans de nouveaux contextes, les spectacles d'artistes des pays d'origine, la diffusion de ces musiques dans les mass media et enfin, l'intégration de la musique et des musiciens dans le système musical national. L'analyse de ces stratégies lui permet d'appréhender la construction identitaire autour et à travers les pratiques musicales d'un groupe en situation d'immigration. Nous nous sommes beaucoup inspirée de son analyse pour notre propre recherche.

était «finalisée»: elle devait donner des orientations pour une politique culturelle en faveur de ces musiques. Elle était aussi soumise à une injonction idéologique, le soutien souhaité devant s'inscrire dans une politique d'«intégration» de ces populations en France. Celle-ci renvoie à l'idée d'Etat-nation français (Schnapper 1991), impliquant que les individus négocient seuls leur entrée dans la société d'accueil, qu'il ne s'agit pas de définir un espace juridique propre à une minorité. Ainsi, l'Etat poursuit une politique induisant un certain type de rapports avec les populations immigrées, véhiculant une certaine idée de la citoyenneté, qui n'est pas sans influence dans le domaine culturel, par exemple sur l'attribution des subventions concernant telle ou telle pratique musicale.

De leur côté, les jeunes issus de l'immigration portugaise poursuivent une trajectoire qui leur est propre dans la société d'accueil. Celle-ci induit une construction identitaire observée ici autour et à travers des pratiques musicales, révélatrices des tensions existant entre générations dans cette communauté. Ce projet de «citoyenneté»[2] constitue une sorte de «filtre», à la fois de ce qui va être retenu de leur «portugalité» à l'intérieur de la communauté et de ce qui sera rendu visible dans la société française.

L'enquête elle-même a duré huit mois; géographiquement, elle concerne Paris et sa région[3]. Trois variables d'observation des pratiques musicales ont été choisies (dégagées lors de la pré-enquête): les contextes sociaux, les acteurs et les répertoires. Les contextes sociaux des pratiques musicales observées sont principalement les associations et les fêtes, le plus souvent associatives. Les répertoires sont: le folklore, le fado, les variétés, la musique philarmonique (fanfare), le rock et le rap.

Contextes sociaux des pratiques musicales

Les Portugais immigrés en France sont arrivés dès les années 60, pour des raisons économiques principalement. Il s'agit d'une immigration d'origine rurale, issue en majorité du nord du pays. Les originaires du Portugal et leurs descendants constituent une population importante en France[4], bien qu'elle se soit montrée très discrète jusqu'à maintenant, faisant peu parler d'elle.

[2] Ce projet est explicité par certains jeunes responsables associatifs: «Notre intégration, nous voulons la choisir!» ou «La municipalité doit se rendre compte que nous sommes là ... même si nous ne faisons pas de bruit comme les autres!» ou encore «La communauté se tait trop, Paris est la deuxième capitale du Portugal...»

[3] Outre les originaires du Portugal, elle englobe aussi la communauté lusophone, en particulier les ressortissants du Cap-Vert (Angola, Guinée-Bissau) dont nous ne parlerons pas directement ici.

[4] INSEE 1990: 798.837 personnes de nationalité portugaise en France.

a) Le monde associatif

L'immigration portugaise présente une caractéristique favorisant les pratiques musicales collectives, à savoir son organisation en de très nombreuses associations (entre 600 et 700 associations en France, dont plus de 200 en région parisienne). Parmi les immigrés, les Portugais ont la plus grande «couverture» associative à Paris, puisqu'il y a au moins une association par arrondissement, voire plusieurs. Cette structure produit des groupes qui entretiennent entre eux des liens interpersonnels, en particulier entre les différents responsables associatifs, souvent des rapports de concurrence, ce qui les rend fragiles et éphémères. Les efforts pour fédérer les associations entre elles rencontrent des succès mitigés. La primauté des rapports personnels explique ce fait; il existe néanmoins deux fédérations nationales, localisées en région parisienne.

L'importance des associations est très variable: certaines comprennent moins d'une centaine d'adhérents (celles des arrondissements parisiens), d'autres regroupent en revanche plusieurs centaines de membres (associations de banlieues). Le recrutement est local et se fait de bouche à oreille au sein de la communauté. Toutes les classes d'âge se rencontrent dans les associations et participent aux activités: les enfants accompagnent leurs parents; les adolescents jouent au football, dansent dans des groupes folkloriques ou font du théâtre; les adultes viennent se rencontrer ou boire un verre. Sans connaître exactement la composition sociale de ces associations, on peut tout de même dire qu'elles recrutent leurs membres dans les catégories sociales modestes (ouvriers, employés, petits artisans)[5]. Les jeunes actifs sont souvent des étudiants.

Outre les activités citées ci-dessus, certaines associations, en fonction de leurs moyens financiers et de leurs objectifs propres, y adjoignent un enseignement de portugais, de musique, différentes activités sportives etc. Les associations organisent aussi des fêtes dont la fréquence varie d'une fois par mois à deux ou trois fois par année et qui constituent leurs principales sources de revenus. Les fêtes rassemblent les membres de l'association au même titre que les matchs de football et les sorties des groupes folkloriques. Ces derniers constituent les biens mis en circulation dans les circuits d'échanges entre associations. Ce sont aussi ces deux activités qui se donnent à voir peu à peu à l'extérieur de la communauté. Les équipes de football jouent contre des équipes françaises; les groupes folkloriques sont invités par des municipalités ou des paroisses à se produire devant des publics variés.

Avant tout, les associations se veulent des lieux de rencontres où «il fait bon» se retrouver entre soi, amener ses enfants pour qu'ils parlent le portugais et en même

---

[5]   Il n'existe pas de fichier contenant ce type d'informations.

temps les «avoir à l'œil», trouver un conjoint sur ce «marché matrimonial» communautaire. Parfois, l'association est évoquée comme un creuset où pourraient se mélanger les Portugais de différentes origines régionales.

C'est donc principalement au sein du monde associatif que les Portugais pratiquent leurs musiques, exprimant ainsi leur identité sociale et culturelle; c'est dans ce milieu que leurs enfants sont socialisés à la culture portugaise, comme un prolongement naturel de la famille. Jusqu'à présent, ce type de regroupement communautaire impliquait un certain enfermement et rendait cette population «invisible» aux regards extérieurs.

b) Transformations du monde associatif

Depuis quelques années, cependant, les associations voient leur rôle au sein de l'immigration se transformer sous l'influence des jeunes générations socialisées en France. Les comités de ces associations sont le théâtre d'affrontements entre différentes options, qui peuvent aller jusqu'à entraîner des scissions. Ces conflits recouvrent souvent des tensions entre générations: dans les associations les plus dynamiques, les femmes et les jeunes entrent peu à peu, et non sans mal, dans les comités. En effet, il en va de leur avenir, comme le reconnaissent les membres des associations, d'accepter une nouvelle répartition des pouvoirs, de concilier projets des adultes et vœux des jeunes. Ce processus a surtout des conséquences sur le choix des activités, entre autres musicales. Par exemple, un comité qui comprend une majorité de jeunes pourra introduire la pratique de nouvelles musiques (le rap).

Les associations peuvent être regroupées en trois familles principales, selon les relations qu'elles entretiennent avec la société d'accueil et avec le pays d'origine, et selon les activités proposées. La première est constituée d'associations qui proposeraient des activités traditionnelles (football, folklore, théâtre) et dont les pratiques musicales sont centrées sur le folklore, sans ambition particulière. Elles fonctionnent en réseaux avec d'autres associations portugaises en France et au Portugal (région d'origine du responsable associatif), dont elles invitent les groupes à se présenter lors des fêtes mensuelles qu'elles organisent. Les programmes de celles-ci sont immuables: du folklore, une pièce de théâtre ou du fado et un bal avec un orchestre de variétés. Elles pratiquent une sorte d'«auto-discrimination», excluant ou limitant l'ouverture vers la société française; cette attitude met en péril sa survie, car elle entraîne un désintérêt croissant de la part des jeunes.

La seconde famille, tout en maintenant des activités traditionnelles, tend à s'ouvrir à l'extérieur en proposant des animations musicales aussi pour un public français, au niveau municipal surtout. Elle a des exigences nouvelles au niveau de ses activités, en particulier de la pratique du folklore. Les jeunes et les femmes participent aux comités de ces associations. Cette famille constitue une étape intermédiaire dans un processus d'évolution.

Enfin, la troisième famille se considère en situation d'égalité avec les associations françaises, en référence à la culture portugaise, européenne. Ces associations revendiquent leur double appartenance culturelle et tiennent à s'engager dans leur quartier, dans une démarche de citoyenneté. Elles introduisent de nouvelles activités, de nouvelles musiques, comme le rap ou le rock, et présentent à un public mélangé l'actualité musicale du Portugal.

Ces transformations du monde associatif s'observent tout d'abord dans la synchronie: ces trois familles d'associations coexistent, bien que les deux dernières tendent à supplanter peu à peu la première, qui survit parfois difficilement. Les récits de l'histoire de certaines associations, les itinéraires des responsables associatifs permettent de retracer les grandes lignes de ce mouvement. Cette évolution se fait sous la pression des jeunes, dans leur tentative d'exprimer leur double appartenance culturelle. Ce processus de construction identitaire s'observe dans la définition de ce qu'est la «tradition» portugaise, en particulier musicale, et l'intégration d'autres musiques dont les référents ne sont plus univoques.

DES PRATIQUES MUSICALES

Ces pratiques forment un ensemble de comportements autour et à travers la musique, qui s'articulent et se combinent, et constituent autant d'aménagements identitaires tant collectifs qu'individuels. Elles sont liées à des répertoires particuliers dont la classification proposée ici est fondée sur des catégories indigènes, non savantes (même si celles-ci peuvent se recouper): est considérée ainsi comme musique «traditionnelle» celle que nos interlocuteurs désignent comme telle. Car, de la confrontation entre une musique comprise comme un patrimoine qui aurait lui aussi émigré, et les musiques du pays d'immigration, naît un autre regard sur ses propres pratiques musicales. Les désignations des catégories musicales rendent compte de ces identités, le terme de «musique traditionnelle portugaise» ne recouvre donc pas toujours le même répertoire et, au sein de celui-ci, le même contenu, considéré dans le temps et l'espace (Becker 1988). D'une manière générale, le critère de définition de la «musique portugaise» est le lien que ces musiques entretiennent avec la «portugalité». Cette notion peut englober le «petit pays» d'origine comme l'ensemble du monde lusophone, ce qui signifie des degrés de proximité plus ou moins grands avec ces musiques. La catégorie patrimoniale désignée par «notre musique» est constituée par le répertoire folklorique, celui des fanfares et le fado. Les autres répertoires n'entretiennent des liens avec la «portugalité» que si les paroles chantées sont en portugais et si éventuellement les musiciens sont d'origine portugaise.

La perception de ce qui est «traditionnel» dans ces musiques portugaises doit être mis en relation avec la variable classe d'âge, lié au cycle générationnel dans l'immigration. Les jeunes issus de l'immigration sont socialisés à la fois à la musique portugaise dans le cadre familial et associatif, et aux autres musiques dans le société française. Leurs parents, qui sont encore souvent les détenteurs du pouvoir dans les comités associatifs, sont nés et ont vécu leur jeunesse au Portugal. Là-bas, ils ont participé à des groupes folkloriques, à des fanfares ou à des chorales. Les contextes différents de socialisation conduisent à d'autres définitions de la «tradition». Nous examinerons tout d'abord les musiques désignées comme «traditionnelles», puis l'émergence de nouveaux répertoires liés à l'expression identitaire des jeunes de la communauté.

a) Des musiques dites «traditionnelles»

Pour les Portugais de France, le folklore est par excellence leur musique traditionnelle; néanmoins les avis divergent en ce qui concerne les formes intrumentales et les pratiques chorégraphiques que doit adopter cette musique.

Les désignations des catégories musicales, en particulier traditionnelles, sont le fruit d'une convention autour de la musique entre les différents acteurs sociaux, qui peut se renégocier à tout moment. Dans le cas portugais, la renégociation tend à impliquer l'ensemble de l'immigration, car il n'existe pas de musiciens professionnels[6]. Le statut d'amateur lie fortement l'exécutant et son public, puisque la distance entre eux est faible et les attentes relatives très semblables. Le professionnalisme conduit nécessairement le musicien à s'éloigner de son groupe, à gagner d'autres publics pour des raisons économiques. Surtout, le musicien devient alors un«expert» dans son domaine; son savoir-faire et ses connaissances l'autorisent à imposer sa définition de la «musique» à un public «laïque».

La situation d'immigration, en raison du rôle du contexte d'énonciation et de la position générationnelle de l'énonciateur, introduit une nouvelle dimension dans le processus de désignation. La pratique folklorique désignée comme «traditionnelle» par la plupart de nos interlocuteurs est celle à laquelle ils ont été socialisés au Portugal. Ils tentent de reproduire ces pratiques au sein de groupes en France. La référence est le

---

[6] A part certains artistes de variétés qui se produisent dans le monde entier au sein de l'immigration portugaise.

groupe folklorique de leur lieu d'origine, auquel ils ont appartenu. Pourtant, on voit apparaître depuis quelques années une nouvelle approche du folklore chez les jeunes portugais, qui ont été socialisés à ces musiques au sein de l'immigration. Cette tendance se traduit par une quête autoproclamée d'«authenticité». Les regards sont tournés vers le pays d'origine, vers le Portugal: c'est là-bas que se trouvent les sources de la «tradition authentique». Cette recherche conduit à l'exigence d'une plus grande codification de ces pratiques folkloriques. Leur vision du Portugal, induite par la distance, entraîne plus ou moins obligatoirement une référence et une utilisation de codifications, sous peine d'incohérences et surtout de non-adhésion des pratiques concrètes à ce monde réifié. Les répertoires, les directives concernant l'adéquation entre danse, musique et présentation de soi, viennent du pays d'origine par le biais de la «Fédération du folklore portugais»[7], qui œuvre à codifier ces pratiques et qui en contrôle l'«authenticité». Celles qui se pratiquent en France seraient alors une forme «abâtardie» de la tradition. Ainsi cette fédération, par la voix autorisée de son président, se pose en censeur et gardien de la tradition. On n'observe pas, ou pas encore, parmi les jeunes de l'immigration, des démarches d'investigations personnelles, au Portugal, sur la musique populaire[8].

Ainsi si «musique traditionnelle» se rapporte bien pour tous nos interlocuteurs à la musique folklorique, leur position généalogique dans l'immigration introduit des nuances dans le contenu musical, au niveau de la codification de la pratique. Les primo-arrivants se placent dans le contexte d'énonciation de leur pays d'origine, au moment où ils sont arrivés, pour énoncer ce qu'est leur «musique traditionnelle». Les autres informateurs se situent en France pour désigner une musique originaire d'un espace autre, lointain, désormais objet d'investigations et source d'inspirations.

Cette catégorie endogène de «musique traditionnelle» possède à la fois un aspect performatif – c'est la désignation même qui la crée – et un aspect conventionnel[9]. On postule alors que musiciens amateurs et publics sont implicitement en accord sur la forme et le contenu musical que doivent revêtir la «tradition». Ici, il semblerait qu'on assiste à une rupture de ce lien conventionnel: pour une partie du public, la musique folklorique, telle que pratiquée au sein des groupes, n'est pas la «vraie tradition

---

[7] La création de la «Fédération du folklore portugais» date seulement de 1977, mais elle connaît un développement rapide. Elle regroupe non seulement des groupes folkloriques au Portugal même, mais aussi dans les pays d'immigration portugaise comme la France.

[8] En revanche, c'est le cas parmi certains musiciens portugais, qui ont une démarche d'ethnomusicologue, et dont les musiques s'inspirent très directement de la tradition populaire (par exemple, le groupe «Madredeus»).

[9] Nous utilisons ce terme dans son sens commun.

portugaise». Les conventions sur lesquelles reposaient la définition de la musique et de la danse traditionnelles ne sont plus consensuelles; la polysémie du terme «musique traditionnelle» apparaît clairement. Les nouvelles approche et définition basées sur une attitude esthétique, qui entraînent une autre vision du folklore portugais dans son ensemble, tendent à modifier le regard que porte tout le groupe sur cette pratique (Becker 1988).

D'ailleurs, si nous élargissons notre réflexion sur l'histoire de ces groupes folkloriques, nous retrouvons de nombreux éléments d'analogie avec ce qui s'est passé pour les Amicales d'«originaires»[10] en France. Les premiers groupes d'«originaires» à Paris avaient pour fonction sociale de rassembler leurs membres dans le but de se réunir et de se distraire, entre autres en dansant et jouant de la musique folklorique. Dès 1939[11], on voit apparaître des groupes folkloriques issus des Amicales d'«originaires» (Duflos-Priot 1990). Les groupes s'ouvrent alors vers l'extérieur, se rattachent à des fédérations qui diffusent de l'information et sont garants de l'authenticité de ces pratiques. Parallèlement à ces groupes et en opposition à eux, on observe dans les années 70 un nouvel intérêt pour les musiques traditionnelles populaires de la part de ceux qu'on nomme les «folkeux», jeunes urbains issus des classes moyennes, qui partent à la recherche de l'«authentique» musique populaire, à leurs sources, dans nos campagnes.

De même, dans l'immigration portugaise, le rôle du groupe folklorique[12] est en train de se modifier. D'une fonction de rassemblement d'un groupe restreint, d'objet d'échanges intra-communautaires, il devient un élément d'animation socio-culturelle, de diffusion d'une identité territoriale aux yeux des Portugais de France et des Français. Sa mission est donc de transmettre plusieurs types de messages: aux jeunes d'origine portugaise, une sensibilisation et une socialisation à la culture de leurs parents; à ces derniers, il s'agit d'un «clin d'œil» remémoratif et aux Français, d'une information, voire d'un certain «exotisme» (Duflos-Priot 1989). Ce message est lié à l'expression d'une ruralité mythique (Bolle-Zemp 1991:128-129) et d'un Portugal réifié.

Il faut remarquer que le fado échappe à un processus de redéfinition. Cette musique, d'origine urbaine, alors que les Portugais de France sont le plus souvent issus de milieux ruraux ou de petites villes, et qui se joue dans des établissements spécialisés, n'est appréciée que par un public restreint d'amateurs. Néanmoins, elle est considérée par les Portugais

---

[10] Les Amicales regroupant des Bretons ou des Auvergnats qui vivent à Paris.

[11] C. Faure (1989) a montré l'intégration du folklore dans un projet politique sous Vichy; il en va de même au Portugal sous la dictature, dès les années trente (cf. Pais do Brito). Pour la Suisse, on peut consulter S. Bolle-Zemp.

[12] Les groupes se sont surtout développés à partir de 1975.

comme le symbole par excellence de leur patrimoine musical traditionnel, dont Amalia Rodrigues est l'incarnation. Ainsi le fado serait déjà constitué en un univers distancié et réifié qui ne pourrait être sujet à redéfinition[13].

Cette nouvelle approche de la «musique traditionnelle» articule des dimensions locale et européenne. Une musique ou une danse folklorique a un caractère patrimonial: sa pratique est réservée aux originaires de la région considérée, qui en auraient une connaissance innée, par imprégnation. Plus ce folklore est particulier, plus ce trait se trouve accentué. Ce discours se combine avec un autre évoquant l'Europe: le folklore portugais est européen[14] et c'est à ce titre qu'il est présenté au public (lors de festivals ou de fêtes, le drapeau de l'Europe figure en arrière-scène). Cette dimension européenne est présente aussi lors des fêtes organisées durant l'été au Portugal pour les migrants, auxquelles participent des groupes folkloriques de France, souvent dans un climat de compétition et d'antagonisme (Rocha-Trindade 1991: 133).

Outre la redéfinition de la tradition, cette construction identitaire, qui se fait sous la pression des jeunes issus de l'immigration, conduit à l'introduction de nouvelles pratiques musicales, à une présentation de soi à travers d'autres musiques.

b)   L'émergence de nouveaux répertoires musicaux: manifester sa double appartenance

Certains jeunes, membres d'associations dans lesquelles ils ont réussi à acquérir un peu de poids, se sont lancés dans de nouvelles pratiques musicales. Celles-ci, comme par exemple le rap, sont des répertoires en apparence sans lien avec leur culture d'origine. Car, en général, les seuls éléments de «portugalité» sont l'origine des musiciens et la langue dans laquelle ces musiques sont chantées. Plus précisément, comment ces musiciens manifestent-ils leur double appartenance? Prenons l'exemple d'un groupe de rap[15] dont tous les membres sont d'origine portugaise et certains de la même famille (les groupes folkloriques constituent aussi des regroupements familiaux). Leurs chansons sont en portugais, mais ils souhaiteraient qu'elles soient dans les deux langues. Ils n'hésitent pas à danser habillés d'éléments de costumes folkloriques. Ce groupe se produit en France, surtout au sein des fêtes associatives ou dans des salles de spectacle gérées par des Portugais où se retrouvent la jeunesse d'origine portugaise; il a fait une tournée de concerts au Portugal. Les éléments de «portugalité» sont leur origine, la langue, la

---

[13] Il s'agit d'une hypothèse de notre part, qui serait à suivre.

[14] Un groupe folklorique portugais a d'ailleurs adhéré à une fédération française de folklore.

[15] Ce groupe portugais de rap se nomme «RDVboys», ce qui signifie «Rose des Vents» et qui est le nom de la cité H.L.M. de la banlieue nord où il a son siège et où habitent ses membres.

présentation de soi et le lien avec le Portugal. Leur «francité» s'exprime à travers le nom du groupe, parfois à travers leur public et par la forme musicale qui les relie à l'ensemble des jeunes issus de l'immigration des banlieues françaises. Après une période de réticence et d'étonnement, le groupe a finalement bien été accepté par l'immigration. Les associations manifestent d'une certaine capacité d'«intégration» et d'adaptation, non sans mal pour certaines d'entre elles.

Plusieurs de nos interlocuteurs, qui pratiquent de tels répertoires (rock ou rap), s'interrogent sur leur place de musiciens ou de groupes à la fois par rapport à leur communauté d'origine et à la société française dans laquelle ils vivent. Leur situation n'est pas dépourvue d'ambivalence et de tension: ils revendiquent leur attachement à la communauté portugaise qui est «leur» premier public et désirent en même temps s'ouvrir à un public français ou du moins plus mélangé. Ils se plaignent de subir une sorte d'«enfermement» protecteur. Les contextes d'exécution de leur musique ne traduisent plus, selon eux, leur véritable identité de musiciens. Pendant les années 80, certaines formations de jeunes musiciens (groupes de rock par exemple) se sont heurtées à un autre type d'«enfermement» dans une logique ethnique, qui est celle de la mouvance interculturelle dans laquelle elles sont entrées. Ce mouvement leur a donné la possibilité de jouer devant des publics variés, mais toujours sous le label «rock portugais».

Pourtant le prix à payer pour sortir de leur «enfermement» et atteindre un public français leur paraît très élevé et les fait hésiter. En effet, un musicien qui souhaite se professionnaliser doit prendre un double risque: celui de choisir la musique comme activité principale et celui d'élargir son public, c'est-à-dire de s'éloigner du giron ethnique de son groupe puisque ce dernier ne suffit pas à assurer sa survie financière; il se retrouve ainsi sur le même plan concurrentiel que des groupes français. Le musicien, en tant que porteur d'une identité culturelle définie conventionnellement par le groupe, est placé devant un dilemme: soit garder une proximité avec ledit groupe, qui risque de le maintenir dans un statut d'amateur et de le restreindre dans sa forme musicale, soit acquérir une certaine singularité ou originalité créatrice en fonction de ses compétences (individualisation étrangère à la pratique folklorique, par exemple) afin d'élargir son public. Il semblerait que l'immigration n'encourage pas ou peu cette prise de risques de la part des musiciens, bien qu'en cas de succès elle en soit aussi la bénéficiaire (grâce à un gain différé).

Un label comme celui de «Musiques du Monde» (ou «World Music») permettrait à ces groupes d'élargir leur public, de pénétrer le marché économique et de se profession-naliser. Mais il n'existe pas pour l'instant de formations portugaises en France, issues de l'immigration, qui créent des formes musicales originales, inspirées des musiques traditionnelles, susceptibles de s'inscrire dans ce phénomène. En revanche, les musiques traditionnelles portugaises ou celles qui s'en inspirent s'exportent bien (comme le groupe du Portugal «Madredeus»), sont présentées et programmées en France sous ce label avec un succès considérable.

Une autre transformation du paysage musical des Portugais de France est la découverte et la diffusion de l'actualité musicale du Portugal, tant savante (Tawa 1982: 37)[16] que des groupes plus populaires à succès. Ces groupes, très connus de la jeunesse au Portugal, le deviennent également des jeunes issus de l'immigration grâce aux mass médias communautaires (Radio Alfa) et aux vacances estivales au pays[17]. Ils sont invités à se produire en France par différents organismes, en particulier par des associations. Ils constituent une nouvelle image de l'identité portugaise, à laquelle se réfèrent les jeunes en France.

Une autre référence importante des jeunes issus de l'immigration est la lusophonie. A l'image de la francophonie, la lusophonie est un terme apparu ces dernières années en France, qui regroupe tous les pays dont le dénominateur commun est le portugais. Outre la musique brésilienne qui par son importance possède sa propre autonomie[18], des artistes du Cap-Vert, d'Angola et de Guinée-Bissau travaillent en France et se reconnaissent dans cette lusophonie. Ces artistes participent étroitement à la vie musicale de la communauté portugaise: ils se produisent lors des fêtes associatives ou communautaires («Fête de la Musique»), dans des salles spécialisées pour un public lusophone, et leurs musiques sont diffusées sur les ondes de Radio Alfa. Seule la musique du Cap-Vert bénéficie du label «Musiques du Monde» et, grâce à une artiste comme Cesaria Evora, s'est fait connaître en dehors du monde lusophone en gagnant l'engouement d'un large public.

La redéfinition de la «musique traditionnelle portugaise», l'émergence de nouvelles formes musicales témoignent des constructions d'une nouvelle identité d'un groupe, impliquant une double appartenance, à la fois à la communauté d'origine et à la société française. Ce processus se traduit par de nombreuses tensions et contradictions qui n'échappent pas à nos interlocuteurs eux-mêmes, et dont les théâtres privilégiés sont les associations portugaises. Celles-ci ne peuvent perdurer qu'en intégrant les jeunes et en devenant des lieux de médiation entre générations (Schnapper 1991: 305).

---

[16] Cet auteur montre que la jeune génération issue de l'immigration manifeste souvent de l'intérêt pour la musique savante et les artistes de leur pays d'origine, bien qu'ils n'aient pas été familiarisés à ces répertoires musicaux dans leur milieu familial.

[17] Se sont produits en France ces dernières années dans divers cadres des groupes comme «Xutos e Pontapès», «GNR» ou encore «Rui Veloso».

[18] Il faut remarquer que la langue portugaise (telle qu'elle est parlée au Portugal) n'a pas bénéficié de l'engouement pour la musique brésilienne, par un effet d'entraînement.

En désignant ce qu'est pour eux la «tradition musicale portugaise», les jeunes issus de l'immigration et l'ensemble des Portugais, en intégrant cette nouvelle définition, participent à l'émergence d'une nouvelle tradition. Celle-ci se caractérise par un processus de formalisation, en référence au passé (Hobsbawn 1983: 9) et se construit en adaptant d'anciennes formes et pratiques à de nouvelles conditions et vers de nouveaux objectifs. Cette production d'une tradition se combine avec l'introduction d'autres répertoires musicaux, dont les liens avec la «portugalité» se résument à une langue commune et se réfèrent à un univers géographique nommé «lusophonie».

Ces changements dans les pratiques musicales sont les reflets d'une transformation de l'identité des Portugais vivant en France ainsi que de la reconnaissance d'une double appartenance, impliquant elle-même une multitude de références (Hannerz 1992: 217 sqq.). Cette nouvelle identité est liée à l'émergence de nouveaux projets de cette population immigrée. Par rapport à ses membres eux-mêmes d'une part et, d'autre part, face à la société française. Elle continue par le biais des associations à assurer la cohésion sociale et la socialisation à la culture portugaise des jeunes issus de l'immigration. Cette culture portugaise ne constitue pas la reproduction des modèles et des comportements de la culture du pays d'origine qui seraient hérités des parents, primo-arrivants. Mais on assiste à une sorte de «choix» identitaire[19] (Smith 1981: 157) reprenant certains aspects de cet héritage, jugés compatibles avec un projet de citoyenneté dans la société d'accueil (non-reproduction des rôles traditionnels homme/femme au sein des associations, par exemple). Certains choix sont aussi liés aux transformations de la société portugaise elle-même, comme le statut de la femme.

Cette nouvelle identité gagne en visibilité, car la mobilité sociale des jeunes de la communauté rend nécessaire l'explicitation de celle-ci, à la fois pour soi-même et pour les autres (Gans 1979: 5 sqq.). La première génération d'immigrés possédait des «signes» extérieurs d'ethnicité, qui se donnaient à voir sans devoir être explicités expressément: profession («tous les Portugais sont maçons ou concierges»); quartiers d'habitation («tous les Portugais habitent à Champigny»); accent en français, etc. Il s'agit de réaffirmer sa présence dans la société française, en réclamant un statut de «communauté» dans leur participation à la vie collective, et surtout dans les rapports aux institutions étatiques[20]. Cette position sur la «citoyenneté» diffère de celle prônée par l'Etat dans ses relations

---

[19] Nous faisons référence au concept de «symbolic ethnicity» ou «voluntary ethnicity» développé par H. J. Gans et A. D. Smith.

[20] Les associations ont organisé les premières «Assises de la communauté portugaise de France» sur le thème: «Portugais de France, citoyens d'Europe: état des lieux et avenir». Il s'agissait de réunir l'ensemble des Portugais de France à l'Arche de la Défense, lieu symbolique pour affirmer sa présence puisque l'entrepreneur est portugais.

aux populations issues de l'immigration, politique guidée par une idée d'intégration. En réalité, celle-ci souffre de nombreuses exceptions[21], qui montre l'ambiguïté des politiques de l'Etat et de ses agents à l'égard de ces populations ainsi que les difficiles articulations entre une idéologie nationale et les projets d'une population issue de l'immigration, qui tentent de concilier survie culturelle et place dans une société d'accueil.

BIBLIOGRAPHIE

ANINDO Nayade et Rubens FREIRE
1978   *L'émigration portugaise. Présent et avenir.* Paris: PUF.

BECKER Howard Saul
1988   *Les mondes de l'art.* Paris: Flammarion.

BOLLE-ZEMP Sylvie
1990   «Institutionalized folklore and helvetic ideology». *Yearbook for Traditional Music* XXII: 127-140.
1991   «La voix claire. Conceptions esthétiques et valeurs sociales des chanteurs de la Gruyère». *Cahiers de Musiques Traditionnelles* 4: 117-129.

CAUFRIEZ Anne
1989   «L'ethnomusicologie au Portugal des origines à nos jours». *Bulletin du Centre d'Etudes Portugaises de l'EHESS de Paris* 1: 14-23.

CHEVALIER Sophie (avec la collaboration de M. MAHFOUFI)
1993   *Les pratiques musicales au sein des communautés immigrées: deux exemples. La communauté portugaise à Paris et dans la région parisienne, la communauté maghrébine à Lyon et sa région.* Paris: Direction de la Musique et de la Danse/Société française d'ethnomusicologie.

DO CEU CUNHA Maria
1988   *Portugais de France.* Paris: L'Harmattan.
1991   «Les jeunes Portugaises dans les mouvements associatifs». *Hommes et Migrations* 1141.

DUFLOS-PRIOT Marie-Thérèse
1986   *Enfermement et ouvertures. Les associations portugaises en France.* Paris: CEDEP.
1989   «Les groupes folkloriques et leur utilisation du folklore». *1er colloque d'ethnologie bretonne.* Riec s/Belon, pp. 121-129.
1990   «La danse folklorique et sa théâtralité». *115ème congrès des sociétés savantes.* Avignon, pp. 57-65.

---

[21] D'ailleurs cette recherche débouche, dans un premier temps, sur une politique «communautaire» dans le domaine musical, c'est-à-dire à des actions concernant uniquement les associations portugaises.

FAURE Christian
1989   *Le projet culturel de Vichy. Folklore et révolution nationale 1940-1944.* Lyon: P. U. de Lyon.

FINNEGAN Ruth
1989   *The hidden musicians. Music-making in an English town.* Cambridge: Cambridge University Press.

GANS Herbert J.
1979   «Symbolic ethnicity: the future of ethnic groups and cultures in America». *Ethnic and Racial Studies* II, 1: 1-20.

HANNERZ Ulf
1992   *Cultural complexity: studies in the social organization of meaning.* New York: Columbia University Press.

HOBSBAWN Eric John and Terence RANGER
1983   *The invention of tradition.* Cambridge: Cambridge University Press.

HOMMES ET MIGRATIONS
1989   «Immigration portugaise en France». *Hommes et Migrations* 1123.

LÉVI-STRAUSS Claude
1962   *La pensée sauvage.* Paris: Plon.

PAIS DO BRITO J.
1982   «O estado novo e a aldeia mais portuguesa de Portugal», in: *O fascismo em Portugal.* Lisboa: A regra do jogo.

ROCHA-TRINDADE Maria Beatriz
1991   «Fêtes des migrants», in: ROCHA-TRINDADE Maria Beatriz, *Espaces de fêtes,* pp. 133-139. Lisbonne: Universidade Aberta.

RONSTRÖM Owe
1992   «The musician as a cultural-esthetic broker», in: DAUN Ake, Billy EHN and Barbro KLEIN (eds.), *To make the world safe for diversity,* pp. 162-173. Stockholm: Swedish Immigration Institute and Museum.

SCHNAPPER Dominique
1991   *La France de l'intégration. Sociologie de la nation en 1990.* Paris: Gallimard.

SMITH Anthony D.
1981   *The ethnic revival in the modern world.* Cambridge: Cambridge University Press.

STOKE Martin (ed.)
1994   *Ethnicity, Identity and Music. The Musical Construction of Place.* Oxford: Berg.

TAWA Nicholas
1982   *A sound of strangers: musical culture, acculturation and the post-Civil War ethnic American.* London: The Scarecrow Press.

TRIMILLOS Ricardo D.
1986   «Music and identity: strategies among overseas filipino youth». *Yearbook for Traditional Music* XVIII: 9-20.

Etienne PIGUET

LES COMMERCES ÉTRANGERS DANS L'ESPACE URBAIN

LE CAS DE LAUSANNE

INTRODUCTION

Entre le recensement fédéral de la population de 1980 et celui de 1990, le nombre d'étrangers indépendants actifs dans le commerce s'est accru en Suisse de plus de 75 %, tandis que la population étrangère totale ne s'accroissait que de 32 %. Cette rapide augmentation du commerce étranger contraste avec la stagnation générale du secteur commercial. Elle s'inscrit dans le cadre plus large du développement récent de la création d'entreprises par des personnes d'origine étrangère. La plupart des grands pays d'immigration voient en effet nombre d'anciens migrants quitter leur place traditionnelle de main-d'œuvre dépendante pour mettre sur pied une entreprise indépendante (Waldinger 1990; Body-Gendrot 1992; Piguet 1993). Bien qu'étudié depuis une vingtaine d'années dans les pays anglo-saxons sous le nom d'*ethnic-business,* ce phénomène a jusqu'ici relativement peu attiré l'attention en Europe continentale et tout particulièrement en Suisse. Si, selon les pays, cet entreprenariat prend des formes variées et touche des communautés diverses – développement en France du commerce de proximité maghrébin (Ma Mung et Simon 1990), en Angleterre des épiceries et des ateliers textiles indiens (Werbner 1984; Morokvasic, Waldinger et Phizacklea 1990), en Allemagne du commerce turc (Sen 1991), aux Pays-Bas des épiceries du Surinam (Boissevain 1987) – il ressort des études qui leur ont été consacrées que toutes ces activités sont porteuses d'enjeux qui dépassent leur rôle économique souvent marginal.

– Essentiellement urbain, le commerce étranger est partie intégrante du phénomène de l'adaptation des migrants[1]. Pour les migrants, il est un fournisseur de biens

[1]   Le terme adaptation est utilisé ici pour qualifier de manière générale le rapport du migrant à son pays d'accueil, quelle que soit sa forme (assimilation, intégration, marginalisation etc.) (Berry 1992).

spécifiques, mais aussi un lieu familier où il est possible de retrouver une parcelle du pays d'origine. Pour les autochtones, il représente une expression particulièrement apparente du poids des communautés étrangères dans la ville. *Par sa présence, le commerce étranger visibilise l'altérité,* il marque l'espace quotidien d'une profusion de signes de *différence.* Achalandage, décoration, couleurs, affiches, produits, enseignes président sans doute à l'émergence de lieux symboliques, points de contact et peut-être repères identitaires pour une communauté, mais aussi points de rencontre ou de conflit entre communautés différentes occupant un même espace.

— Le fait que le comportement des immigrés en matière de création commerciale diffère de celui des autochtones vient mettre en doute les analyses traditionnelles de l'entre-prenariat usuellement orientées sur des déterminants objectifs et jugés identiques pour tous. La prise en compte des spécificités culturelles de certains «agents économiques» oblige à s'éloigner du modèle stéréotypé de l'*homo-oeconomicus* pour envisager une analyse qui souligne l'importance de variables socio-culturelles souvent occultées dans l'étude des liens entre migration et économie.

Plusieurs questions sont dès lors posées:
— Quelles sont les formes du commerce étranger? Quelles communautés touche-t-il? Quels secteurs?
— Quelles sont les logiques de l'émergence de tels établissements? Quelles sont les motivations de ceux qui les fondent et quel est le sens qu'ils donnent à leur activité?
— Quel rôle jouent ces commerces dans le processus d'adaptation des populations allogènes à leur nouvel environnement?

Une description générale du phénomène de l'entreprenariat étranger en Suisse (Piguet 1993) ne saurait suffire à répondre à ces questions de manière détaillée. Si les entrepreneurs étrangers agissent dans tous les secteurs économiques, les logiques d'émergence d'une entreprise étrangère ne sont en effet probablement pas les mêmes d'un secteur à l'autre. A l'intérieur même du secteur commercial retenu pour ce travail, il était nécessaire d'effectuer un choix tenant compte à la fois de l'ampleur des phénomènes à étudier, de leurs enjeux et du caractère plus ou moins atypique de l'activité économique exercée par les entrepreneurs étrangers. Nous nous pencherons dans les lignes qui suivent sur le seul commerce d'alimentation qui semble à cet égard particulièrement intéressant:
— c'est un secteur ou les indépendants étrangers ont un poids croissant;
— il ressort des travaux sur l'*ethnic-business* que le commerce d'alimentation est l'un des points de rencontre privilégiés entre les différentes dimensions de l'activité

entreprenariale étrangère évoquées ci-dessus (dimension économique, dimension d'identification, dimension symbolique etc.);
- le secteur alimentaire est porteur d'enjeux urbains importants: la disparition ou le maintien d'un tissu commercial alimentaire de base joue un rôle à l'échelle locale, en particulier auprès des populations les plus défavorisées en matière de mobilité (Ward 1987; Dawson 1983).

Comme on le verra dans le travail qui suit, nous avons choisi, avec la commune de Lausanne (128.000 habitants), un terrain d'investigation exigu. Cette échelle de travail permet de saisir avec finesse les différentes dimensions évoquées plus haut. Sur le plan méthodologique, elle permet une première approche statistique et cartographique des phénomènes, suivie d'un travail plus détaillé qui, au travers d'entretiens, vise à interpréter le sens donné par les commerçants eux-mêmes à leur activité. Cette échelle fine et cette méthode hybride, à la fois quantitative et qualitative, nous semblent indispensables à la compréhension du commerce étranger. Si le développement de celui-ci est bien perceptible à large échelle, c'est au niveau individuel sur leur propre vision subjective du réel que se fondent les commerçants pour agir et c'est au niveau local des communautés et des quartiers que s'expriment tous les enjeux de ces activités.

Le chapitre qui suit présente une première description du commerce étranger à Lausanne. Deux questions nous permettent ensuite de complexifier notre schéma d'interprétation: le chapitre III s'interroge sur la localisation des commerces tandis que le chapitre IV pose, au travers d'entretiens avec des commerçants, la question du sens donné par ceux-ci à leur activité et des motivations et conditions qui la rendent possible.

LE COMMERCE D'ALIMENTATION À LAUSANNE

L'approche systématique du phénomène de commerce étranger pose, en raison du caractère relativement flou de sa définition, une série de problèmes. Par fidélité envers les termes *ethnic business,* et *ethnic trade,* largement acceptés dans la littérature anglo-saxonne, de nombreux auteurs francophones ont choisi de garder la traduction «commerce ethnique» pour désigner toute forme de commerce étranger. Pour Anne Raulin (1986:24), «Le commerce ethnique combine à un degré ou à un autre des éléments d'origine étrangère (le commerçant lui-même, éventuellement ses employés, ses capitaux, la marchandise, sa clientèle...) à exploiter dans un contexte commercial urbain qui lui est allogène». Appliqué sans distinction à l'ensemble des commerces qui présentent des caractéristiques allogènes, le terme ethnique nous semble cependant excessivement chargé d'ambiguïté. Ne risque-t-on pas, en assimilant tout commerce «exotique» à un commerce ethnique, de considérer l'ethnicité comme un attribut essentiel des migrants, permettant d'expliquer en bloc leurs comportements? L'ethnicité nous semble plutôt désigner une forme d'interaction communautaire, caractérisée par la vision qu'un groupe se donne de lui-même, par une affiliation sociale et par des liens de solidarité (Bastenier et Dassetto 1993: 139 et ssq.). Il nous semble dès lors nécessaire de dissocier les caractéristiques propres à certains commerces et qui en font ce que nous appellerons des *commerces étrangers* et les modes de fonctionnement, les causes et le sens de l'émergence de ces commerces qui dans certains cas inciteront à parler de *commerces ethniques*. Nous rejoignons ainsi la définition du commerce ethnique proposée par Emmanuel Ma-Mung (1992: 40): «Il s'agit de l'activité pratiquée par des personnes qui utilisent et s'appuient sur des réseaux de solidarité ethnique sur le plan du financement, mais aussi sur le plan de l'approvisionnement, sur celui du recrutement du personnel et parfois même sur celui de l'achalandage lorsque ce commerce vise en premier lieu comme clientèle la communauté dont est issu le commerçant.»

Si le commerce étranger se développe actuellement de manière marquée à Lausanne, son caractère ethnique doit donc, pour nous, faire figure d'hypothèse. Cette *hypothèse ethnique* apparaît comme une forme d'explication complémentaire à l'approche économique traditionnelle. Elle permet en outre de donner au concept d'ethnicité un caractère essentiellement interactionnel, qui évite de le considérer comme un attribut objectif de certaines communautés.

Les sources d'information traditionnelles, que ce soit au niveau des recensements fédéraux de la population et des entreprises, du registre central des étrangers, des offices cantonaux et communaux, ou des associations de commerçants, ne permettent pas d'acquérir des données détaillées sur l'origine d'un créateur d'entreprise ou sur le type d'activité qu'il exerce. C'est pour cette raison que nous avons effectué, début 1993 en ville de Lausanne, un recensement exhaustif de tous les commerces d'alimentation. L'identification du caractère étranger ou traditionnel d'un commerce se faisait visuellement ou par questionnement direct sur la base d'une définition minimale: «Est étranger tout commerce qui par son propriétaire, son achalandage ou sa raison sociale évoque une origine allogène.» Cette méthode nous a permis de dénombrer 40 commerces d'alimentation étrangers sur un total de 85 commerces d'alimentation en ville de Lausanne. Quarante succursales des groupes Migros, Denner et Coop viennent compléter ce réseau de distribution. L'ampleur du phénomène de commerce étranger est soulignée par ce premier résultat: le commerce d'alimentation étranger représente près d'un établissement sur deux dans la commune de Lausanne, si l'on excepte les grands groupes.

Parmi ces 40 commerces, on trouve la répartition suivante en fonction de l'origine (graphique 1). On notera que les commerces portugais et espagnols n'ont pas été distingués en raison du fait que la plupart présentent à la fois des caractéristiques des deux origines.

Graphique 1: Le commerce d'alimentation étranger à Lausanne

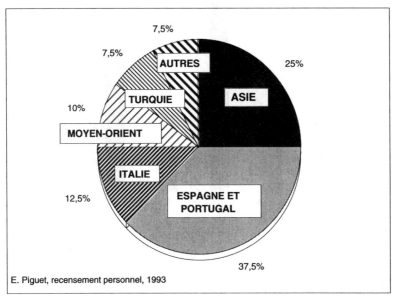

E. Piguet, recensement personnel, 1993

Comment expliquer cette répartition? Le premier élément d'explication du commerce étranger relève de la simple relation offre/demande: l'arrivée d'une cohorte de migrants déclenche l'émergence de besoins spécifiques que des membres entreprenants de la cohorte comblent en mettant sur pied des réseaux d'importation de produits du pays d'origine. Il est logique que les populations les plus fortement représentées dans la ville soient celles qui génèrent le plus grand nombre de commerces. Cette explication n'est cependant pas suffisante. Comme le montre le graphique 2, certaines populations semblent avoir une propension plus forte a créer des commerces. Les immigrés en provenance de Turquie, d'Asie et d'Espagne/Portugal se trouvent fortement sur-représentés, tandis que les migrants italiens et les autres nationalités sont sous-représentés. On ajoutera que certaines nationalités très présentes au sein de la population étrangère (France et Europe du Nord notamment) n'ont généré aucune création commerciale spécifique.

Graphique 2: Part au commerce et dans la population étrangère

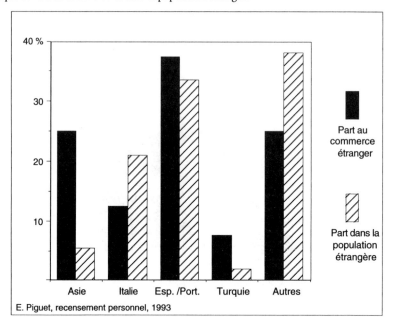

E. Piguet, recensement personnel, 1993

On peut tirer de ces constatations un certain nombre d'hypothèses sur le rôle de différents paramètres en matière de commerce étranger:

- **la durée de la migration**: une immigration rapide et peu étalée dans le temps d'un nombre important de personnes, telle la migration portugaise à destination de la Suisse dès 1985, génère une forte création commerciale qui peut être comprise comme une réponse à la rupture représentée par la migration. Les premières années qui suivent le déplacement sont pour le migrant celles du déracinement, durant lequel les besoins identitaires sont particulièrement forts (Rosental 1990). Dans le cas où la cohorte de migrants de même origine est nombreuse, ces besoins se traduisent entre autres, par l'émergence d'une «niche ethnique» ou d'un «marché protégé» c'est-à-dire par l'existence dans l'économie d'un certain nombre d'activités où la demande d'un sous-groupe de la population ne peut être satisfaite que par des membres de ce même sous-groupe, en raison des compétences particulières dont ils disposent (langue, confiance des clients de même origine, réseaux d'approvisionnement, etc.) (Aldrich et al. 1985; Tsukashima 1990).
- **l'âge de la migration**: les migrations les plus anciennes tendent à être moins représentées au sein du commerce étranger. D'une part, leurs besoins spécifiques

décroissent en raison de l'assimilation progressive de certains membres de la communauté, d'autre part les circuits traditionnels de distribution ont le temps de récupérer et d'intégrer la demande de ces populations à leur achalandage. Le commerce étranger apparaît à cet égard comme un phénomène d'autant plus transitoire que l'assimilation des migrants est rapide. Au niveau individuel, on constate par contre qu'un certain délai (une dizaine d'années en moyenne chez nos inter-locuteurs) sépare l'arrivée du migrant de la mise sur pied d'un commerce, délai qui s'explique par les compétences (linguistiques, administratives, etc.) nécessaires au travail indépendant. De ce double constat, on peut tirer l'idée d'un commerçant étranger jouant le rôle d'interface entre une communauté fraîchement arrivée et une société qu'il a déjà appris à connaître.

– **le regroupement familial**: l'existence d'une communauté étrangère stable, et non de seuls travailleurs immigrés temporaires, semble être une condition d'émergence du commerce étranger. La présence de familles au sein de la population étrangère est un indicateur de stabilité; le modèle du regroupement familial peut être opposé à celui des «Gastarbeiter» destinés à ne faire qu'un court séjour et où seuls les hommes sont concernés (Schnapper 1992). Les Portugais et les Espagnols de Lausanne, qui connaissent un ratio hommes-femmes particulièrement équilibré (respectivement 1,1 et 1,12), comptent une forte présence commerciale. Les Yougoslaves, chez qui ce rapport est plus fort (1,32), de même que les Italiens (1,22), ont par contre une présence relativement faible. Cette hypothèse devrait cependant être examinée de manière plus approfondie à l'aide d'autres indicateurs de l'intensité des liens communautaires, afin de comprendre par exemple la forte sur-représentation turque dans le commerce malgré un ratio de 1,4.

– **la distance**: plus la distance au sens large, c'est-à-dire géographique et culturelle, entre société d'accueil et communauté migrante est grande, plus le besoin de biens spécifiques est marqué. Les produits turcs, asiatiques ou espagnols, à la fois culturellement plus spécifiques et plus difficiles à se procurer dans le réseau de distribution traditionnel, nécessitent de la part de la communauté migrante qu'elle mette sur pied son propre réseau de distribution. Français ou Allemands, pour qui la migration implique un franchissement de distance, une rupture spatiale, linguistique et culturelle minimes, n'éprouvent pas, malgré leur nombre élevé en Suisse, le besoin de créer des commerces tandis que les migrants d'origine turque ou asiatique, pour qui le processus migratoire représente à tous points de vue une rupture considérable, génèrent un nombre important de commerces. A ces considérations sur la demande, viennent s'ajouter, du côté de l'offre potentielle, la différence de catégorie socio-économique entre les migrations de différentes origines, les migrants hautement qualifiés originaires d'Europe du Nord ayant peu d'intérêt à mettre sur pied une activité commerciale aux revenus aléatoires.

De ces quatre constatations émerge bien l'image pressentie d'un commerce étranger qui, au-delà de sa fonction économique, devient un révélateur de la relation des migrants avec l'environnement de la société d'accueil. On peut dès lors tracer un parallèle entre les formes de l'adaptation étudiées par Berry (1992) et l'émergence du commerce étranger. Selon que la relation entre migrants et autochtones prend la forme d'une *assimilation*, c'est-à-dire de l'abandon par les migrants de leurs racines culturelles au profit des valeurs de leur société d'adoption, d'une *intégration*, où les racines sont maintenues mais ne font pas obstacle aux contacts, ou d'une *marginalisation*, où l'immigré vit coupé à la fois de son milieu d'origine et de la société d'accueil, le commerce étranger sera transitoire, durable, ou inexistant. Transitoire dans le cas de l'assimilation en raison de la rapide disparition des caractéristiques propres au groupe migrant, florissant en cas d'intégration en raison des besoin identitaires auxquels il répond, inexistant en cas de marginalisation car les migrants ne disposeront pas des ressources nécessaires à sa mise sur pied. L'actuel développement et la persistance du commerce étranger dans les pays occidentaux peuvent apparaître à cet égard comme indicatifs de nouvelles modalités d'adaptation des migrants, plus orientées vers le maintien de l'appartenance communautaire. Pour la Suisse, qui a toujours privilégié un modèle d'assimilation individuel (voire un modèle de marginalisation dans le cas des saisonniers) et a toujours écarté l'idée de communautés étrangères (Schnapper 1990), le développement du commerce étranger annonce peut-être une modification en cours des modalités de la présence étrangère.

Appréhendé comme un indicateur de phénomènes plus profonds et moins visibles du processus migratoire, le commerce étranger peut donc être vu comme une tentative des migrants de recréer dans leur nouvel espace de vie une parcelle déplacée de leur pays d'origine, un lieu symbolique, fonctionnant comme lien communautaire et comme facteur d'identification. Le développement du commerce étranger serait alors le produit de l'existence, pour les anciens migrants, du clivage identifié par Rosental (1990) entre espace de référence (le pays d'origine) et espace d'appartenance (le pays d'accueil). Il illustrerait les efforts déployés pour faire coïncider ces deux mondes.

Pour la théorie économique de l'entrepreneur, la demande par les migrants de biens introuvables sur le marché génère tout naturellement une offre commerciale destinée à se résorber par la suite au travers de la réaction des secteurs traditionnels de distribution d'une part, de l'assimilation des migrants d'autre part. Les éléments d'explication que nous avons mis en évidence jusqu'ici montrent que le développement du commerce étranger dépasse cette logique mécanique et qu'il doit être compris, dans un cadre de pensée beaucoup plus large, comme une composante importante du processus migratoire. Dans les lignes qui suivent nous poursuivrons cette analyse tout en modifiant notre angle d'approche en envisageant le commerce au travers de ses localisations urbaines.

Il n'existe pas à Lausanne de ségrégation ethnique comparable à celle que connaissent les villes américaines ou de nombreuses villes d'Europe. On compte cependant dans certains quartiers de plus fortes concentrations de populations étrangères de telle ou telle origine. Dans quelle mesure présence immigrée et émergence de commerces spécifiques coïncident-elles? En répondant à cette question, nous pourrons aller plus avant dans la compréhension du commerce étranger.

La carte qui suit (carte 1) illustre la répartition respective des commerces d'alimentation traditionnels et des commerces d'alimentation étrangers entre les 81 sous-secteurs statistiques de la ville de Lausanne (OESES 1991). Le commerce étranger montre une relative concentration face à la dispersion spatiale du commerce traditionnel: 31 sous-secteurs comptent des commerces traditionnels, avec en moyenne 1.4 commerces par sous-secteur, tandis que les commerces étrangers ne sont présents que dans 21 sous-secteurs avec cette fois une moyenne de 2 commerces par sous-secteur. On remarque par ailleurs des concentrations de commerces étrangers sous-gare, dans la zone de la Borde et de Riponne-Tunnel ainsi qu'à la périphérie immédiate du centre, Rue Centrale et Rôtillon.

Quelles sont les raisons de ces répartitions? En bonne logique avec les premiers éléments de notre schéma d'explication, la localisation de la demande, et donc des populations étrangères, devrait être un facteur important d'explication. Afin d'estimer le lien entre localisation de l'offre et localisation de la demande, nous indiquons sur une seconde carte (carte 2) la présence de populations étrangères appartenant aux communautés qui ont une activité commerciale dans l'alimentation (Espagne, Italie, Portugal, Asie, Turquie) et les 40 commerces d'alimentation étrangers de la commune de Lausanne[2]. La corrélation entre présence d'une offre dans un quartier et présence d'une population étrangère apparaît comme positive et significative (r = 0,4). Plus la

---

[2] Les «quartiers vides» sont ceux dont la population et le nombre de bâtiments étaient trop faibles pour être significatifs.

Carte 1: Le commerce d'alimentation à Lausanne

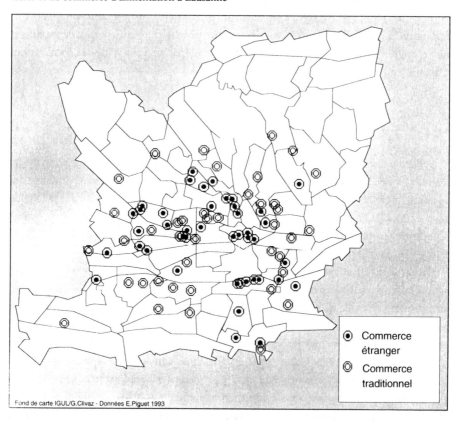

Fond de carte IGUL/G.Clivaz - Données E.Piguet 1993

- ◉ Commerce étranger
- ◎ Commerce traditionnel

population étrangère d'origine espagnole, portugaise, italienne, turque ou asiatique est importante, plus sont nombreux les commerces de ces mêmes origines. Avec 16% de variance expliquée, la relation reste cependant faible et illustre le fait que d'autres variables entrent en ligne de compte.

Ces résultats illustrent l'insuffisance d'une explication de l'émergence de commerces par la seule demande localisée. Une autre dimension doit entrer en ligne de compte. Comme le montrent de nombreux travaux (Ward 1987), l'ouverture d'un petit commerce en zone urbaine est soumise à une double contrainte d'espace disponible et de loyer. C'est ce que nous appellerons la *contrainte sur l'offre*. Au cours des entretiens que nous avons menés avec des commerçants, aucun ne nous a dit avoir choisi son

Carte 2: Commerce et population étrangère

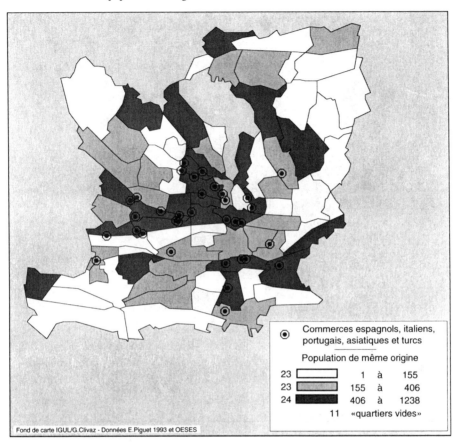

Commerces espagnols, italiens, portugais, asiatiques et turcs

Population de même origine

23		1	à	155
23		155	à	406
24		406	à	1238
		11	«quartiers vides»	

Fond de carte IGUL/G.Clivaz - Données E.Piguet 1993 et OESES

emplacement de plein gré en fonction d'une étude de la demande potentielle. Même si le projet mûrit de longue date, c'est l'opportunité de succéder à un commerce existant avec un loyer minimal qui déclenche la création commerciale. Cet effet déclencheur du lieu disponible ajoute aux critiques d'une réponse automatique de l'offre à la demande en matière de création commerciale. D'une façon générale, la contrainte sur l'offre s'exprime par le fait que les commerces étrangers se localisent préférentiellement dans les zones de bâtiments anciens, synonymes de loyers bas (les loyers des commerces que nous avons interrogés s'échelonnent de 600 à 1200 francs) et d'espace disponible (les zones d'habitation récentes disposent rarement d'espaces commerciaux). La carte 3 illustre ce phénomène.

Carte 3: Commerce étranger et âge des bâtiments

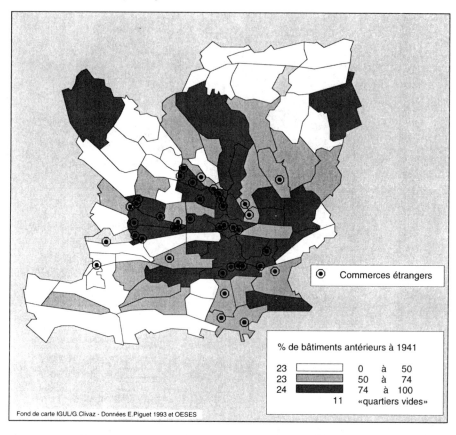

Fond de carte IGUL/G.Clivaz - Données E.Piguet 1993 et OESES

En termes statistiques, l'âge des bâtiments apporte une contribution non-négligeable à notre modèle de localisation: un modèle de régression multiple utilisant la proportion de bâtiments antérieurs à 1941 et la population étrangère comme variables indépendantes explique 27% de la variance du nombre des commerces étrangers. Age des bâtiments et populations étrangères agissent conjointement, mais de manière partiellement indépendante, sur l'offre commerciale. Une demande latente due à la présence d'une communauté ne sera satisfaite que dans la mesure où existent des espaces disponibles pour l'installation d'un commerce.

L'analyse cartographique nous a permis d'approcher la complexité du commerce étranger; elle a principalement mis en évidence l'importance des contraintes qui pèsent sur les créations et les localisations. On pourrait y ajouter toute une liste d'autres contraintes juridiques, linguistiques, financières, etc. qui rendent difficile l'accès d'un étranger à une activité indépendante. Ce travail ayant déjà été fait ailleurs (Boissevain et Grotenberg 1987; Palidda 1991; Piguet 1993), nous allons plutôt adopter un troisième point de vue et tenter, après la répartition par la nationalité et les localisations, de mieux saisir les motivations personnelles des commerçants et leur vision de leur activité. Dans cette dernière partie, nous avons utilisé une méthode peu usuelle en économie mais qui a fait ses preuves dans d'autres disciplines, celle des entretiens semi-directifs (Blanchet 1985).

SENS ET MOTIVATIONS

Cinq thèmes étaient abordés lors des entretiens effectués avec les responsables des commerces d'alimentation recensés en ville de Lausanne: histoire de l'établissement, histoire personnelle et motivations, clientèle, difficultés rencontrées, ressources communautaires et réseau. Portant essentiellement sur des commerces turcs et vietnamiens, ces entretiens, encore exploratoires, permettent déjà d'isoler quelques éléments marquants de la vision des commerçants sur leur propre activité. Nous livrons ces résultats regroupés en fonction des questions auxquelles ils apportent des réponses. Ces interprétations doivent être considérées comme des hypothèses, un travail à venir devrait en fournir un traitement plus systématique.

– Profit et rationalité économique:

«Je travaille comme monteur, ma femme travaille ici avec un employé»
– commerçant kurde de Turquie –

«Je fais peintre, ici ça va pour une femme, j'ai essayé deux mois, mais ça ne va pas»
– commerçant vietnamien –

«J'avais un travail à plein temps avant... je me suis lancée là dedans... j'avais envie de changer un peu, voir autre chose, le monde»
– commerçante vietnamienne –

Les commerçants soulignent tous le peu de rendement économique de leur activité. Ce constat prend tout son sens quand on sait que la majorité des responsables de commerces ont une autre activité professionnelle, à temps partiel ou à temps plein. Le magasin apparaît comme un appoint, voire comme une activité permettant juste de couvrir ses coûts. Plus que le profit, c'est la volonté d'indépendance qui est citée comme principal moteur de la décision, au côté du goût pour l'activité elle-même.

Si le profit n'apparaît pas comme une cause majeure de l'entreprenariat, d'autres formes de rationalité apparaissent cependant. En témoigne ce commerçant vietnamien qui, s'il dit ne couvrir que ses charges avec son commerce, constate *«pour ma sœur c'est le seul emploi possible à cause du français»*. Une rationalité familiale et non individuelle de l'activité apparaît comme une caractéristique importante du commerce étranger. Cette importance de la famille constitue d'ailleurs une ressource essentielle à la survie de l'activité, elle renforce l'hypothèse évoquée plus haut d'une utilisation de ressources communautaires dans l'exercice de l'activité commerciale.

– Rôle communautaire et réseau:

«Ici ce n'est pas un travail qu'on peut faire seul, sans la famille ce n'est pas possible»
– commerçante vietnamienne –

L'aide apportée par la famille est jugée essentielle: frères, sœurs ou cousins viennent relayer le responsable du magasin pendant son travail à l'extérieur ou effectuent durant le week-end les travaux d'approvisionnement (certains se déplacent jusqu'à Bâle, Zurich ou en France voisine). La solidarité de la communauté est aussi évoquée. Le cercle de relations permet de faire face aux pointes de travail, de trouver des employés fiables, de faire de la publicité, etc. Lors de l'un de nos entretiens avec un commerçant kurde, un camion de livraison arrivé après l'heure de fermeture fut déchargé en quelques minutes par une bonne dizaine de personnes. Au niveau de la clientèle aussi, la communauté joue bien évidemment un rôle. La fréquentation des magasins par les clients suisses est faible et de nombreux commerçants la souhaiteraient plus nombreuse. Certains magasins apparaissent cependant comme des points de contacts entre communautés étrangères d'origines différentes. Un commerçant kurde de Turquie place les ex-Yougoslaves parmi ses meilleurs clients (40% de la clientèle) tandis que, pour une commerçante vietnamienne *«Ici, il y a de tout: Suisses, Hindous, Thaïlandais, Cambodgiens, Philippins, Vietnamiens»*.

Si la plupart des commerçants soulignent la concurrence qui règne au sein de leur activité, l'hypothèse d'un réseau de commerces travaillant ensemble n'est pas totalement dénuée de fondement. Outre que les commerçants se connaissent, des accords temporaires existent. La commande groupée de légumes importés directement de Thaïlande par avion régulièrement effectuée par quelques commerçants vietnamiens en est un exemple. Ces coopérations sont cependant d'ordre ponctuel et certains commerçants se plaignent de leur manque d'organisation face à la récupération rapide du créneau exotique par les grands groupes.

L'utilisation par les commerçants étrangers de ressources communautaires renforce *l'hypothèse ethnique* énoncée plus haut, qui voyait dans l'ethnicité un facteur possible de succès pour le commerce étranger. Il semble cependant qu'il faille la complexifier et déboucher sur l'idée d'une *double problématique de l'ethnicité*. D'une part existe dans certaines communautés étrangères un sentiment d'appartenance ethnique symbolique, renforcé par le déracinement de la migration, qui débouche sur un besoin d'identification, auquel les commerces peuvent répondre en jouant le rôle de repères spatiaux et d'espaces de transition (on pourrait parler ici d'ethnicité à usage interne). D'autre part, l'ethnicité apparaît comme une ressource stratégique utilisable par les commerçants, autant à destination de leurs co-ethniques qu'à destination de l'extérieur (Aldrich, Jones et McEvoy 1984). Le soin avec lequel certains commerçants visibilisent leur altérité, au travers de ce que certains chercheurs ont qualifié de véritable mise en scène (Raulin 1986), est un indice d'une utilisation des signes d'ethnicité, à la fois comme référence destinée à renforcer l'attachement commercial des co-ethniques et comme marque d'exotisme destinée à attirer les clients locaux. Cette visibilisation est particulièrement marquée dans les commerces vietnamiens, moyen-orientaux et turcs où musique, achalandage de bibelots (qui, même s'ils sont à vendre, ont selon les commerçants une fonction essentiellement décorative), affiches d'associations ethniques, annonces de fêtes ou d'activités culturelles spécifiques, contribuent à la fois au marquage publicitaire de l'espace commercial, à sa fonction symbolique, et sans doute au renforcement des loyautés nécessaires à sa survie.

CONCLUSION

Notre schéma du commerce d'alimentation étranger s'est peu à peu complexifié au fil des divers points de vue que nous avons adoptés. Si l'existence de déterminants objectifs, tels que la présence en un moment historique d'une demande spécifique due à une importante migration, est bien la cause première du phénomène de commerce étranger, deux constats, l'un fondé sur les localisations, l'autre sur le discours des commerçants nous obligent à tenir compte d'autres dimensions. Ce faisant nous rejoignons le diagnostic posé par C. Withol de Wenden (1979) pour qui «centre d'accueil, d'information, de rencontres, le café arabe, la boutique de l'épicier, le petit restaurant jouent un rôle sécurisant et stabilisant pour la population migrante». Nos observations font prendre conscience de la dimension symbolique des phénomènes étudiés, dimension particulièrement présente dans le commerce étranger, mais dont on sait qu'elle habite toute activité économique (Baudrillard 1972; Dupuy et Dumouchel 1979). Cette constatation n'est pas sans conséquences théoriques: un paradigme de recherche, qui penserait pouvoir isoler et qualifier un acte d'économique et l'expliquer par l'interaction de paramètres eux aussi strictement économiques, voilerait un aspect essentiel des phénomènes. Comme le dit M. Sahlins (1980): «Parce que la production capitaliste apparaît au producteur comme une quête de gain pécuniaire et au consommateur comme une acquisition de biens ‹utiles›, la nature symbolique fondamentale du processus se perpétue entièrement dans le dos des participants.» La nécessité d'une approche globale est dès lors soulignée. L'action conjointe des déterminants économiques usuels décrits par la micro-économie, de facteurs tels que le besoin d'indépendance des individus ou l'aspiration d'un groupe à disposer d'espaces d'identification et de référence, montre la nécessité de construire des passerelles entre des domaines de recherche souvent cloisonnés. Il aura peut-être fallu, en résumé, que le caractère indissociable des champs économique, social, culturel et symbolique prenne la forme chatoyante du commerce d'alimentation ethnique pour que soit mise en lumière une propriété générale de tout acte économique: être un constant mélange de sens.

BIBLIOGRAPHIE

ALDRICH Howard, Trevor JONES and David MCEVOY
1984   «Ethnic advantage and minority business development», in: WARD Robin and JENKINS Richard (eds.), *Ethnic Communities in Business*, pp.189-210, Cambridge: Cambridge University Press.

ALDRICH Howard, John CATER, Trevor JONES, David MCEVOY and Paul VELLEMAN
1985   «Ethnic Residential Concentration and the Protected Market Hypothesis». *Social Forces* 63/4, juin: 996-1009.

BASTENIER Albert et Felice DASSETTO
1993   *Immigration et Espace Public*. Paris, CIEMI: L'Harmattan.

BAUDRILLARD Jean
1972   *Pour une critique de l'économie politique du signe*. Paris: Gallimard.

BERRY Johnd Widdup
1992   «Migration and adaptation in a new society». *International Migration*, vol. XXX: 69-85.

BLANCHET Alain
1985   *L'Entretien dans les sciences sociales*. Paris: Dunod.

BODY-GENDROT Sophie et al. (dir.)
1992   «Entrepreneurs entre deux mondes». *Revue Européenne des Migrations Internationales* 8/1.

BOISSEVAIN Jeremy and Hanneke GROTENBERG
1987   «Surviving in spite of the law, surinamese entrepreneurs in Amsterdam». *Revue Européenne des migrations internationales* 3/1-2: 199-222.

DAWSON John
1983   «Planning for Local Shops». *The Planner*, jan-feb.: 18-19.

DUPUY Jean-Pierre et Paul DUMOUCHEL
1979   *L'Enfer des choses*. Paris: Seuil.

MA MUNG Emmanuel
1992   «L'expansion du commerce ethnique: Asiatiques et Maghrébins dans la région parisienne». *Revue Européenne des Migrations Internationales* 8/1: 39-59.

MA MUNG Emmanuel et Gildas SIMON
1990   *Commerçants maghrébins et asiatiques en France*. Paris: Masson.

MOROKVASIK Mirjana, Roger WALDINGER and Annie PHIZAKLEA
1990   «Business on the Ragged Edge: Immigrant and Minority Business in the Garment Industries of Paris, London and New York», in: WALDINGER Roger et al. (dir.), *Ethnic Entrepreneurs*, pp. 157-176. Londres: Sage.

OESES
1991   *Des habitants et des logements*. Lausanne: OESES (Office d'études socio-économiques et statistiques de la ville de Lausanne).

PALIDA Salvatore
1992   «Le développement des activités indépendantes des immigrés en Europe et en France». *Revue Européenne des Migrations Internationales* 8/1: 83-96.

PIGUET Etienne
1993   «Immigration et emploi indépendant». *Revue Suisse de Statistique et d'Economie Politique* 129/3: 455-471.

RAULIN Anne
1986   «Mise en scène des commerces maghrébins parisiens». *Terrain* 7: 24-33.

ROSENTAL Paul-André
1990   «Maintien/Rupture: un nouveau couple pour l'analyse des migrations». *Annales Economie Société Civilisation* 6: 1403-1431.

SAHLINS Marshall
1980   *Au cœur des sociétés: raison utilitaire et raison culturelle*. Paris: Gallimard.

SCHNAPPER Dominique
1992   *L'Europe des Immigrés*. Paris: François Bourin.

SEN Faruk
1991   «Turkish self-employment in the federal republic of Germany». *International Migration* vol. XXIX, no. 1:124-129.

TSUKASHIMA Tadao
1990   «Cultural Endowment, Disadvantaged Status and Economic Niche: The Development of an Ethnic Trade». *International Migration Review* vol. XXV, no. 2: 333-354.

WARD Robin
1987   «Small Retailers in Inner Urban Areas», in: JOHNSON G. (ed.), *Business Strategy and Retailing,* pp. 275-287. Chichester: John Willey and Sons.

WALDINGER Roger et al. (dir.)
1990   *Ethnic Entrepreneurs.* Londres: Sage.

WERBNER Pnina
1984   «Business on trust: Pakistani entrepreneurship in the Manchester garment trade», in: WARD Robin and Richard JENKINS (eds), *Ehnic Communities in Business,* pp. 166-187. Cambridge: Cambridge University Press.

WITHOL DE WENDEN Catherine
1979   «Les petits commerçants maghrébins», in: *Universalia, Encyclopédia Universalis,* pp. 435-439.

Annemarie SANCAR

ZWANGSMIGRANTINNEN AUS DER TÜRKEI IN DER SCHWEIZ

FORMEN KOLLEKTIVER AUSEINANDERSETZUNG IM SCHWEIZERISCHEN EXIL

Im Zentrum meiner dem vorliegenden Artikel zugrundeliegenden Forschung stehen Prozesse der kollektiven Auseinandersetzung von sozial, wirtschaftlich und politisch marginalisierten ImmigrantInnengruppen mit ihren Lebensbedingungen in der Schweiz. Ihre ProtagonistInnen sind ZwangsmigrantInnen, «Flüchtlinge» aus der Türkei[1], die nach dem Militärputsch von 1980 in der Schweiz um Asyl nachgesucht haben und sich als SympathisantInnen der ML[2]-Organisation «Linker Mond» in der Türkei definieren. Die Daten beruhen auf einem achtjährigen Kontakt mit dem Exilverein dieser Gruppe sowie auf einer zweijährigen systematischen Erhebung (Sancar 1993).

---

[1] Ich ziehe es vor, Begriffe wie Flüchtlinge oder Asylsuchende zu vermeiden, da es sich um politisch aufgeladene, normative Kategorien des Aufnahmelandes handelt (vgl. Sancar 1993). Der Begriff der ImmigrantInnen weist hingegen auf die strukturellen Verflechtungen moderner Gesellschaften, insbesondere auf den Teilaspekt der internationalen Arbeitsteilung hin (Potts 1992, Schierup 1990). Die Bezeichnung «ZwangsmigrantInnen» ist in der Analyse von politischer Integration insofern berechtigt, als damit die spezifischen gesellschaftspolitischen Emigrations-Zusammenhänge (der Militärputsch von 1980 und die folgende Ausnahmezustandspolitik), aus welchen die untersuchte Gruppe stammt, angesprochen werden.
Weil politische Entwicklungen in der Türkei durch die internationale Berichterstattung eine starke «Kurdisierung» erfahren, bedarf zudem die Herkunftsbezeichnung «Türkei» einer Erklärung. Die zusätzliche Kategorisierung «Türkei-Kurdistan» oder «Kurdistan» würde nicht nur den Lesefluss erheblich behindern, sondern vor allem wegen ihrer Ethnisierung irritieren. Abgesehen davon fasst sich die in der Türkei tätige Organisation «Linker Mond», der sich der Exilverein zuordnet, nicht ethnisch, sondern stellt sich über eine am Klassenkampf orientierte Ideologie her.

[2] «ML» steht hier für marxistisch-leninistisch.

Der Artikel ist wie folgt aufgebaut: In der Einleitung werde ich einige Überlegungen zu den Forschungszielen und den methodischen Problemen der «teilnehmenden Beobachtung» anstellen. Im zweiten Abschnitt werden die für das Thema wesentlichen Begriffe erläutert. Im dritten Teil wird ihre Brauchbarkeit an einem Beispiel von ethnisch artikulierter Konfliktbearbeitung des genannten Exilvereins demonstriert[3].

EINLEITUNG

Mein Erkenntnisinteresse in der Migrationsforschung verfolge ich mittels der Verbindung eines gesellschaftstheoretischen Ansatzes mit handlungsorientierten Untersuchungen sozialer Praxis, lokaler Öffentlichkeiten[4] und ihrer Diskurse. Untersucht werden soll eine soziale Sprachpraxis, in der kulturelle Unterschiede markiert werden. Ziel ist es, zu beschreiben, was passiert, wenn in modernen Gesellschaften mit ethnischen Kategorien, der Markierung von Unterschieden als kulturelle und mit multikulturellen Visionen Wirklichkeit konstruiert wird. Auf den konkret untersuchten Zusammenhang hin wird also gefragt: Was geschieht, wenn ImmigrantInnen ihre Lage und Beziehungen mittels Begriffen wie Kultur, kulturelle Werte und Traditionen gestalten und dabei sich selbst und andere in ethnischen Kategorien schildern oder wenn SchweizerInnen als «AktivistInnen» über die «türkische Politik-Kultur» reden? Ethnisierungsprozesse laufen reziprok ab; deshalb müssen sowohl die Ethnisierungspraktiken der ImmigrantInnen als auch diejenigen der Aufnahmegesellschaft oder ihrer Teilsysteme Gegenstand der Untersuchung sein[5].

Weil auch die ForscherInnen in dieses Verhältnis von Fremd- und Selbstethnisierung hineingezogen werden, bedarf es bestimmter Vorkehrungen, mittels welcher die eigene Position reflektiert werden kann. Analytisch wesentlich ist, zwei verschiedene Positionen der Beschreibung zu unterscheiden, nämlich diejenige, von der aus «TeilnehmerInnen einer sozialen Praxis diese beschreiben» und jene (der Wissenschaft), von

---

[3] An dieser Stelle möchte ich Dr. Michael Bommes für seine Diskussionsbereitschaft und kritischen Bemerkungen, die wesentlich zur Ausarbeitung dieses Artikels beigetragen haben, herzlich danken.

[4] Es handelt sich um einen Bereich zwischen dem privaten Raum und dem stark institutionalisierten und zentralisierten nationalen Marktsystem sowie der nationalen politischen Arena. «Bewegung von unten» kann hier deshalb entstehen, weil dieser Bereich trotz der Integration in das weitere System eine relativ autonome Entwicklung aufweist (vgl. Ålund und Schierup 1987).

[5] Zur Konstruktion «ethnischer Minderheiten» in der Schweiz bzw. zum Prozess der «Fremdethnisierung» vgl. die Ausführungen in Sancar (1993:94 ff.), zur konzeptuellen Bearbeitung dieser Zuschreibungsprozesse im Zusammenhang mit nationalstaatlichen Entwicklungen vgl. u.a. Bukow und Llaryora (1988), Balibar und Wallerstein (1990), Radtke (1991), Castles (1991).

welcher aus «eine soziale Praxis und als Teil dieser auch ihre Selbstbeschreibungen beschrieben (wird)» (Bommes 1990:35). Die in meiner Forschung aufgetretenen methodischen Schwierigkeiten, welche die teilnehmende Beobachtung mit sich bringt, lassen sich diesbezüglich folgendermassen fassen: Im Laufe der Untersuchung war die Unterscheidung zwischen wissenschaftlichen und beschreibenden Kategorien der TeilnehmerInnen nicht immer durchzuhalten, weil die InformantInnen mich im Gespräch abwechselnd in die Rolle einer (teilnehmenden) Vertrauensperson und einer (beobachtenden) *yabanci* (Fremde) drängten und insofern selbst von der Unterscheidung Distanz versus Teilnahme sozialen Gebrauch machten. So wurde ich etliche Male in die Praxis der Fremd- und Selbstethnisierung hineingezogen, wenn ich als Schweizerin und Interessierte die Zuschreibung von für sie relevanten Bildern und Kategorien weiterführte.

Gerade wenn es sich um einen politisch relevanten Forschungsgegenstand handelt, ist die sozialwissenschaftliche Perspektive mit grosser Sorgfalt zu entwerfen. Deren «Folgen und Nebenfolgen einschliesslich der vielleicht nicht beabsichtigten, aber unter Umständen zu erwartenden Nebenfolgen der eigenen Arbeit» (Bukow 1993:17-18) sind mit einzubeziehen. Diese Vorsicht darf aber nicht etwa dazu führen, dass sich ForscherInnen der Irritation durch das Fremde komplett zu entziehen versuchen. Diese sollte vielmehr als Ausgangspunkt der Untersuchung genommen werden – wie das in der Ethnologie üblich ist. Erst das Sicheinlassen ermöglicht ein erneutes Heraustreten aus der Verfänglichkeit anziehender fremder Wirklichkeitskonstruktionen und öffnet so den Weg für eine reflektierte Wahrnehmung sozialer Dynamiken.

Die Artikulation ethnischer Unterschiede wird im Kontext von Migration als emische Beschreibung und diskursive Bearbeitung bestimmter Zusammenhänge und Verhältnisse bedeutungsvoll. Beschreibungsformen der InformantInnen erlauben nicht den «geradlinigen Durchgriff auf vermeintlich dahinterliegende soziale und kulturelle Verhältnisse» (Bommes 1990:35); sondern der Diskurs selbst ist die zu untersuchende soziale Tatsache. Bei der sozialwissenschaftlichen Darstellung der Praxis von ImmigrantInnen geht es um die Rekonstruktion des Zusammenhanges, in welchem die InformantInnen selbstethnisierende Abgrenzungen vollziehen. Mir als Vertrauensperson kann z.B. mit ethnisierenden Beschreibungen Verständnis und Solidarität abverlangt werden, der Gebrauchswert von Ethnizität steigt so durch meine Teilnahme an ihrer Rede. Die VereinsbenützerInnen schätzen meine «Parteinahme» für ihre Sache in der Rolle einer «Spezialistin der türkischen Geschichte und Gesellschaft», einer «Kennerin revolutionärer Traditionen», einer «Gegnerin des Neoimperialismus und der bürgerlichen Gesellschaft», einer «Befürworterin des Kampfes der Unterdrückten». Sie bitten mich oft um Rat oder fragen mich um eine konkrete Stellungnahme, in der Annahme, meine

Unterstützung zu erhalten. Wenn ich jedoch das geteilte Diskursfeld verlasse und sie in ihrer mich instrumentalisierenden Rede irritiere, wird es für sie möglich, meine Rolle als *yabanci* (Fremde) situational hervorzuheben und an einer als fremde kulturelle Identität markierten Grenze festzumachen. Meine Zugehörigkeit zu ihrem Kollektiv, an welcher ich forschend und persönlich interessiert bin, wird nicht gänzlich aufgehoben, sondern vorübergehend eingeklammert. Auch wenn die VereinsbenützerInnen von meiner Anwesenheit profitieren, sei es aufgrund meiner Beziehungen, der mir zugänglichen Infrastruktur oder meiner Sprachkenntnisse, so ist meine Position als Vermittlerin doch auch dadurch bestimmt, dass ich gleichzeitig zu denen gehöre, die aufgrund ihrer Schweizer Staatsangehörigkeit mit über die Lebensbedingungen politischer ImmigrantInnen in der Schweiz bestimmen. Angesichts solcher sozial angelegter Widersprüche in den Positionen der Beteiligten ist es wesentlich für die Analyse, konkret zu untersuchen, wie VereinsbenützerInnen ihr Zusammensein mit mir in verschiedenen Situationen erfassen, welche Positionen sie mir im Gespräch in der Form, in der sie mich kategorisieren, zuteil werden lassen und wie sie so sichtbar machen, wer ich für sie bin (vgl. auch Bommes 1993:97-99).

INTEGRATION, ETHNIZITÄT, SELBST- UND FREMDETHNISIERUNG

Von zentraler Bedeutung für die Migrationsforschung ist der Kulturbegriff. Kultur fasse ich als sinnhafte Form der Gestaltung des Lebens. Jedes soziale Handeln ist kulturell artikuliert. Kultur als Form des Handelns bezeichnet ein Potential, welches gesellschaftlichen Wandel ermöglicht und zum Ausdruck bringt. Zu fragen ist nach den unter historischen Bedingungen selektiv erfolgenden, nie eindeutig festgelegten sozialen Anschlüssen an kulturell begründete Praxisformen. Bedeutungsvoll wird soziales Handeln durch die je ergriffenen Möglichkeiten des Anschlusses. Seine Bedeutung wird nicht zuletzt sichtbar durch das Nichtergreifen kulturell bereitgehaltener alternativer Anschlussmöglichkeiten.

Im migrationsspezifischen Zusammenhang insbesondere der «Multikulturalismus»-Diskussion empfiehlt es sich, den Begriff allgemein zu fassen, um die üblichen Einengungen in diesem Feld, v. a. das Kurzschliessen von Kultur und Gesellschaft, Kultur und Nationalstaat, Kultur und Minderheiten, zu vermeiden. Ausgehend von einem solchen Kulturverständnis versuche ich daher, die Praxis von ImmigrantInnen sachhaltig und bezogen auf die für sie bedeutsamen gesellschaftlichen Zusammenhänge konkret zu beschreiben.

Weiter verwende ich die Begriffe von Integration, Ethnizität und Ethnisierung als zentrale Instrumente zur Beschreibung von Mustern kollektiver Auseinandersetzung von ImmigrantInnen in der Schweiz[6]. Integration, in diesem Kontext für den Sonderfall der ZuwanderInnen reklamiert[7], meint den Prozess der Reproduktion von «ImmigrantInnen» innerhalb eines gegebenen Migrationskontextes, welchen die ZuwanderInnen in der Herstellung neuer Bedeutungswelten und Praxisformen bearbeiten (Ålund und Schierup 1987). Die Beschreibung der Manifestationen migrationsbedingter Auseinandersetzungen als «kulturelle Überbleibsel» ist eine mit dem Paradigma von Tradition und Moderne argumentierende Konstruktion von vermeintlichen Anachronismen und insofern verzerrend. Handlungs- und Interpretationsmuster im Kontext der Migration sind dem gegenüber jedoch als Handhabung und Fortsetzung von Modernisierungsprozessen zu fassen (Sancar 1994). Diese allgemeine Feststellung ist insbesondere für die Klärung von Ethnisierungsprozessen bedeutsam.

Prozesse der Fremd- und Selbstethnisierung verlaufen reziprok und stützen sich so gegenseitig. Dies zeigt sich etwa an dem oft spiegelbildlichen Verhältnis der verwendeten Metaphern der Zuschreibungen zueinander. Zum einen sind es Aufnahmegesellschaften, welche «Traditionen» der «Herkunftskulturen» der EinwanderInnen in der Regel entlang nationaler Grenzen in homogenisierender Art selektiv festlegen und diesen besondere Merkmale zuschreiben. Solche Fremdethnisierungen von ImmigrantInnen durch die Aufnahmegesellschaften werden auch durch wissenschaftliche Konzepte wie «kulturelle Distanz» und «kulturelle Unverträglichkeit» abgestützt[8]. Die Traditionalität beobachtbarer Handlungs- und Interpretationsformen von EinwanderInnen wird vorwiegend mit ethnologischen Beschreibungen des Alltags entsprechender Bezugsgruppen in ihrem Herkunftsland zu belegen versucht[9]. Diese ethnologische Sortierung von Lebenszusammenhängen in Herkunfts- und Migrationsländern nach

[6] Ich halte mich bei den folgenden Ausführungen hauptsächlich an Ålund und Schierup (1987, 1992) sowie an Bommes und Scherr (1991).

[7] Die Differenzierung ist sinnvoll, weil in der Sozialarbeit mit ImmigrantInnen («Ausländerarbeit») davon ausgegangen wird, dass diese zwar grundsätzlich integrierbar sind, dass aber mit grösseren Abweichungen zu rechnen ist. Diese Abweichungsvermutung schlägt sich auch in den Apparaten nieder, indem für die Bearbeitung der sozialen Folgen von Immigration besondere Instanzen beauftragt werden. Der Integrationsbegriff wird für ImmigrantInnen also aufgrund ausserordentlicher Inkludierungsbedingungen ein besonderer.

[8] Vgl. zuletzt Hoffmann-Nowotny 1992; kritisch dazu vgl. Sancar und Sutter 1995; zum Verhältnis von Ethnizität und Wissenschaft vgl. Dittrich und Radtke 1990.

[9] Bereits 1980 appelliert Meillassoux an die Ethnologie, sie möge sich aus dem Fremdarbeiterphänomen heraushalten (Meillassoux 1980). Die politischen und sozialtechnischen Folgen der ethnologischen Arbeiten über «Kulturen» von ImmigrantInnen, die «Anbindung der Wissenschaft an die Kulturalisierungsprozesse mittels Planung von Unterschiedlichkeiten» (Ålund 1992) sind von verschiedenen AutorInnen untersucht und kritisiert worden (u. a. Ålund 1992, Radtke 1991, Ålund und Schierup 1992, Bommes und Scherr 1991, Bukow 1993; zur Schweiz vgl. Sancar 1993: 94 ff.).

sogenannten kulturspezifischen Kriterien ermöglicht die Konstruktion von ethnischen Gruppen und ihre entsprechende kategoriale Einteilung.

Zum andern sind es die ImmigrantInnen selbst, welche ihre «Traditionen» herausstellen, indem sie sich auf eine spezifische kulturelle Herkunft berufen. In welchen Zusammenhängen sie dies wozu tun, ist jeweils anhand konkreter Handlungs- und Entscheidungssituationen zu untersuchen.

Fremd- und Selbstethnisierungen werden besonders in Krisen vergesellschaftend wirksam. Die in solchen Zuschreibungsprozessen konstruierte kollektive Zugehörigkeit sucht der Begriff der Ethnizität zu erfassen (Bommes und Scherr 1991). Dabei ist Ethnizität im Migrationskontext eine situationsspezifische Artikulation von sich stellenden Organisationsproblemen. Ethnizität ist also nicht als analytische Kategorie, sondern als eine Organisationsressource zu verstehen, auf welche auch Eingewanderte bei der Beschreibung ihrer Lage im Migrationskontext je nach Situation zurückgreifen. Um die politische Wirksamkeit von Ethnizität bzw. deren mögliche Diskriminierungsergebnisse zu bestimmen, bedarf es der empirischen Analyse konkreter Entscheidungs- und Integrationssituationen, wie dies im folgenden Beispiel demonstriert werden soll.

Die Hungerstreikdebatte

Migrationsgeschichte und Regulierungsmechanismen der Aufnahmegesellschaft bestimmen die Integrationsprozesse von ZwangsmigrantInnen weitgehend. An anderer Stelle habe ich dies im Hinblick auf Ausgrenzungen, welche die von mir untersuchte Gruppe in den Bereichen Nachbarschaft, Lohnarbeit und politische Arbeit erfährt, ausführlich diskutiert (Sancar 1993). Die folgende Darstellung bezieht sich auf ein Beispiel politischer Auseinandersetzung. Es soll aufzeigen, welche Strategien eine Gruppe von ZwangsmigrantInnen entwickelt, um einen, wenn auch minimalen Zugang zur lokalen Öffentlichkeit zu erlangen.

Die Gruppe konstituiert sich im Prozess der migrationsspezifischen Vergemeinschaftung als Verein. Solche Exil-Vereine *(dernek)* umfassen die Räumlichkeiten und das Kollektiv. In der Geschichte der Opposition in der Türkei treten sie als dominantes Organisationsmuster auf[10]. Die VereinsbenützerInnen[11] sehen die Funktion ihres

---

[10] Zur Geschichte der Organisationsform *dernek* in der Türkei vgl. Karpat (1976), zur Organisationweise radikaler politischer Gruppierungen vgl. Landau (1974) und Sancar (1993).

[11] Im untersuchten Verein gibt es keine im schweizerischen Vereinswesen übliche formale Mitgliedschaft.

Vereins analog zu derjenigen der Organisationsstrukturen in der Türkei. Sie verstehen sich als «Auslandvertretung» der ihre Loyalität abverlangenden Organisation «Linker Mond». Vereinsform und -dynamik, wie sie sich in der Schweiz manifestieren, sind als «Exilstruktur» entwickelt, sie widerspiegeln somit eine Form der Auseinandersetzung mit dem Migrationskontext. Teil dieser Form ist die Selbstbeschreibung der Mitglieder als BewahrerInnen der Organisation und ihrer Tradition. Demzufolge sind sie gerade nicht in einem geradlinigen Zusammenhang mit den in der vormigratorischen Phase relevanten Organisationsstrukturen zu verstehen[12], sondern die Bedeutung dieses Rückbezugs ist jeweils konkret aufzuschlüsseln.

Der als spezifische Form der Handhabung von Migration aufgebaute Verein stellt sich als Kollektiv dar, das sich in der Berufung auf eine in der politischen Zugehörigkeit zur Organisation «Linker Mond» in der Türkei verwurzelte, ideologische und symbolische Übereinstimmung sowie im Aushandeln von jeweils gültig gemachten Regeln, Normen und einer vereinsrelevanten Praxis manifestiert[13]. Der Verein kann dabei selbst ein Terrain der Ethnisierung zur Verfügung stellen, auf dem Mitglieder (BenützerInnen und BetreiberInnen) ihre Zugehörigkeit zum Kollektiv durch Bezug auf die gemeinsame türkische Herkunft demonstrieren.

Der Verein ist auf diese Weise Plattform einer institutionalisierten, über ethnische Unterscheidungen Zugehörigkeiten regelnden Öffentlichkeit. Er ermöglicht eine über den privaten Raum der Familie hinausreichende gemeinsame Praxis, die trotz bestehender struktureller Schranken auf dem Wohnungs- und Arbeitsmarkt sowie im Bereich der Bildung eine relative Autonomie herzustellen und Mechanismen der Diskriminierung von ZuwanderInnen öffentlich anzuprangern bzw. sie zeitweise in Frage zu stellen weiss. Vor diesem Hintergrund wurden im Januar 1991 im Vereinslokal rund 20 VereinsbenützerInnen, darunter Frauen und Kinder, bei einem solchen Versuch der Infragestellung verhaftet und verhört. Nach mehreren Stunden wurden sie

---

[12] Dies gilt auch für alle anderen Formen von MigrantInnenkollektiven (Kultur- und Sportvereine, religiös verfasste Vereine, Verwandtschaftsgruppen oder *hemsehrilik* – aus der gleichen Region stammend). In keinem Fall lässt sich über die Selbstdarstellung von MigrantInnen direkt auf das soziale Leben schliessen, welches dieselben in der Türkei geführt haben. Allein das Hervorheben von möglichen Zusammenhängen solcher Organisationstraditionen mit migrationsspezifischen Handlungsweisen bringt methodische Probleme mit sich, da in das Verständnis solcher Muster implizit ein Verständnis der sozialen Bedingungen, denen sie entstammen, eingeht (vgl. Bommes 1993).

[13] Im Rahmen des Vereinsalltags (Restaurant, Seminarraum, Treffpunkt) und der politischen Veranstaltungen werden Normen durchgesetzt sowie ideologische und symbolische Zugehörigkeiten festgelegt.

wieder aus dem Polizeigewahrsam entlassen. Vier Vereinsbetreiber wurden später verhaftet und in verschiedene Gefängnisse überführt, wo sie ein Jahr in Untersuchungshaft bleiben mussten.

Schweizerische, den Vereinsleuten ideologisch nahestehende Gruppierungen und aus der asylpolitischen Bewegung hervorgegangene «Interessenvertreter der Flüchtlinge» reagierten schnell. Für sie stellte dieser gewaltsame Eingriff der Polizei ins Leben der Flüchtlinge eine nicht tolerierbare Form der Kriminalisierung von ImmigrantInnen dar. Sie entschlossen sich daher, zusammen mit den Angehörigen der Verhafteten öffentliche Protestaktionen durchzuführen. Die geplante Zusammenarbeit machte die ethnisch markierten Grenzen dieser Öffentlichkeit (des Vereins also) nach aussen durchlässig und weichte sie partiell auf. Es kam zu gemeinsamen Sitzungen und Aktionen[14]. Die unterstellte ideologische Übereinstimmung, ein in Anspruch genommener Internationalismus sowie eine kaum differenzierte Solidaritätserwartung in der gemeinsamen Protestkommunikation bildeten vorderhand genügend Basis, um die Zusammenarbeit voranzutreiben und gemeinsam in der Öffentlichkeit aufzutreten.

Schliesslich entschieden sich die Vereinsleute, aus Solidarität mit den inhaftierten, das Essen verweigernden Kollegen, selbst einen Hungerstreik durchzuführen[15]. Von den SchweizerInnen wurde Unterstützung (etwa bei der Raumsuche) erwartet. Diese distanzierten sich jedoch von dem, sich an der Hungerstreikpraxis in der Türkei orientierenden Vorhaben. Es kam zu heftigen verbalen Auseinandersetzungen, die beinahe zum Abbruch der realisierten Zusammenarbeit geführt hätten.

Aus der Sicht beteiligter SchweizerInnen stellte der Hungerstreik in den gegebenen politischen Verhältnissen kein geeignetes Mittel symbolischer Politik dar, mit dem man die Öffentlichkeit wirksam im Hinblick auf den verfolgten Zweck erreichen konnte. Die Einheimischen distanzierten sich aber nicht nur von der geplanten Aktion, sondern kennzeichneten diese als «typisch türkisch». Begründet wird der Bruch also zum einen mit dem Verweis auf differierende Auffassungen, zum anderen aber mit ethnischer Differenz. Die türkische Linke, so die politische Argumentation, vollziehe eine unzulässige Übertragung politischer Erfahrungen in den Verhältnissen der Türkei auf die Schweiz, ohne sich auf die hier relevanten Konstellationen einzulassen. Die konkrete Konfliktsituation stelle keinen geeigneten Anlass für das Aufbieten solch starker

---

[14] Dazu gehören die Bildung von Komitees, Kontakte mit VerteidigerInnen, Informationsarbeit, Unterstützung der Häftlinge, Teilnahme am Prozess.

[15] Es ist empirisch nachweisbar, dass der Hungerstreik in der Geschichte der politischen Opposition in der Türkei, insbesondere auch des «Linken Mondes», ein wichtiges Instrument symbolischer Politik ist. Dennoch können keine Analogieschlüsse gezogen werden zur Hungerstreikpraxis im Exil, die vielmehr als Form der Handhabung bestimmter Migrationszusammenhänge zu fassen ist.

symbolischer Mittel dar, zumal Kräfte ja ohnehin begrenzt seien und deren schneller Verschleiss kontraproduktiv sei.

Diese Kritik verlor im Verlauf der Diskussion jedoch an Gewicht zugunsten einer Begründungsposition, die das Verhalten der Vereinsleute als ein typisch türkisches herausstellte. Alle TürkInnen artikulierten sich politisch so, die türkische Linke bleibe, was sie immer schon gewesen sei, stur und unbelehrbar. Diese pauschale Ethnisierung politischen Verhaltens wurde dann aber weiter aufgeschlüsselt, indem das von den beteiligten SchweizerInnen als «stalinistisch» angeprangerte Verhalten auf die türkische Gesellschaftsstruktur zurückgeführt wurde[16]. Der Stalinismus stiesse in diesen Organisationen aufgrund der im türkischen Kontext durchlaufenen Sozialisation ihrer Mitglieder auf Resonanz. Während an die politische Abgrenzung kaum weitere Diskussionen anschlossen, erwies sich die ethnisierende Beschreibung einer Praxis als anschlussfähig in dem Sinne, dass sie eine wechselseitige Abschottung erst möglich machte, in der linkes Selbstverständnis als Solidaritätsforderung mit ExilantInnen gleichwohl durchgehalten werden konnte: Nicht politische Differenzen müssen so ausgetragen werden, sondern «linke» Einheit scheitert an ethnokultureller Differenz.

Eine solche Begründungslogik lässt der Frage nach dem Sinn eines in den Augen der Einheimischen überdramatisierten Verhaltens jedoch keinen Raum. Dass politische Radikalität tatsächlich eine im Migrationskontext relevant gewordene Form der Bearbeitung von Diskriminierung sein kann, wird nicht zugelassen.

Die Vereinsleute ihrerseits zogen sich auf Muster und Symbole zurück, mit welchen sie ihre spezifische Bindung an die Herkunftsgesellschaft herausstellten. Die Festnahme ihrer Kollegen in der Schweiz interpretierten sie vor dem Hintergrund ihrer politischen Erfahrungen in der Türkei als politisch repressiv und willkürlich. Sie beriefen sich auf die revolutionäre Notwendigkeit des Hungerstreiks, ein Muster, welches für sie ortsungebundene Gültigkeit hatte. Diese Form der Konfliktbearbeitung besass für sie offensichtlich eine konstitutive Kraft der Begründung von Gemeinschaftlichkeit unter Druck. Wer am Hungerstreik teilnahm, wer sich also mit diesem Mittel einverstanden erklärte, bekannte sich zur Vereinszugehörigkeit und damit zur geteilten Geschichte in Abgrenzung zu den beteiligten Schweizer Organisationen. Unter schwierigen Bedingungen des MigrantInnendaseins wie auch je konkreter Konfliktaustragungen gewinnen aber solche geteilten Geschichten den Charakter von (Gründungs-)Mythen, die nachfolgend nur bei Risiko des Ausschlusses in Frage gestellt wer-

---

[16] Hierarchie, interner Gehorsam, straffe Regeln, so ein Vertreter der Schweizer Linken im Gespräch mit mir, würden auf die vertikal organisierte patriarchalische Gesellschaftsstruktur der Türkei hinweisen, anders könne er sich ein solches Verhalten nicht erklären.

den können. Eben darin liegt ein Gebrauchswert des Rückbezugs auf politische Organisationserfahrungen im Herkunftsland: Er gewinnt mythologische Kraft zur Begründung von Gemeinschaftlichkeit, die von den Beteiligten unter den für sie gültigen Lebensbedingungen nicht ohne weiteres aufgegeben werden kann. Politische Erfahrung kann daher auch nicht geradlinig in ihrer Gültigkeit und Problematik diskursiv thematisiert werden, dem steht die bezeichnete symbolische Bedeutung für die Konstitution der MigrantInnengemeinschaft im Wege.

Die Bestätigung der eigenen Position erfolgte entsprechend der Abschottung von den Schweizer Linken, welchen bürgerlicher Opportunismus vorgeworfen und politisches Bewusstsein abgesprochen wurde – wie es in den Augen der VereinsbenützerInnen für die kapitalistische Kultur, in diesem konkreten Falle für die SchweizerInnen typisch sei.

Der skizzierte Fall zeigt, wie eine Auseinandersetzung um die Angemessenheit politischer Symbolik in wechselseitige Ethnisierung umschlägt. Der Rückgriff auf ethnisierende Deutungsmuster ist zunächst eine Möglichkeit der Bearbeitung von Ratlosigkeit angesichts der unterschiedlichen Zielsetzungen und Erfahrungen in der politischen Arbeit. Beide Seiten stützen sich wechselseitig in den vollzogenen Abgrenzungen. Der Hungerstreik wurde zum Terrain, auf welchem Konflikte ver-zerrt ausgetragen wurden. Die dabei eingetretene Eskalation erzeugte eine neue ethnische Konfliktkonstellation, die zu ent-zerren weder den schweizerischen Linken noch den Vereinsleuten gelang. Statt einer Neuauslotung der jeweiligen Perspektiven bediente man sich spiegelbildlicher Zuschreibungen. Der Konflikt und die Hungerstreikdebatte wurden nicht analysiert, sondern die erklärten InternationalistInnen beider Seiten mit deklarierter politischer Analysekompetenz verharrten in ethnisierenden Deutungsmustern. Im Verlauf der Auseinandersetzung um die Funktionsweise politischer Öffentlichkeit steigt der Gebrauchswert dieser Abgrenzungsrede dabei umso mehr, je mehr der Konflikt an Schärfe zunimmt, denn bei Eskalation der Fronten ist es für alle Beteiligten einfacher, Grenzen ethnisch zu markieren, statt die verwickelten Kontexte aufzuschlüsseln, welche zu dieser Eskalation und zu Abgrenzungspraktiken geführt haben. Ethnizität gewinnt so als Ressource bei der Bearbeitung von Konflikten im Verlauf ihrer Dynamik noch an Bedeutung. Der Konflikt kann dann auch nicht von innen aufgelöst werden, sondern er verliert aufgrund veränderter Kontexte seine Relevanz. Die Hungerstreikenden beendeten nämlich nach wenigen Tagen ihre Aktion und begründeten dies damit, dass auch die Gefangenen wieder essen würden. Noch bevor es zu einer wegen Terminproblemen einige Male hinausgeschobenen Aussprache zwischen beiden Seiten, den Vereinsleuten und den SchweizerInnen, kam, wurde die Zusammenarbeit wieder aufgenommen. Die «Unterstützung der Inhaftierten» und der «Widerstand gegen die Kriminalisierung von AusländerInnen» werden nun wieder sichtbar gemeinsam weitergeführt. Von der ethnisierenden Abgrenzung kann wieder abgesehen werden, ohne dass das Geschehene nachfolgend geklärt werden muss. Nicht die Aussprache war eine Bedingung für die Weiterführung gemeinsamer Aktionen, sondern die neue Gelegenheit demonstrativer linker Gemeinsamkeit, in der Ethnisierungen überflüssig und andere Anschlüsse möglich werden. Die Wiederaufnahme des Kontaktes durch die schweizerischen Gruppierungen ist v. a. vor folgendem Hintergrund zu verstehen: Kontakte mit VertreterInnen der türkischen Exilvereine und interne Diskussionen über deren Organisationsstruktur und Politikkultur besitzen für bestimmte linke schweizerische Gruppierungen einen symbolisch gruppenkonstituierenden Wert, sofern Exilvereine als Adressaten von Solidarität zugleich immer auch den Adressaten linken Protestes sichtbar machen: Etwa in dem Sinne, dass der Staat als imperialistischer Herrschaftsapparat zu betrachten sei, der MigrantInnen aus der Dritten Welt diskriminiere. Der aus «Sicherheitsgründen» bei Prozessbeginn erfolgte Ausschluss der Öffentlichkeit vom Prozess lieferte dabei den konkreten Anlass zur Wiederaufnahme der Kontakte, der Solidarisierungs- und Protestkommunikation. Die Tatsache, dass die VertreterInnen der schweizerischen Gruppierungen und des Vereins in einer Situation von Konflikteskalation als «Unruhestifter» Gegenstand derselben Ausgrenzungspraxis des Gerichtes wurden, erzeugte eine die markierten ethnischen Grenzen irrelevant machende, gruppenübergreifende Vergemeinschaftung durch Wiedergewinn des gemeinsamen Protestadressats. Dies wird mit einem *halay*, an dem auch die sonst der (schweizerischen) Folklore nicht gerade freundlich gesinnten VertreterInnen der Schweizer Linken teilnehmen, symbolisch manifestiert, obschon bei dieser Tätigkeit eine Ethnisierung auf der Hand liegen würde[17].

Es bedurfte keiner Klärung zum Aufbrechen ethnischer Grenzen. Gerade deshalb muss angenommen werden, dass die so nur faktisch durchbrochenen ethnisierenden Abgrenzungen in anderen Kontexten erneut brauchbar werden. Dies zeigen auch unsere jüngsten Beobachtungen, auf die hier aber nicht eingegangen werden kann[18].

Der Versuch, diese Prozesse darzulegen, war ein schwieriges Unterfangen, nicht zuletzt deshalb, weil die Autorin selbst als Teilnehmerin ins Geschehen eingebunden war. Um beschreiben zu können, was passierte, bedurfte es der Distanzierung von der eigenen Teilnahme, ohne sich damit den Anschluss an das zu beschreibende Feld der Solidarisierung zu verbauen.

---

[17] Dieser Tanz wird u. a. von linken Organisationen für die Mobilisierung der Bevölkerung instrumentalisiert.

[18] Gemeint sind insbesondere Beobachtungen zum Prozessverlauf und zum Umgang beider Seiten mit den Urteilen.

LITERATUR

ÅLUND Alexandra
1992 «Immigrantenkultur als Barriere der Kooperation», in: KALPAKA Anita und Nora RÄTHZEL (Hrsg.), *Migration in Europa, Beiträge des Kongresses «Migration und Rassismus in Europa»*, S. 174-188. Hamburg: Argument Sonderband.

ÅLUND Alexandra und Carl-Ulrik SCHIERUP
1987 *Will they still be dancing? Integration and Ethnic Transfromation among Yugoslav Immigrants in Scandinavia.* Göteborg: Graphic Systems AG.

BALIBAR Etienne und Immanuel WALLERSTEIN
1990 *Rasse, Klasse, Nation. Ambivalente Identitäten.* Berlin: Argument.

BOMMES Michael
1993 *Migration und Sprachverhalten. Eine ethnographisch-sprachwissenschaftliche Fallstudie.* Wiesbaden: Deutscher Universitäts-Verlag.
1992 «Einwanderung in der Bundesrepublik und ihre diskursive Bearbeitung: eine multikulturelle Praxis». *Deutsch lernen* 2: 117-124.
1990 «Die meisten türkischen Väter sind so». *Informationsdienst für Ausländerarbeit* 4: 35-38.

BOMMES Michael und Albert SCHERR
1991 «Der Gebrauchswert von Selbst- und Fremdethnisierung in Strukturen sozialer Ungleichheit». *Prokla* 83: 291-316.

BUKOW Wolf-Dietrich
1993 *Leben in der multikulturellen Gesellschaft; die Entstehung kleiner Unternehmer und der Umgang mit ethnischen Minderheiten.* Opladen: Westdeutscher Verlag.

BUKOW Wolf-Dietrich und Roberto LLARYORA
1988 *Mitbürger aus der Fremde. Soziogenese ethnischer Minoritäten.* Opladen: Westdeutscher Verlag.

CASTLES Stephen
1991 «Weltweite Arbeitsmigration, Neorassismus und der Niedergang des Nationalstaats», in: BIELEFELD Uli (Hrsg.), *Das Eigene und das Fremde: Neuer Rassismus in der Alten Welt?*, S. 129-156. Hamburg: Junius.

DITTRICH Eckhard und Frank-Olaf RADTKE (Hrsg.)
1990 *Ethnizität; Wissenschaft und Minderheiten.* Opladen: Westdeutscher Verlag.

HOFFMANN-NOWOTNY Hans-Joachim
1992 *Chancen und Risiken multikultureller Einwanderungsgesellschaften.* Bern: Schweizerischer Wissenschaftsrat, FER-Bericht Nr. 119.

LANDAU Jacob
1974 *Radical Politics in Modern Turkey.* Leiden: Brill.

MEILLASSOUX Claude
1980   «Gegen eine Ethnologie der Arbeitsmigration in Westeuropa», in: BLASCHKE Jochen und Kurt GREUSSING (Hrsg.), *«Dritte Welt» in Europa. Probleme der Arbeitsmigration*, S. 53-59. Frankfurt: Syndikat.

POTTS Lydia
1992   «Weltmarkt für Arbeitskraft», in: KALPAKA Anita und Nora RÄTHZEL (Hrsg.), *Rassismus und Migration in Europa. Beiträge des Kongresses «Migration und Rassismus in Europa»*, S. 31-34. Hamburg: Argument-Sonderband.

RADTKE Frank-Olaf
1991   «Lob der Gleich-Gültigkeit. Die Konstruktion des Fremden im Diskurs des Multikulturalismus», in: BIELEFELD Uli (Hrsg.), *Das Eigene und das Fremde. Neuer Rassismus in der Alten Welt?*, S. 79-96. Hamburg: Junius.

SANCAR Annemarie
1993   *Ethnische Grenzen – politische Wirksamkeit: Formen kollektiver Auseinandersetzung von ZwangsmigrantInnen aus der Türkei im Schweizerischen Exil.* Diss. Univ. Bern.
1994   «Refugiés de Turquie en Suisse: identité politique et contraintes de l'immigration», in: BOCCO Ricardo et al. (eds.), *Moyen-Orient. Migrations, démocratisations, médiations: enjeux locaux et internationaux*, pp. 71-82. Genève: Presses Universitaires de France.

SANCAR Annemarie und Alex SUTTER
1995   *Eine wissenschaftliche Grundlage für eine künftige Migrationspolitik? Der Beitrag von H.-J. Hoffmann-Nowotny aus kritischer Distanz.* Erscheint demnächst.

SCHIERUP Carl-Ulrik
1990   *Migration, Socialism, and the International Division of Labour: the Yugoslavian Experience.* Avebury: Gower.

Jachen Curdin NETT

SOZIOLOGISCHE ASPEKTE ETHNISCHER KRIMINALITÄT

KRIMINALITÄT – VERSUCH EINER DEFINITION

An dieser Stelle kann und soll selbstverständlich keine Gesamtbetrachtung der verschiedenen theoretischen Ansätze kriminalsoziologischer und kriminologischer Forschung folgen. Aufgrund der Tatsache aber, dass bereits die Definition kriminellen Verhaltens Schwierigkeiten bereitet und im einschlägigen Schrifttum entsprechend die Auffassungen zum Teil divergieren, kann man nicht umhin, wenigstens die mit einzelnen Grundkonzeptionen verbundenen Probleme kurz anzusprechen. Im Anschluss daran soll der Versuch einer eigenen Definition kriminellen Verhaltens unternommen werden.

Legaldefinition

Eine geläufige, einzig dem Kriterium der Legalität Rechnung tragende Definition bezieht den Begriff des kriminellen Verhaltens auf ein Handeln oder Unterlassen, das strafrechtlichen Bestimmungen zuwiderläuft. Wiewohl eine solche Definition insbesondere ihrer Eindeutigkeit wegen durchaus Vorzüge hat, erscheint sie, zumindest aus soziologischer Perspektive, nicht zufriedenstellend. Bekannterweise reflektieren Strafrechtsnormen nicht zu jedem Zeitpunkt die gesellschaftliche Realität. Strafrechtliche Bestimmungen, die gewisse Tatbestände kriminalisieren, werden zum Beispiel oft nicht mehr durchgesetzt, sobald sich die Einstellung einer breiten Öffentlichkeit bezüglich deren Strafwürdigkeit gewandelt hat. Ein beträchtliches Hindernis stellt eine legale Definition der Kriminalität ausserdem für die vergleichende kriminologische Forschung dar. Wegen der unterschiedlichen Ausgestaltung, Verbreitung und Durchsetzung strafrechtlicher Normen in verschiedenen Rechtssystemen sind internationale Vergleiche der Kriminalitätsbelastung schwierig und bestenfalls für ausgewählte Delikte möglich. Insbesondere muss dann jeweils berücksichtigt werden, dass das statistische Kriminalitätslagebild durch die Interdependenz gewisser Deliktarten verzerrt werden kann.[1]

Kriminalität und deviantes Verhalten

Im soziologischen Schrifttum wird das Phänomen der Kriminalität häufig im Rahmen von Theorien abweichenden Verhaltens abgehandelt.[2] Der Begriff der sozialen Devianz umfasst jedoch ein viel breiteres Spektrum sozialen Verhaltens, wovon nur ein kleiner Teilbereich dessen im eigentlichen Wortsinn als kriminell einzustufen ist. Denn jegliches Abweichen von einem als «normal» unterstellten Verhalten kann grundsätzlich darunter subsumiert werden. Kriminelles Verhalten erscheint damit als besondere Teilkategorie abweichenden Verhaltens und sollte entsprechend von anderen Formen der sozialen Devianz möglichst klar abgegrenzt werden.

Utilitaristische Konzeptionen der Kriminalität

Neuere Versuche der kriminologischen Theoriebildung, eine universell anwendbare Kategorie des kriminellen Verhaltens mittels eines individualistisch-utilitaristischen Ansatzes zu schaffen, handeln sich die Probleme aller nutzentheoretischen Konzepte ein: Sie müssen begründetermassen angeben können, welche Handlungsmotive als nutzenorientiert betrachtet werden und welche nicht, d. h. sie haben die Auswahl der Nutzenargumente festzulegen und zu begrenzen. Denn je grösser die Zahl der zulässigen Nutzenargumente ist, desto geringer wird der Aussagewert nutzentheoretischer Erklärungen im konkreten Fall (vgl. Raub 1984: 65). In der Konzeption von Michael Gottfredson und Travis Hirschi zum Beispiel wird der Begriff «crime» definiert als eine Handlung, in welcher Gewalt *(force)* und betrügerische Täuschung *(fraud)* zur Befriedigung des Eigennutzens *(self-interest)* eingesetzt werden, wobei sie das eigennützige Verhalten, der utilitaristischen Tradition folgend, dadurch charakterisieren, dass es an der Steigerung des Vergnügens *(pleasure)* und der Vermeidung von Leid *(pain)* orientiert ist (Gottfredson und Hirschi 1990: 175). Die Autoren unterstellen zudem den kriminell Handelnden eine Tendenz, kurzfristige Vorteile gegenüber langfristigen Optionen zu bevorzugen. Entsprechend identifizieren sie Kriminalität mit der Nei-

---

[1] Die strafrechtliche Verfolgung der Prostitution oder des Handels bzw. Konsums gewisser Betäubungsmittel hat beispielsweise vielfältige Auswirkungen auf eine Reihe anderer Delikte, die in keiner direkten Beziehung zu den oben genannten Delikten stehen.

[2] Zu nennen sind hier vornehmlich Robert King Mertons Anomietheorie (Merton 1949) und die verschiedenen Arbeiten zum Phänomen delinquenter Subkulturen (u. a. Cohen 1955 und Cloward und Ohlin 1960).

gung zu geringer Selbst-Kontrolle (ebd.: 177). Es ist nun meines Erachtens äusserst fraglich, ob eine derartige Definition der Kriminalität nicht eine Vielzahl gemeinhin als kriminell erachteter Verhaltensweisen, die zum Beispiel einen hohen Grad an Voraussicht aufweisen oder selbst-destruktive Züge tragen, schlicht ausser acht lässt und deshalb zu eng konzipiert ist.

Definitionsvorschlag

In eher tentativer Weise soll hier kriminelles Verhalten definiert werden als ein Handeln oder Unterlassen, das eine soziale Norm – unabhängig davon, ob diese legal definiert ist oder nicht – missachtet, und zwar nur insofern diese Norm von der Mehrheit der unter einer gemeinsamen Rechtsordnung zusammengefassten Individuen nicht nur für legitim erachtet wird, d. h. im Weberschen Sinne als «gelten sollend» (Weber 1985:16), sondern auch für den Bestand der gesamtgesellschaftlichen Ordnung als notwendig und durchsetzungsbedürftig angesehen wird. Ein auf diese Weise definierter Begriff der Kriminalität hat den Vorzug, dass er Aufschluss über die «empirische Geltung»[3] der für die Gesellschaft zentralen Normen gibt und damit als Indikator für die Stabilität einer gesamtgesellschaftlichen Ordnung aufgefasst werden kann. Ein analytischer Nachteil dieser Definition besteht gegebenenfalls in der Tatsache, dass sie keinen Unterschied macht zwischen jenen Normbrüchen, die aus der Nichtanerkennung der Legitimität dieser Normen erwachsen, und jenen, die deren Legitimität grundsätzlich nicht in Frage stellen.

ETHNISCHE KRIMINALITÄT

Mit dem Begriff der «ethnischen» Kriminalität soll in diesem Aufsatz ein Phänomen bezeichnet werden, das im sozialwissenschaftlichen Schrifttum – soweit ich es überschaue – bestenfalls am Rande Erwähnung findet. Der Begriff der ethnischen Kriminalität, das sei hier vorderhand nachdrücklich betont, ist keinesfalls mit dem der sogenannten «Ausländerkriminalität» zu verwechseln (vgl. Pilgram 1993). Die engagiert und bisweilen heftig geführte Debatte um die Kriminalitätsbelastung von Immigranten im Vergleich mit der vernakulären Bevölkerung bzw. hinsichtlich der besonderen Kriminalitätsgefährdung der zweiten Generation von Einwanderern soll hier nicht

---

[3] Im Anschluss an Max Weber und Veit-Michael Bader kann die «empirische Geltung einer normierenden Ordnung» (Bader 1989: 317) als eine graduelle Grösse definiert werden, die die Chance bezeichnet, «dass das Handeln *tatsächlich* an ihr orientiert wird» (Weber 1985: 17).

nachgezeichnet werden. Man gewinnt den Eindruck, dass die Kontroverse von beiden Lagern vornehmlich auf der Grundlage vorgefasster Meinungen geführt wird. Statistische Daten und vermeintlich gesicherte wissenschaftliche Erkenntnisse werden entsprechend selektiv nach dem jeweiligen Gesichtspunkt verwertet bzw. bewertet. So wird, um nur zwei Beispiele zu nennen, von Autoren, die eine stärkere Kriminalitätsbelastung von Ausländern bestreiten, zwar mit Recht darauf aufmerksam gemacht, dass die polizeilichen Kriminalstatistiken nur Tatverdächtige erfassen und nicht die relevante Anzahl von Personen, gegen die tatsächlich Strafverfahren eingeleitet werden, und dass deshalb ein «Anzeige- und Polizeieffekt zu Lasten der Ausländer» vermutet werden darf (Geissler und Marissen 1990: 667; vgl. auch Mansel 1988). Auf der anderen Seite jedoch wird an keiner Stelle auch nur ins Auge gefasst, dass ein entsprechend negativer Anzeigeeffekt seitens der Immigranten betreffend gewisser Delikte von Landesgenossen ebenso denkbar ist.[4] Der fahrlässige Umgang mit vermeintlich gesicherten Erkenntnissen kommt u. a. auch dort zum Ausdruck, wo stillschweigend eine eindeutige Beziehung zwischen benachteiligter Soziallage und erhöhter Delinquenzanfälligkeit zwecks Untermauerung der eigenen Argumentation unterstellt wird.[5]

Ethnische Kriminalität, um wieder auf diesen Begriff zurückzukommen, soll als kategoriale Bezeichnung einen spezifisch qualitativen Typus aus der allgemeinen Kriminalität hervorheben. Kennzeichnend für diesen Typus der Kriminalität ist der Sachverhalt, dass die kriminelle Aktivität spezifische Charakteristika aufweist, die durch die «ethnische Zugehörigkeit»[6] bedingt sind. Dies bedeutet, dass eine kriminelle Handlung nur dann das Prädikat «ethnisch» erhält, sofern sie nachweislich unter Ausnutzung der besonderen, für die ethnische Gruppe gegebenen Bedingungen zustande-

---

[4] Gerade im Bereich inter- und intra-ethnischer Auseinandersetzungen, bei denen kriminelle Methoden angewandt werden, muss dies vermutet werden. Willi Fundermann (Kriminalhauptkommissar, Wiesbaden) sieht vor allem auch bei ausländischen Erpressungsopfern eine hohe Dunkelziffer (Fundermann 1985: 351): «Kennzeichnend bei allen Opfern ist das mangelnde Vertrauen in staatliche Organe und deren Möglichkeiten zum Schutz vor Verbrechen.» Er verweist dabei auch auf die begründete Furcht vor möglichen Repressalien, denen Verwandte im Herkunftsland ausgesetzt werden könnten.

[5] Die Komplexität der Beziehung zwischen Soziallage und Kriminalität bringt eine neuere Studie von Günter Albrecht und Carl-Werner Howe deutlich zum Ausdruck (Albrecht und Howe 1992).

[6] Wir folgen hier der Terminologie von Wilhelm E. Mühlmann; dieser definiert den «Ethnos» oder die «Ethnie» als «die grösste feststellbare souveräne Einheit, die von den betreffenden Menschen selbst gewusst und gewollt wird» und betont dabei den Aspekt der «kollektiven Intentionalität» (Mühlmann 1964: 57). Empirisch feststellbare Differenzen in der Sprache, den Handlungsmustern und den institutionellen Gegebenheiten zwischen sozialen Kollektivitäten begründen folglich nur für sich noch keine Ethnie. Dazu ist vielmehr erforderlich, dass die Individuen diese in einem Prozess der Selbstzuordnung ihrer Unterscheidung von Eigen- und Fremdgruppe zugrunde legen (vgl. Giordano 1981: 182 f.).

kommt oder durch eben diese ursächlich zu erklären ist. In idealtypischer Weise lassen sich drei Formen ethnischer Kriminalität unterscheiden:

- kulturell motivierte ethnische Kriminalität,
- politisch motivierte ethnische Kriminalität,
- wirtschaftlich motivierte ethnische Kriminalität.

Kulturell motiviertes kriminelles Verhalten kann in Situationen auftreten, wo die vorherrschende normative Orientierung einer ethnischen Gruppe innerhalb einer durch eine Rechtsordnung konstituierten Gesellschaft mit der vorherrschenden normativen Orientierung in der Gesamtgesellschaft kollidiert. Arno Pilgram bezeichnet den kriminologischen Ansatz, der diesen Aspekt der Kriminalität fremdethnischer Gruppen in den Vordergrund rückt, als die «Kulturkonfliktthese» (Pilgram 1993: 20). Als Beispiel kann man sich ohne Mühe vorstellen, dass sich gewisse in bezug auf das vorherrschende Legitimitätsverständnis im nord- und mitteleuropäischen Raum als kriminell erachtete Handlungsweisen unter dem Gesichtspunkt der Konformität mit «mediterranen Ehrvorstellungen» ursächlich erklären lassen (vgl. dazu Balloni 1992 und Giordano 1992). Um ein weiteres Beispiel zu nennen: Verstümmelungen des weiblichen Genitalbereichs, die traditionellerweise bei gewissen Ethnien als legitime rituelle Handlungen akzeptiert werden, erregen in anderen kulturellen Milieus Empörung und fallen möglicherweise sogar unter den Straftatbestand der vorsätzlichen Körperverletzung.

Politisch motivierte ethnische Kriminalität kann von einer Reihe von Faktoren induziert werden. Diese lassen sich in der Regel zwei Ursachenkategorien zuordnen: Die eine Kategorie umfasst solche Faktoren, die aus den politischen Verhältnissen in der Herkunftsregion von Immigranten resultieren. Politische Repression oder Spannungen zwischen ethnischen Gruppen können zum Beispiel zur Folge haben, dass Konflikte auch im Exil gewalttätig ausgetragen werden. Die Konflikte werden dann gewissermassen exportiert. Die andere Ursachenkategorie umfasst diejenigen Faktoren, die aus den politisch-wirtschaftlichen Bedingungen in der Einwanderungsgesellschaft resultieren. Anhaltende wirtschaftlich oder rechtliche Benachteiligung gewisser ethnischer Gruppen kann einer Radikalisierung ihrer Ethnizitäten[7] Vorschub leisten und beispielsweise Ausbrüche politisch motivierter Gewaltanwendung durch Angehörige derselben begünstigen.

---

[7] Im Anschluss an Ina-Maria Greverus wird hier unter dem Begriff der «Ethnizität» ein Prozess verstanden, «bei dem menschliche Gruppen bewusst ethnische Charakteristika als Abgrenzungskriterien gegenüber anderen Gruppen einsetzen, um in ihrem gesellschaftlichen Dasein bestimmte Ziele zu erreichen» (Greverus 1981: 223).

Wirtschaftlich motivierte ethnische Kriminalität zeichnet sich dadurch aus, dass bei der Begehung krimineller Aktivitäten auf spezifische «ethnische Ressourcen»[8] zurückgegriffen werden kann.

Ohne dabei eine Gewichtung hinsichtlich der relativen Bedeutung der drei Kategorien ethnischer Kriminalität vornehmen zu wollen, soll nur auf den letztgenannten Typus der wirtschaftlich motivierten ethnischen Kriminalität näher eingegangen werden. Diese Schwerpunktsetzung erklärt sich aus dem Sachverhalt heraus, dass zwar einerseits für ethnisch heterogene Gesellschaften eine Vielzahl von vergleichenden Studien vorliegen, die eine unterschiedliche Performanz verschiedener ethnischer Gruppen in den Bereichen legaler wirtschaftlicher Aktivitäten feststellen und diese zu erklären suchen, jedoch andererseits diese Erkenntnisse kaum je auf ihre Relevanz für die Sphäre krimineller wirtschaftlicher Aktivitäten geprüft wurden (vgl. Landa 1981: 361). Diese Arbeit kann im hier gegebenen Rahmen selbstverständlich nicht in umfassender Weise nachgeholt werden. Auf theoretischer Ebene lassen sich indessen einige grundlegende Aussagen aus den Forschungsergebnissen hinsichtlich ethnisch differentiellen wirtschaftlichen Handelns für die Problematik wirtschaftlich motivierter Kriminalität ableiten. Als Ausgangspunkt erscheint die Berücksichtigung von Studien über «ethnische Unternehmer» *(ethnic entrepreneurs)* naheliegend, da die wirtschaftlich motivierte Kriminalität auch eine Form unternehmerischen Handelns darstellt. Im Folgenden sollen anhand eines schematischen Modells – das zumindest der Grundidee nach übernommen wurde (Waldinger, Aldrich und Ward 1990: 22) – die Determinanten dargestellt werden, die tendenziell die Strategien ethnischer Einwanderergruppen im Bereich wirtschaftlichen Handelns bestimmen. Daraufhin können die für die Option krimineller Wirtschaftsaktivitäten relevanten Faktoren ausgesondert werden.

STRATEGIEN ETHNISCHER EINWANDERERGRUPPEN

Die für eine ethnische Gruppe typische Strategie in der wirtschaftlichen Sphäre ist ein Resultat veschiedener Determinanten, die entsprechend dem nachstehenden Schema

---

[8] «*Ethnische Ressourcen*» sind nach Ivan Light «sozio-kulturelle Eigenschaften einer Gruppe, die Unternehmer im Geschäftsleben [folglich auch in der kriminellen Sphäre, der Verf.] zunutze machen, bzw. von denen ihre Gewerbe passiv profitieren. Ethnische Ressourcen bestehen für die jeweilige Gruppe, nicht für einzelne Mitglieder. (...) Typische ethnische Ressourcen sind zum Beispiel das jeweilige kulturelle Erbe, das System gegenseitiger Kreditvereinbarungen, die mangelnde Zufriedenheit, die entsteht, wenn man sich an die vorherrschenden Arbeitsnormen nicht anpasst, reaktive Solidarität, vielfältige soziale Netze, die Absicht wieder in die Heimat zurückzukehren sowie ein Reservoir unterbeschäftigter Landsleute» (Light 1987: 209 f.).

(Schema 1) zwei Dimensionen zugeordnet werden können. Eine Dimension wird gebildet durch die jeweilige Opportunitätsstruktur im Einwanderungsland (ebd.: 21-31) und die andere durch die spezifischen Charakteristika der eingewanderten ethnischen Gruppe (ebd.: 31-46). Während die erstgenannte Dimension den Rahmen für wirt-

Schema 1: Die Herausbildung ethnischer Strategien unter Berücksichtigung der Determinanten der Einwanderungsgesellschaft und der immigrierenden Gruppen

Opportunitätsstrukturen der Einwanderungsgesellschaft

Nachfragestruktur
(in bezug auf Güter und Dienstleistungen bzw. Arbeit und Kapital) innerhalb
– ethnischer Märkte
– vernakulärer Märkte

Angebotsstruktur
(in bezug auf Güter und Dienstleistungen bzw. Arbeit und Kapital)
Mögliche konkurrierende Anbieter sind
– andere ethnische Gruppen
– vernakuläre Anbieter

Institutionelle Determinanten
– rechtliche Regelungen
– soziale Konventionen
– kulturspezifische institutionelle Besonderheiten

Ethnische Strategien

Situative Determinanten
– Migrationsgrund bzw. -zweck
– besondere Zugangschancen zu Märkten der Herkunftsregion

Soziokulturelle Determinanten
– Ethnizität
– kulturspezifische Verhaltensmuster bzw. -normen
– soziostrukturelle Merkmale

Charakteristika der immigrierten ethnischen Gruppen

schaftliches Handeln festlegt, gibt die zweite Dimension Aufschluss über die mobilisierbaren ethnische Ressourcen.

Opportunitätsstruktur der Einwanderungsgesellschaft

Allgemein gefasst bestimmen die zu einem gegebenen Zeitpunkt herrschenden sozioökonomischen und politischen Rahmenbedingungen die Opportunitätsstruktur einer Einwanderungsgesellschaft. Sie beeinflussen die Bandbreite der konkreten Möglichkeiten für wirtschaftliche Aktivitäten und umreissen damit die Struktur der Erwerbschancen für die jeweilige Immigrantenpopulation. Die Opportunitätsstruktur lässt sich aufschlüsseln in eine Angebots-, eine Nachfrage- und eine institutionelle Substruktur.

Auf seiten der Nachfragestruktur ist für die Erwerbschancen von Bedeutung, ob die jeweilige ethnische Gruppe in bezug auf Grösse und Geschlossenheit die kritische Masse zur Herausbildung eigener Märkte bereits erreicht hat. Ist dieser Fall eingetreten, so können Unternehmer die Nachfrage von Konsumenten der eigenen Ethnie nach bestimmten Gütern und Dienstleistungen zunächst besser befriedigen, da sie deren kulturspezifische Präferenzen einzuschätzen vermögen. Haben sich erst einmal ethnische Unternehmer etabliert, steigt mit zunehmender Kapitalisierung der Betriebe auch die Nachfrage nach Arbeitskräften, die aus Gründen, die hier nicht darzulegen sind, vorzugsweise aus der eigenen Ethnie rekrutiert werden. Zur Hauptsache bestimmt jedoch immer noch die Nachfrage nach Gütern, Dienstleistungen und Arbeit auf den ausserethnischen, d. h. den vernakulären Märkten die Art möglicher wirtschaftlicher Aktivitäten der eingewanderten ethnischen Gruppe.

Auf seiten der Angebotsstruktur spielt in bezug auf die Arbeitsmärkte neben dem Ausmass der gesamtwirtschaftlichen Arbeitslosigkeit bzw. Unterbeschäftigung vornehmlich die Existenz und quantitative Zusammensetzung anderer ethnischer Immigrantengruppen eine Rolle, da diese eher um dieselben Arbeitsgelegenheiten konkurrieren. In bezug auf die Güter- und Dienstleistungsmärkte hängen die Erwerbschancen ethnischer Anbieter davon ab, ob vernakuläre Anbieter dieselben Produkte gleich kostengünstig wie die ethnischen Unternehmer anzubieten in der Lage sind. Dieser Sachverhalt ist indes in hohem Masse abhängig von den spezifischen Charakteristika der ethnischen Immigrantenpopulation.

Die institutionellen Determinanten begründen jenen Bereich der Opportunitätsstruktur, der durch normative Regelungen aller Art die Ausgestaltung wirtschaftlicher Aktivitäten und die Wahrnehmung von Erwerbschancen ermöglicht bzw. begrenzt. Dazu gehören rechtliche Regelungen, soziale Konventionen sowie kulturspezifische institutionelle Besonderheiten der Einwanderungsgesellschaft.

Charakteristika der immigrierten ethnischen Gruppen

Die Charakteristika einer immigrierten ethnischen Gruppe bestehen aus einer Kombination situativer und sozio-kultureller Determinanten.

Unter den situativen Determinanten ist der Migrationsgrund bzw. -zweck mit Hinsicht auf die im Einwanderungsland verfolgte Strategiewahl im Bereich wirtschaftlicher Aktivitäten am gewichtigsten. Denn der Migrationsgrund entscheidet über die Rückkehrchance und beeinflusst damit die antizipierte Aufenthaltsdauer im Einwanderungsland,[9] während der Migrationszweck das Aspirationsniveau im wirtschaftlichen Bereich festlegt. Da ausserdem Migrationsphänomene zumeist einen selektiven Aspekt aufweisen, gewinnt in der Regel sowohl der Migrationsgrund als auch dessen Zweck Bedeutung für die qualitative Zusammensetzung der Migrantenpopulation; dabei spielen insbesondere alters,- geschlechts- und ausbildungsspezifische Merkmale der Migranten eine wesentliche Rolle. Zu den relevanten situativen Determinanten zählen zusätzlich die jeweiligen Gegebenheiten in der Herkunftsregion wie beispielsweise deren Ressourcenausstattung oder Besonderheiten der lokalen Marktbedingungen, denn diese können unterschiedliche Chancen für die ethnische Diaspora bezüglich der Vermarktung bestimmter Produkte eröffnen.

Die sozio-kulturellen Determinanten basieren auf jenen Merkmalen, auf die eine ethnische Gruppe im Laufe der Mobilisierung von Ethnizität gewöhnlich zurückgreift. Die gemeinsame Sprache und die geteilte Orientierung an einer tradierten sozialen Ordnung stellen jene Bezugspunkte her, die erst die soziale Konstruktion von Ethnizität ermöglichen. Der Grad an Stabilität der Konstruktion von Ethnizität, welcher durch die Situation in der Diaspora oft verstärkt wird,[10] steht in einem positiven Verhältnis zur Akzeptanz bzw. Geltungschance der sozialen Normen und Institutionen der ethnischen Gruppe und in einem entsprechend negativen Verhältnis zur Anpassungsbereitschaft hinsichtlich derjenigen der Einwanderungsgesellschaft. Ausgeprägte Ethnizität trägt folglich zur Aufrechterhaltung der spezifischen sozialen Organisation und normativen Orientierung der ethnischen Gruppe bei. Dies ist für das wirtschaftliche Verhalten insofern von Bedeutung, als dadurch einerseits ethnisch geprägte Formen wirtschaftlicher Kooperation beibehalten oder sogar intensiviert werden (Light 1987: 207) und andererseits ethisch-religiöse Gebote in besonderem Masse das wirtschaftliche Handeln beeinflussen können. Aus diesem Grund wird die Ausgangsposition

---

[9] Die antizipierte Aufenthaltsdauer im Einwanderungsland hat erhebliche Konsequenzen für die Wahl spezifischer wirtschaftlicher Aktivitäten und für die Intensität, mit der diese verfolgt werden (vgl. Bonacich 1973: 585).

[10] Ivan Light bezeichnet diesen Prozess mit dem Begriff «reaktive Ethnizität» (Light 1987: 207).

einer ethnischen Gruppe im wirtschaftlichen Konkurrenzkampf wesentlich von der Ausprägung ihrer spezifischen kulturellen Orientierung bestimmt.

ZUR DIFFERENTIELLEN BEDEUTUNG KRIMINELLER ERWERBSCHANCEN FÜR ETHNISCHE GRUPPEN – EINE QUALITATIVE PERSPEKTIVE

Im folgenden werden nun einige für das wirtschaftliche Handeln von ethnischen Einwanderungsgruppen relevante Determinanten aufgezeigt, die eine Option in bezug auf die Wahrnehmung krimineller Erwerbschancen begünstigen, und zwar wiederum entsprechend den zwei oben genannten Dimensionen («Opportunitätstruktur» und «Charakteristika der ethnischen Gruppe»). Dabei werden Opportunitätsstrukturen unterstellt, wie sie vornehmlich in west- und mitteleuropäischen Gesellschaften anzutreffen sind.

Begünstigende Opportunitätsstrukturen

Auf seiten der Nachfrage- und Angebotsstruktur für kriminelle Güter und Dienstleistungen wirken grundsätzlich dieselben Mechanismen wie im Bereich der legalen Ökonomie. Auch hier können ethnische Märkte existieren, die Anreize für die Nutzung krimineller Erwerbschancen schaffen. Gewisse Formen des Glückspiels sind bei bestimmten ethnischen Gruppen beliebter als bei anderen, wie beispielsweise das sogenannte «Hütchenspiel» (Roth und Frey 1992: 260), und bieten oft beträchtliche illegale Erwerbsmöglichkeiten. Schutzgelderpressung, die man in gewissem Sinne als Verkauf von Protektion auffassen kann (Gambetta 1988: 128), stösst auf eine grössere Annahmebereitschaft unter Immigranten, die mit den Behörden des Einwanderungslandes nicht vertraut sind oder die, aus welchen Gründen auch immer, deren Kontakt meiden wollen.[11] Eine Nachfrage nach kriminellen Dienstleistungen besonderer Art entsteht durch die Migration selbst. Das sogenannte «Schleppertum» wird zum Beispiel häufig von Landesgenossen organisiert. Zudem bieten sich oft in der Folge noch weitere Möglichkeiten zur kriminellen Ausnutzung der Notlage illegaler Immigranten. Auf den illegalen vernakulären Märkten konkurrieren die verschiedenen ethnischen Einwanderungsgruppen mit der einheimischen Bevölkerung je nach Branche bzw. Deliktbereich mit unterschiedlichem Erfolg. Die relative Konkurrenzfähigkeit

---

[11] Heute setzt sich bei den Strafverfolgungsbehörden indes zunehmend die Erkenntnis durch, dass Schutzgelderpressung längst nicht mehr ein Phänomen ist, das nur unter Angehörigen derselben ethnischen Gruppe auftritt (in bezug auf die BRD, vgl. Hamacher 1986: 212).

einzelner ethnischer Gruppen auf diesen Märkten ist eine Funktion institutioneller, situativer und vor allem sozio-kultureller Determinanten. Auf seiten der institutionellen Determinanten schafft in erster Linie eine gesetzliche Regulierung der Einwanderung, des Aufenthaltsrechts und der Vergabe von Arbeitsbewilligungen, die zwischen nationalen Zugehörigkeiten diskriminiert, differentielle Ausgangsbedingungen für kriminelles Verhalten ethnischer Immigranten. Aber auch seitens der Strafverfolgungsbehörden, so darf vermutet werden, wird den verschiedenen ethnischen Gruppen ungleiche Aufmerksamkeit entgegengebracht, weshalb das ethnisch differentielle Kriminalisierungsrisiko ebenfalls als institutionelle Determinante berücksichtigt werden sollte.

Vorteilhafte Charakteristika ethnischer Gruppen

Die spezifischen Charakteristika ethnischer Einwanderergruppen bieten unterschiedliche Voraussetzungen, sowohl hinsichtlich der Wahrnehmung krimineller Erwerbschancen wie hinsichtlich krimineller Effizienz. Der Migrationsgrund als situative Determinante kann insofern für die ökonomisch motivierte ethnische Kriminalität relevant sein, als dass im Falle gewaltsamer ethnischer Konflikte im Herkunftsland eine Finanzierung durch illegale Geschäfte seitens der ethnischen Diaspora sich geradezu aufdrängt. Dieser Sachverhalt erscheint um so naheliegender angesichts der erwiesenermassen engen Veknüpfung der Netzwerke des illegalen Waffen- und Drogenhandels (vgl. Arlacchi 1989: 211-224). Ausserdem sind für Immigranten aus Regionen, wo bürgerkriegsähnliche Bedingungen herrschen oder wo die Staatsgewalt allgemein schwach oder korrupt ist, die Anreize entsprechend gross, die vorhandenen Netzwerke in der Herkunftsregion auszunutzen, um mit geringem Risiko Zugriff auf vermarktbare illegale Produkte wie beispielsweise Sucht- und Betäubungsmittel zu erlangen.

Gewisse sozio-kulturelle Merkmale einer ethnischen Gruppe kommen gerade bei kriminellen Aktivitäten zum Tragen, die weitläufige internationale Geschäftsbeziehungen erfordern. Dabei gewinnt ein Aspekt in verstärktem Masse an Bedeutung, der bereits für legale Wirtschaftsaktivitäten von Belang ist. Wie Studien über wirtschaftlich erfolgreiche ethnische Minoritäten, sogenannte *middleman minorities*, deutlich gemacht haben, gründet deren Erfolg vornehmlich auf ihrer Fähigkeit, ausgedehnte informelle Netzwerke auszubilden und diese für wirschaftliche Transaktionen auf effiziente Weise zu instrumentalisieren (Light 1987: 209). Dabei kommen ihnen oft traditionell vorgegebene Sozialstrukturen entgegen, die dem Muster des *clan* oder der *extended kinship* entsprechen. In einzelnen organisationstheoretischen Arbeiten wird die höhere Effizienz «clanförmiger» Organisationsstrukturen auch am Beispiel von

Wirtschaftsunternehmen hervorgehoben (Ouchi 1980, Deutschmann 1987 und Deutschmann 1989). Der Vorteil von Netzwerken auf der Basis von Clanbeziehungen entsteht dadurch, dass aufgrund nicht-kontraktueller, auf Vertrauen basierender Austauschbeziehungen die Transaktionskosten[12] bei geschäftlichen Vereinbarungen gesenkt werden. Innerhalb sogenannt clanförmig strukturierter Unternehmen resultiert die Transaktionskostenersparnis aus verringerten Aufwendungen für die Steuerung und Kontrolle der Arbeitsprozesse; denn persönliche Loyalitätsbeziehungen garantieren in höherem Masse als rein kontraktuelle Beziehungen die pflichtbewusste Erfüllung organisationaler Funktionen (Light 1987:209 und Deutschmann 1989:95).

Das den Clanbeziehungen zugrunde liegende Prinzip generalisierter Austauschbeziehungen,[13] das auch typisch ist für Freundschafts-, Verwandtschafts- und Patronagebeziehungen, erleichtert bzw. ermöglicht es, Geschäftsbeziehungen einzugehen, die sich rechtlich kaum oder überhaupt nicht absichern lassen. Aus diesem Grunde schafft ein ausgeprägtes Bewusstsein von Ethnizität oder eine traditionell verankerte Orientierung an der Zugehörigkeit zu einem Clan ideale Voraussetzung für solche Aktivitäten, die gemeinhin unter dem Begriff der «Organisierten Kriminalität» zusammengefasst werden. Die arbeitsteilige Verfolgung krimineller Aktivitäten macht aufgrund der allgegenwärtigen Möglichkeit gegenseitiger Übervorteilung ein Mindestmass an Vertrauen unter den Beteiligten notwendig. Zwar kann dieses Vertrauen durch die Bereitschaft, jederzeit unkooperatives Verhalten mittels rücksichtsloser Gewalt zu sanktionieren, auf ein Mindestmass reduziert werden, jedoch erhöht diese Praxis die Transaktionskosten für eine kriminelle Vereinigung beträchtlich; denn selbstverständlich steigert jede zusätzliche Gewaltanwendung das Risiko strafrechtlicher Verfolgung (vgl. Arlacchi 1989:243-247). Auf kriminellen Tätigkeitsfeldern, die kooperatives Verhalten erforderlich machen und in entsprechender Weise zu den typischen Deliktbereichen der Organisierten Kriminalität gehören, ist deshalb zu erwarten, dass vornehmlich Angehörige solcher ethnischer Gruppen erfolgreich sind, die aufgrund spezifischer soziokultureller Merkmale eine überlegene Organisationsfähigkeit aufweisen. Dazu kann

---

[12] Die Transaktionskosten beziehen sich auf die Gesamtheit der mit der Anbahnung, Durchführung, Überwachung und gegebenenfalls Erzwingung von geschäftlichen Vereinbarungen verbundenen Aufwendungen. Das Konzept der Transaktionskosten wurde von Oliver E. Williamson zu einem vielversprechenden theoretischen Ansatz innerhalb der neoinstitutionalistischen Ökonomie ausgearbeitet (Williamson 1985).

[13] Generalisierte Austauschbeziehungen basieren auf Vertrauen und zeichnen sich durch ihre Langfristigkeit und durch ihre unspezifizierten, jedoch in der Regel weitgehenden gegenseitigen Verpflichtungen aus (vgl. dazu Eisenstadt und Roniger 1984).

zum Beispiel auch eine historisch weit zurückreichende Tradition in der Bildung krimineller Geheimbünde gehören (vgl. Freiberg und Thamm 1992: 9-55).

Conclusio

Eine Analyse wirtschaftlich motivierter ethnischer Kriminalität muss an die Analyse der Strategien legaler wirtschaftlicher Aktivitäten ethnischer Gruppen anknüpfen, denn es gelten für den Bereich der legalen wie der illegalen Wirtschaftsaktivitäten grundsätzlich dieselben Wirkungszusammenhänge. Angewandt auf eine bestimmte Gesellschaft bedeutet dies einerseits, dass deren Opportunitätsstruktur hinsichtlich krimineller Aktivitäten für die verschiedenen ethnischen Gruppen untersucht werden muss, und andererseits, dass die kriminelles Verhalten begünstigenden Charakteristika jeder ethnischen Gruppe ebenfalls in Rechnung gestellt werden müssen. Ethnische Kriminalität wird erst dann zu einem gesamtgesellschaftlichen Problem, wenn von der Opportunitätsstruktur einer Gesellschaft für eine Vielzahl ethnischer Gruppen oder für eine in grosser Zahl vertretenen ethnischen Gruppe starke Anreize für die kriminelle Option wirtschaftlichen Handelns ausgeht und wenn dieselben Gruppen zudem situative und sozio-kulturelle Merkmale aufweisen, die die Entstehung Organisierter Kriminalität erleichtern.

Bibliographie

ALBRECHT Günter und Carl-Werner HOWE
1992   «Soziale Schicht und Delinquenz: Verwischte Spuren oder falsche Fährte?» *Kölner Zeitschrift für Soziologie und Sozialpsychologie* 44: 697-730.

ARLACCHI Pino
1989   *Mafiose Ethik und der Geist des Kapitalismus: Die unternehmerische Mafia.* Frankfurt am Main: Cooperative-Verlag.

BADER Veit-Michael
1989   «Max Webers Begriff der Legitimität: Versuch einer systematisch-kritischen Rekonstruktion», in: Johannes WEISS (Hrsg.), *Max Weber heute: Erträge und Probleme der Forschung,* S. 296-334. Frankfurt am Main: Suhrkamp.

BALLONI Augusto

1992   «Ehre, Kriminalität und soziale Kontrolle», in: ZINGERLE Arnold (Hrsg.), *Soziologie der Ehre* [Annali Sociologia – Soziologisches Jahrbuch der Italienisch-Deutschen Gesellschaft für Soziologie 7, II], S. 113-138. Berlin: Duncker & Humblot.

BONACICH Edna

1973   «A Theory of Middleman Minorities». *American Sociological Review* 38: 583-594.

CLOWARD Richard A. und Lloyd E. OHLIN

1960   *Delinquency and Opportunity: A Theory of Delinquent Gangs.* London: Routledge & Kegan Paul.

COHEN Albert K.

1955   *Delinquent Boys: The Culture of the Gang.* Glencoe, Ill.: The Free Press.

DEUTSCHMANN Christoph

1987   «Der ‹Betriebsclan›: Der japanische Organisationstypus als Herausforderung an die soziologische Modernisierungstheorie». *Soziale Welt* 38: 133-146.

1989   «Der ‹Clan› als Unternehmensmodell der Zukunft?». *Leviathan* 17: 85-107.

EISENSTADT Shmuel N. und Luis RONIGER

1984   *Patrons, Clients and Friends: Interpersonal Relations and the Structure of Trust in Society.* Cambridge: Cambridge University Press.

FREIBERG Konrad und Berndt Georg THAMM

1992   *Das Mafia-Syndrom. Organisierte Kriminalität: Geschichte – Verbrechen – Bekämpfung.* Hilden/Rhld.: Verlag Deutsche Polizeiliteratur GmbH.

FUNDERMANN Willi

1985   «Von Ausländern an Ausländern: Die Schutzgelderpressung – bevorzugtes Delikt der organisierten Kriminalität». *Kriminalistik* 8: 350-351.

GAMBETTA Diego

1988   «Fragments of an Economic Theory of the Mafia». *Archives Européennes de Sociologie* 29: 127-145.

GEISSLER Rainer und Norbert MARISSEN

1990   «Kriminalität und Kriminalisierung junger Ausländer: Die tickende soziale Zeitbombe – ein Artefakt der Kriminalstatistik». *Kölner Zeitschrift für Soziologie und Sozialpsychologie* 42: 663-687.

GIORDANO Christian

1981   «Ethnizität: Soziale Bewegung oder Identitätsmanagement?» *Schweizerische Zeitschrift für Soziologie* 7: 179-198.

1992   «Mediterrane Ehrvorstellungen: archaisch, anachronistisch und doch immer aktuell», in: ZINGERLE Arnold (Hrsg.), *Soziologie der Ehre* [Annali Sociologia – Soziologisches Jahrbuch der Italienisch-Deutschen Gesellschaft für Soziologie 7, II], S. 113-138. Berlin: Duncker & Humblot.

GOTTFREDSON Michael R. und Travis HIRSCHI
1990 *A General Theory of Crime*. Stanford, Cal.: Stanford University Press.

GREVERUS Ina-Maria
1981 «Ethnizität und Identitätsmanagement». *Schweizerische Zeitschrift für Soziologie* 7: 223-232.

HAMACHER Hans-Werner
1986 *Tatort Bundesrepublik: Organisierte Kriminalität*. Hilden/Rhld.: Verlag Deutsche Polizeiliteratur GmbH.

LANDA Janet T.
1981 «A Theory of the Ethnically Homogeneous Middleman Group: An Institutional Alternative to Contract Law». *Journal of Legal Studies* 10: 349-362.

LIGHT Ivan
1987 «Unternehmer und Unternehmertum ethnischer Gruppen», in: HEINEMANN Klaus (Hrsg.), *Soziologie wirtschaftlichen Handelns* [Sonderheft 28 der *Kölner Zeitschrift für Soziologie und Sozialpsychologie*], S. 193-215. Opladen: Westdeutscher Verlag.

MANSEL Jürgen
1988 «Die Disziplinierung der Gastarbeiternachkommen durch Organe der Strafrechtspflege». *Zeitschrift für Soziologie* 17: 349-364.

MERTON Robert K.
1949 *Social Theory and Social Structure*. New York: The Free Press.

MÜHLMANN Wilhelm E.
1964 *Rassen, Ethnien, Kulturen: Moderne Ethnologie*. Neuwied und Berlin: Luchterhand Verlag.

OUCHI William G.
1980 «Markets, Bureaucracies and Clans». *Administrative Science Quaterly* 25: 129-141.

PILGRAM Arno
1993 «Mobilität, Migration und Kriminalität – gegen die Vordergründigkeit kriminologischer Studien über Ausländer», in: PILGRAM Arno (Hrsg.), *Grenzöffnung, Migration, Kriminalität* [Jahrbuch für Rechts- und Kriminalsoziologie '93], S. 17-35. Baden-Baden: Nomos Verlagsgesellschaft.

RAUB Werner
1984 *Rationale Akteure, institutionelle Regelungen und Interdependenzen: Untersuchungen zu einer erklärenden Soziologie auf strukturell-individualistischer Grundlage*. Frankfurt am Main: Peter Lang.

ROTH Jürgen und Marc FREY
1992 *Die Verbrecher Holding: Das vereinte Europa im Griff der Mafia*. München und Zürich: Piper.

WALDINGER Roger, Howard ALDRICH, Robin WARD and Associates
1990   *Ethnic Entrepreneurs: Immigrant Business in Industrial Societies* [Sage Series on Race and Ethnic Relations, Vol. 1], Newbury Park, London und New Dehli: Sage Publications.

WEBER Max
1985 [1922] *Wirtschaft und Gesellschaft: Grundriss der verstehenden Soziologie.* Tübingen: J.C.B. Mohr (Paul Siebeck).

WILLIAMSON Oliver E.
1985   *The Economic Institutions of Capitalism.* New York: The Free Press.

Claudio BOLZMAN, Rosita FIBBI, Marie VIAL

LA POPULATION ÂGÉE IMMIGRÉE FACE À LA RETRAITE
PROBLÈME SOCIAL ET PROBLÉMATIQUES DE RECHERCHE

La stabilisation de la population étrangère en Suisse est un fait. Parmi le million cent mille étrangers qui résident en Suisse en 1990, 75% ont un permis d'établissement. Associé à cette stabilisation, un phénomène nouveau est en train d'émerger: le vieillissement progressif des immigrés, notamment italiens et espagnols, arrivés en Suisse dans les années 1950 et 1960. Les données ci-dessous permettent de constater qu'au cours de la dernière décennie les étrangers âgés de 60 ans ou plus, de même que les Espagnols et les Italiens de la même tranche d'âge, sont en nombre croissant depuis 1981, tant en effectifs qu'en pourcentages de leur catégorie.

Tableau 1: Résidents (annuels et établis) étrangers, espagnols et italiens de 60 ans et plus en Suisse: effectifs et pourcentages de la (sous-)population totale (déc. 1981-déc. 1991).
Source: Berne, Registre Central des Etrangers.

	ETRANGERS			ESPAGNOLS			ITALIENS		
	Total	60 et plus	%	Total	60 et plus	%	Total	60 et plus	%
1981	90.1483	62.441	6,9	98.543	2.565	2,6	419.255	25.332	6,0
1983	92.0076	66.444	7,2	103.224	3.288	3,2	406.454	27.173	6,7
1985	93.1658	70.547	7,6	106.887	3.981	3,7	408.922	29.015	7,1
1987	96.6174	75.081	7,8	111.227	4.647	4,2	385.852	31.304	8,1
1989	1.023.167	80.902	7,9	114.195	5.320	4,7	379.845	34.307	9,0
1991	1.140.474	88.448	7,,8	115.632	5.919	5,1	377.835	38.455	10,2

Notre étude, menée dans le cadre du Programme National de Recherche 32 sur la vieillesse, se propose d'analyser les projets des immigrés italiens et espagnols qui approchent de l'âge de la retraite (55-64 ans), leurs conditions de vie et leurs perspectives d'avenir. Après de nombreuses années de travail en Suisse, envisagent-ils de demeurer dans ce pays ou s'orientent-ils vers un retour au pays d'origine? Quels sont par ailleurs les facteurs liés à cette décision?

Ce thème peut être rattaché à la problématique plus générale de l'installation dans le pays d'arrivée de gens venus au départ pour y travailler temporairement, processus que l'on peut considérer comme un aspect du phénomène de «sédentarisation» des migrants dans le pays d'arrivée.

Après un exposé de notre projet, nous tenterons de voir, à travers un bref résumé de la littérature européenne et américaine sur le thème des migrants âgés, de quelle manière ce phénomène est abordé dans divers contextes socio-culturels. Nous tenterons également de mettre en rapport les perspectives ainsi passées en revue avec les politiques migratoires des pays d'arrivée.

NOTRE PROJET DE RECHERCHE SUR LES MIGRANTS ÂGÉS

De nombreuses études, tant en Suisse qu'à l'étranger, montrent que les modes de vie des populations immigrées se caractérisent, surtout dans le cas de la première génération, par une bilatéralité de références. En effet, le système de ressources des immigrés est le plus souvent partagé entre la société d'origine et la société de résidence, ceci autant sur le plan des biens économiques qu'en ce qui concerne les réseaux de parenté et les relations sociales plus larges. L'insertion des immigrés sur le marché du travail de la société d'accueil, ainsi que des contacts réguliers avec la société d'origine, contribuent à la reproduction de ce double lien dans le temps. L'identité socio-culturelle des immigrés est affectée par cette double allégeance et contribue en même temps à la renforcer par des productions symboliques qui reflètent cette bipolarité.

Dans ce contexte, des situations nouvelles peuvent survenir, qui affectent le mode de vie des migrants, telle la venue du temps de la retraite. Pour les immigrés en effet, plus encore que pour d'autres catégories de personnes âgées, le passage à la retraite marque une étape radicalement neuve. Au départ, la plupart d'entre eux perçoivent leur présence dans la société suisse comme provisoire. A leurs yeux, comme à ceux des autochtones, leur présence est légitimée par le travail qu'ils viennent fournir. Leur séjour se prolonge ensuite dans le temps, en général pour des motifs économiques. Lorsque sonne l'heure de la retraite, ils cessent d'être des «travailleurs»; se pose donc la question de leur statut et du sens que prend pour eux la perspective soit de demeurer dans la société de résidence soit de concrétiser un projet de retour longtemps différé.

Notre objectif est de mieux connaître les modes de régulation que mettent en place les immigrés face à cet événement et, en particulier, d'analyser leur projet quant au choix du pays de résidence ainsi que les facteurs associés à cette décision. Nous émettons l'hypothèse que le choix de rester en Suisse, de rentrer au pays d'origine ou encore de choisir une alternative différente (comme de vivre en alternance dans chacun des pays) est le résultat de l'anticipation faite par les individus immigrés des ressources dont ils disposeront après la retraite, tant dans le pays d'origine que dans le pays de résidence. Cette anticipation ne résulte pas d'une réflexion purement individuelle: les projets de retraite sont le fruit d'une négociation au sein du couple et de la famille; ils sont également discutés avec d'autres membres de la communauté immigrée. Dans cette négociation, de nombreux critères d'ordre économique, sanitaire, relationnel et culturel entrent en jeu (Bolzman et Fibbi 1992), dont nous tenterons de préciser l'importance relative. Enfin, ces choix sont déterminés par le contexte socio-économique et juridico-politique dans lequel ils s'opèrent.

Pour illustrer l'influence du contexte sur ces décisions, nous présentons ci-dessous le graphique des données officielles relatives aux départs de Suisse, entre 1980 et 1992, des résidents étrangers disposant d'un permis annuel ou d'établissement. Il permet en effet d'observer que les décisions de quitter la Suisse sont considérablement influencées par la conjoncture économique helvétique. Il indique également la sensibilité du phénomène des départs au contexte juridico-politique.

Graphique 1: Départs de Suisse des résidents étrangers, en proportions des résidents de la catégorie ('80-'92)
Source: Office Fédéral des Etrangers.

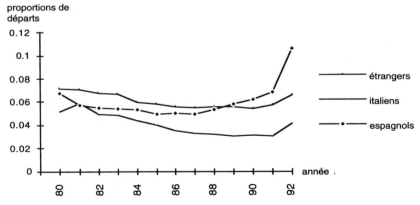

125

En ce qui concerne l'influence de la conjoncture économique, considérons les courbes des pourcentages de départs de l'ensemble des étrangers et des Italiens (les départs espagnols évoluent de manière quelque peu différente) et superposons à celles-ci la courbe décrivant l'évolution de la quantité de main-d'œuvre frontalière et saisonnière présente au mois d'août (prise comme indicateur de la conjoncture économique)[1]. On constate que cette dernière évolue en sens inverse des deux premières: en '81-'82, à une faible demande de main-d'œuvre saisonnière corrélative à une baisse de la conjoncture économique, correspond un nombre relativement important de départs; de '83 à '90 par contre, une forte croissance économique provoque un appel de main-d'œuvre d'appoint et une réduction des départs. Le fait qu'une baisse de l'emploi découlant d'une situation de récession encourage les retours au pays n'a rien de surprenant; il permet néanmoins de confirmer le fait qu'au cours des années '80, la main-d'œuvre étrangère – y compris celle qui bénéficiait d'un statut juridique stable – a servi à contrebalancer les effets des fluctuations conjoncturelles.

En ce qui concerne les années '91 et '92, c'est le contexte juridico-politique cette fois qui explique la flambée de départs observée tant parmi l'ensemble des étrangers que dans les sous-populations italienne et espagnole. Confrontés à la perspective de l'adhésion de la Suisse à l'Espace Economique Européen, les travailleurs étrangers craignent en effet de ne plus pouvoir à l'avenir récupérer en espèces le montant de leurs cotisations au deuxième pilier du système de sécurité sociale (Bolzman, Fibbi et Vial 1993). D'autres données nous indiquent que ce sont les classes d'âge proches de la retraite (55-64 ans) qui connaissent les taux de départs les plus élevés.

On remarquera enfin que les comportements des sous-populations italienne et espagnole diffèrent significativement. On observe une baisse constante du pourcentage de départs parmi les résidents italiens, qui correspond à une réduction de moitié du nombre de départs (22.000 départs en '81, 11.500 en '91) alors que la population italienne, en décrûe également, ne diminue que de 10%. Chez les Espagnols, le nombre de départs demeure stable jusqu'en '87 et croît régulièrement à partir de '88 (500 départs supplémentaires chaque année). Les déterminants de ces particularités restent à explorer, ces deux sous-groupes ayant en général été assimilés du fait de leur même ancienneté sur le territoire et de leur origine méridionale commune. On peut néanmoins d'ores et déjà dire que ces spécificités sont liées aux conditions d'insertion de ces populations dans le pays de résidence et aux évolutions socio-économiques propres aux pays d'origine.

---

[1] Cf. La Vie économique, Berne, Département fédéral de l'économie publique, déc. 1984, déc. 1988, déc. 1990.

Notre recherche est comparative en ce sens qu'elle étudie les modes de vie et les projets d'avenir de populations immigrées approchant de la retraite, résidant respectivement à Genève et à Bâle-Ville, deux agglomérations urbaines caractérisées par une importante présence immigrée et par des différences culturelles, notamment linguistiques. Elle est comparative également du fait que nous étudions les modes de vie et les projets d'avenir d'immigrés originaires d'Italie et d'Espagne. Ces deux sous-populations sont intéressantes à plus d'un titre. Les Italiens constituent le groupe d'étrangers le plus important de Suisse (374.872 résidents au 31.12.92) tandis que les Espagnols se situent, quant à leur nombre, en quatrième position, derrière les ex-Yougoslaves et les Portugais, avec 110.447 ressortissants (31.12.92). Ce sont en outre, parmi les populations en provenance du Sud, les groupes nationaux les plus anciennement établis sur le territoire suisse. Leur arrivée correspond à la phase d'immigration de l'après-guerre; ces immigrés arrivent des pays du Sud européen dans les pays de l'Europe du Nord afin de pallier aux forts besoins de main-d'œuvre des industries classiques pendant la période d'expansion des années '60. Depuis quelques années enfin, les migrations entre la Suisse et chacun de ces pays se sont stabilisées: le nombre d'entrées et de sorties varie peu (de 10.000 à 11.000 entrées et 12.000 sorties pour les Italiens, de 7.000 à 8.000 entrées et de 6.000 à 8.000 sorties pour les Espagnols[2]), exception faite pour l'année 1992, atypique pour les raisons évoquées ci-dessus.

LE VIEILLISSEMENT DES MIGRANTS: UNE PHASE NOUVELLE DU PROCESSUS D'INSTALLATION

L'intérêt pour le thème des migrants âgés dépasse largement la préoccupation légitime de planifier adéquatement les services médicaux et sociaux nécessaires aux personnes âgées (Höpflinger et Stuckelberger 1992). Ce sujet peut en effet être rattaché, nous l'avons souligné, à la thématique plus générale de l'installation des migrants dans le pays de résidence et à l'étude des forces politiques et socio-économiques qui contribuent à en définir les conditions.

Dans la littérature sociologique sur les migrations, on distingue habituellement migrations de peuplement et migrations de travail, ces dernières ayant caractérisé les politiques migratoires européennes des années '60[3]. Cependant, comme le souligne A. Sayad, «il n'est pas d'immigration, même réputée de travail et exclusivement de

[2] Données issues de l'Annuaire statistique de la Suisse, 1994.
[3] Ce modèle n'est bien entendu pas exclusivement européen: on en trouve de nombreux exemples au Moyen-Orient, en Afrique, en Asie...

travail (...) qui ne se transforme pas en immigration familiale, c'est-à-dire au fond en immigration de peuplement» (1991:19).

Il est dès lors intéressant de se poser la question des facteurs liés à cette évolution. Sayad met l'accent sur la venue des familles, qui joue de toute évidence un rôle majeur; elle remet en cause la conception de l'immigré comme une simple force de travail, régie par la seule logique de l'homo oeconomicus. On sait par ailleurs que les obstacles dressés à l'immigration familiale dans les pays européens se sont levés progressivement, laissant le champ libre à la reproduction sociale des groupes immigrés (Sayad 1991: 75-76). Les conditions d'accès à la nationalité, très différentes d'un pays récepteur à l'autre, jouent sans nul doute un rôle également important.

Pour en revenir aux migrants âgés, leur présence dans la société de résidence caractérise la phase ultime de l'installation des familles dans le pays d'accueil. En effet, le vieillissement de la population immigrée est caractéristique du dernier «âge» de l'immigration, dans le sens où A. Sayad (1977) parle de l'évolution, en trois âges, d'une immigration d'hommes seuls à une immigration familiale. A partir du moment où se généralisent les regroupements familiaux, l'immigration féminine se renforce et la proportion de jeunes s'accroît; on observe en dernier lieu un vieillissement sensible de la population active, avec l'apparition du fait nouveau que constitue la présence de retraités étrangers.

Après cet exposé succint de la problématique de notre recherche et du thème plus général de l'installation des migrants dans le pays de résidence, il nous a paru intéressant de procéder à une lecture comparative de la littérature sur les migrants âgés dans des espaces juridico-politiques différents, à savoir les Etats-Unis, la R.F.A., la France et la Suisse.

L'ÉTAT DE LA RECHERCHE DANS LE DOMAINE DES MIGRANTS ÂGÉS

Un parcours rapide de la littérature américaine et européenne sur les migrants âgés nous amène à un double constat. Tout d'abord, l'intérêt pour les migrants âgés est relativement récent en Europe; elle date, tant en France qu'en Allemagne, de la fin des années '80. En Amérique du Nord par contre, cet intérêt est plus ancien d'une dizaine d'années mais le problème y est posé dans des termes très différents. Les Nord-Américains étudient les conditions de vie et l'accès aux services médico-sociaux de minorités ethniques considérées comme définitivement établies sur le territoire, les problèmes liés au retour au pays d'origine et à l'harmonisation des législations en matière de retraite apparaissant comme proprement européens.

Les problématiques de recherche sur les migrants âgés sont en effet étroitement liées aux politiques migratoires des pays d'arrivée. De ce point de vue, tant aux Etats-Unis qu'au Canada, les migrants étaient censés demeurer définitivement sur le territoire. L'octroi relativement aisé de la nationalité du pays d'arrivée conduisit donc les chercheurs à aborder le thème des migrants âgés en termes d'inégalités entre groupe(s) ethnique(s) minoritaire(s) et groupe majoritaire soumis à une même législation, celle du pays d'arrivée (Jackson 1985: 289; Bengston 1979). L'installation des migrants fut et est toujours considérée comme un fait acquis[4]. Par ailleurs, le retour massif des émigrés européens des Etats-Unis se produisit avant l'essor de l'Etat-providence, sans conséquences donc sur la législation sociale et sur les prestations à accorder aux personnes âgées ou dans le besoin.

En Europe, par contre, les migrations au sein du Vieux Continent furent envisagées longtemps comme des phénomènes transitoires; l'installation des migrants dans le pays d'accueil est un phénomène récent. Les migrants âgés ont en conséquence vécu un temps plus ou moins long dans deux Etats au moins, munis de systèmes de sécurité sociale propres; ils peuvent faire valoir deux principes partiels d'accès aux droits sociaux, la nationalité du pays d'origine d'une part, la résidence dans le pays d'arrivée d'autre part. Il s'agit donc de groupes soumis à des législations partiellement différentes (Hammar 1985). Les problèmes qui en découlent ont fait l'objet, en Europe, d'une abondante littérature juridique. Depuis une dizaine d'années, on voit néanmoins apparaître des recherches axées sur une thématique plus proprement sociale; ce sont ces dernières qui retiendront notre attention.

La littérature américaine: retraite et groupes ethniques minoritaires

En Amérique du Nord, nous l'avons dit, la problématique des migrants âgés est formulée le plus souvent en termes de conditions de vie de retraités appartenant aux minorités ethniques. Cette perspective se développe à la suite du mouvement pour les droits civiques des Noirs; les minorités ethniques acquièrent dès lors une légitimité avec la remise en question de l'idéologie assimilationniste, au bénéfice d'une vision «multi-culturelle» de la société. Cette optique nouvelle apparaît également dans le domaine des recherches sur les personnes âgées. En témoignent, dès la fin des années '70, de nombreux écrits sur le thème «Ethnicity and Aging» de même que la création, au sein

---

[4] Les 700.000 immigrants «légaux» admis annuellement aux Etats-Unis aujourd'hui sont vivement encouragés par le gouvernement fédéral à demander, après les cinq années statutaires, la nationalité américaine.

de la Gerontological Society of America, d'un important groupe de travail centré sur l'étude des problèmes relatifs aux personnes âgées issues des minorités ethniques.

Les études sur ce thème se développent dans deux directions. Un premier type d'études compare les conditions de vie des Noirs ou des Hispaniques âgés à celles des Blancs, (Payne et Strain 1990:100), aboutissant au constat que les premiers sont désavantagés à tous points de vue: revenu inférieur, dépendance accrue vis-à-vis de la sécurité sociale, accès difficile aux services médico-sociaux, faible préparation à la retraite, liée à la conscience d'une moindre espérance de vie. Un phénomène de «double jeopardy» est mis en évidence (Dowd et Bengston 1978), ces populations cumulant les désavantages de l'âge et de l'altérité.

La notion de minorité ethnique est par ailleurs étendue jusqu'à inclure les minorités blanches: Irlandais, Italiens, Polonais, Corses... Dans cette seconde catégorie d'études sont abordés des problèmes tels que l'adéquation des services médico-sociaux généraux aux besoins spécifiques de ces communautés et la nécessité éventuelle de services communautaires propres. On s'interroge également sur les avantages et les risques d'un repli sur l'enclave ethnique (Wanner et McDonald 1986; Stanford 1990).

De nombreuses recherches se développent par ailleurs sur le thème de la mobilité géographique des retraités (Barsby et Cox 1975; Graff et Wiseman 1978; Grundy 1987). Là encore, on constate que le retour des immigrés au pays d'origine n'est pas envisagé. En ce qui concerne les Hispaniques par exemple, ne sont analysées que les migrations à l'intérieur des Etats-Unis, alors que ces populations sont loin d'être installées définitivement sur le territoire américain (Biafora et Longino 1990). Le modèle d'analyse généralement adopté semble être celui qui régit les études sur les retraités nationaux, dont on analyse les déplacements sur le territoire des Etats-Unis[5].

Les recherches européennes

En Europe, où le problème du vieillissement de la population est à l'ordre du jour, ce n'est que récemment que l'intérêt des chercheurs s'est porté sur la question des migrants âgés. M. Dietzel-Papakyriakou note, à propos de l'Allemagne, que le retard du débat théorique est à mettre en relation avec une conception «provisoire» de l'immigration et avec les présupposés assimilationnistes caractéristiques des premières phases de la

[5] Longino et Smith (1991) relèvent, par exemple, qu'une proportion élevée de Noirs retournent dans leur région d'origine après la retraite. Ainsi, les retraités Noirs originaires du Sud et partis travailler au Nord redescendent dans un premier temps vers le Sud, pour remonter vers le Nord lorsque leur grand âge nécessite des soins plus exigeants. Les auteurs observent que les Noirs qui retournent vers le Sud se sentent rejetés par les Noirs du Sud, qui les traitent de «Yankees».

recherche sur les migrations (1993: 8). On peut, nous semble-t-il, étendre ce constat à l'ensemble de la recherche européenne.

Il est à noter que le vocable de «migrant âgé» recouvre en fait deux réalités sociales très différentes: celle des «retraités migrants» et celle des «migrants retraités». Dans le premier cas, les études – surtout démographiques – visent les migrations intra-européennes de retraités (Cribier 1980; Law et Warnes 1975, 1980, 1982; Karn 1977; Bond 1990). Paul Paillat (1992) par exemple, constate que les migrations de plus en plus importantes de retraités européens du Nord vers le Sud de l'Europe exigent une harmonisation des législations nationales en matière de protection médicale et sociale. Le second type de recherches s'intéresse aux étrangers âgés demeurés dans les pays d'immigration et met l'accent sur la nécessité de pourvoir aux besoins propres à ces sous-populations, isolées et économiquement défavorisées.

Cette dernière orientation est récente; dans les années '50-'60 en effet, l'immigration était conçue avant tout comme un instrument de politique conjoncturelle. La figure de l'immigré âgé vivant le temps de sa vieillesse dans le pays où il avait travaillé n'était pas pensable dans ce contexte. A partir des années '70, encouragées par une opinion publique inquiète, la France et l'Allemagne mettent sur pied des programmes successifs d'incitation au retour des migrants actifs au pays d'origine. De nombreuses études paraissent sur cette question (Richmond 1968; Cerase 1971; Böhning 1972; Baucic 1972; Signorelli 1977; Unger 1983). Dans les années '80, même si la réalité s'est modifiée, l'image de l'immigré comme «travailleur» persiste. Comme l'écrit Withol de Wenden (Le Monde 3.10.91), les personnes âgées immigrées furent et sont encore largement «ignorées dans l'imaginaire social».

Cette négligence peut s'expliquer par le fait que l'attention des chercheurs s'est longtemps polarisée sur les possibilités d'insertion ouvertes à la deuxième génération de migrants, au détriment de l'étude des plus âgés. Cette attention sélective cautionna les orientations des pays d'origine, intéressés à prolonger les flux de remises en provenance des expatriés, tout en alimentant par des discours officiels leurs rêves de retour futur au pays. Les pays d'accueil quant à eux ne posaient pas le problème des migrants âgés puisqu'ils prévoyaient un retour généralisé des primo-migrants dans leurs vieux jours (Musillo 1981; Reynieri et Mughini 1984; Tabarah 1988; Gitmez 1988; Bolzman 1991).

Depuis quelques années, les migrants âgés qui demeurent au pays d'arrivée semblent éveiller l'intérêt des chercheurs européens, malgré leur présence relativement limitée en effectifs (cf. tableau ci-dessous). Cet intérêt se développe surtout, nous semble-t-il, dans les pays où des problèmes spécifiques de prise en charge de ces groupes sociaux sollicitent inopinément les services destinés aux personnes âgées. Il n'est pas étonnant dès lors que la majeure partie de la littérature européenne soit l'œuvre de professionnels des services médico-sociaux. Les études sont en majorité descriptives; le cadre théorique y est peu élaboré. Si théorie il y a, elle s'inscrit dans une perspective traditionnelle de type assimilationniste, qui considère la migration avant tout comme handicap ou déficit.

Tableau 2: Etrangers âgés résidant en Europe (1990).
Sources: Lebon, 1992; Backhaus-Maul, 1992; Office Fédéral des Etrangers.
* Les âges retenus correspondent aux âges de la retraite dans les pays cités.

	Effectifs d'étrangers âgés	Etrangers âgés en % de la population étrangère	Etrangers âgés en % des résidents âgés
France (60+)*	412.000	11,0 %	3,6 %
Allemagne (65+)	101.000	2,0 %	1,0 %
Suisse (65+)	53.000	4,4 %	5,6 %

La littérature française

L'intérêt porté aux migrants âgés par les chercheurs français remonte à moins d'une dizaine d'années[6], ce qui paraît surprenant dans un pays qui a vu s'installer de nombreuses vagues d'immigration successives. La raison en est vraisemblablement que les vagues précédentes se sont fixées en des temps où n'existaient ni système développé de retraite ni traitement professionnalisé des problèmes liés à la vieillesse, la prise en charge des personnes âgées se faisant à l'intérieur de l'espace privé des familles. Une autre explication possible de cette absence d'intérêt est le caractère assimilationniste de la politique migratoire française traditionnelle.

Comme ailleurs, les premières études françaises sur les migrants âgés sont de type juridique; la prise en compte de la problématique sociale suit avec un certain retard (Samaoli 1989, 1991). La littérature sur les migrants âgés s'intéresse avant tout aux catégories définies a priori comme «problématiques», celles qui ne se sont pas assimilées comme prévu. L'attention des chercheurs se concentre sur la situation des hommes célibataires, le plus souvent maghrébins, qui vivent dans les foyers d'immigrés et dont la condition rejoint celle des travailleurs étrangers «en rotation» d'Allemagne ou de

---

[6] Cf. le colloque organisé en 1986 par le département de Gérontologie de l'Université de Grenoble sur le thème «La vieillesse des étrangers en France».

Suisse. Omar Samaoli, spécialiste de la question, signale qu'en région parisienne la majorité des Maghrébins âgés vit «hors famille», à savoir seuls, avec cousins ou amis, dans des hôtels meublés, des Foyers, des institutions (1990: 4). Ceci expliquerait le fait qu'on ne trouve guère d'études sur les Maghrébins âgés qui vivent «en famille», avec femme et enfants. Nous constatons également qu'il existe peu de recherches sur les immigrés âgés d'origine portugaise, dont la présence est simultanée et quantitativement proche de celle des Maghrébins. Les observations portent sur certains sous-groupes d'immigrés âgés, à statut et conditions de vie précaires, les moins «assimilables», ceux aussi qui posent à la collectivité des problèmes nouveaux de prise en charge. Ces problèmes sont d'autant plus aigus que vient à manquer la famille, groupe auquel étaient traditionnellement confiés les soins aux vieux[7].

L'intérêt pour les «vieux» immigrés a donc émergé suite à la découverte par les pouvoirs publics d'un «problème social». Cette prise de conscience semble liée à deux phénomènes: l'émergence d'une gestion collective et spécialisée de la vieillesse d'une part; la remise en cause des formes de solidarité intergénérationnelle au sein des familles immigrées et la difficulté pour les réseaux communautaires et associatifs de prendre en charge le vieillissement de leurs membres d'autre part[8]. Ce n'est qu'à partir du milieu des années '80 que, parallèlement à une littérature centrée sur les questions juridiques et sur les difficultés encourues par les catégories les plus précaires, on commence à aborder dans une perspective plus globale le thème «Les immigrés vieillissent aussi».

La littérature allemande

En Allemagne, la question de la permanence des immigrés âgés dans le pays de résidence est posée depuis moins d'une décennie[9]. Dans un premier temps, c'est dans les milieux du travail social, notamment au sein des associations spécialisées dans la prise en charge des Turcs (groupe immigré le plus important en R.F.A.) que se manifeste un intérêt

---

[7] On peut prévoir qu'à l'avenir les difficultés rencontrées par les Maghrébins âgés aujourd'hui s'étendront à d'autres groupes d'immigrés âgés du fait de la politique actuelle des pouvoirs publics en matière de regroupement familial et de logement. Ainsi la précarité des conditions de vie de migrants récents comme les Maliens aura nécessairement des incidences sur leur situation dans leurs vieux jours (Guichard et Lechien 1993).

[8] Certaines initiatives ont vu le jour récemment, en vue d'apporter un soutien aux immigrés âgés; ainsi le «Comité d'aide aux Maghrébins âgés en France» (1988).

[9] En témoigne, par exemple, la constitution du «Bund der türkischen Rentnet im Ausland» (BTRA) en 1987.

pour ce sujet, concrétisé par la mise sur pied d'une série de colloques[10]. Il fallut cependant attendre les années '90 pour que le thème apparaisse dans les milieux scientifiques avec, par exemple, certains articles dans la revue Zeitschrift für Gerontologie (Fabian et Straka 1991; Backhaus-Maul et Vogel 1992) et les écrits importants de M. Dietzel-Papakyriakou. Dans deux ouvrages récents (1993a, 1993b), celle-ci expose le cadre théorique au travers duquel elle appréhende le phénomène de l'«ethnisches Alter» et dresse un bilan des études parues sur ce thème. Elle décrit par ailleurs de façon détaillée les conditions de vie des travailleurs étrangers âgés: logement, santé, ressources matérielles et sociales... Ses écrits constituent une référence incontournable sur le sujet.

La question des migrants âgés est posée dans les milieux scientifiques au moment même où le gouvernement, après la réunification des deux Allemagnes, réélabore toute sa politique migratoire. Les autorités allemandes instituent en mai 1990, dans le cadre de la refonte de la loi sur les étrangers, un «droit au retour» ... en R.F.A. pour les retraités étrangers déjà rentrés au pays[11]. Cette loi remplace les dispositions de 1965; alors que ces dernières traduisaient le refus de considérer l'Allemagne comme un pays d'immigration – principe sur lequel reposait la «politique des étrangers» allemande depuis les années cinquante – les nouvelles dispositions prennent acte de l'installation progressive de la population immigrée. Elles concrétisent ainsi avec retard un changement important de la politique migratoire allemande, amorcé dès 1979 par le «mémorandum Kühn[12]» qui insistait sur la nécessité de prendre conscience d'une «immigration de fait» et de mener en conséquence une politique d'intégration active. Cette perspective d'intégration s'accompagnait par ailleurs d'une volonté de «consolidation» c'est-à-dire de réduction du nombre total des étrangers vivant en R.F.A., objectif double poursuivi simultanément dans la plupart des pays européens à partir de la crise pétrolière et de la fermeture des frontières aux travailleurs immigrés. Le programme de «consolidation»

---

[10] Colloque de l'EURAG (Bund für die ältere Generation Europas) sur le thème «Probleme älterer Einwanderer» (1987); Séminaires organisés par l'AWO (Arbeiterwohlfart) «Altwerden fern der Heimat» (1988) et «Altwerden in der Migration» (1989); Congrès de la Croix-Rouge allemande «Altwerden in der Migration. Zur Situation älterer Ausländer in der BRD» (1989).

[11] Le droit au retour dans le pays d'immigration vise en premier lieu les jeunes mais il concerne également les immigrés de la première génération. Pour ces derniers il signifie qu'un retraité étranger, percevant une pension d'un organisme allemand et ayant tenté un retour au pays d'origine, peut obtenir une nouvelle autorisation de séjour en Allemagne à condition d'avoir résidé de façon régulière dans le pays pendant huit ans au moins (Collet 1991:19).

[12] H. Kühn (SPD), ancien ministre-président de Rhénanie-Westphalie, est nommé en 1978 au poste nouvellement créé de délégué fédéral pour l'intégration des étrangers et de leur famille.

allemand se concrétise dans les années quatre-vingt par un programme ambitieux d'incitation au retour des travailleurs immigrés extra-européens vers le pays d'origine.

En R.F.A., on assiste donc, grâce à une conjoncture politique favorable, à une prompte réponse institutionnelle au souhait d'installation de certains migrants âgés.

La littérature en Suisse

En Suisse, l'émergence du thème des immigrés âgés s'est faite par un biais quelque peu différent. S'il est vrai que, à l'instar de la France et de l'Allemagne, de nombreux articles traitent des problèmes juridiques relatifs aux retraites des migrants, c'est essentiellement par le biais démographique qu'est abordée la question. Le vieillissement de la population helvétique pose en effet le problème du financement de l'AVS et des retraites. Dans ce contexte, le démographe W. Haug constate que la présence des travailleurs immigrés contribue au rajeunissement de la population et au financement de l'AVS; mais, ajoute-t-il, «il ne faut pas oublier que la population étrangère est aussi soumise au vieillissement et touchera elle-même des rentes AVS au moment de la retraite» (Haug 1991:180). On notera que l'auteur projette le phénomène dans un temps futur.

C'est encore un démographe, O. Blanc, qui attire l'attention sur les défis à venir pour la Suisse. Parmi ceux-ci, il cite «le vieillissement de la population de résidence et la permanence d'une part d'étrangers, représentant environ un habitant sur six, (qui) posent des questions de société délicates mais ne pouvant être éludées ou contournées.» Il poursuit en évoquant une population allogène stabilisée dans une société aux traits multiculturels (1990:15). Blanc se contente d'évoquer en parallèle le vieillissement des résidents et la présence permanente d'étrangers sans aborder explicitement la question des immigrés âgés.

Dans l'«aggiornamento» que subit la politique migratoire suisse au début des années '90 (Fibbi 1993), on ne trouve aucun écho de la question des migrants âgés. En 1992, le Parlement helvétique se trouve confronté inopinément à la question du retour au pays des résidents étrangers. Craignant que l'adhésion de la Confédération à l'Espace Economique Européen ne leur interdise de récupérer à l'avenir, sous forme de capital, le montant de leurs cotisations au deuxième pilier de la sécurité sociale, les travailleurs étrangers, non contents de manifester bruyamment leur inquiétude, rentrent en grand nombre dans leur pays, les plus âgés en tête. Ce mouvement résulta en l'octroi par l'E.E.E. d'un délai d'application de cinq ans de son réglement en la matière. Le refus d'adhésion de la Suisse au traité reporta finalement ce problème à une date ultérieure.

Nous l'avons dit, tant en Allemagne qu'en France, la prise de conscience de la présence des immigrés âgés s'est faite par le biais de la découverte des «problèmes sociaux» posés à la société par les plus défavorisés d'entre eux. En Suisse, la légitimité de leur présence est plutôt évaluée dans une optique coûts-bénéfices pour la société helvétique; la situation et les besoins des immigrés âgés n'ont jusqu'à présent guère suscité d'intérêt. On commence cependant aujourd'hui à signaler la présence de migrants au sein des institutions sociales chargées de la prise en charge des personnes âgées. On voit également poindre ici et là quelques interrogations sur le rôle et l'adéquation des institutions face à cette nouvelle réalité.

La seule étude portant sur les immigrés âgés est toute récente et concerne les Suisses d'origine hongroise (Leser et Seeberger 1992). Nous relevons que la réalité décrite remet en cause l'idée d'une assimilation progressive et irréversible des immigrés à la société réceptrice: les auteurs observent en effet dans ce cas une réactivation de l'identité hongroise suite aux changements politiques survenus à l'Est.

CONCLUSION

Pour résumer ce survol rapide de la littérature sur les migrants âgés, nous notons qu'aux Etats-Unis ce thème, relativement ancien, a été abordé dans une perspective très différente de celle qui prévaut dans les pays européens. Ces abords différents correspondent à des situations radicalement autres: pays d'immigration du Nouveau Monde d'un côté, «clubs fermés» que sont les Etats nationaux de l'Ancien Monde (Sayad) de l'autre. Dans les premiers, les immigrés âgés sont définis comme membres à part entière de l'ensemble national, disposant du statut particulier de minorités ethniques. Dans la mesure où celles-ci sont considérées comme défavorisées, des politiques sociales ciblées, favorisant une «discrimination positive» et impliquant un traitement spécifique, sont mises en œuvre.

En Europe par contre, la question des migrants âgés demeure une problématique nouvelle, la plupart des Etats ayant pratiqué jusqu'à des temps récents des politiques d'immigration qui ne prévoyaient pas l'installation de la première génération des migrants. On pensait que, venu le temps de la retraite, ceux-ci rentreraient dans leur pays d'origine[13]. Or cette attente s'est avérée inexacte. Les politiques de prise en charge de la vieillesse, élaborées pour répondre aux besoins d'une proportion croissante de la population nationale vieillissante, sont amenées à tenir compte désormais de l'existence

[13] Cette optique évolue rapidement, comme le souligne D. Lapeyronnie (1992: 6-7): «Petit à petit, la question immigrée change de nature. De difficultés liées à l'immigration, les pays européens passent à des difficultés qui se définissent de plus en plus comme des difficultés ethniques... Aux questions d'immigration succèdent les questions de l'intégration.»

d'une frange «non nationale» parmi la population âgée résidente. Cela signifie vraisemblablement que, sur le plan quantitatif, les services médico-sociaux pour personnes âgées seront à l'avenir davantage sollicités. Sur le plan qualitatif par contre, on ne conclura pas d'emblée à la nécessité de services spécifiques destinés aux migrants âgés. Notre recherche apportera, nous le souhaitons, quelque lumière sur leurs besoins et attentes dans ce domaine.

Nous espérons par ailleurs qu'elle stimulera la réflexion sur l'accessibilité et l'adéquation des services médico-sociaux à ce nouveau type d'usagers. Il nous paraît par ailleurs important de mieux connaître les réponses élaborées par les communautés migrantes pour répondre aux besoins des plus âgés de leurs membres.

Enfin, au-delà des préoccupations relatives à l'égalité de tous face à la protection sociale ou à l'harmonisation des systèmes de retraite, apparaît la nécessité de poursuivre la réflexion sur l'élargissement de la notion de citoyenneté, c'est-à-dire sur les moyens de rompre le principe qui pose la nationalité comme critère unique d'accès à celle-ci.

Pour conclure, notre recherche sur les ressources et les projets de migrants en fin de vie active s'insére, nous l'avons dit, dans l'étude plus générale du processus d'installation dans le pays d'accueil de populations venues y travailler. Les sujets de notre échantillon sont en effet issus des mouvements migratoires «de main-d'œuvre» des années '50-'60, brutalement arrêtés dans les années '70 pour cause de crise économique. L'immigration de main-d'œuvre a fait place à une immigration familiale à caractère durable. Dans l'ensemble des pays de l'Europe du Nord, les problèmes de mise en œuvre de politiques d'intégration succèdent aux problèmes de gestion de main-d'œuvre. Mais la notion d'intégration est vague et les politiques varient au gré des interprétations. Dans certains pays (Grande-Bretagne, Pays-Bas, Suède), l'accent est mis sur l'idée «multiculturelle», la volonté de préserver l'«identité» des immigrés et des minorités, la recherche d'une participation sur bases «ethniques». Dans d'autres pays à l'inverse (France), l'intégration est plutôt conçue en termes individuels et l'égalité passe par le sacrifice des différences culturelles et ethniques. Chacune de ces options présente des risques, que souligne D. Lapeyronnie (1992: 9): «La priorité donnée au respect des identités collectives risque d'aboutir à une ségrégation de fait; la priorité donnée à une intégration individuelle risque d'aboutir à l'ignorance des discriminations subies et à une non-reconnaissance des identités héritées».

Notre recherche n'a évidemment pas l'ambition de résoudre ce dilemme. Elle se propose plus modestement de donner la parole à quelques-uns des sujets directement concernés, en particulier aux plus «anciens» d'entre eux, ceux qui, venus comme travailleurs d'appoint, se sont transformés au fil des ans en résidents de longue durée. Quelque soit leur choix quant au pays de résidence à la retraite – pays d'origine, Suisse ou alternance entre les deux – une analyse de leur itinéraire passé, de leur situation présente et de leurs projets contribuera, nous l'espérons, à une meilleure compréhension des besoins et aspirations de ces migrants «de la première génération».

BIBLIOGRAPHIE

BACKHAUS-MAUL Holger und Dita VOGEL
1992   «Vom ausländischen Arbeitnehmer zum Rentner. Ausgewählte Aspekte der fi-
            nanziellen Absicherung und sozialen Versorgung alter Ausländer in der BRD».
            Zeitschrift für Gerontologie 25, 3: 166-177.

BARSBY S. L. and David R. COX
1975   *Interstate Migration of the Elderly.* Toronto: Heath-Lexington.

BAUCIC Ivo
1972   *The Effects of Emigration from Yugoslavia and the Problems of Returning Emigrant
            Workers.* The Hague: Martinus Nijhoff.

BLANC Olivier et Pierre GILLIAND (éds.)
1991   *Suisse 2000. Enjeux démographiques.* Lausanne: Réalités sociales.

BOEHNING Walter R.
1972   *The Migration of Workers in the United Kingdom and the European Community.*
            London: Oxford University Press.

BENGSTON Vern L.
1979   «Ethnicity and Aging: Problems and Issues in Current Social Science Inquiry»,
            in: GELFAND Donald E. and A. Joseph KUTZIK (eds), *Ethnicity and Aging: Theory,
            Research and Policy,* pp. 9-31. New York: Springer Publishing Company.

BIAFORA Frank A. and Charles F. LONGINO
1990   «Elderly Hispanic Migration in the United States». *Journal of Gerontology* 45,
            5: 5212-5219.

BOLZMAN Claudio
1991   *Exil, dynamique socio-culturelle et participation sociale. Le cas des Chiliens en Suisse.*
            Thèse de doctorat, Université de Genève.

BOLZMAN Claudio et Rosita FIBBI
1992   *La population âgée immigrée face à la retraite: modes de vie, ressources et projets
            d'avenir.* Projet de recherche, PNR 32 «Vieillesse», Lausanne et Genève.

BOLZMAN Claudio, Rosita FIBBI et Marie VIAL
1993   «Les immigrés face à la retraite: rester ou retourner?» *Revue suisse d'économie
            politique et de statistique* 3: 372-384.

BOND John
1990   «Living Arrangements of Elderly Peoples», in: BOND John and Peter COLEMAN (eds), *Ageing in Society; an Introduction to Social Gerontology,* pp. 161-180. London: Sage.

CERASE Francesco P.
1971   *L'emigrazione di ritorno: innovazione o reazione?* Roma: Bulzoni.

COLLET Beate
1991   «La nouvelle loi allemande sur le séjour des étrangers: changements et continuité». *Revue européenne des migrations internationales,* 7, 1: 9-30.

CRIBIER Françoise
1980   «A European Assessment of Aged Migration». *Research on Aging* 2: 225-270.

DAVIES Richard B. and DAVIES Sheila H.
1983   «The Retired Migrant: A Study in North Wales». *Urban Studies* 20: 209-217.

DIETZEL-PAPAKYRIAKOU Maria
1993a   *Altern in der Migration: die Arbeitsmigranten vor dem Dilemma, zurückkehren oder bleiben.* Stuttgart: Enke.
1993b   «Ältere ausländische Menschen in der BRD», in: Deutsches Zentrum für Altersfragen e.V., *Expertisen zum ersten Altenbericht der Bundesregierung* III, Berlin.

DOWD James and Vern BENGSTON
1978   «Aging in Minority Populations: an Examination of the Double Jeopardy Hypothesis». *Journal of Gerontology* 33, 3: 427-436.

FABIAN Thomas und Gerald A. STRAKA
1991   «Ältere türkische Migranten und Migrantinnen in der Spätphase des Erwerbslebens und im Ruhestand». *Zeitschrift für Gerontologie* 24, 5: 285-292.

FIBBI Rosita
1993   «Continuités et changements dans la politique migratoire suisse». *Revue suisse de sociologie* 19: 47-64.

GITMETZ Ali S.
1988   «The socio-economic reintegration of returned workers: the case of Turkey», in: STAHL Charles W. (ed.), *International Migration Today,* vol. 2. Paris: UNESCO.

GRAFF Thomas O. and Robert F. WISEMAN
1978   «Changing concentration of older Americans». *The Geographical Review* 63: 379-393.

GRUNDY E.
1987   «Retirement Migration and its Consequences in England and Wales». *Ageing and Society* 7: 57-82.

GUICHARD Erich et Marie-Hélène LECHIEN
1993   «Le vieillissement des immigrés en région parisienne». *Migrations Etudes* 40: 1-8.

HAMMAR Thomas (ed.)
1985   *European Immigration Policy*. Cambridge: Cambridge University Press.

HAUG Werner
1991   «Evolution démographique et AVS», in: BLANC Olivier et GILLIAND Pierre (éds.), *Suisse 2000. Enjeux démographiques*, pp. 177-186. Lausanne: Réalités sociales.

HOEPFLINGER François et Astrid STUCKELBERGER
1992   *Vieillesse et recherche sur la vieillesse en Suisse*. Lausanne: Réalités sociales.

JACKSON James J.
1985   «Race, National Origin, Ethnicity and Aging», in: BINSTOCK Robert H. and Ethel SHANAS (eds), *Handbook of Aging and the Social Sciences*, pp. 264-303. New York: Van Nostrand Reinhold Company.

KARN V.A.
1977   *Retiring to the Seaside*. London: Routledge and Kegan Paul.

LALIVE D'EPINAY Christian et al.
1983   *Vieillesses. Situations, itinéraires et modes de vie des personnes âgées aujourd'hui.* St. Saphorin: Georgi.

LAPEYRONNIE Didier (sous la direction de)
1992   *Immigrés en Europe, politiques locales d'intégration*. Paris: La documentation française, Notes et études documentaires n° 4952.

LAW Christopher M. and Anthony M. WARNES
1975   «Life Begins at Sixty: The Increase in Regional Retirement Migration». *Town and Country Planning* 43:531-534.
1980   «The Characteristics of Retired Migrants», in: HERBERT David T. and JOHNSTON Ronald John (eds), *Geography and the Urban Environment. Progress in Research and Applications*, vol. III, pp. 175-222. Chichester: Wiley.
1982   «The Destination Decision in Retirement Migration», in: WARNES Anthony M. (ed.), *Geographical Perspectives on the Elderly*, pp. 53-81. Chichester: Wiley.

LEBON André
1992   *Aspects de l'immigration et de la présence étrangère en France 1991-1992*. Paris: Ministère des Affaires Sociales et de l'Intégration.

LESER Markus und Bernd SEEBERGER
1992   *Alter und Migration. Eine empirische Untersuchung an ungarischen Migranten in Basel*. Basel, Bad Kissingen: M. Leser, B. Seeberger.

LONGINO Charles F. and William CROWN
1990   «Retirement Migration and Interstate Income Transfers». *The Gerontologist* 30: 784-789.

LONGINO Charles F. and Kenneth J. SMITH
1991   «Black Retirement Migration in the United States». *Journal of Gerontology* 46: 5125-5132.

MARKIDES Kyriakos S. and Charles H. MINDEL
1987   *Aging and Ethnicity.* Newbury Park (CA): Sage.

MUSILLO Italo
1981   *Retour et emploi dans le Mezzogiorno: enquête sur un échantillon de migrants italiens.* Genève: World Employment Program Research, BIT.

PAILLAT Paul
1992   «L'Europe vieillit...». *Gérontologie et Société* 60: 6-18.

PAYNE Barbara J. and Laurel A. STRAIN
1990   «Ethnic Variations of Family Support in Later Life». *Canadian Ethnic Studies* XXII, 2: 101-110.

REYNERI Emilio and Clara MUGHINI
1984   «Return Migration and Sending Areas. From the Myth of Development to the Reality of Stagnation», in: KUBAT Daniel (ed.), *The Politics of Return. International Return Migration in Europe,* pp. 31-16. Rome: Centro Studi Emigrazione; New York: Center for Migration Studies.

RICHARDSON Virginia and M. Kilty KEITH
1992   «Retirement Intentions Among Black Professionals: Implications for Practice with Older Black Adults». *The Gerontologist* 32, 1: 7-16.

RICHMOND H. Antony
1968   Return Migration from Canada to Britain. *Population Studies* 22, 2: 263-271.

SAMAOLI Omar
1989   «Immigrants d'hier, vieux d'aujourd'hui, la vieillesse des Maghrébins en France». *Gérontologie* 70: 32-37.
1990   «La vieillesse ‹provisoire› des immigrés maghrébins en France». Communication au Colloque de la Société d'ethnologie française, *Vieillir aujourd'hui,* 11-13 janv. 1990.
1991   «Des vieillesses différentes». *Gérontologie et société* 56: 167-173.

SAMUEL Theodor J.
1969   «Migration of Canadians to USA: the Causes». *International Migration* 7, 3/4: 106-116.

SAYAD Abdelmalek
1977   «Les trois ‹âges› de l'émigration algérienne en France». *Actes de la recherche en sciences sociales* 15: 59-79

1986   «La ‹vacance› comme pathologie de la condition d'immigré: le cas de la retraite et de la préretraite». *Gérontologie* 60: 37-55.

1991   «Qu'est-ce qu'un immigré?», in: SAYAD Abdelmalek, *L'immigration ou les paradoxes de l'altérité*, pp. 51-77. Bruxelles: De Boeck-Wesmael.

SIGNORELLI Amalia
1977   *Scelte senza potere.* Roma: Ed. Officina.

STANFORD E. Percil, K. Michael PEDDECORD and Shirley A. LOCKERY
1990   «Variations Among the Elderly in Black, Hispanic and White Families», in: BRUBAKER Timothy H. (ed.), *Family Relationships in Later Life*, pp. 229-241. London, Newbury Park: Sage.

TABARAH Riad
1988   «Prospects for International Migration», in STAHL Charles (ed.), *International Migration Today*, vol. 2. Paris: UNESCO.

UNGER Karin
1983   *Die Rückkehr der Arbeitsmigranten.* Saarbrücken: Breitenbach.

WANNER Richard D. and P. Lynn McDONALD
1986   «The Vertical Mosaic in Later Life: Ethnicity and Retirement in Canada». *Journal of Gerontology* 41, 5: 662-671.

WITHOL DE WENDEN Catherine
1991   «Les immigrés vieillissent, eux aussi». *Le Monde*, 23.10.91.

Monique ECKMANN et Claudio BOLZMAN

TRAJECTOIRES, SITUATIONS ET STRATÉGIES DES JEUNES EN RUPTURE DE FORMATION

COMPARAISON SUISSES-ETRANGERS

Nous avons eu l'occasion de mener, dans le cadre du PNR 29, une recherche sur les jeunes en rupture de formation dans le canton de Genève (cf. Eckmann-Saillant, Bolzman et De Rham 1994). Nous avons réalisé, en collaboration avec des travailleurs sociaux, des entretiens semi-directifs individuels et des entretiens de groupe avec 82 jeunes âgés de 15 à 21 ans, dont une moitié de Suisses et une moitié d'étrangers[1].

Cette recherche ne porte donc pas spécifiquement sur les migrants mais, comme dans toute recherche actuelle sur les jeunes en Suisse, on trouve des jeunes issus de la migration dans la population étudiée, ce qui amène à comparer les sous-populations «autochtone» et «étrangère».

Le matériel récolté dans cette étude nous permet d'examiner les trajectoires de rupture de formation chez les jeunes et leur vulnérabilité face aux risques d'exclusion. Nous avons en particulier tenté de savoir si cette vulnérabilité est plus marquée dans la population suisse ou dans la population étrangère.

On sait, pour citer Walo Hutmacher, que le facteur prépondérant qui influence la carrière scolaire d'un jeune «n'est pas le passeport, mais la position sociale» (1987). On sait aussi qu'à nationalité égale, c'est le milieu social d'origine qui est déterminant dans la réussite scolaire (Bolzman 1991, chap. 14). Mais à **position sociale égale**, quelle différence fait le passeport?

---

[1] Les jeunes interviewés ont été contactés par des travailleurs sociaux engagés dans quatre types de lieux d'action sociale: cycles d'orientation, lieux d'accueil informel, foyers, ateliers de réinsertion professionnelle. Pour plus de détails sur les critères du choix des lieux, la collaboration avec les travailleurs sociaux, le style d'entretien, voir Eckmann-Saillant, Bolzman et de Rham, 1994, chapitre 3.

Voici donc la question que nous aborderons ici. Quel est l'effet de la migration d'une part, celui de la socialisation biculturelle d'autre part, sur la manière de gérer la rupture de formation de longue durée, rupture que l'on peut considérer comme un phénomène majeur dans la trajectoire d'un jeune.

Nous présentons d'abord quelques remarques générales sur le rapport entre rupture de formation et exclusion sociale. Nous nous proposons ensuite de mettre en relation les origines sociales et nationales des jeunes, avec l'importance qu'ils accordent à la valeur travail. Pour terminer nous analyserons les risques plus ou moins grands d'exclusion qu'ils encourent, à travers une typologie de leurs trajectoires et stratégies.

RUPTURE DE FORMATION ET RISQUES D'EXCLUSION SOCIALE

Nous définissons la rupture de formation comme une sortie du système de formation sans l'acquisition d'un diplôme sanctionnant la scolarité post-obligatoire. Quitter ainsi le système de formation et entrer à 16 ans sur le marché du travail était tout-à-fait courant il y a vingt ou trente ans; c'était la situation d'un tiers des jeunes à Genève en 1960. Sous l'angle des normes sociales, ce parcours constituait la trajectoire typique des jeunes ouvriers. Or, ce qui était socialement considéré comme une situation «normale» pour la génération précédente, représente aujourd'hui une situation marginale, hors normes, tant pour les instances scolaires et de formation professionnelle que pour les différentes institutions de travail social. La fraction de jeunes qui vit cette situation (qui représente à Genève entre 7 et 9% des jeunes de 19 ans et 15% sur le plan suisse à 20 ans) est à présent problématisée comme groupe à risque, potentiellement déviant. L'obtention d'un diplôme post-obligatoire est en effet devenu une obligation sociale.

Au cours des 20 dernières années, ces jeunes trouvaient encore une insertion sociale et professionnelle dans les interstices du monde du travail, en effectuant des petits travaux de type artisanal, commercial ou artistique. Leur situation s'est cependant fortement dégradée ces dernières années. Avec la montée du chômage, qui frappe la Suisse de plein fouet depuis 1992, leurs chances de trouver un emploi ont énormément diminué. Leur position sur le marché du travail s'est ainsi affaiblie au point qu'ils risquent d'en être durablement exclus, avec les conséquences que l'on connaît: précarité économique et sociale. Le pourcentage de non-qualifiés est d'ailleurs très élevé parmi les chômeurs: il avoisine les 40% en Suisse.

La précarité des jeunes qui ne sont pas en formation entre 15 et 20 ans n'est pas seulement matérielle. Leur statut social se trouve également profondément modifié. Dans une société où le système scolaire constitue l'espace de définition de la jeunesse, ne pas se trouver en formation signifie ne pas avoir droit à un certain nombre de prestations financières et sociales (allocations de formation, bourses, logements pour étudiants, etc.). Cela signifie en outre que l'on ne dispose pas d'un statut social défini, n'étant ni apprenti, ni élève.

Par ailleurs, les jeunes ne disposent plus de pôle de référence en ce qui concerne leur identité sociale: ils ne se considèrent généralement plus comme de «jeunes travailleurs» comme cela pouvait encore être le cas en 1960, du fait qu'ils n'ont pas d'emploi d'une part, mais surtout parce que le modèle du «jeune ouvrier» (Bourdieu 1980) ne fonctionne plus comme modèle de référence. Il est d'ailleurs significatif de constater que ces jeunes – bien que sans emploi – ne se considèrent nullement comme chômeurs!

Ni ouvriers ni étudiants, les jeunes en rupture de formation font donc partie d'un véritable «no man's land» en ce qui concerne leur situation scolaire, sociale et profession-nelle; ils se retrouvent également sans appartenance institutionnelle et sociale. Du fait que leur situation est perçue tant par les institutions que par eux-mêmes comme hors normes, on peut estimer qu'à tout le moins une partie de ces jeunes se trouve en position de vulnérabilité sociétale. Cela signifie d'une part qu'ils se trouvent dans une position structurelle défavorable, étant donné leur absence de qualification sur le marché de l'emploi, et d'autre part qu'ils sont fortement exposés aux interactions vulnérantes de la part des institutions. En effet, «un échec devant une institution augmente en même temps la vulnérabilité devant l'institution suivante dans la chaîne. Un jeune qui a échoué à l'école est devenu plus vulnérable devant le marché de l'emploi, ensuite devant le bureau de chômage, etc.» (Walgrave et Vettenburg 1986).

On connaît la relation qui existe entre inégalités structurelles et expériences stigmatisantes. La vulnérabilité des jeunes augmente en fonction de leur position socio-économique et culturelle et en fonction de leurs échecs antérieurs. Les recherches sur les processus de stigmatisation (Goffmann 1968; Becker 1985) mettent en évidence le lien qui existe entre position sociale, expériences stigmatisantes et intériorisation des stigmates. Cela s'observe plus particulièrement sur le plan des attentes et des interactions dans le cadre de l'institution scolaire (Grootaers 1981). Ainsi, l'échec scolaire n'est pas vécu seulement comme sanctionnant des compétences scolaires ou professionnelles, mais aussi comme l'effet d'une marginalisation et d'une disqualification sociale. Et au moment où les jeunes entrent dans le «no man's land», ils ont souvent déjà connu leurs premières expériences de disqualification sociale.

Nous avons pu constater, dans cette recherche, que les jeunes qui ne sont ni élèves ni apprentis, ni travailleurs, ni chômeurs, à savoir les jeunes sans qualification, ne peuvent se reconnaître dans aucune identité collective. Leur statut est incertain, non reconnu et sans référence, et ils vivent souvent leur dignité contestée.

On peut donc estimer que leur position implique un risque considérable d'exclusion durable du monde scolaire et du monde du travail, et en conséquence des réseaux et relations sociales qui y sont liés. Ils risquent de glisser progressivement vers une mise à l'écart que la durée peut transformer en exclusion, dont les conséquences les plus visibles sont la psychiatrisation, la délinquance et la prison, ou la grande pauvreté.

Origine sociale et nationale, et centralité de la valeur travail

Contrairement à ce que l'on imagine souvent, les jeunes sans formation ne se recrutent pas dans un milieu social ou national homogène. Ils ne sont pas tous issus de milieux défavorisés, ne sont pas tous étrangers, et ne sont pas exclusivement des jeunes gens. Ainsi par exemple, bien qu'ils soient issus en majorité des couches inférieures, on trouve également parmi eux une proportion considérable de jeunes issus des couches moyennes (environ 35%) et supérieures (7,5%).

Quant à la nationalité, qui nous intéresse ici, on observe que les jeunes Suisses semblent autant concernés par la problématique de la non-qualification que les étrangers. Notre échantillon comporte en effet autant de Suisses que d'étrangers[2]. Comparée à la proportion d'étrangers parmi l'ensemble des jeunes de 15 à 19 ans dans le canton de Genève (35,2% d'étrangers), cette constatation laisse supposer que les étrangers sont surreprésentés dans la population jeune sans formation. Ce surnombre tend d'ailleurs à augmenter ces dernières années (Decarro 1991).

La majorité des jeunes étrangers de notre population provient des pays méditerranéens du sud de l'Europe (Italie, Espagne, Portugal), autrement dit des zones «traditionnelles» de recrutement de la main-d'œuvre étrangère (51%). Les autres sont principalement originaires de France ou de pays d'Europe du Nord (26,8%); quelques-uns viennent du Tiers Monde (22%). Si l'on considère la variable nationalité, on pourrait penser que les jeunes étrangers en rupture de formation sont davantage en situation de vulnérabilité sociétale que les jeunes Suisses. On sait en effet que les jeunes issus de la migration sont en majorité originaires de milieux sociaux modestes, qu'ils sont davantage soumis à l'échec scolaire et à l'absence de formation. Ces différents facteurs suggèrent des risques d'exclusion sociale plus élevés chez les jeunes étrangers que chez les jeunes Suisses.

---

[2] Une enquête menée par l'office d'orientation professionnelle du canton de Genève sur la population des «jeunes travailleurs» fait état d'une répartition assez semblable: 54,2% de jeunes de nationalité suisse et 45,8% de jeunes de nationalité étrangère.

Or la dichotomie Suisses/étrangers s'avère peu pertinente pour comprendre la relation entre rupture de formation et exclusion sociale. Il s'agit en effet d'une distinction juridique trop générale, qui ne prend pas en compte la diversité des trajectoires des jeunes. Ainsi, dans la catégorie «Suisses», on trouve des étrangers naturalisés dont les expériences sont similaires à celles des jeunes de la deuxième génération d'immigrés; par ailleurs dans la catégorie «étrangers», certains jeunes Français nés à Genève ont des itinéraires assez semblables à ceux des jeunes Suisses. Enfin, au sein de chaque catégorie nationale, on trouve des différences importantes de milieu social, puisque aussi bien parmi les Suisses que parmi les étrangers on rencontre des jeunes issus de familles très précaires, d'autres issus de familles ouvrières, d'autres encore venant de familles de classe moyenne ou aisée. Par ailleurs, Borkowsky (1991) constate aussi l'hétérogénéité sociale et nationale des enfants et jeunes étrangers qui fréquentent le système de formation suisse. Les particularités du contexte genevois (37% d'étrangers dans la population résidente, comprenant aussi bien des travailleurs immigrés que des fonctionnaires des organisations internationales) nous amènent donc d'emblée à relativiser la nationalité comme facteur dichotomique.

On observe en outre que la manière de gérer la rupture de formation et de résister à l'exclusion dépend des stratégies adoptées par les jeunes, en particulier de leur rapport au travail. Car, si les origines et les trajectoires sont multiples, les identités et les valeurs le sont également; ces jeunes ont des visions du monde et des aspirations diverses, en particulier en ce qui concerne le travail.

Nos observations sur leurs perceptions du travail confirment que la valeur travail demeure pour eux centrale. Leurs réponses révèlent globalement une vision très positive du travail. Que ce soit en tant qu'idéal de réalisation de soi, ou comme facteur d'utilité sociale et collective, une majorité des jeunes concernés lui accorde une importance positive et centrale, tout en ayant conscience de la réalité contraignante du monde du travail. On trouve ainsi une multitude d'observations telles que: c'est «une activité utile», «une activité centrale dans la vie», «le travail c'est la reconnaissance sociale», «travail égale autonomie», «le travail, c'est la vie de l'homme», «c'est par le travail qu'on gagne sa place», etc. Pour une minorité d'entre eux cependant un sentiment d'exploitation prédomine, le sentiment «qu'on se fait avoir».

En général les jeunes, avant d'entrer sur le marché du travail, ont des attentes et des aspirations élevées quant à la valeur du travail comme facteur d'épanouissement personnel. Ce n'est qu'après leurs premières expériences, confrontés à la réalité du marché du travail, qu'ils réajustent leurs aspirations. Ils passent ainsi de l'idéal du travail comme outil d'épanouissement personnel et de service à la communauté, à une vision plus instrumentale et individualiste de celui-ci (Lalive d'Epinay et al. 1987). Chez les jeunes sans formation, néanmoins, l'écart entre les réalités du travail salarié et le besoin d'autoréalisation – dont l'importance pour les jeunes paraît centrale (Zoll 1987) – semble encore plus difficilement franchissable.

Cependant, les différences de provenances sociales et géographiques marquent fortement leurs perceptions: les jeunes issus des couches ouvrières et de familles migrantes du Sud et du Tiers monde considèrent plus fortement le travail comme une activité centrale, alors que certains jeunes des couches moyennes et supérieures ont une vision plus marquée du travail comme «mal nécessaire». Dans chacun des groupes, seule une minorité perçoit le travail comme une exploitation; c'est le point de vue notamment de ceux qui viennent «d'en bas».

Si l'on considère globalement les positions des jeunes face au travail, elles se différencient surtout selon l'axe contrainte/réalisation personnelle. Cet aspect se retrouve dans la typologie que nous présentons ci-dessous; il a des répercussions importantes sur leur capacité à résister à l'exclusion sociale.

TYPOLOGIE: ORIGINE NATIONALE, TRAJECTOIRES, STRATÉGIES ET RISQUES D'EXCLUSION

A position sociale égale, quelle différence fait donc le passeport? Nous tenterons de répondre à cette question par une analyse qualitative qui aboutit à une typologie des trajectoires et stratégies des jeunes. Les critères principaux pour la construction de la typologie sont le milieu social d'origine et l'origine «nationale».

Trois niveaux de milieu social d'origine sont distingués:
– les jeunes les moins biens lotis sont issus de familles précaires et très fragiles;
– d'autres jeunes viennent de familles du milieu populaire, familles d'ouvriers et d'employés;
– certains jeunes sont originaires des familles les mieux situées socialement, couches moyennes et supérieures.

Quant à l'origine nationale, c'est l'expérience de la migration d'un espace culturel et linguistique à un autre, plutôt que la nationalité, qui a retenu notre attention.

Le groupe des non-migrants ou «Suisses» est constitué de jeunes suisses et français, qui s'estiment vivre dans une continuité linguistique, culturelle et géographique. Le groupe des «immigrés» est composé d'immigrés des première et deuxième générations, venus principalement de pays du Sud; il inclut également ceux d'entre eux qui sont récemment devenus Suisses par naturalisation. Ce n'est donc pas la couleur du passeport qui nous a paru déterminante, mais bien la manière dont la migration a influencé la socialisation familiale. Au-delà de la distinction Suisses/immigrés, apparaît aussi en filigrane, l'opposition entre cultures du Nord et cultures du Sud, dont les relations sont caractérisées par une inégalité de statut et un rapport de force. Ceux qui sont définis comme «immigrés» occupent en effet le plus souvent des places subalternes dans la division du travail et sont l'objet de préjugés négatifs (Bolzman et Fibbi 1991).

De plus, c'est surtout le **moment** de la migration dans la vie du jeune immigré ainsi que le mode de socialisation subi qui constituent des facteurs de différenciation de leurs trajectoires: les immigrés de la deuxième génération, qui n'ont en général pas émigré eux-mêmes et ont connu une socialisation biculturelle, viennent de familles qui font aujourd'hui partie des couches populaires. Alors que les «immigrés récents», dont la condition se rapproche nettement de celle des familles suisses précaires, ont connu deux phases de socialisation successives dans des contextes culturels fort différents.

Un troisième axe de cette typologie est le type de stratégie adopté face aux difficultés (conformisme ou révolte). C'est surtout au niveau des couches inférieures que la distinction entre «Suisses» et «migrants» est pertinente comme facteur de différenciation des trajectoires familiales, sociales et scolaires. Dans les couches moyennes en revanche, le critère discriminant est plutôt le type d'attitude adopté face à la société: révolte ou conformisme. La variable nationalité joue un rôle moins important. Rappelons que, dans les couches supérieures, les jeunes migrants proviennent en majorité des pays du Nord.

A partir de ces trois axes, nous avons défini un espace théorique ou «espace d'attributs» (Barton 1965) de 12 cases qui ne s'avèrent cependant pas toutes pertinentes pour l'analyse empirique de la population étudiée. Nous avons en conséquence retenu six types (cf. typologie):

Typologie: Six types de trajectoires familiales et scolaires des jeunes

COUCHE SOCIALE D'ORIGINE:	MIGRATION ET SOCIALISATION:	
	Suisse/France	Migration Sud/Tiers Monde
supérieure/ moyenne	V. révoltés/anticonformistes VI. passifs/conformistes	
populaire	IV. milieu ouvrier	III. «immigrés» 2e génération
précaire	I. précaires/assistés	II. immigrés récents

Il serait trop long d'exposer de manière détaillée les caractéristiques de chaque type envisagé[3]. Nous exposerons brièvement ici les six types de trajectoires familiales et scolaires des jeunes, les circonstances qui ont déterminé l'interruption de leur formation, leurs valeurs et leurs stratégies.

Les précaires suisses

Ces jeunes sont ceux qui connaissent au départ la vulnérabilité sociétale la plus importante. En effet, ils sont issus de familles souvent chaotiques, où accidents sociaux, économiques et psychiques se mêlent avec, en conséquence, de fréquentes prises en charge par l'assistance, l'assurance-invalidité ou les circuits médico-psychiatriques. Les jeunes eux-mêmes ont souvent été placés dans des foyers dès la petite enfance. Lorsqu'on connaît les effets stigmatisants de ces prises en charge, on imagine aisément le degré de marginalisation de ces familles.

Leurs expériences négatives face à l'école et aux institutions en général les ont amenés à intérioriser ces stigmates, à développer une image négative d'eux-mêmes et une attitude fataliste face à l'avenir; ils contestent donc peu leur sort.

Ils se sentent impuissants, subissent leur situation avec une certaine résignation et leurs espoirs s'orientent vers une réussite dans le domaine familial, plutôt que sur une réalisation dans le travail. Leur stratégie est caractérisée par le retraitisme et une passivité certaine.

Les précaires étrangers

Ce sont avant tout des enfants de saisonniers portugais et kosovars, arrivés très récemment en Suisse, et issus de familles de condition modeste.

Lors de leur arrivée en Suisse, qui suit souvent une longue période de séparation d'avec leurs parents en raison de l'interdiction du regroupement familial, ils ont de grandes difficultés à commencer ou à poursuivre une formation post-obligatoire. Certains n'en ont pas la possibilité légale du fait qu'ils ont rejoint clandestinement leurs parents. La plupart ne possèdent pas un bagage scolaire suffisant, compte tenu des exigences de l'école suisse.

Toutefois, l'absence de formation constitue une expérience moins déstructurante pour eux que pour les jeunes suisses précaires. Il s'agit en effet de l'un des rares groupes pour lequel le modèle «jeune ouvrier» reste toujours valable: le travail manuel non-qualifié fait partie de leur horizon normal de vie. Entrer tôt sur le marché du travail, y

---

[3] Pour une présentation plus détaillée des critères de construction de la typologie et de la description de chaque type, voir Eckmann-Saillant, Bolzman et de Rham, 1994, chapitre 8.

exercer une activité rémunérée est valorisant car celle-ci permet au jeune d'acquérir une place reconnue dans sa famille et au sein de sa communauté. Certains disent d'ailleurs explicitement qu'ils préfèrent «mettre une salopette», plutôt qu'aller à l'école.

La plupart de ces jeunes gagnent donc leur vie, parfois en travaillant au noir. Souvent ils travaillent sur le même chantier ou dans la même entreprise que le frère, le cousin, l'oncle ou le père, encadrés par un véritable clan familial. La famille, la communauté immigrée structurent fortement leur vie sociale et empêchent leur marginalisation, à court terme en tout cas. Leur grande déception, c'est de découvrir que, lorsqu'ils élaborent un projet de formation professionnelle, leurs lacunes scolaires leur en interdisent l'accès.

Les couches populaires suisses

Il s'agit de jeunes issus de familles modestes habitant Genève depuis longtemps. Moins chaotiques que celles des «précaires», ces familles sont loin d'être des «familles sans histoires». Elles ont également vécu des situations vulnérantes (alcoolisme, chômage, maladie) mais elles ont pu les gérer, le plus souvent sans l'intervention d'instances de contrôle social, à l'égard desquelles elles expriment beaucoup de méfiance.

Les débuts de scolarité ont là aussi été difficiles, avec redoublements et expériences stigmatisantes à l'école primaire, suivis d'une forte dégradation de la situation scolaire au cours du Cycle d'Orientation. La rupture de formation est souvent liée à un échec d'apprentissage, à des problèmes de santé ou encore au souhait de gagner rapidement sa vie. Comme les immigrés récents, bien que dans une moindre mesure, ces jeunes demeurent attachés au modèle du «jeune travailleur»: ils valorisent le travail et considèrent que l'on peut vivre sans formation, se faire une place dans le monde par son travail plutôt qu'à l'aide d'un quelconque papier. Mais le travail est le plus souvent ressenti comme une contrainte, une obligation, une forme d'exploitation, et beaucoup moins comme une réalisation de soi et une manière de se faire sa place.

Ces jeunes adoptent souvent une stratégie de «débrouillardise», où le travail sert à gagner rapidement un peu d'argent. Cependant il s'agit avant tout de profiter au maximum de la vie maintenant, tout de suite, avant qu'il ne soit trop tard et que la vie sérieuse, avec femme et enfants, ne commence...!

La deuxième génération d'immigrés

Leurs parents sont originaires d'Italie et d'Espagne, et ils sont nés ou venus très jeunes en Suisse, où ils ont effectué leur scolarité primaire. Ces familles sont des familles «sans histoires» qui ont dû fournir la preuve de leur conformité aux normes helvétiques pour avoir le droit de séjourner en Suisse. Elles font donc partie de «l'ancienne immigration» et les parents travaillent comme ouvriers ou employés subalternes.

Ces familles ont, pour leurs enfants, des aspirations plus élevées en matière de formation que les familles ouvrières suisses; leur but est clair, mais comment l'atteindre? Etant donné l'importance des attentes, tous les moyens sont mis en œuvre pour éviter la rupture de formation, qui est lente et progressive, plus tardive que dans les autres catégories considérées. Alors même que leur carrière scolaire décline, leurs aspirations restent élevées. L'échec scolaire oblige néanmoins souvent le jeune à revoir à la baisse ses aspirations et à se rabattre sur une formation socialement moins valorisée. Cette situation peut se répéter deux ou trois fois, accompagnée d'une diminution progressive de l'investissement, une démotivation croissante et une révolte contre les conditions de formation ou de travail.

Deux sortes de contradictions caractérisent les attitudes de ces jeunes: un rapport ambivalent au monde ouvrier, un rapport ambivalent à la société de résidence. En ce qui concerne le premier point, on trouve chez eux à la fois le désir de répondre aux attentes de mobilité sociale ascendante des parents et la volonté de rester fidèle au monde ouvrier de ces mêmes parents. Pour ce qui est de leur rapport à la société suisse, il se caractérise à la fois par une recherche d'insertion dans celle-ci et un désir de garder le contact avec la culture du pays d'origine (certains d'ailleurs cultivent la perspective du retour, estimant qu'ils pourront toujours retourner au pays, «si ça ne marche pas ici»).

L'écart est grand entre l'importance qui est attachée au travail et la conscience que c'est par le travail que l'on gagne sa place d'une part, et leur possibilités réelles de réalisation par le travail d'autre part. Ce décalage représente pour ce groupe un fossé difficile à franchir. Dans l'immédiat, ils tentent de trouver du travail, de petits jobs pour la plupart, très soutenus par leurs familles. Mais la révolte pointe à l'horizon: petite délinquance et démêlés avec la justice sont nombreux. La déception et le sentiment de subir un injustice sont également assez forts chez les jeunes appartenant à ce type.

Les révoltés anticonformistes des couches moyennes

Tout distingue cette catégorie des autres sous-groupes considérés: origine sociale, histoire familiale, capital scolaire, identité et valeurs. Les parents de ces jeunes ont le capital culturel et les positions professionnelles les plus élevées, celles des couches moyennes et supérieures.

Par rapport aux autres types, les jeunes de cette catégorie ont la meilleure scolarité et sont les plus nombreux à commencer une école supérieure ou une formation très valorisée. La rupture de formation intervient assez tardivement, après deux ou trois tentatives d'obtention d'un diplôme, et souvent en lien avec des événements extérieurs à la formation: divorce, déménagement, migration, révolte, consommation de drogues ou acte de délinquance. Leur rupture coïncide avec une forte contestation des normes sociales et parentales, et représente une forme de quête d'autonomie. Le sentiment qui prédomine au moment de l'arrêt de formation est la rage, la révolte. C'est enfin la catégorie qui a le plus de problèmes avec la justice; leur délinquance est cependant facilement banalisée par les instances de contrôle social qui leur infligent souvent des sanctions moins sévères qu'aux autres catégories (Bolzman et Eckmann-Saillant 1993).

Ces jeunes sont en fait en situation de décalage par rapport à leur milieu d'origine: ils ne sont pas «arrivés», alors qu'au départ ils se trouvaient parmi les privilégiés. Ils considèrent leur situation comme provisoire, estimant qu'ils peuvent reprendre des études s'ils le veulent. En prenant le contre-pied des normes dominantes, ils valorisent des formes «alternatives» de travail, qui représentent une forte réalisation de soi dans les domaines de l'expression culturelle et artistique ou encore dans les secteurs éducatifs et humanitaires.

Les conformistes passifs des couches moyennes

Issus de familles des couches moyennes, ce sont les plus jeunes de notre échantillon. Notons incidemment, sans être à même d'expliquer le fait, que ce groupe comporte plusieurs jeunes adoptés issus de pays du Tiers Monde.

Ils ont pour la plupart commencé une formation post-obligatoire à orientation fortement influencée par leurs parents, qui ont projeté sur eux des attentes importantes d'ascension sociale. Les ruptures se caractérisent ici par un lent dépérissement du capital scolaire, que l'entourage essaye par tous les moyens de repousser ou d'éviter, processus perçu comme une pente descendante. Les jeunes semblent subir leurs échecs successifs avec une grande passivité et se laissent volontiers guider par leurs parents, leurs enseignants ou des travailleurs sociaux. En fait, ils n'arrivent pas à assumer les attentes de leurs parents et, au lieu de s'y opposer comme les jeunes «révoltés», ils retournent la violence contre eux-mêmes, la somatisent. Ainsi, c'est la catégorie où l'on trouve le plus de problèmes de santé, notamment des troubles psychiques, avec un taux élevé de prise en charge médico-psychiatrique.

Sans projets, ni de travail, ni dans d'autres domaines, passifs, ils ne font souvent rien, et leurs parents, compréhensifs, les soutiennent. Beaucoup ont déjà vécu une trajectoire institutionnelle; il y a là un risque évident que leur «surconformisme» les entraîne dans des carrières de dépendance de l'assistance, de la psychiatrie ou de l'assurance invalidité, ce qui représente un menace élevée d'exclusion sociale.

En ce qui concerne les attitudes des jeunes, on peut distinguer entre ceux qui subissent leur sort et ceux qui se révoltent contre lui. Ces attitudes ont des conséquences non négligeables sur leurs chances d'insertion ou leurs risques d'exclusion sociale. Voyons de plus près chacun des six groupes, en commençant par les trois catégories les plus exposées aux risques de mise à l'écart.

– Les «précaires» et les «conformistes», même s'ils disposent de ressources socio-économiques fort différentes, se ressemblent par leur passivité, le fatalisme avec lequel ils subissent leur sort et par la vision négative de leur avenir. Ces deux groupes se trouvent en situation de risque de trajectoires de dépendance, les plus vulnérables étant les «précaires», marqués par une position structurelle particulièrement défavorable. Les deux groupes ont en outre accumulé les expériences négatives et ont une grande habitude des prises en charge institutionnelles.

– les «immigrés récents» font également partie d'une catégorie fortement exposée au risque d'exclusion mais, beaucoup moins passifs, ils occupent une position un peu particulière. Malgré une position structurelle défavorable et un statut social et juridique fragiles, ils sont, à court terme en tout cas, moins exposés aux expériences déstructurantes et à une carrière de déviance, étant donné leur adhésion à l'identité de jeune ouvrier. A long terme cependant, ils risquent de se trouver en position extrêmement précaire, aussi bien économiquement que socialement.

Moins exposés à l'exclusion durable, mais néanmoins dans une situation à risque, tels apparaissent les trois groupes à stratégies plus actives. Il s'agit d'abord des jeunes appartenant aux couches «populaires» et ouvrières suisses, qui valorisent le travail manuel immédiat tout en cherchant à profiter de la vie «avant qu'il ne soit trop tard». Le deuxième groupe concerné est celui des «immigrés de la deuxième génération», qui vit un rapport ambivalent au monde ouvrier dont ils sont issus, de même qu'un rapport ambivalent à la société de résidence suisse; ils ne se contentent pas de subir leur destin, mais ont tendance à développer soit une ambition d'ascension sociale, soit une attitude d'opposition par rapport aux valeurs dominantes et au monde des adultes en général.

Quant aux «révoltés des couches moyennes», qui considèrent leur situation présente comme provisoire tout en envisageant des carrières artistiques, créatives ou humanitaires, ils sont le groupe le moins exposé à l'exclusion, du fait de leur position structurelle ou de leurs stratégies plus actives.

A beaucoup d'égards, les stratégies des jeunes «immigrés de la deuxième génération» et celle des «révoltés des couches moyennes» se ressemblent. On observe chez eux une convergence d'aspirations et d'attitudes culturelles, mais les conditions structurelles dans lesquelles s'exercent ces stratégies sont fort inégales. Peut-être sommes-nous en présence de deux catégories qui, pour des raisons diverses, voient leur route vers une mobilité sociale ascendante barrée par leur échec dans le système scolaire conventionnel. La contestation serait alors une manifestation de leur frustration, en même temps qu'une recherche, encore peu claire, d'une nouvelle voie de mobilité, pouvant déboucher autant sur l'invention de formes culturelles alternatives que sur des carrières de déviance.

Alors qu'on observe peu de différences entre Suisses et étrangers sans formation au niveau des couches moyennes, ces différences deviennent plus apparentes au niveau des couches inférieures. A l'inverse des hypothèses émises fréquemment lorsque sont comparés nationaux et étrangers, notre étude indique que ce sont les jeunes Suisses issus de familles précaires – et non les étrangers – qui se trouvent les plus exposés à des risques d'exclusion durable. Il semble donc que l'absence de formation chez les jeunes Suisses accroît sensiblement leur vulnérabilité sociétale, étant donné qu'ils sont perçus et se perçoivent comme relégués dans un statut hors normes ou marginal. Pour les jeunes étrangers, surtout pour les migrants récents, l'absence de formation est considérée comme moins problématique, puisqu'elle est perçue comme faisant partie du destin social du groupe. En effet, ce qui était «normal» dans la société suisse il y a trente ans, l'est encore pour certains d'entre eux, aujourd'hui, car ils sont issus d'une région où l'espace de la jeunesse est moins exclusivement défini par l'école et la formation. Ils ont en conséquence moins le sentiment de vivre dans un «no man's land».

Si l'identité, chez les enfants des travailleurs migrants, en tout cas chez ceux qui sont arrivés très récemment, se structure fortement autour du travail et de l'image du «jeune ouvrier», elle peut effectivement protéger à court terme de l'effet d'exclusion. Il faut néanmoins tenir compte du fait que les attentes de ce groupe sont fortement déstructurées par la situation économique actuelle qui leur offre peu de perspectives de réaliser concrètement leur souhait de trouver un emploi.

On peut donc dire qu'à position sociale égale, le passeport fait toujours la différence, mais pas nécessairement en **défaveur** des étrangers.

Ainsi, l'origine sociale et la migration familiale restent des déterminants fondamentaux des trajectoires des jeunes en rupture de formation, mais les stratégies propres des jeunes jouent un rôle important; les attitudes de contestation ou de révolte offrent de meilleures perspectives de s'en sortir par un repositionnement que le conformisme et la passivité, avec leurs risques d'aboutir à une carrière de dépendance. Il apparaît dès lors que toute politique visant à favoriser la (ré)insertion de ces jeunes devra tenir compte aussi bien de la variété des situations que de la diversité de leurs stratégies d'action, et tenter d'éviter qu'un groupe ne glisse vers le fatalisme et la passivité. Mieux vaut une bonne dose d'opposition et de révolte!

Dans cette recherche, nous n'avons traité ni les jeunes Suisses ni les jeunes étrangers comme des groupes homogènes. Nous nous sommes gardés de considérer les jeunes étrangers comme une population en difficulté ou de les exclure de notre analyse sous le prétexte qu'ils constituaient une population atypique. Les variables migration et type de socialisation, mono- ou biculturelle, demeurent incontournables pour comprendre leurs trajectoires et leurs stratégies.

RÉFÉRENCES

BARTON Allen H.
1965   «Le concept d'espace d'attributs en sociologie» in BOUDON Raymond et Paul
            LAZARSFELD, (éds.) Le vocabulaire des sciences sociales, pp. 148-170. Paris/La Haye:
            Mouton.

BECKER Howard S.
1985   Outsiders: étude de sociologie de la déviance. Paris: Metaillié.

BOLZMAN Claudio
1991   Exil, dynamique socio-culturelle et participation sociale: l'exemple des Chiliens en
            Suisse. Thèse de doctorat. Université de Genève.

BOLZMAN Claudio et Monique ECKMANN-SAILLANT
1993   «Trajectoires de rupture de formation et délinquance: comparaison entre jeunes
            suisses et étrangers», in: BAUHOFER Stefan et Nicolas QUELOZ (éds.), Etrangers,
            criminalité et système pénal, pp. 363-385. Chur/Zurich: Verlag Rüegger.

BOLZMAN Claudio et Rosita FIBBI
1991   «Collective Assertion Strategies of Immigrants in Switzerland». International
            Sociology vol. 6/3: 321-341.

BORKOWSKY Anna
1991   Enfants et jeunes d'origine étrangère dans le système de formation suisse. Berne:
            Office fédéral de la Statistique.

BOURDIEU Pierre
1980   «La ‹jeunesse› n'est qu'un mot», in: BOURDIEU Pierre, Questions de sociologie, pp.
            143-154. Paris: Minuit.

DECARRO Eric
1991   *Enquête auprès des jeunes travailleurs de 15 à 19 ans.* Genève: Office d'orientation et de formation professionnelle.

DUBET François
1987   *La galère: jeunes en survie.* Paris: Fayard.

ECKMANN-SAILLANT Monique, Claudio BOLZMAN et Gérard DE RHAM
1994   *Jeunes sans qualification: trajectoires, situations, stratégies.* Genève: Editions IES.

GOFFMAN Erwin
1968   *Asiles.* Paris: Minuit.

GROOTAERS Dominique
1981   *Les attitudes des élèves de l'école secondaire selon le milieu social d'origine.* Bruxelles: Dossier du GRAIN.

HUTMACHER Walo
1987   «Le passeport ou la position sociale», in: *Les enfants de migrants à l'école,* pp. 228-256. Paris: OCDE/CERI.

LALIVE D'EPINAY Christian, Anne BLOCHET-BARDET et Pascal-Eric GABEREL
1987   *Les suisses, le travail et la vie.* Rapport final n° 2, PNR 15, Université de Genève.

WALGRAVE Lode et Nicole VETTENBURG
1986   «Délinquance grave, vulnérabilité sociétale et les institutions sociales». *Actes de Vaucresson* n°2.

ZOLL Rainer
1987   «Vers une éthique discursive?» in: LALIVE D'EPINAY C. et R. SUE (éds.), *Chômage, marginalité et créativité.* Université de Genève.

ETHNIZITÄT UND STAAT – EINBINDUNG UND AUSSCHLUSS

L'ETHNICITÉ ET L'ETAT: INTÉGRATION ET EXCLUSION

Heinzpeter ZNOJ

DAS GANZE IST DAS GEGENTEIL SEINER TEILE

MIGRATION IM KONTEXT VON NATIONALSTAAT, «WELTSTAAT» UND «DRITTWELTSTAAT»

EINLEITUNG

Seit den achtziger Jahren berücksichtigt die Ethnologie immer mehr, dass die Gesellschaften, die sie untersucht, seien sie auch noch so «traditionell» und subsistenzorientiert, Bestandteile von modernen Staaten sind, dass ihre Traditionen und Identitäten im Kontext der kolonialen und nachkolonialen Staatsintegration konstruiert wurden und dass die sozialen Beziehungen in diesen Gesellschaften von staatlichen Institutionen geprägt sind. Diese Entdeckung des Staates durch die Ethnologie führt zur Überprüfung zentraler Konzepte wie «Ethnie» und «Kultur». Das Fach wird sich dabei wieder bewusst, dass diese Begriffe im Zuge der europäischen nationalstaatlichen Integration im 18. und 19. Jahrhundert entstanden und nicht losgelöst von der damaligen Aufwertung des Volksbegriffs verstanden werden können (Heckmann 1991: 66). Wurden sie auch im Laufe eines mühsamen und langwierigen Prozesses der wissenschaftlichen Begriffsbildung teilweise von ihrem inhärenten Exotismus und ihrem Ethnozentrismus befreit, so doch nur, um in einer Gegenbewegung im Diskurs der Medien und des Staates sowie im Marketing für Konsumgüter wiederum zu anderen Zwecken instrumentalisiert zu werden. Nachdem Migranten und Migrantinnen längst weltweit die Erfahrung des Kulturschocks machen mussten, erlebt nun auch die Ethnologie mit der Rückmigration ihrer Konzepte in den europäischen Diskurs über «Multikulturalität», «Kulturalismus», «Ethnizität» und «ethnokulturelle» Phänomene einen eigentlichen Kulturbegriffs-Schock. Fest steht damit, dass die ethnologische Erfahrung für unsere eigene Gesellschaft an Bedeutung gewonnen hat: Neben der Erfahrung des Eigenen als Modell für die Erfahrung des Fremden ist vermehrt die Erfahrung des Fremden zum Modell für die Erfahrung des Eigenen geworden. Die folgenden Ausführungen stellen einen Versuch dieser Art der Modell-Verwendung dar. Es soll nämlich versucht werden, das Eigene, die Migrationspolitik und Statuszuschreibungen an Migranten durch westliche Staaten, aufgrund des Modells eines Fremden, der Politik von Migration und Status in einem «Drittweltstaat» zu beschreiben.

Mein Argument ist, dass das Entstehen von Nationalstaaten überall zu einer Erhöhung des Migrationspotentials breiter Bevölkerungsschichten geführt hat, gleichzeitig aber eine Infrastruktur mit globaler Wirkung entstanden ist, welche die freie Mobilität wieder beschränkt. Ich nenne diese Struktur «Weltstaat» und verstehe darunter kein übernationales Gebilde, sondern eine Systemeigenschaft der globalen Nationalstaatengemeinschaft. Ich betrachte nur einen Aspekt dieses «Weltstaates», nämlich die Statuszuschreibungen der Nationalstaaten an alle ihre jeweiligen Nichtstaatsbürger. «Drittweltstaat» nenne ich mangels einer besseren Alternative jene ehemaligen Kolonialterritorien und heutigen Nationalstaaten, welche die Kriterien der *Good Governance* in geringem Masse erfüllen, d. h., in denen die rechtsstaatlichen Institutionen wie Statusgleichheit der BürgerInnen, Rechtssicherheit, das Prinzip der Rechtseinheit und die Gewaltentrennung kaum wirksam sind. Ich nenne sie deshalb auch schwache Staaten. Autoritäre Regimes sind daher charakteristische Merkmale schwacher Staaten. Den Ausdruck «starker Staat» behalte ich jenem Idealtyp des Rechtsstaates vor, der die Kriterien der *Good Governance* in hohem Masse erfüllt. Der Nationalstaat in seiner demokratischen Variante ist bis heute die einzige Staatsform, die den Kriterien eines starken Staates zumindest annähernd entspricht. Im folgenden verwende ich diesen idealtypischen Begriff des starken Nationalstaates.

Die globale Struktur «Weltstaat» weist bedeutsame Übereinstimmungen mit der politischen Struktur schwacher «Drittweltstaaten» auf, so dass die globalen Migrationsprozesse mit dem Modell schwacher Nationalstaaten in der Dritten Welt besser verstanden werden können als mit dem Modell starker Staaten.[1]

---

[1] Wenn hier ein «Drittweltstaat» als Modell für globalstaatliche Strukturen gewählt werden soll, so nicht als ein unvollkommenes Abbild des modernen Rechtsstaates, das sich auf sein Ideal zu entwickelt, also nicht als «Entwicklungsland», sondern als eine fertige Staatsform. Dependenztheorie, Verflechtungsansatz und Weltsystemtheorie lehrten uns, dass Entwicklung hin zum Rechtsstaat keineswegs zwingend ist. Im Sinne der Aufrechterhaltung ökonomischer Abhängigkeitsbeziehungen ist die Schwäche der «Drittweltstaaten» vielmehr durchaus systemkonform.

Zunächst soll jedoch der Begriff «Weltstaat» näher begründet werden. Er lässt sich aus den Eigenschaften des Nationalstaates als «institutioneller Flächenstaat» (Imhof 1993: 346) ableiten. Der Nationalstaat hat eine doppelte Struktur, eine nach innen und eine nach aussen gerichtete. Seine Grenze schliesst ein Territorium ein und zugleich alle übrigen Territorien aus. Die Staatsbürgerschaft ist ein exklusiver Status, der alle übrigen Menschen ausschliesst. Diesen werden eine abgestufte Reihe niedrigerer Status zugeschrieben. Insofern konstituiert der Nationalstaat bereits eine globale politische Struktur(Scholte 1993:1): «... there is something more than national about the nationalty principle.» Diese nach aussen gerichtete Struktur gewinnt aber erst dadurch ihre Bedeutung, dass der Nationalstaat seit dem Ende des 19. Jahrhunderts zur internationalen Norm geworden ist (Anderson 1988:139). Feste Grenzen und die Staatsbürgerschaft der Bewohner des so umgrenzten Territoriums werden den einzelnen Staaten von der Gemeinschaft der Nationalstaaten aufgezwungen. Dies heisst aber nicht, dass sich nicht innerhalb von Staatsgrenzen politische Gebilde befinden können, die mit dem Idealbild des demokratischen Nationalstaates wenig gemein haben.

Die Globalisierung und die einzelnen Prozesse, die sie konstituieren, wie wirtschaftliche Integration, weltweite Arbeitsteilung, Kommunikation und Migration, sollten vor dem Hintergrund dieser doppelten politischen Struktur des Nationalstaates gesehen werden. In politischer Hinsicht bedeutet Globalisierung nicht einfach die Addition der einzelnen Nationalstaaten und auch nicht die Ausdehnung der politischen Institutionen, wie sie innerhalb der einzelnen Nationalstaaten bestehen. Vielmehr sind die Mechanismen der Ausgrenzung und der differenzierenden Statusverweigerung und -befristung in hohem Masse bestimmend für die politische Struktur «Weltstaat». Das Ganze ist in diesem Fall gewissermassen das Gegenteil seiner Teile.[2]

Diese beiden Staatskonzepte, das rechtsstaatliche des einzelnen Nationalstaates und das repressive des «Weltstaates», stehen in einem scheinbaren Widerspruch zueinander, der sich in struktureller Gewalt gegenüber bestimmten Migrantenkategorien auswirkt. Die staatsüberschreitende Mobilität beruht in dieser Situation struktureller Gewalt auf ungleich verteilten finanziellen, politischen und sozialen Ressourcen. Sie gleicht in ihren Bedingungen somit der Mobilität innerhalb von schwachen Staaten.

---

[2]   Es soll nicht unterschlagen werden, dass Nationalstaaten nicht nur gegen aussen, sondern auch gegen innen ausgrenzend wirken. Dies gilt nicht nur für die Ausgrenzung von Minderheiten, sondern auch für den Prozess der nationalstaatlichen Identitätsbildung selbst, der als Standardisierungsprozess abweichende Normen ausschliesst (Anderson 1988:44-54). Mir geht es im Zusammenhang meiner vereinfachenden Argumentation darum, aufzuzeigen, dass selbst das Ideal eines rechtsstaatlichen und demokratischen Nationalstaates das «negative Ideal» der Statusverweigerung gegenüber Ausländern hervorbringen muss.

Im Folgenden begründe ich zunächst den Zusammenhang von Binnenmigrations-potential und territorialer Integration in einen Rechtsstaat, und zwar anhand der ethnologischen Tauschtheorie. Anschliessend stelle ich am Beispiel der Situation in Indonesien dar, wie sich die Migration in einem Staat organisiert, der seinen Bürgern nur einen schwachen rechtsstaatlichen Status garantieren kann. Zuletzt versuche ich zu zeigen, dass die globalstaatlichen Strukturen, die zur Bewältigung der transnationalen Migrationen geschaffen werden, notwendigerweise die Merkmale schwacher Rechts-staatlichkeit annehmen.

RECHTSSTAAT UND BINNENMIGRATION

Ich sehe die Herausbildung der rechsstaatlichen, politischen Infrastruktur als entschei-dende Voraussetzung der kapitalistischen Wirtschaftsweise an, die ihrerseits Grundla-ge der gewaltigen Ausweitung der industriellen Produktion, des Handels und der Mobilisierung von Menschen ist, wie sie mit der industriellen Revolution eingesetzt haben. Diesen Zusammenhang von Politik und Wirtschaft möchte ich für ein Mal nicht anhand der Produktionsverhältnisse, sondern der Tauschbeziehungen darstellen. Ich beginne meine Argumentation also auf der mikrostrukturellen Ebene des Austau-sches, der Transaktionen von Gütern und Leistungen zwischen sozialen Gruppen.

Innerhalb und zwischen segmentären, kaum arbeitsteiligen Gesellschaften ist der Tausch eines der wichtigsten Mittel, um Stetigkeit und Berechenbarkeit in die Bezie-hungen zwischen benachbarten Individuen und Gruppen zu bringen, die gewöhnlich um Ressourcen konkurrieren. Der Austausch, sei es von zeremoniellen Gütern, Heirats-partnern oder Gütern des alltäglichen Bedarfs, ist hier selbst unmittelbar politisch. Zwei Charakteristiken prägen diese Formen des Austausches, die Mauss (1989) die «archaischen» genannt hat, nämlich, dass sie praktisch ausschliesslich zwischen einan-der persönlich bekannten Partnerinnen und Partnern stattfinden, und dass sie immer die Funktion haben, die Beziehung zwischen ihnen aufrechtzuerhalten. Ökonomische Strategien sind auf diese Weise jeweils eingebettet in politische; Tauschraten sind abhängig von sozialer Sanktion und davon, was Sahlins «the diplomacy of economic good measure» genannt hat (Sahlins 1974: 301 f.). Individuelle Anhäufung von Besitz ist unter diesen Umständen kaum möglich, weitgehende Umverteilung des Vorhande-nen dagegen wahrscheinlich. Aus all dem ergibt sich eine entscheidende Qualität des Transaktionsmodus in nichtstaatlichen Gesellschaften: Die einzelnen Tauschakte wer-den nicht als liquidierend konzeptualisiert, d.h. nach ihrem Vollzug soll immer eine Schuld entweder eines oder beider Partner bestehenbleiben. Diese Schuld wird positiv gewertet und verpflichtet beide Seiten, mit der andern weiterhin auszutauschen, wollen sie nicht einen gefährlichen Bruch in ihrer Beziehung riskieren. Ich nenne den dominierenden Transaktionsmodus in nichtstaatlichen Gesellschaften der Einfachheit halber den nichtliquidierenden Modus. Da der Austausch in diesem Modus auf institutionalisierte Beziehungen zwischen Gruppen angewiesen ist, ist die Reichweite von individuellen Tauschbeziehungen notwendigerweise stark eingeschränkt. Da umgekehrt in Abwesenheit übergeordneter politischer Strukturen allein die Tauschbeziehungen von Individuen und Gruppen ein politisch gesichertes Feld konstituieren, bestimmt die Reichweite dieser Beziehungen auch den normalen physischen Aktionsradius von Individuen. Mit andern Worten: In Abwesenheit von Staaten sind Gruppen und Individuen im Austausch, den sie für ihre Reproduktion benötigen, an ein sehr beschränktes Territorium gebunden. Dies vor allen technischen Beschränkungen allein schon aus der politischen Notwendigkeit, ein räumlich verdichtetes Beziehungsnetz zu unterhalten.

Etwas vom ersten, das die Kolonialmächte in der imperialistischen Phase nach der Unterwerfung segmentärer Gesellschaften taten, war, das neugewonnene Territorium dauerhaft militärisch zu befrieden. Diese Befriedung bedeutete für die Einheimischen einerseits den Verlust politischer Autonomie, andererseits aber den Gewinn einer politischen Infrastruktur, die ihnen eine grössere Mobilität erlaubte. Viele zeitgenössische Beobachter konnten feststellen, dass die Austauschbeziehungen unter Einheimischen nun in einem weiteren Territorium stattfanden (Sahlins 1974: 277 ff.). Umgekehrt verloren die alltäglichen Tauschbeziehungen an politischer Funktion, da ja nun ein – wenn auch zunächst schwacher – Staat bestand, der die Tauschbeziehungen in geringerem oder höherem Masse entlastete. Dies ermöglichte nun auch hier das Aufkommen jenes Tauschmodus, der oft für den natürlichen gehalten wird: den liquidierenden. In diesem Modus stehen all jene Tauschbeziehungen, die zu ihrer Durchführung nicht auf die persönliche Bekanntschaft der Tauschpartner angewiesen sind und die nach ihrer Vollendung auch nicht zur Fortsetzung der Tauschbeziehung führen. Dieser Tauschmodus ermöglicht es, Austauschbeziehungen in einem viel weiteren Kreis von Partnern zu suchen, als dies zuvor möglich gewesen wäre. Mit andern Worten: Der potentielle Aktionsradius erweitert sich im Prinzip auf das vom Staat befriedete Gebiet. Im selben Mass verliert die territoriale Gruppe, in welcher das Netz persönlicher Beziehungen verdichtet ist, an umfassender lebenswichtiger Bedeutung für die Einzelnen. Daraus ergibt sich notwendigerweise ein Verlust an sozialer Identität, der mit Identitätsangeboten kompensiert werden muss, die an keine konkrete Gruppe persönlich miteinander bekannter Individuen mehr gebunden sind. Eines der wichtigsten dieser

Identitätsangebote wird durch den Staat selbst in seiner Inszenierung als Nationalstaat propagiert. Daneben bestehen komplementäre und konkurrierende Identitätsangebote in Form von Ethnizität und Religion, die in schwachen Staaten die politischen Strukturen bedrohen können.

Nach dieser zugegebenermassen stark vereinfachten Modellvorstellung sorgt demnach ein Rechtsstaat für einen homogenen politischen Raum und homogene Status sowie für das Angebot einer übergreifenden einheitlichen Identität der Staatsbürger. Für diese wird unter dem unpersönlichen Schutz des Staates die individuelle Nutzenoptimierung möglich, aber auch nötig. Die unbehinderte Mobilität der einzelnen, welche mit der Niederlassungsfreiheit im gesamten Staatsterritorium verknüpft ist, gehört zu den wesentlichen Elementen dieser bürgerlichen Freiheiten.

ETHNISCH ABGESICHERTE MIGRATION IN INDONESIEN

Immer noch diesem vereinfachten Modell folgend, muss ein schwacher Staat eine andere soziale Dynamik aufweisen als ein starker. Ein schwacher Staat schafft es nur unvollkommen, allen seinen Bürgern einen Status zu garantieren, der sie ökonomisch, rechtlich, politisch und in ihrer Identität von ihrer Ursprungsgruppe emanzipiert. Persönliche und ethnische Beziehungen und Allianzen bleiben eine unverzichtbare Sicherheitsquelle.

Das Beispiel Indonesiens soll als Illustration für diese These dienen. Indonesien besteht in seiner heutigen Form seit fast 50 Jahren als unabhängiger Staat, der von einem autoritären Regime geführt wird. Die Rechtsstaatlichkeit ist «im Aufbau begriffen» und in den bessergestellten Schichten der städtischen Zentren eher garantiert als in den ländlichen Peripherien. Als autoritärer Staat kann Indonesien zwar weitgehend die Mobilität seiner Bürger ermöglichen, und er setzt sie im Transmigrationsprogramm sogar dazu ein, seine Autorität in abgelegenen Regionen zu inszenieren. Doch seine rechtsstaatliche Schwäche führt dazu, dass diese Mobilität charakteristischerweise mit der Mobilisierung ethnischer Beziehungen abgesichert wird, so dass Mobilität in grossem Massstab als ethnisches Phänomen erscheint. Bekannt ist seit vor- und frühkolonialer Zeit die Mobilität der Bugis aus Sulawesi, traditionell seefahrende Händler, die an verschiedenen Küsten im Archipel Migrantenkolonien gebildet haben. Ein anderes Beispiel sind die Minangkabau aus Zentralsumatra, die seit Jahrhunderten innerhalb Sumatras und aufs malaysische Festland migrierten und heute im westlichen Indonesien als *die* einheimische Händlergruppe gelten. Im Zusammenhang mit der Produktion von Weltmarktgütern an den Küsten kam es seit dem 15. Jahrhundert und zunehmend seit dem Ende des 19. Jahrhunderts zur Migration von Binnenbevölkerungen an die Küsten. Dafür sind die Rejang Südwestsumatras ein Beispiel, die Batak Nordsumatras ein anderes (Marschall 1995). Die Batak haben sich im 20. Jahrhundert zudem in den grösseren indonesischen Städten als wirtschaftliche *in-group* mit ausserordentlich starker Gruppenkohärenz erwiesen. Heute haben auch die Migranten aus kleineren Regionen in den Metropolen Indonesiens ihre Netzwerke, die, wenn nicht Geschäfte und Sicherheit, so doch zumindest eine ethnische Identifikation ermöglichen (Bowen 1991; Galizia in diesem Band). Zu nennen sind schliesslich auch verschiedene chinesische Gruppen, deren rechtlicher Status gegenüber den «einheimischen» indonesischen Staatsbürgern in unterschiedlichem Masse eingeschränkt ist und denen es beispielsweise nur erlaubt ist, sich in Städten niederzulassen (Prodolliet 1995). Die Kontrolle des Staates hält in ihrem Fall ethnisch abgesicherte Mobilität aktiv in Schach.

Formen ethnisch eingebetteter unternehmerischer Mobilität lassen sich auf der mikrostrukturellen Ebene der Transaktionen begründen. Besonders auf dem Land bestehen teilweise weiterhin Formen des alltäglichen nichtliquidierenden Austausches, über den sich die Menschen gegenseitig verpflichten. Der nichtliquidierende Modus lässt sich sogar in Geldgeschäften feststellen. So gibt es etwa eine gängige Praxis, Geldschulden nicht zurückzubezahlen (Znoj 1995). Solche offene Schulden müssen von kleinen Ladenbesitzern hingenommen und abgeschrieben werden. Mächtigere Zwischenhändler und Financiers können daraus persönliche Abhängigkeitsverhältnisse bis hin zur Schuldknechtschaft herstellen. Auf jeden Fall ist es kaum möglich, den Staat zur Eintreibung der Schulden oder zur Bestrafung der Schuldner anzurufen. Aus dieser Schwäche des Staates, private Obligationen zu garantieren, ergibt sich eine geringe Kreditsicherheit. Diese wiederum legitimiert einerseits hohe Zinsen als Sicherheit gegen den wahrscheinlichen Verlust geliehenen Geldes. Andererseits wird versucht, die Kreditsicherheit mit nichtstaatlichen Mitteln zu erhöhen. Interessanterweise steht jene Schwäche des Staates in beiden Fällen in Zusammenhang mit der Bedeutung ethnischer Phänomene. Händler, die wegen ihres hohen Kapitalbedarfs auf niedrige Kreditzinsen angewiesen sind, erhöhen die Absicherung der Kredite durch soziale Kontrolle von Gruppen, deren Identität meist ethnisch begründet wird. Transaktionspartner, welche die umgekehrte Strategie des Wucherkredits wählen, tragen der Wahrscheinlichkeit, dass es zu Konflikten über die Rückzahlung kommt, damit Rechnung, dass sie gerade ihre unterschiedliche Gruppenidentität betonen.

Im Zusammenhang meiner Argumentation ist die Erhöhung der Kreditsicherheit durch soziale Kontrolle in ethnisch definierten Gruppen das interessantere Phänomen. Gerade Händlergruppen, welche auf billige Kredite angewiesen sind und die aus wirtschaftlichen Gründen mobil sein müssen, behelfen sich durch räumliche Ausdehnung und Verpflanzung lokaler sozialer Netzwerke. Die dabei entstehende Gruppenidentität ist zweifellos eine andere, als jene in der Ursprungsregion. Man kann davon ausgehen, dass sie weniger durch Verwandtschaft und langes Zusammenleben und mehr durch strategische Ethnizität zustandekommt. Die in der Migrationssituation entstandenen Netzwerke funktionieren als ethnisch exklusive Kreditzirkel. Sie sind ein wesentliches Element des *ethnic business*, wie es für viele Diaspora-Gruppen typisch ist (Evers 1990:7; Schrader 1991:6). In besonders hohem Masse trifft dieses Muster der Ethnizität auf Indonesiens Chinesen zu. Unter ihnen gab es in Indonesien schon seit Jahrhunderten immer sehr erfolgreiche Geschäftsleute. Dies wahrscheinlich als Folge des Zusammenwirkens ethnischer Strategien in der Kreditvergabe und ethnischer Zuschreibungen von aussen, die ihre Ausgrenzung begründeten. Diese wird heute für viele dadurch verschärft, dass ihnen der Staatsbürgerschaftsstatus verweigert wird, obwohl sie in vierter oder fünfter Generation in Indonesien leben (Coppel 1977).

Zusammenfassend kann anhand des Beispiels Indonesiens festgestellt werden, dass in einem schwachen Staat die für die kapitalistische Wirtschaft notwendige Sicherheit privater Kontrakte und die Mobilität zur Wahrnehmung von Marktchancen in hohem Masse über die zusätzliche Absicherung im Rahmen ethnischer Gruppen erreicht wird. Als Folge davon stehen in solchen Staaten ethnische Gruppen zueinander in Konkurrenz um wirtschaftliche Ressourcen.

Der Zusammenhang zwischen der Herausbildung und Verstärkung ethnisch definierter Gruppenstrategien und der Schwäche rechtsstaatlicher Strukturen wird damit deutlich. Im folgenden will ich nun versuchen, diese Zusammenhänge auf globaler Ebene aufzuzeigen.

TRANSNATIONALE MIGRATION IM SCHWACHEN «WELTSTAAT»

Spricht man von der Globalisierung der politischen Strukturen, so dient als Modell gewöhnlich der moderne Nationalstaat mit seinen Grundwerten der Rechtseinheit und der Statusgleichheit aller Bürger. Nun schreiben aber insbesondere die westlichen Staaten ihren Bürgern einen Status zu, wie er auf einer staatsübergreifenden Ebene bei weitem nicht gesichert ist. Garantiert der moderne Territorialstaat seinen Bürgern einen legalen Status, der es ihnen ermöglicht, an einem beliebigen Ort im Staatsterritorium ihre wirtschaftlichen, politischen, religiösen usw. Interessen zu verfolgen, so ist der Status des «Weltstaatsbürgers» weitgehend negativ bestimmt. Er erlaubt es, ihnen jene Freiheiten in allen andern Staaten ausser ihrem Herkunftsland rasch und effizient aberkennen zu können. Im Zusammenhang mit der zunehmenden mittel- und langfristigen transstaatlichen Migration wurde die These geäussert, dass sie den Nationalstaat tendenziell obsolet mache und dass über kurz oder lang (starke) globalstaatliche Strukturen den Nationalstaat teilweise ablösen und seiner Funktionen, insbesondere was die Statuszuschreibung an Migranten betrifft, entbinden werde (Castles 1991: 129 f., 150). Dies kann als optimistisches Szenario der rechtsstaatlichen Entwicklung angesehen werden. Ein weniger optimistisches – meiner Meinung nach wahrscheinlicheres – Szenario beschreibt dagegen die Persistenz der Nationalstaaten bei gleichzeitiger Globalisierung schwacher Rechtsstaatlichkeit. In diesem Szenario kommt den transstaatlich zugeschriebenen negativ formulierten Status eine bedeutende Rolle zu. Über sie wird die politische Struktur des entstehenden «Weltstaates» festgelegt. Der minimal garantierte Status des «Weltstaatsbürgers» wird, ausgehend von den gegenwärtigen gesetzgeberischen Entwürfen in den westlichen Industrieländern, derjenige des Migranten sein.[3] Die Möglichkeit, als Ausländer einen höheren rechtlichen Status zu erwerben, wird in dieser Situation nur noch von finanziellen, ethnischen – dazu ist die Staatsbürgerschaft eines kleinen Kreises privilegierter anderer Nationen zu zählen – und bildungsmässigen Ressourcen abhängig sein.

Ich bin der Meinung, dass der «Weltstaat» nicht dem Modell des starken Staates, sondern vielmehr jenem eines schwachen Staates entspricht. Denn ermöglicht der einzelne Staat seinen Bürgern mit dem zugeschriebenen Status als Staatsbürger eine freie Mobilität, wie sie die Marktwirtschaft verlangt, so ist der Status – und damit die Aufenthaltsdauer – von Ausländern meist befristet und die damit verbundenen Rechte in unterschiedlichem Mass eingeschränkt. Wie in «Drittweltstaaten» sind Mobilität und Status internationaler Migranten von Ressourcen abhängig und wie dort ist in Ermangelung finanzieller Ressourcen der Rückgriff auf ethnische Beziehungen eine wichtige Strategie, sich am neuen Ort festzusetzen. Die abgestufte Statusverweigerung für Zuwanderer bis hin zur Illegalisierung ihres Aufenthaltes ist ein effizienter Mechanismus zur Unterschichtung (Hoffmann-Nowotny 1974:48). Die Statusverweigerung bedeutet nicht nur rechtliche, sondern auch soziale Ausgrenzung, welche die Abgrenzung

---

[3] Womit die völkerrechtlich garantierten und vergleichsweise hohen Status des Asylanten und des Flüchtlings umgangen werden können.

der Migranten in ethnische Subkulturen zur Folge hat. Im Kontext der globalen Migration überwiegt im Nationalstaat heute die Ausgrenzungsfunktion gegenüber der Integrationsfunktion. Die demokratischen Staaten erweisen sich so als janusköpfige Gebilde: für eine exklusive Klientel, ihre Staatsbürger, schaffen sie formale Rechtsgleichheit, und sie unterwerfen sich ihrer formalen Kontrolle. Für alle übrigen erweisen sie sich als autoritär, insofern sie ihnen den Anspruch auf die Bürgerschaft absprechen. Für MigrantInnen ist der schwache, autoritäre «Weltstaat» heute schon eine Realität. In der Auseinandersetzung mit der globalen Migration institutionalisiert sich immer mehr ein schwacher Parallelstaat: Der schwache «Weltstaat» manifestiert sich in den Amtsstuben des Nationalstaates.

Mit der zunehmenden Globalisierung der Wirtschaftsbeziehungen, dem Ausbau einer weltweiten Transportinfrastruktur und dem Entstehen eines weltweiten Arbeitsmarktes muss die ausgrenzende und repressive Seite des Nationalstaates immer stärker hervortreten. Zuletzt stellt sich deshalb die Frage, welche Konsequenzen die globale politische Integration nach nicht-rechtsstaatlichen Prinzipien für das Modell des demokratischen Rechtsstaates selbst hat. Wird es als politische Struktur für die *happy few* weiterbestehen oder wird es an mangelnder Legitimation scheitern, wenn seine Klientel nur noch eine kleine Minderheit ist? Wird es, wenn es denn weiterbesteht, nicht unweigerlich zum ideologischen Fundament einer Ethnisierung im schwachen Weltstaat?

BIBLIOGRAPHIE

ANDERSON Benedict
1988   *Die Erfindung der Nation. Zur Karriere eines erfolgreichen Konzepts.* Frankfurt: Campus.

BOWEN John
1991   *Sumatran Politics and Poetics. Gayo History, 1900-1989.* New Haven: Yale University Press.

CASTLES Stephen
1991   «Weltweite Arbeitsmigration, Neorassismus und der Niedergang des Nationalstaats», in: BIELEFELD Uli (Hrsg.), *Das Eigene und das Fremde. Neuer Rassismus in der Alten Welt?*, S. 129-156. Hamburg: Junius.

COPPEL Charles A.
1977   «Studying the Chinese Minorities: A Review». *Indonesia* 24: 175-183.

EVERS Hans-Dieter
1990 *Trading Minorities in Southeast Asia. A Critical Summary of Research Findings.* Sociology of Development Research Center, Working Paper No. 139. Bielefeld.

HECKMANN Friedrich
1991 «Ethnos, Demos und Nation, oder: Woher stammt die Intoleranz des National-staats gegenüber ethnischen Minderheiten?», in: BIELEFELD Uli (Hrsg.), *Das Eigene und das Fremde. Neuer Rassismus in der Alten Welt?*, S.51-78. Hamburg: Junius.

HOFFMANN-NOWOTNY Hans-Joachim
1974 «Gastarbeiterwanderungen und soziale Spannungen», in: REIMANN Helga und Horst REIMANN (Hrsg.), *Gastarbeiter. Analyse und Perspektiven eines sozialen Problems*, S. 46-66. Opladen: Westdeutscher Verlag.

IMHOF Kurt
1993 «Nationalismus, Nationalstaat und Minderheiten. Zu einer Soziologie der Minoritäten». *Soziale Welt* 44/3:327-357.

MARSCHALL Wolfgang (Hrsg.)
1995 *Menschen und Märkte. Wirtschaftliche Integration einer Region im Hochland Südsumatras.* Berlin: Reimer.

MAUSS Marcel
1989 «Die Gabe. Form und Funktion des Austausches in archaischen Gesellschaften», in: MAUSS Marcel, *Soziologie und Anthropologie*, Bd. 2, S. 9-144. Frankfurt: Fischer.

PRODOLLIET Simone
1995 *Händlerinnen, Goldgräber und Staatsbeamte. Sozialgeschichte einer Kleinstadt im Hochland Südsumatras.* Berlin: Reimer.

SAHLINS Marshall
1974 *Stone Age Economics.* London: Tavistock.

SCHOLTE Jan Aart
1993 «The International Construction of Indonesian Nationality». Paper read at the Workshop «Colonial Power and Asian Nationalism, 1930-1957» at the Nordic Institute of Asian Studies, Copenhagen, 14-15 May, 1993.

SCHRADER Heiko
1991 «The Socioeconomic Function of Moneylenders in Expanding Economies». *Sociology of Development Research Center, Working Paper* No. 153. Bielefeld.

ZNOJ Heinzpeter
1995 *Tausch und Geld in Zentralsumatra. Zur Kritik des Schuldbegriffs in der Wirtschaftsethnologie.* Berlin: Reimer.

Andreas Wimmer

Der Appell an die Nation

Kritische Bemerkungen zu vier Erklärungen von Xenophobie und Rassismus[1]

In den letzten Jahren hat sich eine ebenso intensive wie unübersichtliche Debatte darüber entzündet, ob die europäischen Gesellschaften durch die «neue» Einwanderung bereits «multikulturell» geworden seien, es erst noch in einem wirklichen Sinn werden sollten oder ob eine solche Entwicklung um jeden Preis zu vermeiden sei. Ähnlich heftig und kontrovers reagiert die Öffentlichkeit auf die Zunahme rassistischer Gewaltakte und den Erfolg rechtspopulistischer Parteien. Welches sind die Ursachen dieser Erscheinungen, wie ist ihnen wirksam entgegenzutreten und wo liegen im politischen Diskurs überhaupt die Grenzen zu Rassismus und Fremdenfeindlichkeit – dies sind einige der Punkte, um die sich die Diskussion in jüngster Zeit dreht. Inzwischen beschäftigt sich auch eine veritable Heerschar von Sozialwissenschaftlern mit diesen Fragen. Sie rühren an das Selbstverständnis, an die Grundlagen des westlichen Gesellschaftsmodells, und jede der widerstreitenden Antworten verweist auf ein anderes politisches Zukunftsprojekt. Deshalb sind auch die Diskussionsbeiträge von sozialwissenschaftlicher Seite im höchsten Mass ideologisch aufgeladen.

Wer beispielsweise die Prämisse nicht akzeptiert, dass Rassimus System hat, gilt als verblendet (siehe z. B. van Dijk 1992); wer umgekehrt einen anti-rassistischen Begriff der Rasse im Sinne eines emanzipatorischen Subjekts verwendet, wird bezichtigt, gerade jene Verdinglichung sozialer Kategorien zu betreiben, derer sich auch Rassisten bedienten (Anthias und Yuval-Davis 1992). Wer es wagt, in bester kulturrelativistischer Tradition die Unterschiedlichkeit von «Kulturen» zu betonen und von da her Gleichberechtigung und Toleranz in einer multikulturellen Gesellschaft fordert (z. B. Leggewie 1993; Rex 1985), macht sich in den Augen der Kritiker bereits des «kulturellen Rassis-

[1] Ich bedanke mich herzlich bei Kurt Imhof, Margrit Kaufmann, Lorenz G. Löffler und Verena Tobler Müller für ihre Kritiken und Kommentare. Weitere Anregungen erhielt ich von den Teilnehmern und Teilnehmerinnen der Kongresse «Das Fremde in der Gesellschaft» in Bern und «Xenophobia» in Freiburg i. Br. sowie meiner Zürcher Vorlesung «Ethnische Konflikte in Nord und Süd».

mus» schuldig (Essed 1992) oder wird mit dem Rushdie-Skandal konfrontiert und als links-alternativer Utopist gebrandmarkt. Wer auf der anderen Seite behauptet, dass sich gewisse Fremdkulturen mit den europäischen nicht vertrügen und deshalb vor Getto-Bildung und sozialen Konflikten warnt (Hoffmann-Nowotny 1992), muss damit rechnen, als intellektueller Weggefährte nationalistischer Populisten zu gelten. Ähnliches widerfährt aber auch den Praktikern multikultureller Sozialarbeit (Bukow 1992), mithin all jenen, für die «Kultur» eine Grunddimension der sozialen Wirklichkeit darstellt. Ebenfalls als «neurechtes Ideologem» gilt bereits, wenn Fremdenfeindlichkeit als Ausdruck eines sozialen Verteilungskampfes interpretiert wird (Demirovic und Paul 1994: 84 ff.).[2]

Nicht nur in der Politik und der Alltagswahrnehmung der Menschen, sondern auch in den Sozialwissenschaften ist der mittlerweile berühmte Fremde, der heute kommt und morgen bleibt, und alles Reden über ihn zum Problem geworden. Es wäre naiv zu meinen, man könnte sich diesem Spannungsfeld vollständig entziehen, ist doch bereits mit der Wahl der Grundbegriffe eine perspektivische Positionierung verknüpft, welche politische Effekte implizieren kann. Die Bakterien der Ideologie setzen sich gerade in den Ritzen der kleinsten Details an – wenn die epidemiologische Metapher von Michael Oppitz (1975: 307) hier angebracht ist. Trotzdem ist es möglich, die Geltungsansprüche sozialwissenschaftlicher Aussagen hinsichtlich ihrer empirischen Plausibilität zu überprüfen. Nicht ein *experimentum cruxis*, das eine Theorie insgesamt zu falsifizieren erlauben würde, aber Aussagen über die relative Gültigkeit einer Erklärung sind von einem solchen Verfahren zu erwarten (siehe dazu Wimmer 1995, Kap. 1). In diesem Sinne werden im folgenden Beitrag vier Erklärungen von Überfremdungsangst, Xenophobie und Rassismus diskutiert und möglichst systematisch mit den Ergebnissen empirischer Forschungen konfrontiert.[3] Darauf aufbauend möchte ich in einem zweiten Schritt eine krisentheoretische Erklärung vorschlagen.

[2] Auch die Debatten um einzelne empirische Forschungen sind in hohem Masse politisiert. Beispielsweise wird ein britischer Pädagoge, dessen Untersuchungen zeigen sollen, dass Lehrer an Primarschulen nicht im angenommenen Mass rassistische Vorurteile hegen, von der anti-rassistischen Forschergemeinschaft weniger mit Kritiken an Methodik und Untersuchungsanlage konfrontiert, sondern verdächtigt, böswillige Absichten zu verfolgen und der politischen Sache schaden zu wollen (Hammersley 1993).

[3] Dieser Tour d'horizon kann selbstverständlich keine Vollständigkeit beanspruchen. Nicht diskutiert werden insbesondere die ethnopsychologischen Arbeiten, die sozialpsychologische Vorurteilsforschung (vgl. in diesem Band Sanchez-Mazas/Mugny), anthropologische, historische, kulturhistorische und weltsystemtheoretische/marxistische Erklärungsansätze. Eine Zusammenstellung der soziologischen Forschungen in den USA und in der BRD gibt Dittrich (1991), bei Werbner (in diesem Band) wird der Stand der britischen Forschung dokumentiert, ein kurzer Überblick über verschiedenste Ansätze findet sich u. a. bei Wimmer (1992).

Gemäss einer ersten These rühren Fremdenangst und Rassismus aus einer intensivierten Konkurrenz zwischen Zugewanderten und Einheimischen; insbesondere in wirtschaftlichen Krisenzeiten würden Arbeitsplätze und billige Wohnungen knapp, und aus der Perspektive der Alteingesessenen machten die Migranten ihnen nun Lebens- und Arbeitsräume streitig.[4] Theoretisches Kernstück dieser Argumentation ist häufig ein Modell des rationalen Entscheidungshandelns (vgl. Banton 1983; Hechter 1986). Die These nimmt also die xenophobe Vorstellung von einer Welle arbeitsuchender Ausländer zum Nennwert – was eben nicht heisst, dass sie schon deshalb unplausibel wäre. Sie wurde auch von einigen Regierungen Westeuropas vertreten, die Mitte der siebziger Jahre dazu übergingen, die Arbeitsmigration nach Möglichkeiten einzuschränken (für Frankreich siehe Silverman 1992a: 328).

Betrachten wir das Problem über den Zeitverlauf hinweg, dann stellen wir jedoch fest, dass Überfremdungsängste nicht dann besonders virulent werden, wenn Löhne sinken oder die Arbeitslosigkeit zunimmt – beides Hinweise auf eine intensivierte Konkurrenz auf dem Arbeitsmarkt. Zum ersten Mal wurde in der Schweiz in den achtziger Jahren des letzten Jahrhunderts «Überfremdung» diagnostiziert. Die Arbeiterschaft beklagte sich über die Konkurrenz italienischer Gastarbeiter, die Welschen über den politischen Einfluss des Bismarckschen Deutschlands auf ihre alemannischen Kompatrioten, die bürgerlichen Deutschschweizer, über die Zahl deutscher Handwerker und Handwerkslehrlinge (Imhof 1993). In Zürich kam es Ende Juli 1896 gar zu Krawallen und pogromartigen Ausschreitungen gegen die Italiener in Aussersihl (Hoffmann-Nowotny 1992: 79 f.). Diese erste Welle von Überfremdungsängsten fiel jedoch in eine Zeit stetigen, wenn auch bescheidenen wirtschaftlichen Wachstums, wie der «Historischen Statistik der Schweiz» (Ritzmann et al. 1995) zu entnehmen ist.

Dasselbe gilt für die zweite Welle, die ungefähr im Jahre 1917 einsetzte (Romano 1990). Für diesen Zeitraum stehen auch Daten zur Reallohnentwicklung zur Verfügung, die zeigen, dass gerade um 1917 kräftige Lohnerhöhungen im Bau- und Industriebereich zu verzeichnen waren (Ritzmann et al. 1995). Zudem hatte der Ausländeranteil an der Wohnbevölkerung im Jahre des Kriegsausbruchs 1914 seinen Höhepunkt erreicht und sank daraufhin kontinuierlich von 15,4 auf rund 5% zu Beginn des Zweiten Weltkrieges. Obwohl sich also die direkte Konkurrenz um Arbeitsplätze in dieser Zeit verringert haben dürfte, stand bis Mitte der dreissiger Jahre die Überfrem-

---

[4] Siehe für die Schweiz Tobler Müller 1993; für Deutschland von Freyberg 1994 sowie Castles 1987; für die Niederlande van Amersfoort 1982; für die USA Olzak 1993.

dungsthematik auf der politischen Agenda weit oben (Romano 1990). Auch als sich Mitte der sechziger Jahre fremdenfeindliche Stimmungen erneut verbreiteten, waren das Bruttosozialprodukt sowie die Reallöhne im Steigen begriffen (bis zum Jahre 1970), und es herrschte während eines weiteren Jahrzehnts Vollbeschäftigung.

Man könnte einwenden, dass solche aggregierte Daten nichts über die tatsächlichen Konkurrenzverhältnisse in einzelnen Branchen oder Regionen auszusagen vermögen. Leider sind Studien, welche ein Mass *selektiver* Konkurrenz miteinbeziehen, noch immer sehr selten. Am umfassendsten und methodisch verlässlichsten ist wohl Olzaks Arbeit (1993), in der sie zu zeigen versucht, dass die ethnischen Konflikte und Proteste in den USA zwischen 1876 und 1914 mit einem Konkurrenzmodell erklärt werden können. Aus der Auswertung von Zeitungsnotizen gewinnt sie eine Zeitreihe der Intensität ethnischer Auseinandersetzungen, welche zu verschiedenen Massen für Konkurrenz (berufliche Segregation, ökonomisches Wachstum, Bildungsstand der Arbeitskräfte, Immigrationsraten etc.) in Bezug gesetzt wird. Es zeigt sich, dass die Einwanderungsrate – welche in diesem Zeitraum den historischen Höchststand erreicht – keinen Einfluss auf das Ausmass ethnischer Konflikte und Proteste hatte, wohl aber die proportionale *Veränderung* dieser Raten (ibid.: 78 f.).

Allerdings stellt man bei näherer Betrachtung fest, dass Olzaks Studie die Konkurrenzthese eigentlich eher widerlegt. Denn die Veränderungen in den Einwanderungszahlen hatten keinen signifikanten Einfluss auf die Konflikte mit den (im Zeitraum fast ausschliesslich weissen) *Immigranten*, sondern v. a. mit den *Schwarzen* und Chinesen (ibid.: 83). Konflikte mit Schwarzen machen 55% aller Konflikte aus, diejenigen mit weissen Immigranten nur 30% (ibid.: 77), obwohl zwischen 1890 und 1910 insgesamt nur ca. 200.000 Schwarze in den sich industrialisierenden Norden zogen und dort zu Konkurrenten für die Alteingesessenen wurden, während zwischen 1890 und 1914 *jährlich* rund eine Million Menschen meist aus Mittel-, Süd- und Osteuropa zuwanderte. Gleichzeitig nahm aber die berufliche Segregation der Schwarzen *zu*, während diejenige der Einwanderer abnahm;[5] die direkte Konkurrenz zwischen Altansässigen und Schwarzen liess also nach, diejenige mit den Einwanderern *verschärfte* sich.

Bei einer Analyse der Daten auf Stadtebene zeigt sich ebenfalls, dass das Segregationsmass der Eingewanderten einen stärkeren statistischen Einfluss auf die Gewalttätigkeit gegen Schwarze als auf diejenige gegen sie selbst hat, während das Mass an beruflicher Segregation der Schwarzen die Attacken gegen sie nicht signifikant beeinflusst (ibid.: 177). Der prozentuale Anteil der Schwarzen an der Wohnbevölkerung erklärt dagegen in hohem Masse die Gewalttätigkeiten gegen sie, während wiederum umge-

---

[5] Olzak 1993: 94, Fussnote; Kap. 8 für den Zeitraum zwischen 1870 und 1880; Kap. 9 für den gesamten Untersuchungsraum.

kehrt der Anteil der europäischen Einwanderer und die Feindseligkeiten gegen sie *nicht* zusammenhängen (ibid.).

Aus all dem lässt sich folgern, dass die Konfliktintensität nicht von der realen Konkurrenz auf dem Arbeitsmarkt abhängt, sondern von der *Wahrnehmung* von Gleichheit und Differenz, von legitimer und illegitimer Konkurrenz (Bélanger und Pinard 1991), wie Olzak selbst an einer Stelle zuzugestehen scheint (Olzak 1992:95). Damit ist nicht das Konkurrenzargument als solches entwertet, aber die These, der Konflikt drehe sich um *individuelle* Güter wie Arbeitsplätze oder Wohnungen. Wahrscheinlicher scheint es, dass sowohl bei ethnischen Konflikten wie bei xenophoben Bewegungen um *kollektive* Güter gekämpft wird (Bélanger und Pinard 1991; Wimmer 1994; 1993a, Kap. 3).

Die Kritik lässt sich durch weitere sozialpsychologische und soziologische Arbeiten abstützen; denn «negative Einstellungen» gegenüber Ausländern herrschen keineswegs besonders bei Personen vor, die in den letzten zehn Jahren arbeitslos waren[6] oder um ihren Arbeitsplatz fürchten (Hoskin 1985:14 f.) oder tatsächlich mit Ausländern zusammen arbeiten (Hoffmann-Nowotny 1973:87).[7] Zu ähnlichen Ergebnissen kom-

---

[6]   Zu diesem Ergebnis gelangt auch Falter (1991, Kap. 8.2) in seiner wahlhistorischen Analyse der Anhängerschaft der NSDAP: Die Nationalsozialisten konnten umso eher Wahlerfolge verbuchen, je geringer die Arbeitslosigkeit war. In Gebieten mit hoher Arbeitslosigkeit hatte dagegen die Kommunistische Partei Zulauf.

Direkt auf die Konkurrenzwahrnehmung zielte eine Umfrage unter arbeitslosen deutschen Jugendlichen von Sinus (1983, zitiert in Heitmeyer 1992:45). Entgegen meiner These liegt der Prozentsatz der arbeitslosen oder arbeitslos gewesenen Jugendlichen, die meinen, dass Ausländer Arbeitsplätze wegnehmen, mit 20% etwa doppelt so hoch wie jener bei den beschäftigten Jugendlichen. Umgekehrt ist aber der Anteil jener, die diese Vorstellung für eindeutig falsch halten, bei den Jugendlichen, die seit mehr als einem halben Jahr keine Arbeit mehr haben, sogar noch höher (36%) als bei den beschäftigten Alterskollegen (29%) (ibid.). Es besteht also kein eindeutiger Zusammenhang zwischen Arbeitslosigkeit und der Wahrnehmung illegitimer Konkurrenz.

In Heitmeyers Buch findet sich auch eine Tabelle (Heitmeyer 1992:52, basierend auf Baethge et al. 1980 sowie Rosen 1985), welche deutlich zeigt, dass kein linearer Zusammenhang zwischen Jugendarbeitslosigkeit und der Zahl rechtsextremistischer Ausschreitungen in der BRD besteht.

[7]   Der wohl umfassendsten Studie zum Thema, von Hoffmann-Nowotny über die Schweiz Ende der sechziger Jahre, ist u.a. zu entnehmen, dass der Grad der Konkurrenz am Arbeitsplatz nicht den Grad der Fremdenfeindlichkeit bestimmt: Obwohl die un- und angelernten Arbeiter zwischen 1950 und 1960 mit der Vervierfachung des Ausländeranteils (auf 39% in der gesamten Berufsgruppe) konfrontiert waren (Hoffmann-Nowotny 1973:48), sind sie im gleichen Masse (d.h. ungefähr zu 46%) für eine berufliche Diskriminierung ausländischer Arbeitskräfte wie die unteren Angestellten und Beamten (ibid.:118 f.), in deren Umfeld der Ausländeranteil im selben Zeitraum um nur 1,7% auf 6,8% zunahm (ibid.:48). Dagegen sprechen sich nur 28% der gelernten Arbeiter für scharfe Diskriminierungsmassnahmen aus (ibid.:118), obwohl sich der Ausländeranteil in der Kategorie aller Arbeiter im Verlaufe des Jahrzehntes verdoppelte (auf 28% ohne, auf 40% mit Saisonniers) (ibid.:48 f.).

men auch Studien zu Struktur und Ökonomik des Arbeitsmarktes: Zwar wird in den Wirtschaftswissenschaften kontrovers darüber diskutiert, ob Einwanderer einheimische Arbeitskräfte verdrängten oder ergänzten; Rürup und Sesselmeier (1993) kommen in ihrer Übersicht jedoch zum Schluss, dass die Komplementaritätsthese «als die relevantere und bislang deutlich besser erhärtete» (ibid.: 289) angesehen werden müsse (für die Schweiz siehe Ritschard 1982).

Der einfachen Konkurrenzthese widersprechen übrigens auch die Motive der Xenophoben selbst, obwohl sich doch eine handlungstheoretische Argumentation gerade auf diese beruft. So zeigen Analysen von schweizerischen Abstimmungsergebnissen, dass bei der Annahme von restriktiveren Einwanderungsgesetzen oder der Ablehnung eines verbesserten Rechtsstatus für Ausländer die Angst vor der Konkurrenz am Arbeitsplatz eine weit geringere Rolle spielt als allgemeine Befürchtungen, soziale Stellung und Identität zu verlieren (Linder 1993:157).[8] Ähnliche Motive bewegen auch rassistische Fussballfans etwa des Londoner East End (Cohen 1991:323 ff.).

Mit diesen Einwänden soll lediglich die einfachste Variante, nicht aber das Konkurrenzargument als solches entkräftet werden – dies allein schon deshalb, weil ja die von Xenophoben manchmal geäusserte Vorstellung in Rechnung zu stellen ist, dass «die Ausländer uns die Arbeitsplätze wegnehmen». Es gilt also zu erklären, unter welchen Bedingungen diese *Wahrnehmung* zustande kommt, wenn die reale Konkurrenz um individuelle Güter offensichtlich nicht dafür verantwortlich gemacht werden kann.

KULTURKONFLIKT

Einer zur Zeit ebenfalls weitverbreiteten These gemäss ist die kulturelle Andersartigkeit der Einwanderer für Konflikte mit den Autochthonen mitverantwortlich zu machen. Einwanderer aus der Dritten Welt seien im Gegensatz zu jenen aus Süd- oder Osteuropa nicht assimilierbar, weil sie aus Gesellschaften stammten, welche eine «meist agrarische und oft semifeudale oder feudale Struktur» aufwiesen, «die intern z. T. noch stark stammes- und clanorientiert [sei], vielleicht mit Religionen ausgestattet, die Reformation und Aufklärung nicht erlebt haben» (Hoffmann-Nowotny 1992:74). Neben dieser «kulturellen Inkompatibilität» ist es zweitens auch der geringen schuli-

---

[8]   Ausserdem kamen Studien über die Erfolge rechtspopulistischer Parteien, bei deren Wahl die Ausländerthematik die ausschlaggebende Rolle spielt, zum Schluss, dass kein eindeutiger Zusammenhang zwischen dem Ausländeranteil eines Wahlkreises und dem Wahlerfolg besteht (Betz 1991:9 f.); dies wäre zu erwarten, wenn die Konkurrenz um Wohnraum für Ausländerfeindlichkeit verantwortlich gemacht werden könnte.

schen Qualifikation und Berufserfahrung zuzuschreiben, dass sich die neuen Einwanderer nicht in die Schichtstruktur der Gastgesellschaft zu integrieren vermögen und sich deshalb schliesslich in einem gettoisierten und marginalisierten Subproletariat wiederfinden werden (ibid.: 22 f.; 25). Kulturell oder gar rassisch Andersartige werden deshalb auch zur bevorzugten Zielscheibe fremdenfeindlicher Stimmungen, die sich in gesellschaftlichen Krisenzeiten ausbreiten (ibid.: 24). Überspitzt formuliert verleitet also die mangelnde Integrationsfähigkeit gewisser Minderheitenkulturen die Mehrheitsbevölkerung zu xenophoben Abstossreaktionen.

Diese Sichtweise weist einige Berührungspunkte mit der Alltagsvorstellung auf, dass es primär die «Fremdheit» der Immigranten sei, welche Probleme hervorrufe. Von daher sei es auch legitim, lieber unter sich bleiben zu wollen und sich zu wünschen, dass es die anderen ebenso halten möchten. Ähnliche Denkfiguren spielen sowohl in der links-grünen Utopie einer kleinräumigen, vernetzten und kulturell geerdeten Ökogemeinschaft als auch im neokonservativen Aufruf zur Verteidigung der kulturellen Werte der Nation oder des Abendlandes eine Rolle. Administrativ-politisch entspricht dieser These beispielsweise das Drei-Kreise-Modell, welches der Bundesrat kürzlich zur offiziellen Politik erklärt hat und welches die Einwanderung aus Nicht-EWR-Staaten – wie aus dem ehemaligen Jugoslawien – erschweren soll.

Gegen das Argument von der kulturellen Inkompatibilität spricht, dass es im Laufe der Geschichte immer wieder gegenüber Einwanderern verschiedenster Herkunft geäussert wurde und sich des öfteren als falsch erwiesen hat. Das folgende Zitat aus dem Jahre 1782 stammt von niemandem Geringerem als Thomas Jefferson; es bezieht sich auf die Einwanderung von Deutschen in die USA.

> Das Glück derer, welche das Band der Gesellschaft vereint, erfordert, dass sie so viel wie möglich in allen Sachen harmonisieren, die sie miteinander auszumachen haben … Jede Regierungsform hat ihre eigenen Grundsätze. Die unsrigen sind vielleicht eigentümlicher als die von irgendeiner anderen Regierungsform auf der Welt…. Nichts kann diesen mehr zuwider sein als die Grundsätze uneingeschränkter Monarchien. Und doch müssen wir von diesen die grösste Anzahl von Emigranten erwarten. Diese bringen natürlicherweise die Grundsätze der Regierung, die sie verlassen und die sie von Jugend an eingesogen haben, mit; oder wenn sie diese verwerfen, geschieht es gewöhnlich, um sie gegen die äusserste Zügellosigkeit zu vertauschen. (Jefferson 1782, zitiert nach Schmid 1993: 208)

Auch die irischen und polnischen Einwanderer des neunzehnten Jahrhunderts galten in den Augen der britischen Behörden als assimilationsunfähig (Miles 1982). Und in einem offiziellen Bericht aus den sechziger Jahren wird den italienischen Migranten von einer Schweizer Behörde ebenfalls die Loyalitätsvermutung entzogen, weil sie «eine ganz andere Einstellung zum Staat und zur Gemeinschaft überhaupt» hätten und weil insbesondere die ärmeren und ungebildeten unter ihnen «traditionsgemäss der Staatsgewalt mehr oder weniger feindlich gegenüber» stünden (zitiert in Hoffmann-Nowotny 1992: 81). Trotz dieser Befürchtungen haben sich sowohl die Deutschen in den USA als auch die Iren in Grossbritannien und die Italiener in der Schweiz (Hoffmann-Nowotny und Hondrich 1982) in Kultur und Gesellschaft zu integrieren vermocht.

Man könnte Folgendes entgegnen: Die Befürchtung, kulturelle Unverträglichkeit führe zu Gettoisierung, fremdenfeindlicher Diskriminierung und Anomie, ist zwar manchmal zu Unrecht geäussert worden; sie trifft aber genau dann zu, wenn die objektive kulturelle Distanz tatsächlich zu gross ist oder gar eine Rassenschranke Einwanderer und Einheimische trennt. Zwei Beispiele lassen sich dieser Reformulierung entgegenhalten. Nach der Unabhängigkeit Indonesiens wanderten in kurzer Zeit mehrere Hunderttausend Mischlinge aus der ehemaligen Kolonie in die Niederlande ein – allem Unbehagen aufgrund ihrer vermuteten Unassimilierbarkeit und ihres unprotestantischen Arbeitsethos zum Trotz konnte dies nicht verhindert werden, weil sie die niederländische Staatsbürgerschaft besassen. Dank eines enormen sozialarbeiterischen Aufwands gelang es, die Einwanderer so vollständig an die niederländische Kultur zu assimilieren und in Arbeitswelt und gemischte Wohnquartiere zu integrieren, dass sie Mitte der siebziger Jahre nicht mehr als subkulturelle Gruppierung auszumachen waren (van Amersfoort 1982, Kap. 7). Die Frage bleibt natürlich offen, unter welchen Bedingungen eine solche Entwicklung erwartet werden kann und ob man gewillt ist, eine forcierte Assimilationspolitik zu betreiben und die hierzu nötigen Mittel bereitzustellen.

Als zweites Beispiel sei auf Brasilien verwiesen (siehe Banton 1983, Kap. 3). Der neueren Kritik am Mythos der brasilianischen Rassendemokratie (Skidmore 1993) zum Trotz zeigt es, dass sich eine gemischte Bevölkerung nicht notwendigerweise segregieren und in einer rassisch definierten Hierarchie organisieren muss. Der Kontrast zu den USA ist eindrücklich genug: Dort finden sich die Schwarzen selbst bei sozialem Aufstieg in *schwarzen* Vororten wieder (Alba und Logan 1993). Untersuchungen zur Segregation in den USA machen auch deutlich, dass diese weniger auf die «kulturelle Distanz» als auf die Ablehnung durch die weisse Mittelschicht zurückzuführen ist; denn bei asiatischen Immigranten findet nach erfolgtem sozialem Aufstieg eine räumliche Desegregation statt, und zwar unabhängig vom Grad der kulturellen Assimilation (ibid.). Deshalb muss die *Wahrnehmung* von Unverträglichkeit und unüberbrückbarer kultureller Distanz erklärt werden, welche zu Abstossreaktionen führt, ohne dabei alleine auf das Mass «objektiver» Unterschiedlichkeit zwischen autochthoner und Immigrantenkultur abzustellen.

Auf ähnlich unsicherer Basis steht das Argument, mangelhafte Schulbildung sei ein bleibendes Integrationshindernis. Denn mit der Schulbildung der Auswanderer etwa aus dem ländlichen Sizilien, deren Kinder sich mittlerweile in Kultur und Gesellschaft «eingegliedert» haben, war es wohl nicht allzu gut bestellt, und meist gilt die Regel, dass der Bildungsstatus umso höher ist, je weiter entfernt das Herkunftsland liegt. «Kulturelle Distanz» und «strukturelle Distanz» kovariieren also bei den Immigranten nicht notwendigerweise. In der Schweiz lebende Tamilen etwa haben mehrheitlich eine Sekundar- oder gar eine Hochschule abgeschlossen (Meier-Mesquita 1993).[9] Und Lieberson (1980, Kap. 6-8) hat nachgewiesen, dass amerikanische Schwarze zur Zeit der grossen Immigration durchschnittlich eine bessere Schulbildung vorzuweisen hatten und besser lesen und schreiben konnten als die Einwanderer aus Ost-, Mittel- und Südeuropa. Trotzdem gelang es den Immigranten vergleichsweise rasch, in der Berufshierarchie aufzusteigen, während die Schwarzen noch lange Jahrzehnte auf die unqualifiziertesten Arbeiten verwiesen blieben. Die Dynamik von Integration und Segregation hängt also nicht alleine vom Bildungsstatus ab.

Ein letztes Argument ist eher theoretischer Natur. Der Inkompatibilitätsthese liegt ein statischer und essentialistischer Kulturbegriff zugrunde, wie er gerade von der Ethnologie lange Zeit vertreten wurde. Seit die individuelle und subkulturelle Variabilität, der Prozesscharakter und die strategische Adaptationsfähigkeit kultureller Praxis ins Zentrum der Aufmerksamkeit rückten, gilt er jedoch als überholt (vgl. Wicker, in diesem Band; Wimmer 1995c).

Mit diesen kritischen Bemerkungen soll keineswegs bestritten werden, dass inbesondere in der ersten Generation beträchtliche Orientierungsschwierigkeiten auch aufgrund der kulturellen Unterschiede bestehen und dass die Präsenz fremdkultureller Einwanderer bei den Alteingesessenen Verwirrung, Angst und Abwehrreaktionen auslösen kann. Die Frage ist nur, inwieweit der Grad kultureller Andersartigkeit für das Mass an Ablehnung verantwortlich zu machen ist. Angesichts der Evidenz sehr unterschiedlicher kultureller Absorptionsfähigkeiten in verschiedenen Einwanderungsländern drängt sich die Gegenthese auf, dass die *Wahrnehmung* von Andersartigkeit und Bedrohlichkeit eher mit politischen Interessenlagen und diskursiven Konstruktionen zusammenhängt.

AUSGRENZUNGSDISKURS

Von dieser These geht jene Gruppe von Sozialwissenschaftlern aus, welche zur Zeit das akademische Diskussionsfeld beherrscht – zumindest was den Umfang der Publikatio-

---

[9] Gemäss Hoffmann-Nowotny (1973:159) hatten im Jahre 1969 84% der italienischen Gastarbeiter weniger als acht Jahre die Schule besucht, 47,2% sogar weniger als 5 Jahre.

nen betrifft. Laut ihnen bilden Vorstellungen von kultureller Unterschiedlichkeit, Nicht-Assimilierbarkeit und unüberbrückbarer Differenz die Grundelemente einer Konstruktion des anderen, mit deren Hilfe die Immigranten aus der sozialen Kerngruppe ausgeschlossen und gleichzeitig beherrscht werden sollen. Es sind v. a. die staatlichen oder parastaatlichen Machtträger, welche diesen Diskurs der Ausgrenzung und Selbstermächtigung hervorbringen, institutionalisieren und in Praktiken der Einwanderungspolitik, der multikulturellen Sozialarbeit etc. umsetzen. Auf diese Weise werden die Konsequenzen des eigenen politischen Wirkens unsichtbar gemacht, weil der kulturellen Andersartigkeit der Einwanderer für Ausgrenzung und Deprivilegierung die Schuld zugewiesen und Xenophobie als Kulturkonflikt thematisiert werden kann; gleichzeitig lässt sich eine Definition der gesellschaftlichen Problemlage durchsetzen, dergemäss für politische Legitimitätskrisen und wirtschaftliche Schwierigkeiten das «Einwanderungsproblem» verantwortlich zu machen sei. Aus der kulturell an sich homogenen, weil in weitgehend dieselbe Konsumkultur integrierten Bevölkerung (Radtke 1990) werden «Ethnien» klassifikatorisch und administrativ abgesondert. Es findet eine eigentliche «Soziogenese ethnischer Minderheiten» als Effekt von diskursiven und administrativen Praktiken statt (Bukow 1992; Dittrich und Radtke 1990). Dieser Diskurs stellt gleichsam einen Nährboden dar, auf dem sowohl der gewöhnliche Alltagsrassismus als auch die politisch organisierte Rechtsextreme gedeihen können, weil die Problemdefinition lediglich auf ihre letzte Konsequenz hin zugespitzt werden muss,[10] indem beispielsweise die multikulturelle Utopie vom gleichwertigen Nebeneinander verschiedener Kulturen in ein «Recht auf Differenz» umgedeutet wird.

In der Nachfolge der britischen Studie von Robert Miles (zuletzt 1993) sind in diesem Sinne die «rassistischen» Einwanderungsdiskurse und administrativen Massnahmen verschiedener Länder untersucht worden. Viele Kritiken der multikulturellen Sozialpolitik (Anthias und Yuval-Davis 1992, Essed 1992, Radtke 1990, Wetherell und Potter 1993, Castles 1987) orientieren sich ebenfalls an der These vom institutionalisierten Ausgrenzungsdiskurs. Und schliesslich machen Analysen von Berichterstattungen den «Rassismus der Medien» für die verstärkte Abwehrhaltung und die zunehmenden Übergriffe auf Fremde verantwortlich (Gerhard 1994).

Diesem Ansatz entspricht jene als «anti-rassistisch» bezeichnete Alltagsvorstellung, dass die Probleme mit den Fremden selbstproduzierte Phantasmagorien einer rassistischen Gesellschaft darstellten. Als Remedium empfiehlt es sich, einen öffentlichen Gegendiskurs zu formulieren und eine neue Pädagogik zu schaffen; sie soll ohne den rationalistisch aufklärerischen Anti-Rassismus im Stile der klassischen Linken auskom-

---

[10] Für die Niederlande van Dijk 1991; für Frankreich Silverman 1992a: 328.

men und die rassistischen Stereotypen dekonstruktivistisch unterlaufen, um so ein nicht-ausschliessendes Verhältnis zum anderen gewinnen zu können (vgl. Cohen 1992).

Solchen Analysen verdanken wir eine wichtige Erkenntnis: Die offiziellen oder halboffiziellen Diskurse bieten eine Opportunitätsstruktur an, auf die sich sowohl Immigrantengruppen (vgl. das Fallbeispiel von Padilla 1986) als auch fremdenfeindliche soziale Bewegungen beziehen können. Allerdings werden diese Gelegenheiten nicht immer wahrgenommen oder wenn, dann u. U. mit völlig anderen als den beabsichtigten politischen Konsequenzen: Einzelne Bevölkerungsgruppen können sich auch eine Sicht der Dinge zu eigen machen, die den Intentionen der gesamten publizistischen, politischen, bürokratischen und wirtschaftlichen Elite eines Landes zuwiderläuft. Das «ethnic revival» beispielsweise in den USA richtete sich *gegen* das von der Mehrheitsbevölkerung und dem Staatsapparat vertretene Modell des «melting pot». Ähnliches lässt sich für ethnische Bewegungen Grossbritanniens (Werbner, in diesem Band) oder Mexikos (Wimmer 1993) zeigen. Auch die Problemwahrnehmungen und Selbstdefinitionen der Mehrheit können sich u. U. von denjenigen ihrer Elite abkoppeln: Der Ausgang der EWR-Abstimmung in der Schweiz ist ein jüngeres Beispiel dafür. Anhand des schweizerischen Falles liesse sich zudem nachweisen, dass die Kurswechsel etwa in der Einwanderungspolitik und der offiziellen Problemdefinition jeweils erst als *Reaktionen* auf fremdenfeindliche soziale Bewegungen erfolgten (Romano 1990).

Es sind also nicht alleine den Diskursen der definitionsmächtigen Gruppen Wirkkraft zuzuschreiben,[11] sondern die Bedingungen zu klären, unter denen sich diese in der Bevölkerung verbreiten, unter denen sie überhaupt wahrgenommen und für wahr genommen werden. Umgekehrt ist auch damit zu rechnen, dass offiziöse Sichtweisen und Politiken – zumindest in modernen Gesellschaften – auf weit verbreitete Stimmungslagen oder Protestbewegungen erst reagieren. Weil in Foucaultscher Manier den institutionalisierten Diskursen eine geradezu zauberkräftige Macht zugeschrieben wird und der Gesellschaftsbegriff mit dem Diskursuniversum zusammenfällt, gerät aus dem Blickfeld, wie es zur Formierung solcher sozialer Bewegungen – von Mehrheiten und Minderheiten – kommt (vgl. dazu Wimmer 1991) und welche nichtdiskursiven Vor-

---

[11] Dies gilt *notabene* auch für die Diskursproduzenten *par excellence*, die Medienschaffenden. Eine quantitative Inhaltsanalyse schweizerischer Printmedien (Küpfer 1994) zeigt, dass diese vom Vorwurf der einseitigen oder gar fremdenfeindlichen Berichterstattung freigesprochen werden können. Die meisten fremdenfeindlichen Beiträge finden sich in den Leserbriefspalten. Einzig die Boulevardzeitung «Blick» fällt durch die Tendenz auf, vergleichsweise häufiger über Gewalttakte durch Asylbewerber zu berichten. Van Dijks (1991) Behauptung einer systematischen Fremdabwertung in den Medien reduziert sich im Fall der schweizerischen Presse auf die Tatsache der Negativberichterstattung, welche aber ein allgemeines Charakteristikum des Mediensystems darstellt.

aussetzungen eigentlich die Durchsetzungskraft unterschiedlicher Sichtweisen, Klassifikationen und Problemdefinitionen mitbestimmen, gerade auch die Verbreitungschancen anti-rassistischer Weltdeutungen. Wer einer Reflexion über die Erfolgsbedingungen diskursiver Strategien aus dem Wege geht, wird uns eine Antwort auf die Frage, wie xenophobe Strömungen entstehen und wieso sie zyklischen Schwankungen unterworfen sind, schuldig bleiben müssen.

IDENTITÄTSKRISE

Gerade die ständige Wiederkehr xenophober Bewegungen sucht jener neuere soziologische Ansatz zu erklären, der die Diskontinuitäten im sozialen Wandel zum zentralen Untersuchungsgegenstand gemacht hat. Fremdenfeindlichkeit und Rassismus haben dieser Autorengruppe zufolge weniger mit den Intentionen der bürokratischen Elite oder dem Wachstum der Fremdbevölkerung zu tun, als mit einer gesamtgesellschaftlichen Krise (Imhof 1993; Romano 1990; siehe auch Imhofs Artikel in diesem Band). Solche tiefgreifenden Krisen treten immer wieder auf, wenn sich nach kräftigen Modernisierungsschüben die Versprechen eines Gesellschaftsmodells, zuletzt etwa des wohlfahrtsstaatlichen, nicht mehr einlösen lassen, und sich deshalb «anomische Spannungen» über alle sozialen Lagen hinweg ausbreiten. Während dieser Modernisierungskrisen ist das Selbstverständnis der Menschen so erschüttert, dass die ruhige Selbstgewissheit abhanden kommt, die einen problemlosen Umgang mit dem Fremden erst ermöglicht. Die Rückbesinnung auf die gesellschaftskonstitutiven Fremd- und Eigendefinitionen verspricht einerseits die Krise der eigenen Befindlichkeit zu lösen; andererseits liefert sie auch eine Erklärung für die Ursache der Malaise mit, nämlich die Anwesenheit der aus dem nationalen «Wir» ausgegrenzten Fremden (Imhof 1993). Der Diskurs der nationalen Selbstfindung und Abgrenzung, die Ethnisierung des Politischen, wird hier phänomenologisch als Sinnfindungs- und Selbstvergewisserungsversuch der nationalen Grossgruppe interpretiert.[12]

Allerdings haben eine ganze Reihe von Untersuchungen gezeigt, dass xenophobe oder rassistische Haltungen recht ungleich über die Bevölkerung verteilt sind. Zur

[12] Ähnlich argumentiert Heitmeyer (z. B. 1992) in seinen Untersuchungen zu rechtsextremen Orientierungen bei Jugendlichen, allerdings im Anschluss an Becks Individualisierungsthese. Vergleichbare Argumente wurden bereits in den späten fünfziger Jahren von William Kornhauser (in «The Politics of Mass Society») vorgelegt und spielen auch bei der französischen Diskussion rund um den Front National eine Rolle, wobei hier weniger auf die amerikanische Atomisierungsthese oder auf Beck als vielmehr auf Durkheims Anomiebegriff Bezug genommen wird (Niedermayer 1990: 578).

Zeit scheint diese Form der Krisenbewältigung insbesondere für Menschen mit geringer formaler Bildung Sinn zu machen.[13] Die neuesten Forschungen zur Wählerschaft der NSDAP weisen auf die protestantische alte Mittelschicht und auf die nicht in die sozialistische Parteikultur oder ins katholische Milieu eingebundene, ländliche und kleinbetriebliche Arbeiterschaft als Trägerschichten des Nationalsozialismus hin (Falter 1991).[14] Diese Tendenzen bedürfen ebenso einer Erklärung wie die Tatsache, dass ausgerechnet auf *nationalistische* Fremd- und Eigentypisierung zurückgegriffen wird, und nicht auf andere Angebote zur komplexitätsreduzierenden Sinnstiftung, wie sie die Kategorien Klasse, Region, Beruf, Geschlecht, Alter, Religion usw. bereithalten. Ich denke deshalb, dass der zuletzt vorgestellte Ansatz um die Analyse von Machtstrategien und Interessenspolitik erweitert werden sollte.

Ein erweiterter krisentheoretischer Erklärungsversuch

Um dem Zusammenhang von Identitäts- und Interessenspolitik auf die Spur zu kommen, muss man die historischen Voraussetzungen klären, unter denen kulturelle Zugehörigkeiten politisiert wurden. Noch anfangs des letzten Jahrhunderts galten alle

[13] Siehe Hoffmann-Nowotny 1973: 88, 103, 105, 108; Wagner und Schönbach 1984; Becker 1993; Linder 1993; Mugny et al. 1991; Winkler 1994.
In Bezug auf die Wahl rechtspopulistischer Parteien in Dänemark, Deutschland, Frankreich und Italien (das eine Ausnahme darstellt) siehe Niedermayer (1990: 572; 576); eine andere Untersuchung über Norwegen, Dänemark, Frankreich, Deutschland und Österreich kommt zu demselben Ergebnis (Betz 1991: 12 f.). Bei der Unterstützung solcher Parteien spielt deren Thematisierung des «Ausländerproblems» übrigens die ausschlaggebende Rolle, wie verschiedene Befragungen gezeigt haben (ibid.: 9).
Dies soll natürlich nicht heissen, dass Xenophobie und Rassismus im Bildungsbürgertum nicht vorkommen; vielmehr stammen die «Meinungsmacher», welche die xenophobe Stimmungslage artikulieren und in politisches Kapital umzumünzen versuchen, meist ebenso aus der Mittelschicht wie etwa die Hälfte aller rechtsextremistischen Straftäter (Kalinowsky et al. 1985, zitiert in Heitmeyer 1992: 54).
[14] Heute ist gemäss Betz' (1991) und Niedermayers (1990) Wahlanalysen keine ausgeprägte Korrelation mehr zwischen der Unterstützung rechtsradikaler europäischer Parteien und der Zugehörigkeit zum «alten» Mittelstand festzustellen – vielleicht mit der Ausnahme Dänemarks (ibid.: 572; siehe aber Betz 1991: 13) (vgl. auch für die Gesamtgruppe der Selbständigen in der BRD Becker 1993: 145 f.); ebenso schwach sind die Hinweise darauf, dass «objektiv» Deprivierte rechtsradikale Problemlösungen eher für plausibel halten (Niedermayer 1990: 574). In zunehmendem Masse scheint dagegen die Facharbeiterschaft zum Wählerreservoir dieser Parteien zu gehören (Betz 1991: 12 f., basierend auf Wahlanlysen in Norwegen, Dänemark, Frankreich, Deutschland, Österreich; allerdings findet die norwegische «Fortschrittspartei» bei arbeitslosen Jugendlichen besonders grosse Unterstützung. Für Deutschland siehe Winkler 1994: 81).

Bewohner eines Territoriums, ungeachtet ihrer Sprachzugehörigkeit oder Herkunft, im gleichen Masse als Mitglieder des Staatsverbandes. Das Bürgerrecht erlosch bei Auswanderung. Ab den fünfziger Jahren jedoch verschmolzen Staatsbürgerschaft und Nationalitätszugehörigkeit (zu Deutschland siehe Franz 1992; zu Frankreich Withol de Wenden 1992; beide Länder vergleichend Brubaker 1992). Ungeachtet aller Unterschiede zwischen den mehr republikanischen und den eher auf Volkszugehörigkeit und Abstammung begründeten Varianten (siehe zuletzt Schiffauer 1993) lassen sich drei Charakteristiken dieser neuen Ordnung ausmachen. Jede dieser Eigenschaften steht im Zentrum eines eigenen sozialwissenschaftlichen Diskussionsfeldes: der Forschungen über nationale Identität, über Staatsbürgerschaft und über nationalstaatliche Bürokratien. Ich hoffe zeigen zu können, dass sich aus einer Verknüpfung der drei Aspekte auch neue Einsichten zum Problem von Xenophobie und Rassismus gewinnen lassen.

Erstens kristallisierte sich im Laufe der Jahrzehnte die inzwischen sprichwörtliche «imagined community» heraus, die Vorstellung einer auf gemeinsamer Herkunft und geschichtlicher Erfahrung beruhenden politischen Schicksalsgemeinschaft. In der Schweiz verdichtete sie sich während des letzten Viertels des vergangenen Jahrhunderts zum mythischen Selbstbild eines Volks von freiheitsliebenden Hirtenbauern, das eine hehre Alpenwelt bewohnt und vor dem Einfluss von Unschweizerischem bewahrt (siehe Marchal und Mattioli 1992). Schliesslich entstand auch ein neues Verhältnis zur Territorialität: Das unmittelbare Umfeld einer Siedlungsgemeinschaft mit dem Geflecht von Freundschafts-, Verwandtschafts- und Berufsverbindungen stellte nicht länger den Horizont der Solidaritätserwartungen dar, sondern nun wurde die Idee gegenseitiger Verbundenheit und Fürsorge auf die nationale Grossgruppe übertragen.[15] Die Grenzen des Staatsgebietes bildeten jetzt die Linie, jenseits derer die Welt der Unsicherheit und Rechtlosigkeit begann.

Zweitens, und diesen Punkt gilt es besonders zu betonen, formierte sich nicht nur eine imaginierte, sondern auch eine reale Interessengemeinschaft: Der Bürgerschaft eines Staates wurde die unbehinderte wirtschaftliche Betätigung im nationalen Territorium und die politisch-soziale Teilhabe gemäss demokratischen, rechtsstaatlichen Regeln nach langen Kämpfen schliesslich gewährt. In allen Schüben der Partizipationserweiterung blieben die Rechte auf freie Berufsausübung, auf politische Mitbestimmung und Schulbildung sowie schliesslich auf wohlfahrtstaatliche Leistungen (vgl. Bornschier 1988, Kap. 11; de Swan 1993) an den Besitz der Staatsbürgerschaft gebun-

---

[15] Zur Homogenisierung der Identitätsterritorien Gellner 1991; für Frankreich Weber 1976; für die entsprechenden Versuche in der Schweiz Bendix 1992.

den. Die Rechte auf Teilhabe und Fürsorge erscheinen unter diesen Voraussetzungen als kollektive Güter der Nation und der Staat als deren Garant. Die Institution der Staatsbürgerlichkeit lässt sich somit als eine Form sozialer Schliessung interpretieren (Brubaker 1992, Kap. 1).

Drittens wird im Gegensatz zu den «multi-kulturellen» Grossreichen wie der österreich-ungarischen Monarchie oder des osmanischen Sultanats auch die Bürokratie selbst und das bürokratische Verfahren nationalisiert. Zugang zur Staatsmacht erhält fortan nur, wer zur Nation gehört, und zu den Diensten der neuen Bürokratie nur, wer sich als Mitglied der Solidargemeinschaft ausweisen kann. Eine fremdethnische Mameluken- oder Janitscharenschicht in Verwaltung oder Militär ist in modernen Nationalstaaten ebensowenig denkbar wie die mittelalterliche Herrschaft französischsprachiger Adeliger über deutsche Bauern und Bürger (vgl. Kappeler 1992).

Alle drei Elemente zusammen – die Herausbildung einer imaginierten nationalen Gemeinschaft mit territorialem Bezug, die Verknüpfung von nationaler Zugehörigkeit und Rechtsansprüchen sowie die Nationalisierung der Bürokratie – haben den Effekt, dass Staat, Territorium und Kultur (vgl. Handler 1991) als Besitz der Nation erscheinen. Alle drei «gehören» in diesem Sinne den Menschen, die sich zu einer Nation zusammengefunden haben.

Der ausserordentliche Erfolg dieses nationalistischen Projektes ist weniger als funktionales Korrelat zunehmender gesellschaftlicher Differenzierung (Gellner 1991) oder als Ergebnis der bürgerlichen Machtergreifung zu interpretieren. Er verdankt sich vielmehr einem Interessenkompromiss zwischen verschiedenen gesellschaftlichen Gruppen, dem Tausch von politischer Loyalität gegen soziale Sicherheit und demokratischer Teilhabe. Dem Kräfteverhältnis der beteiligten Gruppen entsprechend wird das institutionelle Arrangement ausgestaltet, nämlich eine Verfassung, Verfahrensregeln zur Konfliktlösung, eine spezifische Ausformung von Partizipations- und Sozialrechten. Das institutionelle Gefüge widerspiegelt so die Machtbalance zwischen den verschiedenen Gruppen und deren je unterschiedlichen Durchsetzungskapazitäten. Der moderne Nationalstaat stellt in diesem Sinne nicht nur eine Arena für die Ausmarchung von Interessenkonflikten bereit, seine institutionelle Form ist vielmehr selbst Gegenstand solcher Auseinandersetzungen. Kommen nun dieses institutionelle Arrangement und das Selbstbild als nationale Solidargruppe in die Krise, weil sich das beiden zugrundeliegende Kräfteverhältnis geändert hat, so bricht der «Gesellschaftsvertrag» auf; anstelle eines Grundkonsenses treten verschiedenste Vorstellungen von Zukunft, welche von sozialen Bewegungen unterschiedlichster Couleur portiert werden.[16]

---

[16] Zu dieser Begrifflichkeit für die Analyse sozialer Wandlungsprozesse siehe Wimmer 1995b, Kap. 2.

Eines dieser Zukunftsprojekte besteht in der Wiederbelebung der nationalen Solidargemeinschaft. In Zeiten intensivierter sozialer Konflikte und allgemeiner Verunsicherung soll der Appell an die nationale Gemeinschaft bewirken, dass jene Rechte und Vorrechte gewahrt werden, als deren Sachverwalter und Garant der Staat in den Augen seiner «rechtmässigen Besitzer» zu agieren hat. Fremde erscheinen als zusätzliche Bedrohung dieses nun prekären Sozialverbandes, und in der Vorstellung der Xenophoben ergibt sich ein Nullsummenspiel um die gemeinsam erwirtschafteten Staatsgüter, um institutionalisierte Solidaritätsversprechen und «unsere Arbeitsplätze und Wohnungen». Die Fremden werden zu Eindringlingen in eine hypostasierte Volks- oder gar Blutsgemeinschaft, zu eigentlichen Urhebern des krisenhaften Zerfalls gesellschaftlicher Verbindlichkeiten und des Schwundes von Zukunftsvertrauen (siehe Kobi, in diesem Band). Eine Art «moralische Panik» (Werbner, in diesem Band) breitet sich aus, die Angst vor dem chaotischen Zusammenbruch der sozialen Welt, ausgelöst durch eine Flut von Fremden. Ist die Loyalitätsvermutung erst einmal entzogen, werden auch die «kulturellen Distanzen» unüberbrückbar, eine Integration der Fremden in das eigene Umfeld scheint weder möglich noch wünschbar. Den Fremdgewordenen gegenüber ist ein Solidaritätsempfinden nicht zuzumuten – insbesondere dann nicht, wenn sie zusätzlich als Verräter am nationalen politischen Projekt identifiziert werden können.

Jene Gruppen, die durch die Verschiebung der gesellschaftlichen Kräfteverhältnisse Einfluss, Ansehen und wirtschaftliche Stellung zu verlieren drohen, rekurrieren am häufigsten auf diese Strategie von Zukunftsversicherung,[17] weil sie auf nationalstaat-

[17] Für diese These spricht der statistisch starke Zusammenhang zwischen der Wahrnehmung der Zukunftschancen der eigenen Berufskategorie und den für realisierbar gehaltenen persönlichen Mobilitätsaspirationen einerseits sowie der Perzeption von Überfremdung (Hoffmann-Nowotny 1973: 89), der Betonung der nationalen Eigenart (ibid.: 102) und der Befürwortung von Ausländerdiskriminierung am Arbeitsplatz (ibid.: 120) andererseits: Je besser die Zukunftschancen der eigenen Berufsgruppe eingeschätzt werden und je eher eine Person Mobilitätswünsche hat und für realisierbar hält, desto weniger nimmt sie «Überfremdung» wahr, desto weniger betont sie die nationale Eigenart der Schweizer und desto weniger plädiert sie für Diskriminierung gegenüber Ausländern. Für die Erklärung der Diskriminierungseinstellung ist die Einschätzung der Zukunftschancen sogar wichtiger als die berufliche Stellung einer Person (ibid.).
Ebenfalls in diese Richtung deuten Studien, welche zeigen, dass 70% der rechtsextremistischen Straftäter beruflich deutlich abwärtsmobil waren (Kalinowsky et al. 1985, zitiert in Heitmeyer 1992: 54) und dass es nicht die real Deklassierten (z. B. Langzeitarbeitslose) sind, welche für rechtspopulistische oder -radikale Politik zu haben sind. Dies scheint vielmehr für jene zuzutreffen, die einen Abstieg in die ökonomische und soziale Marginalisierung *befürchten* oder tatsächlich zu befürchten haben (Niedermayer 1990: 573 f.). Auch Winkler (1994: 83) zitiert eine bundesrepublikanische Studie von Veen, Lepszy und Maich, welche eine grössere Zukunftsunsicherheit der Wähler der Republikaner feststellt; allerdings können die Untersuchungen von Roth sowie Falter/ Schumann dieses Ergebnis nicht bestätigen (ibid).

lich organisierte Solidaritätsversprechen eher angewiesen erscheinen. In der heutigen Zeit der Tertiärisierung und Informatisierung der Wirtschaft (siehe z. B. Klauder 1993) sind dies vorwiegend Arbeitskräfte mit geringer schulischer Qualifikation, wie wir bereits gesehen haben. In den zwanziger und dreissiger Jahren traf dies v. a. für den bäuerlichen und gewerblichen Mittelstand zu. Ausserdem hat die Solidargemeinschaft in der Vorstellung dieser sozialen Gruppen eine ausgeprägter territoriale Dimension (Waldmann 1989); sie konkretisiert sich im Zusammenhalt eines Quartiers oder Dorfes, welche gleichsam ein Mini-Modell der Nation darstellen. Die physische Präsenz oder Sichtbarkeit von Fremden in diesen Räumen, und insbesondere deren Integration ins lokale Vereinswesen und in die Schule, nährt in Zeiten, wo der Gesellschaftsvertrag auseinanderbricht und Zukunftsversprechen knappe Güter werden, Vorstellungen von Invasion, Überflutung und existentiellem Konkurrenzkampf.[18] Erst recht scheint die Fürsorge, welche der Staat etwa gegenüber Asylbewerbern an den Tag legt, ihn von seiner eigentlichen Aufgabe abzuhalten, nämlich für das Wohl seiner «Besitzer» zu sorgen. Sozialarbeiter, die liberalen Grossbetriebe und die traditionelle politische Elite werden zu Verrätern an der nationalen Sache (siehe Göran 1992).

Aus der hier vertretenen Perspektive entstehen fremdenfeindliche Wahrnehmungen also nicht, weil sie im Konkurrenzkampf um knappe Arbeitsplätze oder Wohnungen von strategischem Nutzen wären. Auch macht es wenig Sinn, sie als Folge kultureller Unvereinbarkeiten oder als Radikalisierung institutionalisierter Ausgrenzungsdiskurse zu interpretieren. Vielmehr verstehe ich Xenophobie und Rassismus als Appell an den

Der Zusammenhang zwischen der Wahrnehmung von Zukunftschancen und Überfremdungsangst erscheint aber deutlich auf aggregiertem Niveau: Für den Jahresverlauf von 1966/67 hat Liepelt (1967, zitiert in Heitmeyer 1992:52) einen klaren inversen Zusammenhang zwischen dem Index der privaten Wirtschaftserwartungen in der BRD und dem Wahlpotential der rechtsradikalen NPD feststellen können.

Einen weiteren Hinweis zur Stützung der These liefert eine Befragung von Modernisierungsgewinnern der achtziger und neunziger Jahre, von Dienstleistungsbeschäftigten wie höheren Bankangestellten, Werbern, Computerspezialisten etc. (Grimm und Ronneberger 1994: 106). Das «kosmopolitische Selbstverständnis» dieser Gruppe mache sie – laut den Autoren, welche ursprünglich auszogen, um das Gegenteil zu beweisen – gegenüber rechten Ideologien «resistent» (ibid.:123). 113 von 118 Befragten äussern gar ein Bekenntnis zum kulinarisch-erlebnishaften Multikulturalismus und zur Devise «Ausländer her».

[18] Siehe für rechtsradikale Jugendliche im Londoner East-End Cohen (1991). Dieser territoriale Aspekt ist jedoch weniger relevant, weil Rassismus auch dort entstehen kann, wo Fremde kaum präsent (siehe der polnische «Antisemitismus ohne Juden» oder die weitaus ausgeprägteren xenophoben Tendenzen bei Jugendlichen in den östlichen gegenüber den westlichen Bundesländern [Castner und Castner 1992]) oder kaum als solche zu identifizieren sind (wie die nationalsozialistische Jagd auf die als besonders gefährlich geltenden assimilierten Juden zeigte).

Solidaritätspakt, den die ethnisierte Bürokratie und die imaginierte Volksgemeinschaft miteinander eingegangen sind und der in Zeiten intensiver sozialer Auseinandersetzungen und bei drohendem sozialen Abstieg brüchig erscheint. Von diesem sozialen Ort aus gesehen erscheinen die kulturellen Distanzen tatsächlich unüberbrückbar, wird der Fremde zum Konkurrenten. Der xenophobe Diskurs dient also nicht nur der Selbstvergewisserung, wenn kollektive Identitäten in die Krise geraten, sondern er entwickelt sich im Kampf darum, für wen Staat und Gesellschaft zu sorgen haben und wem das Territorium «gehört». Letztlich ist er die Konsequenz einer nationalstaatlich organisierten Form von Kollektividentität (vgl. Hoffmann und Even 1983), sozialer Sicherung und Rechtsgewährung.[19]

Fremdenfeindlichen Bewegungen und ethnischen Konflikten in der Zweiten und Dritten Welt liegt also eine vergleichbare Dynamik zugrunde. Dort sind die Ethnisierung der Bürokratie sowie der daraus folgende Ausschluss einzelner Kategorien von Menschen aus dem realen und imaginierten Solidarverband die Voraussetzungen dafür, dass sich Ethnien als politische Loyalitätsverbände zu verstehen beginnen und ein Kampf darüber entbrennt, wem der Staat gehören soll und wer dessen Nation sein darf (Wimmer 1994).

Welche Schlussfolgerung ins Praktische würde sich aus dieser Argumentationsskizze ergeben? Nicht den Staat, aber den *National*staat als Zankapfel dieser Auseinandersetzungen gälte es aufzulösen, wollte man das Übel an der Wurzel anpacken. Diesem Ziel wäre eine Transnationalisierung und Regionalisierung staatlicher Aufgaben ebenso dienlich wie eine Neudefinition dessen, was eine Gemeinschaft im Innersten zusammenhält. Als Identifikationsmoment müsste dann wohl die Verpflichtung auf ein demokratisches politisches Verfahren dienen (vgl. Habermas 1993). Dass beides den erbitterten Widerstand derjenigen hervorruft, für welche der nationale Solidarverband weiterhin Sinn macht, dürfte sich von selbst verstehen. Eine der schwierigsten Aufga-

---

[19] Akzeptiert man diese Interpretation, so drängt sich natürlich die Frage auf, wieso auch vor der Neuzeit xenophobe Übergriffe, insbesondere gegen die jüdische Bevölkerung, zu verzeichnen waren. Vielleicht liesse sich der vormoderne, mittelalterliche Antisemitismus in analoger Art und Weise als Krisensymptom und als Appell an eine imaginierte Solidargemeinschaft interpretieren, wobei damals diese Gemeinschaft diejenige der «Christenheit» gewesen wäre und die Solidar- und Rechtsverbände durch lokale Dorf- oder Standesorganisationen gebildet worden wären, aus denen die jüdische Bevölkerung später ausgeschlossen und in die Gettos abgedrängt wurde. Der ideologisch ausgearbeitete und politisch massenwirksame Rassismus trat jedoch erst in Erscheinung, als den Schwarzen (beispielsweise in den USA) und der jüdischen Bevölkerung (in Europa) die vollen Bürgerrechte gewährt worden waren, sie also als Konkurrenten um kollektive Güter wahrgenommen wurden, und sich ein nationalistisches, auf gemeinsame Abstammung und Kultur begründetes Selbstbild in der Bevölkerung durchzusetzen begann (siehe Geiss 1988; Schiffauer 1992).

ben bestünde also darin, ihre Interessen und Wahrnehmungen so in Rechnung zu stellen, dass sie ebenso in die Gesellschaft der Zukunft integriert werden könnten wie jene Frauen und Männer, die heute Opfer rassistischer Gewalt sind.

BIBLIOGRAPHIE

ALBA Richard D. und John R. LOGAN
1993   «Minority proximity to whites in suburbs: An individual-level analysis of segregation». *American Journal of Sociology* 98(6): 1388-1427.

VAN AMERSFOORT Hans
1982   *Immigration and the formation of minority groups; The Dutch experience 1945-1975.* Cambridge: Cambridge University Press.

ANTHIAS Floya und Nira YUVAL-DAVIS
1992   *Racialized boundaries. Race, nation, gender, colour and class and the antiracist struggle.* London: Routledge and Kegan Paul.

BANTON Michael
1983   *Racial and ethnic competition.* Cambridge: Cambridge University Press.

BECKER Horst
1993   «Einstellungen zu Ausländern in der Bevölkerung der Bundesrepublik Deutschland 1992», in: BLANKE Bernhard (Hrsg.), *Zuwanderung und Asyl in der Konkurrenzgesellschaft*, S. 141-149. Opladen: Leske und Budrich.

BÉLANGER Sarah und Maurice PINARD
1991   «Ethnic movements and the competition model: Some missing links». *American Sociological Review* 56: 446-457.

BENDIX Regina
1992   «National sentiment in the enactment and discourse of Swiss political ritual». *American Ethnologist* 19(4): 768-790.

BETZ Hans-Georg
1991   «Radikal rechtspopulistische Parteien in Westeuropa». *Aus Politik und Zeitgeschichte* 44: 3-14.

BORNSCHIER Volker
1988   *Westliche Gesellschaft im Wandel.* Frankfurt: Campus.

BRUBAKER Rogers
1992   *Citizenship and nationhood in France and Germany.* Harvard: Harvard University Press.

BUKOW Wolf-Dietrich
1992   «Ethnisierung und nationale Identität», in: Institut für Migrations- und Rassismusforschung (Hrsg.), *Rassismus und Migration in Europa*, S. 133-146. Hamburg: Argument-Verlag.

CASTLES Stephen
1987   *Migration und Rassismus in Westeuropa*. Berlin: EXpress Edition.

CASTNER Hartmut und Thilo CASTNER
1992   «Ausländerfeindlichkeit bei Jugendlichen. Hilfe durch Kontakte und Begegnungen». *Das Parlament* vom 11.12.1992, Nr. 51.

COHEN Philip
1991   «Wir hassen die Menschen, oder: Antirassismus und Antihumanismus», in: BIELEFELD Uli (Hrsg.), *Das Eigene und das Fremde. Neuer Rassismus in der Alten Welt?*, S. 311-335. Hamburg: Junius.
1992   «Monströse Bilder – Perverse Vernunft», in: Institut für Migrations- und Rassismusforschung (Hrsg.), *Rassismus und Migration in Europa*, S. 431-443. Hamburg: Argument-Verlag.

DEMIROVIC Alex und Gerd PAUL
1994   «Eliten gegen die Demokratie? Studierende zwischen demokratischem Selbstverständnis und rechtsextremen Ideologien», in: Institut für Sozialforschung (Hrsg.), *Rechtsextremismus und Fremdenfeindlichkeit. Studien zur aktuellen Entwicklung*, S. 29-57. Frankfurt: Campus.

VAN DIJK Teun A.
1991   *Racism and the press*. London: Routledge and Kegan Paul.
1992   «Rassismus heute: Der Diskurs der Elite und sein Funktion für die Reproduktion des Rassismus», in: Institut für Migrations- und Rassismusforschung (Hrsg.), *Rassismus und Migration in Europa*, S. 289-313. Hamburg: Argument-Verlag.

DITTRICH Eckhard
1991   *Das Weltbild des Rassismus*. Frankfurt: Cooperative.

DITTRICH Eckhard und Frank-Olaf RADTKE (Hrsg.)
1990   *Ethnizität. Wissenschaft und Minderheiten*. Opladen: Westdeutscher Verlag.

ESSED Philomena
1992   «Multikulturalismus und kultureller Rassismus in den Niederlanden», in: Institut für Migrations- und Rassismusforschung (Hrsg.), *Rassismus und Migration in Europa*, S. 373-387. Hamburg: Argument-Verlag.

FALTER Jürgen W.
1991   *Hitlers Wähler*. München: C. H. Beck.

FRANZ Fritz

1992 «Das Prinzip der Abstammung im deutschen Staatsangehörigkeitsrecht», in: Institut für Migrations und Rassismusforschung (Hrsg.), *Rassismus und Migration in Europa*, S. 237-245. Hamburg: Argument-Verlag.

VON FREYBERG Thomas

1994 «Ausländerfeindlichkeit am Arbeitsplatz. Zur Untersuchung ethnischer Konflikte zwischen deutschen und ausländischen Beschäftigten», in: Institut für Sozialforschung (Hrsg.), *Rechtsextremismus und Fremdenfeindlichkeit. Studien zur aktuellen Entwicklung*, S. 129-166. Frankfurt: Campus.

GELLNER Ernest

1991 *Nationalismus und Moderne*. Berlin: Rotbuch.

GEISS Imanuel

1988 *Geschichte des Rassismus*. Frankfurt: Suhrkamp.

GERHARD Ute

1994 «Die Inszenierung der Katastrophe. Rassismus im Mediendiskurs», in: RAUCHFLEISCH Udo (Hrsg.), *Fremd im Paradies. Migration und Rassismus*, S. 115-130. Basel: Lenos.

GÖRAN Rystad (Hrsg.)

1992 *Encounter with strangers. Refugees and cultural confrontation in Sweden*. Lund: Lund University Press.

GRIMM Sabine und Klaus RONNEBERGER

1994 «Weltstadt und Nationalstaat. Frankfurter Dienstleistungsangestellte äussern sich zur multikulturellen Gesellschaft», in: Institut für Sozialforschung (Hrsg.), *Rechtsextremismus und Fremdenfeindlichkeit. Studien zur aktuellen Entwicklung*, S. 91-127. Frankfurt: Campus.

HABERMAS Jürgen

1993 «Anerkennungskämpfe im demokratischen Rechtsstaat», in: GUTMANN Amy (Hrsg.), *Multikulturalismus und die Politik der Anerkennung*, S. 147-196. Frankfurt: Fischer.

HAMMERSLEY Martin

1993 «Research and ‹anti-racism›: the case of Peter Foster and his critics». *The British Journal of Sociology* 44(3): 429-448.

HANDLER Richard

1991 «Who owns the past? History, cultural property, and the logic of possessive individualism», in: WILLIAMS Brett (ed.), *The politics of culture*, pp. 63-74. Washington: Smithsonian Institution Press.

HECHTER Michael
1986   «Rational choice theory and the study of race and ethnic relations», in: REX John
            and David MASON (eds), *Theories of race and ethnic relations*, pp. 264-279. Cam-
            bridge: Cambridge University Press.

HEITMEYER Wilhelm
1992   *Rechtsextremistische Orientierungen bei Jugendlichen. Empirische Ergebnisse und
            Erklärungsmuster einer Untersuchung zur politischen Sozialisation.* Weinheim:
            Juventa.

HOFFMANN Lutz und Herbert EVEN
1983   *«Die Belastungsgrenze ist überschritten». Entwurf einer Theorie der Ausländerfeind-
            lichkeit.* Bielefeld: Universität Bielefeld, Zentrum für Wissenschaft und berufli-
            che Praxis [Materialien Heft 15].

HOFFMANN-NOWOTNY Hans-Joachim
1973   *Soziologie des Fremdarbeiterproblems. Eine theoretische und empirische Analyse am
            Beispiel der Schweiz.* Stuttgart: Enke.
1992   *Chancen und Risiken multikultureller Einwanderungsgesellschaften.* Bern, Schwei-
            zerischer Wissenschaftsrat, Bericht zur Forschungspolitischen Früherkennung
            Nr. 119.

HOFFMANN-NOWOTNY Hans-Joachim und Karl-Otto HONDRICH (Hrsg.)
1982   *Ausländer in der Bundesrepublik Deutschland und der Schweiz. Segregation und
            Integration: Eine vergleichende Untersuchung.* Frankfurt: Campus.

HOSKIN Marilyn
1985   «Die öffentliche Meinung in der Bundesrepublik Deutschland und die auslän-
            dischen Arbeitnehmer», in: ROSCH Marita (Hrsg.), *Ausländische Arbeitnehmer
            und Immigranten – Sozialwissenschaftliche Beiträge zur Diskussion eines prakti-
            schen Problems,* S. 31-60. Basel, Weinheim: Beltz Verlag.

IMHOF Kurt
1993   «Nationalismus, Nationalstaat und Minderheiten. Zu einer Soziologie der Mi-
            noritäten». *Soziale Welt* 44(3): 327-357.

KAPPELER Andreas (Hrsg.)
1992   *The formation of national elites. Comparative studies on governments and non-
            dominant ethnic groups in Europe, 1850–1940,* vol. VI. Dartmouth: New York
            University Press.

KLAUDER Wolfgang
1993   «Die künftige Veränderung des Beschäftigungsprofils: Prognosen zum Arbeits-
            markt», in: BLANKE Bernhard (Hrsg.), *Zuwanderung und Asyl in der Konkurrenz-
            gesellschaft,* S. 79-95. Opladen: Leske und Budrich.

KREUTZBERGER Wolfgang
1993   «Gewalt gegen Fremde – Angelpunkt im Rechtsextremismus», in: BLANKE Bernhard (Hrsg.), *Zuwanderung und Asyl in der Konkurrenzgesellschaft*, S. 163-180. Opladen: Leske und Budrich.

KÜPFER Adriano R.
1994   «*... darunter zwei Asylbewerber». Eine quantitative Inhaltsanalyse von Schweizer Tageszeitungen zur Asylthematik.* Bern: UNESCO.

LEGGEWIE Claus
1993   «Vom Deutschen Reich zur Bundesrepublik – und nicht zurück. Zur politischen Gestalt einer multikulturellen Gesellschaft», in: BALKE Friedrich et al. (Hrsg.), *Schwierige Fremdheit. Über Integration und Ausgrenzung in Einwanderungsländern*, S. 3-20. Frankfurt: Fischer.

LIEBERSON Stanley
1980   *A piece of the pie: Blacks and white immigrants since 1880.* Berkeley: University of California Press.

LINDER Wolf
1993   «Migrationswirkungen, institutionelle Politik und politische Öffentlichkeit», in: KÄLIN Walter und Rupert MOSER (Hrsg.), *Migrationen aus der Dritten Welt. Ursachen – Wirkungen – Handlungsmöglichkeiten*, S. 147-163. Bern: Haupt.

MARCHAL Guy P. und Aram MATTIOLI (Hrsg.)
1992   *Erfundene Schweiz. Konstruktionen nationaler Identität.* Zürich: Chronos.

MEIER-MESQUITA Cintia
1993   «Determinanten der Rückkehrwilligkeit: Eine Pilotstudie unter tamilischen Flüchtlingen aus Sri Lanka», in: KÄLIN Walter und Rupert MOSER (Hrsg.), *Migrationen aus der Dritten Welt. Ursachen – Wirkungen – Handlungsmöglichkeiten*, S. 259-273. Bern: Haupt.

MILES Robert
1982   *Racism and migrant labour: A critical text.* London: Routledge and Kegan Paul.
1992   «Einwanderung nach Grossbritannien – eine historische Betrachtung», in: Institut für Migrations und Rassismusforschung (Hrsg.), *Rassismus und Migration in Europa*, S. 41-53. Hamburg: Argument-Verlag.
1993   *Racism after «race relations».* London: Routledge and Kegan Paul.

MUGNY Gabriel, Margarita SANCHEZ-MAZAS, Patricia ROUX and Juan A. PÉREZ
1991   «Independence and interdependence of group jugments: xenophobia and minority influence». *European Journal of Social Psychology* 21: 213-223.

NIEDERMAYER Oskar
1990   «Sozialstruktur, politische Orientierung und die Unterstützung extrem rechter Parteien in Westeuropa». *Zeitschrift für Parlamentsfragen* 21(4): 564-582.

OLZAK Susan
1993   *The dynamics of ethnic competition and conflict.* Stanford: Stanford University Press.

OPPITZ Michael
1975   *Notwendige Beziehungen. Abriss der strukturalen Anthropologie.* Frankfurt: Suhrkamp.

PADILLA Felix
1986   «Latino Ethnicity in the City of Chicago», in: OLZAK Susan und Joane NAGEL (eds), *Competitive ethnic relations,* pp. 153-171. New York: Academic Press.

RADTKE Frank-Olaf
1990   «Multikulturell – Das Gesellschaftsdesign der 90er Jahre?» *Informationsdienst zur Ausländerarbeit* 4: 27-34.

REX John
1985   *The concept of a multi-cultural society.* University of Warwick, Centre for Research in Ethnic Relations, Occasional Papers in Ethnic Relations 3.

RITSCHARD Rolf
1982   «Die makroregionale Verteilung ausländischer Arbeitskräfte in der Schweiz und der Bundesrepublik Deutschland», in: HOFFMANN-NOWOTNY Hans-Joachim und Karl-Otto HONDRICH (Hrsg.), *Ausländer in der Bundesrepublik Deutschland und der Schweiz. Segregation und Integration: Eine vergleichende Untersuchung,* S. 195-254. Frankfurt: Campus.

RITZMANN Heiner et al.
1995   *Historische Statistik der Schweiz.* Zürich: Chronos. (in Vorbereitung)

ROMANO Gaetano
1990   «Mehr Fremde – mehr Fremdenangst? Bemerkungen zu einer gängigen Argumentation». *Asylon* (Bundesamt für Flüchtlinge) 6: 2-7.

ROSCH Marita
1987   «Ausländer in der Bundesrepublik Deutschland – sozialpsychologische Überlegungen zur Problematik sozialer Randgruppen», in: SCHULTZ-GAMBARD Jürgen (Hrsg.), *Angewandte Sozialpsychologie. Konzepte, Ergebnisse, Perspektiven,* S. 215-232. München-Weinheim: Psychologie Verlags Union.

RÜRUP Bert und Werner SESSELMEIER
1993   «Einwanderung: die wirtschaftliche Perspektive», in: Friedrich BALKE et al. (Hrsg.), *Schwierige Fremdheit. Über Integration und Ausgrenzung in Einwanderungsländern,* S. 285-304. Frankfurt: Fischer.

SCHIFFAUER Werner
1992   «Die Fremden in der Stadt. Modelle sozialer Organisation». *Kursbuch* 107: 35-50.

1993 «Die civil society und der Fremde – Grenzmarkierungen in vier politischen Kulturen», in: BALKE Friedrich et al. (Hrsg.), *Schwierige Fremdheit. Über Integration und Ausgrenzung in Einwanderungsländern,* S. 185-199. Frankfurt: Fischer.

SCHMID Thomas
1993 «Der Fremde als Provokateur und Entwicklungshelfer. Szenen aus der Geschichte der Aus- und Einwanderung», in: BALKE Friedrich et al. (Hrsg.), *Schwierige Fremdheit. Über Integration und Ausgrenzung in Einwanderungsländern,* S. 200-216. Frankfurt: Fischer.

SILVERMAN Maxim
1992a «Rassenkostruktion und Einwanderung in Frankreich», in: Institut für Migrations- und Rassismusforschung (Hrsg.), *Rassismus und Migration in Europa,* S. 314-332. Hamburg: Argument-Verlag.
1992b *Deconstructing the nation. Immigration, racism and citizenship in modern France.* London: Routledge and Kegan Paul.

SKIDMORE Thomas E.
1993 «Bi-racial USA vs. multi-racial Brazil: Is the contrast still valid?» *Journal of Latin American Studies* 25: 373-386.

DE SWAN Abram
1993 *Der sorgende Staat. Wohlfahrt, Gesundheit und Bildung in Europa und den USA der Neuzeit.* Frankfurt: Campus.

TOBLER MÜLLER Verena
1993 «Wirkungen der Migration: Kulturkontakt, Kulturkonflikt, Konfliktkultur», in: KÄLIN Walter und Rupert MOSER (Hrsg.), *Migrationen aus der Dritten Welt. Ursachen – Wirkungen – Handlungsmöglichkeiten,* S. 175-188. Bern: Haupt.

WAGNER Ulrich und Peter SCHÖNBACH
1984 «Links between educational status and prejudice: Ethnic attitudes in West Germany», in: MILLER Norman D. and Marilynn B. BREWER (eds), *Groups in contact. The psychology of desegregation,* pp. 29-52. Orlando: Academic Press.

WALDMANN Peter
1989 *Ethnischer Radikalismus. Ursachen und Folgen gewaltsamer Minderheitenkonflikte am Beispiel des Baskenlandes, Nordirlands und Quebecs.* Opladen: Westdeutscher Verlag.

WEBER Eugen
1976 *Peasants into frenchmen: The modernisation of rural France 1800-1914.* Stanford: Stanford University Press.

WETHERELL Margaret und Jonathan POTTER
1993 *Mapping the language of racism: Discourse and the legitimation of exploitation.* New York: Columbia.

WIMMER Andreas

1991 «Was macht Menschen rebellisch? Über die Entstehungsbedingungen von sozialen Bewegungen», in: BERG Eberhard, Jutta LAUTH und Andreas WIMMER (Hrsg.), *Ethnologie im Widerstreit. Kontroversen über Macht, Markt und Geschlecht in fremden Kulturen*, S. 289-308. München: Trickster.

1992 «Viele Deutungen. Die Humanwissenschaften und ihre Rassismustheorien». *Fremdenangst, Fremdenhass, NZZ-Folio* 6:23-25.

1993 «Ethnischer Radikalismus als Gegennationalismus. Indianische Bewegungen im sechsten Jahrhundert nach Kolumbus», in: GERBER Peter (Hrsg.), *500 Jahre danach. Zur heutigen Lage der indigenen Völker beider Amerika*, S. 127-149. Chur: Rüegger.

1994 «Der Kampf um den Staat. Thesen zu einer vergleichenden Analyse interethnischer Konflikte», in: MÜLLER Hans-Peter (Koord.), *Ethnische Dynamik in der aussereuropäischen Welt*, S. 511-538. Zürcher Arbeitspapiere zur Ethnologie 4.

1995a *Die komplexe Gesellschaft. Eine Theorienkritik am Beispiel des indianischen Bauerntums.* Berlin: Reimer.

1995b *Transformationen. Ein Modell des sozialen Wandels im indianischen Mittelamerika.* Berlin: Reimer.

1995c *Kultur. Reflexionen über einen ethnologischen Grundbegriff.* Antrittsvorlesung als Privatdozent der Universität Zürich, 23.1.95.

WINKLER Jürgen

1994 «Die Wählerschaft der rechtsextremen Parteien in der Bundesrepublik Deutschland 1949 bis 1993», in: KOWALSKY Wolfgang und Wolfgang SCHROEDER (Hrsg.), *Rechtsextremismus: Einführung und Forschungsbilanz*, S. 69-88. Opladen: Westdeutscher Verlag.

WITHOL DE WENDEN Catherine

1992 «Fragen der citoyenneté», in: Institut für Migrations- und Rassismusforschung (Hrsg.), *Rassismus und Migration in Europa*, S. 229-236. Hamburg: Argument-Verlag.

Kurt IMHOF

DIE SEMANTIK DES FREMDEN IN SOZIALEN KRISENPHASEN

EINLEITUNG

Der Beitrag befasst sich mit Differenzbestimmungen zwischen Eigen und Fremd, d. h. mit der Semantik des Fremden in Massenmedien auf der Basis einer diachron angelegten Untersuchung von fünf deutschschweizerischen Leitmedien zwischen den 1910er und den 1970er Jahren.

Erste Ergebnisse zeigen, dass Differenzsymbolisierungen zum «Fremden» im Kontext einer identitätsstiftenden Historisierung der Gegenwart und einer korrelativen Politisierung der Vergangenheit in sozialen Krisenphasen an Bedeutung gewinnen. Identitätskonstitution im politischen Raisonnement geht in schwierigen Zeiten insbesondere mit religiös, rassenbiologisch oder volkstumsideologisch argumentierenden Semantiken des Fremden einher.

Die auf den synchronen und diachronen Vergleich von Medienereignissen zentrierte Untersuchung zeigt zusätzlich, dass sich gesellschaftliche Fundamentalkonflikte und die intensive Marginalisierung von politischen oder sozialen Randgruppen dadurch kennzeichnen, dass die gesellschaftskonstitutiven Distinktionen zwischen Eigen und Fremd für die Auseinandersetzung im Binnenraum der Gesellschaft belehnt werden. Stehen in gesellschaftlichen Fundamentalkonflikten und Marginalisierungsprozessen *religiös, rassenbiologisch* oder *kulturalistisch* argumentierende Differenzbestimmungen nicht zur Verfügung, führt dies zu einer *Semantik des Verrats* und zum Diktum des *«Unschweizerischen»*.

Zur sozialen Krise, die immer auch als Orientierungskrise verstanden werden muss, gehört offensichtlich zentral ein identitätskonstitutives Moment: Die Konstrukte des Fremden bilden die Kehrseiten von neuen Inklusionscodes, die die Gesellschaft als solche definieren und sich zeitfest etablieren können. Die *«Ethnisierung des Politischen»* ist ein diskontinuierliches Phänomen moderner Sozietäten, sie produziert Gemeinschaft in der Gesellschaft.

Dieser Beitrag befasst sich mit Ergebnissen der Untersuchung eines Phänomens, das ich «Ethnisierung des Politischen» nenne. Damit werden jene Spannungen bezeichnet, die entstehen, wenn das öffentliche politische Raisonnement in den Sog ethnischer Identitätskonstrukte gerät. Die «Ethnisierung des Politischen» kennzeichnet also jenen Zustand, in welchem die mediale politische Kommunikation durch Semantiken des Fremden geprägt wird und dadurch den Blick auf die Ausprägungen ethnischen «Gemeinsamkeitsglaubens» (Weber 1985: 235) freigibt. Wann und in welcher Intensität wird das öffentliche politische Raisonnement mit Differenzsymbolisierungen durchsetzt und wie lassen sich diese In- und Exklusionscodes systematisieren – so lauten die Forschungsfragen dieser Untersuchung, die auf einer diachron angelegten Analyse von fünf deutsch-schweizerischen *Leitmedien* zwischen 1910 und 1993 basiert.

Am Soziologischen Institut der Universität Zürich und an der Forschungsstelle für Schweizerische Sozial- und Wirtschaftsgeschichte versuchen wir durch die Eruierung und die vergleichende Analyse der *bedeutendsten Medienereignisse* in fünf überregionalen deutschschweizerischen Zeitungen in die Binnenperspektive vergangener Öffentlichkeit und damit politischen Denkens einzudringen.[1] In die Erhebung sind die freisinnig-liberale «Neue Zürcher Zeitung», die sozialdemokratische «Tagwacht», das katholisch-konservative «Vaterland», die Forumszeitung «Tages-Anzeiger» und die Boulevardzeitung «Blick» einbezogen.[2] Diese Medienereignisanalyse bezweckt, die redaktionellen *Relevanzstrukturen* (Aufmerksamkeitsstrukturen) und die *Vorgangsinterpretationen* zu erfassen. Was den jeweiligen Redaktionen parteiverbundener wie parteiunabhängiger Medien berichterstattungswürdig erscheint, ist immer Resultat einer Selektion, die das Relevante vom Nicht-Relevanten unterscheidet und damit Einsichten freilegt in den historisch wandelbaren, standpunktgeprägten Prozess der Weltstrukturierung, der auf der Aggregatsebene der leitmedial generierten «Öffentlichkeit» das Medium der Selbstreferenz und Problemwahrnehmung moderner Gesellschaften bildet.[3]

Medienereignisse selegieren also diejenigen Vorgänge aus der «Unendlichkeit des Seins» auf die die Zeitgenossen in face-to-face-Kommunikationen mit der Erwartung auf Resonanz rekurrieren können, wenn sie etwas als etwas in der Welt zum Thema

---

[1] Vgl. ausführlicher zu diesem Forschungsprojekt: Imhof 1993b. An diesem interdisziplinären Nationalfondsprojekt sind Mitarbeiter aus den Disziplinen Geschichte, Wirtschaftsgeschichte, Soziologie, Philosophie, Publizistik und Pädagogik beteiligt.

[2] Das erste Exemplar der Boulevardzeitung «Blick» erschien im November 1959. Ab 1960 kann dieses Medium in die Erhebung einbezogen werden. Die anderen vier Zeitungen werden ab 1910 erfasst.

[3] Zur Diskussion des Öffentlichkeitsbegriffs in gesellschaftstheoretischer Absicht vgl. Imhof 1993d.

machen. In diesem Sinne bildet die auf Leitmedien ausgerichtete Analyse der Relevanz-strukturen öffentlicher Kommunikation die Rekonstruktion dessen, was für die Steue-rung der Gesellschaft (Luhmann 1971, Imhof 1992a), insbesondere für die kollektive Problemwahrnehmung, von zentraler Bedeutung ist. Aussicht auf politische Resonanz haben mit anderen Worten nur diejenigen Themen und Ereignisperzeptionen, die den Filter der veröffentlichten Meinung passieren und allgemeine Aufmerksamkeit bean-spruchen.

Um diese medialen Relevanzstrukturen und Interpretationen zu erfassen, werden in integraler Analyse des Stammteils dieser fünf Zeitungen[4] pro Jahr und Zeitung die zehn *gemäss Umfang der Thematisierung* wichtigsten Medienereignisse erhoben.[5] Jedes dieser zehn Medienereignisse – jeder Zeitung und jedes Jahres – wird unter Berück-sichtigung der redaktionellen Perspektiven beschrieben und kategorisiert.

Verfügbar sind bis zu diesem Zeitpunkt die Medienereignishierarchien von 1910 bis 1975, d.h. die zehn wichtigsten Medienereignisse pro Zeitungsjahrgang; die Aus-wertung bis 1993 ist in Arbeit.

Im Zeitraum von 1910 bis 1975 ergibt sich aus rund 3000 Medienereignissen gleich-sam eine Abfolge von raum-zeitlich begrenzten Kommunikationsregimes, die es er-laubt, beliebig in das Netzwerk der zeitgenössischen Weltinterpretationen und Aufmerk-samkeitsstrukturen einzudringen, die Symbole, Bilder und Ideologien, die diese Rele-vanzstrukturen genauso wie die Interpretationsmuster öffentlichen Raisonnements bestimmen, vergleichend zu analysieren und ihre Karriere zu verfolgen (vgl. Imhof 1993b).

Wenn man sich nun bei dieser Medienereignisanalyse auf die Semantik des Frem-den konzentriert, d.h. insbesondere diejenigen Medienereignisse herausgreift, die «das Fremde» in und ausserhalb der Gesellschaft thematisieren, dann zeigen die Ergebnisse, dass Differenzbestimmungen zwischen Eigen und Fremd regelmässig in sozialen Krisen-phasen an Bedeutung gewinnen. Mehr noch: Diese Differenzkonstrukte sind dann in ein öffentliches Raisonnement eingebettet, das sich kennzeichnen lässt durch die star-ke Tendenz zur *Politisierung der Geschichte und zur Historisierung der Gegenwart.* Identitätskonstitution im politischen Raisonnement geht in schwierigen Zeiten insbe-sondere mit *religiös, rassenbiologisch* oder *volkstumsideologisch* argumentierenden Ideo-logien der Ungleichheit einher.

---

[4] Der Stammteil umfasst den eigentlichen, «historischen» Zeitungskern ohne die im Verlaufe der Zeit hinzugetretenen Beilagen.
[5] Die wichtigsten Medienereignisse werden durch die Anzahl und die Länge der dazu redaktionell verfassten oder durch die Redaktion beauftragten Artikel eruiert.

Zum öffentlichen politischen Raisonnement im Zeichen der Krise gehört offensichtlich zentral ein identitätskonstitutives Moment: Die «Ethnisierung des Politischen» stellt einen verlässlichen *Krisenindikator* dar, gerade weil soziale Krisen immer auch als Phasen der Zukunftsunsicherheit verstanden werden müssen. Die Attraktivität von Semantiken des Fremden korreliert mit verbreiteter Orientierungsunsicherheit und Zukunftsängsten.[6]

Nun werden soziale Krisen gemeinhin als Wirtschaftskrisen erfasst. Sinkendes Bruttosozialprodukt, sinkende Investitionsraten und steigende Arbeitslosigkeit sind die wichtigsten ökonomischen Indikatoren für eine Wirtschaft, die der Bedarfsdeckung einer Gesellschaft nicht mehr genügt. Dies sind aber nicht die einzigen Indikatoren. Es macht Sinn, Krisenphasen als *Orientierungs- und Identitätskrisen* zu erfassen, d.h. als Perioden, in denen es durchaus unklar ist, wie sich die Zukunft entwickelt, in denen die fraglose Gegebenheit dessen, was ist, fundamentaler Unsicherheit über den Lauf der Dinge weicht. Krisenphasen sind Zeiten des Orientierungsverlustes und sie sind «Hochzeiten» sozialer Bewegungen (Brand 1990), die gerade im Masse dieses Orientierungsverlustes die Chancen haben, neue Orientierung zu vermitteln und das bedeutet: neue Themen in die Öffentlichkeit einzubringen (Imhof 1993b).

Das Aufkommen sozialer Bewegungen politischen, religiösen oder ethnischen Charakters und die rasche Karriere neuer, durchaus konfliktiver Themen in einer umkämpften Öffentlichkeit sind weitere Indikatoren sozialer Krisenphasen, genauso wie eine erhöhte soziale Konfliktivität, die sich nicht mehr in den bewährten Gremien und Verfahren der politischen Auseinandersetzung entsorgen lässt. Solche Krisenindikatoren weisen auf die wichtigste Bedingung wirtschaftlicher und sozialer Entwicklung hin: derjenigen der *Orientierungssicherheit* angesichts einer prinzipiell offenen Zukunft (Siegenthaler 1981, Imhof 1990).

Krisen sind also «offene» Phasen im sozialen Wandel. In ihnen verändert sich nicht nur die Interpretation der Vergangenheit, in ihnen entscheidet sich auch die Zukunft immer wieder neu. Entsprechend scharf heben sich die Krisenphasen im sozialen Wandel ab (Imhof und Romano 1995).

---

[6] Vgl. Imhof und Romano 1989, 1995; Imhof 1992b, 1993a, 1993c, 1995; Romano 1992; Ernst 1994; Siegenthaler 1992, 1993. Die Konzentration auf die Semantik des Fremden im öffentlichen Diskurs hat den Vorteil, die Untersuchung auf die gesellschaftliche Kommodität substantialistisch argumentierender Ein- und Ausgrenzungskonstrukte und die dazu korrelative Relevanz der Thematisierung des Fremden zu verweisen, sofern die Untersuchung synchron und diachron vergleichend vorgenommen wird.

Um nun zu demonstrieren, wie sich die «Krisenphasen» im öffentlichen Raisonnement niederschlagen, muss hier eine Zeitreihe genügen, die die Thematisierungskonvergenz gleicher Vorgänge in der Welt durch verschieden Zeitungen wiedergibt und zwar vor, während und nach der Weltwirtschaftskrise der 30er Jahre (vgl. Darstellung 1).

Darstellung 1: Intensität der konvergenten Thematisierung der Binnen- und Aussenvorgänge in den drei Zeitungen «Neue Zürcher Zeitung», «Tagwacht» und «Vaterland»[7]

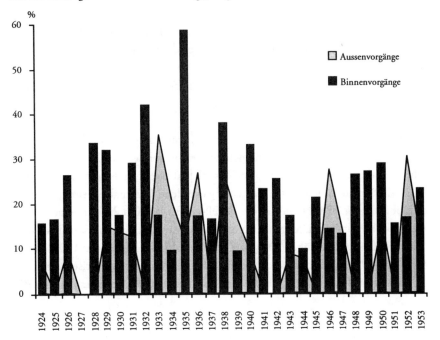

Um diese Zeitreihe zu erhalten, werden nur diejenigen Medienereignisse – hier von drei parteiverbundenen Leitmedien – herausgegriffen, die dieselben Vorgänge in der Welt thematisieren (Prozentierung an der Gesamtlänge der je Zeitung ausgewählten

---

[7] Lesebeispiel: Im Jahre 1935 thematisieren rund 60 % aller binnenorientierten Medienereignisse der Medienereignishierarchien aller drei Zeitungen *dieselben* Vorgänge. Die gemeinsamen Medienereignisse wurden je als Prozentanteil der Medienereignishierarchie der Zeitung, der sie entstammen erfasst und die prozentualen Werte summiert. Danach wurden die Ergebnisse wieder auf eine 100 %-Skala umgerechnet. Die Darstellung verdankt sich der Mitarbeit von Esther Kamber, die auf der Basis solcher Daten eine Lizentiatsarbeit verfasst hat: Kamber 1995.

Medienereignissen). Darstellung 1 lässt sich entnehmen, dass solche Zeitreihen ein *wellenförmiges Muster* zeichnen, das folgende Eigenschaften aufweist: Die Intensität der Thematisierungen gleicher Vorgänge durch verschiedene Medien fällt in Krisenphasen deutlich höher aus als in strukturzentrierten Phasen sozialer und ökonomischer Entwicklung. Durch dieses Verfahren erhält man einen Indikator öffentlichen Raisonnements, der den konfliktinduzierten Zwang zur Thematisierung des Gleichen misst. Das öffentliche Raisonnement verengt sich gerade in den Krisenphasen sozialen Wandels auf gleiche Themen. Umgekehrt gilt: Politische Kommunikation zu Handen der Öffentlichkeit kann sich im Normalfall um so mehr den traditionellen Themen des eigenen politischen Subsystems zuwenden, je weniger konfliktiv der Wettbewerb um Definitionsmacht ausfällt, d.h. je gesicherter die institutionalisierten Verfahren der Machtallokation sind.[8]

Sowohl der innere Krieg als auch der Übergang zum inneren Frieden sind also abhängig von der Thematisierung des gleichen.

Entscheidend für das Thema dieses Beitrags ist nicht nur, dass die Thematisierungskonvergenz im öffentlichen Raisonnement zunimmt, sondern auch, dass die fraglose Gegebenheit dessen, was «man» ist, im Krisenfall abbricht und einer Orientierungs- und Identitätssuche weicht. Eine unsicher gewordene Identität erheischt Mittel zu deren Stabilisierung. Das Fremde in der Gesellschaft wird zum Problem einer verunsicherten Selbstgewissheit. Dies gilt nicht nur für das öffentliche Raisonnement in der Weltwirtschaftskrise der frühen 30er Jahre (Zimmer 1993; Siegenthaler 1992; Marchal 1992; Imhof 1993b), sondern auch für die klassenantagonistische Krise ausgangs des Ersten Weltkriegs (Ernst 1994), für die Transformationsphase Ende des Zweiten Welt-

---

[8] Zu den Möglichkeiten des Relevanzstrukturvergleichs öffentlichen Raisonnements und zu einer detaillierten Analyse der 30er und 40er Jahre vgl. Imhof 1993b, 1993c, 1995. Tatsächlich ist der beschriebene Zusammenhang etwas komplexer: Neben den Medienereignissen, die als Sinneinheiten spezifische Vorgänge thematisieren, gilt es auch, Themen in die Analyse einzubeziehen, die verschiedene und zahlreiche Medienereignisse beeinflussen. So wurde etwa der Ost-West-Konflikt seit dem Zweiten Weltkrieg von allen analysierten Zeitungen in vielen verschiedenen Medienereignissen thematisiert, ohne dass diese Medienereignisse zwingend in den Medienereignishierarchien von zwei, drei oder vier Zeitungen gleichzeitig prominent vertreten waren. Ist also mit anderen Worten ein kultureller Code wie der Ost-West-Dualismus in der veröffentlichten Meinung verschiedener politischer Milieus zeitfest etabliert, kann dieser Code durchaus an verschiedenen Vorgängen durchkonjugiert werden. Massenkommunikative Phänomene und entsprechende Lernprozesse lassen sich u.a. differenzieren durch ihre Vorgangszentrierung oder durch ihre Zentrierung auf mehr oder weniger vorgangsindifferente Themen. Zur Diskussion dieses Zusammenhangs vgl. Imhof 1995.

krieges (Waeger 1971; Imhof 1995), für die Krise der 70er Jahre (Hoffmann-Nowotny 1973) und auch für die Gegenwart.

Krisenphasen sind Zeiten neuer Konzepte, neuer *Muster der Deutung* dessen, was das Kollektiv Gesellschaft ist. Dafür bieten sich grundsätzlich zwei Wege:

– *Erstens* wird *das Fremde in der Gesellschaft* problematisch. In schöner Regelmässigkeit finden wir in Krisenphasen definitionsmächtige soziale Bewegungen und Protestparteien, die über die Propagierung der Ausgrenzung alles Fremden zum einen Identitätsfindung anhand dessen betreiben, was man nicht ist (Stereotypisierung des Fremden), und zum anderen auch die Ursache für die triste Gegenwartslage dem Einfluss dieses Fremden in der Gesellschaft zuschreiben. Die Stereotypen des Fremden werden zu *Stigmata* des Fremden (Goffman 1967), d. h. die Typisierung des Fremden wird negativ besetzt. Neue ideologische Konstrukte mit den damit verbundenen Fremd- und Eigentypisierungen (Schütz 1972) versuchen die Zugehörigkeitsgrenzen der Gesellschaft enger – oder anders – zu ziehen (Wimmer 1995). Insbesondere in den Krisenphasen können soziale Bewegungen und Protestparteien die Relevanzstrukturen und teilweise die Interpretationen der leitmedialen Kommunikation bestimmen.

– *Zweitens* wird die Geschichte einer Gesellschaft zur identitätsstiftenden *Fundgrube*, in der sich die Gründungsmythen, Schlachten und «grossen Figuren» der nationalen Historie besonders anbieten, um einen kollektiven Selbstfindungsprozess in Gang zu setzen. In Krisenphasen – insbesondere jedoch an ihren Ausgängen – wird die Kollektivgeschichte wieder umgeschrieben, feiert die Nationalmythologie Renaissance. Diese «Ethnisierung des Politischen» findet in der *Überlieferung* diejenigen ideologischen Ressourcen, die einer unsicher gewordene Gegenwart wieder Halt zu geben vermögen, die einer Identitätsdefinition das Material zu neuer Selbstgewissheit liefern können.[9] Es ist dann das wiederkehrende Wunder des Nationalismus, die Zufälle der Entwicklung in Schicksal zu verwandeln (Anderson 1988: 20).[10]

Identitätsfindung in der eigenen Geschichte und Identitätsdefinition über die stigmatisierende Ausgrenzung alles Fremden verklammern sich so zu *neuen Selbstgewissheiten*

---

[9] Auf diese Tendenz zu einer substantialistischen Definition der Identität durch eine zur Gegenwart werdende Vergangenheit hat in letzter Zeit gerade die schweizerische Nationalismusforschung insbesondere unter Bezugnahme auf die 30er Jahre hingewiesen. Vgl. Kreis 1992; Marchal 1990, 1992; Siegenthaler 1992, 1993, Imhof 1993c, Zimmer 1993.

[10] Dieser Anschluss an die Geschichte kann Minderheitenprobleme dann verursachen, wenn verschiedene Gruppen der Gesellschaft aus unterschiedlichen Traditionsbeständen ihre Kollektivexistenz als Gleiche unter Gleichen neu begründen. Dann ist das Fremde in der Gesellschaft nicht mehr etwas, das von aussen gekommen ist, dann werden sich Teile *einer* Gesellschaft einander fremd

und bieten Hand zur Reduktion *gewachsener Komplexität* in unsicherer Zeit. Die *«Ethnisierung des Politischen»* ist ein durchaus diskontinuierliches Phänomen und insofern ein interessanter Krisenindikator, gerade weil Semantiken des Fremden durch definitionsmächtige soziale Bewegungen bereits vor den ökonomischen Krisenerscheinungen auftreten. Solche Kommunikationsphänomene korrelieren nicht zwingend mit der Anzahl «Fremder» im Binnenraum der Gesellschaft, sie sind vielmehr abhängig von der Konstruktion des Fremden im Kontext kollektiver Verunsicherungserscheinungen (Imhof und Romano 1989).

Offen fremdenfeindliche Bewegungen, die mit Ideologien operieren, die eine substantialistische Wesensbestimmung des Fremden und des Nicht-Fremden vertreten, stossen offensichtlich auf eine Rezeptionsbereitschaft, die mit modernisierungs- und wachstumsinduzierten, dispers verteilten anomischen Spannungen in der Gesellschaft korreliert. Fremdenangst wird zur *sozial erlaubten Phobie* angesichts einer unsicheren Zukunft und einer komplexen Gegenwart, deren Strukturierung der Komplexitätsreduktion bedarf. Die Semantiken, die das Fremde vom Nicht-Fremden differenzieren, sind gerade infolge ihrer gesellschaftskonstitutiven Bedeutung, die sie in ihrer abgrenzenden

(Minderheitenproblematik). Die Generierung oder Reaktivierung von Minderheiten ist besonders in den folgenden zwei Fällen zu erwarten:

1. Wenn unterschiedliche strukturelle Entwicklungen im Wachstumsprozess die Mobilitäts- und Entwicklungsmöglichkeiten für spezifische soziale Gruppen behindern. Strukturell benachteiligte Regionen können dann aus vergangenen Quellen die ideologischen Konzepte schöpfen, die den *gemeinsamen* Kampf gegen die empfundene Benachteiligung erst ermöglichen. Der «Gemeinsamkeitsglaube» als Bedingung eines Loyalitätsverbandes im Widerstand gegen vermeintliche oder offensichtliche, beabsichtigte oder nicht beabsichtigte Benachteiligungen bezieht dann seine Kraft aus einer *neu* geschriebenen Geschichte, die eine alte Selbständigkeit der gegenwärtigen Abhängigkeit gegenüberstellt. Strukturell bedingte ungleiche Entwicklungs- und Wachstumchancen werden so zu einem *Konflikt der Kulturen, der Rassen oder der Religionen* umgegossen, strukturelle Unterschiede auf diese Weise ideologisiert und damit die politische Interessenauseinandersetzung auf eine völkische oder religiöse Ebene umgepolt. Vgl. dazu: Blaschke 1985; Wimmer 1994b.

2. Eine durch stigmatisierende Zurückweisung gerechtfertigte strukturelle Benachteiligung von Migranten und autochthonen sozialen Gruppen kann zu einer oft fundamentalistischen Re-Konstruktion ihrer *Herkunftsidentität* führen. Beispiele dafür sind die Re-Islamisierungstendenzen bei türkischen und nordafrikanischen Gruppierungen in Europa, die Sakralisierung der eigenen Herkunftskultur bei Teilen der Kolonialmigranten in Grossbritannien und Frankreich sowie die gegenrassistischen Ideologien in den Bürgerrechtsbewegungen der Schwarzen in Nordamerika. Unterschichtungsprozesse verbunden mit einer kulturellen Ausgrenzung bringen ethnische Grenzen und Klassengrenzen in Übereinstimmung und produzieren entsprechend «heisse» Konfliktlinien. Mehrheits-Minderheitenkonflikte, die strukturell durch Unterschichtung und kulturell durch Ethnisierungsprozesse gekennzeichnet sind, durchlaufen eine wechselwirksame Intensivierung bis hin zu bürgerkriegsähnlichen Zuständen (vgl. Hoffmann-Nowotny 1990; Imhof 1995).

wie in ihrer identitätsstiftenden Funktion innehaben, jedenfalls *immer* in die kollektive Krisenbewältigung involviert.

Dieses Phänomen der diskontinuierlichen Ethnisierung des Politischen lässt sich noch etwas präziser fassen. In Konzentration auf die Fremd- und Eigentypisierungen und die damit verbundenen Konstrukte treten uns im Vorfeld und im Verlauf von Krisenphasen *drei* verschiedene Objekte dieser diskontinuierlichen Ethnisierung des Politischen entgegen: *Erstens* richten sie sich gegen Kategorien von Fremden, d. h. «bloss» virtuellen Minderheiten, *zweitens* in Gestalt sich aufschaukelnder Mehrheit-Minderheitspannungen und schliesslich *drittens* in gesellschaftlichen Fundamentalkonflikten.

Erstens: Virtuelle Minderheiten. Das Phänomen rasch diffundierender fremdenfeindlicher und xenophober Deutungsmuster richtet sich zumeist gegen virtuelle Minderheiten, d. h. Gruppen «an sich», nicht «für sich».

Blickt man genauer hin, dann lassen sich *idealtypisierend* drei verschiedene Konstrukte dieser Differenzsymbolisierungen unterscheiden: Die Distinktion erfolgt entweder vor dem Hintergrund von Ideologien der Ungleichheit rassenbiologischen oder in der Schweiz bedeutsamer: rassen-topographischen Charakters (in der Form des «homo alpinus»: Kreis 1992, Marchal 1990). Es findet also eine *Naturalisierung* der Differenz zwischen Fremden und Nicht-Fremden statt. Oder die Distinktion geschieht auf der Interpretationsfolie einer *Volkstumsideologie*, es vollzieht sich dann eine *Sakralisierung* der eigenen, sowohl unverlierbaren wie nicht zu erwerbenden kulturellen Herkunft. Schliesslich stossen wir auch auf *religiös* begründete Ausgrenzungskonstrukte.

Es lässt sich diesbezüglich festhalten, dass während den diskontinuierlichen Wellen der Ethnisierung des Politischen die volkumsideologischen Differenzdefinitionen gegenüber den religiös (Stichwort Kulturkampf) bzw. naturalistisch begründeten semantischen Ausgrenzungen in der Regel überwiegen. Entscheidend für die Semantik der Fremdenfeindlichkeit in der Schweiz wird ein in den 80er Jahren des letzten Jahrhunderts kreierter und über die Parteigrenzen hinweg konsensuell geteilter, *kultureller Code*, der mit dem Begriff «Überfremdung der Schweiz» (Niederberger 1982, Imhof 1992b, Romano 1992) in den strukturzentrierten Phasen des Vergesellschaftsprozesses die Gefahr der *Ver*fremdung der «Willensnation Schweiz» thematisiert und in den Krisenphasen eine volkstumsideologische und gleichzeitig überkonfessionell-zivilreligiöse Färbung erhält.[11]

---

[11] Zum Begriff des «kulturellen Codes» und seiner Verwendung in der Antisemitismusforschung vgl. Volkov 1990.

Zweitens: Mehrheit-Minderheitspannungen. Die Semantiken dieser Fremd- und Eigentypisierungen, die die Gesellschaften der Moderne – im Gegensatz zu den ständisch-religiösen Grenzsetzungen vormoderner Gesellschaften – als territorial fundierte, *nationalstaatliche* Gesellschaften begründen, beeinflussen auch den Bezug zum «Fremden» in Form von Minderheiten «für sich». Für Mehrheit-Minderheitspannungen dieses Typs ist die Schweiz ebenso bekannt wie für ihre Entspannung. Die offiziell als Loyalitätsverband deklarierte «Schweizerische *Eid*genossenschaft» eignet sich entsprechend gut zur Analyse wechselseitiger Aufschaukelungsprozesse, in denen sich die als virtuelle Gruppen Fremdtypisierten von Gruppen «an sich» zu Gruppen «für sich», d. h. zu Minderheiten verwandeln. In der nun eintretenden Mehrheit-Minderheitpolarisierung nimmt die «gesellschaftliche Konstruktion der Wirklichkeit» (Berger und Luckmann 1980) im Masse der Konfliktverschärfung je eigenständige Züge an, und es erhöht sich über einen konfliktinduzierten Plausibilitätszuwachs die Selbstevidenz der wechselseitig ausgrenzenden Fremdsemantiken. Die eigendynamische Eskalation wie die De-Eskalation von Mehrheit-Minderheitspannungen lassen sich v. a. an den Beispielen Kulturkampf[12], an den Spannungen zwischen der deutschen und der welschen Schweiz ausgangs des Ersten Weltkrieges und am Jurakonflikt verfolgen.[13]

Drittens: Politisch-soziale Fundamentalkonflikte und Marginalisierungsprozesse. Die Mehrheit-Minderheitspannungen in einer Sozietät markieren einen Konflikttypus, der die Grenzen des normalen Interessenkonflikts verschiedener gesellschaftlicher Kräfte deshalb sprengt, weil er das Selbstverständnis der Gesellschaft tangiert. Ebenso markiert

---

[12] Gerade dem Kulturkampf kommt für den schweizerischen «Nation building»-Prozess entscheidende Bedeutung zu: Durch den Kulturkampf entstanden nationale und das heisst in der Schweiz Sprachgrenzen transzendierende Intersubjektivierungs- und Organisationsprozesse auf beiden Seiten der Verwerfungslinie zwischen dem liberal-radikalen Protestantismus und dem katholischen «Ultramontanismus». Es ist die ironische Folge dieses Konflikts, dass sich aufgrund seiner polarisierenden Kraft beide Seiten *über die Sprachgrenzen hinweg* so hoch organisierten (insbesondere auch medial), dass sich der De-Eskalation dieses Konflikts in den 80er Jahren des letzten Jahrhunderts je repräsentative Verhandlungspartner widmen konnten. Die damals beginnende Aera des sogenannten «Bürgerblocks» zwischen dem liberalen und protestantischen Freisinn und dem katholischen Konservatismus gegen die sich organisierende Sozialdemokratie prägte bis in die 30er Jahre dieses Jahrhunderts die Politik der Schweiz und schuf gleichzeitig korporative Organisationen und Institutionen der konfliktentsorgenden Machtallokation. Die Krise der 30er Jahre liess sich dann massgeblich dadurch beenden, dass diese korporativen Traditionen ab 1935 nicht nur wieder aufgenommen, sondern unter Kooptation der Sozialdemokratie zum sozialmarktwirtschaftlichen Gesellschaftsmodell ausgebaut wurden (Neokorporatismus). Siegenthaler 1992; Imhof 1993c, 1995.

[13] Glatz 1992; Eisenegger 1992; Höpflinger 1980; Harder 1978.

allerdings auch die *Negation der Loyalität des politischen Gegners* den Übergang von der politischen Auseinandersetzung zu einem *Fundamentalkonflikt*, der sich in den hergebrachten Machtallokationsverfahren nicht mehr entsorgen lässt. Der Fundamentalkonflikt innerhalb einer Gesellschaft ist exakt dadurch zu charakterisieren, dass die politischen Gegner zur Konstruktion ihrer *Feindbilder* die gesellschaftskonstitutive Distinktion zwischen Innen und Aussen belehnen, d. h. Semantiken der *nationalen* Eigen- und Fremdtypisierungen auf den *innenpolitischen Gegner* anwenden. Wenn für die Stigmatisierung des politischen Gegners rassische, volkstumsideologische oder religiöse Ausgrenzungskriterien nicht zur Verfügung stehen, führt dies zwingend zur *Semantik des Verrats*, die das an sich Zugehörige mit dem Fremden *konfundiert*. Die Ultima ratio konfliktiver Auseinandersetzung stigmatisiert den Gegner zum Verräter, zur «Fünften Kolonne», zur Inkarnation des Antinationalen bzw. zum «Unschweizerischen» und negiert damit grundsätzlich die Möglichkeiten politischer Machtallokation über «bargaining» und Verfahren.[14]

Die historischen Kämpfe gegen die organisierte Arbeiterbewegung, die massive Stigmatisierung der «200» «Quislinge» und «Vaterlandsverräter» des Volksbundes für die Unabhängigkeit der Schweiz nach dem Zweiten Weltkrieg und die – gleich anschliessende – progromartige Marginalisierung der Mitglieder der PdA als «fünfte Kolonne Moskaus» und auch noch die Ausgrenzungstypisierungen der Mitglieder der «Neuen Linken» im Gefolge der '68er-Bewegung bezogen ihre argumentative Kraft aus der Gleichsetzung einer politischen Ideologie mit etwas Fremdem, «Unschweizerischem» und ihrer Träger mit Fremden oder zumindest als von Fremden Aufgehetzten. Zum Fremdesten alles Fremden wird das Fremde in den eigenen Reihen. Dies gilt nicht nur für den Fremden, «der heute kommt und Morgen bleibt» (Simmel 1908), sondern auch und insbesondere für das einst Zugehörige, das konfliktreich zum Fremden mutiert.

---

[14] Kamber 1992; Ettinger 1992. In den Begriffshomologien Klasse/Nation, Klassenkampf/nationaler (Befreiungs-)Kampf, Klassenfeind/nationaler Feind manifestieren sich Symmetrien des sozialistischen Konstrukts der Arbeiterinternationale des 19. Jahrhunderts zum Nationalismus. Vgl. dazu: Janigro 1992. V. a. die Symmetrien in den Konzepten Klasse und Nation ermöglichten deren Versöhnung in der Sowjetunion der 30er Jahre und wichtiger noch deren Austauschbarkeit in den Befreiungsbewegungen der «Dritten Welt» und im neuen Crescendo des Nationalismus in Ost- und Südosteuropa.

BIBLIOGRAPHIE

ANDERSON Benedict
1988   *Die Erfindung der Nation.* Frankfurt am Main, New York: Campus.

BERGER Peter und Thomas LUCKMANN
1980   *Die gesellschaftliche Konstruktion der Wirklichkeit.* Frankfurt am Main: Fischer.

BLASCHKE Jochen
1985   *Volk, Nation, Interner Kolonialismus, Ethnizität. Konzepte zur politischen Sozio-
            logie regionalistischer Bewegungen in Westeuropa.* Berlin: Berliner Institut für
            Sozialforschung.

BORNSCHIER Volker
1988   *Westliche Gesellschaft im Wandel.* Frankfurt am Main: Campus.

BRAND Karl Werner
1990   «Zyklische Aspekte neuer sozialer Bewegungen. Kulturelle Krisenphasen und
            Mobilisierungswellen des ‹Middle Class Radicalism›», in: BORNSCHIER et al.
            (Hrsg): *Diskontinuität des sozialen Wandels. Entwicklung als Abfolge von Gesell-
            schaftsmodellen und kulturellen Deutungsmustern,* S. 139-164. Frankfurt am Main:
            Campus.

EISENEGGER M.
1992   *Mobilisierungs- und Virulenzverlauf des Jura-Konflikts 1945-1974.* Manuskript,
            Zürich.

ERNST Andreas
1994   «Ethnos – Demos: Krise. Deutsche und Schweizer Nationalgeschichte am Ende
            des Ersten Weltkrieges», in: ERNST Andreas et al. (Hrsg.): *Kontinuität und Krise:
            Sozialer Wandel als Lernprozess: Beiträge zur Wirtschaft- und Sozialgeschichte der
            Schweiz: Festschrift für Hansjörg Siegenthaler,* S. 301-318. Zürich: Chronos.

ESSER Hartmut
1988   «Ethnische Differenzierung und moderne Gesellschaft». *Zeitschrift für Soziolo-
            gie* 17(4): 235-248.

ETTINGER P.
1992   *Die schweizerische Arbeiterbewegung 1880-1905 und die «Fremdenfrage». Aspekte
            einer Minderheitengenese.* Manuskript, Zürich.

GESER Hans
1981   «Der ‹ethnische Faktor› im Prozess gesellschaftlicher Modernisierung». *Schwei-
            zerische Zeitschrift für Soziologie* 7: 165-178.

GIDDENS Anthony
1985   *The Nationstate and Violence. A Contemporary Critique of Historical Materialism,*
            vol. 2. Oxford, Basingstoke: MacMillan.

GIESEN Bernhard (Hrsg.)
1991   *Nationale und kulturelle Identität. Studien zur Entwicklung des kollektiven Bewusstseins in der Neuzeit.* Frankfurt am Main: Suhrkamp.

GLATZ R.
1992   *Der Kulturkampf in der Schweiz. Eine Annäherung aus minderheitssoziologischer Perspektive.* Manuskript, Zürich.

GLAZER Nathan and Daniel P. MOYNIHAN (eds)
1975   *Ethnicity. Theory and Experience.* Cambridge, Mass.: Harvard University Press.

GOFFMAN Erving
1967   *Stigma. Über Techniken der Bewältigung beschädigter Identität.* Frankfurt am Main.

HAFERKAMP Heinrich
1992   «Von der ‹Entzauberung des Staates› zur ‹Wiederkehr des Leviathan›». *Prokla* 87: 262-285.

HARDER Hans-Joachim
1978   *Der Kanton Jura. Ursachen und Schritte zur Lösung eines Schweizer Minderheitenproblems.* Frankfurt am Main: Lang.

HECKMANN Friedrich
1991   «Ethnos, Demos und Nation oder Woher stammt die Intoleranz des Nationalstaats gegenüber ethnischen Minderheiten?», in: BIELEFELD Uli (Hrsg.), *Das Eigene und das Fremde. Neuer Rassismus in der Alten Welt? S.* 51-78. Hamburg: Junius.

HINTZE Otto
1970   *Staat und Verfassung. Gesammelte Abhandlungen zur allgemeinen Verfassungsgeschichte.* Göttingen: Vandenhoeck und Ruprecht.

HOFFMANN-NOWOTNY Hans-Joachim
1973   *Soziologie des Fremdarbeiterproblems. Eine theoretische und empirische Analyse am Beispiel der Schweiz.* Stuttgart: Ferdinand Enke Verlag.
1990   «Integration, Assimilation und ‹plurale Gesellschaft›. Konzeptuelle theoretische und praktische Überlegungen», in: HÖHN Charlotte und Detlev B. REIN (Hrsg.), *Ausländer in der Bundesrepublik Deutschland,* S. 15-31. Boppard am Rhein: Harald Boldt.

HÖHN Charlotte und Detlev B. REIN (Hrsg.)
1990   *Ausländer in der Bundesrepublik Deutschland.* Boppard am Rhein: Harald Boldt.

HÖPFLINGER François
1980   «Der Schweizer Jura. Erfolg und Folgen einer regionalistischen Autonomiebewegung», IN: GERDES Dirk (Hrsg.), *Aufstand der Provinz. Regionalismus in Westeuropa,* S. 49-65. Frankfurt am Main: Campus.

IMHOF Kurt

1990   «Mythos und Moderne. Zur Fragilität der posttraditionalen Gesellschaft», in:
            BORNSCHIER Volker et al. (Hrsg.), *Diskontinuität des sozialen Wandels. Entwick-
            lung als Abfolge von Gesellschaftsmodellen und kulturellen Deutungsmustern*, S. 55-
            90. Frankfurt am Main: Campus.

1992a   «Medienereignisse im sozialen Wandel». *Schweizerische Zeitschrift für Soziologie*
            18(3): 601-631.

1992b   «Zur Semantik des Fremden», in: HALTER Hans, Hans-Ulrich KNEUBÜHLER und
            Hans J. MÜNK (Hrsg.), *Schweiz und Europa, Mehr als ein Wirtschaftsraum*, S. 27-
            43. Zürich: Sozialinstitut KAB Schweiz.

1993a   «Nationalismus, Nationalstaat und Minderheiten. Zu einer Soziologie der Min-
            derheiten». *Soziale Welt* (München) 44(3): 327-357.

1993b   «Vermessene Öffentlichkeit – vermessene Forschung? Vorstellung eines Projekts»,
            in: IMHOF Kurt, Heinz KLEGER und Gaetano ROMANO (Hrsg.), *Zwischen Kon-
            flikt und Konkordanz. Analyse von Medienereignissen in der Vor- und Zwischen-
            kriegszeit* [Reihe: Krise und sozialer Wandel, Bd. 1], S. 11-60. Zürich: Seismo.

1993c   «Lernen von Aussen? oder: Die Betrachtung des Irrationalen als Voraussetzung
            für Vernunft. Programmatische Mutationen in der Krise der 30er Jahre», in:
            IMHOF Kurt, Heinz KLEGER und Gaetano ROMANO (Hrsg.), *Zwischen Konflikt
            und Konkordanz. Analyse von Medienereignissen in der Vor- und Zwischenkriegs-
            zeit* [Reihe: Krise und sozialer Wandel, Bd. 1], S. 289-355. Zürich: Seismo.

1993d   «Öffentlichkeit und Gesellschaft», in: SCHANNE Michael und Peter SCHULZ
            (Hrsg.): *Journalismus in der Schweiz. Fakten, Überlegungen, Möglichkeiten*,
            S. 45-68. Aarau: Sauerländer.

1994   «Stichwort ‹Minderheitensoziologie›», in: KERBER Harald und Arnold SCHMIEDER
            (Hrsg.), *Spezielle Soziologien* [Reihe: rowohlts enzyklopädie], S. 407-423. Reinbek:
            Rowohlt.

1995   «Von der Geburt zur Wiedergeburt der geistigen Landesverteidigung: Kalter
            Krieg in der Schweiz», in: IMHOF Kurt, Heinz KLEGER und Gaetano ROMANO
            (Hrsg.), *Konkordanz und Kalter Krieg. Analyse von Medienereignissen in der Schweiz
            der Zwischen- und Nachkriegskriegszeit* [Reihe: Krise und sozialer Wandel,
            Bd. 2]. Zürich: Seismo.

IMHOF Kurt und Gaetano ROMANO

1989   «Migration und Minderheiten». *unizürich*, Heft 6.

1995   *Theorie des sozialen Wandels. Zur Diskontinuität der Moderne* [Reihe «Theorie
            und Gesellschaft» hrsg. von Axel HONNETH, Hans JOAS und Claus OFFE]. Frank-
            furt am Main.

JANIGRO Nicole

1992   «‹Jugoslawismus› – Geschichte und Scheitern eines Modells». *Prokla* 87: 207-
            224.

KAMBER Esther
1992   *Die Arbeiterbewegung in der Schweiz in den Jahren 1919-1921 unter dem Aspekt der Integration und Marginalisierung von Minderheiten.* Manuskript, Zürich.
1995   *Medienereignisse als Sinneinheiten.* Lizentiatsarbeit an der Philosophischen Fakultät I der Universität Zürich. Zürich.

KREIS Georg
1992   «Der ‹homo alpinus helveticus›. Zum schweizerischen Rassendiskurs der 30er Jahre», in: MARCHAL Guy P. und Aram MATTIOLI (Hrsg.), *Erfundene Schweiz. Konstruktionen nationaler Identität*, S. 175-191. Zürich. Chronos.

LUHMANN Niklas
1979   «Öffentliche Meinung», in: LANGENBUCHER Wolfgang R. (Hrsg.), *Politik und Kommunikation. Über die öffentliche Meinungsbildung*, S. 29-61. München: Piper.

MARCHAL Guy P.
1990   «Die ‹Alten Eidgenossen› im Wandel der Zeiten. Das Bild der frühen Eidgenossen im Traditionsbewusstsein und in der Identitätsvorstellung der Schweizer im 15. bis ins 20. Jahrhundert», in: Historischer Verein der Fünf Orte (Hrsg:) *Innerschweiz und frühe Eidgenossenschaft, Jubiläumsschrift 700 Jahre Eidgenossenschaft* [Red.: Hansjakob Achermann et al.] Bd. 2, S. 309-403. Olten: Walter-Verlag.
1992   «Das ‹Schweizeralpenland›: eine imagologische Bastelei», in: MARCHAL Guy P. und Aram MATTIOLI (Hrsg.), *Erfundene Schweiz. Konstruktionen nationaler Identität*, S. 37-49. Zürich. Chronos.

NIEDERBERGER Josef Martin
1982   «Die politisch-administrative Regelung von Einwanderung und Aufenthalt von Ausländern in der Schweiz – Strukturen, Prozesse, Wirkungen», in: HOFFMANN-NOWOTNY Hans-Joachim und Karl-Otto HONDRICH (Hrsg.), *Ausländer in der Bundesrepublik Deutschland und in der Schweiz. Segregation und Integration: Eine vergleichende Untersuchung*, S. 11-123. Frankfurt am Main: Campus.

RADTKE Frank-Olaf
1991   «Lob der Gleich-Gültigkeit. Zur Konstruktion des Fremden im Diskurs des Multikulturalismus», in: BIELEFELD Uli (Hrsg.), *Das Eigene und das Fremde. Neuer Rassismus in der Alten Welt?*, S. 79-86. Hamburg: Junius.
1995   «Fremde und Allzufremde: Zur Ausbreitung des ethnologischen Blicks in der Einwanderungsgesellschaft», in diesem Buch.

ROMANO Gaetano
1992   «Die Nation und das Fremde». *unizürich* Heft 6.

SCHÜTZ Alfred
1972   «Der Fremde. Ein sozialpsychologischer Versuch», in: SCHÜTZ Alfred: *Gesammelte Aufsätze*, Bd. 2: Studien zur soziologischen Theorie, S. 53-69. Den Haag: Martinus Nijhoff.

SIEGENTHALER Hansjörg

1981   «Ansätze zur Interpretation des Zusammenhangs von langfristigen Wachstums-
        schwankungen und sozio-politischem Strukturwandel», in: SCHRÖDER Wilhelm
        Heinz und Reinhard SPREE (Hrsg.), *Historische Konjunkturforschung*, S. 359-
        371. Stuttgart: Klett-Cotta.

1992   «Hirtenfolklore in der Industriegesellschaft. Nationale Identität als Gegenstand
        der Mentalitäts- und Sozialgeschichte», in: MARCHAL Guy P. und Aram MATTIOLI
        (Hrsg.), *Erfundene Schweiz. Konstruktionen nationaler Identität*, S. 23-35.
        Zürich: Chronos.

1993   «Supranationalität, Nationalismus und regionale Autonomie. Erfahrungen des
        schweizerischen Bundesstaates – Perspektiven der Europäischen Gemeinschaft,»
        in: WINKLER Heinrich A. und Hartmut KAELBLE (Hrsg.), *Nationalismus – Natio-
        nalitäten – Supranationalität*, S. 309-333. Stuttgart: Klett-Cotta.

SIMMEL Georg

1987 (1908) «Der Fremde», in: LANDMANN Michael (Hrsg.), *Das individuelle Gesetz. Philo-
        sophische Exkurse*, S. 63-70. Frankfurt am Main: Suhrkamp.

VOLKOV Shulamit

1990   *Jüdisches Leben und Antisemitismus im 19. und 20. Jahrhundert*. München: Ch.
        Beck.

WAEGER Gerhart

1971   *Die Sündenböcke der Schweiz. Die Zweihundert im Urteil der geschichtlichen
        Dokumente*. Olten: Walter.

WEBER Max

1985   *Wirtschaft und Gesellschaft*. Tübingen: Mohr.

WICKER Hans-Rudolf

1995   «Von der komplexen Kultur zur kulturellen Komplexität», in diesem Buch.

WIMMER Andreas

1994   «Der Kampf um den Staat. Zur vergleichenden Analyse interethnischer Kon-
        flikte», in: MÜLLER Hans-Peter (Koord.), *Ethnische Dynamik in der ausser-
        europäischen Welt* [Zürcher Arbeitspapiere zur Ethnologie 4], S. 511-538.
        Zürich: Argonaut-Verlag.

1995   «Der Appell an die Nation. Kritische Bemerkungen zu vier Erklärungen von
        Xenophobie und Rassismus», in diesem Buch.

ZIMMER Oliver

1993   «Zur Typisierung der Juden in der Schweizer Tagespresse zwischen 1933 und
        1934. Aspekte eines Fremdbildes im Prozess nationaler Identitätskonstruktion»,
        in: IMHOF Kurt, Heinz KLEGER und Gaetano ROMANO (Hrsg.), *Zwischen Kon-
        flikt und Konkordanz. Analyse von Medienereignissen in der Vor- und Zwischen-
        kriegszeit* [Reihe: Krise und sozialer Wandel, Bd. 1], S. 247-288. Zürich: Seismo.

Silvia Kobi

A propos de l'idéologie et du vote nationalpopulistes

L'intolérance vis-à-vis de l'Autre gagne-t-elle du terrain?

Introduction

Depuis environ la seconde moitié des années quatre-vingt, on assiste dans plusieurs pays européens à une montée de partis *outsiders* qui véhiculent un discours protestataire. Leur programme esquisse un projet de société à forte composante identitaire: le «peuple», terme récurrent et souvent synonyme de «nation», est associé à l'idée d'une appartenance organique. Il s'agit là d'un fétichisme de la *Gemeinschaft* avec, comme pendant, une logique de discrimination et d'exclusion touchant en premier lieu les étrangers. Pour donner quelques exemples de groupements politiques ayant adopté ce credo: le *Front national* en France, les *Republikaner* en Allemagne, le *Freiheitliche Partei Österreichs* (FPÖ), les *Ligues du Nord* en Italie et quelques petites formations protestataires en Suisse. Pour n'en nommer que quelques-unes: le *Parti des Automobilistes*, la *Lega dei Ticinesi*, la section zurichoise de l'*Union démocratique suisse* (UDC). Quant aux *Démocrates suisses* (l'ex-*Action nationale*), ce parti ne date pas des années quatre-vingt: on se souviendra des initiatives populaires dites xénophobes des années septante, dont il était l'instigateur.

Notre analyse du phénomène nationalpopuliste est divisée en quatre points d'argumentation et précédée par l'indication de quelques lignes directrices, c'est-à-dire de considérations d'ordre épistémologique et méthodologique, indispensables lorsqu'on a affaire à un objet d'investigation connoté négativement.

Il existe un ensemble de termes – *stalinisme, nazisme, fascisme, racisme, nationalisme,* etc. – ayant valeur d'une simple «étiquette» péjorative dans le langage des politiciens et des intellectuels. On les accroche à l'objet de nos angoisses ou de notre haine. Le nationalpopulisme fait désormais partie de l'aura sémantique de cet enchaînement de termes contestés. Ils ont une double fonction dans le langage, à savoir une *fonction de connaissance* et une *fonction de délégitimation,* celle-ci s'actualisant sous forme d'un discours polémique[1].

A l'instar d'un attribut comme raciste ou nationaliste, le qualificatif populiste relève aussi du jeu partisan et polémique consistant à délégitimer l'adversaire politique: en le nommant ainsi, on lui colle une étiquette disqualifiante. Ceci ne rend pas aisée l'utilisation du terme de populisme pour la science politique où il désigne, en tant que concept, des formations ayant les caractéristiques suivantes: un discours protestataire et anti-establishment (dénigrement de la classe politique traditionnelle); une structure d'organisation hiérarchique avec un fort leadership[2]; une clientèle hétéroclite, composée de personnes se sentant parmi les laissés-pour-compte de la politique officielle[3]. Lorsqu'on parle de nationalpopulisme, on fait référence à une composante identitaire qui se greffe sur l'idéologie populiste. Il s'agit d'une sorte de rhétorique de défense – contre l'étranger (qu'il s'agisse d'un pays ou d'une personne) d'une part, et contre le «progrès» d'autre part, l'un et l'autre étant présentés comme menaçant les traditions nationales.

---

[1]   Je m'inspire ici de Charles Roig, qui a consacré l'introduction de son ouvrage sur «La grammaire politique de Lénine» à l'analyse des termes-étiquettes que recouvre l'attribut «totalitaire» (Roig 1980:7-8).

[2]   Un leader faisant figure d'«homme providentiel» pour les clientèles de ces partis. Ainsi, le Front national est dirigé par J.-M. Le Pen, les Republikaner allemands par F. Schoenhuber; la direction du FPÖ autrichien est assumée par J. Haider et celle de la Ligue lombarde par U. Bossi. En Suisse, le conseiller national Ch. Blocher (UDC) qui a su rassembler, en agissant en tant que véritable «tribun de la plèbe», les doléances d'une partie de l'électorat suisse contre la classe politique lors du vote sur l'E.E.E, a pris le relais d'un V. Oehen ou J. Schwarzenbach, dirigeants des deux partis nationalistes (ex-parti républicain et ex-Action nationale).

[3]   En ce qui concerne le contexte européen, il s'agit, en premier lieu, de laissés-pour-compte sur le plan *politique* et non pas aussi *économique,* comme c'est le cas des électeurs populistes en Amérique latine, appelés très pertinemment «descamisados». Le sentiment d'exclusion politique se traduit, en Europe, par le vote-sanction. Pour la Suisse, on sait que les partis protestataires mobilisent avant tout les citoyens ayant un rapport «perturbé» avec la politique officielle, à savoir ceux qui sont méfiants à l'égard des dirigeants en place ou ceux qui n'ont pas d'appartenance partisane (Kobi 1993:244). Pour l'Autriche, Fritz Plasser et Peter A. Ulram (1987:148) expliquent le succès du FPÖ par une mentalité de vote-sanction croissante dans l'électorat vis-à-vis des partis au pouvoir.

Faut-il parler de nationalpopulisme au singulier ou au pluriel? Décliner le concept au singulier, c'est courir le risque d'admettre une homogénéité idéologique et organisationnelle et de méconnaître les diverses tendances au sein du nationalpopulisme. C'est le piège des assimilations hâtives (principe d'amalgames polémiques). L'écueil opposé consiste à mettre l'accent sur les particularismes des différentes formations et de perdre de vue leurs dénominateurs communs. Mon objectif ici est de me focaliser sur les invariants que présentent les formations nationalpopulistes du point de vue idéologique; leurs différences ne seront pas abordées dans le présent cadre, ce qui ne signifie pas néanmoins qu'on les nie.

Autre ligne directrice de l'analyse: j'éviterai de parler de «racisme». A mon avis, le racisme est une notion apparemment claire mais en fait compliquée, l'impression de limpidité étant suggérée par l'abondance des définitions spontanées. Si l'on prend le mot au sens strict, il se réfère à l'ensemble des théories biologiques de l'inégalité entre les races. Pour être plus précis, le racisme-idéologie est une doctrine sur les relations entre l'ordre biologique, où se situeraient les facteurs de race, et l'ordre psycho-socioculturel. Le dogme raciste énonce que les caractéristiques psycho-socio-culturelles d'un sujet (individuel ou collectif) sont dérivables des facteurs raciaux, donc biologiques. Cependant, les partis nationalpopulistes illustrent à merveille qu'il peut y avoir discrimination et exclusion indépendamment d'une doctrine explicite sur l'«infériorité biologique innée». Lorsque le Front national parle de «préférence nationale» – une substitution lexicale euphémisante pour «exclusion» – il ne fait référence à aucun projet de dominer et de diriger des «peuples inférieurs». Cela dit, la stratégie d'appel au peuple ou à la nation, qui caractérise les groupements comme, par exemple, le Front national, ne se base pas sur le dogme de l'inégalité raciale de l'Autre, figure récurrente des théories racistes de type impérialiste. Il s'agit plutôt d'une affirmation de l'identité absolument différente de l'endogroupe. On peut rappeler ici Pierre-André Taguieff et sa distinction de *deux modes de racisation*: d'un côté celui qu'il qualifie d'«universaliste-inégalitaire», de l'autre celui des années quatre-vingt, appelé «communautariste-différentialiste». C'est cette seconde forme, dite aussi d'«autoracisation», qui est en jeu dans le présent cadre[4]. Néanmoins, étant donné la multiplication des acceptions de racisme – il y a en effet autant de «racismes» que de manières de légitimer la marginalisation –, je renoncerai ici à l'emploi de ce terme pour parler simplement d'une logique de discrimination et

---

[4] Taguieff (1987: 165) écrit à ce propos que «la valeur des valeurs est (…) la communauté de sang, réfléchie par une identité culturelle/spirituelle spécifique, des ‹nous›. L'auto-identification collective ne se fait pas par expansion (nous = le genre humain même), mais par contraction, par isolement d'une essence particulière». Sur le même sujet voir aussi Wieviorka (1993).

d'exclusion. Cela me paraît d'autant plus judicieux que le discours nationalpopuliste, comme on le verra, ne vise pas seulement à exclure les étrangers.

Dernière ligne directrice enfin: il ne faudra pas céder à ce que Pierre Bourdieu (1980: 264) appelle le «racisme de l'intelligence». Adopter, en tant qu'analyste, une attitude condescendante à l'égard du nationalpopulisme et de ceux qui sont mobilisés par cette idéologie, ne contribuera ni à l'élucidation du programme de ces partis ni à la compréhension du vote de leurs électeurs. L'exercice s'annonce difficile, car il nous faudra faire preuve, à leur égard, d'empathie tout autant que de distanciation critique. Dans chacun des points de discussion qui suivront, je tenterai de nuancer autant que possible les différents on-dit à propos de la montée des partis nationalpopulistes, ceci pour extraire le phénomène du champ de la polémique dénonciatrice.

QUATRE POINTS DE DISCUSSION

Peut-on établir l'équation «nationalpopulisme = anti-étrangers»?

La logique exclusiviste vise ceux qui sont perçus comme remettant en question, par leur comportement, «l'intégrité et l'identité» d'une collectivité donnée. Or il n'y a pas que l'individu étranger au groupe qui devient la cible du discours nationalpopuliste. Celui-ci opère sur plusieurs groupes spécifiques, qui constituent des minorités (ethniques, religieuses, politiques) ou qui vivent en marge de la société. Axée sur la défense du «droit à l'identité des peuples», l'idéologie opère une *sacralisation des traditions*. Les «parias» qu'elle désigne sont, d'une part, les personnes extérieures à la *Gemeinschaft* (de sang ou de sol) et, d'autre part, tous ceux qui ne respectent pas les normes et les valeurs communautaires. C'est la hantise de la disparition du «propre» qui engendre la stigmatisation du comportement de l'étranger et des groupes marginaux comme les toxicomanes, les porteurs du virus de sida ou encore les gitans. Rappelons à cet égard que Jean-Marie Le Pen a proposé de créer des «sidatoires», institutions destinées aux «sidaïques» – terme qui ne rime pas par hasard avec «judaïque». Quant au discours de la Ligue lombarde, celui-ci vise – à part les Italiens du Sud et les extra-communautaires – les «slavo-tziganes», spectre italien d'antan. Il y a donc diverses «catégories victimaires»[5] dont ne rend pas compte l'équation «nationalpopulisme = anti-étrangers».

---

[5] Par *catégories victimaires* j'entends des groupes qui font l'objet d'une stratégie verbale que Roig (1980:63-64) désigne par «victimage». Cette procédure de châtiment symbolique consiste à désigner des «coupables» (réels ou supposés) à qui l'on fait porter la responsabilité de ce qui ne va pas.

Dans leurs discours, les leaders nationalpopulistes évoquent de multiples risques auxquels serait confrontée la communauté dont ils se font les gardiens: les menaces pesant sur l'identité nationale par le cosmopolitisme d'une société pluriculturelle, celles qui affecteraient les biens et les personnes par la criminalité, celles enfin qui toucheraient le corps par la drogue et le sida. Cette *thématique (in-)sécuritaire* trouve un prolongement dans l'évocation du spectre de la décadence: épuisement des traditions, dégénérescence des mœurs. La *thématique décadentielle* est du reste un des archétypes de la pensée réactionnaire. Elle se déploie sous la forme d'une série de métaphores hygiénistes et médicales, même si les symptômes de cette prétendue décadence sont d'ordre moral[6]. Le tribun nationalpopuliste revêt le rôle de «chirurgien du corps social»: extirper le mal pour lui permettre de retrouver une santé morale...

Les lignes d'action nationalpopulistes s'apparentent à des «stratégies d'intégration»[7]: renforcer les tendances centripètes dans une collectivité *via* un contrôle social exercé par les citoyens eux-mêmes, hommes et femmes, plutôt qu'imposé par les dirigeants auxquels les nationalpopulistes ne font pas confiance. Si de telles stratégies, à caractère paternaliste voire franchement autoritaire, étaient effectivement mises en œuvre, on aboutirait non pas à une société cohésive mais probablement à une «société en cercles concentriques». On aurait alors, d'un côté, un endogroupe formé par les citoyens «de première classe» et, de l'autre, les citoyens «déclassés» du point de vue des droits politiques ou sociaux, regroupés dans des cercles périphériques d'appartenance: les étrangers, les toxicomanes, les malades du sida, etc. Par ailleurs, l'image des cercles concentriques est aussi appropriée pour rendre compte du fait que certains étrangers «le sont plus que d'autres», notamment les extracommunautaires. Ce qui illustre bien que le mode d'opération de l'exclusion est sélectif.

Les mouvements nationalpopulistes sont-ils d'extrême droite?

La question est à première vue oiseuse, car plusieurs raisons justifieraient parfaitement de situer les partis nationalpopulistes tout à droite du continuum idéologique. Tout d'abord, on peut invoquer la composante identitaire, nationaliste de leur idéologie: il ne s'agit pas d'un nationalisme d'héritage révolutionnaire, mais d'une alliance étroite

---

[6]   Sur l'usage des métaphores organicistes en politique, voir Roig (1990:121).
[7]   Je m'inspire ici du collectif d'auteurs de l'*Institut für Sozialforschung* (1992:13), qui caractérise le populisme de droite comme «Sammelbegriff für (...) konservative Strategien der symbolischen Integration...».

entre les postulats nationaux[8] et le traditionalisme, entendu ici comme réaction de défense contre la modernisation politique ou socio-économique. C'est l'idée qu'il est impossible de concilier *nation* et *progrès*, car celui-ci mettrait en péril l'*essence nationale*. Nationalisme de droite donc, qui se révèle surtout comme une méditation sur une prétendue décadence: «Comment maintenir intacte une identité nationale menacée de dissolution? Comment maîtriser l'insécurité, engendrée par la délinquence en bas et le laxisme en haut?» En deuxième lieu, l'attitude autoritaire et intolérante vis-à-vis de l'Autre, en particulier à l'égard de l'étranger, rapproche les groupements national-populistes de la droite dure, voire de l'extrême-droite. A cela s'ajoute un troisième facteur, à savoir le programme néolibéral que l'on retrouve dans leur idéologie. Autoritarisme et néolibéralisme donnent lieu à un programme d'action prônant une externalisation des coûts engendrés par les politiques de soutien aux requérants d'asile, aux drogués, etc., tous perçus comme étant les «parasites» de l'endogroupe. Ce qui est proposé est une externalisation des coûts hors du «bon peuple», pour mettre un terme au «gaspillage de l'argent du contribuable»[9]. Signalons enfin qu'une étude récente consacrée à ces mêmes groupements politique fait clairement référence, dans son titre, au positionnement à droite sur l'échiquier politique: il y est question des «radical right-wing populist parties in Western Europe» (Betz 1993), appellation qui se rapproche du terme allemand de *rechtspopulistisch*.

Cependant, certains sondages mettent en évidence que ces formations enregistrent des succès tant auprès de l'électorat de droite que de celui de gauche, ce qui est un phénomène quelque peu paradoxal nécessitant une élucidation: comment expliquer ces transferts de votes – surtout ceux de gauche – qui prennent parfois une ampleur tout à fait étonnante[10]? J'énoncerai l'hypothèse que les acteurs nationalpopulistes mobilisent en fonction d'*enjeux qui sont largement indépendants de la dimension gauche-*

[8] On fait référence ici au principe qui exige que l'unité politique et l'unité nationale se recouvrent (Gellner 1983:1).

[9] La crise actuelle des finances publiques y est certes pour quelque chose. Pourtant, elle n'est pas à l'origine des succès répétés que connaissent les diverses formations nationalpopulistes car ceux-ci sont antérieurs à la récession économique actuelle et à la crise consécutive des recettes étatiques.

[10] Voir par exemple l'étude de Nonna Mayer (1989: 249-267) sur le succès du FN dans le milieu ouvrier en France; ou encore les analyses des élections au Conseil national en Autriche qui montrent que le parti socialiste (SPÖ) avait perdu autant d'électeurs au profit de la formation nationalpopuliste FPÖ que le parti populaire conservateur (ÖVP) (Plasser et Ulram 1987:149). Pour la Suisse, on peut se référer aux analyses *VOX*, effectuées à partir de la dernière votation fédérale sur l'immigration (Initiative populaire intitulée *Pour la limitation de l'immigration* du 4 décembre 1988): parmi les partisans de l'initiative lancée par l'*Action nationale*, il y a un pourcentage similaire de personnes se situant à gauche et à droite du continuum idéologique (*VOX/Analyses des votations fédérales* 1989: 24). Je reviendrai à la discussion de ce cas plus loin.

droite. Il s'agit de problèmes d'actualité, posés par la complexification des sociétés modernes: immigration, construction européenne, toxicomanie, enjeux socioéthiques (sida, avortement, manipulation du génie génétique, etc.). Cette hypothèse s'inspire d'une étude menée, au début des années septante, auprès d'un échantillon représentatif de l'électorat suisse. Dusan Sidjanski et son équipe n'enregistraient pratiquement aucune corrélation entre la position d'un individu sur l'échelle gauche-droite et son attitude, positive ou négative, à l'égard des partis comme l'Action nationale et le Mouvement républicain. En d'autres termes, la dimension classique en politique ne fournissait aucune orientation claire sur la position de ces deux partis dits nationalistes, les personnes interrogées les ayant même classés légèrement *à gauche* des grands partis bourgeois. A partir de cette analyse dimensionnelle, les auteurs concluaient à l'existence, en Suisse, d'un clivage «modernisme/traditionalisme», ainsi qu'à une vertu explicative plus limitée, comparée aux autres pays européens, de l'axe gauche-droite (Sidjanski 1975: 122-124).

Ce constat, certes pertinent pour le contexte des années septante, nécessite d'être nuancé à la lumière des succès qu'enregistrent les partis nationalpopulistes aujourd'hui dans plusieurs pays européens. Le clivage «modernisme/traditionalisme»[11] est désormais devenu visible ailleurs qu'en Suisse. En France, par exemple, le Front national se fait le vecteur de sensibilités politiques profondément attachées à la nation, aux traditions du pays et, dès lors, hostiles à l'égard de la politique officielle qui œuvre en faveur d'une ouverture sur l'Europe. Ceci explique le recoupement que l'on peut observer, chez les sympathisants de ce mouvement, entre les prises de position anti-moderniste, anti-élitiste et eurosceptique: les dirigeants en place sont perçus tantôt comme *trop laxistes* pour empêcher la désagrégation des traditions, tantôt comme *allant trop loin* dans leur volonté d'innover sur le plan socio-politique et culturel. Précisons que cette césure idéologique n'est pas créée par les acteurs nationalpopulistes eux-mêmes; ceux-ci contribuent seulement à la rendre visible lors de certains enjeux, comme par exemple le *Traité de Maastricht*, en amplifiant par des moyens démagogiques certaines sensibilités politiques.

Ainsi, classer les mouvements nationalpopulistes à l'extrémité droite du continuum idéologique classique revient à ignorer l'éclosion, au cours des deux dernières décennies, d'un certain nombre de clivages qui ne s'alignent pas sur la dimension gauche-droite: *libéralisme culturel/autoritarisme* en matière de toxicomanie ou d'avortement; *ouverture cosmopolite/fermeture identitaire* par rapport à la construction européenne; *universalisme/*

---

[11] Je fais référence ici, non pas à l'opposition classique en sociologie entre «société moderne» et «société traditionnelle», mais aux dimensions politiques du clivage en question: conception de la famille et des rapports entre les sexes, conception de la nation et de l'étranger, etc.

particularisme sur le plan des collectivités locales ou régionales, un clivage mis en évidence par la Ligue au Tessin ou les Ligues du Nord en Italie qui revendiquent un statut à part pour leur région; enfin le clivage *élitisme/populisme*, qui concerne le dispositif institutionnel de la démocratie, purement représentative ou avec des droits populaires élargis.

Quid du rapport aux règles du jeu démocratique des partis nationalpopulistes?

Les groupements nationalpopulistes formulent une critique à l'encontre de deux valeurs-clefs des démocraties occidentales, à savoir le libéralisme culturel, présenté comme laxisme moral, et le principe de solidarité, qu'ils veulent restreindre à l'endogroupe. Pourtant, les taxer d'anti-démocratiques, voire de fascistes relève d'un usage politique (polémique) plus que théorique et ce en raison de leur rapport au système démocratique. L'anti-parlementarisme que l'on trouve dans leur discours ne vise pas l'institution elle-même mais le comportement des parlementaires. C'est précisément en raison de leur «loyauté institutionnelle» qu'aucune assimilation – l'historien Urs Altermatt l'a néanmoins faite récemment[12] – aux forces fascistes des années trente n'est autorisée. La *«Politikverdrossenheit»*, que canalisent les mouvements protestataires des années quatre-vingt-dix, ne touche pas les institutions démocratiques; il ne s'agit que d'une critique dirigée contre le personnel politique, accusé de faire preuve de laxisme moral dans la gestion des affaires publiques. Certes, pour préserver la *«Gemeinschaft»* et le triptyque de valeurs «famille-patrie-propriété», les programmes nationalpopulistes prévoient une politique de *«law and order»*, mais cette forme d'«Etat autoritaire» n'est pas anti-constitutionnelle. En plus, les mouvements nationalpopulistes visent une démo-cratisation radicale, donc un renforcement des pouvoirs de la société civile, idéalement conçue en tant que société civique. En proposant un élargissement de la démocratie pour la France, Jean-Marie Le Pen se réfère explicitement au modèle suisse qui fonctionne, formellement, selon le principe de la souveraineté populaire et se rapproche de l'idéal rousseauiste de l'autogouvernement[13]. En Suisse du reste, les défenseurs les

---

[12] Altermatt (1994) écrit à ce sujet: «Die 1990er Jahre erinnern in fataler Weise an die *1930er Jahre.* Zuweilen gewinnt man den Eindruck, dass die Geschichte der Zwischenkriegszeit widerkehre. (…) In allen Ländern Westeuropas macht sich eine *Politikverdrossenheit* breit, die die klassischen Parteien, die Parlamente und Regierungen erschüttert.» Sur le déficit de soutien aux *institutions démocratiques* (parlement, droits populaires) en Suisse durant les premières années de la deuxième guerre mondiale, on peut consulter l'ouvrage de Lasserre (1989).

[13] L'engouement de Le Pen pour la pratique référendaire systématique relève bien sûr *aussi* d'un calcul: le leader du Front national se réfère à des thèmes soumis en Suisse au vote populaire, comme l'immigration et la limitation de l'impôt (Taguieff 1989: 224).

plus acharnés des droits populaires sont les petits partis traditionalistes. On l'a vu lors de la campagne référendaire sur l'*Espace économique européen*, où un Christophe Blocher (UDC, section zurichoise) ne cessait d'invoquer le spectre d'une réduction des droits populaires en cas d'adhésion de la Suisse au Traité E.E.E.

Pourtant, les formations nationalpopulistes jouent un rôle foncièrement ambivalent dans les démocraties occidentales. D'une part, en exerçant ce que Georges Lavau (1969) appelle la «fonction tribunitienne» – canalisation des mécontentements populaires vers des voies institutionnelles –, elles se conforment aux règles du jeu démocratique. D'autre part, elles risquent de provoquer une banalisation du discours de l'exclusion: l'impératif de préservation de l'identité propre à l'endogroupe tend aujourd'hui à passer pour une opinion politique comme une autre, respectable en tant que telle. Alain Bihr (1992: 219) note à cet égard que «le danger, c'est moins le racisme que sa banalisation, condition de sa diffusion de masse». On peut faire un lien entre ce risque et le fait que les groupements nationalpopulistes réussissent à s'intégrer dans la vie politique et dans les institutions représentatives – en Suisse avant tout dans les institutions de démocratie référendaire[14]. En conquérant une place dans le dispositif institutionnel démocratique et dans les médias, en se voyant reconnaître une respectabilité politique, ces acteurs redonnent du coup une certaine respectabilité au discours de la stigmatisation et de l'exclusion, avec tous les risques de retombées sur l'opinion publique que cela peut comporter. Que faire? Faut-il mettre hors jeu démocratique les partis nationalpopulistes, les bannir de l'enceinte parlementaire? Les exclure en raison de leurs *choix axiologiques* – à savoir solidarité limitée à l'endogroupe et restriction du pluralisme culturel – ne me paraît pas justifié. Une exclusion s'imposerait seulement s'ils remettaient en question les *règles procédurales* propres à une démocratie.

Le «vote-sanction»:
un aspect négligé dans l'analyse du succès électoral des partis nationalpopulistes?

Les clientèles des partis nationalpopulistes sont-elles toutes travaillées par le ressentiment nietzschéen, si propice à l'intolérance et à la xénophobie? Il est devenu commun d'affirmer que l'électeur-type, homme ou femme, des partis nationalpopulistes est un individu qui exorcise ses «passions négatives» (sentiment d'insécurité, peur du déclassement, etc.) en cherchant des boucs émissaires, en premier lieu parmi les étrangers.

---

[14] Les partis nationalpopulistes ont moins de poids dans le Parlement que dans les institutions de démocratie référendaire: les initiatives populaires et les référendums facultatifs aboutissent souvent sous leur impulsion (Papadopoulos 1991).

On trouve cette argumentation chez des auteurs qui se situent dans la tradition rationaliste des Lumières et pour qui l'intolérance et la xénophobie proviennent principalement d'un manque d'*Aufklärung*[15]. En introduction, j'ai procédé à une mise en garde contre l'attitude condescendante consistant à supposer un manque de rationalité chez les sympathisants des partis nationalpopulistes. Plutôt que de les considérer comme des citoyens intolérants car «insuffisamment éclairés», il s'agira de comprendre les motifs de leur vote de soutien aux partis en question. La «théorie du ressentiment» ne devrait pas devenir une sorte de passe-partout explicatif, car elle opère une psychologisation du phénomène: le ressentiment comme symptôme d'un malaise psycho-social, qui peut se répercuter sur la politique. Le vote nationalpopuliste nécessite au contraire d'être étudié sous d'autres angles, en l'occurrence sous celui de l'analyse politique.

Il convient à cet égard de rappeler que le discours nationalpopuliste opère un *double victimage*. D'un côté, il y a les «coupables» du mal-être en société, à savoir l'étranger, le toxicomane, le délinquant, etc.; de l'autre, il y a les «responsables», c'est-à-dire les dirigeants avec leur action politique en matière d'asile, de drogue, etc. Cela dit, le vote nationalpopuliste ne constitue pas exclusivement un acte d'intolérance vis-à-vis de l'Autre; il peut aussi être motivé par une volonté de sanction contre l'establishment politique, surtout lorsque celui-ci donne l'impression d'avoir failli dans la conduite de la chose publique[16]. Un premier enseignement à retenir de l'analyse politique du nationalpopulisme est ainsi le suivant: *ne pas sous-estimer la composante protestataire, dirigée contre la classe politique traditionnelle, dans l'appel des formations nationalpopulistes et l'attrait qu'elle peut exercer sur l'électorat dans le contexte politique actuel.*

Pour illustrer ce propos, on peut invoquer la récente campagne électorale de l'UDC zurichoise: l'annonce très controversée, accusant la gauche et les «gentils» d'être responsables d'une augmentation de la criminalité, de la drogue et du sentiment d'insécurité, constitue un exemple éloquent de ce double victimage dont je viens de parler[17]. En ce qui concerne l'efficacité sociale de ce type d'appel, on peut se référer par

---

[15] A titre d'exemple: le collectif d'auteurs de l'*Institut für Sozialforschung* (1992: 14) établit un rapport entre le facteur «*éducation*» *(Bildung)* et les ressentiments et préjugés à l'égard des étrangers: «Immer stützt sich diese rechtspopulistische Form der politischen Mobilisierung auf jene Ressentiments, Vorurteilsstrukturen und Angstaffekte, die durch den Ausschluss der unteren Schichten von Macht und Bildung selbst erst erzeugt worden ist.» Il s'agira de tester empiriquement cette affirmation…

[16] Avec la multiplication des affaires et scandales politico-financiers depuis le début des années quatre-vingt-dix, c'est aussi l'impression d'une «faillite morale» (des politiciens ou, globalement, de la politique) qui peut se répandre dans la société civile.

[17] L'annonce en question, montrant une femme attaquée par une ombre masculine armée d'un couteau, a paru entre autres dans la *Neue Zürcher Zeitung*, fin novembre 1993.

ailleurs aux votations populaires fédérales portant sur le statut des étrangers. Nous disposons, pour l'initiative populaire du 4 décembre 1988 intitulée «pour la limitation de l'immigration»[18], de données issues du sondage *VOX*. Bien que suscitant une prise de position *négative* de toutes les forces politiques du pays, à l'exception des initiateurs – l'Action nationale –, le projet a enregistré un pourcentage de «oui» de l'ordre de 32,7%. Est-ce «la xénophobie qui est dominante dans le camp du oui», comme l'affirmaient les auteurs des analyses *VOX* (1989:23)? Nous avons effectué des analyses complémentaires à partir des mêmes données, en utilisant des procédures statistiques différentes[19]. Premier constat: les partisans de l'initiative se recrutent plutôt dans les catégories sociales ayant un niveau de formation peu élevé. A titre d'illustration, 35% des votants avec un bagage d'école primaire ont soutenu l'initiative contre 11% seulement chez les universitaires[20]. La xénophobie est-elle couplée à un manque d'*Aufklärung*? Il s'agit de nuancer ce propos: si le vote dit xénophobe est plus répandu parmi les catégories sociales ayant un niveau de formation élémentaire, c'est peut-être moins par manque de rationalité que simplement parce que ces personnes craignent plus que d'autres d'être les perdants de la politique d'immigration ou d'asile du gouvernement (peur d'une concurrence accrue sur le marché du travail, du logement, etc). Leur vote *peut* être animé par une logique xénophobe – il ne s'agit pas ici de les «innocenter» – mais à la lumière des analyses faites, il est aussi un acte de protestation contre l'establishment. Car le deuxième constat que l'on peut faire est celui d'une correspondance entre le soutien à l'initiative et une attitude de méfiance vis-à-vis des autorités: les votants sans confiance dans le gouvernement ont plus facilement approuvé le projet en question que les personnes confiantes[21]. Du reste, l'ampleur que prend actuellement la méfiance

[18] Pour la démonstration empirique, j'ai sélectionné uniquement cette votation. Pour les autres votations sur le même sujet, il y a un problème soit au niveau des données (pour le scrutin du 6 juin 1982, les données ont simplement disparu), soit au niveau de la configuration des forces en lice (un «brouillage de cartes» au niveau des blocs d'opposition, comme c'est le cas du scrutin du 5 avril 1987, empêche l'isolement d'un camp supposé xénophobe).

[19] Pour évaluer le poids respectif de différents facteurs dans la décision des votants, nous avons effectué une régression logistique dont les corrélations partielles R peuvent être assimilées à la valeur *beta* de la régression multiple.

[20] Le coefficient d'association *gamma* est de 0,4 entre les deux variables en question.

[21] Le poids respectif des deux variables – il s'agit des seules variables dont le R est statistiquement significatif – est le suivant: la corrélation partielle R pour le facteur *formation* est de 0,16, celle pour le facteur *confiance* est de 0,7 (n = 712). Si ces deux facteurs exercent une influence certaine sur la décision des votants, il n'en est pas de même pour le facteur *positionnement idéologique*: les partisans de l'initiative de l'*Action nationale* ne se distinguent de ce point de vue absolument pas de leurs adversaires. En d'autres termes, les premiers sont aussi nombreux à se positionner à gauche ou au centre du continuum idéologique que les seconds! Ce qui illustre encore une fois que les mouvements nationalpopulistes ne sont pas simplement *rechtspopulistisch*.

à l'égard des élites dans les démocraties occidentales amène plus d'un analyste à chercher l'explication de la montée des forces nationalpopulistes ailleurs que dans la simple xénophobie de leur programme[22].

Synthèse

Les formations nationalpopulistes se font aujourd'hui le vecteur d'une volonté de clôture identitaire et d'exclusion sociale, qui met en question ce que l'on considère comme étant les acquis des sociétés démocratiques modernes, à savoir le pluralisme culturel, la justice sociale, la tolérance vis-à-vis de l'Autre, etc. Mon propos était de montrer que leur programme ne relève pas d'une simple logique xénophobe – il ne vise pas seulement l'étranger mais aussi d'autres groupes sociaux – et qu'il s'inscrit dans une relation complémentaire entre exclusivisme et quête d'identité de l'endogroupe.

En ce qui concerne l'acceptabilité sociale de l'idéologie nationalpopuliste, il convient d'interpréter de façon prudente les succès électoraux des formations en question: il s'agit aussi d'un *vote de sanction* vis-à-vis des dirigeants politiques et de leurs projets, et non pas exclusivement d'un vote discriminatoire à l'égard des étrangers. Cela dit, le soutien accordé à un parti nationalpopuliste n'est pas nécessairement l'acte d'un «homme du ressentiment»[23], aveuglé par des passions négatives qu'il projetterait sur une victime émissaire.

---

[22] Hans-Georg Betz (1993: 417, 419), par exemple, écrit à ce sujet: «However, it would be wrong to attribute the appeal of the radical populist right exclusively to its antiimmigrant program. Success at the polls depends on more than the mobilization of xenophobia. (…) Undoubtedly, the general malaise towards politics and political parties and a growing crisis of political representation has benefited radical right-wing populist parties. By appealing to lingering sentiments of powerlessness, to widespread alienation from the political process, and to growing resentment against the prevailing political system, radical populist right-wing parties present themselves as the true ‹antiparty parties›».

[23] Egalité des sexes oblige, devrait-on dès lors aussi parler d'une «femme du ressentiment»?

RÉFÉRENCES

ALTERMATT Urs
1994   «Nationalpopulismus in Westeuropa». *Neue Zürcher Zeitung* 5/6 mars.

BETZ Hans-Georg
1993   «The New Politics of Resentment. Radical Right-Wing Populist Parties in Western Europe». *Comparative Politics* 25/4:413-427.

BIHR Alain
1992   *Pour en finir avec le Front national.* Paris: Syros.

BOURDIEU Pierre
1980   *Questions de sociologie.* Paris: Minuit.

GELLNER Ernest
1983   *Nations and Nationalism.* Oxford: Basil Blackwell.

INSTITUT FÜR SOZIALFORSCHUNG (éd.)
1992   *Aspekte der Fremdenfeindlichkeit. Beiträge zur aktuellen Diskussion.* Frankfurt/New York: Campus.

KOBI Silvia
1993   «Loyauté et dissidence des votants», in KRIESI Hanspeter (éd.), *Citoyenneté et démocratie directe*, pp. 233-260. Zurich: Seismo.

LASSERRE André
1989   *La Suisse des années sombres. Courants d'opinion pendant la deuxième guerre mondiale: 1939-1945.* Lausanne: Payot.

LAVAU Georges
1969   «Partis et systèmes politiques: interactions et fonctions». *Revue canadienne de Science politique* II/1:18-44.

MAYER Nonna
1989   «Le vote FN de Passy à Barbès», in: MAYER Nonna et Pascal PERRINEAU (éds.), *Le Front national à découvert*, pp. 249-267. Paris: Presses de la Fondation nationale des sciences politiques.

PAPADOPOULOS Yannis
1991   «Quel rôle pour les petits partis dans la démocratie directe?» *Annuaire suisse de Science politique* 31:131-150.

PLASSER Fritz und Peter A. ULRAM
1987   «Der reaktive Wähler. Zur Analyse der Nationalratswahl». *Journal für Sozialforschung* 27/2:139-154.

ROIG Charles

1980   *La grammaire politique de Lénine. Formes et effets d'un discours politique.* Lausanne: Age d'Homme.

1990   «Rhétorique et analyse socio-politique», in: DUPRAT Gérard (éd.), *Connaissance du politique*, pp. 97-133. Paris: PUF.

SIDJANSKI Dusan et al.

1975   *Les Suisses et la politique. Enquête sur les attitudes d'électeurs suisses (1972).* Berne/ Francfort: Lang.

TAGUIEFF Pierre-André

1987   *La force du préjugé. Essai sur le racisme et ses doubles.* Paris: La Découverte.

1989   «Un programme ‹révolutionnaire›?», in MAYER Nonna et Pascal PERRINEAU (éds.), *Le Front national à découvert*, pp. 195-227. Paris: Presses de la Fondation nationale des sciences politiques.

VOX/Analyses des votations fédérales

1989   publication n° 36. Zurich: GfS-Forschungsinstitut.

WIEVIORKA Michel (éd.)

1993   *Racisme et modernité.* Paris: La Découverte.

Laurence Ossipow

Citoyenneté et nationalité

Pratiques et représentations de l'intégration en Suisse chez des candidats à la naturalisation et des responsables de la procédure

La citoyenneté (terme pris ici dans le sens de l'exercice de droits civiques, politiques, et non pas dans celui d'appartenance formelle à l'Etat), la nationalité et la naturalisation sont liées.

Comme le montrent par exemple Christian Bruschi (1987), Gérard Noiriel (1988) et Rogers Brubaker (1993), c'est au moment de la rédaction du Code civil (Code Napoléon promulgué en 1804) qu'il a été nécessaire de spécifier qui était français et qui demeurait étranger: on ne pouvait en effet pas octroyer des droits civiques à des étrangers puisque ces droits sont liés à l'appartenance à un Etat souverain. Que tous les Français jouissent des droits civiques rencontrait l'unanimité. En revanche, les étrangers ne pouvaient bénéficier des droits civiques que sur la base d'accords réciproques entre Etats. Il fallait classer les étrangers, réfléchir aux modalités de transmission de l'appartenance française et compléter le principe de base du *jus sanguinis* par des éléments empruntés au *jus soli*.

En Suisse, comme le relèvent Gérard Arlettaz et Silvia Burkhart (1990), ce n'est qu'à la veille de la première guerre mondiale après que l'immigration a été en s'amplifiant au cours des années 1900 à 1914 que s'impose «une question des étrangers» à laquelle il convient d'apporter une solution. Il faut par ailleurs rappeler que l'Etat fédéral institué en 1848 postule l'existence d'une nation helvétique mais que la nationalité suisse repose sur un indigénat cantonal et un droit de cité communal. La nationalité suisse découle donc du lieu d'origine et non du lieu de naissance. L'octroi de la naturalisation fut d'ailleurs laissé d'abord aux seuls cantons. L'appartenance helvétique dépend du *jus sanguinis* et la naturalisation est accordée en fonction d'une durée de résidence (12 ans actuellement, pour les naturalisations ordinaires).

Dans quelque contexte qu'ils émergent et sur quelques conceptions qu'ils reposent, l'octroi des droits civiques à des étrangers et les procédures de naturalisation constituent des tentatives de résolution des problèmes démographiques, économiques et sociaux que posent les étrangers résidant depuis longtemps dans un pays dont ils ne possèdent pas la nationalité, ceux que Thomas Hammar (1990) appelle des *denizens* en les opposant d'un côté aux réfugiés et aux travailleurs immigrés récents, et, de l'autre, aux nationaux. La coexistence de groupes sociaux aux droits et aux devoirs différents pose problème et il s'agit d'éviter que se constituent des sortes de nations (des groupes étrangers) dans la nation. A quoi s'ajoute encore la question de la répartition inégale des étrangers selon les régions (disparité renforcée en Suisse par la cantonalisation et le système fédéral).

Mais en deçà des problèmes concrets que pose la coexistence des étrangers et des autochtones-nationaux, il faut souligner que les positions prises par les responsables des naturalisations à l'égard de la question du droit de vote et d'éligibilité concernant les étrangers, comme celles qui sont prises au sujet de la procédure de naturalisation, reposent sur des représentations de la nation[1] et du canton que nous avons dégagées de notre recherche, de 1987 à 1989, dans quatre cantons de Suisse romande (Genève, Neuchâtel et Vaud) et au Tessin (voir Centlivres et al. 1991).[2]

ASSIMILATION, INTÉGRATION ET CONCEPTIONS DE LA NATION

Même si le terme d'assimilation n'est plus utilisé explicitement à l'heure actuelle dans les lois et les énoncés des responsables de la procédure de naturalisation, les notions d'assimilation et d'intégration peuvent servir de paradigme à deux conceptions de la naturalisation et de l'octroi (ou non) du droit de vote à des étrangers.

La notion d'assimilation suppose l'intériorisation du mode de vie et des valeurs suisses. Elle implique une sorte de mimétisme, une tendance à exiger du candidat qu'il ressemble le plus possible aux Suisses. Dans ce cas, la naturalisation est conçue comme une naturalisation au sens fort du terme (où la qualité de Suisse doit apparaître comme naturelle) et comme la forme achevée de l'intégration.

La notion d'intégration suggère en revanche une attitude réciproque de l'individu étranger et de la communauté autochtone. Pour les partisans de l'intégration, l'insertion des étrangers passe par leur participation à des institutions et à des collectivités du pays hôte. Dans leur esprit, la naturalisation pourrait être facilitée notamment en intervenant

---

[1] Dans un ouvrage renvoyant aussi bien à la France qu'à l'Angleterre, Catherine Neveu (1993) montre comment toute analyse de l'immigration est indissociable d'une réflexion sur la nation et la citoyenneté.

[2] Les éléments d'analyse présentés ici au sujet de la citoyenneté concernent en revanche plus spécifiquement le canton de Genève.

après un temps de résidence plus court ou en devenant plus ou moins automatique selon les cas. Ainsi, la naturalisation devrait-elle consacrer un processus en cours plus qu'une forme achevée d'identification à l'être suisse. Par ailleurs, l'adhésion au pays de résidence n'est pas exclusive et peut se combiner avec une loyauté envers le pays d'origine.

Les défenseurs de l'assimilation se rapprochent d'une conception de la nation dite «à l'allemande» fondée sur le *jus sanguinis* et sur une appartenance à un peuple *(Volk)* et à une communauté partageant, sur un mode quasi familial, la même histoire.

Les partisans de l'intégration se rapprochent d'une conception de la nation dite «à la française». La nation y est d'abord le fruit d'une volonté politique et représente un ensemble d'individus reliés par une sorte de contrat. C'est le *jus soli* qui est mis en avant. L'appartenance morale profonde, l'adhésion absolue y occupent moins de place que l'intérêt pour la chose publique et la participation économique. L'intégration passe avant tout par la participation aux institutions du pays de résidence, par ce qui peut être appris explicitement plutôt qu'hérité implicitement (même si maintes valeurs sont également véhiculées indirectement par des institutions telles que l'école)[3].

Comme le rappellent Pierre Centlivres et Dominique Schnapper (1991), il s'agit évidemment de conceptions, d'idées puisque dans la réalité les nations sont fondées sur une combinaison des modèles allemand et français. On a par exemple coutume de rapprocher la représentation de la nation helvétique d'une conception «à l'allemande». Mais, ainsi que le montrent notre recherche et P. Centlivres dans l'article cité ci-dessus (1991), la Suisse représente plutôt une combinaison des deux modèles. Elle correspond en fait à une répartition de ces deux modèles selon les niveaux cantonal, communal ou fédéral considérés. Sur le plan du canton et de la commune, c'est la conception assimilatrice, l'idée d'une nation communautaire, d'un idéal familial qui dominent. Sur le plan fédéral, c'est l'idée d'un pacte ou d'un contrat politique qui prévaut. Ces deux conceptions s'expriment différemment selon les cantons. Dans notre enquête, nous avons par exemple constaté que les Genevois et les Neuchâtelois souscrivaient à une conception moins assimilatrice et plus contractuelle de l'appartenance que les Vaudois et qu'ils avaient en conséquence élaboré (sur le plan cantonal) une procédure

---

[3] Il convient de noter que la conception «française» de la nation et de l'intégration repose toutefois sur un présupposé assimilateur. «La France, la patrie des droits de l'Homme» apparaît dans de nombreux textes et énoncés (entre autres scolaires) comme un idéal difficile à critiquer. La force assimilatrice du «creuset français» (voir Noiriel 1988) est peu mise en question comme si beaucoup de chercheurs pensaient – certes généreusement – que la «deuxième» ou la «troisième» génération d'étrangers (légalement étrangers ou perçus comme tels) feront de «bons Français». Les liens et les références au pays et/ou à la culture d'origine apparaissent alors comme résiduels, relégués dans la sphère privée (dont l'espace exact serait à définir...).

de naturalisation quelque peu différente. Ils cherchaient par exemple plus à examiner des critères concrets d'intégration – pratique du français, insertion locale (sur le plan scolaire ou professionnel), conformisme social minimal («bonnes vie et mœurs», situation financière correcte, etc.) – que l'adhésion à des valeurs (sauf démocratiques), à des mythes et à un héritage historique.

Plusieurs modifications de la procédure ont eu lieu récemment, telles que la simplification de la démarche pour l'époux(se) d'un(e) Suisse(sse)[4] et la réduction de la taxe de naturalisation[5]. D'autres sont en projet comme une éventuelle automaticité de la naturalisation pour les jeunes étrangers nés et/ou ayant effectué leur scolarité en Suisse. Ces modifications et ces projets renforcent la tendance contractuelle des exigences en matière de naturalisation.

CONTROVERSE AUTOUR DU DROIT DE VOTE

Le thème de la migration a été au centre de nombreuses analyses politico-économiques soulignant ses coûts et ses profits tant pour le pays d'émigration que pour celui d'immigration. Abdelmalek Sayad (1986) a montré comment ces analyses ne tiennent généralement pas compte des présupposés politiques qui les sous-tendent. Les énoncés sur la naturalisation (voir Centlivres et Maillard 1990) comme ceux qui sont tenus sur la question du droit de vote et d'éligibilité relatif aux étrangers[6] peuvent également être passés au crible d'une logique des coûts et des profits tant matériels que non matériels. Par rapport aux procédures de naturalisation, l'octroi ou non du droit de vote ne fait pas l'objet d'une transaction monétaire directe. Des énoncés décrivant une forme d'échange se retrouvent en revanche tant chez les adversaires de ce droit de vote que chez ses partisans.

---

[4] Depuis janvier 1992, suite à la décision de supprimer l'automaticité de la naturalisation pour l'épouse d'un ressortissant suisse.
[5] En tout cas à Genève, où la taxe maximale a passé de Frs. 100.000 à Frs. 10.000.
[6] La première source des énoncés concernant ce droit de vote et d'éligibilité se trouve dans les entretiens effectués en 1989 au cours de notre enquête sur les naturalisations, lorsque nous nous sommes intéressés aux positions que différents partis politiques prenaient à l'égard de la naturalisation. A Genève, dans les locaux du CCSI (Centre de Contact Suisses-Immigrés), nous avons également assisté à plusieurs réunions de préparation de l'initiative «Toutes Citoyennes, Tous Citoyens» (TCTC) et interviewé diverses personnalités qui la soutenaient. La seconde source des énoncés émane d'un corpus non-exhaustif d'articles tirés de la presse locale et des brochures d'explication relative aux votations. Dans ce cas, les énoncés concernent plus spécifiquement la deuxième initiative «Vivre Ensemble, Voter Ensemble» (VEVE). Voir la note suivante pour une description des deux initiatives TCTC et VEVE.

Les opposants aux droits politiques accordés aux étrangers se situent à droite et au centre de l'échiquier politique[7]. On les retrouve également parmi les responsables de la naturalisation quelles que soient leurs convictions politiques. Pour tous ceux-ci, les étrangers résidents ne peuvent pas devenir des citoyens car l'échange entre nationaux et non nationaux est jugé par trop inégal.

Les étrangers résidents vivent, travaillent en Suisse et y dépensent certes de l'argent autant qu'ils y paient des impôts, mais ils bénéficient en échange d'un certain nombre d'acquis sociaux ou professionnels (gratuité de l'éducation scolaire pour leurs enfants, caisse de chômage, relative sécurité de l'emploi, etc.). Leur accorder le droit de vote et/ou d'éligibilité équivaudrait à «ne leur donner que des droits et aucun devoir» s'insurgeait un responsable genevois de la naturalisation (Genève, 1987). «Qu'ils fassent leur service militaire et ils pourront voter» exigeait comme en écho un député libéral, membre d'une commission de naturalisation (Genève, 1987). Répercutés dans les brochures d'explication relative aux votations et la presse locale, on retrouve ce même genre d'arguments:

- «La meilleure intégration passe par la naturalisation» (*Nouveau Quotidien*, 7 juin 1993:9). (Leitmotiv des partis de droite.)
- «A Genève, les étrangers ont le droit à l'assimilation. Pas à l'intégration» (*Nouveau Quotidien*, 7 juin 1993:9). (Titre du journaliste au lendemain de l'échec de l'initiative TCTC.)
- «(...) Notre démocratie recourt fréquemment au referendum et à l'initiative. Le peuple suisse est ainsi appelé à prendre d'importantes décisions qui engagent l'avenir du pays. L'exercice des droits politiques n'est donc pas une simple formalité mais un véritable contrat social entre l'Etat et le citoyen. L'exercice des droits civiques implique également, de la part des citoyens, des engagements, notamment celui de servir (...).» (Explications du Conseil d'Etat. Votations cantonales, 6 juin 1993:12.)
- «Pas de citoyenneté self-service», c'est-à-dire notamment sans l'obligation du service militaire (opposant cité par le *Courrier*, 23 novembre 1993:1).

---

[7] La première initiative genevoise «Tous Citoyennes, Tous Citoyens» (TCTC), soumise à la votation le 6 juin 1993, a été soutenue par le parti écologiste et socialiste. Elle proposait que le droit de vote et d'éligibilité soit accordé sur le plan cantonal et communal aux étrangers résidant en Suisse depuis au moins 10 ans (voir Votations cantonales, 6 juin 1993: 3). Elle a été rejetée par le peuple genevois. La seconde initiative «Vivre Ensemble, Voter Ensemble» (VEVE) prévoyait de n'accorder que le droit de vote aux niveaux cantonal et communal (voir Votations cantonales, 28 novembre 1993: 3). Bien que soutenue par un cercle politique plus large (voir annexe 1), elle a aussi été rejetée.

– «Vote des étrangers. Non! Si l'étranger veut participer à notre vie publique qu'il demande sa naturalisation[8].» (Annonce émanant du Centre d'études civiques, parue dans la *Tribune de Genève*, 23 novembre 1993.)

L'exigence d'un calcul des droits et des devoirs s'est en outre renforcée depuis que les procédures de naturalisation se sont simplifiées et sont devenues moins coûteuses (voir note 4). La naturalisation demeure la seule voie d'obtention du droit de vote. Ce dernier ainsi que la naturalisation elle-même (voir Centlivres et Maillard 1990, op. cit) ne peuvent pas faire l'objet d'un échange car ils n'ont pas réellement d'équivalents. Les Suisses ne sont personnifiés que comme des donateurs et les étrangers que comme des débiteurs: dans cet esprit, la naturalisation et le droit de vote correspondent à une récompense, à un don de la part des Suisses et non à un dû, à un droit que les étrangers pourraient revendiquer.

Le droit de vote est perçu comme représentant beaucoup plus qu'un ensemble de décisions prises au sein de la commune ou du canton. C'est un acte d'intensification des liens entre nationaux, une marque d'attachement au pays tant à l'échelle locale (commune et canton) que sur le plan global (fédéral, patriotique). Concrètement, les opposants au droit de vote rappellent à ceux qui y sont favorables que les droits politiques suisses (entre autres celui d'initiative et de référendum) sont beaucoup plus étendus que ceux que d'autres pays, tels que l'Irlande, la Norvège, le Danemark, les Pays-Bas, accordent à leurs étrangers résidents (voir par exemple Votations cantonales genevoises 1993, 28 novembre: 15). Même s'il y avait réciprocité de citoyenneté entre la Suisse et des pays appartenant à la Communauté européenne, l'échange serait donc tenu pour inégal. Par ailleurs, malgré que l'initiative propose d'accorder le droit de vote à des immigrés résidant depuis longtemps en Suisse (10 ans), l'immigration continue à être perçue comme relativement provisoire. Ainsi, il apparaît comme inconcevable que des étrangers prennent des décisions qui engagent le canton et/ou la commune dans le long terme.

Pour les opposants au droit de vote, il n'y a en somme pas d'équivalence entre ce qui appartient à la sphère monétaire et économique – travail, dépenses et impôts – et ce qui relève de la sphère politique et morale – le droit de vote et/ou d'éligibilité. Pour obtenir le droit de vote, les étrangers doivent entreprendre une démarche visible et ritualisée d'adhésion au pays d'accueil. Ainsi, la procédure de naturalisation, par la démarche et la dépense (en argent comme en temps) qu'elle occasionne, représente un signe de cette adhésion et de cette allégeance même partielles (en cas de double-

---

[8]   On notera l'utilisation du singulier pour qualifier les étrangers et du pluriel pour caractériser la communauté autochtone. Par ailleurs, on soulignera que la procédure de naturalisation apparaît comme une (simple) demande.

nationalité). Cette procédure représente, même de façon minime, une séparation d'avec le pays d'origine. En ce sens, les responsables de la naturalisation, ainsi que les naturalisés eux-mêmes, la perçoivent comme une forme de sacrifice et une marque d'attachement au pays d'accueil. Même si tous les naturalisés n'effectuent pas leur service militaire (naturalisation à un âge trop tardif, genre féminin), ils ont, aux yeux des opposants à la participation politique des étrangers, payé leur droit d'accès à la citoyenneté.

Finalement, refuser le droit de vote aux étrangers résidents, établir une frontière entre étrangers et nationaux, c'est renforcer – au moins symboliquement – une sorte de parenté entre les autochtones. Jean Leca (1991: 335) analyse cet effet de distanciation par rapport aux étrangers en paraphrasant Rousseau: «Comment les hommes aimeront (-ils) leur pays si celui-ci n'est rien de plus que pour des étrangers et ne leur accorde que ce qu'il ne peut refuser à personne.»

Pour les partisans du droit de vote que l'on trouve à gauche de l'échiquier politique (y compris les syndicalistes) et chez les écologistes (voir l'annexe 1, déjà mentionnée), il existe une possibilité d'échanges équitables entre les résidents étrangers et les autochtones-nationaux. Le fait que les étrangers habitent, travaillent, paient des impôts et élèvent souvent des enfants[9] dans leur commune de résidence suffit, dans un premier temps en tout cas, à montrer leur intégration. En outre, la présence durable des immigrés est prise en compte. La reconnaissance mutuelle des étrangers et des nationaux s'effectue dans une sorte de transaction qui peut s'énoncer ainsi: les étrangers travaillent certes pour gagner leur vie, mais ils contribuent aussi à l'économie globale du pays et ont donc droit à une forme de parole politique. Suisses et étrangers ont des intérêts et des avantages réciproques. De nombreux énoncés insistent sur cette imposition et cet apport communs (voir en particulier Votations cantonales, 6 Juin 1993:10). Des considérations statistiques permettent aussi de souligner l'importance de la présence étrangère qui forme un tiers, voire une moitié de la population genevoise (selon les critères pris en compte) mais qui est exclue du processus démocratique local. Comme pour les opposants, la presse a diffusé les arguments des auteurs des deux initiatives:

– «Il est anormal que 35% des habitants d'un canton n'aient pas le droit de choisir ceux qui les représentent» (syndicaliste FTMH, cité par le *Journal de Genève*, 23-24 octobre 1993:15).

– «Indépendamment d'une procédure de naturalisation qui est un choix personnel, ils [les étrangers] doivent avoir la possibilité de se prononcer sur les questions qui les touchent quotidiennement comme la formation, le travail ou l'environnement» (secrétaire de l'USS, cité indirectement par la *Tribune de Genève*, 8 septembre 1993:7).

---

[9]   Ce dernier fait, signalant l'importance de l'intégration des étrangers, n'est que rarement relevé par les adversaires du droit de vote.

– «Les étrangers qui travaillent chez nous sont pour la majorité des personnes bien intégrées. Ce ne serait que justice qu'à côté de devoir payer des impôts, ils aient le droit de participer aux décisions politiques sur le plan local.» (Philippe Joye, nouveau conseiller d'Etat PDC, se situant en porte-à-faux par rapport au parti démocrate-chrétien qui s'est prononcé contre les deux initiatives. *Journal de Genève*, 19 novembre 1993: 21).

– «Il ne s'agit pourtant que de gérer la vie quotidienne que nous avons en commun, l'école que fréquentent fils de Suisses et fils d'immigrés, les transports où l'édilité nous entasse sans distinction, les impôts sont supposés nous frapper aveuglément. En réserver la gestion à un cercle limité, c'est commencer à restreindre la démocratie. Donc à la relativiser et à la miner.» (Yves Petitgnat, journaliste au *Nouveau Quotidien*, 24 novembre 1993: 2).

Dans cette optique, le droit de vote n'apparaît pas comme une récompense, mais comme un droit (au sens commun du terme), un dû et la concrétisation d'une exigence démocratique. D'une certaine façon, l'économique est convertible en politique. Pour les partisans du droit de vote, il s'agit d'un échange égal. A titre notamment stratégique, ils soulignent d'ailleurs tout ce que les bénéficiaires de ce droit de vote n'acquièrent pas en restant étrangers: le droit d'éligibilité dans le cadre de l'initiative «Vivre ensemble, voter ensemble», le droit de vote sur le plan fédéral de même que, sur le plan socio-économique, ils ne peuvent prétendre à une nomination dans la fonction publique.

Les signes d'intégration des étrangers ne sont pas comptabilisés d'emblée. Ils ont cependant été relevés, surtout après l'échec de la première initiative. Ainsi un article récent du *Nouveau Quotidien* (24 novembre 1993: 11) s'efforce de relever tous les signes d'intégration que présentent des immigrés résidant à Genève: histoire d'un ouvrier sicilien, pompier dans sa commune de résidence et engagé volontaire à la protection civile; description de l'engagement d'un maçon espagnol au sein des l'association des habitants de sa commune, etc.

En fait, les opposants au droit de vote tendent à considérer les étrangers individu-ellement (voir supra l'énoncé émanant du Centre d'études civiques) tandis que ses partisans se les représentent comme formant une collectivité. Le droit de vote apparaît donc comme une exigence collective tandis que la naturalisation demeure (et est effectivement aujourd'hui plus qu'hier[10]) une démarche individuelle.

Finalement, la position des défenseurs du droit de vote est essentiellement inclusive. Le partage de la vie quotidienne (certes depuis longtemps) et l'adhésion commune aux règles démocratiques suffisent à établir un lien et une ressemblance minimaux entre autochtones-nationaux et résidents-étrangers.

[10] Voir toutes les modifications intervenues depuis janvier 1992.

Entre ces deux positions à l'égard de la place politique que pourraient occuper les étrangers, les partisans d'un droit de vote et d'éligibilité accordé aux travailleurs et salariés étrangers pour siéger au Tribunal des Prud'hommes constitue une troisième voie, cependant proche des opposants à l'extension des droits politiques aux non Suisses. Il s'agit certes d'un droit de vote mais qui ne déborde pas de la sphère économique dans laquelle les étrangers restent confinés. Cette proposition du Grand Conseil (soutenue par le parti démocrate-chrétien), soumise à titre de contre-projet à l'initiative TCTC de juin 1993, a également été rejetée.

ALLÉGEANCE FONDAMENTALE ET APPARTENANCE CONTRACTUELLE

En deçà de l'évaluation des échanges qui s'instaurent (ou non) entre étrangers et autochtones, les positions que les responsables des naturalisations, les députés, les conseillers d'Etat, les partis politiques et les médias peuvent prendre à l'égard du droit de vote sont sous-tendues par les conceptions de la nation évoquées au début de l'article.

Pour les opposants au droit de vote, la nation est fondée sur l'héritage de valeurs communautaires qu'il est indispensable d'assimiler pour participer à la vie politique. Elle déborde le champ du quotidien et de l'immédiat pour mettre plus globalement le poids sur les valeurs auxquelles les étrangers doivent adhérer pour devenir des citoyens. Dans cet esprit, il n'y pas de citoyenneté sans naturalisation, c'est-à-dire sans démarche visible et institutionnalisée d'adhésion.

Pour les partisans du droit de vote, l'appartenance à la nation est d'ordre contractuel. La gestion quotidienne et immédiate des affaires de la cité (commune et canton), et l'engagement pratique et concret de ses habitants apparaissent comme primordiaux. Ainsi, la citoyenneté peut-elle être considérée comme indépendante de la nationalité. Ces partisans des droits civiques accordés aux étrangers se situent d'emblée dans une société pluriculturelle que leurs adversaires ne perçoivent pas ou ne veulent pas reconnaître. Dans cette situation, l'octroi du droit de vote constitue une incitation à une meilleure intégration qui peut être soit définitive (les étrangers n'iront pas plus loin dans leur démarche et resteront étrangers tout en étant mieux intégrés), soit provisoire (les droits civiques ne sont qu'une étape sur le chemin d'une naturalisation à long terme pour ceux de la première génération ou plus souvent pour ceux de la deuxième ou troisième génération). L'octroi du droit de vote ne constitue pas seulement une reconnaissance de l'impact financier des étrangers dans la cité. Il s'agit plutôt d'une nécessité. La société pluriculturelle n'est pas qu'un idéal, elle est également un fait, une réalité. Devant la menace d'éclatement (déjà évoquée) d'une société aux groupes et aux statuts trop différents (indépendamment des distinctions sociales), il est dans l'intérêt des autochtones que les étrangers soient intégrés. Pour les partisans du droit de vote et pour de nombreux chercheurs, (voir par exemple Kreis 1992), l'accès au politique est un facteur important d'intégration des étrangers et d'intensification globale du lien social.

Dans le cadre de l'Europe unie et de mouvements migratoires toujours plus importants, des spécialistes juridiques comme Jacqueline Costa-Lascoux (1987 et 1992) cherchent à éviter les problèmes que posent aux Etats-nations[11] la double (ou multi-) allégeance. Pour ces juristes favorables à une conception contractuelle de la nation, il faut imaginer des espaces juridiques plus larges que les Etats-nations dans lesquels les droits fondamentaux seraient respectés quels que soient les liens de filiation ou le lieu de naissance[12]. «La nationalité conçue en termes d'identité culturelle nous semble anachronique» (Costa-Lascoux 1987: 111) suggère encore la spécialiste de sociologie juridique.

Dans un certain sens, la proposition d'un droit de résident très développé correspondrait bien aux attentes – non pas des responsables de la naturalisation mais des étrangers et des naturalisés interrogés. La saillance du local (importance du quartier, de la commune et du canton) ressort en force de notre étude (voir Centlivres et al. 1991, op. cit.). Pour les naturalisés, la dimension nationale ne semble pas très importante et est très souvent occultée au profit de la double appartenance régionale (dans les pays de résidence et d'origine). La dimension transnationale prévaut aussi sur la dimension nationale, surtout pour les informateurs d'origine européenne.

Dans un autre sens et comme on le verra en conclusion, la naturalisation représente plus que des droits civiques complets et des conditions de résidence sans faille.

DU CÔTÉ DES ÉTRANGERS

Les immigrés restés étrangers (auprès desquels nous avons peu enquêté puisque tel n'était pas le thème de notre recherche) perçoivent le droit de vote comme une reconnaissance de leur intégration et comme un droit correspondant à l'effort financier

---

[11] Même si elle les évoque, J. Costa-Lascoux (1987) ne met pas l'accent sur les avantages individuels qu'offre la double nationalité, notamment pour des ressortissants membres, d'une part d'un pays qui fait partie de l'Europe unie, et, de l'autre, d'un pays qui en est exclu (la Suisse, par exemple).

[12] Il s'agit d'un modèle fondé sur une réciprocité des citoyennetés au sein de l'Europe unie, qui poserait maint problème en dehors de ce cadre européen.

fourni dans le pays de résidence. La naturalisation leur paraît être une démarche autre, relevant de la sphère individuelle ou de l'intérêt spécifique et individuel (par exemple, se naturaliser pour prétendre à une nomination sur le plan professionnel). Même si l'exigence de renonciation à la nationalité d'origine n'est plus posée depuis juillet 1990 (du moins de la part des autorités suisses), la naturalisation est encore perçue comme un effort trop grand vis-à-vis d'un pays contre lequel beaucoup conservent une certaine rancœur (par exemple en raison de conditions de travail difficiles au début du parcours migratoire, des humiliations subies entre autres au moment de l'émergence des initiatives xénophobes, etc.). La naturalisation demeure encore une espèce de trahison par rapport au pays d'origine.

Que la naturalisation prenne plus de valeur que le droit de vote isolé se retrouve aussi dans les énoncés des candidats à la naturalisation et des naturalisés récents. Les informateurs nous ont par exemple expliqué que le droit de vote qu'ils obtiendraient en même temps que leur naturalisation serait (ou est pour les naturalisés) une «consécration» de leur démarche, fonctionnant un peu comme un second rite de passage (après la cérémonie de prestation de serment dans les cantons qui en organisent une, voir Centlivres et al. 1991). Il symbolise, en étant l'objet d'un acte public (local de vote) et privé (isoloir), leur accès à la naturalisation suisse. Ce droit de vote devient un «plus» parmi d'autres de la pleine intégration. Aucun informateur n'a cependant suggéré avoir entrepris une démarche de naturalisation avant tout pour pouvoir voter et participer globalement à la vie politique suisse. Dans cet esprit, un droit de résident, même fortement développé, ne pourrait suppléer complètement aux fonctions pratiques et symboliques que remplit la naturalisation[13].

Pour beaucoup de nos informateurs, la naturalisation ne correspond pas seulement à un choix intéressé ou opportuniste bien que de nombreux responsables de la naturalisation l'affirment ou que les naturalisés eux-mêmes le prétendent parce qu'ils se sentent un peu coupables de trahison, surtout lorsqu'ils devaient renoncer à leur nationalité d'origine. La naturalisation combinée avec la non renonciation à la nationalité du pays d'origine conserve pleinement sa valeur identitaire. Pour les étrangers de la deuxième génération, la naturalisation permet de ne pas être considéré comme un double étranger (dans le pays d'origine et dans le pays de résidence). Ils peuvent ainsi revendiquer légalement et symboliquement leur appartenance à deux pays.

[13] Cet article était déjà envoyé à l'éditeur lorsque j'ai eu connaissance de la recherche d'Andreas Cueni et de Stéphane Fleury (1994). Les deux sociologues relèvent qu'à Neuchâtel le droit de vote communal accordé aux étrangers a une valeur plus symbolique que pratique: du fait que ce droit de vote existe, les étrangers ont l'impression que le canton traite les étrangers différemment (voire de façon plus positive) que dans le reste de la Suisse.

Finalement, la naturalisation permet aussi de cristalliser une adhésion à des valeurs véhiculées par une appartenance locale; elle permet de se sentir accepté à part entière dans un réseau de relations sociales (voisinage, travail, amis, etc.). Elle symbolise l'appartenance à un temps et à un espace différents du pays d'origine (sans entrer en conflit avec ce qui relie à ce dernier), un espace et un temps dans lesquels le résident étranger est somme toute plus présent que sur sa terre natale. La naturalisation laisse encore le naturalisé marquer son accord avec certaines références nationales, même si elles prennent surtout forme sur le plan local: sécurité, tranquillité, transparence administrative (réelle ou supposée telle...), etc. Pour les naturalisés suisses, l'acquisition d'une seconde nationalité revient en somme à concrétiser par un deuxième passeport la complexité de leur identité. C'est un symbole de leur seconde nature.

RÉFÉRENCES

ARLETTAZ Gérard et Silvia BURKART
1990   «Naturalisation, ‹assimilation› et nationalité suisse: l'enjeu des années 1900-1930»,
            in: CENTLIVRES Pierre (éd.), *Devenir suisse: Adhésion et diversité culturelle des*
            étrangers en Suisse, pp. 47-62. Genève: Georg (Eshel).

BRUBAKER Rogers
1993   «De l'immigré au citoyen: comment le *jus soli* s'est imposé en France, à la fin du
            XIXe siècle». *Actes de la recherche en sciences sociales* (Paris) 99, pp. 3-25.

BRUSCHI Christian
1987   «Droit de la nationalité et égalité des droits de 1789 à la fin du XIXe siècle», in:
            LAACHER Smaïn (éd.), *Questions de nationalité: histoire et enjeux d'un code*,
            pp. 12-57. Paris: Ciemi L'Harmattan (Migrations et changements).

CENTLIVRES Pierre et Nadja MAILLARD
1990   «Devenir suisse n'a pas de prix: échange et argent dans le processus de
            naturalisation», in: CENTLIVRES Pierre (éd.), *Devenir suisse: Adhésion et diversité*
            culturelle des étrangers en Suisse, pp. 151-168. Genève: Georg (Eshel).

CENTLIVRES Pierre, Micheline CENTLIVRES-DEMONT, Nadja MAILLARD et Laurence OSSIPOW
1991   *Une seconde nature: pluralisme, naturalisation et identité en Suisse romande et au*
            Tessin. Lausanne: L'Age d'Homme (Programme de recherche 21: Pluralisme
            culturel et identité nationale).

CENTLIVRES Pierre et SCHNAPPER Dominique
1991   «Nation et droit de la nationalité suisse». *Pouvoir* (Paris) 56, pp. 149-161.

COSTA-LASCOUX Jacqueline
1987   «L'acquisition de la nationalité française, une condition d'intégration?», in:
            LAACHER Smaïn (éd.), *Questions de nationalité: histoire et enjeux d'un code*,
            pp. 80-124. Paris: Ciemi L'Harmattan (Migrations et changements).

COSTA-LASCOUX Jacqueline et Patrick WEIL (éds.)
1992   *Logiques d'Etats et immigrations*. Paris: Kimé (Histoire des idées, théorie politique
            et recherche en sciences sociales).

CUENI Andreas et Stéphane FLEURY
1994   *Etrangers et droits politiques: l'exercice des droits politiques des étrangers dans les
            cantons de Neuchâtel et du Jura (Stimmberechtigte Ausländer: die Erfahrungen der
            Kantone Neuenburg und Jura)*. Berne: Commission nationale suisse pour
            L'UNESCO.

KREIS Georg
1992   «Annäherungen an das Ideal der multikulturellen Gesellschaft», in: SKAF (éd.),
            Minderheiten in der Schweiz, S. 4-19. Luzern: SKAF (Skaf Dokumentation
            1992/2).

HAMMAR Thomas
1990   *Democracy and the nation state: aliens, denizens and citizens in a world of interna-
            tional migrations*. Aldershot; Brookfield vt: Avebury. (Research in ethnic relations
            series).

LECA Jean
1991   «La citoyenneté en question», in: TAGUIEFF Pierre-André, *Face au racisme. 2.
            Analyses, hypothèses, perspectives*, pp. 311-336. Paris: La Découverte. (Cahiers
            libres/essais).

NEVEU Catherine
1993   *Communauté, nationalité et citoyenneté: de l'autre côté du miroir: les Bangladeshis
            de Londres*. Paris: Karthala. 399 p. (Hommes et sociétés).

NOIRIEL Gérard
1988   *Le creuset français: histoire de l'immigration (XIXe-XXe siècles)*. Paris: Seuil (L'univers
            historique).

SAYAD Abdelmalek
1986   ««Coûts» et ‹profits› de l'immigration: les présupposés politiques d'un débat
            économique». *Actes de la recherche en sciences sociales* (Paris) 61: 79-82.

VOTATIONS CANTONALES '93
1993   *Votations cantonales. 6 juin: quels sont les enjeux?* Genève: Département de
            l'Intérieur, de l'Agriculture et des Affaires Régionales.

VOTATIONS CANTONALES '93
1993   *Votations cantonales. 28 novembre: quels sont les enjeux?* Genève: Département de
            l'Intérieur, de l'Agriculture et des Affaires Régionales.

ANNEXE 1

Mots d'ordre relatifs à la votation cantonale du 28 novembre 1993: Acceptez-vous l'initiative populaire (IN 30) «Vivre ensemble – Voter ensemble» (droit de vote des étrangers)? (d'après Le Courrier, 23 novembre 1993: 4).

Libéral	non
Alliance de gauche: Parti du travail	oui
Solidarité	oui
Parti radical genevois	non
Parti socialiste genevois	oui
Parti démocrate-chrétien	non
Parti écologiste genevois (PEG)	oui
Comité Vivre ensemble, voter ensemble	oui
ASLOCA – Rassemblement pour une politique sociale du logement	–
Centre patronal	–
Comité contre les initiatives jumelles	–
Comité de soutien à l'initiative «Vivre ensemble, voter ensemble»	oui
Comité genevois contre les interdictions abusives de publicité	–
Comité genevois de soutien aux initiatives jumelles	–
Comité genevois «Oui à la TVA»	–
Comité Halte au démantèlement des métiers du bâtiment	–
Comité pour la relance par l'accession à la propriété	–
Comité pour l'emploi et le logement	–
Comité romand «Oui à la TVA»	–
Comité Toutes citoyennes, tous citoyens	oui
Démocrates suisses (parti politique)	non
Fédération des associations de quartiers et d'habitants (FAQH)	–
Fédération suisse des cafetiers, restaurateurs et hôteliers	–
Forum santé	–
ISCG – Interprofessionnelle des syndicats chrétiens de Genève	oui
L'Equipe	non
Mouvement patriotique genevois	non
Syndicat industrie et bâtiment	oui
Syndicat interprofessionnel de travailleuses et travailleurs – SIT	oui
Touring Club suisse, section genevoise	–
Union des cercles pour une politique ouvrière	–

Concernant la votation cantonale genevoise du 28 novembre 1993, l'Alliance de gauche/ parti du travail, Solidarité, le Parti socialiste genevois, le Parti Ecologiste Genevois (PEG), le comité «Vivre ensemble, voter ensemble», le comité de soutien à l'initiative «Vivre Ensemble, Voter Ensemble», le comité «Toutes Citoyennes, Tous Citoyens», l'ISGC (Interprofessionnelle des syndicats chrétiens de Genève), le SIT (Syndicat Interprofessionnel des Travailleuses et travailleurs) et le Syndicat industrie et bâtiment soutenaient l'initiative populaire «Vivre Ensemble, Voter Ensemble» et recommandaient le «oui» tandis que le Parti libéral, le Parti radical genevois, le Parti démocrate-chrétien, les Démocrates suisses, l'Equipe et le Mouvement patriotique genevois prenaient position négativement.

Michele GALIZIA

ETHNOGENESE UND DIE GRENZEN VON ETHNIZITÄT

EIN BEISPIEL AUS INDONESIEN

«ETHNIZITÄT»

Seit den sechziger Jahren ist «Ethnizität» zunehmend ins Zentrum der sozial- und kulturwissenschaftlichen Forschung gerückt. Betrachtet man die kontrovers geführten theoretischen Debatten aus der Sicht empirischer Arbeit, so fällt auf, dass die unterschiedlichen Standpunkte nicht so sehr einander ausschliessen, sondern in ihrem Bezugsrahmen jeweils einsichtige Beiträge zum Verständnis des facettenreichen Phänomens liefern.

Es hat sich eingebürgert, die Ansätze zur Ethnizität in zwei Hauptlager zu teilen: das primordialistische und das instrumentalistische.

Instrumentalisten[1] gehen vom Bild eines zweckrational handelnden Menschen aus. Aus ihrer Sicht bilden sich allein aufgrund kultureller Gemeinsamkeiten keine Einheiten, diese sind vielmehr sozial bedingt. Unter Ethnizität wird demnach eine strategische Manipulation von Identitäten mittels kultureller Symbole («Kulturalisierung») verstanden. *Ethnic leaders* benutzen Sprache, Religion, Rituale, Arbeitsorganisation, alltägliche Verhaltensweisen als *culture markers* zur Definition einer Wir-Gruppe und zur Abgrenzung gegenüber Fremden. Diese *culture markers* vermitteln das Gefühl, eine eigenständige, besondere Kultur zu besitzen. Eine solcherart erreichte vertikale Integration vermittelt allen, vor allem auch armen und machtlosen Mitgliedern der Gemeinschaft, ein Gefühl des Dazugehörens und der Grösse, schweisst sie zu einer Einheit zusammen und ermöglicht sowohl gezielte Manipulation, wie auch eine schlagkräftige Solidarität zur Verteidigung ökonomischer Nischen. Je grösser die sozialen

---

[1]   Kahn (1978) kann als Beispiel eines Autors gelten, der in der Diskussion um Indonesien als Instrumentalist kategorisiert wird.

243

Ungleichheiten und je geringer die realen Möglichkeiten von untergeordneten Individuen und Gruppen, ihr Los zu verändern, für soziale Gerechtigkeit einzutreten und überhaupt politische Rechte einzufordern, desto erfolgreicher können ethnische Strategien sein.

Primordialisten[2] gehen von wertorientiertem Handeln, von der affektiven Kraft primordialer Symbole und Identitäten und von einer Korrespondenz zwischen kultureller und sozialer Einheit aus. Primordiale Gefühle schaffen eine erbliche, zeitlose Identität und tragen den Glauben, einer Schicksalsgemeinschaft anzugehören. Sie beruhen auf einem grundsätzlichen menschlichen Bedürfnis nach sozialer Integration. Ethnizität entspricht als «fiktive Verwandtschaft» einem Gefühl der Familienzugehörigkeit.

Als einander ausschliessende Extrempositionen finden sich die beiden Ansätze selten und es gibt verschiedene Versuche, die ausdrücklich auf ihre Integration abzielen. Van den Berghe (1981) sucht die gemeinsame Basis in soziobiologischen Konstanten. Für Keyes (1981) stehen sie in einem dialektischen Verhältnis: Ethnische Identitäten dienen psychologischen Funktionen, doch sozial relevant werden sie erst, wenn sie strategisch zur Sicherung von Ressourcen eingesetzt werden.[3] Vom Individuum ausgehend fragt Bentley (1987), wie sich dieses der Zugehörigkeit zu einer über die Kultur definierten Gruppe bewusst wird. Den Bruch zwischen Affektivität und Instrumentalität bzw. zwischen Handeln und Struktur will er mittels der Praxistheorie von Bourdieu überbrücken. Habitus als Zwischenvariable ermögliche es, weder auf die objektiven Bedingungen noch auf das subjektive Identitätsbewusstsein abzustellen.

Sowohl eher primordialistisch wie auch eher instrumentalistisch argumentierende Forscher sind sich weitgehend einig, dass Ethnizität nicht losgelöst vom modernen Nationalstaat, der marktwirtschaftlichen Durchdringung, der administrativen Vereinnahmung, der Revolution der Kommunikationsmittel gesehen werden kann (Williams 1989, Smith 1994). Aus der Sicht der Instrumentalisten haben diese Prozesse der Zer-

---

[2] Geertz (1963) gilt neben Shils als einer der Urväter des Primordialismus. «Primordial» steht sowohl für «ursprünglich, naturbedingt» wie für «affektiv, a-rational, aus-dem-Bauch-heraus». Die Kombination dieser beiden Ebenen fördert eine unscharfe, diffuse Verwendung des Konzepts. Entsprechend kontrovers ist auch die Zuordnung unter dieses Etikett, selten wird es als Selbstbezeichnung verwendet. Im Zusammenhang mit Indonesien wird etwa Liddle (1970) erwähnt.
[3] Diesen Ansatz habe ich in Galizia (1989) verfolgt.

störung traditioneller sozioökonomischer Kontexte dazu geführt, dass neue strategische Gruppen auf den Plan treten. Diese trachten danach, mittels Ethnizität eine grosse Anzahl Menschen in der Auseinandersetzung um die Kontrolle von Ressourcen, Revenuen und Rechten zu mobilisieren. Gerade in kapitalistischen Ökonomien verhilft die Mobilisierung von ausserökonomischen Mechanismen Ethnizität zu ihrer Durchschlagskraft und ihrem Erfolg in der Abgrenzung und Wahrung von Nischen.

Primordialistische Argumentationen legen die Betonung auf die durch diese Prozesse verursachte Zerschlagung von Sinn- und Wertsystemen. Sie sehen Ethnizität als Suche nach grundlegenden, identitätsgebenden Werten; es ist das Bedürfnis nach Zugehörigkeit, das ethnische Identitäten bildet. Auch aus der Sicht der Primordialisten können diese ethnischen Identitäten zur Erlangung von wirtschaftlichen Vorteilen eingesetzt werden, ihre Bedeutung erschöpft sich aber nicht darin.

Ethnizität kann als eine Klammer gesehen werden, die durch vertikale Integration ökonomische und soziopolitische Widersprüche überbrückt, Vergangenheit, Gegenwart und – als wesentlicher Aspekt – auch die Zukunft verbindet und damit auf symbolischer Ebene instrumentelle Absichten und primordiale Gefühle verbindet.

In der folgenden ethno-historischen Studie[4] stelle ich eine Ethnogenese sowohl anhand der Beschreibung der instrumentellen Strategien wie auch der primordialen Sinnsuche sowie anhand von Aspekten der täglichen Praxis und der Ausgestaltung der Lebensstile dar. Die Fallstudie handelt von der autochthonen Bevölkerung der beiden Bergtäler Rejang und Lebong, die sich heute einstimmig als «Rejang» verstehen.[5] Im folgenden Abschnitt gebe ich einen gerafften Überblick über die Geschichte der letzten 150 Jahre dieser Region.

---

[4] Der Aufsatz beruht auf einer mehrjährigen Forschung (1987-1990) im Rahmen des Projekts «Marketplaces and their Surroundings in Bengkulu, Southern Sumatra» des Ethnologischen Instituts der Universität Bern. Die Informationen stammen sowohl aus teilnehmender Beobachtung und Interviews wie auch aus schriftlichen und photographischen Quellen in persönlichen und offiziellen Archiven sowie aus Sekundärliteratur.
In Galizia 1993 findet sich eine ausführliche Literaturliste. Zu den Rejang siehe vor allem: Jaspan 1964, Wuisman 1985, Psota 1992, Schneider 1992.

[5] Die beiden Täler liegen auf etwa 400-800 m ü. M. und bilden (nebst einem kleinen Teil der östlichen Bergflanke) seit Beginn des Jahrhunderts den Distrikt «Rejang-Lebong». Dieser umfasst heute rund 4.100 km² und hat etwa 350.000 Einwohner. (Rejang leben im übrigen auch entlang der westlichen Bergflanken.)

In vorkolonialer Zeit lebte die Bergbevölkerung von Brandrodungsfeldbau, Nutzung und Handel von Waldprodukten, Fischen und Jagen. Diese Aktivitäten prägten eine weitgehend einheitliche Kultur im Berggebiet. Die Sprachen, die in den beiden Tälern Lebong und Rejang gesprochen werden, unterscheiden sich leicht, der Übergang zu weiteren Sprachen in der Nachbarschaft ist fliessend, deutlicher setzt sich «Rejang» aber von den Melayu-Sprachen im Tiefland ab.

Das Verwandschaftssystem basiert auf einer patrifokalen Ideologie – mit eher ambilinearer und heute zunehmend kognatischer Praxis. Zur Zeit der Eroberung durch die Niederländer (1860) gab es keine ausgeprägte gesellschaftliche Schichtung und wenig Möglichkeiten, Machtpositionen über Generationen hinweg zu sichern. Die wichtigsten sozial-politischen Einheiten waren das Dorf und exogame *lineages*, die sich über mehrere Dörfer erstrecken konnten. Ein Clan *(marga)* zählte mehrere Dörfer, mehrere Clans konnten lockere Föderationen eingehen, die jedoch meist ohne grosse politische Bedeutung blieben.

Nach der weitgehend widerstandslosen Eroberung wurden die beiden Täler zu einem Distrikt vereint, dessen Grenzen sich mehrmals entsprechend kolonialer Bedürfnisse verschoben. Ende des 19. Jahrhunderts begann in Lebong der Abbau von Gold im grossen Stil, in Rejang wurden Plantagen angelegt. Die Bevölkerung siedelte halb freiwillig halb gezwungen an den Verkehrsachsen, die die europäischen Unternehmen mit den Küsten verbanden. Haupterwerb wurde der Anbau von Reis und von *cash crops* (Kaffee, Gummi, Nelken). Durch den relativen Wohlstand war es für die von den Kolonialherren kooptierte lokale Elite einfach, für Ruhe und Ordnung zu sorgen.

Harte Zeiten erlebte die Bevölkerung während der japanischen Besatzung (1942-1945) und in den folgenden Jahren des Unabhängigkeitskampfes gegen die zurückgekehrten Niederländer (1945-1949). In dieser Zeit trat der bis anhin unterschwellig gebliebene Konflikt zwischen der Elite und dem Rest der Bevölkerung klar zu Tage. In der Hoffnung, im versprochenen föderativen Staat ihre Macht ausbauen zu können, schlug sich die Elite auf die Seite der Kolonialherren, das Gros der Bevölkerung dagegen kämpfte für die nationale Unabhängigkeit Indonesiens.

Nach den Kriegen fehlten dem zentralistisch geführten Staat sowohl das Interesse wie die Mittel, um sich um Randregionen wie Rejang-Lebong zu kümmern. Ein dadurch ausgelöster autonomistischer Aufstand (1957-1961) legte die Region weitgehend lahm und trieb den noch verstreut in den Bergen lebenden Teil der Bevölkerung in die grösseren Zentren entlang der Strasse. In diesen Jahren setzten wirtschaftliche

Not, Hyperinflation und Missernten den kleinen Bauern schwer zu und zwang diese, ihr Land zu verkaufen.

Mit den Ausschreitungen von 1965/1966, während derer in Indonesien etwa eine Million sogenannter Kommunisten umgebracht wurden, kam die Militärregierung der «Neuen Ordnung» an die Macht. Ihre aggressive Entwicklungspolitik wurde mit den reichlich fliessenden Geldern der Öleinnahmen und der internationalen Kredite finanziert und ermöglichte durch intensiven Ausbau der Kommunikationswege die marktwirtschaftliche Integration und die kapillare Kontrolle durch den Staat.

Auch heute unterscheiden sich die Bewohner des südlichen Berglands von Sumatra kaum. Ökonomie, Verwandtschaft und Siedlungsweise entsprechen einer «bäuerlichen» Lebensweise, wie sie auf Sumatra weit verbreitet ist. Rejang-Sein ist aber im Verlauf der Jahrzehnte zu einem Aspekt der Selbstidentifikation und zu einer Strategie der Abgrenzung gegen Fremde geworden. Den Prozess dieser «Ethnogenese» stelle ich in den folgenden Schritten dar:

- Willensgemeinschaften der Vorkolonialzeit
- Ethnische Strategien der Elite
- Ethnisierung der breiten Bevölkerung
- Der indonesische Staat und Ethnizität.

«WILLENSGEMEINSCHAFTEN» DER VORKOLONIALZEIT

In schriftlichen Quellen aus der Zeit der Eroberung der beiden Täler (1860) werden die Bewohner von Lebong als «Lebongers» erwähnt; für die Bewohner des grösseren Rejang finden sich unterschiedliche Bezeichnungen, wie z. B. «Rejang», «Ampat Petulai», «Ampat Lawang», «Lembah». Oft reicht der Name eines Dorfes oder eines Clans zur Identifikation, und meist werden die Einwohner des Hochlandes ganz generell «Bergbewohner» genannt. Diese Unklarheit war nicht einfach nur Ausdruck der mangelhaften Kenntnis der unterworfenen Völker, sondern widerspiegelte die fliessenden und ineinander verschachtelten Identitäten der Bevölkerung.

Eine klare Abgrenzung gab es grundsätzlich nur zu den muslimischen Bewohnern des Tieflandes.[6] Ökonomisch und kulturell unterschieden sich die Bewohner des Berglandes voneinander kaum. Sprachgrenzen waren fliessend, Sprachen trennten nicht,

---

[6] Die Bewohner des Tieflandes wurden *Melayu* (Malaien) genannt. Muslim werden hiess *«masuk melayu»* d. h. «Melayu werden» und umfasste auch die Übernahme von Sprache, Kleidung, Wohnstil etc.

sie wurden im Gegenteil auf vielerlei Arten einigend genutzt. So etwa an rituellen Festen, an denen Gäste von weit auseinander liegenden Dörfern und Clans geladen waren und an denen poetische Darbietungen in einem Gemisch unterschiedlicher Sprachen vorgetragen wurden. Diese Darbietungen hatten oft die Form von Wettgesängen zwischen Jünglingen und Mädchen und dienten unter anderem der Partnersuche über die Sprachgrenzen hinweg.

Die Identifikationen eines Individuums mit der Familie, der Sippe, dem Clan, dem Dorf standen nicht im Verhältnis konzentrisch sich ausweitender Kreise zueinander, sondern konnten quer zueinander liegen. Dies ermöglichte eine grosse Flexibilität bei der Auseinandersetzung um Ressourcen und Titel sowie die Ausbildung individueller Erfolgsstrategien. Es gestattete zudem den Frauen, einen grossen Einfluss bei der Heirats- und Erbschaftspolitik auszuüben.

Die soziale Organisation war durch das *adat* geprägt. Das *adat* kann als ein alle Bereiche des menschlichen Lebens umfassender «Gesellschaftsvertrag» zwischen den Menschen, den Naturkräften, den Geistern und den Göttern angesehen werden. Solche «Verträge» bestanden auf Dorfebene, seltener auf Clanebene. Das zeigt sich zum Beispiel darin, dass, soweit bekannt ist, Rituale zur Sühne und zum Ausgleich eines Vertragsbruches nur auf der Ebene der Dorfgemeinschaft durchgeführt wurden.

Wichtig bei der Erhaltung des weitgehend egalitären Systems war die Existenz von konkurrierenden Konzepten der Legitimation von Autorität. In bezug auf die gemeinschaftliche Identität hatten diese Konzepte jeweils unterschiedliche Implikationen. Idealtypisch kann man drei Modelle konstruieren:

– Eine ausgleichende, auf Gemeinschaft und Tradition ausgerichtete Ordnung, die von den Ältesten in Einklang mit den lokalen Geistern und den Ahnen vertreten wurde. Bei diesem Modell stellte die Dorfgemeinschaft den wichtigsten Identifikationsrahmen dar. Sie regelte zum Beispiel den Zugang zu den in Brandrodungsfeldbau bewirtschafteten Feldern.

– Hierarchische Konzepte, die von einzelnen Individuen und Familien in Anlehnung an nahe und entfernte Reiche angerufen wurden, um abstammungsmässige Führerschaft zu rechtfertigen und sich als Zentrum eines Redistributionssystems zu etablieren. Die bei diesem Modell beschworene Gemeinschaft war eine trutzige Clanföderation mit einer eindrücklichen Vergangenheit, einer grossen territorialen Ausdehnung und einer weitläufigen Vasallenschaft.

– Die Möglichkeit, durch Erfolg, Grosszügigkeit und persönliches Charisma individuelle Autorität als *big men*[7] zu erlangen. Solche Führer waren erfolgreiche Wald-

---

[7] Zur Anwendung des Konzeptes der *big men* ausserhalb des «Stammlandes» Melanesien siehe u. a.: Stagl 1971, Baker 1983.

gänger, Spieler und Krieger und rekrutierten ihre Gefolgschaft vorwiegend, aber nicht ausschliesslich, entlang ihrer Familien-, Sippen- oder Clanbindungen und aus verschiedenen, oft weit auseinander liegenden Dörfern.

Solange keine externe Macht den Ausschlag gab, ermöglichte das wechselnde Gleichgewicht dieser Systeme eine flexible Anpassung an sich verändernde ökonomische und politische Situationen im grösseren Umfeld des südlichen Sumatra. Die kulturelle Nähe der gesamten Bevölkerung des Hochlandes ermöglichte die immer wechselnde Bildung sozialer Einheiten,[8] die selten Bestand hatten, da keines der Autoritätsmodelle ohne externe Macht die endgültige Oberhand gewann.

ETHNISCHE STRATEGIEN DER ELITE

Unter Kolonialmächten galt *indirect rule* als kostengünstigste und effizienteste Verwaltungsmethode ausgedehnter Kolonien mit zahlreicher einheimischer Bevölkerung. Voraussetzung waren diskrete Gruppen in klar abgegrenzten Territorien und mit eindeutig definierten Führern, welche die volle Verantwortung für ihre Untertanen übernehmen konnten. In einer zweiten Phase, als staatliche und ökonomische Durchdringung eine feingliedrigere Verwaltung nötig machten, waren zusätzlich lokale Beamte mit ausreichend westlicher Bildung und Rückhalt in der Bevölkerung nötig.

Waren diese Vorbedingungen nicht gegeben, so waren die wichtigsten Schritte zur Errichtung einer solchen Ordnung: die Schaffung einer ökonomisch und statusmässig abgehobenen Elite, die Festlegung von Grenzen und die Förderung des inneren Zusammenhalts der so gebildeten Gruppen durch «Entdeckung» gemeinsamer, eine hierarchische Ordnung tragende Traditionen wie Mythen, Rituale und Rechtsprechung.

In Rejang und Lebong wurde die Position des als *primus inter pares* waltenden Clanvorstehers *(Pasirah)* zu einer adeligen Führerschaft uminterpretiert und mit weitreichenden legislativen, exekutiven und judikativen Gewalten ausgestattet. Obwohl der

---

[8] Leach (1954) hat als erster darauf hingewiesen, dass beobachtete kulturelle Gemeinsamkeiten nicht ohne weiteres auf diskrete soziale Gruppen schliessen lassen. Die Minangkabau in West Sumatra sind ein klassisches Beispiel einer Gesellschaft, die sich als kulturelle Einheit verstand, und in der Dörfer mit autoritären und hierarchischen neben Dörfern mit egalitären soziopolitischen Strukturen und unterschiedlicher ökonomischer Basis bestanden (siehe z. B. Dobbin 1983, Graves 1981). Bowen (1991) beschreibt sich überlagernde Autoritätskonzepte bei den Gayo im nördlichen Sumatra.

Eindruck einer ungebrochenen Tradition erweckt werden sollte, wurden die Posten oft mit verdienten Kollaborateuren von ausserhalb der Region besetzt. Die Kolonialmacht förderte im Gegensatz zu anderen Gebieten des Kolonialreichs gezielt die Islamisierung, indem sie nur Muslime zu diesen Ämtern zuliess. Die integrativen und hierarchischen Aspekte einer monotheistischen Hochreligion wurden gegenüber den schwer kontrollierbaren, diffusen Glaubensvorstellungen der Dorfbewohner bevorzugt. Eine geordnete Islamisierung sollte zudem helfen, die antikolonialen Momente des Islam unter Kontrolle zu halten. Bei der Auswahl der Führer war auch die äussere Erscheinung von Bedeutung. Körpergrösse und helle Haut, besondere Kleidung, Regalia, ein von der Masse der Bevölkerung abgehobener Lebensstil, eine exklusive Bildung, Veranstaltungen, an denen die Eliten verschiedener Gebiete zusammentrafen und Heiratsbekanntschaften gemacht werden konnten, dienten der Bildung einer abgehobenen feudalen Klasse.

Um ihre Position gegenüber der Kolonialmacht wie auch gegenüber der eigenen Bevölkerung zu legitimieren, mussten sich diese Personen als *ethnic entrepreneurs* profilieren. Sie beriefen sich dabei auf die hierarchischen Autoritätskonzepte. Aus dem reichen Fundus an Mythen und Ritualen konnten sie durch Auswahl und Betonung ohne grosse Manipulation eine «königliche», patriarchale Tradition der sozialpolitischen Ordnung zusammenstellen. Sie gestalteten in enger Zusammenarbeit mit Kolonialbeamten und Forschern[9], die die theoretischen Grundlagen lieferten, Mythen, Rituale und jenes einheitliche Bild einer zeitlosen Rejang-Kultur, das in dieser «kanonisierten» Form bis heute besteht.

Sollte eine Gruppengemeinschaft von den kolonialen Behörden als solche akzeptiert werden, hatte sie sich auch durch eine einheitliche Rechtsprechung auszuzeichnen. Niederländische Beamte erhielten die Aufgabe, für Rechtsprechung und Verwaltung nützliche Aspekte des *adat* zu kodifizieren, wo nötig den neuen Umständen anzupassen und mit der Zeit Gemeinsamkeiten so auszulegen, dass man sogenannte «Gemeinschaften mit einem vorhandenen und gewachsenen Bewusstsein von Zusammengehörigkeit» (Van Royen 1932:321) erkennen konnte. Diese Sammlungen wurden immer wieder den ständig wechselnden Bedürfnissen angepasst. *Pasirah* und die institutionalisierten Ältestenräte mussten sie jeweils als den seit altersher überlieferten Traditionen entsprechend absegnen.

[9] Zur Schaffung des *adat* im südlichen Sumatra siehe auch Burns 1989; für ein weiteres Beispiel solchen *ethnic engeneerings* in der unmittelbaren Nachbarschaft des südlichen Sumatra siehe Kingston 1991.

Auch die administrativen Grenzen wurden aufgrund der wechselnden Bedürfnisse kolonialer Beherrschung immer wieder neu gezogen. Trotzdem trachtete man danach, sie als natürlich erscheinen zu lassen und die Gebiete als Territorien ursprünglicher «Gruppengemeinschaften» darzustellen. Dank der vielschichtigen Traditionen war es möglich, gezielt die bedeutendsten unter den einheimischen Herrschern auszuwählen und um diese herum Gruppengemeinschaften heranzubilden. Niederländische Beamte bemühten sich, Empfehlungen für die mögliche Gestaltung solcher Gruppengemeinschaften zu liefern und liessen sich die Belege dazu von den einheimischen Beamten zusammenstellen. Die einheimischen Beamten stammten alle aus der neu geschaffenen Elite, mehr noch, sie gehörten meist zur Familie des bedeutendsten Führers. Dieser zeichnete sich ja unter anderem durch die Annahme westlicher Regierungs- und Erziehungsideale aus. Da die Kolonialverwaltung bevorzugt in einer Region «heimische» Beamte einsetzte, konnten die Beamten direkten Nutzen aus einem möglichst grossen, von ihnen bestimmten ethnischen Territorium ziehen. Es ist daher nicht verwunderlich, dass sie jene Mythenversionen besonders hervorhoben, die eine möglichst weite Ausdehnung der Herrschaft der Rejang betonten und mindestens das ganze innerhalb der administrativen Grenzen des Distriktes von Rejang-Lebong liegende Gebiet beanspruchten (Mohammad Hussein 1932). Das ist bei Ursprungsmythen, die dazu da sind, von grossartigen Abstammungen und bedeutenden Einflussbereichen zu erzählen, an sich nichts besonderes. Aus den Gesprächen mit an diesem Prozess massgeblich beteiligten Personen gewann ich die Überzeugung, dass trotz aller bewusster Manipulation und Verfolgung von Eigeninteressen der tiefe Glaube besteht, tatsächlich Führer und zum Teil gar Personifikation einer geschlossenen und seit altersher existierenden ethnischen Gruppe zu sein. In diesem Fall führte die schriftliche Festlegung jedoch zu einer behördlichen «Offizialisierung» im Zusammenhang mit der Festlegung der Grenzen einer «ethnischen Gruppe».

Trotz sozialrevolutionärer Hoffnungen vieler Befreiungskämpfer führte der Unabhängigkeitskampf (1945-1949) zu keiner Veränderung der Sozialstruktur. An die Stelle der Kolonialherren rückten die einheimischen Eliten. Sie allein brachten Bildung, Erfahrung und Fähigkeiten für einen geordneten, nach westlichem Muster aufgebauten administrativen Apparat mit. Und erst der Nachweis eines derart ausgestalteten Staates garantierte die Anerkennung der jungen Republik durch die westlichen Mächte.

Mit «Einheit in der Vielfalt» als Leitspruch des indonesischen Nationalstaates konnten von Anfang an ethnische Strategien erfolgversprechend im Kampf der lokalen Eliten um Ressourcen und Einfluss eingesetzt werden. Besonders in der Administration der

Provinzhauptorte und der Hauptstadt Jakarta und auf dem Parkett der nationalen Politik diente der Hinweis, eine möglichst bedeutende ethnische Gruppe zu vertreten, dazu, die eigene politische Position zu stärken. In der Region tätige Beamte versuchten auswärtige Konkurrenz abzuwehren, indem sie auf ihre eigene lokale Verbundenheit verwiesen und Fremden eine «kulturelle Inkompatibilität» anlasteten.

Auch auf persönlicher Ebene wuchs im Rahmen des zentralistischen Nationalstaates das Bedürfnis nach ethnischer Identifikation. Personen, die über eine gewisse Bildung verfügten und in die Städte und nach Java migriert waren, suchten ihre Identität durch Bezug auf den gemeinsamen Ursprung und in der Abgrenzung zum «anderen» zu bestärken. Die Suche dieser mobilen Mittelklasse nach Identifikationsmöglichkeiten ist einer der bedeutendsten Faktoren zur Bildung der folklorisierten, die nationale Gemeinschaft bildenden Ethnien. Heiratszeremonien zum Beispiel, an die Vertreter anderer Ethnien geladen sind, werden in massvollem Umfang mit kulturellen Versatzstücken aus der Herkunftsregion bereichert. «Typische Gerichte» sollen die Region an der nationalen (Reis-)Tafel vertreten.[10] Jede Region braucht ihre Musik und ihre Tänze und Riten, braucht typische Häuser und Ornamente, die sie am nationalen Fernsehen oder im «Indonesia en miniature»-Park in Jakarta vertreten kann.

ETHNISIERUNG DER BEVÖLKERUNG

Kehren wir zeitlich zurück und betrachten wir, inwiefern die ethnischen Strategien der Elite die Selbstidentifikation der breiten Bevölkerung beeinflusst haben bzw. welche Faktoren nötig waren, um eine breit abgestützte Ethnisierung zu bewirken.

Mythen und Rituale stehen in wechselseitiger Beziehung. Durch Mythen wird Ritualen Sinn gegeben, durch Rituale werden Mythen bestätigt. Rituale und die dazugehörigen Feste bilden ein Forum, um Mythen vorzutragen und damit zu offizialisieren. An Ritualen vorgetragene Mythen werden von jenen ausgewählt, die über die Rituale bestimmen können. Sowohl den *Pasirah*-Eliten wie den Kolonialherren waren diese Zusammenhänge klar. Bei der Durchführung von Ritualen und Festen wurde viel Aufwand getrieben, um mit eindrücklicher Staffage und grosszügiger Verteilung von Gütern Eindruck auf die Dorfbewohner zu machen. Diese nahmen zwar gerne an den Ereignissen teil, erzählten und erzählen beeindruckt von deren Ausmass, doch eta-

---

[10] Siehe Appadurai 1988 für Indien, für Indonesien z. B. Alexander 1989.

252

blierten diese nicht – wie die Kolonialherren erwarteten – den Adelsstand der Elite, sondern vielmehr deren Status als *big men*. Die Rituale und Mythen wurden nicht als Ausdruck des gemeinschaftlichen Lebens, sondern eher des individuellen Strebens begriffen. Da sich andererseits individuelle Big men-Strategien auch auf bestehende Autoritätskonzepte berufen konnten, wurden die Rituale und Mythen als zum Selbstbild der Bevölkerung gehörend verstanden und konnten so als Teil eines gemeinsamen Rejang-Seins ins Bewusstsein dringen. Auf Dorfebene bestand dagegen die kulturelle Praxis einer *little tradition* weiter, die sich in Ritualen äusserte, wie sie im Kreise der Familie und des Dorfes durchgeführt wurden – Rituale, die sich unter anderm noch weitgehend in der Kontrolle der Frauen befanden.

Die Bande dörflicher Verpflichtungen – das *adat* – wurde in dieser Zeit nur wenig gelockert.[11] Auch die inzwischen durchgehende Islamisierung der Bevölkerung änderte daran nichts – im Gegenteil. In Rejang und Lebong folgte die Bevölkerung dem traditionalistischen Syafi'iyah-Islam, der sich leicht mit magisch-mystischem Denken und Handeln in Übereinstimmung bringen lässt. Die ab den zwanziger Jahren dieses Jahrhunderts aktive modernistische Bewegung stellte sich eher gegen Regierung, Elite und der von diesen geförderten Ethnizität. Die Dorfgemeinschaft blieb weiterhin eher «Willens-» als «Schicksalsgemeinschaft». Eindrücklich zeigt sich dies in der Behandlung von Fremden. Zuzügler, vornehmlich aus Java, West-Sumatra (Minangkabau) und dem malaiischen Tiefland im Osten, fanden leicht Aufnahme in die Dorfgemeinschaften, Mischehen waren verbreitet. Es hiess, dass Neuankömmlinge, die sich an den dörflichen Verpflichtungen – wie Arbeit und Rituale – beteiligen, eher zur *adat*-Gemeinschaft gehören als nahe Verwandte, die isoliert leben und sich davon fernhalten. Als vollwertige Mitglieder der Gemeinschaft hatten die Zuzügler einen bedeutenden Einfluss sowohl auf Arbeitstechniken wie auf Rituale und Religion.

Rituale dienten zwar der Stärkung der Gemeinschaft, jedoch nicht der Abgrenzung gegen aussen, sie waren objektbezogen, wichtig war ihre Wirksamkeit. Wurden etwa bestimmte Praktiken oder magische Formeln als mächtig empfunden, nahm man sie auf und baute sie ein.

Dies hatte widersprüchliche Auswirkungen.

Dadurch, dass die neuen Elemente aus Gebieten mit einer zentralistischen, königlichen Ordnung stammten, und dadurch, dass sie durch in der Diaspora lebende Menschen vermittelt wurden, wirkten sie kodifizierend, strukturierend und vereinheitlichend.

---

[11] Dazu trug auch die koloniale Politik bei, welche die Dörfer bewusst als *corporate communities* zu erhalten trachtete. Zur «Erfindung» des Dorfes, siehe z. B. Breman 1988 und Burns 1989.

Die Anpassung an Vorstellungen aus Java und Westsumatra unterstützte später manipulative Absichten. Sobald heute Parallelen zu Java auftauchen, werden diese im Zuge der Javanisierung Indonesiens von staatlichen Institutionen als Beweise ursprünglicher Gemeinsamkeit angesehen und gegenüber anderen Aspekten gezielt betont. Die Übernahme stark kodifizierter und vielfach schriftlich festgehaltener Bestandteile des *adat* aus Minangkabau ermöglicht es der gebildeten Oberschicht sowie staatlichen Institutionen, einen normierenden Einfluss auszuüben. Vorstellungen aus Minangkabau sind auch beim Versuch ausschlaggebend, Islam und *adat* in Einklang zu bringen.

Auf der anderen Seite entsprach eine erweiterte Praxis, die überregionale Bezüge auf einflussreiche Männer oder heilige Orte aufwies, dem sich durch die verbesserten Kommunikationswege erweiternden Horizont. So bereitete sich im Alltag das Bewusstsein einer grösseren «nationalen» Verbundenheit vor.

Man hört oft die Behauptung, die schweren Kriegsjahre hätten die dörfliche Gemeinschaft, das traditionelle *adat* zerstört. Dagegen schildert ein offizieller Bericht, dass auf Dorfebene überlieferte moralische Werte zumindest bis 1951 weiterhin gepflegt wurden und dass die von der Tradition getragenen Sozialstrukturen, unbeeinträchtigt von den äusseren Wirren, tragfähig geblieben waren. Was zusammenbrach, waren die nach aussen sichtbaren, staatlich geregelten Aspekte des *adat*: die offizielle Rechtsprechung, die normierten Organe, die inszenierten Rituale und Feste der *big tradition*. Zu diesem Zerfall trug die Kollaboration der Elite mit den Kolonialherren von einst bei. Nach der japanischen Besetzung hatten sie versucht, in alter *Divide et impera*-Manier das Kolonialreich als Föderation von Marionettenstaaten wieder auferstehen zu lassen. Im Versuch, dem indonesischen Nationalismus entgegenzutreten, wurden ethnische Konflikte geschürt. So appellierte man auf Flugblättern an die «Rejang». Eine grosse Vergangenheit wurde beschworen und, falls sich die Rejang nicht von Fremden, vor allem nicht von Javanern unterwerfen liessen, eine lichte Zukunft versprochen. Diese Propaganda verhallte weitgehend ungehört, da Rejang-Sein an sich keinen zu verteidigenden Wert darstellte und die *Pasirah* nicht als berechtigte Vertreter der Gemeinschaften empfunden wurden. Im Gegenteil wurde ihnen vorgeworfen, als «Instrumente des Kolonialismus» eine «feudalistische» Ordnung etabliert, die vorkolonialen Traditionen verfälscht und Mythen und Stammbäume manipuliert zu haben.

Die *Pasirah* gerieten auch von anderer Seite unter Druck. Durch die Integration in einen unabhängigen Zentralstaat fielen die von der Kolonialmacht errichteten Schranken. Damit konnte sich jede(r) dort niederlassen, wo er oder sie es wollte. Die nationale Ideologie ermöglichte es Zugewanderten, auf die Gleichheit aller Indonesier(innen) zu pochen, um Land zu beanspruchen. Da die *Pasirah*, bis anhin Verwalter des Landes, diesen Forderungen im Weg standen, wurde mit dem Verweis auf ihre zweifelhafte Rolle im Unabhängigkeitskampf ihre Abschaffung gefordert.

Auch die wirtschaftliche Entwicklung brachte den *Pasirah* Konkurrenz. In den Jahren kriegerischer und wirtschaftlicher Not standen gesellschaftliche Vereinzelung und individuelles Überleben im Vordergrund. Einzelnen Individuen – Autochthonen wie Zugewanderten, Händlern wie Beamten – gelang es in dieser Situation, sich masslos zu bereichern. Viele von ihnen legten ihr Geld in Land an, das sie von den in wirtschaftliche Bedrängnis geratenen Bauern aufkauften. Gegen diese Entwicklung protestierte vor allem die Kommunistische Partei *(PKI)*[12] und der von ihnen iniziierte Bauernverband. Ihre Forderungen einer Landreform bedrohten nicht nur Beamte und reiche Händler, sondern auch den Anspruch der *Pasirah*, über das Land eines Clans zu verfügen. Denn einerseits stellten sich die Kommunisten hinter die Landforderungen der Zugewanderten, anderseits konnten sie diese durch das in den Dörfern noch gepflegte gemeinschaftliche Verständnis des *adat* bekräftigen. Aus der Vorstellung einer allumfassenden Einheit von Gesellschaft – sowohl auf physischer wie auf metaphysischer Ebene – heraus folgerten sie erstens die moralische Notwendigkeit sozialer Gerechtigkeit und zweitens, dass das Land der Gemeinschaft gehöre. Drittens könne ein Nutzungsrecht demnach nur haben, wer das Land selber bebaue.

Die *PKI* war vor allem unter den Zugewanderten vertreten. Zwar sympathisierten viele verarmte Autochthone mit ihren Forderungen, doch exponierten sie sich nur ungern. Gerade ärmere Rejang, die besonders unter den oben genannten Praktiken zu leiden hatten, waren auf materielle Hilfe, Fürsprache oder Vermittlung von Stellen angewiesen. Doch die Praxis der *PKI*, als einzige Partei konsequent die Korruption anzuprangern, konnte immer einen Verwandten treffen. Ein Netzwerk vertikaler Integration, wie es verwandtschaftliche und ethnische Bindungen liefern, ist ein ideales Umfeld für das Gedeihen von Korruption, und die lokale Elite pflegte derartige kulturalisierte *Patron-client*-Abhängigkeiten. Javaner hingegen, die in der Region über ein wenig verzweigtes Verwandtschaftsnetz verfügten, waren ungebundener.

Eine neue Dimension bekam der Konflikt, als die *PKI* begann, die Konfrontation auch auf der ideellen Ebene auszutragen und die hegemoniale Führerschaft der Elite

---

[12] *Partai Komunis Indonessia/PKI* war bis 1965 die grösste kommunistische Partei ausserhalb des Ostblocks. Sie verfügte, zum Teil dank einer Vielzahl nahestehender Organisationen (von Bauern, Frauen, Intellektuellen etc.), über einen grossen Einfluss.

direkt durch die Gründung von «Vereinen zur Förderung regionaler Kultur» zu bedrohen. Zwar waren diese Strategien in der Region noch weit davon entfernt, eine reale Gefahr zu bedeuten, doch an anderen Orten im Archipel waren solche Entwicklungen weiter vorangeschritten. Die Ereignisse von 1965/1966 können als Fortführung dieser hegemonialen Konflikte mit blutigen Mitteln gesehen werden. Unter der schützenden Hand der Militärherrschaft der «Neuen Ordnung» trugen die alten Eliten den Sieg davon. Mit der geballten Macht über Leben und Tod konnten sie nun ungebrochen und widerspruchslos ihr Bild einer Rejang-Ethnie durchsetzen.

Jetzt hiess es, Rejang seien aufgrund ihres Glaubens und ihres *adat* nicht vom «kommunistischen Virus» infizierbar, da *adat* und Kommunismus unvereinbar seien. Kommunismus wolle materielle Gleichmacherei, die Gemeinschaft, von der *adat* ausgehe, sei dagegen als eine geistige zu verstehen. Jedes Individuum habe das Recht auf persönlichen Erfolg und auf Eigentum. All jene, die aufgrund eben dieses *adat* für mehr soziale Gerechtigkeit eingetreten waren, wurden als Animisten und dumme Opfer kommunistischer Propaganda bezeichnet. In den Jahren nach 1965 konnte die Anschuldigung, keiner offiziellen Religion anzugehören und Sympathien für von Kommunisten gestellte Forderungen gehegt zu haben, über Leben und (zumindest) sozialen Tod entscheiden.[13] In einer derart aufgeheizten Stimmung war es daher naheliegend, sich als «Rejang» vor Verfolgung zu retten zu versuchen. Die Einheit und Einheitlichkeit der Rejang nach aussen und innen zementierend, trat die «vertikale Ethnisierung» (Smith 1994) der gesamten Bevölkerung in ihre entscheidende Phase.

Nach aussen pochten *Pasirah* und Beamte auf ihr Rejang-Sein, um Ämter und Gelder zu fordern. Schriftliche Eingaben jener Zeit entsprechen klassischen fremdenfeindlichen Argumentationen. Nach innen gelang es, die wirtschaftlichen und sozialen Konflikte, die die Existenz der ländlichen Bevölkerung bedrohten, durch Instrumentalisierung des kulturellen Selbstverständnisses zu «ethnisieren».

Das Landproblem etwa sei allein von den Kommunisten für ihre eigenen Machtinteressen hochstilisiert worden. Diese hätten die Dummheit der Bevölkerung ausgenutzt und den Hass gegen Landbesitzer angeheizt. Tatsächlich gebe es gar kein Landproblem, da jeder Land vom *Pasirah* verlangen könne. Nicht auf das Recht der *adat*-Gemeinschaft, über ihr Land zu verfügen wurde dabei verwiesen, sondern auf das von den Niederländern eingeführte Recht des «Feudalherren», über Land und Leute zu

---

[13] In Rejang-Lebong verschwanden 1965/1966 zwischen 500-1000 Personen.

gebieten. «Jeder» meinte «jeder Rejang». Damit waren die rund 30-40% Zugewanderten ausgeschlossen und der Konflikt wurde auf ein Einwanderungsproblem reduziert.

Die wirtschaftliche Krise der fünfziger und sechziger Jahre, die Forcierung der «Grünen Revolution» ab den siebziger Jahren und die Konzentration von Macht und Kapital in den Händen von Beamten und einigen wenigen Privaten haben den Landverkauf weiter angeheizt und bedrohen heute die wirtschaftliche Basis dörflichen Lebens. Obwohl besonders auch Rejang aktiv an diesem Konzentrationsprozess beteiligt waren und sind, ist es gelungen, die Aggressionen vor allem gegen andere Ethnien zu richten. Der Verkauf von Land, insbesondere von Reisfeldern, wird als besonders einschneidender Angriff auf die ideelle Eigenständigkeit der Rejang dargestellt.

Reisanbau war eine für das Selbstbild der Bergbevölkerung konstitutive Tätigkeit. Das Reisfeld stand für das Bild der autarken, sich selber ernährenden Familie. Nassreisfelder wurden zu jenen Gütern gezählt, die nicht veräusserbar waren, sondern innerhalb der Sippe vererbt werden mussten. Der Verkauf von Nassreisfeldern wurde als Missachtung traditioneller Selbstwertgefühle verstanden. Die Nassreisfelder in den Tälern Rejang-Musi und Lebong sind aber in der bestehenden Form und Ausdehnung erst in den zwanziger und dreissiger Jahren dieses Jahrhunderts und zwar auf Druck der Kolonialbehörden angelegt worden. Sie können kaum seit ewiger Zeit unveräusserliche Güter im traditionellen Sinne gewesen sein. Trotzdem wird deren Verkauf als direkter Angriff auf das Rejang-Sein an sich ausgelegt.

Eine instrumentelle und manipulative «Ethnizität» entspricht einem ebensolchen Zugang zur Umwelt. Während dies auf der einen Seite den Bemühungen der Regierung um eine «Grüne Revolution» und um Individualisierung und Kommerzialisierung des Eigentums entsprach, wirkt es sich zersetzend auf die soziale Organisation der ländlichen Bevölkerung aus. Neue Anbautechniken und eine veränderte Arbeitsteilung etwa haben die Aufgabe von Fruchtbarkeitsritualen zur Folge. Rituale und dazugehörige Glaubensvorstellungen helfen aber, moralische Reziprozitätsverpflichtungen zu tragen und Sanktionen Durchschlagskraft zu vermitteln. Die Aufgabe solcher Rituale bedroht unmittelbar die Existenzgrundlage noch bestehender, sich auf ein gemeinschaftliches *adat* beziehender Dorfgemeinschaften. Der Entzug von moralischen und ethischen Werten, die von der «Rejang»-Ethnizität nicht ersetzt werden können, hinterlässt eine Sinnleere, die gefüllt sein will.

Im Rahmen des indonesischen Nationalstaates gewinnt Ethnizität eine immer grössere strategische Bedeutung. Besonders die forcierte Entpolitisierung des öffentlichen Lebens unter der seit 1965 bestehenden «Neuen Ordnung» trägt dazu bei, dass Konflikte nicht mehr mit Bezug auf politisch-ideologische und soziale Positionen ausgetragen werden, sondern auf einem kulturalisierten regionalen oder «ethnischen» Feld. «Einheit in der Vielfalt» steht auf dem Staatswappen. Nicht nur was «Einheit» national zu sein hat und was ethnisch bzw. regional «vielfältig» sein darf, wird staatlich bestimmt, sondern auch die Matrix, innerhalb der sich Ethnizität überhaupt entfalten darf. Ausgeschlossen bleiben Rückgriffe auf die gemeinschaftlichen, egalitären Aspekte des *adat*, die als Bedrohung angesehen und aufs schärfste verfolgt werden. Eine kulturalisierende Ethnizität, die nicht gegen den Staat gerichtet ist und vor allem die bestehende gesellschaftliche Ordnung nicht in Frage stellt, passt dagegen vorzüglich in das korporatistische Konzept und die patrimoniale Praxis der «Neuen Ordnung». Selbst vordergründige Konflikte unter Ethnien oder zwischen ethnisch-regionalen Autonomiebestrebungen und der Zentralregierung tragen zur Verschleierung der gesellschaftlichen Widersprüche bei:

– Vertikale Integration und nominelle Gleichheit der ethnischen Gruppen verschleiern individuelle Marginalisierung und Ausbeutung und behindern horizontale Solidarisierung.

– Ressourcenverteilung an vertikal organisierte Gruppen, ob Beamtenseilschaften oder ethnische Gruppen, verschleiert die fortschreitende Individualisierung der Wirtschaft.

– Die Fiktion der Gleichheit aller ethnischen Gruppen in Indonesien verschleiert die tatsächlichen sozialen und politischen Machtverhältnisse.

– Schliesslich ermöglicht ein System verwandtschaftlicher und pseudoverwandtschaftlicher Verpflichtungen relativ stabile Verhältnisse, da es das Auffangen sozialer Härten Privaten und nicht-staatlichen Organisationsformen überlässt.

Politische Macht und ökonomischer Druck haben direkt dazu beigetragen, dass ethnische Strategien heute nicht allein von Eliten, sondern auch von der ländlichen Bevölkerung verfolgt werden und indirekt dazu, dass die Identifikation, «Rejang» zu sein, durchaus gelebt wird. Andererseits hat die kontinuierliche kulturalisierende Manipulation durch den Kolonial- bzw. Nationalstaat und durch die Elite Ethnizität derart klar zugeordnet, dass sie praktisch nur noch strategisch eingesetzt wird. Doch auch instrumentell beschränkt sich der Gebrauch der Rejang-Ethnizität weitgehend auf die

Auseinandersetzung zwischen Beamten um Posten und Gelder sowie auf die Verteidigung von Nutzungsrechten über den Boden. Als Träger alternativer sinngebender Werte, als einigender Faktor der in den Tälern Rejang und Lebong verstreut lebenden Bevölkerung tritt sie nicht auf. Versuche, Normen und moralische Stütze durch Vorenthalten, Wiederaneignen und Uminterpretieren von vom Staat und der Elite usurpierten Symbolen und Ritualen zu beschwören, finden höchstens auf Dorfebene statt (Galizia 1989, Psota 1996). Rejang-Sein bildet keine Grundlage, auf der diese isolierten Versuche zusammengeführt werden könnten. Als einzige Kraft, die sowohl eine breite Verankerung wie moralische Integrität und organisatorische Strukturen besitzt, tritt der Islam auf.

Muslimische Aktivisten haben heute die Nachfolge der *PKI* im hegemonialen Konflikt angetreten. Durch Berufung auf die ethische Komponente des *adat* vermitteln sie der Bevölkerung Sinn und bieten die Möglichkeit, der Regierung auf moralischer Ebene entgegenzutreten (Galizia 1991). Waren sie früher vorwiegend auf ökonomischer und Bildungs-Ebene aktiv, trachten sie heute durch aktives Engagement für lokale Traditionen nach einer tieferen Verwurzelung und einer breiteren Abstützung auf symbolischer Ebene und der Bildung alternativer Kultur. Es ist die Religion – der Islam –, die Identifikationsmöglichkeit bietet, erfolgreiche Strategie sein kann und verspricht, alltagsgestaltend, sinngebend und normierend zugleich zu sein.

SCHLUSSFOLGERUNGEN

Ich habe im vorliegenden Beitrag die Genese einer mystifizierenden, manipulierenden Ethnizität dargestellt, die sich gegen kurze Anflüge einer kritischen, offenen Gestaltung ethnischen Gemeinschaftsbewusstseins durchsetzte. Konkurrierende Autoritätskonzepte der vorkolonialen Zeit dienten nicht nur der Erhaltung egalitärer Ordnung, sondern ermöglichten auch fliessende soziokulturelle Identitäten. Die Ethnogenese der Rejang beginnt in dem Moment, in dem einzelne Individuen bzw. Gruppen von Individuen bestimmten kulturellen Merkmalen, sowie historischen und mythischen Reminiszenzen eine soziale Relevanz verleihen.

Die essentialistische, Ewigkeit vorgebende, auch die Zukunft miteinbeziehende Identifikation unterscheidet Ethnizität von den gegenwarts- und vergangenheitsbezogenen Zugehörigkeitsgefühlen der Bergbevölkerung in vorkolonialer Zeit, die grundsätzlich offen für Umgestaltung und Neubildung blieben. Indem Kultur politisch wird und zur Gestaltung der Gesellschaft, zur Abgrenzung nach Aussen und zum Einklagen von Forderungen dient, beginnt sie sich auf die Zukunft auszurichten.

Die koloniale Administration tat ihr bestes, um eine einheitliche Rejang-Ethnie zu bilden. Sie schuf eine soziale Schicht als deren Träger und Personifizierung, entsprach territorialen Ansprüchen, stützte selektiv Traditionen, Riten und Mythen. Für die Elite bedeutete dies nicht einfach Manipulation, sondern auch Suche nach einer Identität in einem sich verändernden Umfeld. *Pasirah* konnten mit Recht auf hierarchisch-autoritäre Legitimationskonzepte verweisen, die in vorkolonialer Zeit vorhanden waren, und den Respekt, den die Bevölkerung ihnen zollte, als Legitimation ihrer Führungsrolle ansehen. Tatsächlich beruhte dieser Respekt nicht auf der Anerkennung ihrer Abstammung, sondern auf der Akzeptanz tatsächlicher Macht von *big men*.

Das in der Kolonialzeit geprägte ethnische Bild der Rejang wurde nach der Unabhängigkeit vor allem von jenen strategischen Gruppen weitergepflegt, die von der hierarchischen Neuordnung der Gesellschaft profitierten.

Ethnischer Symbolismus konnte am ehesten die sozialen Widersprüche durch vertikale Integration verschleiern und die bestehenden Machtverhältnisse schützen. In dem Masse, in dem der Staat vertikal und horizontal die Gesellschaft durchdrang, verbreitete sich Ethnizität als Strategie. Wirtschaftliche Krise und politische Repression beschleunigten diesen Prozess. Als auch Bauern zum Selbstschutz und im Kampf um Land und Arbeit auf ethnisch begründete Argumentationen zurückgriffen, waren weitgehend alle gesellschaftlichen Schichten und Gruppen «ethnisiert». Gerade dieser «Erfolg» weist auf die Brüchigkeit des Bildes einer Ethnie als einer historisch gewachsenen, schicksalhaften, vertikal integrierten Einheit hin. Aus der Perspektive der *Pasirah* beruht der Anspruch, die Rejang seien eine Ethnie, auf dem Hinweis ihrer während Jahrhunderten gemeinsamen Schicksals gewachsenen kulturellen Praxis. Obwohl zur besseren Legitimation des Herrschaftsanspruches der *Pasirah* manipuliert, war es grundsätzlich die kulturelle Praxis der ländlichen Bevölkerung, die den Beweis ethnischer Identität und Einheit zu liefern hatte. Die Modernisierung ökonomischer Strategien durch die Bauern zerstörte jedoch grundlegende Aspekte dieser Praxis (z.B. Arbeitsteilung und -techniken) und damit verbundene Glaubensvorstellungen und Rituale.

Was zurückbleibt, ist eine folklorisierte kulturelle Praxis und ein für die unterschiedlichsten Ziele frei manipulierbarer «Mythos».

Geht man von der täglichen Praxis als Untersuchungsfeld aus, so lassen sich in der gegenwärtigen Lage sowohl unter einem strategisch-instrumentellen wie unter einem sinngebend-primordialen Blickwinkel Grenzen der Ethnizität erkennen: Zu offensichtlich manipulativ sind die Absichten einer Elite, die als solche nicht mehr anerkannt wird und sich gerade deswegen an eine vergangene Macht klammert; zu sinnentleerend der staatliche Versuch, Ethnizität zur Manipulation und Kontrolle der *floating mass*[14] einzusetzen; zu grundlegend die wirtschaftlichen Veränderungen, als dass landwirtschaftliche Rituale und Tätigkeiten des Alltags den Bezug zu einem umfassenden Gesellschaftsvertrag zumindest als millenaristische Utopie aufrecht erhalten könnten.

Wo aber die breite Bevölkerung weder strategischen Nutzen noch primordialen Sinn findet, muss sie sich nach anderen Identifikationsmöglichkeiten umsehen.

LITERATUR

ALEXANDER Paul (ed.)
1989   *Creating Indonesian Cultures.* Sydney: Oceania [Oceania Ethnographies 3].

APPADURAI Arjun
1988   «How to Make a National Cuisine: Cookbooks in Contemporary India». *Comparative Studies in Society and History* 30:3-24.

BAKER Victoria J.
1983   «Elders in the Shadow of the Big Man». *Bijdragen tot de Taal-, Land en Volkenkunde* 139:1-17.

BENTLEY Carter G.
1987   «Ethnicity and Practice». *Comparative Studies in Society and History* 29:24-55.

BERGHE R.L. van den
1981   *Ethnic Phenomenon.* New York, Amsterdam, Oxford: Oxford UP.

BOWEN John R.
1991   *Sumatran Politics and Poetics. Gayo History, 1900-1989.* New Haven, London: Yale UP.

BREMAN Jan
1988   *The Shattered Image. Construction and Deconstruction of the Village in Colonial Asia.* Dordrecht: Foris [Comparative Asian Studies 2].

BURNS Peter
1989   «The Myth of Adat». *Journal of Legal Pluralism* 28:1-127.

DOBBIN Christine
1983   *Islamic Revivalism in a Changing Peasant Economy. Central Sumatra 1784-1847.* London, Malmö: Cruzon.

---

[14] Das Konzept der *floating mass* dient unter der Neuen Ordnung als Rechtfertigung der Entpolitisierung der grossen Masse der Bevölkerung. So sind z. B. unterhalb der Distriktebene alle Aktivitäten, selbst der offiziell kontrollierten Parteien, verboten.

GALIZIA Michele

1989 «State and Ethnic Identity among the Rejang in Southwest Sumatra». *Prisma* 46:57-69.

1991 «State, Morality, and *Adat.*» Paper presented at the 8th European Colloquium on Indonesian and Malay Studies, 15-20 June 1991, Kungälv, Sweden.

1995 *Aufstieg und Fall der Pasirah. Soziale und kulturelle Veränderungen im Spannungs-feld zwischen zentralstaatlicher Vereinnahmung und lokalen Machtstrategien. Rejang-Lebong im südwestlichen Sumatra, Indonesien.* Berlin: Reimer.

GEERTZ Clifford

1963 «Primordial Sentiments and Civil Politics in the New States: The Integrative Revolution», in: GEERTZ Clifford, *Old Societies and New States,* pp.107-121. New York: The Free Press of Glencoe.

GRAVES Elisabeth E.

1981 *The Minangkabau Response to Dutch Colonial Rule in the Nineteenth Century.* Ithaca/N. Y.: Cornell Modern Indonesia Project [Monograph Series 60].

JASPAN Mervyn A.

1964 *From Patriliny to Matriliny. Structural Change Among the Redjang of Southwest Sumatra.* Canberra: Australian National University (Ph. D. Thesis).

KAHN Joel S.

1978 «Ideology and Social Structure in Indonesia». *Comparative Studies in Society and History* 20:103-122.

KEYES Charles F. (ed.)

1981 *Ethnic Change.* Seattle: Washington UP.

KINGSTON Jeffrey B.

1991 «Manipulating Tradition: The State, Adat, Popular Protest, and Class Conflict in Colonial Lampung». *Indonesia* 51:21-45.

LEACH Edmund

1954 *Political Systems of Highland Burma.* London: Bell.

LIDDLE William

1970 *Ethnicity, Party, and National Integration.* New Haven, London: Yale UP.

MOHAMMAD HUSSEIN

1932 *Tembo dan Adat Redjang Tiang IV* [Ursprung und *adat* der Rejang der vier Pfei-ler]. O. O. [mimeo].

PSOTA Thomas

1996 *Waldgeister und Reisseelen in Südsumatra: Die Revitalisierung von Ritualen zur Stärkung der komplementären Produktion.* Berlin: Reimer.

ROYEN J. W. van

1932 «Adatverband en bestuurshervorming in Zuid-Sumatra». *Koloniaal Tijdschrift* 21/4:321-372.

SCHNEIDER Jürg
1995   *From Upland to Irrigated Rice. The Development of Wet-Rice Agriculture in Rejang-Musi, Southwest Sumatra.* Berlin: Reimer.

SMITH Anthony D.
1994   «The Politics of Culture: Etnicity and Nationalism», in: INGOLD Tim (ed.), *Companion Encyclopedia of Anthropology. Humanity, Culture and Social Life,* pp. 686-705. London: Routledge.

STAGL Justin
1971   «Älteste und Big Men. Politische Führungsrollen in Melanesien». *Zeitschrift für Politik* 18/4: 368-383.

WILLIAMS Brackette F.
1989   «A Class Act: Anthropology and the Race to Nation Across Ethnic Terrain». *Annual Review of Anthropology* 18: 401-444.

WUISMAN Jan J. J. M.
1985   *Sociale Verandering in Bengkulu. Een Cultuur-Sociologische Analyse.* Dordrecht, Cinnamison: Foris Publications [Verhandelingen van het Koninklijk Instituut voor Taal-, Land- en Volkenkunde 109].

Patricia ROUX et Juan Antonio PÉREZ

ANTIRACISME MANIFESTE ET RACISME SYMBOLIQUE

Dans son œuvre «The Nature of Prejudice», Allport (1954) définissait l'attitude raciste par cinq niveaux d'expression, hiérarchiquement ordonnés: rejeter verbalement le hors-groupe (i. e. parler de lui en termes négatifs); éviter le contact avec lui; le discriminer (y compris la ségrégation); l'attaquer physiquement; et l'exterminer. L'auteur présentait ces cinq degrés d'intensité du racisme comme une suite causale: le rejet verbal peut induire l'évitement du contact, lequel peut impliquer à son tour la discrimination, et ainsi de suite. Ou à l'inverse: l'attaque physique s'accompagne du dénigrement de l'autre, de propos humiliants et vexatoires, etc. Allport ne faisait qu'adapter ainsi les idées de la distance sociale de Bogardus (1933). La célèbre échelle de racisme développée par ce dernier («Acceptez-vous qu'un homme de couleur soit votre concitoyen, votre voisin de quartier, votre collègue de travail, votre ami, un membre de votre famille?») supposait déjà une hiérarchisation des niveaux par implications successives, censée rendre compte de la cohérence de l'attitude raciste. Or, l'ensemble des études actuelles sur le racisme, qu'elles s'intéressent aux dimensions historiques (Kovel 1970), sociologiques (Wellman 1977), ou psychosociales (Sears 1988) du phénomène, suggère que cette cohérence n'est plus la règle dans le rapport aux hors-groupes, de même que les différents niveaux d'expression du racisme n'entretiennent plus des relations de causalité linéaires. On constate, au contraire, que les attitudes peuvent être positives à un niveau, mais négatives à un autre. Chez un même individu, un idéal humanitaire ou des valeurs telles que la tolérance peuvent coexister, par exemple, avec l'idée d'une «irréductibilité des différences culturelles» ou d'une «incompatibilité des genres de vie et des traditions» (Balibar 1990: 33). Ce «racisme différentialiste» (Taguieff 1985) révèle une attitude ambivalente plustôt que cohérente, et, de notre point de vue, cette ambivalence est précisément ce qui rend difficile la compréhension du racisme dans la forme qu'il revêt aujourd'hui.

L'AMBIVALENCE DE L'ANTIRACISME

L'ensemble des études que nous menons sur le racisme (voir Pérez, Mugny, Llavata et Fierres 1993) cherche à cerner cette dualité des attitudes racistes, i.e. l'articulation de leurs dimensions positive et négative. Nos investigations s'appuient sur un postulat, qui est que l'antiracisme est devenu une norme dominante, socialement valorisée, au même titre que la discrimination de toute minorité est considérée de nos jours comme une attitude répréhensible (Moscovici 1979). La référence à cette norme de protection des minorités conduit les individus à inhiber, voire à nier les stéréotypes (Pettigrew et Meertens 1993), et, de façon plus générale, à intérioriser la valeur négative attachée au racisme. Tant et si bien que personne, ou presque, ne se dit raciste[1], alors même que la discrimination demeure une pratique courante.

La spécificité du racisme actuel est qu'il s'exprime rarement de façon explicite, ouverte et manifeste, pour privilégier au contraire un mode d'expression détourné, indirect, parfois insidieux. Vue sous cet angle, la vie quotidienne, dans ce pays comme ailleurs, fourmille d'exemples qui illustrent le processus. Lorsque, par exemple, on admet qu'il est juste de licencier un immigré plutôt qu'un Suisse en cas de crise, alors même qu'on défend parallèlement l'égalité des droits entre étrangers et autochtones. Ou, sur un registre différent, lorsque la Confédération helvétique met sur pied des lois pour sanctionner les actes racistes, tout en multipliant les discours sur «la surpopulation étrangère» et «la barque pleine» pour protéger les intérêts nationaux[2]. A tous les niveaux de la vie sociale, le mécanisme est toujours le même: on évite de discriminer l'autre ouvertement mais on le fait à un niveau indirect, latent, sous une forme qui n'a pas l'air raciste et qui établit néanmoins des différences porteuses de discrimination.

Ces deux expressions de l'attitude raciste, manifeste et indirecte, sont distinguées dans la plupart des recherches récentes. Selon Pettigrew et Meertens (1993), articulant les résultats d'études menées dans plusieurs pays d'Europe occidentale, le racisme manifeste ou «flagrant» se traduit par une attitude de rejet explicite de l'étranger, par le fait que sa présence est vécue comme une menace pour les autochtones et par un refus d'entretenir des relations de proximité avec l'étranger. Le racisme indirect ou «voilé» est référé à une attitude qui cherche à défendre les valeurs traditionnelles, exagère les différences culturelles et hésite à attribuer des qualificatifs positifs aux étrangers. De

[1] Voir par exemple l'introduction d'Annick Duraffour à «l'argumentation xénophobe prise au mot» dans l'ouvrage édité par Taguieff, «Face au racisme: les moyens d'agir» (1991).

[2] Rappelons dans le contexte actuel que la Confédération a proposé en 1993 de ratifier la Convention de l'ONU sur l'élimination de toutes les formes de discrimination raciale, mais qu'elle propose aussi d'adopter une nouvelle loi sur «les mesures de contrainte en matière de droits des étrangers», destinée très clairement à restreindre et contrôler l'immigration. Considéré dans son ensemble, le message des autorités acquiert ainsi une ambivalence certaine, et il est probablement difficile pour la population d'en faire une synthèse, ou d'adopter une attitude «cohérente» face aux étrangers. A l'extrême, il n'est pas exclus d'envisager que cette ambivalence du pouvoir donne une légitimité aux opposants à la loi antiraciste.

fait, aujourd'hui, le racisme s'exprime moins à un niveau direct et manifeste qu'à un niveau indirect et latent, phénomène que de nombreux auteurs ont traduit en termes de racisme «moderne» (McConahay 1983), «symbolique» (Sears et Kinder 1971; Bobo 1983), «aversif» (Dovidio et Gaertner 1986), ou de «néo-racisme» (Taguieff 1990; Balibar et Wallerstein 1990).

L'INVISIBILITÉ DU RACISME

Outre que le racisme moderne recourt à des voies plus subtiles que l'attribution de stéréotypes grossiers ou l'exclusion de l'autre (Pettigrew 1989), il a pour particularité d'être exercé à l'insu de ceux qui le pratiquent. Les individus peuvent contrôler leur attitude antiraciste à un niveau manifeste, ainsi conformes à une norme d'égalité culturellement admise, mais il leur est plus difficile de maîtriser des croyances et des sentiments négatifs qui s'inflitrent dans leur attitude à un niveau plus profond, inconscient, latent. Divers travaux mettent à jour le rôle de la conscience dans les comportements de discrimination. Par exemple, les individus ont besoin de plus de temps pour attribuer des connotations positives à un Noir qu'à un Blanc, alors que ces différences de temps de réaction disparaissent lorsqu'il s'agit de connotations négatives (Gaertner et McLaughlin 1983). Ou encore, les Noirs sont tout autant aidés que les Blancs par une personne qui se trouve seule face à eux, mais les Noirs le sont nettement moins lorsque plusieurs Blancs sont impliqués dans la relation d'aide, et que la responsabilité de chacun est donc diluée (Gaertner 1973). Sans les multiplier, ces travaux illustrent bien qu'une attitude raciste latente s'exprime lorsque les individus n'ont pas conscience d'exercer une discrimination, alors même qu'ils affichent un antiracisme manifeste lorsqu'ils maîtrisent les implications de leurs actes[3].

Comme dans le domaine de la xénophobie (voir la contribution de Sanchez-Mazas et Mugny dans ce volume), cette question de la conscience que l'on a d'être ou de ne pas être raciste est fondamentale. Compte tenu du fait que le racisme a une double dynamique, manifeste et latente, et que son expression voilée est plus courante que son expression directe, l'on peut se demander si le fait d'avoir intériorisé le racisme manifeste comme une attitude socialement censurée n'empêche pas la prise de conscience d'un racisme latent.

---

[3] En l'occurrence, dans les deux études citées pour illustrer le phénomène, les sujets maîtrisent leur racisme lorsqu'ils doivent évaluer l'autre en termes négatifs, et lorsque leur responsabilité personnelle est engagée.

Ces mécanismes, caractéristiques du fonctionnement raciste actuel, seront illustrés ici par l'une de nos recherches[4]. Dans une logique expérimentale, l'étude cherche à mettre en évidence certaines des conditions dans lesquelles la prise de conscience (anti)raciste des individus est activée ou au contraire inhibée. Selon ses variations, le contexte social dans lequel étrangers et autochtones interagissent module les formes que peut prendre la discrimination.

Contextes sociaux et légitimation de l'(anti)racisme

L'étude a été réalisée en Suisse, par questionnaire, auprès de 30 apprentis et de 22 collégiens suisses, âgés en moyenne de 19 ans. Dans un premier temps, les sujets ont pris connaissance d'une offre de travail publiée dans la presse, et ont été informés que l'entreprise concernée avait retenu la candidature de deux personnes. L'un des candidats était suisse (M. Bertholet), tandis que l'autre avait un statut de réfugié (M. Ben Sala). Les sujets devaient alors établir des prévisions quant à l'issue du concours, sachant, car nous l'avons spécifié, que «les deux candidats possèdent les qualifications requises et ont le profil exigé pour l'obtention du poste». Dans un second temps, la décision de l'entreprise était communiquée aux répondants. C'est dans cette phase que nous avons fait varier le contexte social dans lequel le sujet doit penser son rapport à l'autre: pour la moitié des répondants, il était indiqué que l'entreprise avait choisi le candidat suisse, alors que l'autre moitié apprenait que le poste avait été attribué au réfugié. Chacun devait alors évaluer la décision de l'entreprise, puis l'expliquer, et enfin juger les candidats selon plusieurs caractéristiques. L'objectif était de comparer les réponses des sujets suivant le contexte social dans lequel ils avaient été placés, et de voir ainsi comment l'attitude antiraciste développée à un niveau manifeste s'articule à l'attitude raciste latente.

Le premier résultat à relever est que les sujets accordent au réfugié un statut de minorité discriminée, puisque 73% d'entre eux font l'hypothèse que le Suisse obtiendra le poste mis au concours, mais conjointement, ils refusent d'apporter leur soutien à cet état de fait, en précisant que Ben Sala (m = 4,73) mérite le poste autant que Bertholet (m = 4,92)[5]. Dans la même logique, les sujets confrontés à une situation où le réfugié

---

[4] Nos recherches sur la question ont été réalisées avec l'aide du Fonds National Suisse de la Recherche Scientifique et de la Dirección General de Investigación Científica y Técnica (Espagne).

[5] Dans l'ensemble du questionnaire, les réponses des sujets aux items proposés sont mesurées sur des échelles bipolaires en 7 points. Les résultats indiqués entre parenthèses correspondent à la moyenne des réponses sur l'item analysé. Ici, 1 = Bertholet/Ben Sala ne mérite pas le poste, et 7 = le mérite totalement.

Tableau 1: Explications du succès des candidats

	facteurs expliquant le succès du SUISSE	facteurs expliquant le succès du RÉFUGIÉ	Khi²
bonne formation	60 %	100 %	p < .001
chance	12 %	26 %	
suisse/réfugié	88 %	4 %	p < .001
sympathique	8 %	19 %	
volonté	12 %	67 %	p < .001
pistonné	28 %	26 %	
appliqué	12 %	19 %	
bien élevé	8 %	15 %	
honnête	16 %	41 %	p < .096
discipliné	8 %	22 %	
compétent	24 %	74 %	p < .001
bosseur	28 %	59 %	p < .047
NOMBRE MOYEN DE FACTEURS RETENUS	3,04	4,70	p < .016

obtient le poste jugent étonnant le choix de l'entreprise (m = 3,11), et les sujets placés dans la situation où Bertholet a été engagé estiment que cette issue était prévisible (m = 6,12; p < .001)[6]. Quant à l'octroi du poste au réfugié, ils le trouvent équitable (m = 3,19), tandis que l'engagement du Suisse leur paraît une décision discriminatoire (m = 5,32; p < .001)[7]. Ainsi, les sujets savent très bien que trouver du travail est plus difficile pour un réfugié que pour un autochtone, mais ils refusent d'en porter la responsabilité: à ce niveau manifeste, leur attitude est explicitement antiraciste.

Le deuxième volet des résultats concerne les explications avancées par les sujets pour justifier la décision de l'entreprise. Ils disposaient à cet effet de douze raisons, parmi lesquelles ils pouvaient choisir toutes celles qui leur paraissaient expliquer soit l'engagement de Bertholet, soit celui de Ben Sala. Le tableau 1 indique le nombre de

---

[6]   Sur l'échelle de réponse, 1 = il est étonnant que l'entreprise ait choisi Ben Sala, et 7 = il était prévisible que l'entreprise choisirait Bertholet. Les taux de significativité indiqués entre parenthèses sont donnés par le test du T (ANOVA).

[7]   Sur l'échelle de réponse, 1 = la décision de l'entreprise en faveur du candidat réfugié est équitable, et 7 = la décision de l'entreprise en faveur du candidat suisse est discriminatoire.

fois (en pourcentages) où les sujets ont retenu les raisons proposées pour expliquer le succès du Suisse dans une condition, celui du réfugié dans l'autre[8].

Etre suisse est le facteur essentiel qui explique l'attribution du poste au Suisse. La formation, la compétence, la volonté, le fait d'être bosseur et d'être honnête donneraient un sens quant à eux au succès du réfugié.

En premier lieu, on notera l'importance accordée à l'origine des candidats et à la qualité de leur formation: les sujets continuent à tenir compte des exigences du marché de l'emploi. Mais en second lieu, deux remarques sont à formuler. D'une part, les explications invoquées sont plus nombreuses pour l'engagement du réfugié. Les répondants doivent donc chercher davantage de raisons pour expliquer le succès du réfugié, et s'il en est ainsi, l'on peut penser que c'est parce qu'il leur faut plus d'arguments pour justifier et légitimer ce succès. D'autre part, dans le cas de Ben Sala, l'accent mis sur la «responsabilité individuelle» est très clair, induisant l'idée que les minorités discriminées ont les moyens de s'en sortir si elles le veulent bien. Cette conception individualiste du succès, soutenant que l'effort personnel permet l'égalité des chances, est reconnue comme une dimension du racisme symbolique (Pettigrew 1989).

Par rapport au premier volet du questionnaire où, on l'a vu, l'attitude des sujets indique qu'ils ont bien intégré l'idée qu'autrui n'a pas à être discriminé en raison de son appartenance raciale, cette seconde partie des résultats met déjà en évidence l'ambivalence de l'antiracisme manifeste. Le troisième volet du questionnaire, axé sur le jugement des candidats, précise davantage les contours de cette ambivalence.

Les sujets disposaient d'une liste de treize traits pour caractériser les deux candidats. Quel que soit le contexte où ils avaient été placés, ils devaient d'abord juger le Suisse, puis le réfugié. Pour simplifier la présentation des résultats, nous ne donnons pas les réponses des sujets sur chacun des treize items, mais présentons l'indice global de l'image qu'ils se font des candidats, c'est-à-dire l'agrégation des treize traits[9]. Le tableau 2 montre

---

[8] La question était formulée ainsi: M. Bertholet (dans la première condition) vs M. Ben Sala (dans la seconde) a obtenu le poste parce qu'il avait une bonne formation, parce qu'il a eu de la chance, parce qu'il est suisse / réfugié (selon les conditions), parce qu'il a de la volonté, etc. Les sujets pouvaient retenir autant de dimensions qu'ils le voulaient.

[9] Certains items ont été inversés de façon à ce qu'une moyenne de l'indice plus élevée corresponde à une image plus positive. Les caractéristiques à appliquer, identiques pour les deux candidats, étaient les suivantes (présentées ainsi: par exemple 1 = travailleur et 7 = pas travailleur): travailleur – profiteur – brillant – ouvert – borné – discret – marginal – ambitieux – contestataire – bruyant – discipliné – prétentieux – fainéant.

Signalons que les items sont très fortement liés entre eux et que leur regroupement est donc justifié: pour ceux composant l'image du Suisse, l'alpha de Cronbach est de 0,85, et pour l'image du réfugié, il est de 0,89.

Tableau 2: Images des candidats suisse et réfugié (plus la moyenne est élevée, plus l'image est positive)

	condition où le SUISSE obtient le poste	condition où le RÉFUGIÉ obtient le poste
IMAGE DU SUISSE	4.94	4.83
IMAGE DU RÉFUGIÉ	4.58	4.14

comment les sujets décrivent Bertholet, puis Ben Sala, selon que ceux-ci ont obtenu ou non le poste.

L'on relèvera tout d'abord que les moyennes se situent au-dessus de 4, donc sur le pôle positif de l'échelle, y compris pour l'image du réfugié. A ce niveau, l'ordre des jugements émis par les sujets joue certainement un rôle important. En effet, du moment qu'ils évaluent le réfugié après le Suisse, la comparaison entre les deux candidats qu'ils sont devient particulièrement saillante et leur permet de prendre conscience d'être racistes s'ils discriminent Ben Sala par rapport à Bertholet. D'autres études (McConahay 1983) ont montré qu'un ordre de jugements inverse mène à une évaluation plus négative de l'étranger, l'absence de comparaison avec l'autochtone laissant moins de latitude aux gens pour contrôler leur racisme. En d'autres termes, la relative positivité de l'image du réfugié dans notre étude soutient l'idée que le racisme ne s'exprime pas par une dévalorisation systématique de l'autre: les sujets activent la norme antiraciste dominante qui assure la censure des stéréotypes négatifs sur les étrangers.

Il n'en demeure pas moins qu'apparaissent des modulations dans les jugements sur les deux candidats. Globalement, l'image du Suisse (m = 4,89) est plus positive que l'image du réfugié (m = 4,35; p < .025)[10]. Mais cette différence n'est statistiquement significative que dans la condition où le réfugié sort vainqueur du concours, dévalorisé (m = 4,14) par rapport au Suisse qui n'obtient pas le poste (4,83; p < .034). De surcroît, ce réfugié gagnant est moins bien perçu que le Suisse gagnant (m = 4,94; p < .001)[11]. Le candidat national est donc toujours mieux évalué que le réfugié favorisé par le sort.

---

[10] Cet effet simple est donné par une analyse multivariée de la variance (MANOVA) incluant la variable indépendante (gagne/perd le concours) et les variables dépendantes (images du Suisse et du réfugié), avec mesures répétées sur ce second facteur.

[11] La différence des jugements émis par les sujets est significative ici (selon le *T* de Student) sur 9 des 13 caractéristiques proposées.

En d'autres termes, dans un contexte tel que celui du succès du réfugié, qui n'active pas la conscience antiraciste des sujets et où ils ne contrôlent donc pas leur attitude à un niveau latent, leurs jugements sont plus discriminateurs. Mais dans un contexte qui de fait défavorise déjà l'étranger, puisqu'il n'est pas engagé, les sujets ne veulent pas contribuer à son exclusion: lorsque Ben Sala perd le concours, l'image qu'on donne de lui (m = 4,58) n'est significativement pas différente de celle du Suisse, que celui-ci ait obtenu ou non le poste.

Tout se passe ainsi comme si le succès du réfugié était menaçant, et que les sujets voulaient alors faire preuve de loyauté à l'égard de leur groupe d'appartenance (les Suisses en l'occurrence): en discriminant le réfugié gagnant, ils rendent illégitimes à la fois l'échec du Suisse et le succès du réfugié. Alors même, rappelons-le, que l'attribution du poste au réfugié leur paraît juste et équitable. On pourrait rejoindre ici Touraine (1993), qui considère le racisme moderne comme avant tout défensif, puisque la discrimination du hors-groupe dans notre étude augmente quand l'intragroupe est menacé. Mais l'on pourrait aussi avancer une autre explication: dans une situation où le hors-groupe atteint une position sociale qui lui permet de quitter son statut de dominé, il ne constitue plus une minorité sociale protégée par un *Zeitgeist* opposé à l'exclusion des plus faibles, et la discrimination à l'égard des membres de ce hors-groupe peut alors se manifester plus aisément.

DISCUSSION

Il ressort de ces résultats que la conscience (anti)raciste des individus est un facteur essentiel pour expliquer que la discrimination occupe toujours une place importante dans les rapports sociaux. La mise en oeuvre des dynamiques que l'on vient d'observer suppose en effet que les sujets sont racistes à leur insu. D'une part, conformes à la norme antiraciste, ils refusent de recourir à des préjugés, et d'autre part, confrontés au réfugié vainqueur du concours, ils valorisent leur propre groupe, certainement sans avoir conscience d'établir ainsi une discrimination. Il est même probable qu'ils sont convaincus de ne pas être racistes. Or, la valorisation du groupe national est une forme d'ethnocentrisme, qui, comme le dit Taguieff (1990: 22), constitue ici «la structure psychosociale d'accueil de la pensée raciste». A tout le moins, la dévalorisation de l'étranger qui met en échec le Suisse montre que l'antiracisme affiché initialement a peu de consistance. Lorsqu'ils en ont la légitimité, donnée par le contexte social, les sujets «oublient» les valeurs attachées à la norme antiraciste. Tandis que dans des situations qui ravivent cette norme, comme dans le cas du non-engagement du réfugié, ils agissent de façon plus égalitaire. Ainsi, il s'avère que la non-discrimination, ou l'antiracisme, a bien un ancrage culturel, mais pour autant que l'autre, cible de jugements, soit considéré comme victime, socialement désavantagé et minoritaire.

L'un dans l'autre, l'antiracisme paraît être une forme de complaisance normative: à un niveau manifeste, on respecte la norme dominante, qui est l'acceptation de l'autre, mais sur le fond, on fonctionne toujours selon un classement en termes de «eux» et «nous» qui autorise des différenciations discriminatrices, liées à une vision ethnocentrique des rapports sociaux.

Ce constat n'est guère réjouissant. L'établir n'est cependant pas inutile, car le racisme, on l'a vu, est une question de conscience. Sous cet angle, le fonctionnement de nos sociétés occidentales, relayé par les médias, pose de graves problèmes. En effet, on dénonce à grands cris les actes ouvertement racistes: par exemple, les agressions des néo-nazis allemands contre les requérants d'asile ou les viols que subissent les femmes en ex-Yougoslavie; on ne manque jamais de relever l'absurdité des guerres ethniques et, de façon générale, on s'insurge contre tout comportement de violence exercé sur autrui. Résultat: la majorité ne se reconnaît pas dans cette expression de la discrimination et est convaincue de ne pas être raciste.

Au fond, la visibilité du racisme éloigne celui-ci de notre conscience. Le dévoilement, médiatique notamment, du racisme manifeste masque la présence d'un racisme souterrain, «clandestin» (Taguieff 1987). Il faudrait donc, outre un contexte social favorable à l'égalité et à la tolérance, élargir la définition du racisme, et partant sa dénonciation. Notamment, ne devrait-on pas remettre en question la légitimité de certaines pratiques qui ne sont pas perçues comme racistes de façon explicite, telles l'ethnocentrisme, le nationalisme, voire la simple valorisation du groupe national, puisque, en fin de compte, elles peuvent contribuer à la perpétuation des discriminations raciales?

Par ailleurs, il faut aussi considérer que la discrimination a des effets paradoxaux. La théorie de «l'élaboration du conflit», développée par Pérez et Mugny (1993), permet d'envisager que les individus exerçant un racisme voilé (ce qui concerne sans doute plus de monde que le racisme flagrant) peuvent changer d'attitude sur le fond, donc à un niveau latent, dans un contexte qui rend évident leur ambivalence. L'on sait que les individus n'aiment pas cet état d'ambivalence (Katz et Glass 1979), et lorsqu'ils sont amenés à prendre conscience de la dualité de leur attitude à l'égard des étrangers, à la fois positive et négative, ils vivent un conflit normatif et culturel qui peut favoriser la révision de leurs jugements sur autrui (voir Sanchez-Mazas et Mugny dans ce volume).

RÉFÉRENCES

ALLPORT Gordon Willard
1954   *The nature of prejudice*. Reading, MA: Addison-Wesley.

BALIBAR Etienne
1990   «Y a-t-il un ‹néo-racisme›?», in: BALIBAR E. et I. WALLERSTEIN (éds.), *Race, nation, classe. Les identités ambiguës*, pp. 27-41. Paris: La Découverte.

BALIBAR Etienne et Immanuel WALLERSTEIN (éds.)
1990   *Race, nation, classe. Les identités ambiguës*. Paris: La Découverte.

BOBO Lawrence
1983   «Whites' opposition to busing: symbolic racism or realistic group conflict?». *Journal of Personality and Social Psychology* 45(6): 1196-1210.

BOGARDUS Emory Stephen
1933   «A social distance scale». *Sociology and Social Research* 17: 265-271.

DOVIDIO John F. et Samuel L. GAERTNER (éds.)
1986   *Prejudice, discrimination, and racism: theory and research*. New York/Orlando: Academic Press.

GAERTNER Samuel L.
1973   «Helping behaviour and racial discrimination among liberals and conservatives». *Journal of Personality and Social Psychology* 25: 335-341.

GAERTNER Samuel L. et John P. MCLAUGHLIN
1983   «Racial stereotypes: associations and ascriptions of positive and negative characteristics». *Social Psychology Quarterly* 46(1): 23-30.

KATZ Irwin et David C. GLASS
1979   «An ambivalence-amplification theory of behavior toward the stigmatized», in: AUSTIN W. G. and S. WORCHEL (éds.), *The social psychology of intergroup relations*. Monterey: Brooks/Cole.

KOVEL Joel
1970   *White racism: A psychohistory*. New York: Pantheon.

MCCONAHAY John B.
1983   «Modern racism and modern discrimination: the effects of race, racial attitudes, and context on simulated hiring decisions». *Personality and Social Psychology Bulletin* 9(4): 551-558.

MOSCOVICI Serge
1979   *Psychologie des minorités actives*. Paris: Presses Universitaires de France.

PÉREZ Juan Antonio et Gabriel MUGNY (éds.)
1993   *Influences sociales. La théorie de l'élaboration du conflit*. Neuchâtel: Delachaux et Niestlé.

274

PÉREZ Juan Antonio, Gabriel MUGNY, Elena LLAVATA et Rosa FIERRES
1993   «Paradoxes de la discrimination et conflit culturel: études sur le racisme», in: PÉREZ Juan Antonio et Gabriel MUGNY (éds.), *Influences sociales. La théorie de l'élaboration du conflit*, pp. 145-168. Neuchâtel: Delachaux et Niestlé.

PETTIGREW Thomas F.
1989   «The nature of modern racism in the United States». *Revue Internationale de Psychologie Sociale* 2(13):291-304.

PETTIGREW Thomas F. et Roel W. MEERTENS
1993   «Le racisme voilé: dimensions et mesures», in: WIEVIORKA Michel (éd.), *Racisme et modernité*, pp. 109-126. Paris: La Découverte.

SEARS David O.
1988   «Symbolic racism», in: KATZ Phyllis A. et Dalmas A. TAYLOR (éds.), *Eliminating racism: profiles in controversy*, pp. 53-84. New York: Plenum.

SEARS David O. et Donald R. KINDER
1971   «Racial tensions and voting behavior in Los Angeles», in: HIRSCH Werner Zwi (éd.), *Los Angeles: Viability and prospects for metropolitan leadership*, pp. 51-88. New York: Praeger.

TAGUIEFF Pierre-André
1985   «Le néo-racisme différentialiste». *Langage et Société* 34: 69-98.
1987   *La force du préjugé. Essai sur le racisme et ses doubles.* Paris: La Découverte.
1990   «Réflexions sur la question antiraciste». *Lignes* 12:15-52.

TAGUIEFF Pierre-André (éd.)
1991   *Face au racisme: les moyens d'agir.* Paris: La Découverte.

TOURAINE Alain
1993   «Le racisme aujourd'hui», in: WIEVIORKA Michel (éd.), *Racisme et modernité*, pp. 23-41. Paris: La Découverte.

WELLMAN David T.
1977   *Portraits of white racism.* New York: Cambridge University Press.

Margarita Sanchez-Mazas et Gabriel Mugny

Xénophobie, ambivalence et changement d'attitude à l'égard des étrangers

Une perspective psychosociale[1]

Psychologie sociale des relations entre groupes

Les rapports entre étrangers et autochtones sont souvent difficiles, tendus et conflictuels. La psychologie sociale a contribué à comprendre ces phénomènes intergroupes en décrivant les processus qui les traversent (Doise 1976). Elle a d'abord montré qu'une compétition sociale peut dépendre du fait que les membres de groupes distincts perçoivent une incompatibilité des projets entre groupes, c'est-à-dire qu'ils croient que la réalisation des buts d'un groupe ne peut se faire qu'aux dépens de la réalisation des buts de l'autre groupe. Elle a cependant aussi montré qu'il est des raisons psychologiques plus profondes aux tensions entre groupes. Un double processus psychologique rendrait compte d'un «biais» systématique, comportemental ou évaluatif, en faveur des groupes auxquels on appartient (intragroupes) et de ce qui en serait le corollaire, la discrimination des groupes de non-appartenance (hors-groupes). Le premier processus serait la catégorisation sociale ou le découpage, à des fins de simplification, de l'environnement social en termes de catégories (Tajfel 1972). Le second, plus motivationnel, serait l'aspiration à une identité sociale positive au travers de l'appartenance à des groupes socialement valorisés. Lorsque les groupes s'évaluent et se comparent sur des dimensions de grande importance pour eux, discriminer le hors-groupe serait un moyen dont les membres de ces groupes disposent pour se valoriser personnellement, en tant que membres d'un groupe symboliquement «compétitif». De cette manière, ils maintiennent un sentiment d'identité sociale positive, puisque le groupe auquel ils appartiennent est mieux évalué que le hors-groupe, et qu'ils s'approprient symboliquement cette valeur supérieure.

[1] Etudes réalisées avec l'appui du Fonds National suisse de la Recherche Scientifique et du Centre National français de la Recherche Scientifique.

La psychologie sociale, s'intéressant à décrire l'ensemble des dynamiques qui caractérisent les rapports entre groupes, a cherché elle à connaître les conditions auxquelles les biais de favoritisme intragroupe et de discrimination du hors-groupe ne se produisent pas. Ainsi, des études démontrent que l'incompatibilité des projets entre les groupes peut être dépassée par l'existence d'un but «supraordonné», c'est-à-dire lorsqu'un intérêt commun aux groupes en présence est saillant et les rapproche. Par ailleurs, l'appartenance «croisée» à de multiples catégories a pour effet de diminuer la différenciation qui est issue des catégorisations «simples» effectuées sur la base d'un seul et unique critère (Deschamps 1977). D'autres études ont établi que la discrimination du hors-groupe n'apparaît pas lorsque les membres d'un groupe peuvent porter des jugements indépendants sur leur groupe et sur l'autre groupe, et qu'ils peuvent valoriser leur propre groupe sans avoir à déprécier l'autre pour ce faire (Mummendey et Schreiber 1983).

Ces limites de la discrimination connaissent aussi leurs propres limites. A prendre quelques exemples, si l'introduction d'une catégorisation croisée (du fait de critères d'appartenance multiples) diminue significativement le biais intergroupe, ce n'est que pour le temps où la ou les catégorisations surimposées sont saillantes, puisque lorsque réapparaît une catégorisation «simple», le biais en faveur de l'intragroupe revient avec la même force (Deschamps 1977). De même, on peut envisager de rendre saillant un niveau de catégorisation supraordonné, qui englobe le hors-groupe dans un nouvel intragroupe plus large (Turner 1987). Cependant, les individus ont tôt fait de réintroduire un niveau intergroupe de catégorisation, sans compter que, plutôt que d'envisager une fusion catégorielle avec un groupe antagoniste, ils peuvent tout aussi bien s'opposer à l'inclure dans une catégorie supraordonnée (Sanchez-Mazas, Roux et Mugny 1994). Par ailleurs, lorsqu'on détend la compétition sociale symbolique en introduisant une comparaison indépendante plutôt que négativement interdépendante, on observe que si le hors-groupe est évalué positivement, ce n'est que sur des dimensions en fin de compte secondaires, alors que le favoritisme intragroupe s'exprime sur une dimension évaluative plus centrale (Mummendey et Schreiber 1983). Enfin, augmenter les contacts avec des membres du hors-groupe ne paraît réduire les biais intergroupes qu'à un niveau très interpersonnel, lorsqu'ils n'ont pas pour effet de les exacerber (Hewstone et Brown 1986). Ces résultats questionnent donc les méthodes de réduction des biais intergroupes dérivées du rôle clef imputable aux processus de catégorisation. En effet, du fait même de la différenciation catégorielle qui découle de la seule catégorisation, les attitudes qui sous-tendent les comportements et jugements intergroupes paraissent très résistantes au changement, et la modification des rapports intergroupes semble de ce point de vue vouée à l'échec.

Dans les études évoquées, les chercheurs ont retenu des jugements intergroupes le fait qu'ils portent sur les rapports entre les groupes. Ils envisagent les processus sous-jacents aux comportements, aux évaluations et aux attitudes entre les groupes comme relevant de la simple appartenance à l'une ou à l'autre des catégories en présence et donc de la seule catégorisation. Or l'appartenance peut avoir diverses significations psychologiques et induire ou non des comportements de discrimination. Ce ne serait pas, par exemple, la nationalité en tant que telle qui entraînerait la discrimination de l'étranger, mais une signification particulière donnée à cette appartenance nationale. De même ce n'est pas la catégorisation d'étranger en soi qui susciterait la discrimination, mais la valeur associée à une telle catégorisation (Tajfel 1972). Ce qui est alors à retenir, et qui a été quelque peu négligé dans les travaux portant sur les rapports entre les groupes, c'est le fait que ceux-ci constituent d'abord des attitudes sociales, au même titre, serait-on tenté de dire, que n'importe quelle attitude face à n'importe quel objet (Eagly et Chaiken 1993). De ce point de vue, on doit s'interroger non seulement sur ce qui se passe au niveau même du rapport entre deux groupes mais, plus globalement, sur le contexte social dans lequel les attitudes intergroupes sont ancrées. Somme toute, le discours et les pratiques (par exemple la politique de l'immigration) que la société dans son ensemble tient sur les rapports à l'étranger ne sont pas sans incidences sur les attitudes et comportements des individus. En particulier, une catégorie d'appartenance (telle que les autochtones) doit être envisagée non seulement dans son rapport à la catégorie de non-appartenance (les étrangers), mais aussi dans son rapport à des groupes de référence pertinents, dans la mesure où ils influent sur les principes organisateurs des comportements et des attitudes à adopter à l'égard du hors-groupe. C'est donc dans une perspective normative (Pettigrew 1993) que nous aborderons ici la question des attitudes intergroupes, et en particulier du changement de l'attitude xénophobe.

LE CONTEXTE SOCIAL DES ATTITUDES INTERGROUPES

Des chercheurs ont en effet avancé de longue date que les attitudes ne sont pas tant déterminées par les rapports avec les membres d'un hors-groupe que par l'exposition à l'attitude prévalente par rapport à eux (Pettigrew 1958). Les individus tireraient ainsi, à partir des normes développées dans leurs groupes de référence, des idées et des attentes concernant la manière de traiter l'intragroupe et le hors-groupe, et donc de se comporter dans un contexte intergroupe. Une des raisons pour lesquelles les attitudes hostiles sont difficiles à changer est alors que la position discriminatoire ou les préjugés des individus peuvent jouir du support social de groupes de référence pertinents. C'est pourquoi les attitudes intergroupes doivent être abordées en termes de processus d'influence sociale par lesquels s'élaborent et se diffusent les normes dans un contexte intragroupe.

Si l'attitude de discrimination renvoie à des normes sociales, l'attitude inverse, à savoir de ne pas traiter différenciellement les hors-groupes, repose aussi sur une norme de référence, qui culmine dans les droits des minorités et plus généralement dans la charte des droits de l'homme. Ainsi les données empiriques des recherches sur la «simple catégorisation», où les sujets doivent distribuer des ressources matérielles ou symboliques à des individus divisés sur la base d'une catégorisation arbitraire, révèlent un biais systématique en faveur des membres de la catégorie d'appartenance. Ils indiquent cependant aussi que les allocations des sujets ne tendent pas exclusivement vers une discrimination maximale du hors-groupe. Leurs choix apparaissent comme modulés par la prise en compte d'une norme sociale d'égalité (Tajfel 1972).

Certaines données démontrent d'ailleurs que les sujets se conforment alternativement à des normes opposées, lorsqu'elles sont présentées comme prototypiques du groupe. Ce processus de conformité serait facilité dans le domaine des attitudes intergroupes en raison de l'*ambivalence* qui les caractérise. Le contexte social des attitudes intergroupes apparaît en effet défini par une ambivalence fondamentale, faite de contraintes normatives multiples, sinon opposées, sur l'expression de la discrimination. Elle se retrouve de manière exemplaire au niveau des attitudes manifestes et latentes mises en évidence dans la recherche sur le nouveau racisme (Dovidio et Gaertner 1986; voir la contribution de Roux et Pérez dans ce volume).

En termes d'influence sociale, cette ambivalence implique que les individus peuvent se reconnaître et donc adhérer, au gré des circonstances sociales, aussi bien à une norme de tolérance et d'égalité entre les groupes qu'à une norme ethnocentrique favorisant leur catégorie d'appartenance. En effet, quelle norme l'emportera dans quel contexte peut dépendre en particulier du support social des groupes de référence. Ainsi, lorsqu'on informe des jeunes (apprentis ou étudiants) que 80% des jeunes Suisses suivant la même formation qu'eux (un groupe de référence pertinent; Clémence et Gardiol 1993) sont favorables à des décisions égalitaires dans le partage des ressources entre Suisses et étrangers, ils se montrent majoritairement d'accord avec cette position. Quand l'information, par ailleurs présentée de manière strictement identique, indique que la majorité du groupe de référence est favorable à une priorité pour les Suisses, il s'avère que la conformité est tout aussi intense (Sanchez-Mazas et al. 1993).

Mais quels effets sur l'attitude proprement dite faut-il attendre de ces diverses conformités? En particulier, ces dynamiques peuvent-elles assurer un changement de l'attitude ethnocentrique? Le va-et-vient oscillatoire entre les deux normes constitutives de l'ambivalence laisse anticiper que cela est difficilement le cas, que la norme soit ethnocentrique ou égalitaire d'ailleurs.

Dans tous les cas cependant, une même logique semble régir la question des changements dans les attitudes à l'égard de l'autre. L'hypothèse que nous avons développée est qu'une influence sociale fondée sur la référence à une norme égalitaire – par exemple entre autochtones et étrangers – ne peut induire un changement d'attitude qu'à la condition qu'elle introduise une dynamique de *conflit normatif*, défini par le fait que l'individu se découvre en contradiction avec un groupe de référence pertinent. Voyons-en les raisons psychosociales.

Pour aborder la question de l'influence et du changement d'attitude intergroupe, il convient de reprendre la notion de niveau d'influence, développée dans le cadre des études sur l'influence minoritaire (Moscovici 1979). Il s'agit en effet de distinguer (Mugny et Pérez 1986) l'influence manifeste, renvoyant à la conformité explicite à la position du groupe, et l'influence latente, renvoyant à une influence privée, différée, ou portant sur des contenus liés à la tentative d'influence, mais sur lesquels la source d'influence ne s'est pas prononcée, qui témoignent d'une réelle intériorisation d'une attitude nouvelle.

L'impact manifeste des opinions et attitudes prévalentes dans un groupe de référence est largement étayé par la littérature psychosociologique qui montre que les individus tendent à penser comme ceux auxquels ils s'identifient. Un important corpus de données illustre cette conformité des individus aux normes perçues comme prototypiques de leur groupe (Turner 1987). Cependant, l'influence manifeste ne préjuge en rien d'une influence profonde, et les limites du changement produit sur une base identitaire ont aussi été soulignées. Ce changement repose en effet sur la saillance psychologique de la source d'influence – en l'occurrence le groupe de référence – et ne porte souvent que sur la position explicitée par le groupe, ne durant donc que tant que l'individu se définit comme membre de ce groupe.

Cette ligne de raisonnement s'inscrit dans le cadre de la conceptualisation des processus d'influence sociale en termes de la nature sociocognitive du traitement de la divergence entre cible et source, telle qu'elle a été proposée récemment dans la Théorie de l'Elaboration du Conflit (Pérez, Mugny et al. 1993). Une des assomptions de ce modèle est que la conformité à un groupe de référence peut paradoxalement constituer un obstacle au changement latent. C'est le cas dans la mesure où les individus s'en remettent de manière «dépersonnalisée» (Turner 1987) à une position, ce qui se produit lorsqu'ils pensent ou agissent au travers du prisme de quelque groupe de référence. Cette élaboration impersonnelle débouche sur un effet de *paralysie sociocognitive* (Pérez, Mugny et Navarro 1991). Une conséquence de la convergence attitudinale avec un groupe de référence est en effet que les individus ne questionnent plus leurs attitudes personnelles après avoir manifesté leur conformité. En se conformant, les individus minimisent la divergence avec la norme de leur groupe, sans examiner leurs propres attitudes, c'est-à-dire sans élaborer sociocognitivement une divergence, qui n'a plus aucune existence psychologique du moment qu'elle a été déniée par la réponse de conformité. La conformité n'est donc garante que d'un changement d'attitude en surface, pour plusieurs raisons qui suggèrent quelques pistes à propos des conditions d'un conflit amenant à un changement plus «profond» et durable.

Une première raison d'avoir recours à une stratégie d'introduction du conflit dans l'intragroupe en vue de réduire les conflits intergroupes tient à la nature même de l'attitude en jeu. L'ambivalence qui la caractérise est attestée par l'adhésion en apparence contradictoire à la norme xénophile et à la norme xénophobe, lorsque l'une ou l'autre apparaît prévaloir dans le groupe de référence. Cette ambivalence est sans doute un des obstacles majeurs au changement des attitudes intergroupes, puisque d'une part les individus peuvent se réclamer d'une norme égalitaire tout en pratiquant une discrimination pour laquelle ils trouvent un support social qui la légitime, en particulier dans une norme de loyauté au groupe. Dans notre perspective, la saillance d'une norme ne pourrait donc pas *per se* assurer un changement, même si son contenu est égalitaire. Comme nous le montrerons, c'est alors, en mettant en conflit les composantes d'une attitude ambivalente, que l'on peut contribuer à la modération de l'attitude xénophobe.

Une seconde raison tient à ce que l'individu peut nier ou minimiser le caractère biaisé ou discriminatoire de ses attitudes et conduites. La discrimination, en particulier dans les sociétés où les privilèges et les droits sont inégalement répartis entre les groupes, peut être justifiée au nom de la «conscience nationale» ou d'arguments «rationnels» plutôt qu'en raison d'une hostilité ouverte vis-à-vis du hors-groupe (Billig et al. 1988). Dans ces conditions, l'exposition à des valeurs de tolérance et d'égalité d'un groupe de référence n'est pas intrinsèquement conflictuelle, même pour un individu à préjugés. Le conflit potentiel avec le groupe de référence peut être évité par simple auto-attribution manifeste de la norme du groupe sans implications sur les attitudes latentes, ce qui questionne les conditions de l'efficacité d'une approche *«top-down»* de leur modification (Pettigrew 1993), qui compte sur l'efficience des pressions normatives. Celles-ci ne devraient se révéler propices au changement des attitudes xénophobes que dans des conditions où l'individu a été rendu conscient du caractère biaisé ou discriminatoire de ses conduites, et surtout de leur incompatibilité avec une norme d'égalité.

Une différence fondamentale semble exister de ce point de vue entre le phénomème de la xénophobie et celui du racisme. Celle-ci pourrait bien résider dans ce que, dans les cas de l'attitude à l'égard des étrangers, l'attitude xénophobe est en fin de compte congruente avec non seulement celle de groupes de références, mais aussi avec l'attitude officielle (politiques de migration et de limitation des droits des étrangers) qui dans le fond légitime aussi les différenciations entre autochtones et étrangers. Par contre, dans le cas du racisme, la vision dominante, du moins d'une partie significative de la société, situe l'ensemble des individus comme appartenant par nature à l'intragroupe, en l'occurrence l'espèce humaine, l'attitude officielle étant dans ce cas pour la censure des différenciations raciales dans l'intragroupe (cf. la contribution de Roux et Pérez dans ce volume).

La dynamique du conflit normatif

Dans le cas de la xénophobie, puisque cette attitude apparaît en fin de compte légitime, il faut que la norme du groupe de référence soit alternative (en l'occurrence exclusivement égalitaire) et introduise donc une certaine divergence. Mais il faut que l'individu ressente bien un conflit par rapport à la norme de son groupe, et qu'il l'élabore activement, en termes personnels, sans possibilité de simplement y adhérer ouvertement, voire publiquement.

En effet, une idée largement admise aujourd'hui est que l'influence effective provient d'un désaccord ressenti avec des autruis similaires. L'influence relèverait de la violation de l'attente du consensus dans ce qui constitue un intragroupe de référence. La divergence perçue comme telle avec un groupe de référence pertinent induit d'ailleurs une activité cognitive intense, l'individu cherchant à lui donner un sens, et en particulier à résoudre le conflit. L'influence dans l'intragroupe est à comprendre alors comme relevant d'un processus de rétablissement du consensus de la part d'un individu se percevant comme déviant, ou du moins différent dans son intragroupe, c'est-à-dire comme contribuant à en menacer la cohésion. Autrement dit, ce n'est pas à la suite de l'opportunité d'affirmer ouvertement et manifestement un lien identitaire que se produit le changement d'attitude, mais bien à la suite de cette impossibilité, c'est-à-dire du fait d'un conflit normatif opposant l'individu à un intragroupe (Sanchez-Mazas et al. 1993). Un conflit normatif «efficace» prendra la forme d'une inconsistance entre des réponses d'un individu exprimant de manière effective une attitude donnée (ethnocentrique en l'occurrence) et la norme contraire (égalitaire) d'un groupe de référence rendu psychologiquement saillant.

Plusieurs études expérimentales ont été réalisées à ce propos (Sanchez-Mazas et al. 1993). Elles consistent à engager les sujets – tendanciellement xénophobes – dans l'expression plus ou moins ouverte de leur attitude discriminatoire. Cette expression apparaît en effet essentielle pour que le groupe de référence exerce une influence au niveau latent, c'est-à-dire pour que la norme alternative (d'égalité ou d'équité) soit intériorisée. Il faut en effet que son attitude discriminatoire apparaisse comme telle aux yeux du sujet pour qu'une divergence puisse être ressentie et élaborée comme conflit normatif. Pour ce faire, on a amené une partie des sujets à émettre des jugements intergroupes (sous forme d'allocations de ressources aux autochtones et aux étrangers) selon le mode discriminatoire caractéristique de la xénophobie, que l'on sait être l'interdépendance négative entre les groupes (Mugny, Sanchez-Mazas, Roux et Pérez 1991). Puisque dans l'interdépendance négative ce qu'un groupe gagne, l'autre le perd, le favoritisme implique nécessairement une privation de ressources pour le hors-groupe, la discrimination étant rendue particulièrement saillante. Ce n'est pas le cas de l'indépendance des jugements, que l'on induit chez d'autres sujets, où le favoritisme n'est pas forcément reporté à la discrimination du hors-groupe, les deux groupes pouvant être jugés séparément. Un même degré de favoritisme dans les deux modalités s'accompagne en réalité de différentes perceptions de l'attitude discriminatoire.

On a ensuite contrôlé l'influence de la norme d'un groupe de référence, en l'occurrence «les jeunes Suisses suivant le même type de formation que vous». On lui impute une norme allant dans le sens ou à l'encontre de l'attitude exprimée dans les jugements intergroupes, la norme défendue étant donc exclusivement soit égalitaire (norme xénophile), soit ethnocentrique (norme xénophobe). Comme la signification que prend la norme du groupe de référence dépend de la manière dont le sujet se situe par rapport à elle, une attitude propre préalablement clairement discriminatoire doit apparaître comme anti-normée face à un groupe de référence égalitaire, ce qui n'est pas le cas lorsque la norme du groupe légitime l'attitude xénophobe des sujets.

On a pu montrer ainsi que – comme on l'a vu plus haut – les sujets adhèrent ouvertement aussi bien à l'une qu'à l'autre norme, et ce à un même degré. Cependant, seule l'exposition à la norme égalitaire induit un changement de l'attitude latente (captée à la fin de l'expérience sans plus de référence à la norme collective, à propos de contenus liés mais non explicitement abordés auparavant). L'exposition à la norme ethnocentrique ne fait quant à elle que conforter le sujet dans l'attitude qui sous-tend ses jugements intergroupes. Cette influence latente de la norme égalitaire est d'ailleurs plus marquée quand elle intervient après des jugements intergroupes interdépendants (et non pas indépendants), c'est-à-dire lorsque la saillance de sa dicrimination antérieure situe l'individu en claire contradiction avec la norme de son groupe de référence, ce qui définit le conflit normatif.

Une autre expérience confirme cette dynamique, et illustre de surcroît la dynamique de paralysie sociocognitive que peut introduire la conformité manifeste à la norme égalitaire. Comme dans l'expérience précédente, les sujets émettent des jugements intergroupes interdépendants ou indépendants rendant la discrimination plus ou moins explicite. Ils le font soit *avant* de prendre connaissance de la norme, comme dans l'expérience précédente, soit *après* en avoir été informés. Dans le second cas, ils peuvent tenir compte de la norme pour éviter d'entrer en contradiction avec elle. Dans le premier ils ne le peuvent pas, d'autant qu'on ne leur fait pas anticiper le fait qu'ils seront soumis ensuite à l'influence d'un groupe de référence. Comme prévu, les effets du conflit normatif sur l'attitude latente apparaissent uniquement quand la norme est induite après des jugements intergroupes interdépendants, clairement discriminateurs. En revanche, si les sujets prennent d'abord connaissance de la norme égalitaire, ils peuvent simplement s'y conformer, sans autre conflit. Ils diminuent alors le biais intergroupe, mais ce n'est qu'apparence, puisque l'attitude qu'ils expriment ensuite – sans plus de pression symbolique du groupe de référence – ne change en rien.

CONCLUSIONS

Résumons la double dynamique dans l'influence manifeste et latente d'une norme de référence. Il apparaît d'abord que les sujets déclarent adhérer à la norme majoritaire qui est rendue publique. Cela est vrai que cette norme soit xénophobe ou xénophile, ce qui illustre l'ambivalence normative qui marque les attitudes envers les étrangers: les individus semblent pouvoir se reconnaître – même simultanément – aussi bien dans une norme égalitaire favorable aux étrangers, que dans une norme ethnocentrique favorisant la catégorie d'appartenance nationale.

Ceci étant posé, il ressort que les conséquences latentes de la conformité manifeste ne sont pas automatiques. La norme xénophile semble pouvoir amener à un changement de l'attitude latente, et pas la norme xénophobe. Cependant, la norme xénophile n'induit une influence latente que lorsque les sujets ont préalablement émis des jugements intergroupes négativement interdépendants, qui ont rendu saillant le lien entre le favoritisme et la discrimination, contrairement à l'indépendance, où ces jugements ne sont pas mis en correspondance. Dans le premier cas, le conflit normatif semble déboucher sur un conflit de valeurs (Tetlock 1986), alors que dans le second ces valeurs sont au mieux simplement juxtaposées.

On doit interpréter cet ensemble d'effets en termes de conformité sociale et de paralysie sociocognitive. Ainsi, la norme xénophobe n'a pas d'incidence sur l'attitude parce que les jugements intergroupes préalables empreints de discrimination se révèlent en réalité conformes à la norme xénophobe du groupe de référence. C'est ici l'absence de conflit introduit par une norme effectivement partagée qui «gèle» l'attitude. Par ailleurs, la norme xénophile n'a pas non plus d'effet dès lors que les sujets n'ont pas l'impression d'être xénophobes, du fait qu'ils n'ont – sous indépendance des jugements intergroupes – pas mis en rapport le favoritisme et la discrimination. La norme égalitaire n'introduit un conflit que dans la mesure où elle contredit l'attitude ethnocentrique rendue saillante par l'interdépendance négative des jugements intergroupes préalablement exprimés. La norme xénophile n'a donc d'effet que lorsqu'elle surprend les sujets «en flagrant délit» de non-conformité.

Il en découle que l'effet latent de la norme xénophile du groupe de référence disparaît si les sujets prennent connaissance de la norme majoritaire avant de formuler les jugements intergroupes: ils expriment alors des jugements intergroupes moins discriminateurs, en un effet de conformité manifeste. Du fait de cette «élaboration collective», qui prend la forme d'un consensus apparent, le conflit avec le groupe de référence perdrait de son intensité, sinon disparaîtrait et, éliminant la nécessité de rétablir la conformité, il réintroduirait une dynamique de paralysie sociocognitive au niveau latent.

La présente approche suppose un certain renversement de perspective par rapport aux propositions visant à réduire le conflit intergroupe en créant des conditions dans lesquelles les individus sont amenés à juger ou à agir de manière non-discriminatoire. Elle part du constat de la résistance des individus discriminateurs à l'induction de contextes théoriquement tenus pour favoriser des attitudes plus égalitaires (Mugny et al. 1991; Sanchez-Mazas et al., 1994) et s'appuie sur le conflit de valeurs que peut poser à l'individu le fait de discriminer, plutôt que sur la tentative d'inhiber cette discrimination par des procédures intergroupes *ad hoc*. Il s'agit de ce point de vue de partir d'un état de fait – les pratiques discriminatoires – et de profiter de l'attachement qu'auraient néanmoins les individus à des idéaux égalitaires ou aux droits de l'homme (Doise, Dell'Ambrogio et Spini 1991). Cette perspective ne nécessite donc nullement d'induire une accentuation de la discrimination, que les xénophobes pratiquent de toute façon. L'effet de la modalité de jugement est suggestive à ce propos, puisqu'elle n'entraîne pas une variation dans l'ampleur de la discrimination, du moins chez les plus xénophobes dont l'attitude est la plus résistante au changement. C'est en jouant sur une perception différente de l'acte de discriminer, qui le rend contre-normatif, que la norme égalitaire est apparue susciter un conflit débouchant sur une attitude latente plus xénophile. Ainsi, si du point de vue de la recherche intergroupe, l'interdépendance négative des jugements enferme le sujet dans sa logique discriminatoire, la référence conflictuelle à la norme xénophile d'un groupe de référence peut suffisamment interpeller l'individu pour qu'il se l'approprie réellement.

RÉFÉRENCES

BILLIG Michael, Susan CONDOR, Derek EDWARDS, Mike GANE, David MIDDLETON et Alan Radley
1988   *Ideological Dilemmas: A social psychology of everyday thinking.* London: Sage.

CLÉMENCE Alain et Nathalie GARDIOL
1993   «Les prises de position des jeunes face à la drogue en Suisse». *Déviance et société* 17:19-32.

DESCHAMPS Jean-Claude
1977   *L'attribution et la catégorisation sociale.* Berne: Peter Lang.

DOISE Willem
1976   *L'articulation psychosociologique et les relations entre groupes.* Bruxelles: De Boek.

DOISE Willem, Piera DELL'AMBROGIO et Dario SPINI
1991   «Psychologie sociale et droits de l'homme». *Revue Internationale de Psychologie Sociale* 4:257-277.

DOVIDIO John F. et Samuel L. GAERTNER (éds.)
1986   *Prejudice, discrimination and racism.* Orlando: Academic Press.

EAGLY Alice et Shelly CHAIKEN
1993   *The psychology of attitudes.* Orlando: Harcourt Brace Jovanovich.

HEWSTONE Miles et Rupert J. BROWN (éds.)
1986   *Contact and conflict in intergroup encounters.* Oxford, Blackwell.

MOSCOVICI Serge
1979   *Psychologie des minorités actives.* Paris: Presses Universitaires de France.

MUGNY Gabriel et Juan Antonio PÉREZ
1986   *Le déni et la raison. Psychologie de l'impact social des minorités.* Cousset: Delval.

MUGNY Gabriel, Margarita SANCHEZ-MAZAS, Patricia ROUX et Juan Antonio PÉREZ
1991   «Independence and interdependence of group judgments: xenophobia and minority influence». *European Journal of Social Psychology* 21:213-223.

MUMMENDEY Amélie et Hans-Joachim SCHREIBER
1983 «Better or just different? Positive social identity by discrimination against, or by differentiation from outgroups». *European Journal of Social Psychology* 13: 389-397.

PÉREZ Juan Antonio et Gabriel MUGNY et al.
1993 *Influences sociales: la théorie de l'élaboration du conflit.* Neuchâtel: Delachaux et Niestlé.

PÉREZ Juan Antonio, Gabriel MUGNY et Esperanza NAVARRO
1991 «El efecto de la ‹paralisis› intragrupal: niveles de categorización del yo y niveles de influencia social. *Anthropos* (Suplementos) 27: 121-132.

PETTIGREW Thomas F.
1958 «Personality and sociocultural factors in intergroup attitudes: a crossnational comparison». *Journal of Conflict Resolution* 2: 28-42.
1993 *The complex links between prejudice and discrimination: a normative perspective.* Conférence «Migration conflicts», Université de Münster.

SANCHEZ-MAZAS Margarita, Juan Antonio PÉREZ, Esperanza NAVARRO, Gabriel MUGNY et Jasmina JOVANOVIC
1993 «De la paralysie intragroupe au conflit normatif: études sur l'avortement, la contraception et la xénophobie», in: PÉREZ Juan Antonio et Gabriel MUGNY (éds.), *Influences Sociales: La Théorie de l'Elaboration du Conflit*, pp. 121-143. Neuchâtel: Delachaux et Niestlé.

SANCHEZ-MAZAS Margarita, Patricia ROUX et Gabriel MUGNY
1994 «When the outgroup becomes ingroup and when the ingroup becomes outgroup: xenophobia and social categorization in a resource allocation task». *European Journal of Social Psychology* 24: 417-423.

TAJFEL Henri
1972 «La catégorisation sociale», in: MOSCOVICI Serge (éd.), *Introduction à la Psychologie Sociale.* Paris: Larousse.

TETLOCK Philip E.
1986 «A value pluralism model of ideological reasoning». *Journal of Personality and Social Psychology* 50: 819-827.

TURNER John C.
1987 *Rediscovering the social group.* Oxford: Blackwell.

Mary Haour-Knipe

Migration et stigmatisation

Le cas de la prévention du sida[1]

Introduction

Le stigmate est, selon Goffman, «un attribut social qui dévalorise un individu ou un groupe». Ce concept est examiné ici en rapport à la maladie en général, et plus particulièrement à la prévention du sida.

Après de brèves descriptions de notre recherche et de la situation migratoire en Europe, le concept de stigmate est introduit, notamment dans ses relations avec les maladies d'une part, et avec les étrangers d'autre part. Les aspects de la stigmatisation qui entravent les activités de prévention du sida sont présentés, et deux principes fondamentaux permettant d'éviter ce phénomène sont discutés.

L'*action concertée* de la Communauté européenne[2]

Le but de l'*action concertée*, lancée en 1989 par la Communauté européenne, était d'évaluer les stratégies de prévention du sida mises en œuvre auprès de quatre groupes spécifiques: les hommes ayant des relations sexuelles avec d'autres hommes, les consommateurs de drogues par voie intraveineuse, la population générale et les migrants. Ce dernier mandat reposait sur deux hypothèses: (1) les migrants pourraient éventuellement présenter des risques particuliers en raison de facteurs spécifiques,

---

[1] Cet article est basé sur les résultats de l'*action concertée* de la Communauté européenne portant sur l'évaluation des stratégies de prévention du VIH et du sida, coordonnée par l'Institut universitaire de médecine sociale et préventive de Lausanne. Le troupe travaillant sur les migrants et les voyageurs a été coordonné par l'auteur.
Une version anglaise est parue dans: *Innovation in Social Research* 6/1: 19-35, 1993, et dans: Abel, Thomas, Siegfried Geyer, Uta Gerhardt, Wim van den Heuvek et Johannes Siegrist (éds.), *Medical Sociology Research in Chronic Illness*. Bonn/Berlin: Informationszentrum Sozialwissenschaften, pp. 10-129, 1993. L'adaptation française a été réalisée par Claude Jeangros.

[2] Pour une description complète des activités du groupe, voir le rapport final (Haour-Knipe 1991).

(2) les personnes d'une culture et d'une langue minoritaires pourraient ne pas avoir été atteintes par les campagnes de prévention du sida adressées à la population générale des pays d'accueil.

Au moment où l'*action concertée* a démarré, des actions de prévention auprès des migrants venaient tout juste de commencer. Ces activités ont été décrites par des experts responsables de tels programmes dans douze pays: l'Allemagne, la Belgique, l'Espagne, la France, la Grande-Bretagne, la Grèce, l'Italie, la Norvège, les Pays-Bas, le Portugal, la Suède et la Suisse.

Qui sont les migrants européens ?

Tous les pays européens ont des populations migrantes qui reflètent les raisons classiques de migration. Des personnes venant d'anciennes colonies sont installées en Hollande, en Grande-Bretagne et au Portugal par exemple. Une importante migration de main-d'œuvre a eu lieu durant l'expansion économique des années 70; beaucoup de ces travailleurs immigrés, arrivés seuls à l'origine, vivent maintenant avec leur famille en Belgique, en Allemagne et en Suisse, entre autres. A l'heure actuelle, la migration de main-d'œuvre a cessé dans le nord de l'Europe et la plupart des migrations proviennent de la réunification des familles et de mouvements de personnel professionnel et technique internes à l'Europe. Les pays d'Europe du sud ne sont plus des pays d'émigration, mais d'immigration. Actuellement, tous les pays européens sont confrontés à l'afflux de demandeurs d'asile et au nombre croissant de migrants clandestins. Les profonds changements survenus dans le paysage politique et économique de l'Europe depuis l'hiver 1989 affectent également la situation migratoire.

La population visée ici est extrêmement variée en termes de culture, de statut socio-économique et de conditions de vie. On s'intéresse aussi bien à l'Africain étudiant ou travailleur clandestin vivant au Portugal qu'au petit épicier algérien ou pakistanais en Grande-Bretagne ou en France. Le demandeur d'asile peut avoir été politiquement persécuté et essayer de commencer une nouvelle vie ou de profiter d'un système de sécurité sociale mal adapté à de telles intentions.

Les réactions des pays d'accueil sont également fort variables. Les politiques officielles de migration sont encore actuellement très diverses bien que des tentatives d'harmonisation soient faites en vue du développement de l'Europe unie. A un niveau moins officiel, on observe aussi bien des signes d'intégration croissante, comme l'augmentation des mariages mixtes, que l'accroissement d'incidents racistes et xénophobes, plus particulièrement envers les demandeurs d'asile.

Pour le groupe de l'*action concertée*, les migrants ont été définis de manière large comme les personnes vivant dans un pays autre que le leur pour des périodes de plus de

3 mois. Y sont donc inclus les demandeurs d'asile, les saisonniers, mais également les membres de minorités ethniques qui vivent dans le pays d'accueil parfois depuis plusieurs générations déjà.

Le stigmate selon Goffman

Dans son livre devenu un classique, Goffman étudie les processus de stigmatisation. Il part du principe que la société établit les moyens de catégoriser les individus. L'apparence extérieure permet d'anticiper la catégorie et les attributs d'une personne inconnue, ainsi que son «identité sociale». Cependant, les *a priori* face à ce que devraient être les autres ne sont pas conscients. Il définit le stigmate comme un attribut qui est profondément dévalorisant, ce qui fait passer l'autre d'une personne entière et familière à une personne imparfaite et diminuée. Un individu présentant un stigmate peut voir l'attention de ceux qui le rencontrent se focaliser sur ce seul trait de sa personne. L'individu stigmatisé n'est pas facilement accepté dans une relation sociale ordinaire dans la mesure où il se distingue des attentes des personnes «normales» (celles qui ne s'écartent pas négativement des attentes en question).

Goffman définit trois types de stigmates: (1) les monstruosités du corps ou les diverses difformités, (2) les tares du caractère qui, aux yeux d'autrui, prennent l'aspect d'un manque de volonté, de passions irrépressibles ou antinaturelles, de croyances égarées et rigides, de malhonnêteté, et dont on infère l'existence chez un individu parce que l'on sait qu'il est ou a été, par exemple, mentalement dérangé, emprisonné, drogué, homosexuel, chômeur etc., (3) les stigmates tribaux que sont la race, la nationalité et la religion pouvant se transmettre de génération en génération et s'étendre à tous les membres d'une famille (Goffman 1975).

Comme, par définition, la personne présentant un stigmate n'est pas considérée comme tout à fait humaine, le reste de la société se sent autorisé à exercer différents types de discrimination à son égard, par lesquels ses chances de vie sont réduites. Ces attitudes sont justifiées à l'aide de théories et d'idéologies établissant l'infériorité des individus stigmatisés et le danger qu'ils représentent. D'ailleurs, Goffman relève que souvent ces derniers tendent à intégrer les attitudes du reste de la société quant à leur propre identité sociale, et il ne leur reste donc que la honte d'être différent. L'interface entre les individus stigmatisés ou ceux susceptibles de l'être et la population générale constitue une source potentielle de malaise pour les deux côtés.

Nous nous intéresserons maintenant au sida et aux étrangers, un sujet qui combine les trois types de stigmates définis par Goffman: les monstruosités évidentes du corps lors d'un sida déclaré; les tares du caractère qui sont inférés, dans les pays développés, entre VIH d'une part, et injection de drogues par voie intraveineuse et homosexualité d'autre part; enfin, bien sûr le stigmate de l'autre en tant qu'étranger. Le lien entre stigmatisation et épidémies, particulièrement dans le cas d'épidémies de maladies honteuses, est décrit tout en mettant en évidence la relation avec les étrangers.

Stigmates, maladies et étrangers

La stigmatisation associée à certaines maladies a été largement discutée dans la littérature traitant des maladies mentales, l'épilepsie, l'hémophilie, le cancer, la tuberculose, les maladies vénériennes. La stigmatisation est également présente en cas d'épidémies, où des groupes marginalisés ont toujours été soupçonnés ou accusés; cela a été le cas lors d'épidémies de peste, de choléra, de syphilis ou de tuberculose (Bourdelais 1989).

Strong (1990) propose trois types d'épidémie psycho-sociale qui font leur apparition en cas d'épidémie. Le premier, une épidémie de peur, est aussi une épidémie de suspicion («Je peux attraper la maladie et il se peut que tu l'aies déjà et que tu me la passes»). On trouve ensuite une épidémie de stigmatisation qui peut viser aussi bien ceux qui sont malades que les individus appartenant aux groupes suspectés d'être les principaux vecteurs de la maladie. Cette attitude commence par l'évitement, la ségrégation et l'abus. Elle peut, potentiellement, se terminer en pogroms lorsque les peurs individuelles se transforment en une «chasse aux sorcières» collective.

La présence de maladies contagieuses et d'épidémies ravive souvent les discussions relatives aux quarantaines et aux contrôles aux frontières[3]: des textes aussi anciens que la Bible décrivent comment les individus porteurs de maladies dangereuses, par exemple les colonies de lépreux, étaient refoulés aux faubourgs des villes, loin de la communauté «non-infectée». Comme les principes de solidarité et d'entraide ne s'appliquent le plus souvent qu'aux membres de sa propre communauté, les étrangers présentant des maladies graves encourent le risque de se voir expulser ou refuser le droit d'entrer. Durant les épidémies du Moyen Age, par exemple celle de peste bubonique qui frappa l'Europe aux XIVe et XVe siècles, les décès étaient souvent attribués à la seule présence physique d'étrangers, ce qui déclenchait des vagues de persécution à l'égard des membres des

---

[3] La question du contrôle aux frontières pour le VIH et le sida a été discutée ailleurs: par cet auteur dans le rapport final et aussi par Duckett et Orkin (1989), Hendriks (1990), Coates (1990), Gilmore et al. (1989), Gosten et al. (1990), Sommerville et Orkin (1989), Tindall et Tillett (1990), Tomasevski (1990).

communautés considérées comme responsables de l'introduction et de la diffusion de la maladie.

Le cas des maladies où le fait d'être malade est perçu comme étant à la fois le révélateur et la punition d'un relâchement moral est particulièrement intéressant. Par exemple, la syphilis semble toujours avoir été attribuée à quelqu'un d'autre: elle était appelée la maladie française par les Anglais et les Turcs, alors que les Français l'appelaient la maladie italienne, les Italiens la maladie espagnole, et les Espagnols, à leur tour, la maladie Hispaniola (en pensant qu'elle avait été apportée par Christophe Colomb lors de son retour de ce qui est maintenant Haïti). De même, les Russes accusaient les Polonais (Sabatier 1988) et les Japonais les Chinois (Sontag 1989).

Dans son histoire sociale des maladies vénériennes aux Etats-Unis, Brandt fournit des exemples frappants concernant une maladie «qui était devenue, de manière prédominante, une maladie de l'‹autre›, que ce soit d'une autre race, autre classe sociale ou autre groupe ethnique» (Brandt 1985: 23). Entre 1897 et 1907, plus de 650.000 Européens traversèrent l'Atlantique. Cet afflux massif stimula des craintes multiples dont une partie se cristallisa autour des maladies vénériennes. L'Acte d'immigration de 1891 excluait «les personnes souffrant de maladies contagieuses dégoûtantes ou dangereuses» (incluant implicitement les maladies vénériennes). Le nombre d'immigrants effectivement détectés comme infectés resta bas, mais ceux qui ne voulaient pas être convaincus ne l'étaient pas: certains suggérèrent que cela était dû à des examens inadéquats. Si certains médecins pensaient que les populations immigrantes étaient particulièrement sujettes aux infections vénériennes, d'autres ont suggéré que les mauvaises conditions de vie dans les villes américaines contribuaient à l'immoralité et à la diffusion de ces maladies. Moins tendre était l'idée qui circulait relativement largement selon laquelle certains migrants violaient des filles vierges, voire même leurs propres enfants, afin de se débarrasser eux-mêmes de l'infection. On craignait la diffusion des maladies vénériennes parmi la classe moyenne parce que d'une part beaucoup de prostituées étaient d'origine étrangère, et d'autre part on soupçonnait que de telles maladies pourraient se transmettre sans contact sexuel (en buvant dans les tasses accrochées aux fontaines publiques, par les serviettes, la literie, etc.).

Les images étaient à peine plus positives une génération plus tard: une affiche de la première guerre mondiale exhortait les forces américaines expéditionnaires à «rentrer propre» et à «ne pas apporter de maladies européennes en Amérique».

Stigmates, étrangers et sida

Autour de 1983, au début de la construction sociale de l'épidémie du sida, les individus atteints aux Etats-Unis et en Europe étaient en majorité des homosexuels et des toxicomanes, en d'autres termes des personnes appartenant à des groupes déjà stigmatisés, impliqués dans des activités perçues comme illégales ou immorales. Un troisième groupe défini «à risque» durant cette même période était les Haïtiens, donc des étrangers. Seuls les hémophiles étaient alors considérés comme des «victimes innocentes».

A cette époque, les modes de transmission du virus n'étaient pas clairement établis et la presse a rapporté des incidents de discrimination extrême tels que les précautions excessives du personnel soignant dans les hôpitaux et les refus: d'enfants séropositifs dans les écoles, des dentistes de soigner des patients séropositifs ou des pompes funèbres de prendre en charge des dépouilles (Altman 1986).

La stigmatisation relative au sida a été très largement documentée (Pollak et al. 1987; Kegeles et al. 1989; Walkey et al. 1990) et les effets négatifs que les attitudes de stigmatisation à l'égard des homosexuels ont eu sur les activités de prévention au début de l'épidémie ont pu être clairement démontrés (Altman 1986; Horton et Aggleton 1989).

En règle générale, chacun considère que les individus susceptibles de contracter le virus sont les «autres», ceux qui ne sont «pas comme moi». Ainsi, les hétérosexuels pensent que les homosexuels et les consommateurs de drogues par voie intraveineuse sont à risque, alors que ceux qui s'identifient eux-mêmes comme homosexuels considèrent que ceux qui vivent des relations instables (homosexuelles ou hétérosexuelles) le sont (Memon 1991). Kowalewski (1988) décrit comment, aussi longtemps que peu d'entre eux avaient des amis infectés, les homosexuels de Los Angeles maintenaient une distance sociale avec ceux qui étaient infectés en établissant des barrières physiques et symboliques.

Etant déjà «autre», l'étranger est, bien entendu, vulnérable face aux accusations selon lesquelles il apporte la maladie: on sait qu'en Afrique, le sida est parfois appelé la maladie «européenne» ou «américaine», et seulement très récemment le débat scientifique occidental a sérieusement postulé que la maladie doit avoir trouvé son origine en Afrique.

Les liens entre sida et stigmatisation en relation avec l'Afrique et Haïti ont été particulièrement explorés (Sabatier 1988). Des chercheurs de Grande-Bretagne ont par exemple constaté, lors de discussions, que les gens considéraient l'Afrique comme une masse généralisée, sans cultures spécifiques ni épidémies différenciées de sida. Les sujets de recherche attribuaient généralement à la presse l'idée selon laquelle le sida est venu d'Afrique, un lieu que l'on considère comme hanté par les maladies, l'ignorance et la promiscuité. Par extension, ils soupçonnaient les Noirs vivant en Grande-Bretagne d'avoir apporté la maladie (ce qui a conduit certains à décrire le sida comme la «peste noire») (Kitzinger et Miller 1991).

Sabatier (1988) a été la première à analyser les effets néfastes de la stigmatisation par rapport aux gens vivant dans un pays autre que le leur en ce qui concerne le sida. Elle décrit comment les communautés et les gouvernements ont d'abord nié l'épidémie, avant de porter l'accusation sur les autres: les homosexuels, les toxicomanes, les Haïtiens, les Africains, les marins américains, les prostituées des Philippines, les Européens, les étrangers… Elle explore les multiples débats à propos des origines de la maladie et la façon dont ils ont empoisonné les relations entre pays. Elle pose la question de savoir si le fait d'accuser les autres n'entrave pas l'efficacité des campagnes de prévention.

Stigmate (ou crainte de stigmate) et programmes de prévention

Etant donné les attitudes décrites plus haut face aux étrangers porteurs de maladies en général et du sida en particulier, il n'est pas surprenant que les programmes de prévention au VIH pour les migrants aient connu un départ ralenti et qu'aujourd'hui encore relativement peu de travaux soient disponibles sur ce thème. Si la question n'est pas abordée correctement, parler de la prévention du sida peut être perçu comme une accusation de la population cible, comme la démonstration que le VIH et le sida sont un problème spécifique aux migrants.

Diverses craintes ont été enregistrées. Il y a la peur que les étrangers arrivant en Europe apportent le VIH avec eux[4] et qu'il s'ensuive une diffusion du virus au sein de la population indigène. Une autre crainte est d'ordre économique, à laquelle s'associent d'ailleurs de graves questions éthiques: les soins nécessaires aux étrangers séropositifs ou avec un sida déclaré représenteraient une charge excessive par rapport aux ressources du système de santé.

Ces problèmes relatifs à la discrimination ont restreint les efforts de prévention dans les cas où les autorités ne savaient pas comment y faire face. Cela est clairement apparu au moment où l'*action concertée* a débuté: l'étude a révélé qu'en 1988, sept ans après le début de l'épidémie et quelques trois ans après les premières campagnes de prévention auprès de la population générale, les activités spécifiques aux migrants ou aux minorités ethniques venaient tout juste de commencer. A Bruxelles, un programme auprès de la communauté africaine était en voie de réalisation. Aux Pays-Bas et en Grande-Bretagne, des projets de prévention du sida avaient été greffés sur des programmes de promotion de la santé préexistants destinés aux minorités ethniques.

---

[4] Dans les faits, c'est l'inverse qui s'est produit: les travailleurs migrants de retour des pays d'Europe de l'ouest ont très vraisemblablement été les premiers à introduire le virus dans des pays où il était encore inexistant, tels que la Turquie et la Yougoslavie par exemple (Wayling 1990; Dittman 1990).

En 1989-1990, des programmes spécifiques aux migrants étaient établis en Allemagne, France, Norvège, Suède et Suisse. Les récents changements dans les tendances migratoires au sud de l'Europe ayant généralement pris les structures existantes au dépourvu, les services gouvernementaux faisaient défaut et quelques programmes mis en œuvre par des organisations non-gouvernementales essayaient de combler les lacunes.

Du point de vue des clients, la réaction la plus courante, du moins au début, était: «Pourquoi le sida et pourquoi nous?». En Europe, cela a été particulièrement le cas pour les personnes venant d'Afrique et dont la réaction a été l'hostilité et le reniement (Louhenapessy, Jambers et Maman, non publiés). Des Africains interrogés à Paris considéraient que les maladies sexuellement transmissibles en général et le sida en particulier avaient été introduits en Afrique par l'Occident. Pour les migrants, tout comme pour les autochtones, le sida est le problème de quelqu'un d'autre et est notamment attribué aux homosexuels blancs. Par ailleurs, ils considèrent d'autres questions comme plus urgentes, telles que la malnutrition, la mortalité infantile élevée, les difficultés légales.

Une autre difficulté réside dans la suspicion que les migrants éprouvent à l'égard de tout ce que le gouvernement dit (problème relevé dans plusieurs rapports nationaux et également par Rathwell 1984). Les migrants vivent généralement dans un monde du «nous» contre «eux», la société d'accueil étant «eux». Les rapports de l'Allemagne et de l'Espagne mentionnent que les immigrants clandestins évitent tout particulièrement les contacts avec les organisations officielles, administratives ou même privées de peur d'être renvoyés ou expulsés dans leur pays d'origine.

Des incidents de discrimination et les contrôles aux frontières jettent de l'huile sur le feu. En Belgique notamment, les étudiants africains bénéficiant d'une bourse du gouvernement devaient jusqu'à la fin des années 80 fournir un certificat attestant leur séronégativité: ce procédé a été sévèrement critiqué non seulement parce qu'il centrait l'attention sur le sida comme un problème étranger, mais aussi parce qu'il renforçait le discrédit du gouvernement auprès de la population ainsi ciblée. Diverses communautés ethniques dans les capitales européennes y voyaient une preuve de la mauvaise foi des gouvernements qui financeraient des programmes ciblés de prévention du sida plus par racisme que par souci d'éducation équitable à la santé.

Par ailleurs, on a parfois constaté que les habitants des pays d'accueil sont hostiles aux services offerts aux étrangers car ils seraient considérés comme étant meilleurs que ceux destinés aux autochtones. Les afflux de migrants provoquent des réactions de racisme qui ont été relevées dans presque tous les rapports nationaux.

De par la nature des groupes marginalisés auxquels s'adressent les campagnes de prévention du sida, un défi majeur consiste à atteindre les stigmatisés parmi les stigmatisés. A l'intérieur des groupes de migrants, on trouve des sous-groupes d'individus qui accumulent les activités à risque. On peut citer comme exemple les migrants qui échangent des relations sexuelles contre de l'argent (y compris les individus faisant partie d'un commerce international organisé de prostitution); les jeunes de la seconde génération dont la marginalisation dans la société d'accueil et l'aliénation qui y est associée se traduisent par la consommation de drogues par voie intraveineuse; les hommes migrants ayant des relation sexuelles non-protégées avec d'autres hommes mais ne se considérant pas comme homosexuels et donc en dehors des réseaux gays. La difficulté d'atteindre les individus vivant dans l'une ou l'autre de ces situations réside dans le fait qu'ils peuvent ne pas être en contact ni avec leur propre communauté ethnique, ni avec des intervenants sur le terrain ou d'autres porteurs de messages de prévention.

Un dernier problème relatif à la stigmatisation est lié aux programmes de prévention du sida et au fait que la promotion de la santé parmi les minorités migrantes ou ethniques puissent ne pas compter parmi les priorités d'un gouvernement. Les programmes menés par les gouvernements décrits pour l'*action concertée* sont presque tous sous-financés et/ou seulement assurés à court terme, ce qui implique, pour les responsables, un gaspillage de temps et d'énergie. La situation peut être pire lorsque les structures de santé pour migrants n'existent pas et que les organisations non-gouvernementales les ont remplacées. Certaines des activités décrites n'étaient même pas du tout financées, effectuées sur la simple base des besoins, et durant le «temps libre» des intervenants.

SUGGESTIONS DE SOLUTIONS

Certaines campagnes nationales ont abordé les problèmes de racisme et de xénophobie, en mettant l'accent sur des dimensions multiculturelles dans les campagnes destinées à la population générale. Les programmes des Pays-Bas et de Grande-Bretagne, par exemple, considèrent ceci comme une condition nécessaire à l'efficacité des programmes de prévention destinés aux migrants: les messages ne doivent pas stigmatiser un groupe particulier et les projets spécifiques doivent être intégrés dans la politique globale de prévention du sida. De plus, dans le cadre de programmes destinés à d'autres groupes de population (tels que les homosexuels et les consommateurs de drogues), les besoins des minorités ethniques sont pris en compte.

Le premier niveau de stigmatisation réside dans la définition même de l'objet: le processus de marginalisation est beaucoup plus facile si l'*autre* est situé dans une masse indifférenciée. Des distinctions nuancées qui reconnaissent les migrants dans leur diversité permettent des interventions plus appropriées, et signifient aussi un respect du groupe cible.

La différenciation argumente aussi contre une logique de groupe à risque qui associe le sida avec des catégories globales plutôt qu'avec des comportements individuels spécifiques. Dans la conceptualisation des programmes de prévention en général, le concept de «groupe à risque» a été abandonné en faveur de celui d'«activités à risque». Sontag (1989: 65) exprime bien ce changement de perspective:

> Making AIDS everyone's problem and therefore a subject on which everyone needs to be educated (...) subverts our understanding of the difference between "us" and "them"; indeed, exculpates or at least makes irrelevant moral judgements about "them".

Pour les migrants, si certains projets ont véhiculé la notion de risques particuliers à leurs débuts, cette façon de raisonner avait déjà été rejetée au moment où l'*action concertée* a commencé. Aucun des programmes ne postulait explicitement que les migrants en général pouvaient présenter un risque particulier au face VIH et aux autres maladies sexuellement transmissibles. Actuellement, les programmes destinés aux populations minoritaires se basent sur l'idée qu'il incombe aux gouvernements de trouver des moyens culturellement adaptés à l'éducation de tous les groupes de population vivant au sein d'un pays. *La notion de groupe à risque est donc remplacée par celle de droit universel à l'information.*

En dépit de cette évolution de la conceptualisation, la prévalence élevée du VIH dans certains pays d'origine a parfois été invoquée comme une raison suffisante pour créer des programmes spécifiques pour les migrants de certaines nationalités. En Norvège par exemple, les «personnes arrivant de régions endémiques» étaient à l'origine considérées comme une population à risque et des programmes d'information et d'éducation leur ont été particulièrement adressés. Alors que ce modèle, hautement médicalisé, consistant à aller du haut vers le bas, pouvait être épidémiologiquement correct, il s'est révélé politiquement offensif et finalement dénué de succès puisqu'il aliénait ceux ayant potentiellement le plus besoin d'informations.

Le second principe fondamental, évidemment plus facile à énoncer qu'à mettre en œuvre (Fleury et Haour-Knipe 1993), consiste à *travailler avec la communauté*. La prévention du sida nécessite des discussions franches sur des sujets très délicats à aborder, tels que la sexualité, la toxicomanie. Il est très peu probable qu'un dialogue ouvert puisse s'établir avec des intervenants perçus comme étant «eux» (par opposition à «nous»). Il est donc essentiel de travailler avec les organisations de migrants préexistantes. Cette démarche, suggérée dans la majorité des rapports nationaux, est évidemment cruciale dans un climat d'hostilité et de méfiance. Ce n'est qu'une fois la confiance du groupe gagnée que des interventions spécifiques peuvent se mettre en place, y compris pour les sous-groupes qui incluent un grand nombre d'individus ayant des comportements à risque.

La participation de membres des groupes cibles aux différentes phases des projets permet l'élaboration d'interventions plus appropriées et l'intégration de besoins qui peuvent ne pas avoir été décelés à l'origine. Des travaux anglais ont démontré que certains immigrants avaient contracté le virus durant leurs vacances dans leur pays d'origine; des programmes spécifiques ont alors été mis en œuvre à leur intention. Il en a été de même aux Pays-Bas. A première vue, ceci pourrait apparaître comme la pratique critiquée plus haut qui consiste à cibler les gens venant de régions à prévalence élevée. Les différences sont dans les prémisses, dans le fait que le problème a été défini par des personnes de la communauté concernée et que le comportement a été compris dans son contexte socio-culturel.

Les rapports nationaux ont montré que, dans de nombreux pays, les migrants souhaitent être informés et discuter, surtout si cela se fait de manière non condescendante. Plusieurs suggèrent que la prévention du sida auprès des minorités se fasse dans le cadre d'autres problèmes de santé. Non seulement cela évite les attitudes stigmatisantes («les gens de ton pays sont porteurs du VIH»), mais permet aussi aux individus concernés d'éclaircir d'autres questions qui, tant qu'ils n'y ont pas trouvé de réponses, peuvent restreindre leur réceptivité à des messages de prévention du sida.

Le dernier problème discuté ci-dessus concerne la stigmatisation des programmes et des travailleurs qui s'occupent de stigmatisés. L'*action concertée*, de par le statut de la Communauté européenne, a très vraisemblablement fourni une assistance indirecte pour lutter contre cela.

CONCLUSIONS

Cet article aborde la notion classique de stigmate en sociologie. Les conclusions ne peuvent être que provisoires étant donné différentes limitations de cette étude: il s'agit d'une première vue d'ensemble et il n'existe pas encore beaucoup de recherches d'évaluation qui déterminent l'acceptabilité des programmes. De nombreuses variables ne sont pas contrôlables, notamment les différences culturelles et les diverses structures et politiques de migration dans les pays. L'étude dépendait essentiellement des informations fournies par les rapporteurs nationaux parfois contraints par des facteurs institutionnels.

Certains traits communs peuvent cependant être dégagés. Les problèmes relatifs à la discrimination ont été déterminés. Il s'agit notamment de la crainte que les migrants apportent des maladies, la peur que la stigmatisation empêche les efforts de prévention, la suspicion des migrants à l'égard des autorités et la question «Pourquoi le sida et pourquoi nous?», la difficulté à atteindre les stigmatisés parmi les stigmatisés, le fait que les programmes portant sur les groupes stigmatisés ont plus de difficulté à être suffisamment financés que ceux portant, par exemple, sur le développement d'un vaccin ou d'un nouveau médicament.

Deux principes interdépendants qui permettent d'éviter le stigmate ont été définis; ils reposent tous les deux sur le respect fondamental de l'*autre*: éliminer la logique de groupe à risque et travailler avec la communauté. Il est postulé que des programmes efficaces ne peuvent pas être établis uniquement sur des besoins définis par une logique administrative allant du haut vers le bas, comme ceux définis par la pure épidémiologie. Les projets doivent nécessairement être élaborés sur la base des besoins tels qu'ils émergent du terrain. Il est également suggéré que lorsque les représentations sociales des clients déteignent sur les programmes les concernant et sur le personnel, l'intérêt manifesté par des institutions internationales reconnues peut apporter une aide et un support considérables dans l'autre direction.

La stigmatisation des étrangers en relation avec le VIH et le sida se situe dans un substrat fertile d'inquiétudes à propos des étrangers et des autres maladies. Aux Etats-Unis au XIXe siècle, les citoyens avaient peur d'être envahis par les immigrants. Il est vraisemblable que la crainte actuelle dont l'Europe fait preuve à l'égard des requérants d'asile séropositifs est en fait une crainte d'être envahis par des réfugiés du Tiers-Monde.

Les responsables de plusieurs programmes nationaux de prévention du sida et l'Organisation mondiale de la santé ont perçu très tôt dans le développement de l'épidémie le lien entre prévention et stigmatisation. Ils ont dès lors insisté sur le fait que la discrimination entrave la santé publique en permettant aux gens d'affirmer: «Ce n'est pas mon problème».

Le sida a pris la médecine au dépourvu dans le dialogue avec le patient, a révélé des inadéquations dans les systèmes de santé et a mis en évidence les liens entre maladie et pauvreté. Il a aussi démontré qu'un problème ne peut pas rester strictement interne ou local. En tant que phénomène mondial, le sida porte l'accent sur les évidentes inégalités économiques et de santé, à l'intérieur même des nations et entre elles.

Fallait-il une telle épidémie pour nous faire prendre conscience du fait que le racisme et les inégalités sociales menacent la survie individuelle et sociale, nationale et internationale?

BIBLIOGRAPHIE

ABERCROMBIE Nicholas, Stephen HILL and Bryan TURNER
1984   *Dictionary of Sociology*. Middlesex, England: Penguin.

ADRIEN Alix et Michel CAYEMITTES
1991   *Le sida en Haïti: connaissances, attitudes, croyances et comportements de la population*.
            Port-au-Prince, Haïti: Bureau de Coordination du Programme de Lutte contre
            le SIDA.

ADRIEN Alix et al.
1991   *Le sida et les Montréalais d'origine haïtienne: connaissances, attitudes, croyances et
            comportements de la communauté*. Centre d'études sur le sida, Département de
            santé communautaire, Hôpital général de Montréal.

ALTMAN Dennis
1986   *AIDS and the New Puritanism*. London: Pluto Press.

ANKRAH Maxine
1991   «AIDS and the Social Side of Health». *Social Science and Medicine* 32/9:967-
            980.

BASTIN Nicole, Jean-Michel STIEVENARD and Marianne VINCHON
1977   «Epilepsie et hémophilie: la lutte contre leurs effets de stigmatisation». *Revue
            française de sociologie* 18/4:651-677.

BOURDELAIS Patrice
1989   «Contagions d'hier et d'aujourd'hui». *Sciences sociales et santé* VII/1:7-20.

BRANDT Allan
1985   *No Magic Bullet: a social history of venereal disease in the United States since 1880*.
            Oxford: Oxford University Press.
1988   «The Syphilis Epidemic and Its Relation to AIDS». *Science* 239:375-80.

CHIN James
1992   «Present and Future Dimensions of the HIV/AIDS Pandemic». In: ROSSI
            Giovanni, BETH-GIRALDO Elke, Luigi CHIECO-BIANCHI, Ferdinando DIANZANI,
            Gaetano GIRALDO, Paola VERANI (eds.), *Science Challenging AIDS*, pp. 33-50.
            Basel: Karger.

COATES Thomas
1990   «HIV Testing in a Comprehensive AIDS Prevention Strategy». Paper presented
            at the 6th International conference on AIDS. San Francisco.

DAB William, Jean-Paul MOATTI, Sophie BASTIDE, Lucien ABENHAIM and Jean-Baptiste BRUNET
1989   «Misconceptions about Transmission of AIDS and Attitudes Toward Prevention
            in the French General Public». *AIDS* 3:433-37.

DITTMAN Sieghart
1990   «AIDS in Eastern Europe». Paper presented at the 6th International Conference on AIDS. San Francisco, USA, June 20-24.

DUCKETT Margaret and Andrew ORKIN
1989   «AIDS-Related Migration and Travel Policies and Restrictions: a Global Survey». *AIDS* 3/suppl. 1:231-52.

FLEURY François and Mary HAOUR-KNIPE
1993   *Les programmes de prévention du sida auprès des migrants en Suisse: Monitoring 1991-92.* Lausanne: Institut universitaire de médecine sociale et préventive (Cah. Rech. Doc. IUMSP no. 82.7).

FRANKENBERG Ronald
1988   «The Other who is the Same: epidemics in space and time». Conference paper: Youth and AIDS.
1988   «Social and Cultural Aspects of the Prevention of the Three Epidemics (HIV Infection, AIDS and Counterproductive Societal Reaction to Them)», in FLEMING Alan et al. (eds), *The Global Impact of AIDS*, pp. 191-199. New York: Alan R. Liss, Inc.
1989   «One Epidemic or Three? Cultural, Social and Historical Aspects of the AIDS Pandemic», in: AGGLETON Peter, Graham HART and Peter DAVIES (eds), *AIDS: Social Representations, Social Practices*, pp. 21-38. London: Falmer Press.

GERBERT Barbara, John SUMSER and Bryan MAGUIRE
1991   «The Impact of Who You Know and Where You Live on Opinions About AIDS and Health Care». *Social Science and Medicine* 32/6:677-681.

GILMORE Norbert, Andrew ORKIN, Margaret DUCKETT and Steven GROVER
1989   «International Travel and HIV/AIDS». *AIDS* 3/suppl. 1:225-230.

GOFFMAN Erving
1975   *Stigmate: les usages sociaux des handicaps* [traduit de l'anglais]. Paris: Les Editions de Minuit.

GOSTEN Larry et al.
1990   «Screening Immigrants and International Travelers for the Human Immuno-deficiency Virus». *New England Journal of Medicine* 322/24:1743-46.

GOSTEN Larry and William CURRAN
1987   «AIDS Screening, Confidentiality, and the Duty to Warn». *American Journal of Public Health* 77/3: 361-65.

HAOUR-KNIPE Mary
1991   *Migrants and Travellers Group: final report. European Community Concerted Action on Assessment of AIDS/HIV Preventive Strategies.* Doc. 72. Lausanne: Institut universitaire de médecine sociale et préventive.

HAOUR-KNIPE Mary, Sofi OSPINA, François FLEURY, Erwin ZIMMERMANN
1992   «HIV/AIDS Knowledge and Migrant Workers», in: AGGLETON Peter, Graham HART and Peter DAVIES (eds), *AIDS: Rights, Risk and Reason*, pp. 85-101. London: The Falmer Press.

HENDRIKS Aart
1991   *AIDS and Mobility: the impact of international mobility on the spread of HIV and the need and possibility for AIDS/HIV prevention programmes.* WHO European office, EUR/ICP/GPA 023.
1990   «The Right to Freedom of Movement and the (Un)lawfulness of AIDS/HIV Specific Travel Restrictions from a European Perspective». *Nordic Journal of International Law* 2-3:186-203.

HERLITZ Claes and Bengt BRORSSON
1990   «Facing AIDS: reactions among police officers, nurses and the general public in Sweden». *Social Science and Medicine* 30/8:913-18.

HERZLICH Claudine and Janine PIERRET
1989   «The Construction of a Social Phenomenon: AIDS in the French Press». *Social Science and Medicine* 29/11: 1235-1242.

HORTON Meyrick and Peter AGGLETON
1989   «Perverts, Inverts and Experts: The Cultural Production of an AIDS Research Paradigm», in: AGGLETON Peter, Graham HART and Peter DAVIES (eds), *AIDS: Social Representations, Social Practices*, pp. 74-100. London: Falmer Press.

JAMBERS B. and Moussa MAMAN
1988   «Enquête qualitative sur connaissances, attitudes, comportements vis-à-vis du SIDA, dans la communauté africaine résidant en France». Paris: FIRST, non publié.

KEGELES Susan, Thomas COATES, T. Anne CHRISTOPHER, Jeffrey LAZARUS
1989   «Perceptions of AIDS: The continuing saga of AIDS-related stigma». *AIDS* 3/suppl. 1: 253-58.

KITZINGER Jenny and David MILLER
1992   «‹African AIDS›: the media and audience beliefs», in: AGGLETON Peter, Graham HART and Peter DAVIES (eds), *AIDS: Rights, Risk and Reason*, pp. 28-52. London: The Falmer Press.

KOWALEWSKI Mark
1988   «Double Stigma and Boundary Maintenance: How gay men deal with AIDS». *Journal of Contemporary Ethnography* 17/2: 211-228.

LOUHENAPESSY Maureen
1988   *Rapport d'enquête: prévention et information SIDA.* Bruxelles, non publié.

MANN Jonathan

1990 «Global AIDS: revolution, paradigm, and solidarity». *AIDS* 1990/ suppl. 1: 247-50.

1991 «Stratégies internationales de prévention du sida: Situation et problèmes». Article présenté au symposium: Possibilités et limites des stratégies de prévention en matière de santé publique: L'exemple du sida. Zurich.

MEMON Amina

1991 «Perceptions of AIDS Vulnerability: The role of attributions and social context», in: AGGLETON Peter, Graham HART and Peter DAVIES (eds), *AIDS: responses, interventions and care*, pp. 157-168. London: Falmer Press.

MICKLEBURGH Rod

1991 «‹White man's smallpox› for Canada's Indians?» *World AIDS* 17: 3.

MONDRAGON Delfi, Bradford KIRKMAN-LIFF, and Eugene SCHNELLER

1991 «Hostility to People with AIDS: Risk perception and demographic factors». *Social Science and Medicine* 32/10: 1137-42.

Organization for Economic Co-Operation and Development

1989 *Continuous Reporting System on Migration: SOPEMI, 1988.* Paris.

1990 *Continuous Reporting System on Migration: SOPEMI, 1989.* Paris.

PACKARD Randall and Paul EPSTEIN

1991 «Epidemiologists, Social Scientists, and the Structure of Medical Research on AIDS in Africa». *Social Science and Medicine* 33/7:771-94.

PANOS INSTITUTE

1990 *The Third Epidemic: repercussions of the fear of AIDS.* London: Panos.

POLLAK Michaël, William DAB, Jean-Paul MOATTI

1989 «Systèmes de réaction au SIDA et action préventive». *Sciences Sociales et Santé* VII/1:111-140.

POLLAK Michaël and Marie-Ange SCHILTZ

1987 «Identité sociale et gestion d'un risque de santé». *Actes de la recherche en sciences sociales* 68:77-101.

PRINS Gwyn

1989 «But What Was the Disease? The Present State of Health and Healing in African Studies». *Past-and-Present* 124:159-179.

PROHASKA Thomas, Gary ALBRECHT, Judith LEVY, Noreen SUGRUE, and Joung-Hwa KIM

1990 «Determinants of Self-Perceived Risk for AIDS». *Journal of Health and Social Behavior* 31:384-94.

RATHWELL Tom

1984 «General Practice, Ethnicity and Health Services Delivery». *Social Science and Medicine* 19/2:123-130.

SABATIER Renée
1988   *Blaming Others: prejudice, race and worldwide AIDS.* London: The Panos Institute.

SOMMERVILLE Margaret
1989   «The Case Against HIV Antibody Testing on Refugees and Immigrants». *Canadian Medical Association Journal* 141:889-94.

SOMMERVILLE Margaret and Andrew ORKIN
1989   «Human Rights, Discrimination and AIDS: Concepts and Issues». *AIDS 3/* suppl. 1: 283-87.

SONTAG Susan
1989   *AIDS and Its Metaphors.* London: Penguin.

STRONG Philip
1990   «Epidemic psychology: A model». *Sociology of Health and Illness* 12/3: 249-59.

TINDALL Brett and Gregory TILLETT
1990   «HIV-Related Discrimination». *AIDS* 1990/suppl. 1:251-56.

TOMASEVSKI Katarina
1990   «AIDS, Travel and Migration: Legal and human rights aspects». Paper presented at the First Migration Medicine Conference, Geneva, February 6-9.

VOLINN Ilse
1983   «Health Professionals as Stigmatizers and Destigmatizers of Diseases: Alcoholism and leprosy as examples». *Social Science and Medicine,* 17/7:385-93.
1989   «Issues of Definitions and Their Implications: AIDS and Leprosy». *Social Science and Medicine* 29/10: 1157-1162.

WALKEY Frank, Anthony TAYLOR and Dianne GREEN
1990   «Attitudes to AIDS: A comparative analysis of a new and negative stereotype». *Social Science and Medicine* 30/5: 549-552.

WAYLING Stephen (ed.)
1990   *Current status of HIV/AIDS prevention and control in the European Region: 1990 update.* Copenhagen: WHO European Office.

WELLINGS Kaye
1988   «Perceptions of Risk – Media Treatment of AIDS» in: AGGLETON Peter and Hilary HOMANS (eds), *Social Aspects of AIDS,* pp. 83-105. London: Falmer Press.

WYATT Gail
1991   «Examining Ethnicity Versus Race in AIDS Related Sex Research». *Social Science and Medicine* 33/1: 37-45.

ZOLA Irving
1991   «Bringing our Bodies and Ourselves Back In: reflections on a past, present, and future ‹Medical Sociology›». *Journal of Health and Social Behavior* 32: 1-16.

Universalismus und kultureller Partikularismus

Universalisme et particularisme culturel

Pnina WERBNER

ESSENTIALISING ESSENTIALISM, ESSENTIALISING SILENCE

ETHNICITY AND RACISM IN BRITAIN

INTRODUCTION: REPRESENTATION AND IDENTITY

In Britain in 1992-93 there were 8000 officially recorded incidents of racial violence, a figure which disguises the extent of the violence, thought to have been a multiple of this number (*Runnymede Bulletin*, September 1993). In September 1993, a candidate from the British National Party, the neo-Nazi fascist party, was for the first time elected as a municipal councillor in a London borough. Following the elections, an anti-racist demonstration against the BNP, which demanded the banning of explicitly racist political parties, ended in violence with a large number of policemen and demonstrators injured. Such processes of escalating violence appear to generate contradictory social trajectories: on the one hand, the pathways of mediation and cross-cutting ties between ethnic groups, which might counter the growing cycle of violence, become increasingly frag- ile. In Gregory Bateson's terms, violence generates counter-violence in a schismogenetic process of communal polarisation (on schismogenesis see Bateson 1936). On the other hand, opposing this trend, anti-racist movements mobilise an increasingly broader and more committed spectrum of ethnic groups for joint action against this escalating violence.

The present paper analyses the consequences of ethnic violence as a social force which absolutises ethnic identities. My argument starts from the premise that violence is symbolic and exemplary; an extreme act of symbolic communication which generates a transformation in human relationships. Emmanuel Levinas, the moral philosopher, contrasts violence with altruism, which he defines as the human recognition of personal responsibility to an other in his or her difference. Unlike altruism, violence, he argues, denies otherness its legitimate right to exist and to be different. For Levinas "face", the acceptance of human alterity, contrasts with the "silence" of violence, which is the turning away of face, a silence which is the denial of otherness (Levinas 1987).

In the following analysis, I build on Levinas' contrast to argue for a critical difference between processes of objectification and reification, between ethnicity as a shifting politics of identity or collective self-representation, and racism or xenophobia – ethnic absolutism – as a increasingly essentialising politics of violation and absolute negation of alterity. My argument responds in part also to a contemporary debate in Britain about anti-racism, multiculturalism and ethnicity. It is a debate which has highlighted some of the intractable dilemmas of multiculturalism, inherent in the privileging of singular, discrete and exclusive ethnic or racial identities in the public sphere.

ESSENTIALISM

At issue are problems both of representation and self-representation. The distinction is critical, for it raises questions about the moral and political right to represent a cultural other. Increasingly, the tendency has been to label all collective representations, whether of ethnic and religious groups, or of nations, as misplaced essentialisms. Yet this indiscriminate invocation of essentialism as a critical weapon applied to all objectifications has tended, I shall argue here, to obscure processes of collective representation and self-representation which are *not* essentialist. To appreciate this further, I turn first to a consideration of the meaning of essentialism.

To essentialise is to impute a fundamental, basic, absolutely necessary, constitutive quality to a person, social category, ethnic group, religious community, or nation. It is to posit falsely a continuity in time, a discreteness or boundedness in space, and an organic unity of a collectivity or a person. It is to imply an internal sameness and external difference or otherness.

The charge of essentialism attaches to any form of analysis which may be said to obscure the *relational* aspects of group culture or identity. Instead, essentialist constructions valorise the subject in itself, as autonomous and separate, as if such a subject could be demarcated out of context, unrelated to an external other or outside objective (Rorty 1992).

The charge of essentialism is also, more controversially, applied to structuralist analyses which highlight the internal coherence of culture or society, and to phenomenological ones which stress the power of distinctive cultures to define experience. Anti-essentialists deny, in other words, both that human beings are moved by discourses beyond their control, and the social force of primordial sentiments (see, for example, Rorty ibid).

As a political performance, essentialising is a form of displacement "... which serves to disguise and distort the real thing", in Edward Said's terms (Said 1978:22), to obliterate people, he says, as "human beings" (ibid:27). Representation as distortion is seen here as a mode of silencing and suppressing the voices of oppressed sub-groups. In this respect essentialism is a performative act, a mode of action.

Attempts to avoid essentialising the social collectivities we study lead, however, to a series of conundrums. If to name is to re-present, to imply a continuity and discreteness in time and place, then it follows that all collective namings or labellings are essentialist, and that all discursive constructions of social collectivities, whether of community, class, nation, race or gender, are essentialising. If Western orientalism constructed a false other, the attack on orientalism has lead to charges of occidentalism, the false counter-construction of the West. Since any objectification of a group or collectivity necessarily implies a continued unity in time and space, and a measure of integration, it would seem to follow that all forms of objectification essentialise.

In seeking a way out of this apparent impasse, Dominguez has suggested, in her study of Israeli society, that ethnographic writing has to focus, not on groups but on the process of objectification – how collectivities describe, redescribe and argue over who they are. In reading ethnographic texts, however, the need is always to be cognisant (1) of the fact that descriptions are objectifications; (2) of what it is that is taken for granted in these objectifications; and (3) that patterns of objectification, whether by the people themselves or as ethnographic constructions, have practical, social and political consequences (Dominguez 1989:38; see also Fuss 1990).

Who has the right to objectify is, then, itself a political question because objectification implies "a semiotic appropriation of self by the other" (ibid:166), and, by implication, a silencing of the other. The problem of objectification is more than merely discursive, a linguistic paradox disclosing the limits of language. Policy decisions, state fund allocations, racial murders, ethnic cleansing, anti-racist struggles, nationalist conflicts or revivals, even genocide, follow on essentialist constructions of unitary, organic cultural collectivities.

The very heterogeneity of the above list points, however, to the issues addressed here: citizenship rights and multiculturalist agendas are as much dependent on collective objectifications as are racial murders or ethnic cleansing. It is thus critical to establish clearly the difference between modes of objectification and reification or essentialism. With this in mind, the present paper explores the difference between ethnicity, on the one hand, and xenophobia, quasi-nationalism or racism, on the other – the former, a mode of objectification, the latter, a mode of reification.

That objectification is a political, and not merely a theoretical problem is underlined by the energy devoted by both ethnic activists and by academics in Britain to arguing about the moral appropriateness (or political correctness) of group labels. Labels seem to capture the essense of a group and this has lead to fierce debates about what ethnic minorities should call themselves and be called. Label after label is rejected. First, the label of "migrant" was rejected, then of "immigrant", then of "black" , then of "Asian".

PUBLIC ARENAS AND THE SELF-IMAGINING OF COMMUNITY

The argument about ethnic labels highlights the fact that it is not only Western representations of the other which essentialise. In their performative rhetoric the people we study essentialise their imagined communities in order to mobilise for action. Within the spaces of civil society, the politics of ethnicity in Britain are not so much imposed, as grounded in essentialist self-imaginings of community. Hence, ethnic leaders essentialise communal identities in their competition for state grants and formal leadership positions. But equally importantly, leaders narrate these identities in the social spaces which they themselves have created, far from the public eye. Hence, much of the imagining that goes towards mobilising ethnic or religious communities in Britain occurs in *invisible* public arenas, before purely ethnic audiences (on the significance of such popular cultural public arenas in India and more generally, see Freitag 1988).

Self-essentialising is, in other words, a rhetorical performance in which an imagined community is invoked. In this regard, the politics of ethnicity are a positive politics: they serve to construct moral and aesthetic communities imaginatively[1]. These moral and aesthetic communities are not fixed: they overlap and vary in scale. They emerge situationally, in opposition to other moral and aesthetic communities.

The politics of race, quasi-nationalism or xenophobia, by contrast, are a violent politics. The communities essentialised by the perpetrators of violent acts of aggression are not imagined situationally, but defined as fixed, immoral and dangerous. In other words, they are reified.

Violence is an act which demands retribution. It creates, as Kapferer has recently argued, its own "meaning" and "order", in which ethnic identities "flash off" each

---

[1] Bauman (1992) attributes the notion of an aesthetic community to Kant, citing Lyotard (1988). The notion of an aesthetic community is more distinctively grounded, however, in postmodernist theory than in a Kantian universalist aesthetics (see Geertz 1983, Chapter 5, for a superb account of what makes for an aesthetic community).

other. It is performative, a "display" of self-sufficient autonomy and rejection of otherness which becomes over time routine practice, grounded in common sense social constructions. Thus, for example, the signifying practices of racial violence come to be constitutive of self and identity for white working class adolescents (Hewitt 1986). Unless checked, violence generates an escalating cycle of fear and counter-violations which creates over time an unbreachable moral chasm.

It was such a cycle which led to the racialisation of British Muslims in the course of the Rushdie affair[2]. The hysterical development of the *Satanic Verses* affair can thus serve to illuminate the schismogentic nature of essentialism as a social process grounded in violence.

AGONISTIC MORAL PANICS: THE SATANIC VERSES

The Satanic Verses was a politically polemical novel inserted into an already charged political field. The field was marked by a cycle of agonistic moral panics, which generated a chain of essentialisms and counter-essentialisms.

Moral panics demonise tangible surface targets through a process of "displacement" (Stanley Cohen 1972:9). In a moral panic, underlying social contradictions converge on apparently concrete causes. As moral panics overlap, as the "demons proliferate", the sense of threat reaches a point of crisis in which ordinary people begin to fear "the breakdown of social life itself, the coming of chaos, the onset of anarchy" (Hall et al. 1978:322-3), in short, apocalypse, which only an "exceptional" response can forestall.

The historical roots of the Rushdie affair in Britain can be traced to British and American imperialism in Iran, an intervention which violated Iranian national integrity. Supported by the West, the Shah of Iran's modernisation drive attacked not only political freedoms but Islam as the national religion, evoking instead a pre-Islamic Persian history, dating back 2500 years to Cyrus the Great.

---

[2] The notion of racialisation was developed in Britain initially by Robert Miles (Miles 1989). H e argued that New Commonwealth labour migrants to Britain increasingly came to be racialised by an English working class which sought surface explanations for the growing deterioration of their working class neighbourhoods. Incoming immigrants were the visible sign – and hence cause – of the new malaise. Miles' stress is explicitly on racism as ideology, rooted in historically derived false "representations of the Other". He rejects, however, mistakenly in my view, "functional" explanations of racism as *post hoc* ideology. In doing so he fails to recognise the dialectical relationship between violence and ideology or the fact that both are performative. Nor does he recognise that racialisation is a political process of increasing communal polarisation, fueled by escalating physical, material and symbolic violence.

The Shah's deliberate attack on Islam generated the first moral panic, led by the Islamic clergy, which ultimately sparked the Iranian revolution. The Iranian revolution led to the second moral panic, this time in the West, which was fueled by a fear of a violent, fanatical "Islamic fundamentalism". Rushdie, and secular Muslim intellectuals like him, shared that fear, as other Islamic countries like Pakistan began, following the Iranian revolution, to abolish hard won civil liberties, and especially the rights of women.

Both moral panics generated essentialist definitions of opponents. Iranians, in their fear and experience of violence, demonised the Shah and essentialised America as "The Great Satan". The West, and urbanised liberal Muslims in Islamic countries, demonised the Ayatollah Khomeini and essentialised the Muslim hordes. *The Satanic Verses* can be seen as a cultural response to this real sense of fear experienced by a Muslim cosmopolitan elite.

The publication of the novel sparked a new moral panic. Muslims globally perceived the novel as a public symbolic violation, a Western conspiracy to defame and mock Islam and its sacred symbols. In Britain the moral panic was a tangible symptom of the contradictions Pakistani immigrants were experiencing between their aspirations as economic migrants and the cultural alienation which permanent settlement implied. *The Satanic Verses* and its author became the displaced, demonised targets of the felt threat to Islamic culture and moral values. The Muslim moral panic expressed a hidden fear that English decadence and sexual promiscuity would engulf the community, that Rushdie represented the future – the kind of people British-born Pakistani children and grandchildren might be if parents and communal leaders did not fight the inexorable tide of history now. The fact that the book seemed to mock and deride Islamic culture and values made it a symbol of racism, of the humiliation Pakistanis experience daily as black victims of racial abuse and discrimination.

Hence a novel which might at another time have passed unnoticed came to be displaced as the devilish locus of a moral panic. The author was literally demonised in the Islamic press and cinema, his slanted eyes and long ears lending themselves to the creative imagination of Muslim cartoonists. A literature defending Muslim interpretations of the book emerged (for a recent anthology see Ahsan and Kidawi 1991). A deep sense of hurt pride and offence generated demands for the author's death among local immigrants, even before the Ayatollah's *fatwa*.

The violent response of Muslims to the author and the book triggered a British and Western counter moral panic. This last in the cycle of agonistic moral panics displaced and essentialised local British Muslims as folk devils. It papered over the contradiction in Britain between nationalism as an expression of a shared culture and history, and the multicultural, multi-racial nature of contemporary British society. British Muslims came to epitomise the danger to the nation as a moral community, to freedom of expression, to physical safety, to universal cultural *communication* between all citizens.

Muslim and English moderates attempted to dissipate the panic by refocusing attention on the blasphemy law and its bias in favour of Christianity. Indeed the whole debate has consisted of such refocusings, each side foregrounding and essentialising different dimensions of the cycle of agonistic panics and counter panics (on this process in scientific discourse more generally see Strathern 1991).

As the affair continued, it became clear that Muslim religious feelings were not protected under the British blasphemy law. British Muslims discovered that their religion could be violated and mocked without the law affording them any protection. In response, they reconstructed English society and essentialised it as hostile and unfeeling. At the same time, they reconstituted themselves as a community of suffering.

Figure 1: Muslim Perceptions of Self and of False English Contructions of Islam

	MUSLIM SELF-PERCEPTION	MUSLIM PERCEPTION OF ENGLISH ATTITUDES
Society:	Peaceful/law abiding	Muslims are politically aggressive
Individual:	Demand equal citizen rights	Discriminate against Muslims
Feelings:	Respect religious feelings	Insult Muslims
Community:	Display their unity/pride	Are violent and fanatical
Ethic:	Universality	Are selfish and greedy
Future aim:	Islam universal	Aspire to victory over Islam

THE EMERGENCE OF A COMMUNITY OF SUFFERING

Racial violations create communities of suffering. In order to understand how a community of suffering emerges, the need is to consider the structure of racism as violence and to examine the specificities of its violations. By doing so, we can begin to disclose how these generate the counter-constitution of public anti-racist identities, and empower the emergence of anti-racist discourses and movements[3].

[3] In asserting a major cleavage between racism and ethnicity, I am arguing, in line with recent work on racism (Miles 1989; Anthias and Yuval Davis 1992), against a straightforward conflation of theories of biological race and racism, and for a recognition that racism is a form of quasi-nationalism

315

Violence and violation are, of course, pervasive in Britain, as they are in other industrialised societies. Every year there are thousands of cases of domestic violence, of violent robbery and of homicide. Racism, xenophobia or quasi-nationalism differ, however, from these other acts of violence in being directed against individuals by virtue of their group membership. The violence is directed symbolically against the whole group by violating individual members of it. It makes little difference whether the group essentialised is marked out by colour, language, religion, territory or claimed common origin.

Racial or xenophobia attacks are meant to be exemplary. The message of the attackers is clear: these immigrants, black people, Muslims, don't belong here. They must go or be eliminated. In this sense violence is a locutionery act, an act of public communication. Hence, although racial violence seems to be haphazard and uncontrolled, in reality it is systematic[4].

As in tribal feuds, continuing violence comes in time to be perceived as an essential feature of intergroup relations. Where aggression goes unpunished, it comes to be legitimised ideologically[5].

(Kapferer 1988; R. Werbner 1991). Quasi-nationalism has to be understood as a perversion of the modern nation-state with its Janus-faced orientation (Anderson 1983; Giddens 1987). Modern nationalism harbours an insoluble tension between nationalism as citizenship, based on individual equality before the law within defined territorial boundaries, and nationalism as an evocation of a unified cultural-cum-moral community, whose members are expected to subordinate their interests to those of the collectivity, and to make sacrifices, including the extreme act of sacrificing their lives, for the sake of the body social. Quasi-nationalism denies the citizenship dimension of nationalism and evokes "the nation" in its cultural or originary unity. In the most extreme forms of quasi-nationalism, a single ethnic, racial or religious group within the nation-state takes control of the state apparatus and exploits its instruments of organised violence to suppress and dominate other groups. Xenophobia, racism and religious communalism are thus all manifestations of quasi-nationalism. So too are extreme manifestation of ethnic violence within the nation-state, precipitating ethno-nationalist movements.

[4] Stuart Hall has stressed the historical specificities of racism. No doubt, he says
"... there are general features of racism. But even more significant are the ways in which these general features are modified and transformed by the historical specificities of the contexts and environments in which they become active" (Hall 1986: 23).
He goes on to deny the
"... misleading view that because racism is everywhere a deeply anti-human and anti-social practice, that therefore it is *the same* – either in its forms, its relations to other structures or processes, or its effects" (ibid).
The view presented here is that while this is undoubtedly the case, the ontological features of racism as violence need to be analysed in their generality.

[5] cf. footnote no. 3

In order to highlight the systematic nature of racial, xenophobic or quasi-nationalist violations, I turn now to a consideration of the dimensions of personhood and sociality racism as violation invariably targets. Against the trend, I am arguing for the need to go beyond the recognition that there are many racisms (Philip Cohen 1988), and to seek the ontological structure of racism in the violations which *cut across* these and makes the experience of racism ontologically comparable in the perception of its victims. Hence, a comparative review reveals that ethnic violations repeatedly target:

1. the human *body* (through torture, death, rape, physical mutilation, slavery);
2. individual and group *property* (through dispossession of land, personal property, corporate possessions, national estates);
3. sacred *communal symbols* (through physical destruction or desecration of places of worship, of religious and cultural icons, of aesthetic works, or by suppressing language);
4. group *political autonomy* (by jailing, exiling or executing leaders and dismantling regimes, and by attacks on vulnerable members of the group, such as women and children)[6].

Effectively, then, ethnic violence targets the body, the body politic, the material bases of physical and socio-political reproduction, and the emblematic representations of personhood and society.

At a less violent level, this series is replicated in parallel acts of aggression:

1a. against the *person* (through verbal insults and abuse and through social exclusion);
2a. against equal opportunities and *citizenship rights* (in housing, employment, education, etc.);
3a. against *cultural icons* (via attacks by the media, and public political demands that the group assimilate or "integrate");
4a. through a silencing of *group voices* in the public sphere. This was a pertinent feature, of course, of the Rushdie affair.

Racism and xenonophobia are, from this perspective, ontologically structured in performance and it is this which makes the *experience* of racism ontologically comparable in the perception of victims, beyond the historical specificities of particular racisms.

---

[6] Racist ideologies, myths and fantasies focus on this same substantive structural constellation which constitutes the violence in the first place.

Racism, xenophobia or quasi-nationalism are the very opposite of altruism and moral proximity, as Bauman has argued in a recent book on the holocaust (Bauman 1990). It is the inversion of the moral community (and hence of ethnicity); a denial of "face" in Levinas' terms (ibid.); an act of violent "silencing" in Foucauldian terms. The "silences" arising from violent group subordination need thus to be distinguished from the "silences" of quotidian ethnicity. To pursue this statement further I turn now to an analysis of the "silences" of ethnicity.

Moral Communities

Although British Pakistanis are most known for their violent public protests in the aftermath of the publication of *The Satanic Verses*, in reality, their main work of community formation has been hidden, virtually invisible, and has taken place in the spaces which they have created for themselves. It is in these public arenas that Pakistanis mobilise to celebrate or fund raise, and in which, in Clifford Geertz's terms, they tell themselves stories about themselves.

The fundamental notion of public service for Pakistanis is *khidmat*, service rendered selflessly, with no expectation of return. *Khidmat* is a form of unilateral giving, a sacrificial offering in the sight of God, an expression of public responsibility. The limits of the moral community are the limits of such unilateral giving, or, alternatively, of sharing. *Khidmat* is thus an act of *identification* which expresses personal commitment stemming from a shared identity. Pakistanis give to friends or kinsmen in need, they donate to burial societies composed of fellow villagers or members of a single district, they give money towards the building of mosques, in support of national disaster funds, or for welfare projects such as hospitals in Pakistan. Most recently, for example, Pakistanis along with other British Muslims and concerned citizens, have been engaged in a major philanthropic fund raising drive throughout Britain to raise medical aid and food for the Muslims in Bosnia. The drive has included voluntary functions, concerts and political meetings, as well as the organisation of convoys of food, clothing and medicines across Europe to Bosnia.

Whether balanced or agonistic, philanthropic giving of this type constitutes a symbolic statement about the recognised limits of trust. The category encompassing donors and recipients is, from this perspective, imagined as a moral community. Through his/her donations, an individual expresses membership in a circle composed of mutually trusting others. Moreover, contributions made in different contexts signify an individual's identification with an overlapping and progressively widening series of imagined moral

318

communities – from a circle of known intimates to the whole ethnic or religious community, including many unknown persons, and finally, to a scattered diaspora or the national homeland (Werbner 1990).

Unilateral giving does not necessarily imply a rejection of otherness. In claiming public recognition, moral communities assert equal rather than superior moral worth, within a system of named moral communities. Like violence, giving is a performance. But unlike violence, it is a gesture of reaching out, of responsibility and identification, signalling moral commitment or "proximity" in the sense suggested by Levinas.

Anthropologists in recent years have increasingly recognised the dialogic nature of community. A moral community is not a unity. It is full of conflict, of internal debate about moral values (on this feature of Muslim society see, for example, Fischer and Abedi 1990; Bowen 1989; and more generally on internal moral arguments, Paine 1989; Dominguez 1989; R. Werbner 1991). Such debates imply fierce competition for leadership. They also involve competition for the right to name: Who are we? What do we stand for? What are we to be called? Are we Muslims? Democrats? Pakistanis? Socialists? Blacks? Asians? The power to name, to inscribe, to describe, to *essentialise*, implies a power to invoke a world of moral relationships, a power underlined in the myth of Genesis. Naming constitutes a forceful act of leadership in its own right.

Solidarities are achievements, usually ephemeral. Yet they are imaginatively critical moments: anti-essentialist arguments attacking the false construction of "culture" or "society" fail to recognise the importance for participants in moral debates of an imaginative belief in the reality of such achieved solidarities (Friedman 1992).

This has implications for our understanding of the significance of public arenas. Public arenas are spaces in which local level community leaders engage in moral arguments and dialogues. In such meetings, leaders promote a variety of civic values – democratic, nationalist, religious. Their speeches stress that people are locked in moral interdependency, that – as one local level Pakistani leader put it – "A person cannot exist outside the community, as a wave cannot exist outside the ocean." The rhetoric of such leaders evokes vivid images and tropes, appealing to Punjabi and Islamic cultural idioms and moral ideas to score points and move audiences. In their rhetoric local leaders evoke not only moral communities but aesthetic communities.

The Aesthetic Community

If the moral community is constituted through giving, the aesthetic community is defined by cultural knowledge, passion and creativity. This is particularly important in

319

the case of South Asians in Britain for whom language and popular culture cut across national and religious affiliations. Their ethnic communities are conjoined in a single, transcendent aesthetic community. Aesthestic communities have their cultural experts: their orators, poets, priests, saints and intellectuals. Their members share common idioms of humour, love, tragedy, popular culture, festivals, cricket and myths of the past: of national or religious exemplary heroes, of great battles and victories, of oppression and freedom. They share aesthetic ideas of spatial separations between the profane and the sacred, sensuality and spirituality, "fun" and sobriety. To perpetuate and reproduce these, Asians, Pakistanis and Muslims in Britain incorporate themselves in a myriad of associations: literary societies, religious organisations, orders and sects, sports clubs, women's cultural associations, and so forth.

In their celebrations and rituals Pakistanis articulate implicit acts of identification with several different aesthetic communities. As immigrants they evoke nostalgically their Pakistani homeland and the villages of the Punjab; they cite the poetry of their national poet, Iqbal, which is laced with heroic images of rivers, eagles, and metaphors of a Muslim nation. The moral lessons they draw are Islamic, but also Western-democratic. The aesthetic community is intertwined with the moral community. Ideas about purity and pollution, good and evil, articulate the two. In their symbolic and rhetorical performances Pakistanis *fuse* their complex identities as Punjabis, Pakistani nationals, socialists, democrats, British citizens and Muslims. This fusing of discrete identities appeals to the deepest sentiments of their audiences, to their nostalgic yearning for another place with its smells and physical sensations, to their religious faith and to their sense of national loyalty. Paradoxically, such fusings of different identities undermine singular, essentialist self-representations while at the same time they infuse them with emotive power.

In practice, then, the moral and aesthetic imaginings of ethnic diasporic communities shift continuously between poles of objectification and reification. This is reflected in the politics of ethnicity in the public sphere.

In Britain, ethnic participation in the wider public sphere concerns two fundamental orientations: a demand for ethnic rights, including religious rights, and a demand for protection against racism. Different identities and identifications *empower* these two orientations, pointing to the critical difference in Britain between the politics of ethnicity and the politics of race. Very generally, the politics of ethnicity in the public sphere are focused on public consumption in the voluntary sector and the redistribution of state resources and jobs (Werbner 1991a)[7]. Within this context, ethnic identities are

[7] Constructions of community by the state and local state for purposes of fund allocation and

evoked situationally, depending on the specific activities of voluntary organisations and on the constellation of groups seeking representation or posts. In the negotiation with the local state ethnic identities are negotiated pragmatically and objectified relationally, according to scale and context.

By contrast to ethnic politics, the politics of race create fixed, opposed groups confronting each other across a moral chasm, a "dominant cleavage" (Gluckman 1956; Rex 1986)[8]. This morally paramount division generated by racial violence might be expected to encompass and subsume all other cultural and religious divisions. Yet in contemporary Britain, the seeking of a common self-representation by the victims of racism has turned out to be highly problematic. Whereas racists essentialise and reify their victims, anti-racists struggle to find a shared, unitary identity they can all agree upon.

THE EMERGENCE OF ANTI-RACIST DISCOURSES

Anti-racist discourses do not simply mirror racist discourses, each racism with its "own" anti-racism. Because racial violence targets a large number of different ethnic groups, it creates the ground for a mobilisation of broad alliances. Such alliances include also members of the majority group who are concerned, as John Rex has recently argued, with the broader defence of the state's civic culture (on this see Rex 1992).

representation in the public sphere, objectify rather than reify community. This is because fictions of unity in the public sphere are generated within a bureacratic moral economy, based on notions of redistributive fairness and equity. The very multi-referentiality of the term "community" and its application enables the state and local state to respond flexibly to ethnic demands for public resources and positive action. The ambiguity allows for a contextual objectification rather than fixed reifications. The moral economy of state allocations on a tight budget is quite rational: it attempts to allow for special needs while defining the largest possible group, defined variably by race, language, religion, ethnicity or neighbourhood, capable of managing the allocation amicably, without too much conflict. The welfare state thus constantly attempts to match resources with claimed and perceived needs. As a result, public fictions of communal unity vary situationally, and are constantly evolving through public negotiation and dialogue between administrators and ethnic representatives). This familiar feature of ethnic politics differs radically from the essentialising processes of racialisation.

[8] The "success" or profitability of violence for its perpetrators marks the start of a fundamentally different relationship between two groups. It also creates an impetus to rationalise and justify the new relationship from the perspective of the oppressor. From the point of view of its victims, the historical act of violence becomes the basis for a politics of moral accountability. For the violators, politics are henceforth determined by a structure of fear.

321

Given their common experiences of racism and shared sentiments, anti-racists as a community of suffering can, potentially, generate their own counter-discourses and self-identifications in the political arena. By doing so, they can transcend their particular ethnicities and forge new moral and aesthetic communities imaginatively.

Yet paradoxically, racism as violence creates a double act of aggression: against individual persons and against the cultural icons of whole groups. While attacks against individuals create the basis for uniting members of *different* oppressed ethnic groups into a solidary community of suffering, the attack on communal symbols drives a wedge through this broader alliance. This was the case during the Rushdie affair, which separated Muslims as a community of suffering from the "Black" community.

This paradox, that racism not only unites victims but also divides them culturally, has generated an interesting public debate in Britain conducted through the media, in public meetings and through respectable academic journals. The debate, which is part of a rising "multicultural" movement, attacks the earlier view that all ethnic minorities should identify themselves as "black" – black being the banner of a social movement of doubly oppressed workers within the broader socialist radical camp.

In its heyday, the Black solidarity movement denied the significance of ethnic cultures, focusing singularly on the cultural dimensions of class and class struggle. Along with this focus came a sustained critique of anthropological studies of ethnicity which were attacked for being apolitical and essentialising. Ethnicity, it was argued, colluded with the capitalist and bourgeoise domination of a divided black working class. "Culture" in this neo-Marxist critique was not ethnic but working class and popular (Hebdige 1979). Anthropology, in stressing the uniqueness of ethnic cultures, failed to recognise the class and racial dimensions of immigrant existence in Britain.

Yet the 1980s witnessed a growing disillusionment with this approach. Many liberals were outraged by the movement's tendency to essentialise all whites as racists. At the same time a new form of racism emerged in Britain. Instead of demonising Britain's ethnic minorities as non-human, the New Right stressed the virtues of English national cultural solidarity and the dangers inherent in multiculturalism. Rather than blatant colour racism, members of this new social movement stereotyped the cultures of Britain's various ethnic minorities as inferior or primitive. They appealed to the virtues of Englishness and the moral superiority of English culture with its tried and tested democratic, liberal and enlightened values. They attacked the obdurate unwillingness of immigrants to assimilate and embrace this culture wholly (for a discussion see Miles 1989).

In the light of these developments, anti-racism as a mode of correcting false fictions of otherness was increasingly acknowledged as a devastating failure, not only by conservative critics but by radical activists themselves (see, for example, Modood 1988). One challenge to the radical position took the form of a rejection by Asian intellectuals of a unitary "black" label.

In a series of articles, Tariq Modood argued that a "black" identity is being "coercively" imposed on Asians against their will, and as such it disempowers, and indeed harms, them.

Figure 2: Racist Violations and Anti-Racist Movements

Racist Targets:	Anti-Racist Movements/Anti-Racist Discourse
Individual Body	joint supra-ethnic/racial
Individual "Face"	
Individual Economic rights	civil rights movements and
Individual Political rights	common identity

Racists Targets Aesthetic and Moral Communities:	Anti-Racist Response
Communal icons	separate cultural movements
Communal "face"	
Communal property	multicultural alliances
Communal cultural rights	cultural/racial separatism

There is a difference, Modood argues, between a "mode of oppression" – a negation – and a "mode of being", a positive, empowering cultural and psychological force which enables a group to "resist its oppression". Indeed, he claims, not all racist violations are the same. The most virulent white English hostility is reserved for communities which reproduce their cultural distinctiveness.

The manufacture of a black identity out of black American, African and Afro-Caribbean history, Modood continues, serves to marginalise "Asians" in relation to Afro-Caribbeans not only culturally, but economically and politically.

In the face of such arguments, Stuart Hall, in similar vein, revises an earlier position which attacked "ethnicity studies". He reflects that "we always reconstructed" the "great collectivities" of class, race and nation:

> ... more essentially, more homogeneously, more unified, less contradictorily than they ever were, once you actually go to know anything about them (1991:46).

Asian people, he continues:

> ... when they came using their own resources of resistance, when they wanted to write out their own experience and reflect their own position, when they wanted to create, they naturally created within the histories of the[ir] language, the[ir] cultural tradition. (ibid.: 56).

The problem with this debate is that it appears to replace one reification ("black") by another ("Asian"). The latter in turn disguises morally and culturally divisive oppositions among Asians between religious, nationalist and linguistic groups, Muslims, Hindus and Sikhs, Indians, Pakistanis and Bangladeshis, Punjabis, Gujeratis and Sindhis. Asianess, like Blackness, is locked in a misplaced concreteness. It is not, after all, primarily *Asian* collective sacred icons and cultures which are violently targeted by racists in Britain but the discrete national and religious icons of sub-groupings within the broader South Asian collectivity. As we have seen, the most violent racism at present is directed against British Muslims. When, however, the primary battle is for state allocations or posts, the basic relationship which is publicly re-presented is not racial, but *ethnic*. Here the dynamics of fission and fusion rather than of a single dominant cleavage are the main operator, the "voices" and "silences" the product of relationally defined ethnic segmentary oppositions rather than of violent suppression.

Stuart Hall's discussion of the politics of representation fails to distinguish between these two silences. His discussion is nevertheless interesting because it discloses, perhaps unintentionally, the ontological and phenomenological dimensions of the segmentary principle of fission and fusion. Opposites, Hall argues, not only repel, but are also attracted to one another, they bear the trace of their resemblance, articulated in an encompassing term of identification which, in turn, "silences" those differences. The relationship between communal representations or identities, seen thus, he continues, is inherently dynamic and "positional". Its further complexity lies in the way multi-phrenic, overlapping identities are managed in practice, or singular identities are highlighted in political contestations.

But such "silences", the silences of ethnicity, are – and this is a key point in the present argument – quite different from the silences of racism as violation. Ethnicity does not deny proximity and alterity, it merely highlights difference. Ethnicity is an argument with other opinions. The violent silences of suppressed voices denied a political presence in the public sphere are generated by a denial of otherness, a denial of "face" and "opinion" in Levinas' terms. The two silences, of ethnicity and racism, are thus quite different, indeed, opposed. There is no "becoming" in the silence of racism because no proximity or commonality is acknowledged. Such a silence is the silence of tyranny, of absolute "I"-ness or ipseity (Levinas 1987: 18-23; 47-53).

There is also a third class of silences, which I shall call "methodological silences". These silences are discussed by Strathern (1991) in her application of chaos theory and fractal graphics to problems of social scale. Methodological silences are constituted by the gaps created by our scientific discourses, the "remainder" these discourses generate. As Strathern points out, no representation, however complex and apparently exhaustive, is ever complete; there are always, in principle, further gaps to be filled, described or explained. In this sense all knowledge is partial and replete with silences. As we produce knowledge, "... we become aware of creating more and more gaps" (Strathern 1991: 119). Discussing black people, we become aware of ignoring Asians, discussing Asians, we ignore Muslims, and so forth, right down to the individual, the self, and the divided self.

There are, then, at least three types of "silence" , which differ, *in principle*, from each other, and parallel different forms of essentialism. The voices of ethnic and sub-ethnic groups, like the voices of individuals, are not necessarily silenced by violent suppression; they are given expression at different scales of action, in particular contexts, in front of different audiences. By contrast, minorities who are oppressed, marginalised and "silenced" , seek to make their voices heard in the widest public spheres: on the national media, as part of a national high culture, and in economic and political debating forums. It is in these contexts that national images and public agendas are formulated which affect the destiny of these groups.

Against the multicultural tide represented by Modood, Hall and others, other academic activists in Britain, this time feminists such as Yuval Davis, have recently challenged this new-old multicultural model. The feminists evoke the voices of ethnic minority women in Britain, silenced by the valorisation of essentialised definitions of cultural communities. They argue that to recognise the separate rights of such communities is to promote patriarchal values which deny Muslim or Black women the equality and "voice" due to them as British citizens (see the contributions to Saghal and Yuval Davis 1992; Ali 1992). Fixed public communal labels necessarily ignore the internal differentiations within cultural communities. To legally or financially empower specific named collectivities at the expense of others is to privilege a particular, situationally defined, collectivity as an essentialised discrete continuity.

In arguing against "organic" understandings of community, that is, community as *Gemeinschaft*, Anthias and Yuval Davis go even further, to deny the very utility of the term itself. This rejection has to be seen in the light of the hitherto almost fixed association "community" has acquired in the sociological imagination with Tonnies' ideal type conceptualisation of community as a traditional, face-to-face collectivity of consociates, bound in amity (Hetherington 1993). The liberating impact of Benedict Anderson's notion of "imagining" has been to release this restricted notion of "community" from the prisonhouse of sociological rhetoric. Anderson traces the transformation of "community" as a socio-spatial but not necessarily territorially continuous collectivity of contemporaries (*not* consociates) who perceive themselves as sharing common interests and values. The liberation of the term from its common

325

sense sociological straightjacket reveals its refractive and situational features. Like *cieng* among the Nuer, "community" evokes sited meanings and values contextually (on the ambiguity of "community" in political discourse see Eade 1991).

A recognition of the sited nature of "community" serves, however, only to underline the fundamental aporias of the politics of representation: a public identity has ontological connotations – it is constitutive of self and subjectivity through its ethical and aesthetic evocations. It is empowered, empowering and passionately defended. Multiculturalism empowers moral and aesthetic communities, not oppressed class fractions.

Yet the immediate thrust of multiculturalism is toward a fragmentation of solidarities, so that the politics of representation become the politics of proportional representation, percentage politics. The clash of interests between disadvantaged groups exposes the moral hollowness of ethnic claims (Werbner and Anwar 1991).

Such cultural fragmentation is impotent to contend with powerful organised racist violence. Effective anti-racist struggles depend on the evolution of common, unitary narratives and the *suppression* of cultural differences between victims of racism. The search thus continues for a powerful essentialising rhetoric which can mobilise a wide constituency of anti-racists positively, as label after label, narrative after narrative, are rejected.

CONCLUSION

My aim in this paper has been to recover the performative and processual dimensions of racism and ethnicity. I have argued for the need to theorise the systematic deployment of essentialist and non-essentialist representations and self-representations in the public domain.

By contrast to racial politics, the politics of ethnicity depend on scale and situation. The highlighting of a particular ethnic, as against racial, collective identity in the public domain generates a field of relevant oppositional identities at a particular social scale. This is because collective identities are defined within moral and semantic grids of oppositions and resemblances. There is no collective identity in and for itself, as a positivity without an implied negation. Bureaucratic fictions of unity essentialise communities situationally and pragmatically, in relation to notions of redistributive justice (see footnote 7). This form of essentialising is quite different from the violent essentialising of racism, or the mobilising, strategic essentialising of self-representation. Self-essentialising as a mode of reflexive imagining is constitutive of self and subjectivity. It is culturally empowering. But it is not, unlike racist reifications, fixed and immutable.

We are confronted with a duality: while ethnic identities shift situationally, racialised identities are fixed by a single dominant opposition, highlighted and elaborated above all others in response to physical and moral violation (see, for example, Kapferer 1988). This is because the politics of representation or identity are most critically divisive and overarching when they recall past violations and evolve into a politics of moral accountability. In such a politics history is invoked as a charter of injustice still awaiting restitution (Richard Werbner 1995). In particular, racial violence against individuals as members of racialised collectivities generates fusion in broader alliances and a major radical, unbridgeable moral opposition. As against this, ethnic competition generates fission and fusion and situational oppositions.

In modern, ethnically diverse nation-states there are continuous centrifugal and centripetal pressures: on the one hand, to assert and elaborate particular identities, and on the other hand, to create broader, more universalistic alliances.

Hence, not all collective cultural representations and self-representations in the public sphere are essentialising in the same way. To lump all forms of objectification together as essentialist is, from this perspective, to essentialise essentialism. It is to conflate two opposed relational fields – of objectification and reification.

This is precisely, however, what many discussions of racism and ethnicity in Britain tend to do. The tendency is exacerbated by the exclusive focus on the discursive dimensions of ethnicity and racism. Yet contrary to the view of some scholars (see, for example, Miles 1989), otherness or alterity exist within a complex field of relations. There is no fixed divide between self and other. Instead, alterities form a continuous series on a rising scale, from the divided or fragmented self to major collective cleavages between ethnic groups or nations.

Against the ideological and textual stress, I have argued here that collective constructions of racism and ethnicity are forms of symbolic *action*, part of a host of other acts, played out in public arenas, which aim to effect change, transform, attack, or elicit support. The verbal rhetoric of racism or ethnicity is *performative* and strategic rather than descriptive and representational, a political weapon in a public struggle for state resources, citizenship rights or a universal morality.

ACKNOWLEDGEMENTS

*This paper draws on work in progress and earlier work by the author listed below, and is part of a forthcoming book provisionally entitled *Diaspora and Millennium: Islam, Identity and the Aesthetics of the Religious Imagination*. An earlier version of the paper was presented as a Keynote Address to the Swiss Ethnological and Sociological Associations' joint Annual Conference on "The Other in Society: Migration and Ethnicity", at Berne University in October 1993. The paper was also presented to Keele University's Department of Sociology and Social Anthropology, and I'd like to thank the participants in the seminar for their helpful and incisive comments.

REFERENCES

AHSAN Muhammar Manazir and A. R. KIDWAI
1991   *Sacrilege versus Civility: Muslim Perspectives on "The satanic verses".* Leicester: The Islamic Foundation.

ALI Yasmin
1992   "Muslim Women and the Politics of Ethnicity and Culture in the North of England", in: SAGHAL Gita and Nira YUVAL DAVIS (eds), *Refusing Holy Orders,* pp. 101-123. London: Virago.

ANDERSON Benedict
1983   *Imagined Communities.* London: Verso.

ANTHIAS Floya and Nira YUVAL-DAVIS
1992   *Racialized Boundaries: Race, Nation, Gender, Colour and Class and the Anti-Racist Struggle.* London and New York: Routledge.

BATESON Gregory
1958 [1936] *Naven.* Stanford: Stanford University Press.

BAUMAN Zygmunt
1990   *Modernity and the Holocaust.* London: Routledge.
1992   *Intimations of Postmodernity.* London: Routledge.

BOWEN John R.
1989   "*Salat* in Indonesia: the Social Meanings of an Islamic Ritual". *Man* (N.S.) 24: 299-318.

COHEN Philip
1988   "The Perversion of Inheritance: Studies in the Making of Multi-Racist Britain", in: COHEN Philip and Harwant S. BAINS (eds), *Multi-Racist Britain,* pp. 9-118. London: Macmillan Education.

COHEN Stanley
1972   *Folk Devils and Moral Panics: the Creation of Mods and Rockers.* London: MacGibbon & Kee.

DOMINGUEZ Victoria
1989   *People as Subject, People as Object: Selfhood and Peoplehood in Contemporary Israel.* Madison: Wisconsin University Press.

EADE John
1991   "The Political Construction of Class and Community: Bangladeshi Political
            Leadership in Tower Hamlets, East London", in: WERBNER Pnina and Muhammad
            ANWAR (eds), *Black and Ethnic Leaderships in Britain,* pp. 84-109. London:
            Routledge.

EVANS-PRICHARD Edward Evan
1948   *The Nuer.* Oxford: Clarendon Press.

FISCHER Michael, M.J. and Mehdi ABEDI
1990   *Debating Muslims: Cultural Dialogues in Postmodernity and Tradition.* Madison:
            University of Wisconsin Press.

FREITAG Sandra
1988   *Collective Action and Community: Public Arenas and the Emergence of
            Communalism in North India.* Berkeley: University of California Press.

FRIEDMAN Jonathan
1992   "The Past in the Future: History and the Politics of Identity". *American
            Anthropologist* 94/4: 837-59.

FUSS Dianne
1990   *Essentially Speaking.* London: Routledge.

GEERTZ Clifford
1993 [1983]   *Local Knowledge.* London: Fontana.

GIDDENS Anthony
1987   "Nation-states and Violence", in: GIDDENS Anthony, *Social Theory and Modern
            Sociology,* pp. 166-182. Oxford: Polity Press.

GLUCKMAN Max
1940   *Analysis of a Social Situation in Modern Zululand.* Rhodes-Livingstone Paper 28,
            Manchester.
1956   *Custom and Conflict in Tribal Africa.* Blackwell.

HALL Stuart
1986   "Gramci's Relevance for the Study of Race and Ethnicity". *Journal of Commu-
            nication Inquiry,* 10/2: 5-27.
1991   "Old and New Identities, Old and New Ethnicities", in: D. KING Anthony (ed.),
            Culture, Globalisation and the World-System, pp. 41-68. London: Sage.

HALL Stuart et al.
1978.   *Policing the Crisis: Mugging, the State and Law and Order.* London: Macmillan
            Education.

HETHERINGTON Kevin
1993   "The Contemporary Significance of Schmalenbach's Concept of the Bund".
            Sociological Review 42/1: 1-25.

HEWITT Roger
1986   *White Talk, Black Talk: Inter-Racial Friendship and Communication amongst Adolescents*. Cambridge: Cambridge University Press.

KAPFERER Bruce
1988   *Legends of People, Myths of State: Violence, Intolerance and Political Culture in Sri Lanka and Australia*. Washington DC: Smithsonian Institution Press.

LEVINAS Emmanuel
1987   *Collected Philosophical Papers*. Trans. Alphonso Lingis, Dordrecht: Martinus Nijhoff Publishers.

LYOTARD Jean-Francois
1988   *Peregrinations: Law, Form, Event*. New York: Columbia University Press.

MILES Robert
1989   *Racism*. London: Routledge.

MODOOD Tariq
1988   "'Black', Racial Equality and Ethnic Identity". *New Community* XIV, 3: 397-404.
1992a   "The End of a Hegemony: The Concept of 'Black' and British Asians". Conference paper given to the CRER annual conference on "The Mobilisation of Ethnic Minorities and Ethnic Social Movements in Europe".
1992b   "If Races do not Exist, Then What Does? Racial Categorisation and Ethnic Realities". Paper presented to the conference to mark Michael Banton's retirement, "Social Order in Post-Classical Sociology", University of Bristol.

PAINE Robert
1989   "Israel: Jewish identity and competition over 'tradition'", in: TONKIN Elizabeth, Maryon McDONALD and Malcolm CHAPMAN (eds), *History and Ethnicity*, ASA Monograph 27, pp. 104-136. London: Routledge.

REX John
1986   "The Role of Class Analysis in the Study of Race Relations: a Weberian Perspective", in: REX John and David MASON (eds), *Theories of Race and Ethnic Relations*, pp. 64-83. Cambridge: Cambridge University Press.
1992   *Ethnic Identity and Ethnic Mobilisation in Britain*. Monographs in Ethnic Relations, 5. CRER for the ESRC.

RORTY Richard
1992   "The Pragmatist's Progress", in: ECO Umberto: *Interpretation and Over-interpretation*, pp. 89-108. Cambridge: Cambridge University Press.

SAGHAL Gita and Nira YUVAL-DAVIS (eds)
1992   *Refusing Holy Orders; Women and Fundamentalism in Britain*. London: Virago.

SAID Said
1978   *Orientalism*. London: Routledge.

SIVANANDAN A.
1989   "All that Melts into Air is Solid: the Hokum of New Times". *Race and Class* 31, 3: 1-30.

STRATHERN Marilyn
1991   *Partial Connections.* Marylands: Rowman and Littlefields.

WERBNER Pnina
1990   *The Migration Process: Capital, Gifts and Offerings among British Pakistanis.* Oxford: Berg Publishers.
1991a   "The Fiction of Unity in Ethnic Politics: Aspects of Representation and the State among Manchester Pakistanis", in: WERBNER Pnina and Muhammad ANWAR (eds), *Black and Ethnic Leaderships in Britain: the Cultural Dimensions of Political Action*, pp. 113-145. London: Routledge.
1991b   "Factionalism and Violence in British Pakistani Politics", in: HASTINGS Donnan and Pnina WERBNER (eds), *Economy and Culture in Pakistan: Migrants and Cities in a Muslim Society*, pp. 188-215. London: Macmillan.
1991c   "Introduction II", in: WERBNER Pnina and Muhammad ANWAR (eds), *Black and Ethnic Leaderships in Britain: the Cultural Dimensions of Political Action*, pp. 15-37. London: Routledge.
1992   "L'affaire Rushdie et l'intégration musulmane en Grande-Bretagne", in: MAPPA Sophia (ed.), *L'Europe des Douze et les Autres: Intégration ou auto-exclusion?* pp. 109-151. Paris: Karthala.

WERBNER Pnina and Muhammad ANWAR (eds)
1991   *Black and Ethnic Leaderships in Britain: the Cultural Dimensions of Political Action.* London: Routledge.

WERBNER Richard P.
1991   *Tears of the Dead.* Washington DC: Smithsonian Institution Press.
1995   "Human Rights and Moral Knowledge: Arguments of Accountability in Zimbabwe", in STRATHERN Marilyn (ed.), *Shifting Contexts*. ASA Monograph. London: Routledge.

Frank-Olaf RADTKE

FREMDE UND ALLZUFREMDE

ZUR AUSBREITUNG DES ETHNOLOGISCHEN BLICKS IN DER EINWANDERUNGSGESELLSCHAFT

WISSENSCHAFTSALLIANZEN UND WISSENSCHAFTSKONJUNKTUREN

Wissenschaftliche Disziplinen und ihre Theorieangebote unterliegen Konjunkturen der öffentlichen Wahrnehmung. Sie erfreuen sich im Laufe ihrer Gründungs- und Institutionalisierungsgeschichte manchmal grösserer und dann wieder geringerer Aufmerksamkeit. Ihre Wirkung ist zeitgeist- und kontextabhängig und kann von den Wissensproduzenten nicht hinreichend kontrolliert werden. Die schwankende Rezeptionsbereitschaft der Öffentlichkeit hängt mit politischen Interessen und situativen Verwendungsmöglichkeiten wissenschaftlicher Ergebnisse zusammen. Das gilt in besonderer Weise für die Ethnologie und die Soziologie, soweit sie die Gesellschaft mit Deutungswissen versorgen.

Die Ethnologie, als Vorläuferin der modernen Sozialwissenschaften im deutschsprachigen Raum von dem grossen Ideengeber Herder als Ordnungswissenschaft angestossen, hatte ihre Hochphase während der Periode des europäischen Kolonialismus. Man wollte bei der Eroberung der Welt wissen, was einen erwartete und wie man ein Regime der Ausbeutung der natürlichen und menschlichen Ressourcen am besten stabilisieren und doch vor der eigenen Moral verantworten könnte. Dazu benutzte man die Konstruktion des *ethnos*, die auf Inferiorität, Primitivität und Fremdheit verwies. Der Erforschung aussereuropäischer Kulturen blieb im Gefolge der Kolonisatoren nur die Wahl zwischen zerstörender Kooperation oder bewahrender Opposition, wobei die Feldforscher so oder so von der jeweiligen Kolonialmacht abhängig waren. Weil sie sich ihr Forschungsfeld in doppelter Weise erhalten musste, wird an der Ethnologie jener spezifische Zug zum Konservativismus wahrgenommen, der sich zwischen Herrschaftsideologie, Zivilisationskritik und Kulturskeptizismus bewegt.

Die Soziologie blieb im Lande. Sie verdankt ihre Entstehung als eigenständige Disziplin im ausgehenden 19. Jahrhundert der *Industrialisierung* der Zentren. Die industriellen Beziehungen und die technisch vorangetriebene Umstellung der Produktionsverhältnisse schienen alle bestehenden zwischenmenschlichen Bindungen zu zerreissen und neue Probleme der sozialen Integration der die feudal-ständische Ordnung ablösenden *Gesellschaften* zu schaffen. Man wollte wissen, wie die zentrifugalen Kräfte der Arbeitsteilung zu bändigen, Entfremdung zu mildern und die aufbrechenden Klassengegensätze zu entschärfen oder für politische Zwecke zu instrumentalisieren wären. Auch der Soziologie blieb der Verdacht politischer Parteinahme nicht erspart. Weil er aus ganz entgegengesetzten Richtungen kam, war er leichter zu ertragen.

Mit dem Ende des offenen Kolonialismus nach dem 2. Weltkrieg schien die mit den niedergehenden Imperien alliierte Ethnologie zumal im deutschsprachigen Raum endgültig ins Völkerkundemuseum verdrängt. Dagegen konnte die zwar ebenfalls korrumpierte Soziologie nach der Rückkehr ihrer vom Nationalsozialismus ins Exil vertriebenen Exponenten einen triumphalen Neuanfang inszenieren. Einer von der Sozial*philosophie* zur kleinformatigen empirischen Forschung gewendeten Sozial*wissenschaft* gelang es, mit dem Versprechen der sozialtechnischen Steuerung der Modernisierung der Industriegesellschaften eine unerwartete Hochkonjunktur zu erzeugen. Die Soziologie galt im OECD-Bereich der sechziger/siebziger Jahre als gesellschaftliche Leitdisziplin, die bei der Rationalisierung sozialer Umbrüche ebenso wie bei der Emanzipation der Individuen in Dienst genommen werden sollte. In dieser Hoffnung wurde auch finanziell ein Schub der Versozialwissenschaftlichung ausgelöst, der weite Bereiche des öffentlichen Lebens von der Verwaltung über die Medien bis zum Erziehungssystem erfasste. Wissenschaftliche Politikberatung, wissenschaftliche Begleitung, die Evaluation von Reformprogrammen in allen Politikfeldern und die wissenschaftliche Fundierung von Ausbildungsgängen führten zu einer primären und sekundären Ver(sozial)wissenschaftlichung, die schliesslich auch das private Leben erreichte. Auch die Ethnologie suchte an dieser Konjunktur teilzuhaben und sich als «soziologische Disziplin, die sich mit interethnischen Zusammenhängen und Systemen befasst» (Mühlmann/Müller 1966: 2) zu präsentieren.

Während die Soziologie lange Zeit bei der Beobachtung der Industriegesellschaft mit den Unterscheidungskategorien «Klasse» und «Schicht», «Integration» und «Kontrolle» auszukommen schien, war es um die Ethnologie, die in ihre Titulatur die Präferenz für die Beobachtung von «Volk» und «Kultur» eingebaut hatte, in all ihren Varianten als Kultur- oder Sozialanthropologie, Völker- und Volkskunde still geworden.

Eine Auseinandersetzung mit ihrer vergangenen Verwicklung in Imperialismus und Rassismus konnte sie in Deutschland, wie andere Disziplinen auch, durch Verdrängung und einen abrupten Traditionsbruch erfolgreich vermeiden. Theoretische Orientierung wurde nach 1945 allenthalben in den USA gesucht. Als die letzten Kolonien in die Selbständigkeit entlassen waren, blieben für die unabdingbare ethnologische Feldforschung nur noch die Entwicklungshilfe oder die fremden Rituale in der unbekannten Lebenswelt der (zugewanderten) Subkulturen am Rande der eigenen Gesellschaft.

Mitte der siebziger Jahre, als die öffentliche Nachfrage nach soziologischem Wissen bereits enttäuscht war und stetig nachliess, disziplinintern der Eigensinn der Lebenswelt gegen die Kälte der Systeme theoretisch in Stellung gebracht wurde und Regionalbewegungen politische Aufmerksamkeit erregten, kam es mit der «Alltagswende» innerhalb der Soziologie zu einem neuen Interesse an der Ethnologie und vor allem an ihren Methoden der Feldforschung. Zugleich entstand in Europa mit der anwachsenden Arbeitsmigration unverhofft eine ganz neue Nachfragekonjunktur nach klassisch ethnologischem Wissen über «fremde Völker». Während die Soziologie die «Entfremdung» des Menschen von sich selbst zu ihrem Thema gemacht und als Folge der funktionalen Differenzierung moderner Gesellschaften bereits das Verschwinden traditionaler ethnischer Verbindungen und Gemeinschaften prognostiziert und also auch «Ethnizität» als soziale Kategorie der Beschreibung von Gesellschaft verabschiedet hatte, wurde mit Blick auf die Arbeitsmigranten plötzlich das «Fremde», und dann auch das «Eigene», zu einem gesellschaftspolitischen Topos, der schon bald den öffentlichen Diskurs wieder bestimmen und als Thema bei keiner Akademietagung oder Podiumsdiskussion mehr fehlen sollte. Zwar warnte gleich zu Anfang der französische Ethnologe Claude Meillassoux (1980: 53) nachdrücklich vor einer «Ethnologie der Arbeitsmigration:

> Die Wahl sozialwissenschaftlicher Ansätze zur Lösung sozialer Probleme ist nicht nur eine Frage der Methode. Sie hat vielmehr eine ideologische Dimension, was gerade im Fall der Arbeitsmigration deutlich wird. Die Vorstellung, die Ethnologie sei ein relevanter Wissenschaftszweig zur Untersuchung dieses Problems, ist auf die geographische Herkunft der Arbeitsmigranten zurück zu führen. Als professioneller Ethnologe möchte ich vor der Verwendung und dem Missbrauch dieses Ansatzes warnen. Dieser würde sicherlich die wirklichen Probleme verdecken, während er gleichzeitig für eine bestimmte Politik aufschlussreich sein mag.

Meillassoux' Warnung vor einer Übertragung des Konstruktes der «Ethnie» auf die Industriegesellschaft, untermauert mit eindrücklichen Beispielen einer mutwilligen Politik der ethnischen Spaltung aus der jüngsten Kolonialgeschichte, verhallte zumindest bei den angesprochenen Politikern, aber auch bei vielen (fachfremden) Wissenschaftlern und Professionellen ungehört, was in der Tat aufschlussreich ist. Die Verbin-

dung von Fremdheit und Migration blieb angesichts grossen öffentlichen Deutungs-
bedarfs eine andauernde Versuchung für die Ethnologie, die Soziologie und vor allem
die Pädagogik.

Für die alte Bundesrepublik Deutschland kann der Vorgang der Wiederentdeckung
des Begriffs der «Ethnizität» und mit ihm des «Fremden» als Kategorie zur Beschreibung gesellschaftlicher Prozesse ziemlich genau datiert und rekonstruiert werden. Das
soll in diesem Text an Hand dreier Beispiele geschehen, die eine folgenreiche Umstellung öffentlicher Semantiken bezeichnen, deren Wirkungen auf das politische Klima
in der Gesellschaft erst allmählich sichtbar werden. Die Beispiele betreffen den diskursiven Umgang mit Arbeitsimmigranten, die offiziell und öffentlich lange Zeit unter
die Rubrik «Ausländer» sortiert wurden. Aus soziologischer Perspektive sind vier Fragen zu untersuchen. *Erstens:* Warum wird die Jahrzehnte ausreichende staatsrechtliche
Unterscheidung von In- und Ausländern abgelöst von einer ethnologischen Beschreibung der anderen, die nun die kulturelle Distanz in den Vordergrund schiebt? *Zweitens:* Warum werden die Neuankömmlinge, die mit den Ansässigen den Wunsch nach
Wohlstand, Anerkennung, Erfolg und sozialer Sicherheit teilen und mit denen sie
angeblich oder tatsächlich um Wohnungen, Arbeitsplätze, Karrierechancen und Sozial-
leistungen konkurrieren, zu «Fremden» gemacht, die doch offenbar keineswegs
unkundig oder unfähig sind, die Spielregeln der sozialen Marktwirtschaft erfolgreich
zu beherrschen? Neid, Geiz, Missgunst und Eifersucht, ja Aggression mögen die Folge
verschärfter Konkurrenz sein. «Aber hier handelt es sich eigentlich gar nicht um ein
speziell mit *Fremdheit* verbundenes Phänomen. Fast ist man versucht zu sagen: im
Gegenteil!» (Hahn 1994: 153).

Das «Fremd-Machen» kennt zwei Varianten. Einmal geschieht es in ausgrenzender
Absicht (Beispiel 1: Die «Allzufremden») durch Dramatisierung kultureller Differenz;
das andere Mal in vereinnahmender Absicht (Beispiel 2: «Multikulturalismus») durch
Bewunderung. Beide Varianten haben eine Kehrseite, die Renaissance nationalen Denkens und die Erzeugung von «Wir-Gefühlen» auf seiten der Mehrheit. Diese Beobachtung wirft *drittens* die Frage nach der Dialektik von Abgrenzung und Integration auf:
Wie konstituiert sich das «Eigene» der Mehrheit (Beispiel 3: «Das ‹Volk› als vernach-
lässigte Kategorie») in modernen Industriegesellschaften? Gibt es so etwas wie eine
«anthropologische Konstante» ethnischer Selbstidentifikation, die alle Modernisierung
überdauert hat und nach dem Ende des Ost-West-Konflikts nun wieder zum Vor-
schein kommt, oder bieten moderne, nationalstaatlich verfasste Gesellschaften und
ihre politischen und sozialen Systeme ganz eigene Motive der Ab- und Ausgrenzung,
die die Vorstufe für Vertreibung, Mord und Vernichtung sein können? Daran schliesst
eine *vierte* Frage an: Welche Rolle spielen Soziologie, Ethnologie, Pädagogik und als

wesentliche Verstärker die Medien in diesem Prozess der politischen Herstellung, Dramatisierung und Bewunderung von «Fremdheit» und «Eigenheit»?

VOM FREMDEN ZUM ALLZUFREMDEN (BEISPIEL 1)

Als Schwellenjahr für eine augenfällige Umstellung der Semantik in der Bundesrepublik Deutschland von der staatsrechtlichen Kategorie des «Ausländers» auf den ethnologischen Begriff des «Fremden» kann das Jahr 1973 gelten. Von einem sozialdemokratisch geführten Kabinett wurde nach langen Diskussionen über die Belastbarkeit der Systeme der sozialen Sicherung angesichts wieder anwachsender Arbeitslosigkeit, eines weltweiten Ölpreisschocks und einer mit ökologischen Argumenten erzeugten Delegitimation der Wachstumsideologie ein Anwerbestopp für «Gastarbeiter» aus den bisherigen Anwerbeländern rund um das Mittelmeer erlassen. Der Stopp betraf vor allem türkische Arbeiter und unterband die bis dahin verbreitete Form der Pendelmigration. EG-Ausländer konnten für sich das Gemeinschaftsrecht auf Freizügigkeit, Niederlassungsfreiheit und freie Berufswahl geltend machen. Türkischen Arbeitern hingegen wäre nach Verlassen der Bundesrepublik die Rückkehr auf immer versperrt geblieben. Also begannen sie nicht mehr länger ein Leben als «einzeln gehende Arbeiter», sondern als Familienväter zu führen und ihre Frauen, Geschwister und vor allem Kinder «nachzuholen». Binnen weniger Jahre verdoppelte sich die «ausländische Wohnbevölkerung» trotz «Rückkehrförderung», darunter aus aufenthalts- und staatsrechtlichen Gründen besonders die Familien türkischer Herkunft. Sie wurden zum sozialen «Problem». Weil sie aufgrund des gültigen *ius sanguinis* auch in der 2. und 3. Generation «Ausländer» bleiben müssen, auch wenn sie ihre angebliche anatolische «Heimat» nur von Ferienaufenthalten bei den Grosseltern kennen, wüchse die Zahl der «Ausländer» selbst dann, wenn ihre Zuwanderung effektiv kontrolliert werden könnte.

Schon seit Anfang der siebziger Jahre wurde in der politischen Arena anschwellend von einem «Ausländerproblem» geredet, das von (Partei-)Politikern zumal in Wahlkämpfen nicht mehr nur als Problem der *finanziellen* Belastbarkeit der Bundesrepublik und ihrer Systeme der sozialen Sicherung, sondern als Problem der *kulturellen* Überforderung der einheimischen Bevölkerung konstruiert wurde. Die Parteistrategen erfuhren bei dieser Umdeutung Unterstützung durch Professionelle. Lehrer und Sozialarbeiter, die mit den «nachgeholten» ausländischen Kindern und Jugendlichen («Quereinsteiger») institutionell nicht fertig wurden, erklärten die Schwierigkeiten, die sich vor allem in mangelndem Schulerfolg der Migrantenkinder und einer überproportional hohen (Jugend-)Arbeitslosigkeit unter Migranten der zweiten Generation zeigten, mit der kulturellen Differenz. Sie favorisierten als Erklärungsmuster – auch des Scheiterns der eigenen pädagogischen Bemühungen – einen unvermeidbaren «Kultur-konflikt», der sich mit dem Grad der Fremdheit der beteiligten «Ethnien» zur Unlös-barkeit steigere.

Zu registrieren ist in dieser Zeit eine Flut schul- und vor allem sozialpädagogischer Literatur, die sich zur Erklärung der Schwierigkeiten türkischer Kinder und Jugendli-cher ethnologischer Argumente bedient und dabei regelmässig auf eine gemeinsame Quelle zurück greift. Konstruiert wird ein scharfer Gegensatz zwischen der Herkunfts-kultur der türkischen Migranten und der Kultur des Aufnahmelandes. Ethnographi-schen Beschreibungen über die traditionelle islamische Lebensweise in einem anatoli-schen Dorf werden die Erfordernisse des Lebens in einer westeuropäischen bzw. west-deutschen Grossstadt mit allen Merkmalen der Modernität gegenübergestellt. Als ge-meinsame Bezugsquelle dient eine solide und differenzierte ethnographische Feldstudie aus den Jahren 1949-52, die der britische Ethnologe Paul Stirling unter dem Titel «Turkish Village» (1965) veröffentlicht hatte. Darin und in einer späteren Schrift (1974) geht er besonders eindrücklich auf die sich schon während seines ersten Feldaufenthalts abzeichnenden Modernisierungsprozesse und -brüche in einer sich säkularisierenden und industrialisierenden Türkei ein. Fast 30 Jahre nach ihrem Entstehen wird diese Studie vor allem von pädagogischen Theoretikerinnen des «Kulturkonflikts» äusserst selektiv, oft nur aus Sekundärquellen (Planck 1972), als Entwurf für eigene Berichte über das traditionelle Leben im Dorf, die dort zu beobachtenden Modernitätsrückstände und dabei besonders die Rolle der Geschlechter in der Türkei benutzt (vgl. z.B. den Sozialarbeiter Schiffauer 1980, 1983; die Sozialpädagoginnen Baumgarten-Karabak/ Landesberger 1978, Weische-Alexa 1977, Metzger/Herold 1982, Petersen 1985 usf.). Was das eilig und einseitig herbeizitierte und wieder und wieder reproduzierte ethno-logische Wissen über Hochzeitsriten, Beschneidungen, Familien- und Geschlechter-hierarchien und dergleichen in ihren Köpfen, aber vor allem bei ihrem stereo-typisierenden Umgang mit den Migrantinnen anrichtete, ist Jahre später von klugen Sozialwissenschaftlerinnen analysiert worden, und braucht hier nicht wiederholt wer-den (vgl. Deniz 1987, Lutz 1989, Çağlar 1990, Broyles-Gonzáles 1990).

Die Ethnologisierung der Arbeitsmigration blieb jedoch nicht auf den Bereich semi-professioneller Erziehung und Betreuung beschränkt, sondern erreichte auch die Spit-zen der Politik, in Gestalt des damaligen Regierenden Bürgermeisters von Westberlin und späteren Bundespräsidenten Richard von Weizäcker, sowie die renommierte Frank-furter Allgemeine Zeitung (FAZ), in Form einer Leitglosse am 2. Dezember 1982 (mitten im Bundestagswahlkampf) unter dem Titel «Fremde und Allzufremde». Dort heisst es:

(Aber) immer noch wird unter Verzicht auf jegliche Differenzierung über die «Ausländer» in der Bundesrepublik gesprochen (...) Anscheinend soll hierzulande nicht zum Bewusstsein kommen dürfen, dass es verschiedene Grade von Fremdheit gibt und dass das Zusammenwohnen mit den besonders Fremden naturgemäss – genauer gesagt: kulturgemäss – am schlechtesten funktioniert. Mit den Ost-, den Süd- und den Südosteuropäern (...) geht es ziemlich gut; (...) Aber «aussen vor» sind vor allem die Turk-Völker geblieben – dazu Palästinenser, Maghrebiner und andere aus ganz und gar fremden Kulturkreisen Gekommene. Sie, und nur sie, sind das «Ausländerproblem» der Bundesrepublik. (...) Sie sind nicht zu integrieren: subjektiv wollen sie es nicht, und objektiv können sie es nicht. Sie haben ein Ghetto gebildet und zumindest einen der West-Berliner Stadtbezirke zu einer türkischen Grossstadt werden lassen, die für Deutsche praktisch unbewohnbar geworden ist.

Dem Berliner Bürgermeister wird Dank abgestattet, dass er bei einer Internationalen Konferenz türkische Diplomaten darauf hingewiesen habe, «dass es so nicht weiter geht». Die FAZ lobt v. Weizäcker für sein entschiedenes Auftreten und setzt hinzu:

Die offenkundig unerträgliche Situation wenigstens so zu nennen, ist schon eine Hilfe. Aber noch keine Abhilfe. Gebessert kann sie nur mit radikalem Stopp des Zuzuges aus fremden Kulturkreisen und mit allmählicher Verringerung der Zahl der Allzufremden in der Bundesrepublik werden. (FAZ v. 2.12.1982:1).

Der späte Nachhall der «Kulturkreistheorie» mag die heutigen Ethnologen amüsieren oder entlasten, das ideologische Potential zum Common sense abgesunkener ethnologischer Deutungsmuster aber ist gewaltig. Aus der Ethnologisierung der Betrachtung des Ausländerproblems ist im Handumdrehen eine Ethnisierung von Spannungen und Konflikten zwischen Ansässigen und Neuankömmlingen und eine versteckte «Rassisierung» der Zuwanderer geworden, deren Verhalten zwar nicht mehr biologistisch, dafür aber kulturdeterministisch erklärt wird. Die Dramatisierung der Fremdheit wirkt latent inferiorisierend, stellt die Situation als kulturell unerträglich dar, wo es schlicht darum ginge, Arbeitsplätze zu beschaffen und die Schul- und Wohnsituation zu verbessern, und fordert – vornehm zwar, aber bestimmt – die «Allzufremden» zum Verlassen des Landes auf, während andere schlicht «Ausländer raus!» an Hauswände sprühten.

Die stereotype Vorstellung von der sozialen Bedeutsamkeit kultureller Distanz macht mögliche Differenzen endgültig unüberbrückbar. Wenn man es nicht mehr mit Arbeitern, Kindern, Schwangeren, Taxifahrern, Ärzten, Gemüsehändlern oder Fussballspielern, also mit sozialen Gruppen zu tun hat, die unter gleichen Lebensbedingungen, aber unterschiedlichen Sozialisationserfahrungen in einer westdeutschen Grossstadt leben und aufwachsen, sondern wenn in ethnologischer Perspektive das Problem aus ganzen (Turk-)Völkern besteht, die schon einmal vor Wien standen, und ihren unwandelbaren, von keiner Modernisierung zu irritierenden Eigenschaften, bleibt nur die Vertreibung. Der von Meillassoux vorausgesagte politische Missbrauch ethnologischer Muster ist offenkundig.

Unter dem Gesichtspunkt der Ethnologisierung der Arbeitsmigration ist nicht nur der Diskurs der Ausländer*feindlichkeit*, in dem über die Grenzen der finanziellen und kulturellen Belastbarkeit geredet wird, als gesellschaftliches Phänomen zu untersuchen, sondern auch der ausländer*freundliche* Diskurs des Multikulturalismus, der kulturelle und vor allem ethnische Unterscheidungen in die politische Diskussion wieder einführt und durch Anerkennung zur Milderung von Spannungen beitragen will.

Im Multikulturalismus geschieht die Wiederaneignung des ethnologischen Blicks in einer Form, der erst auf den zweiten Blick anzusehen ist, in welcher kategorialen Tradition sie steht. Es war der evangelische Pfarrer und Studienleiter Jürgen Micksch, der seit Anfang der achtziger Jahre in einer Serie von Tagungen und Aufsätzen Arbeitsmigration als kulturelle Bereicherung thematisierte (vgl. zusammenfassend Micksch 1991). Die Rede ist, wenn die angeworbenen Arbeiter und ihre Familien gemeint sind, von «anderen Kulturen, mit denen wir Anregungen, Impulse und geistige Herausforderungen verbinden», von «kultureller Vielfalt» eben, von «ständiger Kommunikation zwischen Einwanderern und Einheimischen», und von «gegenseitiger kultureller Bereicherung» (Micksch 1991:7-10). Der idealistisch-programmatische Charakter solcher Sätze liegt auf der Hand. Fast schwärmerisch wird erzählt von einem verbreiteten «Wunsch nach einem bunten Deutschland mit vielen Ausländern, weil die Erfahrung gemacht wurde, dass andere Traditionen integriert werden können und den Alltag lebendiger machen» (Miksch 1991:11). Kulturelle Vielfalt habe seit jeher die deutsche Geschichte bestimmt: «So vermischen sich z.B. in Bayern die unterschiedlichsten Stämme: Kelten, Römer und Sueben. Zu den Ahnen der Bayern gehören die Naristen und Varisten, Skiren und Slaven, Heruler und Hunnen. Sie brachten ebenso unterschiedliche kulturelle Traditionen mit wie die in den letzten Jahrzehnten zugewanderten Ausländer» (Miksch 1991:12). Eine eigenwillige Betrachtung des Industriestandorts Bayern und seiner «Ausländerpolitik».

Hervorgehoben wird bei der Beschreibung der Einwanderungsgesellschaft die *national-ethnische Herkunft* der Zuwanderer, die zu kulturbedingten Konflikten mit den Ansässigen «Ethnien» führen werde. Zur Überwindung der nur konfliktverschärfend wirkenden Fiktion einer «rassisch-ethnischen Homogenität» Deutschlands soll nicht mehr mit der «Einheitsidee des Nationalstaates» operiert, sondern «Einheit in Vielfalt» organisiert und «als positiver Wert verständlich und erfahrbar» gemacht werden (Miksch 1991: 12). Was aber heisst das anderes als nach der Fiktion der nationalen Homogenität nun die Konstruktion *ethnischer Heterogenität* und nicht z. B. die soziale Lage, ökonomische Interessen oder politische Überzeugungen als gesellschaftskonstituierendes Prinzip zu postulieren. Die den Nationalismus stützende Idee der *Unhintergehbarkeit* ethnischer Bindungen lebt im Multikulturalismus in multiplizierter Form fort. «Ethnien», d. h. kulturhomogene Gruppen, die die Ethnologie in fernen Kolonien aufgespürt hatte, oder die europäischen «Völker ohne Staat», die eine Erfindung des 19. Jahrhunderts sind, werden dekontextualisiert und essenzialisiert und sollen – ausgerechnet in den industriellen Metropolen des 20. Jahrhunderts – bewahrt werden und gleichberechtigt mit- und nebeneinander leben lernen.

Es entsteht mit der Programmatik des Multikulturalismus die wiederkehrende Schwierigkeit, die zu beobachten ist, wenn ein Denkgebäude von den Füssen auf den Kopf gestellt werden soll: Seine entscheidenden Kategorien bleiben erhalten. Man bleibt auf dem Gleis des Nationalismus, auch wenn man die Richtung wechselt. Wenn man sie beim Namen nennt, haben wir es mit «Volk», «Gemeinschaft», «ethnischen Unterschieden», «primordialen Bindungen», kurz mit einer «Kultur» zu tun, der eine Prägekraft zugeschrieben wird, die dem biologistischen Rassismus kaum nachsteht. Offenbar wird «Kultur» nicht als ein ständiger Wandlung unterliegendes Instrument der Bewältigung von wechselnden Lebenslagen verstanden, sondern als prägendes Erbe, das bis auf die Römer und ihre Nonchalance im Umgang mit ethnischen Differenzen zurückgeht.

Unschwer ist auch zu erkennen, welche biologistischen Vorstellungen hinter dem Populismus Heiner Geisslers stecken, dem früheren CDU-Generalsekretär und viel gelobten «Querdenker» in Sachen Multikulturalismus, wenn er im Spiegel schreibt: «Aber in der multikulturellen Gesellschaft (...) muss es der Hans nicht länger mit der Grete treiben. Klassische Musik ist wie Rock'n'Roll und Popmusik *rassenübergreifend*» (Geissler 1990:167; Herv. F.-O. R.). Es gibt offenbar nicht nur Ethnien – wie bei Micksch –, sondern auch so etwas wie «Rassen» in der Wirklichkeit unserer Gesellschaft. Und wie man früher «Rassen» gekreuzt hat, kreuzt heute Heiner Geissler «Kulturen»: «Die Mischlinge der neueren Zeit sind die Libudas und die Kuzorras» (170) – beides vermutlich Fussballer polnischer Herkunft aus dem Ruhrgebiet der sechziger Jahre.

Mit der direkten Verwendung der Kategorien «Volk» und «Gemeinschaft» zur Beschreibung der Situation in der Einwanderungsgesellschaft werden Erinnerungen geweckt, die als Zukunftsvorstellungen einer modernen Gesellschaft wenig attraktiv sind. «Volk» und «Gemeinschaft» sind, bzw. waren in Deutschland bis 1989, als das «Volk» – nicht ganz ohne parteipolitische Hilfe vom *demos* zum *ethnos* gewandelt – mit dem Ruf nach nationaler Einheit, der wirtschaftlichen Wohlstand meinte, die politische Bühne betrat, auch nach den Anstrengungen zur Normalisierung der deutschen Geschichte im sogenannten «Historikerstreit» (vgl. Habermas 1987), für die «linke» Diskussion eine ziemlich unverdauliche Kost. Erst auf dem Hintergrund der zeitgeistigen Diskussionen um die sogenannte *Postmoderne* gewannen die Unterscheidungskategorien, die kulturelle Vielfalt, kulturelle Relativität, kulturellen Partikularismus und Differenz hervorheben, als eine Form des Anti-Ethno- und Eurozentrismus eine neue Zustimmungsfähigkeit. Hier entstand ein neues Interesse an ethnologischem Wissen. Postmodernismus und Multikulturalismus wirken, wenn es um «Volk» und «Gemeinschaft» geht, wie ein Bleichmittel. Die alten, nach dem 2. Weltkrieg abgeworfenen Kategorien «Rasse», «Volk» und «Gemeinschaft» sind gleichsam durch den anglo-amerikanischen Diskurs wie durch eine chemische Reinigung gegangen und können nun im Kontext des fröhlich-verzweifelten Kultus der postmodernen Differenz als Gegengift gegen Totalitarismus, Ethnozentrismus und die Überwältigung des Alltags durch das System vorgezeigt werden. In den Zeitgeistmagazinen werden aus den altmodischen «Mischlingen» sogenannte «Cross Culture People», die als «Boten einer Welt der Zukunft» begrüsst werden. Cross Culture Mädchen «wuchern gern mit der Aura ihres ethnischen Geheimnisses», mit dessen Hilfe sie zudem noch Karriere machen. Sexismus und Rassismus gehen eine schon von Heiner Geissler nachgeschwätzte Synthese ein: «In der multikulturellen Gesellschaft muss es nicht länger der Hans mit der Grete treiben. Da braucht nicht immer nur der Samen das Ei, da können sich zwei Kulturen befruchten (...) Mit Cross Culture sorgt die Natur dafür, dass die Fehlentwicklungen einander entfernter Stämme wieder aufgehoben werden» (Thiede 1989:58 f.). Aber mit der «ethnischen Identität», dem «Eigenen» und der komplementären «Fremdheit» wird das Denkgebäude des Nationalismus fortgeschrieben, in dem sich die Mehrheit als Volk je schon in der Differenz zu den Fremden konstituiert hat (vgl. Hoffmann 1993).

Bezogen auf die atavistische Dichotomie von Assimilation und Ausstossung, die sich in den von der FAZ oben angedeuteten Politik-Optionen manifestiert, könnte der Eindruck entstehen, die Kompromissformel der «multikulturellen Gesellschaft» breche die fatale Zweiwertigkeit der Logik des Umgangs mit den anderen zugunsten einer Drei- bzw. Mehrwertigkeit auf. Aus Xenophobie soll, wenn schon nicht Xenophilie, dann jedenfalls ein gelassener Umgang mit dem Fremden werden. Multikulturalismus wäre so gesehen ein zivilisierter bzw. zivilisierender Versuch, einen Weg des Umgangs mit den anderen zu suchen, der Integration *und* Differenz zugleich ermöglicht. So ist das Konzept von seinen Propagandisten gemeint. Aber: die bundesrepublikanische Gesellschaft als multikulturelle zu beschreiben und nicht länger zum Beispiel als «Klassengesellschaft», als «Konsumgesellschaft», als Risikogesellschaft oder als «postfordistische Industriegesellschaft» hat eine Reihe von unbeabsichtigten Nebenwirkungen.

Als Folge des sich ausbreitenden Multikulturalismus kann man eine ethnische Formierung auch der *Mehrheiten* durch eine Konturierung und Stilisierung von Minderheiten beobachten, an der (Partei-)Politik und professionelle Interessen gleichermassen beteiligt sind. Wo an den Hinzugekommenen das «Fremde» hervorgehoben wird, liegt es nahe, auch das «Eigene» in der politischen Auseinandersetzung mit neuem Nachdruck geltend zu machen. Das Eigene ist bei ethnischer Differenzierung nicht mehr der Beruf, die politische Überzeugung oder die Familie, sondern das «Deutsche», das im Zuge der nationalen Vereinigung – wie eh und je – soziale Differenz zu überbrücken hat. Die euphemistische Rede vom «Solidarpakt», der zur Finanzierung des Wohlstandsgefälles zwischen Ost- und West-Deutschland nach dem Beitritt der DDR als «nationale Aufgabe» dargestellt wird, wo es konkret um Lohnverzicht sowie Steuer- und Beitragserhöhungen geht, ist ein aktuelles Beispiel der Bezugnahme auf die Konstruktion des «Volkes» und der Instrumentierung der Politik durch nationale Symboliken. In einer Situation, in der das «ganze Volk» angehalten wird, «den Gürtel enger zu schnallen», liegt es auf den Stammtischen, dass «Fremde», seien es Arbeitsmigranten, Asylbewerber oder Flüchtlinge, nicht auch noch von den ohnehin knappen Mitteln bedient werden können. «Deutsch sein» heisst unter den Bedingungen des modernen Wohlfahrtsstaates, den eigenen Wohlstand verteidigen und Ansprüche anderer Gruppen zu delegitimieren und abzuwehren. Mit der semantischen Umstellung auf «Fremde» soll dieser Zusammenhang zumal den Armen und den Verlierern der nationalen Vereinigung einleuchtend gemacht werden.

Die Einteilung der Zuwanderer nach «Kulturen» bzw. «Ethnien», die im Programm des Multikulturalismus positiv hervorgehoben werden, hilft der um die Finanzierung des Sozialstaates besorgten staatlichen Politik dazu, das trennend *Fremde* an den anderen hervorzukehren, die unter gleich miserablen Lebensbedingungen, aber ohne politische Rechte, am unteren Ende der sozialen Pyramide leben müssen. Die zynische Adaption des Multikulturalismus durch die «neue Rechte» (vgl. Ulbrich 1991) zeigt, was mit der Anerkennung der «Kulturdifferenz» gemeint ist: die Legitimation der unverhohlenen Betonung des «Eigenen» als ethnisch-nationalistische Wiederbesinnung, die in Deutschland so viele Jahrzehnte tabuisiert war.

Der Einwand, ethnische Vergemeinschaftung – auf der Seite der Mehrheit wie der Minderheiten – sei ein tief in der menschlichen Seele verankertes Bedürfnis, mag zutreffen oder auch nicht. Beobachten kann man solche Bedürfnisse nur in konkreten, historischen Konstellationen. Ethnische Identifikation oder Ausgrenzung könnten auch bloss eine zusätzliche Ressource im ökonomischen und sozialen Wettbewerb sein. Dafür spräche die ethnische Diskriminierung in allen wichtigen Lebensbereichen der modernen Marktökonomie, aber auch die reaktive ethnische Organisation von Gewerbe- und Kriminalitätszweigen in den grossen Städten der Einwanderungsländer. In jedem Fall bedarf es der besonderen sozialen Situation, damit dieses «Bedürfnis» – wie auch andere tief verwurzelte Bedürfnisse – als Kompensation für erlittenes Unrecht «ausgelebt», oder als Mittel der ethnischen Mobilisierung eingesetzt werden kann. Das notwendige Milieu schafft der Nationalstaat, indem er bei der Konstruktion seines Herkunftsmythos immer neue Ein- und Ausgrenzungskriterien erzeugt und gesetzlich legitimiert. Ausgeschlossen wird nicht mit Notwendigkeit, sondern nach Opportunität, die aussenpolitische und wirtschaftspolitische Interessen oder auch die Haushaltslage des sozialen Wohlfahrtssystems vorgeben können.

Anders als in den erklärten Einwanderungsgesellschaften USA, Kanada und Australien, aber auch Grossbritannien, wo sich auf der Basis von Rechtsgleichheit (Staatsbürgerschaft) ethnische Interessengruppen mobilisieren lassen, die sich für die Verbesserung ihrer Wohn-, Arbeits- oder Bildungsbedingungen einsetzen, oder in Parteien mit gebündelten Stimmen aktiv werden, ist die Einteilung nach «Kulturen» und «Ethnien» in Deutschland eine Formierung von oben, die der administrativen und rechtspolitischen Bearbeitung des «Ausländerproblems» dient. Vor allem Sozialarbeiter und Lehrer haben die «Kulturen» erfunden, mit denen sie nun zu tun haben. Dieser Formierung von oben steht nach den Brandanschlägen auf Wohnungen vor allem von türkischen Immigranten eine spontane Mobilisierung der Angegriffenen von unten gegenüber, die ethnisierend zusammenzwingt, was sozial nicht zusammengehört. In einem aversiven und feindlichen sozialen Klima bedingen und verstärken Fremd-Ethnisierung und Selbst-Ethnisierung einander. Weil Zuwanderer in der Bundesrepublik nicht einmal das Recht haben, politische Rechte zu haben, sind sie daran gehindert, sich wie Gesellschaftsmitglieder nach sozialen, politischen und ökonomischen Interessen zu differenzieren und sich an der pluralen Kompromissbildung von Interessengegensätzen wirkungsvoll zu beteiligen. Statt dessen werden sie kollektiv als fiktive Gemeinschaften in eine ethnische Auseinandersetzung mit der Mehrheit gezwungen. Die zur Konfliktlösung verbreitete positive Bewertung ethnischer und kultureller Differenz im begleitenden Diskurs des Multikulturalismus unterstützt die Hervorkehrung von *Fremdheit*, die die Zugewanderten in allen Bereichen, in der Schule, in der Nachbarschaft, im Betrieb und in der Politik zu nicht integrierbaren «Fremdkörpern» macht, die allenfalls mit einem Extra-Aufwand an Toleranz und Gelassenheit ertragen werden können. Dass sie als Arbeiter, Krankenschwestern, Mitschüler, Pizzabäcker, Meister, Schriftsteller und Ballettmeister in einer funktional differenzierten Gesellschaft ihren Dienst tun, wird dabei allzu leicht übersehen.

Die Wiederkehr des «Volkes» in den politischen Diskurs (Beispiel 3)

Schliesslich wird der Multikulturalismus zum ungewollten Türöffner für wissenschaftlich subventionierte Gesellschaftsbeschreibungen, die der Politik affirmativ ihre eigene nationale Melodie nachpfeifen und damit zusätzliche Legitimation verschaffen. Anlässlich des 26. Deutschen Soziologentages im Herbst 1992 schrieb der Soziologe Karl Otto Hondrich (1992:68) seinen Kollegen ins «Stammbuch», sie hätten eine gesellschaftliche Entwicklung, wenn nicht übersehen, dann «durch Erklärung verdrängt». «Wie konnten bei soviel kritischer Aufmerksamkeit [für die Paradoxien, Legitimationskrisen, Risiken der modernen Gesellschaft, d. Verf.] Gewaltpotentiale und ethnokulturelle Wir-Gefühle theoriepolitisch unbeachtet bleiben?» Unterschätzt hätten die Kollegen «die dauerhafte Macht und Prägekraft der kulturellen Wir-Gefühle, die fortdauernd, aber normalerweise unsichtbar, in der Latenz wirken». Weil aber das Individuum gerade in modernen Gesellschaften ohne «Ganzheitsbindungen wie die Nation oder Ethnie» nicht auskommen könne, müsse man den Tatsachen ins Gesicht sehen: «Die alten ethno-kulturellen Prägekräfte bleiben und bleiben und formen sich in immer neuen Erscheinungen aus.» Es handele sich um «uralte Erfahrungen», um «elementare Kulturprodukte, unter ihnen vorrangig ethnische Identitäten und ritualisierte Gewalt», die sich, so fürchtet Hondrich, «unseren Machbarkeitswünschen» nicht beugen. Zu diesen Kulturprodukten, die dem unvermeidlichen Suchen nach Wir-Gefühlen Form geben, gehörten «Nationalismus und – horribile dictu – Volksbewusstsein,» sowie «kollektive Affekte und Gewalt».

Wer mit der Figur der «Verdrängung» operiert, hat immer schon recht. Die der Verdrängung Geziehenen können nur betreten in sich gehen, und alles, was sie als Gegenargumente vorbringen, wird weiter als Verleugnung Gegenstand therapeutischen Beistands sein. Gewagt sei dennoch die Frage, ob Politiker und Soziologen gut beraten sind, wenn sie sich die Kategorien der Beschreibung sozialer Konflikte, die sie in der Gesellschaft vorfinden, analytisch zu eigen machen und Programme und Theoriegebäude darauf errichten. Theoriepolitisch jedenfalls scheint es riskant, aus der Tatsache, dass Straftäter ihre Brandanschläge oder Stammtischstrategen ihre Aversionen mit ausländerfeindlichen oder rassistischen Parolen rechtfertigen, zu schliessen, dies hätte etwas mit den bleibenden Wir-Gefühlen, einem unübersehbaren Bedürfnis nach

Abgrenzung und «Volksbewusstsein» zu tun. Man könnte auch von Delinquenz (Schumann 1993) «jugendlichem Irresein» (Rutschky 1992) oder eben von «Gelegenheitsstrukturen» (Bude 1993) sprechen, die der nationale Sozialstaat und sein Parteiensystem je nach Bedarf aufbaut. Dann käme man zu anderen Schlussfolgerungen beim Umgang mit den Tätern und zu anderen politischen Konsequenzen. Man müsste mit Polizei, mit Resozialisierung oder aber mit einer Mässigung der politischen Rhetorik und realistischer Einwanderungspolitik reagieren.

Der Soziologe K. O. Hondrich zieht es vor, sich an der Re-Ethnisierung der Politik direkt zu beteiligen. Erst wird in der «Zeit» beklagt, dass die Soziologen das «Volksbewusstsein» als soziales Faktum übersehen hätten. Ein paar Monate später schreibt er – nun im Spiegel (Hondrich 1993: 29 f.), wo öffentliche Meinung gemacht wird – der Staat verstehe «das Volk mit seinen Sorgen und Wünschen» nicht. Noch fragt er rhetorisch und behauptet nicht: «Sind es tief in die Stammesgeschichte eingelassene Gruppen-Gefühle, die das Eigene bevorzugen und das Fremde abweisen? Kommen die im Nationalsozialismus pervertierten Wir-Gefühle wieder?» Dem anthropologisierenden Blick erscheint Nationalbewusstsein als etwas, das im Nationalsozialismus zeitweise pervertiert (und, darf man in der Logik der Argumentation bleibend vermuten, im Stalinismus oder Titoismus bloss gewaltsam stillgestellt war oder «geschlafen hat»). Es sei nach der Vereinigung der beiden deutschen Staaten die Kränkung «kollektiver Gefühle» durch Nichtanerkennung, die zu Wut und Gewalt führe als dem symbolischen Ausdruck von Enttäuschung und Überforderung. Heute gehe es darum, das Volk «anzunehmen», die Hypothek des Nationalsozialismus, «die Nichtannahme des deutschen Volkes durch seine Eliten» abzuwerfen und durch symbolische Akte, z. B. die Änderung des Grundgesetzartikels 16 (Asylrecht), Verständnis zu signalisieren. «Das Volk sieht darin auch eine Anerkennung seiner selbst».

So ist nach Jahren der Abstinenz nach den «multikulturellen» Schul- und Sozialpädagogen auch der Soziologe wieder aufs Volk gekommen. Er macht sich publikumswirksam einer Politik dienstbar, die auf nationalistische Integration setzt. Man kann als Soziologe über das «Volk» und seine Erfindung im 19. Jahrhundert mehr wissen, als die okkulten Annahmen, mit denen K. O. Hondrich hantiert (vgl. Hoffmann 1991), und man könnte sich reflexiver zu den politischen Folgen der eigenen Theorieangebote verhalten.

Die Beobachtung und Analyse gesellschaftlicher Prozesse setzt nicht voraus, die Selbstbeschreibungen der sozialen Akteure für das letzte Wort zu halten. Weil immer und immer wieder ethnische Differenzen zum Anlass von gewalttätigen Konflikten werden, muss nicht umstandslos unterstellt werden, dies sei eine anthropologische Konstante, mit der auch die Gesellschaftstheorie zu rechnen habe. Vielmehr wären methodologische Reflexionen geboten. Es könnte sich bei dem anthropologisierenden Vorgehen um eine Schlussfolgerung des Typs handeln, die Alchimisten im 17. Jahrhundert die Durchsichtigkeit bestimmter Materialien mit der okkulten Eigenschaft «transpa» erklären liessen, oder den Doctor Georg Ernst Stahl 1697 zu der Annahme verleiteten, die Entflammbarkeit von Holz sei durch «Phlogiston» bedingt. Vielleicht ist es am Ende des 20. Jahrhunderts methodologisch sinnvoller, das, was man erklären will, nicht von Beginn an als gegeben zu postulieren. Man vermeidet Essentialismus und Reduktionismus.

Statt dessen könnten Ethnologie und Soziologie, die vor den Ausbrüchen fremdenfeindlicher Gewalt nicht naturalisierend und anthropologisierend resignieren, beobachten, wie die deutsche Gesellschaft, die jahrzehntelang unter dem Druck eines nach dem 2. Weltkrieg errichteten Tabus darauf verzichtet hatte, ihre Wir-Gefühle «in die kulturelle Form des Nationalismus» zu giessen, sich Zug um Zug – unter Beteiligung der Wissenschaft, der Intellektuellen und der Medien – die Ressource «Volk» und «Nation» wieder erschliesst. Oder sie könnte beobachten, wie lokale Eliten in den Ruinen zerfallender Imperien und Staaten ethnische Abgrenzungen und Vergemeinschaftungen bei ihrem Ringen um Macht und ökonomische Vorteile zur Mobilisierung von politischen Stimmungen benutzen. Dass auch in modernen Gesellschaften, erst recht in solchen, die noch nicht vollständig und endgültig modernisiert sind, neben der Universalisierung der sozialen Beziehungen in Funktionssystemen und trotz aller Individualisierung das Bedürfnis nach partikularer Vergemeinschaftung erhalten bleibt, erklärt noch nicht die angebliche Präferenz der Menschen für ethnisch-nationale Identifikationen. Historisch betrachtet werden sie noch nicht sehr lange angeboten. Sie sind Teil der Modernisierung und vielleicht von dieser selbst hervorgebracht.[2] Die

---

[1] Graffitti an einer Wand im Flur der Fakultät für Pädagogik der Universität Bielefeld, zwischen dem Zentrum für Kindheits- und Jugendforschung und der neuen Fakultät für Gesundheitswissenschaften.

[2] Vgl. die Kontroverse zwischen H. Esser (1988) und R. Kreckel (1989) über das Verhältnis von Modernität und Ethnizität

Entstehung nationaler Mythen als Teil der Modernisierung zu deuten, würde immerhin auch alternative Integrationsmuster zulassen.

Gross ist die Versuchung für Wissenschaften und einzelne Wissenschaftler, die (mangelnde) Nachfrage nach den reichlich produzierten Wissensangeboten durch mutwilligen Popularismus zu befriedigen und den Abnehmern in Politik, Medien und Verwaltung zu geben, wonach sie verlangen. Und noch grösser ist die Versuchung, zur Strategie des aktiven Wissenschafts-Marketing zu greifen, die Verbreitung der eigenen Befunde kampagnenartig durch Medienpräsenz zu steigern, um so auch gegenüber den Instanzen der Forschungsförderung die Bedeutsamkeit der eigenen Arbeit zu erhöhen und den Geldzufluss zu beschleunigen.

Die Frage nach der Rolle der Sozialwissenschaften in der Gesellschaft, deren zwar geschmähte, aber bevorzugte Sinnquelle sie in der Moderne geworden sind, stellt sich in der Mediengesellschaft neu. Seit die Wissenschaften den Elfenbeinturm verlassen und sich in Talkshows begeben haben, ist ihre Deutungswirkung enorm gewachsen, aber auch relativiert. Jeder kann sich aussuchen, was er brauchen kann. Bei ihren Untersuchungen «im Feld» begegnet sie sich selbst und ihren Deutungen und Gegendeutungen.

Soziale oder politische Sachverhalte sind nur dann ein relevantes Problem, das mit öffentlicher Aufmerksamkeit rechnen kann, wenn sie von der Politik und/oder der Wissenschaft als solche definiert und in den Medien dazu gemacht werden. Was sich ereignet, ob in Raunheim oder in Ruanda, und nicht in den Medien vorkommt, hat nicht stattgefunden. In der Mediengesellschaft wird das alte methodologische Problem, das vor allem die Ethnologie immer wieder beschäftigt hat, ob bei der Beschreibung einer Gesellschaft bzw. sozialer Interaktionen eine *emische* oder eine *etische* Perspektive einzunehmen sei, in ein ganz neues Licht getaucht. Wenn man sich als Forscher in die Perspektive des «Volkes» versetzt, um dieses verstehen zu können, arbeitet man nahe am *common sense*, der in den Medien gut verdaut werden kann. Die Gesellschaft glaubt gerne aus dem Mund von Wissenschaftlern, was sie je schon über sich selbst gedacht hat. Und die Parteipolitik ist bei der Verdoppelung des *common sense* ebenso kühl berechnend wie die Medienstrategen bei der Planung von Auflagen. Beide wissen sich der Sozialwissenschaft zur Erhöhung von Einschaltquoten und der Vermehrung von Wählerstimmen zu bedienen, indem sie deren notorische Furcht vor der Irrelevanz – und ihren Hang zur Eitelkeit – ausbeuten.

Zu den Medienereignissen der letzten Jahre gehört die drastische Präsentation von Bürgerkriegen, sei es auf dem Balkan oder im Kaukasus, sei es in Somalia oder in Ruanda, als ethnische Konflikte. Damit wird in aller Regel die Selbstpräsentation der Konfliktparteien oder wiederum ihrer Medien übernommen. Die Konstruktion der

Wirklichkeit erfolgt als Zitat aus anderen Medien, wobei mehr mit den inszenierten Bildern als mit Worten die öffentliche Meinung beeinflusst wird. Zu den Medienereignissen während der «Asyldebatte» in Deutschland 1991/92, die schliesslich zu einer Grundgesetzänderung führte, die den Import «ethnischen Konfliktpotentials», wie auch ein Soziologe ganz selbstverständlich formuliert (Kreckel 1989: 164), absenken sollte, gehörten die pogromartigen Angriffe auf Asylbewerberheime und ihre Deutung als «interethnische Konflikte», an der Sozial- und Erziehungswissenschaftler massgeblich mitgewirkt haben. Belohnt werden sie von der Politik mit entsprechenden Forschungsförderprogrammen und Institutsgründungen zur «interethnischen Konfliktforschung». Medienereignis war schliesslich auch die «Multikulturelle Gesellschaft». Kein Feature und keine Podiumsdiskussion, die uns Zuschauer nicht hautnah den «Kulturkonflikt» der jungen Einwanderer, aber auch die Vorzüge «ethnischer Vielfalt» erleben liess und so in ethnologisches Denken einübte.

Sowohl im Falle der Bürgerkriege als auch im Falle der Pogrome wären andere als ethnologische Erklärungen denkbar. Aber es fasst sich leichter, an Stammesfehden und Clan-Auseinandersetzungen zu glauben, tief sitzende religiöse Differenzen oder Fundamentalismen gleichsam naturgesetzlich aufbrechen zu sehen, oder nach dem Zusammenbruch des Staates das diffuse Unbehagen an einer neuen, unsicheren Lebenssituation als universelle «Fremdenangst» zu deklarieren. In neunzig Sekunden Nachrichten-Spots ist den Machenschaften der früheren Kolonialmächte nicht effektiv nachzuspüren, ist ihre heutige Rolle als Mitglieder des UN-Sicherheitsrates beim Machtspiel von lokalen Eliten und im internationalen Waffenhandel schwer aufzudekken, oder wäre das Ränkespiel der Parteien bei der Dramatisierung des Asylproblems kaum zu decouvrieren. Es gibt entsprechende Analysen, aber sie kommen nur schwer in die Medien, oder sie werden nicht gehört, weil der *common sense* es anders will.

René König hat seit den fünfziger Jahren dafür plädiert, «die unselige Trennung von Soziologie und Ethnologie» zu überwinden (1955). Die Soziologie könne sich in vielen Punkten die Ethnologie und ihren Umgang mit der Wirklichkeit zum Vorbild nehmen. Das gelte insbesondere für das Phänomen des «Fremden», das nicht hinreichend in die Arbeit der Soziologen eingebracht werde. «Einzig die Ethnologie bekam ein echtes Gefühl dafür, als sie als wesentliche Qualität ihres Gegenstandes die ‹Fremdheit› erkannte» (1984: 23). Gemeint ist der methodologische Zugang zum Feld und die erhöhte Reflexivität über das erkenntnistheoretischen Problem des Fremdverstehens und der eigenen Rolle im Forschungsprozess. Will man beim Umgang mit dem «Fremden» aber die Falle des Logo- oder Ethnozentrismus ebenso vermeiden wie die der Verdopplung des *common sense*, dann kann man das Verhältnis von Theorien zu einander nicht nur additiv als Perspektivenübernahme oder kompetitiv als Konkurrenz konzipieren. Man kann sich auch ein Verhältnis der *Komplementarität* vorstellen. Dann hören Theorien in erkenntnisfördernder Absicht auf, ihre Gegenstände nur direkt zu beobachten, und fangen an, sich gegenseitig zu beobachten. Luhmann (z. B. 1991) hat als erkenntnistheoretische Figur den Beobachter zweiter Ordnung eingeführt, der einen Beobachter erster Ordnung (z. B. Feldforscher) dabei beobachtet, wie, mit welchen Unterscheidungen er die Wirklichkeit beobachtet. Der Beobachter zweiter Ordnung kann nicht nur sehen, wie (und was) der andere sieht, er kann, was viel wichtiger ist, auch sehen, was der andere *nicht* sieht und aufgrund seiner kategorialen Unterscheidungen nicht sehen kann, wo er also seinen blinden Fleck hat. Die gegenseitige Beobachtung von Ethnologie und Soziologie, genauso aber auch die Beobachtung der Pädagogik oder der Psychologie, verspricht in einer Gesellschaft, die längst gelernt hat, mit wissenschaftlichen Deutungen im Alltag zu operieren, einen Gewinn an Erkenntnis, wenn es darum geht, die sozialen Funktionen und Folgen des Gebrauchs der Kategorie «Fremdheit» in der Erziehung, am Arbeits- oder Wohnungsmarkt, im Falle der Krankheit oder der Kriminalität zu erkunden. Falls die Ethnologie noch auf der Suche nach «Zukunftsaufgaben» sein sollte, braucht sie nicht, wie Kohl (1989:26) vorschlägt, auf den abgefahrenen Zug der «multikulturellen Gesellschaft» zu setzen und die Spannungsfelder zu untersuchen, «die aus dem Nebeneinander verschiedener kultureller Orientierungsmuster resultieren». Die Einsicht, dass alle Beschreibung der «Wirklichkeit» Konstruktion ist, die in der Gegenstandstheorie verdunkelt und arbeitsteilig der Erkenntnistheorie überlassen wird, kann offensiv aufgegriffen werden. Beobachtet werden kann, welche Folgen, beabsichtigt und unbeabsichtigt, politisch oder wissenschaftlich, es hat, wenn Soziologen oder Pädagogen, Politiker oder Journalisten beginnen, ethnologisch zu beobachten und mit der Kategorie «des Fremden» zu hantieren.

LITERATUR

BAUMGARTEN-KARABAK Andrea und Gisela LANDESBERGER
1978   *Die verkauften Bräute*. Reinbek: Rowohlt.

BROYLES-GONZALES Yolanda
1990   «Frauen in der Bundesrepublik Deutschland». *Zeitschrift für Türkeistudien* 3: 107-134.

BUDE Heinz
1993   «Eine abgewehrte soziale Bewegung? Der jugendliche Rechtspopulismus in der neuen Bundesrepublik». *Merkur* 47: 444-449.

CAGLAR Ayse
1990   «Das Kulturkonzept als Zwangsjacke in Studien zur Arbeitsmigration». *Zeitschrift für Türkeistudien* 3: 93-105.

DENIZ Yildiz
1987   *Die imaginäre Türkin – Analyse der Ausländerforschung am Beispiel der Türkin.* Diplomarbeit, Universität Köln.

ESSER Hartmut
1988   «Ethnische Differenzierung und moderne Gesellschaft». *Zeitschrift für Soziologie* 17: 235-248.

GEISSLER Heiner
1990   «Meise zu Meise? Plädoyer für eine ‹multikulturelle Gesellschaft›». *Der Spiegel* 13: 167.

HABERMAS Jürgen
1987   *Eine Art Schadensabwicklung. Kleine Politische Schriften* VI. Frankfurt a. M.: Suhrkamp.

HAHN Alois
1994   «Die soziale Konstruktion des Fremden», in: SPRONDEL Walter M. (Hrsg.), *Die Objektivität der Ordnung und ihre kommunikative Konstruktion*, S. 140-163. Frankfurt a. M.: Suhrkamp.

HOFFMANN Lutz
1991   «Das ‹Volk› – Zur ideologischen Struktur eines unvermeidbaren Begriffs». *Zeitschrift für Soziologie* 20: 191-208.
1993   «Die Konstitution des Volkes durch seine Feinde», in: BENZ Manfred (Hrsg.), *Jahrbuch für Antisemitismusforschung* 2, S. 13-37. Frankfurt a. M.: Campus.

HONDRICH Karl Otto
1992   «Wovon wir nichts wissen wollten», *Die Zeit* 40: 68.
1993   «Das Volk, die Wut, die Gewalt». *Der Spiegel* 1: 29-30.

KÖNIG René
1984   «Soziologie und Ethnologie», in: MÜLLER Ernst W. u.a. (Hrsg.), *Ethnologie als Sozialwissenschaft*, S. 17-35. Opladen: Westdeutscher Verlag.

KOHL Karl-Heinz
1989   «Das Interesse nimmt zu, die Zeit nimmt ab». *Trickster* 17: 19-26.

KRECKEL Reinhard
1989   «Ethnische Differenzierung und ‹moderne› Gesellschaft». *Zeitschrift für Soziologie* 18: 162-167.

LUHMANN Niklas
1991   «Wie lassen sich latente Strukturen beobachten?», in: WATZLAWICK Paul und Peter KRIEG (Hrsg.), *Das Auge des Beobachters*, S. 61-74. München: Piper.

LUTZ Helma
1986 «Migrantinnen aus der Türkei – Eine Kritik des gegenwärtigen Forschungsstandes». *Migration und Ethnizität* 1: 9-44.

MEILLASSOUX Claude
1980 «Gegen eine Ethnologie der Arbeitsmigration», in: BLASCHKE Jochen und Kurt GREUSSING (Hrsg.), *Dritte Welt in Europa*, S. 53-59, Frankfurt a. M.: Syndikat.

METZGER Annette und Petra HEROLD
1982 *Zur sexualspezifischen Rolle der Frau in der türkischen Familie.* Berlin: X-Publikationen.

MICKSCH Jürgen (Hrsg.)
1991 *Deutschland – Einheit in kultureller Vielfalt,* Frankfurt a. M.: Lambeck.

MÜHLMANN Wilhelm E. und Ernst W. MÜLLER (Hrsg.)
1966 *Kulturanthropologie.* Köln / Berlin: Kiepenheuer & Witsch.

PETERSEN Andrea
1985 *Ehre und Scham – Das Verhältnis der Geschlechter in der Türkei.* Berlin: X-Publikationen.

PLANCK Ulrich
1972 *Die ländliche Türkei.* Frankfurt a. M.: DLG-Verlag.

RUTSCHKY Katharina
1992 «Rechtsradikal oder irre?» *Merkur* 46: 702-707.

SCHIFFAUER Werner
1980 «Die Gewalt der Ehre. Ali, Ueli, Erol in Kreuzberg». *Kursbuch* 62: 1-16.
1983 *Die Gewalt der Ehre. Erklärungen zu einem türkisch-deutschen Sexualkonflikt.* Frankfurt a. M.: Surhkamp.

SCHUMANN Karl F.
1993 «Schutz der Ausländer vor rechtsradikaler Gewalt durch Instrumente des Strafrechts?» *Strafverteidiger* 13: 324-330.

STIRLING Paul
1965 *Turkish Village.* London: Weidenfeld and Nicolson.
1974 «Cause, knowledge and change. Turkish Village revisited», in: DAVIS John (Hrsg.): *Choice and Change. Essays in Honour of Lucy Mair,* pp. 191-229. London: Athlone.

THIEDE Roger
1989 «Zukunftswelt: Cross Culture. Die Boten der multikulturellen Gesellschaft sind schon da». *Wiener* 8: 58-59.

ULBRICH Stefan
1991 *Multikultopia. Gedanken zur multikulturellen Gesellschaft.* Vilsbiberg: Arün.

WEISCHE-ALEXA Pia
1977 *Soziokulturelle Probleme junger Türkinnen in der BRD.* Köln: Selbstverlag.

Gita STEINER-KHAMSI

UNIVERSALISMUS VOR PARTIKULARISMUS?
GLEICHHEIT VOR DIFFERENZ?

Es gibt immer wieder Zeitungsfotos, die den Interpretationsgeist besonders beflügeln und darüber hinaus eine eigenständige sozialwissenschaftliche Debatte in Gang bringen.

Das Foto der drei maghrebinischen Mädchen aus der französischen Kleinstadt Creil, die sich weigerten, während des Unterrichts ihr Kopftuch abzulegen, ist ein solches Dokument. Das Foto aus dem Jahr 1989, eingegangen in die Geschichte als Symbol für den «französischen Kopftuchstreit» (siehe Baier 1993), signalisiert den Vormarsch des islamischen Fundamentalismus in Westeuropa und markiert eine erste Zerreissprobe für die öffentliche Multikulturalismusdiskussion. Als kurz nach dem Vorfall in Creil zwei Abgeordnete im Parlament mit Kopftuch erschienen, nicht etwa aus Solidarität mit religiösen und ethnischen Minderheiten in Frankreich, sondern aus Protest gegen die lasche Haltung des Erziehungsministers, war die Nation schockiert. Denn die zwei Politikerinnen haben für alle sichtbar vor Augen geführt, wie abscheulich es ihrer Meinung nach wirkt, wenn nicht-westliche und nicht-christliche Ausdrucksformen von EinwandererInnen in der öffentlich-politischen Sphäre zugelassen werden und sichtlich die Errungenschaften der Moderne – Rationalität, Gleichheit und Demokratie – bedrohen. Das «uneinsichtige Verhalten» der drei maghrebinischen Mädchen (13-,14- und 15jährig) wurde zu einem öffentlichen Ärgernis. Kein anderes tagespolitisches Geschehen stellte damals die friedliche Koexistenz zwischen Einheimischen und Zugewanderten mehr in Frage als der Vorfall in Creil. Die in der Folge in Tageszeitungen abgedruckten Schnappschüsse von eingewanderten Mädchen und Frauen mit Kopftuch beschworen einen eingeschleusten Fundamentalismus und forderten Intoleranz gegenüber derartigen Praktiken. Das Foto aus Creil brachte das Auseinanderklaffen von Rhetorik und Praxis der Multikultur deutlich zutage.

Sowohl der französische «Kopftuchstreit» als auch der schweizerische Badeanzug-Disput[1] schneiden eine heikle und letztlich entscheidende Frage inbezug auf die Multikulturalismusdiskussion an: Soll kulturelle und religiöse Vielfalt lediglich in der Privatsphäre ermöglicht werden, oder hat sie auch Recht auf einen ihr staatlich zugesicherten Raum in der politisch-öffentlichen Sphäre? Wir können diese Frage auch anders stellen: In welchen gesellschaftlichen Sphären soll Differenz und Vielfalt, in welchen Gleichheit und Gleichbehandlung (vor dem Gesetz) vorherrschen? Oder vom Staat aus gesehen: Soll der Staat Partikularinteressen und somit Differenz fördern oder soll er sich mit der Anwendung universalistischer Rechte und Werte (égalité, fraternité, liberté), die für alle Bürger und Bürgerinnen gelten, begnügen? Es sind dies Schlüsselfragen für die in der Philosophie traditionsreiche Universalismus/Partikularismus-Diskussion, die heute in Form der Liberalismus/Kommunitarismus-Debatte erneut aufgegriffen und weiterentwickelt wird. In der Feministischen Theorie sind solche Fragen in die sogenannte Gleichheit/Differenz-Diskussion eingegangen.

Der vorliegende Aufsatz zielt darauf ab, das Universalismus/Partikularismus-Kategoriensystem, auf das sich Frank-Olaf Radtke in seinen Schriften über Multikulturalismus und Interkulturelle Pädagogik abstützt, feministisch ins Visier zu nehmen und aus dieser Perspektive Stärken und Schwächen seines Ansatzes aufzuzeigen. Aus der Menge der deutschsprachigen Publikationen zu den Themen «Multikulturalismus» und «Interkulturelle Pädagogik», habe ich Radtkes Schriften gewählt, da sie meiner Ansicht nach wissenschaftlich am fundiertesten sind. Sie sind es wert, kritisch durchleuchtet zu werden.

Im ersten Teil des vorliegenden Aufsatzes beziehe ich mich auf Radtkes Analysen der Multikulturalismusdiskussion und der Interkulturellen Pädagogik in Deutschland. Ich greife dabei Fallbeispiele auf, um seinen Theorieansatz zu verdeutlichen und zu situieren.

Die Grundlage seines Ansatzes, Hannah Arendts Dreisphärentheorie, ist Gegenstand des zweiten Teils. Arendt gilt als eine der bedeutendsten politischen Denkerinnen dieses Jahrhunderts. Ihre sozialphilosophischen Schriften sind umfassend und ihr politisches Wirken war weitreichend (siehe Heuer 1992). Ohne ihr Gesamtwerk und ihren Einfluss auf die zeitgenössische politische Theorie auch nur im geringsten herab-

---

[1] Das schweizerische Bundesgericht hiess im Sommer 1993 das Gesuch eines islamischen Vaters aus Dietikon gut, der eine Dispens seiner Tochter vom Schwimmunterricht forderte. Er begründete sein Gesuch mit der islamischen Vorschrift, wonach Mädchen und Frauen in der Öffentlichkeit Haare, Arme und Beine nicht entblössen dürfen. Für das Bundesgerichtsurteil war unter anderem ausschlaggebend, dass dem Mädchen keine Bekleidungsalternative zum schweizerischen Badeanzug zugemutet werden konnte, welche nicht den Spott der MitschülerInnen auf sich gezogen hätte.

mindern zu wollen, setze ich mich hier kritisch mit ihrer Theorie, schwergewichtsmässig mit ihrem Dreisphärenmodell, auseinander. Dabei berufe ich mich vorwiegend auf Seyla Benhabibs Kritik an Arendt. Benhabib hat in in ihren Schriften die Kritische Theorie Habermas'scher Prägung mit Ansätzen aus der Feministischen Theorie verknüpft. Die Darstellung und Kritik des Dreisphärenmodells werden in diesem Aufsatz deshalb so viel Raum einnehmen, weil das Sphärenmodell für Radtke das Hauptgerüst seiner Multikulturalismusanalysen darstellt.

Im dritten und letzten Teil fasse ich zusammen, weshalb sich das Modell von Arendt nicht auf multikulturelle Fragen anwenden lässt und begründe, weshalb Radtkes Analysen, nicht aber seine Schlussfolgerungen, relevant sind.

Die Universalismus/Partikularismus-Diskussion in der Ethnizitätsforschung

Radtke knüpft sich für seine Analyse von Multikulturalismusmodellen (1990, 1992) die gesellschaftlich-soziale Sphäre vor, d.h. jene Sphäre, in der sich verschiedene Interessensgruppen aufgrund von Klasse, Geschlecht, Alter, Ethnizität, Rasse sowie sexueller, politischer und religiöser Orientierungen konstituieren. In dieser Sphäre grenzen sich die Interessensgruppen voneinander ab und diskriminieren aufgrund sozialer Merkmale. Der unterschiedliche Zugang zum Ausbildungs-, Arbeits- und Wirtschaftssektor kommt ebenfalls hier zum Tragen, da sich der Wettbewerb um materielle und kulturelle Güter in eben dieser Sphäre abspielt.

Radtke interessieren nun die verschiedenen Gesellschaftsmodelle und die unterschiedliche Stellung ethnischer Gruppen, die sich aus unterschiedlichen staatlichen Interventionen ergeben. In Anlehnung an John Rex (1986) unterscheidet Radtke zum einen zwischen staatlichen Interventionen des öffentlich-politischen Bereichs (d.h. durch Verfassung, Gesetzgebung) und Interventionen, die auf die Privatsphäre einwirken. Danach nimmt er eine Funktionsdifferenzierung der beiden Interventionsebenen vor: Die Interventionen im öffentlich-politischen Bereich gliedert er danach, ob sie von einer Gleichheit aller Bevölkerungsgruppen oder von einer Ungleichheit zwischen ethnischen Gruppen ausgehen. Letztere liesse sich beispielsweise aufgrund institutionalisierter Formen der Diskriminierung im Bildungswesen, im politischen System usw. bestimmen. Bei den Interventionen, die auf die Privatsphäre abzielen, unterscheidet er wiederum zwischen Gesellschaftsmodellen, die in der Privatsphäre partikulare Orientierungen – in diesem Fall Vielfalt und Multikulturalismus – vorsehen und solchen, welche Vielfalt leugnen und von einer kulturellen Homogeneität bzw. von Monokultur ausgehen. Aus den vier, in der nachfolgenden Matrix ersichtlichen Gesellschaftsmodellen kann gemäss John Rex und Frank-Olaf Radtke lediglich der Typ A die Erwartungen an ein multikulturelles Gesellschaftsmodell vollumfänglich erfüllen.

Darstellung 1: Vier mögliche Gesellschaftsmodelle

| | | ÖFFENTLICH-GESELLSCHAFTLICHE SPHÄRE | |
		Gleichheit der Chancen zwischen ethnischen Gruppen	Ungleichheit der Chancen zwischen ethnischen Gruppen
PRIVATSPHÄRE	Multikulturalismus	A	C
	Monokulturalismus	B	D

Radtkes Einschätzung, wonach das in den achtziger Jahren aufgekommene Multikulturalismusmodell im besten Fall eine vertikale Verschiebung im Modell, von D nach C, hätte bewirken können, erachte ich als zutreffend. Dass die Verschiebung ausschliesslich eine vertikale ist, die sich in der Privatsphäre abspielt, zeigt sich daran, dass immer dann, wenn Partikularinteressen – in unserem Fall Ethnizität – öffentlich zur Schau gestellt werden, Politiker sich beeilen, dem Multikulturalismusmodell abzuschwören. Der französische Kopftuchstreit und der schweizerische Badeanzug-Disput, die beide öffentliches Ärgernis ausgelöst haben, legen ein beredtes Zeugnis dafür ab, dass Multikultur nur unter der Bedingung geduldet wird, dass sie sich in den eigenen vier Wänden abspielt. Diese Überlegung geht noch einen Schritt weiter: Wenn der westeuropäische Multikulturalismus-Diskurs tatsächlich nur darauf abzielt, Vielfalt in der Privatsphäre zuzulassen, d. h. in jener Sphäre, die gemäss neuzeitlichem Rechtsverständnis ohnehin staatlichen Schutz (und Nicht-Einmischung) geniesst, dann müssen wir fragen «Wozu die ganze Aufregung?» Oder die Frage anders gestellt: Wem, wenn nicht den Eingewanderten und Minderheiten, hat der Multikulturalismusdiskurs letztlich denn genützt?

Es ist Radtkes Verdienst, die massgebenden Fragen bei der Auswertung der öffentlichen Multikulturalismusdiskussion gestellt zu haben: Was ist damit gewonnen und wer hat davon profitiert? Ich erachte es für die weitere Theoriediskussion als nützlich, dass Radtke staatliche Interventionsebenen sowohl nach ihrer Ausrichtung (universalistisch oder partikularistisch) als auch nach ihrem Wirkungsbereich (Privatsphäre und öffentlich-politische Sphäre) auswertet. Anfechtbar sind allerdings seine Schlussfolgerungen: Radtke stellt in seinen Interpretationen durchgängig Gleichheit vor Differenz, Univeralismus vor Partikularismus, individuelle Rechte vor Gruppenrechte;

oder um soziologisch ältere – und inzwischen problematisierte – Dichotomisierungen zu gebrauchen: Er stellt Struktur vor Kultur und Gesellschaft vor Gemeinschaft.

Diese Differenzierungen haben ihm zwar ermöglicht, verschiedene Multikulturalismusmodelle nach den aufgestellten Kriterien einzuordnen. Seine einseitige Gewichtung zugunsten struktureller und universalistischer Regelungen hat ihm allerdings den Blick für geschichtliche Vorgänge verstellt, bei denen sich Minderheiten aufgrund ihrer Partikularinteressen und ihrer (zugegeben: vorgestellten) kollektiven Identität zusammengetan haben, um in der öffentlich-politischen Sphäre Rechtsgleichheit zu erlangen. Es ist sogar ein soziologisch viel beschriebenes Merkmal unserer Zeit, dass mit Identität Politik gemacht wird, d. h. dass sich BürgerInnen aufgrund ihrer spezifischen Lebenslage zusammenfinden und als *pressure-group* politisch wirksam werden. Die Geschichte der Frauen-, Ethnizitäts- und Anti-Rassismusbewegung ist reich bestückt mit solchen Beispielen. Wie ich später ausführen werde, hat Radtke die Bedeutung der gesellschaftlich-sozialen Sphäre, in der Gruppenidentitäten hergestellt werden, für Gleichheitsforderungen in der politisch-öffentlichen Sphäre verkannt. Sein Fokus auf die öffentlich-politische Sphäre ist mitunter ein Grund, weshalb er bei der Taxonomie von Multikulturalismusmodellen, insbesondere jener in den klassischen Einwanderungsländern, zu Fehleinschätzungen gelangt ist. Ich werde dies an Fallbeispielen aus Kanada und den USA veranschaulichen.

Radtke zeigt zunächst auf, dass der deutsche Multikulturalismus sich lediglich in der Privatsphäre abspielt, und führt, als Gegensatz dazu, die Situation in den klassischen Einwanderungsländern auf. Er schreibt (Radtke 1992: 198):

> Die Situation in Deutschland unterscheidet sich dadurch ganz wesentlich von der Situation in den Ursprungsländern des Multikulturalismus Kanada, Australien, USA und auch Grossbritannien, die ihren Zuwanderern längst Rechtsgleichheit als Staatsbürger gewähren und auf dieser Basis um kulturellen Pluralismus ringen.

Was stört, sind Radtkes Annahmen, dass erstens die Zuwanderer in den klassischen Einwanderungsstaaten *längst* Rechtsgleichheit besitzen, und zweitens, dass diese die *Basis* sein soll, auf der sie um kulturellen Pluralismus ringen.

Gerade die Vereinigten Staaten von Amerika sind ein gutes Beispiel, dass weder die Reihenfolge, zuerst *Rechtsgleichheit als Staatsbürger* und danach *kultureller Pluralismus*, noch die damit implizierte Abfolge, zuerst universalistische Rechte und erst danach partikularistische Interessen, einer näheren Betrachtung standhalten. Die Geschichte der amerikanischen Bürgerrechtsbewegung beispielsweise zeigt, dass die Mobilisierung der afrikanisch-amerikanischen Bevölkerung Mitte der fünfziger Jahre nur aufgrund der kollektiven Wahrnehmung, einer unterprivilegierten Schicht und diskriminierten Rasse anzugehören, möglich war. Die Formation des Kollektivs und die Formulierung von Partikularinteressen waren ausschlaggebend sowohl für Universalrechte, insbesondere das Bürgerrechtsgesetz (1964) und das Stimmrechtsgesetz (1965), als auch für die Anwendung von Gruppen- oder Partikularrechten wie z. B. die *affirmative action*. Es mag berechtigte Einwände gegen die amerikanische Quotenregelung geben, zum Beispiel, dass sie lediglich die bereits privilegierte afrikanisch-amerikanische Mittelschicht begünstigt habe oder dass jede Quotenregelung einem Nullsummenspiel gleiche, in dem die spezielle Förderung einiger Bevölkerungsgruppen die Benachteiligung der Restlichen bedingt. Es mag ebenso das Argument zu überzeugen, dass *affirmative action* von Anfang an als zeitlich befristete Massnahme vorgesehen war, um die Geschichte der strukturellen Benachteiligung von rassischen und ethnischen Minderheiten wettzumachen, und dass nun diese Zeit abgelaufen sei. Das neokonservative Argument schliesslich, wonach die amerikanische Verfassung auf Individualismus und Meritokratie begründet sei und deshalb Gruppenrechte darin keinen Platz haben dürfen, baut hingegen auf Sand, und ich glaube Radtkes Arbeiten gut genug zu kennen, um ihn trotz seiner ähnlichen Argumentationsweise (nämlich: Vorrang der Einzelrechte vor Gruppenrechten) mit Gewissheit nicht diesem politischen Lager zuzurechnen.

Ich sehe zwei Gründe für Radtkes Fehleinschätzung: Zum einen mag er aus eurozentrischer Sicht vor allem «Klasse» als kollektives Merkmal – und als Grundlage für die Formation von Partikularinteressen – in den Vordergrund gestellt und die in den USA wichtigeren sozialen Merkmale «Rasse» und «Ethnizität», die dort schichtwirksam sind, unterschätzt haben. Zum anderen verlässt er sich auf die aufklärerische Vernunft des Staates, der gewissermassen von sich aus demokratische universalistische Rechte erlässt ohne auf Druck von Bevölkerungsgruppen, die sich aufgrund partikularistischer Interessen formiert haben, zu reagieren. Seine Theorie lässt deshalb weder zu, dass partikularistische Orientierungen die Durchsetzung von Universalrechten ermöglichen, noch dass die Prinzipien des Partikularismus und Universalismus sich gegenseitig beeinflussen, noch dass die Existenz eines «Universalismus», d. h. die Existenz von Gesetzen und gesellschaftlichen Regelungen, die für *alle Bevölkerungsgruppen* beansprucht werden können, als solche in Frage gestellt werden.

DIE UNIVERSALISMUS/PARTIKULARISMUS-DISKUSSION IN DER INTERKULTURELLEN PÄDAGOGIK

Im Folgenden soll Radtkes Ansatz weiter konkretisiert und sein viel beachteter Kulturalisierungsvorwurf an die Adresse der Interkulturellen Pädagogik näher ausgeführt werden.

Durch die Übernahme eines interkulturellen Paradigmas wähnte sich die deutsche Ausländerpädagogik anfangs der achtziger Jahre im Glauben, die erste Phase kritischer Selbstreflexion erfolgreich überwunden zu haben. Das interkulturelle Paradigma stützte sich auf Konzepte englischsprachiger Einwanderungsstaaten *(multicultural education)* und französischer Fachdiskussionen *(éducation interculturelle)*, die von Fachkreisen im Europarat, in der Unesco und in der OECD aufgegriffen und verbreitet wurden. Kurz darauf erschien allerdings Radtkes Artikel, in welchem er die *Integrations-Industrie* und den *Konzern der Vermittler* (1985, 1991, siehe auch Czock 1993) aufs Korn nimmt und den Beitrag der professionellen Ausländerpädagogik an der Ethnisierung und Ausgrenzung der Einwanderungsgruppen darlegt. In Deutschland haben seither auch Georg Auernheimer (1988), Wolf-Dietrich Bukow und Roberto Llaroya (1988) sowie Nora Rätzel (1992) wiederholt auf die Soziogenese ethnischer Minderheiten durch Migrationsforschung und interkulturelle Praxis hingewiesen. In meinem Buch (1992) orientiere ich mich ebenfalls an diesem Ansatz. Ich befasse mich darin unter anderem eingehend mit Robert Ezra Park, dem Begründer des heute umstrittenen Ethnizitätsparadigmas, und beschreibe, vor welchem Hintergrund die Ethnisierung von Minderheiten in der Migrations- und Minoritätenforschung entstanden ist.

Von allen sozialwissenschaftlichen Fachbereichen waren die interkulturelle Bildungsforschung und die Migrationsforschung besonders betroffen von der Kulturalisierungskritik. Die Interkulturelle Pädagogik hat seit ihrer Entstehung in den siebziger Jahren bereits zwei Phasen kritischer Selbstreflexion und Neuorientierungen durchlaufen. Die erste Krise vor über zehn Jahren thematisierte den bislang unreflektierten Theoriehintergrund ausländerpädagogischen Handelns und die darin vorgenommene Pädagogisierung der Ausländerfrage. Die zweite noch andauernde Krise bezieht sich eben auf die Kulturalisierung der Einwanderungsfrage und die Klientelisierung der ethnischen Minderheiten. Worin genau bestanden die beiden Krisen, die jeweils zur Übernahme neuer Konzepte und Überlegungen beitrugen?

Unter Beschuss gerieten in der ersten Krise vor allem jene Programme, in denen die Spracherwerbs- und Sozialisationsbedingungen eingewanderter Schüler und Schülerinnen als defizitär klassifiziert wurden. Diese Defizite hätten mittels ausländerspezifischen Programmen – Deutsch als Zweitsprache, «Orientierungshilfen» für ausländische Eltern, etc. – wettgemacht werden sollen. Diesen Sonderprogrammen für Eingewanderte lag eine Konzeption zugrunde, welche die damals vorherrschende Ausländerpolitik (Rotations-, danach Assimilations- und Integrationspolitik) pädagogisch widerspiegelte. Die Pädagogisierung politischer Probleme war in der Entstehungsphase interkultureller Forschung und Praxis Ausdruck mangelnder Grundlagenorientierung. Die fehlende Distanz zum tagespolitischen Geschehen galt allerdings nicht nur für die

Interkulturelle Pädagogik, sondern auch für die Migrationsforschung insgesamt (Treibel 1988): Es wurde klar, dass bisher nicht die Soziologie resp. die Pädagogik den Kontext für die Ausländerforschung bzw. für die Interkulturelle Pädagogik bildete, sondern die Ausländerpolitik. Als Folge davon produzierten sowohl die soziologisch orientierte Migrationsforschung als auch die Interkulturelle Pädagogik eine Menge von ad-hoc-Analysen und -Lösungen, die ausserhalb des jeweiligen politischen Kontextes betrachtet, widersprüchlich und sinnlos erschienen.

In der Pädagogik bot sich in der ersten Bilanzphase (ab 1984) ein alternatives Konzept an, das versprach, weniger assimilationistisch und ausländerfixiert zu sein. Die «Interkulturelle Pädagogik» erwies sich in Westdeutschland, in Österreich und in der Schweiz als möglicher Ausweg aus der ausländerpädagogischen Sackgasse.

Die Forderung nach mehr Grundlagenforschung auf dem Gebiet der Interkulturellen Pädagogik kam erneut im Zusammenhang mit der öffentlichen Multikulturalismus-diskussion der achtziger Jahre auf. Die Institutionalisierung und Professionalisierung der Interkulturellen Pädagogik konnte sich gemäss einiger Kritiker erfolgreich reproduzieren, indem sie nicht nur die Interkulturelle Pädagogik, sondern auch die eingewanderten Schüler und Schülerinnen zu einem Lerngegenstand erhob. Die Flut von Materialien über die Herkunftsländer, wichtiger Bestandteil der traditionellen interkulturellen Lehrerbildung, bewirkte – nach Auffassung der Kritiker (z. B. Radtke) – bei den Lehrern und Lehrerinnen eine verfehlte Handlungssicherheit: Schüler und Schülerinnen der ersten und zweiten Einwanderungsgeneration wurden nicht mehr als Einzelne behandelt, sondern einer Fallgruppe zugewiesen. Diese Entwicklung steht der allgemeinen Schulentwicklung, der zunehmenden Differenzierung und Individualisierung, diametral entgegen. Der gruppenspezifische Ansatz in der Interkulturellen Pädagogik ist partikularistisch orientiert und essentialistisch, indem er die Bedürfnisse der einen (vermeintlich ethnisch homogenen) Gruppe gegen die von anderen ausspielt. Pädagogik hingegen muss aufklärerisch und universalistisch sein, d. h. sie muss sich von der Fixierung auf soziale Merkmale (Ethnizität, Geschlecht, soziale Schicht) lösen und beim Individuum ansetzen.

Grundlegend ist, dass Radtke mit seinem Kulturalisierungsvorwurf erstmals eine kohärente Theoriediskussion in die interkulturelle erziehungswissenschaftliche Diskussion eingebracht hat. Dabei dienen ihm die Kategorien Universalismus/Partikularismus sowie Arendts Sphärenmodell als Gerüst. Radtkes Leistung war eine doppelte: Kritik an der herkömmlichen Ausländerpädagogik/Interkulturellen Pädagogik und Erweiterung interkultureller Fachdiskussionen um eine wissenschaftssoziologische Dimension. Letzterer Beitrag ist besonders fruchtbar und nicht zu unterschätzen, zumal PädagogInnen, und insbesondere Interkulturelle PädagogInnen, dazu tendieren, in ihren Beschreibungen oft in normativen Aussagen («Desiderata») zu verharren, und deshalb wenig kritische und analytische Arbeiten aufweisen.

In seinem Aufsatz *Multikulturalismus und Erziehung: Ein erziehungswissenschaftlicher Versuch über die Behauptung: «Wir leben in einer multikulturellen Gesellschaft»* (1992) beispielsweise führt er aus, welche Leistungen Erziehung und Schule in den drei Arendtschen Sphären zu erbringen haben (siehe nachfolgende Darstellung).

Darstellung 2: Leistungen von Schule und Erziehung in den drei Arendtschen Sphären (nach Radtke 1992)

	LEISTUNGEN DER ERZIEHUNG	ANSPRÜCHE AN SCHULE: SCHULE ALS ...
ÖFFENTLICHE SPHÄRE		
Sphäre der Politik/ Verwaltung	politische Bildung	a) Instrument der Menschformung nach einem gesellschaftlichen Programm b) Einrichtung der Hilfe zur (Selbst-)Bildung
GESELLSCHAFTLICH-SOZIALE SPHÄRE		
Sphäre der Wirtschaft	berufliche Qualifikation	c) als Institution der Vermittlung von Kulturtechniken
PRIVATSPHÄRE		
Sphäre der Familie, Sozialisation und Reproduktion	soziale Anpassung und Entlastung von familiären Sozialisationsaufgaben	e) als Selektions- und Allokationsinstanz d) als Schutz- und Schonraum vor der Welt der Erwachsenen

Als nächstes leitet er daraus die Ansprüche an eine interkulturelle Erziehung ab und überprüft, ob die interkulturelle Praxis diese zu erfüllen vermag. Er kommt zu folgenden Ergebnissen: In der öffentlich-politischen Sphäre, in der interkulturelle Erziehung als politische Bildung aufgefasst werden müsste, wird gemäss Radtke erwartet, dass «multikulturelle Gesellschaft», die «ethnische Toleranz» oder die «Vielfalt der Kulturen» zum Unterrichtsgegenstand gemacht werden. Ein Blick auf die interkulturelle Unterrichtspraxis verrät jedoch, wie Radtke richtig ausführt, dass vor allem interkulturelle Unterrichtseinheiten wie zum Beispiel «Ein Moslem betet» oder «Wir bakken (türkisches) Fladenbrot» zur Anwendung gelangen, die über ihre exotisierende und stigmatisierende Wirkung hinaus unreflektierterweise die Privatsphäre (der Eltern: woran sie glauben und wie sie essen) in die öffentliche Sphäre der Schule hineintragen. Ebensowenig vermag der Beitrag der interkulturellen Erziehung an einer interkulturell orientierten Qualifikationsvermittlung – in der gesellschaftlich-sozialen Sphäre – zu überzeugen. Angesichts der Internationalisierung des Arbeitsmarktes wäre es naheliegend, dass die Vielsprachigkeit und die Herkunftssprache der Migrantenkinder als ökonomische Ressource gefördert und mindestens als Unterrichtsfach, besser als Schulsprache, anerkannt würden. Dass dem nicht so ist, hängt, wie er selber ausführt, mit dem sozialen Prestige der Herkunftssprachen zusammen. Bezogen auf die dritte Sphäre, die Privatsphäre, gibt es unter Interkulturellen PädagogInnen Meinungsunterschiede. Die umstrittene Frage ist, wie Schule auf die Privatsphäre einwirken kann, und ob sie es überhaupt tun sollte. Die seit zwanzig Jahren im westeuropäischen Raum stehende Forderung, die Muttersprache von Migrantenkindern schulisch zu fördern, um Identitätsdiffusion zu vermeiden, beziehungsweise um bikulturelle Identität und Zweisprachigkeit systematisch und kontinuierlich zu fördern, hat nach wie vor kaum Fuss gefasst. Die Kurse in heimatlicher Sprache und Kultur sind meistenorts nach wie vor nach dem Modell eines «nationalen Unterrichts» organisiert, der von den Konsulaten oder Emigrantenorganisationen selber getragen wird und ausserhalb der ordentlichen Unterrichtszeit stattfindet.

Ich stimme mit Radtkes kritischer Stellungnahme überein und sehe darüber hinaus eine weitere Ebene der interkulturellen Praxis, in der sich die unreflektierte Handhabung von Universalismus/Partikularismus sowie Gleichheit/Differenz offenbart: Nach einer anfänglichen Phase, in der Interkulturelle Pädagogik synonym für «Deutsch als Zweitsprache» und Einschulungshilfen für NeuzuzügerInnen stand, hat sich in der Schweiz Mitte der achtziger Jahre die Erkenntnis durchgesetzt, dass sich interkulturelle Erziehung weder auf Eingewanderte noch auf Sprachfragen reduzieren lassen sollte. Als Folge davon kam die kulturelle Bereicherungsdoktrin zur Anwendung. Eine Fülle von Materialien über die Herkunftsländer und Kinder- und Jugendbücher, die darauf abzielten, Verständnis für fremde Kulturen zu fördern und kulturelle Differenz als Bereicherung zu konstituieren, gelangte auf den Markt. Ausländerfreundlichen LehrerInnen bot sich dadurch die Möglichkeit, im Unterricht interkulturelle Materialien einzusetzen und kulturelle Differenz in der Klasse zum Unterrichtsgegenstand zu erheben. Unverändert blieben jedoch weiterhin die kantonalen Lehrpläne, die Rahmenlehrmittel, die regulären Unterrichtsmittel, das Selektions- und Promotionsverfahren und die Anstellungsbedingungen der Lehrerschaft usw., also die institutionellen Bedingungen, die für *alle* SchülerInnen und *alle* Klassen gelten. Auf dieser institutionellen Ebene geht man nach wie vor von einem universalistischen Anspruch, Gleichheit und Gleichberechtigung realisiert zu haben, aus. Interkulturalität beziehungsweise Differenz wurde also lediglich auf der Interaktionsebene, im Klassenzimmer, realisiert.

Meine Analyse englischer, kanadischer und US-amerikanischer multikultureller Erziehungsprogramme (1991, 1992, 1993a) deutet darauf hin, dass in diesen Staaten die Interventionsebenen – aus westeuropäischer Sicht – vertauscht sind: Differenz wird vor allem im institutionellen Bereich hergestellt und Gleichheit auf der Interaktionsebene, d. h. im Klassenzimmer verfolgt. An den Schulen in Toronto beispielsweise wurde 1983 die Unterrichtszeit täglich um eine halbe Stunde verlängert, damit die Schülerinnen und Schüler in dieser Zeit den Unterricht in eine der dreiundreissig angebotenen Minderheitensprachen besuchen können. Ein anderes Beispiel, das Schule als Institution betrifft, ist das *affirmative action*-Programm, welches die Anstellung von LehrerInnen und SchulleiterInnen aus ethnischen Gruppen fördert. Ein drittes Beispiel ist die Multikulturalisierung der Geschichtslehrmittel, die mit staatlichen Mitteln zügig vorangetrieben wird. Im Klassenzimmer jedoch, in der Interaktion zwischen SchülerInnen, wird von der Lehrperson her keine Herstellung von (kultureller) Differenz erwartet, denn schliesslich gelten alle SchülerInnen als KanadierInnen – egal welcher ethnischer Herkunft sie sind. Die Interventionsebene der LehrerInnen im Klassenzimmer reduziert sich, im Idealfall, auf die Prävention und Sanktion rassistischer Vorfälle und Äusserungen.

Dass sich interkultureller Unterricht vielerorts in Deutschland und auch in der Schweiz darauf beschränkt, in verhältnismässig wenigen Klassen Unterrichtseinheiten wie «Wir backen (türkisches) Fladenbrot» anzubieten, bedeutet nicht, dass es daneben nicht vereinzelt interkulturelle Programme gibt, die sich von einer Kulturalisierung und Aussonderung eingewanderter Minderheiten distanzieren und sich dem *mainstreaming* interkultureller Ansätze etwa in der Lehrerbildung zuwenden[2].

Die Kritik von Radtke an der Interkulturellen Pädagogik bleibt dennoch grundlegend. Besonders schwerwiegend ist sein Vorwurf, wonach die Anwendung des Organisationsprinzips «Ethnizität» in der Schulpraxis zur Folge hat, dass die Bildungschancen von eingewanderten SchülerInnen drastisch dezimiert werden. Ethnizität ist heute ein schulisches Organisationsprinzip, das sich als Homogenisierungs- und Diskriminierungsfaktor erweist, d. h. es verursacht Ausgrenzung in Form von Ausländerklassen, Vorbereitungsklassen in Langzeitform und Förderklassen. Das Organisationsprinzip «Ethnizität» ermöglicht, kulturell homogene Klassen zu bilden. Analoge Bei-

---

[2]   Zum Beispiel im Kanton Zürich, Erziehungsratsbeschlüsse des Kantons Zürich zur Interkulturellen Pädagogik in der Zürcher Lehrerbildung (1987 und 1993) – zu beziehen beim Sektor Ausländerpädagogik der Pädagogischen Abteilung, Erziehungsdirektion des Kantons Zürich.

spiele aus der Geschichte der Schulpädagogik lassen sich leicht finden (Radtke 1994, Bommes und Radtke 1993): die Altershomogenisierung (Jahrgangsklassen), die soziale Homogenisierung (Dreigliedrigkeit), die Geschlechterhomogenisierung (Jungen- bzw. Mädchenschulen) und nicht zuletzt die Leistungshomogenisierung (Sitzenbleiben, Vor- und Sonderschulen). Eingewanderte SchülerInnen haben durch das segregierte Bildungsangebot nicht nur ungleiche Bildungschancen im Vergleich zu einheimischen («nicht-ethnischen») SchülerInnen, sondern sie haben tatsächlich das Bildungssystem unterschichtet und den einheimischen SchülerInnen dadurch zusätzlich einen schulischen Aufstieg ermöglicht. Die Gründe für die Beschränktheit interkultureller Praxis sind vielschichtig. Sie sind meines Erachtens sowohl im Aussonderungsprozess der Interkulturellen Pädagogik als auch in der bisher mangelhaften theoretischen Reflexion zu suchen (Steiner-Khamsi 1993b).

Radtkes Kritik an der Interkulturellen Pädagogik entzieht der interkulturellen Erziehung nicht ihre Daseinsberechtigung. Sie hat vielmehr die Einleitung einer zweiten Krise ausgelöst, deren Ausgang davon abhängt, ob es der Interkulturellen Pädagogik gelingt, eine konzeptionelle Alternative zum bisherigen Ethnizitätsparadigma zu entwickeln und an wissenschaftlicher Glaubwürdigkeit zu gewinnen.

LITTLE ROCK, ARKANSAS

Neben den anfangs zitierten multikulturellen Szenarien – drei maghrebinische Mädchen in Creil, die sich weigerten ihr Kopftuch abzulegen, der islamische Vater aus Dietikon, der insistierte, seine Tochter nicht am Schwimmunterricht teilnehmen zu lassen – gibt es ein Foto aus Little Rock in Arkansas, das 1957 durch die amerikanische Presse ging, und Hannah Arendt dazu bewog, eine vielbeachtete wissenschaftliche Abhandlung zum Thema Universalismus/Partikularismus zu schreiben (Arendt 1986). Arendts Schriften und speziell ihr Artikel über Little Rock bildeten dreissig Jahre später die Theoriegrundlage für Radtkes Analyse der deutschen Multikulturalismusdiskussion. Ich werde deshalb auf das Foto, die Ereignisse in Little Rock, auf Arendts Interpretation dieser Ereignisse und zuletzt auf Seyla Benhabibs Kritik an Arendts Interpretation näher eingehen.

Das Foto stellt ein schwarzes Mädchen in gesenkter Haltung und mit eingeschüchtertem Blick dar. Hinter ihr ist eine Horde weisser Kinder, die offensichtlich bedrohliche Grimassen machen. Neben ihr steht ein erwachsener Weisser, ein Freund ihres Vaters, der sie beschützt. Die im Foto abgelichtete Szene stammt aus den Anfängen der schulischen Desegregation in den amerikanischen Südstaaten, also aus den fünfziger Jahren. Das Foto hält dokumentarisch den Widerstand der Südstaatler gegen den

Beschluss des Obersten Gerichts fest, der die Aufhebung segregierter weisser und schwarzer Schulen vorsieht. Darüber hinaus lässt es auch erahnen, dass das amerikanische Gerichtsurteil nur mit polizeilicher Gewaltausübung durchzusetzen war.

Das Foto veranlasste die Sozialphilosophin, deutsch-jüdische Emigrantin und bis zu ihrem Tod im Jahr 1975 Professorin für politische Theorie an der New School for Social Research in New York, Überlegungen anzustellen, ob, erstens, der Staat sich in die privaten und gesellschaftlichen Sphären, in denen Arendt Erziehung ansiedelt, einmischen soll und darf, und, zweitens, ob die Regierung in Washington die Autonomie von Bundesstaaten, die ihnen im Erziehungswesen verfassungsmässig zugestanden wird, mit einem solchen zentralistischen Beschluss beschneiden darf.

Arendts Aufsatz, in welchem sie den gerichtlichen Beschluss zur landesweiten Aufhebung der Segregation an Schulen verurteilt, war zu jener Zeit derart kontrovers, dass die amerikanische Zeitschrift *Commentary*, die sich der Abschaffung von Rassendiskriminierungsgesetzen verpflichtete, seine Veröffentlichung monatelang hinauszögerte. Ihrer Interpretation der Ereignisse von Little Rock liegt ihr Dreisphärenmodell zugrunde: In jeder Sphäre unterliegt das menschliche Handeln einem bestimmten Prinzip. Innerhalb der politischen Sphäre hat das Prinzip der Gleichheit Vorrang, innerhalb der gesellschaftlichen das Diskriminierungsprinzip, und im privaten Raum das Ausschliesslichkeitsprinzip.

Die Gleichheit aller BürgerInnen ist gemäss dem Dreisphärenmodell auf das politische Gemeinwesen beschränkt. «Nur dort sind wir alle Gleiche»[3], schreibt Arendt.

In der gesellschaftlichen Sphäre, die sich gemäss Arendt in der Neuzeit zusehends ausgeweitet hat, herrschen Partikularinteressen vor und Menschen gruppieren sich hier nach dem Sprichwort *gleich und gleich gesellt sich gern*. «Was hier eine Rolle spielt», führt Arendt weiter aus,

> ist nicht der persönliche Unterschied, sondern die unterschiedliche Gruppenzugehörigkeit von Menschen, die um ihrer Identifizierbarkeit willen notwendigerweise andere Gruppen im gleichen Lebensbereich diskriminieren. In der amerikanischen Gesellschaft schliessen sich Menschen nach Beruf, Einkommen oder ethnischer Herkunft zusammen und diskriminieren konkurrierende Gruppierungen, während in Europa Klassenzugehörigkeit, Bildung und Umgangsformen die entsprechenden Faktoren sind.

In der Privatsphäre richtet sich das menschliche Handeln auf das Herstellen von Beziehungen zu Einzelpersonen. Die damals gültige rassistische Rechtsbestimmung, wonach Mischehen als strafbar taxiert wurden, dient ihr als Beispiel, um den unannehmbaren staatlichen Übergriff auf Privatangelegenheiten (hier: auf die PartnerIn-

---

[3] Nachfolgende Zitate sind alle aus ihrem Aufsatz «Little Rock» (Arendt 1986:103 ff.)

Wahl) zu illustrieren. Die gerichtlich verfügte De-Segregation von weissen und schwarzen Schulen lehnt sie aus ähnlichen Gründen ab.

Arendts *Little Rock*-Abhandlung kann nun aus zwei Gründen kritisiert werden: Erstens wird auch bei wiederholtem Lesen nicht klar, welche Rolle die Schule denn in der öffentlich-politischen Sphäre einnimmt[4]. Zweitens ist das Weltbild, das eine solche Dreiteilung evoziert, insbesondere aus der Sicht der Feministischen Theorie, nicht haltbar.

DIE KRITIK: UNIVERSALISMUS UND DIE TRENNUNG VON HANDLUNGSRÄUMEN

Im folgenden möchte ich lediglich auf die Kritik am Dreisphärenmodell eingehen. Diese zweite, feministische Kritik stellt die Relevanz der Arendtschen politischen Theorie für eine emanzipatorische politische Praxis in Frage. Die Feministische Theorie wirft Arendt vor, dass sie, erstens, in ihrem Dreisphärenmodell die in der öffentlichen Sphäre postulierten Universalrechte nicht auf ihre Universalität hin überprüft, und, zweitens, dass sie die Interdependenz der drei Sphären nicht angemessen berücksichtigt. Diese Schwachstellen werden durch die emanzipatorischen Bewegungen (insbesondere die der Frauen) aufgedeckt, welche das vermeintlich Private öffentlich gemacht und dadurch das Verständnis von dem, was als «allgemein» und «öffentlich» gilt (in diesem Fall: um die spezifischen Frauenstandorte), erweitert haben. Dazu bedarf es einiger Erklärungen:

Universalität

Arendts Werk Vita Activa hat ihr den Ruf eingebracht, anti-modernistisch zu sein. Darin beklagt sie die *verlorengegangene Unterscheidung* zwischen dem Privaten und dem Öffentlichen und verfällt der nostalgischen Beschreibung des öffentlichen Raums in früheren Zeiten (Arendt 1981:11). Feministische Sozialwissenschafterinnen (z.B. Young 1993, Fraser 1993, 1994) werfen ihr vor, dass ihre von der Antike geprägte Vorstellung von öffentlichem Raum männerzentriert sei. Bei den *sterblichen Menschen,* die dank politischer Agitation *«Unsterblichkeit»* erlangen, handelt es sich bei näherer Betrachtung um Männer, wohingegen Frauen dazu verdammt waren, nach getaner lebenslanger häuslicher Arbeit eines gewöhnlichen Todes zu sterben. Feministische

---

[4]   Benhabib (1991:152) wirft ihr vor: «Dieses Mal [in ihrem Aufsatz über Little Rock; Anmerkung der Verfasserin] unterliess es Hannah Arendt, die ‹feine Unterscheidung› zu treffen und verwechselte eine Frage der öffentlichen Gerechtigkeit – die Gleichheit des Zugangs zu Bildungseinrichtungen – mit einer Frage der sozialen Präferenz – wer meine Freunde sind oder wen ich zum Abendessen einlade.»

Intellektuelle weisen zu Recht darauf hin, dass Arendt von einer universalistischen und homogenen Öffentlichkeit ausgegangen ist und sämtliche Differenzen in die Privatsphäre verlegt hat. Wie anders kann ihr blinder Fleck gegenüber dem Ausschluss ganzer Bevölkerungsteile (Frauen, Sklaven, Einwohner ohne Bürgerrechte) aus der von ihr mystifizierten griechischen Polis erklärt werden? Die Tatsache, dass nur männliche Bürger Politik betrieben und dennoch das öffentlich-politische Leben *aller* EinwohnerInnen regelten, setzt sowohl «das Bedürfnis nach einem Absoluten» (Arendt 1974:210) als auch den Glauben voraus, dass diese griechischen Männer universalistisch, d.h. im Sinne und im Einverständnis aller, handelten.

Benhabib führt Arendts Universalismus auf ihre *prozedurale Konzeption* des öffentlichen Raumes zurück. In dieser Konzeption ist die inhaltliche Ebene ausgespart: «Der öffentliche Raum eröffnet sich immer dort und dann, wo, in Arendts Worten ‹Männer im Einverständnis miteinander handeln›» (Benhabib 1991:151). Weiter zeigt Benhabib auf (1991:153): «Wichtig ist hier nicht so sehr, was Gegenstand des öffentlichen Diskurses ist, als vielmehr die Art und Weise, wie dieser Diskurs stattfindet.» Diese Universalismus-Kritik an Arendts Theorie ist gravierend.

Hinzu kommt, dass heute von einer politischen Theorie, die sich wie bei Arendt auch um die Rechte von Juden, Schwarzen und Einwanderern (allerdings nicht um Frauen[5]) kümmert, erwartet wird, dass sie wenigstens ansatzweise den Minderheitendiskurs mitreflektiert und sich nicht auf eine universalistische Grosserzählung (wie die von der griechischen Polis) verlässt. Die Anwendung ihrer Theorie für die aktuelle Multikulturalismusdiskussion kann deshalb grundlegend in Frage gestellt werden. Das Absolute, d.h. das Universalistische beziehungsweise das Zentrum der Macht, bleibt bei Arendt unpersönlich und wird auf mystifizierende Weise verhüllt. Sie verkennt dadurch die diskursive Macht von «Öffentlichkeit», denn jede Herstellung eines Gemeinwesens bedingt ein konstituierendes «Wir» und birgt «ein Moment ausschliessender Gewalt in sich, das den anderen als anderen konstituiert, definiert und ausschliesst» (Benhabib 1993:105). «Wer ist das wir?», das in der öffentlich-politischen Sphäre im Einverständnis miteinander handelt und Regeln für die anderen bestimmt? Dies ist eine eminent wichtige politische Frage, auf die Arendt nicht eingeht.

Interdependenz der drei Sphären

Der zweite der oben erwähnten Kritikpunkte bezieht sich auf Arendts strikte Trennung der drei Sphären. Neu an Arendts Theorie ist ihr Ausleuchten des gesellschaftlich-sozialen Raumes, der mit dem Beginn der Neuzeit entstanden ist und seither an

[5] Siehe Hannah Arendts Einstellung zur Frauenfrage im Interview mit Günter Gaus (Arendt 1964).

Umfang ständig zugenommen hat. Die gesellschaftliche Sphäre hat sich dadurch zwischen die private und öffentliche Sphäre geschoben, Anteile aus den beiden anderen Sphären auf sich vereint und einen Funktionswandel in den benachbarten Sphären bewirkt. Unangefochten bleibt für Arendt dennoch die strikte Trennung des Privaten und Öffentlichen, die in der Antike noch aufrechterhalten werden konnte, und deren moderne Demarkationsverschiebungen sie zu bedauern scheint. Nicht nur lässt Arendt damit die Aufteilung der Geschlechter – Frauen im Privaten, Männer im Öffentlichen – sowie die Hierarchisierung der beiden Sphären und die Doppelmoral, welche die Undurchlässigkeit von Handlungsräumen stützt, ausser Acht (siehe dazu Räber 1991), sondern sie übernimmt auch unkommentiert die antike Funktionsaufteilung (Freiheit im Öffentlichen; Notwendigkeit, Zwang und Gewalt im Privaten).

Arendt nimmt nicht nur eine strikte Trennung zwischen dem Privaten und Öffentlichen, sondern auch eine zwischen dem Gesellschaftlichen und Öffentlichen vor. Dazu die treffende Analyse von Hauser (1987:39):

> In der Hierarchisierung der Wertigkeiten nimmt Öffentlichkeit bei Arendt den ersten Platz ein, aus ihr leiten sich Privatheit und Gesellschaft – nicht immer klar herausgearbeitet – ab. (...) Die lineare Konstruktion, dass das – unausgewiesen Böse – das Gesellschaftliche –, das Gute – die Öffentlichkeit – zerstöre, nimmt ihr alle Möglichkeiten, die Verhältnisse, die in den verschiedenen Sphären existieren, in ihren Widersprüchen wahrzunehmen.

Arendts Grenzziehung des Handlungsraums, der sich über das Politische und Gesellschaftliche erstreckt, erschwert eine sinnvolle Anwendung ihrer Theorie auf die aktuelle Multikulturalismusdiskussion. Dadurch, dass sie eine prozedurale und nicht eine inhaltliche Konzeption des öffentlich-politischen Raumes verfolgt, negiert sie all die mehr oder weniger erfolgreichen Versuche, die Minderheiten unternommen haben, um *ihr* Thema, *ihren* Diskurs an die Öffentlichkeit zu bringen. Benhabib führt dazu aus (1991:152):

> Der Kampf darum, was mit auf die öffentliche Tagesordnung gesetzt wird, ist selbst ein Kampf um Gerechtigkeit und Freiheit. Die Unterscheidung zwischen dem «Gesellschaftlichen» und dem «Politischen» ist in der modernen Welt nicht mehr sinnvoll, (...) weil der Kampf, etwas öffentlich zu machen, ein Kampf um Gerechtigkeit geworden ist.

Sowohl Benhabib (1993) als auch die bekannte Sozialwissenschaftlerin Chantal Mouffe (1992) zeigen auf, dass es in der demokratischen Politik darum geht, die Gemeinschaft des *konstituierenden Wir* zu vergrössern und den Umfang dessen, was als öffentlich gilt, auszuweiten. Politischer Wandel ist oft eine Folge davon, dass gesellschaftlich-soziale Fragen (kollektive Identität, Diskriminierung als Gruppe) in den öffentlich-politischen Handlungsraum transferiert werden. Motor für demokratische Bewegungen, solche gegen die Sklaverei, für das allgemeine Wahlrecht oder gegen den Imperialismus, war die kollektive Identität der Betroffenen, die ihre besondere Lebenslage und ihre Lebensformen von der gesellschaftlichen in die politische Sphäre trugen und sich damit öffentlich Gehör verschafften. Die beiden feministischen Intellektuellen dokumentieren mit Beispielen aus der Geschichte, wie alle Kämpfe gegen Unterdrückung in der modernen Welt mit einer Umdefinition dessen beginnen, was zuvor als privat, nichtöffentlich und un-politisch angesehen wurde. Arendts liberales Modell, in welchem sie von einer Neutralität der öffentlich-politischen Sphäre ausgeht, bietet, wie Benhabib eindrücklich aufzeigt (1991:156), wenig Raum, «um über die Logik solcher Kämpfe nachzudenken.»

Ist Radtke ohne Arendt denkbar?

Die drei aufgeführten Krititikpunkte an Arendt, ihr universalistisches Weltbild, ihre strikte Sphärentrennung und zuletzt ihre mangelnde Auseinandersetzung mit Differenz sind ausreichende Gründe, ihr Modell für unseren (multikulturellen) Anwendungsbereich zu verwerfen. Arendts Schriften bilden dennoch das Gerüst für die bisher interessanteste Analyse europäischer Multikulturalismusmodelle – gemeint sind Radtkes Arbeiten. Die Differenzierung nach Sphären sowie den Prinzipien, die in den Sphären vorherrschen, liefert wichtige Anhaltspunkte zur Systematisierung von Multikulturalismusmodellen. Dies gilt, obschon das Verhältnis der Sphären zueinander und ihre Gewichtung umstritten sind.

Es ist zudem Radtkes Verdienst, einer der ersten gewesen zu sein, der in deutschen Fachkreisen die Kulturalisierung von Minderheiten- und Einwanderungsfragen sowohl im deutschen Multikulturalismusmodell als auch in der Praxis der Interkulturellen Pädagogik und der ethnozentrierten Sozialarbeit problematisierte und dazu die massgebenden Fragen (wem nützt es?, wer spricht?) stellte.

Bleibt also nur noch die Kritik an seinen Schlussfolgerungen. Radtke versteht sich als moderner Aufklärer: Er glaubt an den Vorrang von Universalismus vor Partikularismus, Gleichheit vor Differenz, Einzelrechten vor Gruppenrechten. Die Schlussfolgerungen, die er aus seiner Auseinandersetzung mit Universalismus/Partikularismus zieht, setzen voraus, dass Ethnizität losgelöst von Fragen der Identität behandelt wird. Nur so ist es erklärbar, dass für ihn jegliche ethnische Identität Ausdruck einer Selbstethnisierung ist. Diese wiederum kommt gemäss Radtke ausschliesslich aufgrund einer diskriminierenden und ausgrenzenden Praxis, der Fremdethnisierung, zustande. Denn in seiner Utopie einer gerechten Gesellschaft wird Identität nicht mehr entlang ethnischen Merkmalen konstituiert, sondern entlang selbst bestimmter Wahlidentitäten. Er orientiert sich an einer gerechten ethnizitätslosen Gesellschaft, beleuchtet die vorfindbaren Gegebenheiten (ethnische Identität) aus diesem utopischen Blickwinkel und kommt deshalb zur zirkulären Schlussfolgerung, dass die vorfindbaren Gegebenheiten notwendigerweise die Folge einer ungerechten ethnizitätsfördernden Praxis sein müssen. Die Zirkularität seiner Argumentationsweise kommt durch eine Ausblendung der zeitlichen Dimension, die festlegt, was jetzt ist und was in Zukunft sein könnte, zustande.

Wir erhalten deshalb wenig Anhaltspunkte von Radtke, wie wir von der Realität (Diskriminierung in der öffentlichen Sphäre aufgrund ethnischer und sozialer Merkmale) zum utopischen Modell (universalistische Rechte für alle, unabhängig von Ethnizität, Geschlecht, etc.) gelangen können.

Seine Ausklammerung von Identitätskonzepten verschliesst den Blick auf emanzipatorische Bewegungen in Einwanderungsländern, die sich aufgrund der Wahrnehmung kollektiver Partikularinteressen als Gemeinschaft von Eingewanderten konstituieren können und mehr Rechte im öffentlichen Leben (Stimm- und Wahlrecht, Muttersprachförderung in Schulen, pluralistisches Verständnis von Staatsbürgerschaft) fordern. Ethnizität und ethnische Identität vermögen heute im hohen Ausmass politisch zu mobilisieren. Gleichzeitig ist es ein Merkmal der Neuen sozialen Bewegungen, Identitätsfragen öffentlich zu machen. Wie die Feministische Theorie und die Kommunitarismusdiskussion zeigen, sind partikularistisch-orientierte Gruppen, die eine kollektive Identität postulieren, nicht notwendigerweise regressiv, ebensowenig lassen sich ihre Forderungen auf die Privatsphäre reduzieren.

Viele feministische Sozialwissenschafterinnen (z. B. Seyla Benhabib, Nancy Fraser) entwerfen dieselbe Utopie einer gerechten Gesellschaft wie Radtke und skizzieren ein Gesellschaftsmodell, in dem Ethnizität und Geschlecht als Identitätsmerkmal verschwinden kann, aber nicht muss. Auf dem Weg dorthin gibt es gemäss dieser Theoretikerinnen noch eine Reihe von politischen Kämpfen um Gerechtigkeit auszutragen. Solche emanzipatorischen Kämpfe – z. B. die der Frauen und die der EinwandererInnen – verlaufen nach einem Muster: Das Private wird öffentlich gemacht, Identitätsfragen werden politisch ausgetragen. Der universalistische Anspruch von Regeln im öffentlichen Raum soll eingelöst werden, indem er durch die Partikularinteressen von Minderheiten modifiziert wird.

LITERATURANGABEN

AUERNHEIMER Georg
1988   *Der sogenannte Kulturkonflikt. Orientierungsprobleme ausländischer Jugendlicher.*
            Frankfurt a. M.: Campus.

ARENDT Hannah

1964 «Was bleibt? Es bleibt die Muttersprache», in: GAUS Günter, *Zur Person, Portraits in Frage und Antwort,* S. 15-32. München: Kiepenheuer.

1974 *Über die Revolution.* München: Piper.

1981 *Vita activa oder Vom tätigen Leben.* München: Piper.

1986 «Little Rock», in: Dies., *Zur Zeit. Politische Essays,* S. 95-117. Berlin: Rotbuch.

BAIER Lothar

1993 *Die verleugnete Utopie.* Berlin und Weimar: Aufbau Taschenbuch Verlag.

BENHABIB Seyla

1991 «Hannah Arendt, die liberale Tradition und Jürgen Habermas». *Soziale Welt* 42/2:147-165.

1993 «Demokratie und Differenz. Betrachtungen über Rationalität, Demokratie und Postmoderne», in: BRUMLIK Micha und BRUNKHORST Hauke (Hrsg.), *Gemeinschaft und Gerechtigkeit,* S. 97-116. Frankfurt/M.: S. Fischer Verlag.

BOMMES Michael und Frank-Olaf RADTKE

1993 «Institutionalisierte Diskriminierung von Migrantenkindern. Die Herstellung ethnischer Differenz in der Schule». *Zeitschrift für Pädagogik* 39(3):483-497.

BUKOW Wolf-Dietrich und Roberto LLAROYA

1988 *Mitbürger aus der Fremde. Soziogenese ethnischer Minderheiten.* Opladen: Westdeutscher Verlag.

CZOCK Heidrun

1993 *Der Fall Ausländerpädagogik. Erziehungswissenschaftliche und bildungspolitische Codierung der Arbeitsmigration.* Frankfurt: Cooperative.

FRASER Nancy

1993 «Falsche Gegensätze», in: BENHABIB Seyla, Judith BUTLER, Drucilla CORNELL, Nancy FRASER (Hrsg.), *Der Streit um Differenz. Feminismus und Postmoderne in der Gegenwart,* S. 59-79. Frankfurt a. M.: Fischer.

1994 «Rethinking the Public Sphere: A Contribution to the Critique of Actually Existing Democracy», in: GIROUX Henry A. and Peter MCLAREN (eds.), *Between Borders. Pedagogy and the Politics of Cultural Studies.* S. 74-98. New York and London: Routledge.

HAUSER Kornelia

1987 *Strukturwandel des Privaten? Das «Geheimnis des Weibes» als Vergesellschaftungsrätsel.* Hamburg: Argument-Verlag.

HEUER Wolfgang

1992 *Citizen – Persönliche Integrität und politisches Handeln. Eine Rekonstruktion des politischen Humanismus Hannah Arendts.* Berlin: Akademie Verlag.

MOUFFE Chantal

1992 «Feminism, Citizenship, and Radical Democratic Politics», in: BUTLER Judith and Joan W. SCOTT (eds.), *Feminists Theorize the Political,* S. 369-384. New York: Routledge.

RADTKE Frank-Olaf

1985 «Der Konzern der Vermittler. Oder: Wen fördert die Ausländerpädagogik?» *Informationsdienst zur Ausländerarbeit* 4: 20-31.

1990 «Multikulturell – Das Gesellschaftsdesign der 90er Jahre?» *Informationsdienst zur Ausländerarbeit* 4: 27-34.

1991 «Die Rolle der Pädagogik in der westdeutschen Migrations- und Minderheitenforschung. Bemerkungen aus wissenschaftssoziologischer Sicht». *Soziale Welt* 42(1): 93-108.

1992 «Multikulturalismus und Erziehung: Ein erziehungswissenschaftlicher Versuch über die Behauptung: «Wir leben in einer multikulturellen Gesellschaft»», in: BAEHLER Rainer und Peter DUDEK (Hrsg.), *Fremde – Heimat*, S. 185-208. Frankfurt: Verlag für Interkulturelle Kommunikation.

1994 «Fremd geboren wird keiner, fremd wird man gemacht. Grundschule in der Einwanderungsgesellschaft». *Grundschulzeitschrift* 8, Heft 71: 21-24 und 37.

RAEBER Lilian

1991 *Differenz und Verschiedenheit. Hannah Arendts Pluralitätsbegriff im Vergleich mit der Gleichheit-Differenz-Debatte*. Bielefeld: Universität, Fakultät für Geschichtswissenschaft und Philosophie, unveröffentlichte Seminararbeit.

RAETZEL Nora

1992 «Multikulturelle Gesellschaft. Ideologie und Realität». *Widerspruch* 24: 142-152.

REX John

1986 *Race and Ethnicity*. Milton Keynes: Open University.

STEINER-KHAMSI Gita

1991 ««Von fern und nah, oh Kanada, stehen wir Wache für Dich»». *Bildungsforschung und Bildungspraxis* 2: 214-241.

1992 *Multikulturelle Bildungspolitik in der Postmoderne. Anti-Rassismus in England, Staatsmultikulturalismus in Kanada, «Political Correctness» in den USA*. Opladen: Leske & Budrich.

1993 «Eine Standortbestimmung der Interkulturellen Pädagogik in der Schweiz», in: EDK (Hrsg.): *Interkulturelle Pädagogik in der Schweiz. Sonderfall oder Schulalltag?*, S. 46-58. Bern: EDK-Migrationssekretariat.

1993b «Multikulturalismus an amerikanischen Universitäten und ‹politische Korrektheit›: Die Zentrum/Peripherie-Debatte». *Informationsdienst zur Ausländerarbeit* 4: 97-104.

TREIBEL Annette

1988 *Engagement und Distanzierung in der westdeutschen Ausländerforschung*. Stuttgart: Enke.

YOUNG Iris Marion

1993 «Das politische Gemeinwesen und die Gruppendifferenz. Eine Kritik am Ideal des universalen Staatsbürgerstatus», in: NAGL-DOCEKAL Herta und Herlinde PAUER-STUDER (Hrsg.), *Jenseits der Geschlechtermoral*, S. 267-304. Frankfurt a. M.: Fischer.

Hans-Rudolf WICKER

VON DER KOMPLEXEN KULTUR ZUR KULTURELLEN KOMPLEXITÄT

EINLEITUNG

Gewisse Ideen schlagen nachhaltig in die geistige Landschaft ein und lösen scheinbar umgehend und auf bisher ungeahnte Art und Weise fundamentale Probleme (Langer 1984). Sie wirken auf verschiedenen gesellschaftlichen Ebenen ordnend und fokussieren wissenschaftliche Aufmerksamkeit. Als grosse Entwürfe durchlaufen sie gewöhnlich die Phasen des Gestaltens, der wissenschaftlichen Verbreitung, der diskursiven Bearbeitung und Popularisierung und endlich jene der Läuterung. Erweist sich eine solche Idee im Lauf der Zeit als nutzbringend, bleibt sie fortan – bereinigt bezüglich der Erklärungsreichweite, welche ihr schliesslich zuzukommen bestimmt ist – als gesicherte Erkenntnis im wissenschaftlichen Vokabular enthalten. Erweist sie sich jedoch letztlich als erklärungsarm oder wirkt sie in versuchter praktischer und politischer Umsetzung gar ordnungslösend, wird sie wohl die Läuterungsphase nicht überdauern und von der Liste der wahrheitsschaffenden Begriffe gestrichen werden müssen.

Konzepte dieser Art gibt es viele; solche, die ihre Brauchbarkeit unter Beweis stellen konnten und die deshalb weiterhin Bestand haben, und solche, die in die Irre führten und die deshalb – wenigstens was die wissenschaftliche Seite betrifft – der Geschichte anheim fallen. Zur Gruppe der nützlichen Ideen gehört etwa das Darwinsche Gesetz der natürlichen Zuchtwahl, welches – nach vielen Irrläufen in den Humanwissenschaften – seinen Platz in der Biologie zugewiesen bekam. Eine weitere nützliche Idee ist jene der Kommunikation. Ende der vierziger Jahre zur Theorie ausgebaut, entwickelte sich Kommunikation in den sechziger und siebziger Jahren zu einer Idee, welche in praktisch allen Wissenschaften Eingang fand. Nicht selten wurde zu jener Zeit die Wirklichkeit nur noch als eine Welt der Signale interpretiert, welche mittels einer passenden Terminologie – Sender, Empfänger, Code, Verschlüsselung, Zeichen, Kanal, Information, Redundanz, Entropie usw. – beschrieben werden kann (Köck 1987).

Gegenwärtig befindet sich die Idee der Kommunikation wohl in der Phase der Läuterung.

Zu einer *grande idée* anderer Art gehört die Rasse, welche im 18. und 19. Jahrhundert zum Ordnungsbegriff par excellence wird. Auf dem europäischen Festland, insbesondere im germanophonen Raum, dort also, wo die Rassenidee über politische Umsetzung diskreditiert wurde, ist sie als affirmatives Ordnungselement wohl endgültig aus den Sozialwissenschaften verbannt. Anders im angelsächsischen Raum, wo die *race*, wenn auch umgedeutet und ihrer hauptsächlichen biologistischen Komponente entledigt, bis zum heutigen Tag ein wichtiges sozialwissenschaftliches Analyseinstrument geblieben ist.

Mein Beitrag gilt einer Idee, welche sich gegenwärtig – und dies nicht zum ersten Mal – auf dem Prüfstand der wissenschaftlichen Läuterung befindet und von welcher vorderhand Unklarheit darüber besteht, ob sie sich als falsch herausstellen wird und sie deshalb ad acta gelegt werden muss oder ob sie als nützliches Interpretations- und Ordnungselement beibehalten werden kann. Sie wird derzeit in den Geistes- und Sozialwissenschaften intensiv bearbeitet, in den Medien oft unhinterfragt genutzt und in der Politik einmal von linken Gruppen als Rahmen emanzipativer Bestrebungen von unten nach oben und dann wieder von rechten Gruppen als Ordnungs- und Abgrenzungsinstrument von oben nach unten in Anspruch genommen. Gemeint ist die Idee der «Kultur», welche in verschiedenartigen Zusammenhängen erscheint und seit den siebziger Jahren zu einem eigentlichen Boom geführt hat. Die Hochkonjunktur für Kultur zeigt sich sowohl in Wortschöpfungen wie Multi-, Pluri-, Inter- und Transkulturalismus als auch in verschiedenen Ethnomoden. Im Wissenschaftsalltag zeigt sich dieselbe Idee in der Ausdifferenzierung und Verbreitung von Forschungszweigen, welche direkt mit Kulturkonzepten arbeiten. Aus der Sicht von Susanne Langer (1984) müsste nun festgehalten werden, dass wir uns hinsichtlich «Kultur» in jener Phase befinden, die hervorsticht durch einen breiten und unkritischen Gebrauch des Begriffs in verschiedenen gesellschaftlichen Sphären und die gekennzeichnet ist durch die Tatsache, dass sich die Idee offensichtlich auch dort zur Benennung und zur Lösung von gesellschaftlichen Problemen zu eignen scheint, wo sie nicht zu einer Lösung beitragen kann. Ausgehend von dieser – die Erklärungsreichweite des Kulturkonzepts betreffenden – Problemstellung werde ich auf den folgenden Seiten *erstens* den klassischen Kulturbegriff nachzeichnen, *zweitens* auf die wichtigsten Kritikpunkte zu Kulturkonzepten eingehen und *drittens* jene relevanten zeitgenössischen Aspekte erläutern, die ein neues Konzept von «Kultur» erzwingen.

Wenige Konzepte haben in der Ethnologie solche Spuren hinterlassen wie die oft zitierte Aussage von E. B. Tylor in *Primitive Culture* (1958 [1871]: 1), wo er Kultur – und Zivilisation – im weitesten Sinn als jenes komplexe Ganze bezeichnet, welches Wissen, Glaubensvorstellungen, Kunst, Moral, Gesetze und Bräuche einschliesst, das heisst all jene Fähigkeiten und Eigenschaften, welche sich Menschen als Mitglieder von Gesellschaften aneignen. Obwohl noch unter dem Einfluss des Evolutionismus seines Jahrhunderts stehend, welcher Kultur als zivilisatorische Leistung und als Veredelung des Geistes sah, bereitete Tylor das Terrain für eine nachevolutionistische und nachkoloniale Kulturbetrachtung vor. Angesichts dieses Überganges gilt es vorweg zu beachten, dass die bürgerlich-evolutionistische Auffassung von Kultur immanent den Anspruch auf zivilisatorische Entwicklung, folglich die Forderung nach dem Durchbrechen und Aufheben von Traditionen enthält – etwa das Überwinden der feudalen Fesseln –, während die nachevolutionistische Richtung die Idee von Kultur nicht mehr mit anzustrebendem Fortschritt, sondern mit ungebrochener, persistierender Tradition verbindet.

Tylors Definition dient – vor allem amerikanischen – Sozialwissenschaftlern der ersten Hälfte des 20. Jahrhunderts als theoretisches Gerüst, um den nachkolonialen Interpretationsrahmen abzustecken. Kulturen werden in der Folge abwechselnd beschrieben als komplexe *Ganzheiten* oder als *Summen* von Charakteren in Form von Ideen, Vorstellungen, Glaubensinhalten, Verhalten und Aktivitäten, die jeweils auf *Totalitäten* verweisen (Kroeber und Kluckhohn 1952: 81-88). Die Vorstellung von Kulturen als *Ganzheiten* erlaubte (1) die Suche nach Gesetzmässigkeiten, welche den überindividuellen Wesenheiten Ausdruck verleihen; (2) die Behandlung der Totalitäten in ihren Distinktionen – damit den Weg für kulturelle Grenzziehungen und Kulturvergleiche aufbereitend – und schliesslich (3) die ethnographische Bearbeitung von Teilen dieser kulturellen Ganzheiten.

Dem ersten Punkt sind jene Theorien zugehörig, welche diese Summe aller Dinge – Kultur – und deren Wirkungsweise begrifflich enger zu fassen suchen. Die *représentations collectives* von Emile Durkheim gehören ebenso in diese Kategorie wie die «stereotypen Formen des Denkens und Handelns», welche «den Geist einer Kultur» ausmachen (Malinowski 1979: 47-49), und die Idee von Kulturen als *superorganische* Einheiten (Kroeber 1952), welche *patterns of culture* erzeugen (Benedict 1966), die sodann handlungsleitend wirken – mit den Worten von Parsons und Shils (1990: 40): «... guide choices of concrete actors». Kultur füttert aus dieser Sicht die Menschen mit Tradition (Benedict 1966: 167) und führt sie in ihrem Alltagsdenken und -handeln.

Punkt zwei verweist auf die durch ein solches Kulturverständnis hervorgerufene Verlockung, die Einzigartigkeit von Entitäten erst durch die Betonung von Differenz überhaupt zu fassen. Wenn kulturelle Kollektive und Kulturmuster schon nicht eindeutig bestimmbar sind, ist ihr Dasein doch dadurch belegt, dass sie sich wenigstens voneinander unterscheiden; «... some of the phenomena of culture – as, for instance, distinctive customs» (Kroeber 1952: 118). Die Aufteilung in kulturzugehörig und kulturfremd wird in einem ersten Schritt zu einem Grundprinzip menschlichen Lebens gemacht (Benedict 1966: 5); im zweiten Schritt wird die wechselseitige Ausgrenzung über das Postulat der kulturellen Gleichwertigkeit dann wieder in eine Forderung nach reziproker Anerkennung umgewandelt, welche im Kulturrelativismus ihre Ausformu/lierung erhält.

Der letzte Punkt ergibt sich aus den beiden ersten. Ausgehend von der Tylorschen Definition von Kultur hat sich die *cultural anthropology* die Aufgabe gesetzt, alle jene Teilbereiche, welche in ihrer Summe das komplexe Ganze ausmachen – Glaubenssysteme, Mythen, Sozialstrukturen, Wirtschaftsformen usw. –, in der jeweiligen Einzigartigkeit aufzuzeichnen und zu analysieren. Es genügt hier der Verweis auf die riesige Datenmenge, welche allein in unserem Jahrhundert zu einmaligen Kulturen gesammelt und publiziert worden ist.

Die Idee von Kultur als Ausdruck eines *complex whole*, welches sich abwechselnd in fixen sozialen Strukturen, in stereotypen Denk-, Handlungs- und Glaubensweisen (Kultur als Muster, als Matrix, als Schablone oder als Filter) im Lebensstil eines Volkes oder gar in Adaptionsprozessen an die Umwelt zeigt, entbehrt nicht eines scholastischen Untertons. Kultur wird mittels objektivierender Philosophien konzipiert, welche glauben, auf das handelnde Subjekt verzichten zu können. Individuen treten im klassischen Kulturkonzept nur insofern in Erscheinung, als sie selbst Träger von Kultur sind, dieser mittels ihres Daseins Ausdruck verleihen und ihr damit zur Erfüllung ihrer Bestimmung verhelfen.

DIE KRITIK AM KOMPLEXEN GANZEN

Das klassische Kulturkonzept hat seinen Ursprung im Studium kleiner Gesellschaften, welche sich vermeintlich durch klare kulturelle Grenzen und geringe soziale Differenzierung auszeichnen und die deshalb dem ethnologischen Beobachter das Bild von kultureller Homogenität, von kultureller Kohärenz und von kultureller Kontinuität zu vermitteln scheinen. Die Frage nach der Gültigkeit eines solchen Kulturkonzeptes für die Interpretation kleiner Gesellschaften einstweilen ausklammernd, stellt sich dennoch das Problem der Übertragbarkeit des klassischen Kulturentwurfs von kleinen und geschlossenen Gesellschaften auf grosse und komplexe. Nicht nur die bereits angeführten Parsons und Shils haben die Suche nach dem komplexen Ganzen in die Industriegesellschaften verlegt. Nach dem zweiten Weltkrieg gehörte es geradezu zwingend dazu, die *shared cultural tradition* (Parsons 1951:12) und damit das komplexe Ganze in modernen Gesellschaften zu suchen.

Obwohl sich verschiedene Wissenschaften heute um kritischere und differenziertere Kulturkonzepte bemühen, wirkt das «komplexe Ganze» nach. Totalitäten dieser Art werden immer dann gezeichnet, wenn Kulturkonzepte bezüglich ihrer jeweiligen inneren Ordnung von Ideen der Homogenität, der Kohärenz und der Kontinuität ausgehen, welche auf übersubjektive vergleichbare Entitäten verweisen, die wiederum die Frage nach dem Kulturrelativismus oder – was auf dasselbe herauskommt – die Frage nach der kulturellen Kompatibilität erlauben. Die Auseinandersetzung rund um den Kulturrelativismus, den Anti- und den Anti-Antirelativismus (Geertz 1984) ist – ebenso wie die Auseinandersetzung rund um die Frage des Multikulturalismus – ein moralischer Streit rund um den Ruf nach Duldsamkeit sowie die Grenzen der Toleranz gegenüber dem Fremden; ein Streit demnach, welcher auf der Basis der These, dass kulturelle Ganzheiten tatsächlich existieren, verständlich ist.

Wenn etwa Esser (1983:31) den ethnischen, kulturellen und religiösen Gruppen innerhalb multikultureller Gesellschaften Eigenständigkeit zugestehen will, so schwingt in dieser Sicht sowohl die autonome kulturelle Ganzheit als auch die Toleranz zwischen diesen Ganzheiten mit. Wenn die kanadische Regierung als Basis einer multikulturellen staatlichen Politik die Anerkennung kultureller Diversität und Identität sieht (Berry 1994), wird von ihr die Existenz kultureller Ganzheit ebenfalls vorausgesetzt. So wie eigene und fremde Lebensstile als zu schützende Güter und damit als Vergleichbares vorgestellt werden, werden sie in Beziehung zu homogenen und kohärenten kulturellen Ordnungen im klassischen Sinn gestellt. Wird Kultur gar in Verbindung mit Inkompatibilität gebracht, wie das Hoffmann-Nowotny (1992:24-27) in seiner Diskussion um die sich abzeichnende, die soziale Ordnung gefährdende multikulturelle Gesellschaft tut, dann verfällt auch er der klassischen Kategorie des *complex whole*, welche kulturelle Grenzziehung und damit Vergleichbarkeit erst zulässt. Beispiele, welche Kultursichten dieser Art zum Ausdruck bringen, könnten hier in beliebiger Menge angeführt werden. Sie finden sich speziell in den Versuchen der Beschreibung und Analyse von Subkulturen, von Ethnien und von *ethnic communities* (Anthias und Yuval-Davis 1992:157-198), aber etwa auch im Bemühen, die westliche Gesellschaft als Kultur zu denken und deren kohärente Grundannahmen herauszuarbeiten (Sahlins 1981: 235-288).

Die blindgläubige Übernahme von klassischen Kulturkonzepten in neueren wissenschaftlichen Diskussionen wurde schon verschiedentlich beanstandet. Abgesehen von der mehr postmodern ausgerichteten Missbilligung, welche darauf hinausläuft, in wissenschaftlichen Beschreibungen des Fremden schlechterdings Phänomenologien der Differenz zu sehen (Clifford und Marcus 1986), lassen sich zwei wichtige Kritiklinien isolieren. Die erste Richtung sieht im klassischen Kulturbegriff eine Fortführung von Rassenkonzepten. Entsprechend plädiert sie dafür, dass Kultur ebenso wie Rasse als analytische Kategorie verbannt werde. Da physiologische Markierungen nicht genügt hätten, um menschliche Gruppen als konkrete, gleichbleibende und sich nicht überlappende «Rassen» zu fassen, wären kulturelle Zeichen desgleichen zu vage und zu ambivalent, um kulturelle Einheiten zu definieren und voneinander abzugrenzen (Kahn 1989: 18-19). Wie Rasse entziehe sich auch Kultur der Definition (Ingold 1994: 329), was die Vermutung nahelege, dass beide Kategorien zu jenen ideologisch geprägten, jeweils nur von der historischen Kulisse her zu verstehenden Klassifikationssystemen gehörten, derer sich mächtige politische Systeme zwecks Konstruktion von Ordnung bedienten. Relativistische Thesen wie «jedem Volk seine kulturelle Eigenart; jeder Kultur ihre moralischen Werte, ihre politischen Traditionen, ihre Verhaltensregeln» (Finkielkraut 1990: 95) müssten deshalb als Fortsetzung einer Tradition verstanden werden, deren Ursprung bei Herders «Volksgeist» liege, welcher sich gegen das Absolute und Universelle sperre und der direkt hinführe zur Doktrin: «Das Vorurteil ist gut, zu seiner Zeit: denn es macht glücklich. Es drängt Völker zu ihrem Mittelpunkt zusammen, macht sie fester auf ihrem Stamme, blühender in ihrer Art, brünstiger und also auch glückseliger in ihren Neigungen und Zwecken» (Herder 1984, Bd. 1: 618).

Kultur wandelt sich in der Schreibweise von Finkielkraut zum Produkt von politischen Kollektiven, welche die Prozesse der Ein- und Ausgrenzung im Sinne der Konstitution von starken Wir-Gefühlen steuern. Eine solche Leseart – Kultur im Sinn von Ordnungsklassifikationen – ist insofern gerechtfertigt, als die Neue Rechte ihrer Politik der Ein- und Ausgrenzung tatsächlich das «Prinzip der radikalen Inkomensurabilität der verschiedenen kulturellen Formen» (Taguieff 1992: 237) zugrundelegt. Die Verknüpfung von Rassismus und Kultur ist damit zweifellos gegeben. Kultur öffnet in dieser Form «das Einfallstor für einen unkontrollierten Irrationalismus» (Dittrich und Radtke 1990: 24) – welcher implizit auch vom Konzept des Multikulturalismus mitgetragen wird (Radtke 1990) – und stemmt sich gegen die Prinzipien einer rationalen Ordnung der Moderne, welche ihr Fundament aus universell gültigen Normen und Werten – jenen der Gleichheit aller Menschen – bezieht. Sowohl Neo-Rassisten, welche kulturelle Differenz objektivieren (Taguieff 1992: 238), als auch die auf Fortschritts- und Modernisierungssichten aufbauenden Neo-Rassimus-Kritiker, welche die Existenz von kultureller Differenz – und von Kultur allgemein – einzig und allein als Resultat staatlicher Kontroll- und Steuerungspraxis sehen, die also über die Negation der Existenz von objektivierter kultureller Differenz die Existenz von objektivierter globaler Gleichheit setzen, stützen sich damit unreflektiert auf Konzepte von komplexen Ganzheiten.

Die zweite theoretische Richtung, welche den klassischen Kulturbegriff zumindest partiell in Frage stellt, ist die Ethnizitätsforschung. Während mit dem klassischen Kulturbegriff auf quasi natürliche Art kulturelle Grenzen erklärt wurden – Kulturgrenzen als Übergang von einem kulturellen Inhaltssystem ins andere –, untersucht die Ethnizitätsforschung ethnische Grenzen und grenzerhaltende Mechanismen unmittelbar. Die wichtigste Neuerung gegenüber dem alten Kulturkonzept hat die Ethnizitätsforschung wohl mit der Einsicht gebracht, dass sich ethnische Trennungslinien über Prozesse der Selbst- und Fremdzuschreibung konstituieren und erhalten, ohne dass diese ursächlich in den unterschiedlichen kulturellen Inhalten der beteiligten Gruppen selbst zu suchen sind (Barth 1969). Kulturelle Phänomene können zwar wohl Bestandteil von Abgrenzungsstrategien sein, sie geben jedoch nicht genügend Auskunft hinsichtlich der Gründe zur Existenz von ethnischen Grenzen und Konflikten.[1]

Das ethnische Grenzziehungsmodell bildet die Grundlage für einen Grossteil der Studien zu ethnischen Gruppen in Industriestaaten. Die Stärke der neuen Doktrin liegt darin, dass sie imstande ist zu erläutern, weshalb sich Gruppen innerhalb nationalstaatlicher Systeme, welche sich über ethnische Kategorien voneinander abgrenzen, nicht notgedrungen von der kulturellen Seite her stark unterscheiden müssen. Das Ethnizitätsmodell wird somit dem Umstand gerecht, dass kulturelle Angleichung, wie sie zwischen interagierenden ethnischen Gruppen notgedrungen stattfindet – jene soziale Dynamik nämlich, welche die Soziologie schon früh mit dem Assimilationsbegriff zu fassen suchte –, nicht automatisch ethnische Grenzen aufweicht. Ethnische Ausschliessung ist auch bei vollständiger kultureller Assimilation denkbar (Glazer und

---

[1] Bedauerlicherweise wird heute Ethnizität oft synonym zum klassischen Kulturbegriff gebraucht. Wenn Richard H. Thompson bemerkt «... or ethnicity (‹tribal›, linguistic, national, religious, or other cultural characteritics) ...» (1989:1) oder Lawrence H. Fuchs anführt «Religion, language, and ancestral customs constituted the major expressions of ethnicity» (1992: 46), so verwenden die beiden Ethnizität in derselben Weise essentialistisch wie Geertz Kultur (1963: 109), wenn er versucht, das Primordiale des kulturell Gegebenen herauszuarbeiten. Es scheint mir sinnlos, den klassischen Kulturbegriff zu dekonstruieren, um dann einen Nachfolgebegriff mit denselben Inhalten aufzuladen. In meinem Text behalte ich jene grenzkonstituierende Bedeutung von Ethnizität bei, wie sie von Barth (1969) vorgegeben worden ist.

Moynihan 1975). Sie widersteht so dem liberalen Postulat, wonach ethnische Differenz als Relikt prämoderner und somit dem Verschwinden ausgesetzte soziale Organisationsformen zu definieren sei. Weiter eröffnet das Ethnizitätsmodell die Einsicht, dass ethnische Grenzen mindestens von zwei Seiten bearbeitet werden. Diesem Aspekt kommt deshalb Bedeutung zu, weil die nationalstaatliche Einbindung von ethnischen Gruppen durch Machtgefälle und damit durch Asymmetrie gekennzeichnet ist. In solchen Bezugsrahmen kann das explizite Stärken und Mobilisieren von ethnischer Bindung Minderheiten strategisch das Erreichen von spezifischen emanzipativen Gruppenzielen erleichtern. Auch dem Staat steht die Möglichkeit offen, zwecks spezifischer sozialer und politischer Kontrolle mit ethnischen Kategorien zu arbeiten (Cohen 1974; Glazer und Moynihan 1975:10).

Die beiden skizzierten kritischen Richtungen haben zwei Punkte gemeinsam: Erstens stellen sie nicht grundsätzlich die Prämisse der frühen amerikanischen Kulturanthropologie in Frage, die besagt, dass Menschen allgemein als kulturelle Wesen zu betrachten seien, welche über die Prozesse der Enkulturation geformt sind und die über die Interaktion zugleich formend wirken. Zweitens kritisieren beide Richtungen gemeinsam jene Kulturbetrachtungen, welche zu abgrenzbaren, homogenen und kohärenten kulturellen Einheiten führen und die damit das Erstellen von Kulturtypen und die Arbeit mit denselben ermöglichen. Zur Diskussion stehen hier sowohl die kulturellen, ethnischen und *racialized boundaries* (Anthias und Yuval-Davis 1992) als auch jene gesellschaftlichen Segmente, welche aufgrund ihrer Klassifikations- und Definitionsmacht in der Lage sind, Grenzen dieser Art zu legen, zu naturalisieren und zu instrumentalisieren.

Vorgaben zu einem modifizierten Kulturbegriff

Eine neue Begriffsbestimmung von Kultur muss sich zuerst einmal von jenem Forschungsgegenstand lösen, aus dessen Beschreibung heraus der klassische Kulturbegriff erwachsen ist, nämlich von der kleinen, stark integrierten, wenig differenzierten und über einzigartige Sozial-, Wert- und Glaubenssysteme verfügenden Gesellschaft, welche bereits zum Zeitpunkt der ethnographischen Betrachtung der Vernichtung, respektive der gewaltsamen Einbindung in national- und kolonialstaatliche Systeme preisgegeben war. Jene Merkmale, welche über das Studium archaischer Sozietäten mehr beiläufig als bewusst in den Kulturbegriff eingeschrieben worden sind, wie Invarianz, Territorialität, kulturelle Inkomensurabilität, Modellierung des Geistes und damit kognitive Limitierung, haben ihre Aussagekraft heute verloren. Vektoren, welche einem neuen Kulturbegriff den Rahmen vorzeichnen und die in angemessener Form die wichtigsten Besonderheiten der modernen gesellschaftlichen Entwicklung mitberücksichtigen, müssen folgendermassen aussehen:

(1) Zum einen ist zu akzeptieren, dass sowohl Kulturen als auch ethnische Gruppen im Sinne von fassbaren, autonomen Totalitäten nicht – oder wenigstens nicht mehr – existieren. Begriffe wie schweizerische, türkische oder chinesische Kultur sind zu diffus, als dass sie auf kohärente und historisch eigenständige Kulturmuster und -grammatiken verweisen könnten (Keesing 1974: 73; 1987: 161). Ethnische Gruppen gibt es heutzutage ausschliesslich innerhalb von Nationalstaaten und in Interaktion mit diesen. Sie sind entweder selbst Produkte von nationalstaatlichen Strategien oder zumindest über diese in Mechanismen der staatlichen Eingliederung und Anpassung involviert, so dass sie ohne Konzepte von identitäts- und grenzstiftenden Prozessen interethnischer Dialektik nicht mehr betrachtet werden können. Im Gegenzug dazu nimmt die Bedeutung des invarianten Primordialen, dem Zugehörigkeit vermittelnden «Gegebenen» in Form von quasi-Verwandtschaft, Sprache, Religion, Bräuchen und Sitten usw. (Geertz 1963: 105-157), zweifellos ab. Genauso wie Kultur und ethnische Gruppe nun aus ihrem Dasein des Zeitlosen und Essentiellen herausgelöst werden, wird ein reformierter Kulturbegriff sein Gewicht nicht mehr in den restringent und passiv wirkenden Kräften ewiger Verbindlichkeit und gleichförmiger Prägung haben können.

(2) Ein zweiter Faktor, welcher gegen den klassischen Kulturbegriff spricht, ist im Aufbrechen territorialer Kultur- und Ethniengrenzen mittels unterschiedlichster Formen neuzeitlicher Wanderung zu sehen. Land-Stadt-Wanderung und internationale Migration erzeugen Interaktion zwischen Menschen aus grundlegend unterschiedlichen Herkunftsfeldern. Sie enthalten deshalb für sich das Element der Modifikation und des Wandels von hergebrachten Konzepten. Wenn ethnische Gruppen über Migration aber ihrer territorialen Bindung enthoben sind – Appadurai (1991: 192) spricht von *deterritorialization* als einem neuen kulturdynamischen und kulturkonstituierenden Prinzip – und sie als solche nur noch mit behelfsmässigen Begriffen wie «transnationale kulturelle Gemeinschaften» oder «transnationale Ethnien» gefasst werden können, dann bleibt wohl die Suche nach der jeweiligen «wahren» Kultur obsolet. Aus- und Rückwanderung, sowie der allgemeine globale Fluss von Information über Massenmedien, Migrantennetze und anderes, lässt kulturelle Bedeutungswelten entstehen, die lediglich noch mit Zeichen des Synkretistischen bezeichnet werden können. Einer zeitlos tradierten Essenz und Einzigartigkeit bleibt somit kein Raum mehr.

(3) Die Moderne steht – unter anderem – für das Herauslösen von Kommunikation und Interaktion aus der *face-to-face*-Beziehung und damit für das Erschaffen der Vor-

aussetzungen für globale Formen der Kommunikation und Interaktion. Geführt von weltweiten normerzeugenden Kapital-, Güter- und Datenströmen sind Globalisierungsbestrebungen allgegenwärtig. Sie bringen transnationale, transethnische und transkulturelle Netze der Kommunikation und Interaktion hervor und zeugen vom machtvoll inszenierten Versuch der Herstellung einer globalen Ökumene (Hannerz 1992: 217-267; King 1991), welche sich durch Integration und Normhomogenisierung auszeichnet. Auf der Ebene des Weltsystems finden wir nun jene Besonderheiten wieder, welche den klassischen Kulturbegriff charakterisiert haben. Nachdem die kleinräumige, einer spezifischen Logik folgende Kultur einerseits über Kolonialisierung und Modernisierung, andererseits über postmoderne Betrachtungsweisen dekonstruiert worden ist, wird sie auf höherer Ebene neu in Szene gesetzt. Es ist dies ein Transformationsprozess, welcher allein vom Hintergrund universalistisch-aufklärerischer Ideologien und vom Sieg des kapitalistischen Systems her verstanden werden kann. Die sich abzeichnende neue Perspektive, welche in der Dialektik von Universalismus und Partikularismus deutlich wird, suggeriert die Trennung von (globaler) Kultur und (lokaler) Identität, wie das etwa im Titel der Monographie zum afro-karibischen Kleinstaat St. Kitts-Nevis *Global culture, Island Identity* (Olwig 1993), aber genauso im Werbespruch eines Medienriesen «global denken – lokal handeln» zum Ausdruck kommt.

(4) Ein letzter wichtiger Punkt, der in engem Zusammenhang mit den oben dargelegten Strömungen steht, ist im Prozess der Kreolisierung zu sehen. Kreolenkultur bezeichnet einerseits das aus historischen Besonderheiten erklärbare Gemenge an Sprach- und Kulturelementen im afro-karibischen Raum. Andererseits jedoch verweist Kreolisierung auf ein Kulturkonzept, welches dem Tylorschen Modell diametral gegenübersteht. Unter dem Blickpunkt der Kreolisierung ergibt die Sicht von Kultur als einem invariablen und homogenen Ganzen keinen Sinn, im Gegenteil: Ein Kreolenkulturmodell wird den Akzent gezwungenermassen auf interne Variationen, auf Diachronie und auf Übergänge legen, auf jenes Geschehen also, das von Bickerton (1975) versuchsweise mit dem Begriff des Intersystemischen gefasst wurde, in welchem sich kulturelle Kontinuität auf eine neue Art manifestiert. Während der klassische Kulturbegriff von der inneren Logik und den inneren Gesetzmässigkeiten einer Kultur – damit von einer erfassbaren Struktur – ausging, postuliert das Kreolenmodell, dass sich Intersysteme gerade durch das Fehlen uniformer Regeln und invarianter Eigenschaften auszeichnen und dass sie ihre Systematik allein aus einem Satz von bestehenden Transformationsmöglichkeiten und -regeln beziehen (Drummond 1980: 352-553). Die These, dass «Struktur» allein das Resultat einer Menge von Variationen und Übergängen darstellt, hat weitreichende Folgen. Sie stellt etwa die Doktrin von Saussure in Frage, welche besagt, dass *la langue* als feste und strukturierte Einheit fassbar sei. In der

Umkehrung postuliert sie, dass «eine Sprache» allein in ihren Variationen beschrieben werden kann (Bickerton 1975:179). Übertragen auf die Ethnologie lautet die Aussage, dass Kultur als komplexes Ganzes in Form fassbarer Strukturen oder Bedeutungswelten nicht existiert, sondern allein in ihren Variationen und Übergängen. Kultur ist demnach per se das Ergebnis von vergangenen, gegenwärtigen und zukünftigen Kreolisierungsprozessen. Ein solcher Ansatz richtet das Augenmerk folgerichtig nicht mehr auf eine kohärente kulturelle Grammatik – das *pattern* von Ruth Benedict, die «elementare Struktur» von Emile Durkheim und Claude Lévi-Strauss, die *basic personality structure* von Abraham Kardiner –, sondern auf die Regeln der Transformation, welche für kulturelle Kontinuen verantwortlich sind.

Kultur als Befähigung zu sinnhaftem Handeln und zu intersubjektiver Bedeutungsbildung[2]

Aufgrund der oben angeführten Punkte wird ein verbindlicher Kulturbegriff dem Umstand zu genügen haben, dass die heutige Welt als ein einziges, horizontal und vertikal integriertes Feld ökonomischer und sozialer Interaktion zu betrachten ist, in dem die Subfelder allerdings ungleich mit Macht ausgestattet sind. In einem solchen globalen Raum bilden nicht mehr ungebrochene Traditionen, die sich regional und in relativer Einzigartigkeit entwickeln, die Norm. Anstelle von lokaler Authentizität finden wir heute vielmehr Prozesse der Kreolisierung. Sofern örtlich begrenzte Traditionen weiterhin lebendig sind, kommt den durch sie existierenden partikularen Weltsichten und Strukturen lediglich noch episodischer, residualer oder gar nur reaktiver Charakter im Sinn von sekundärer Traditionalisierung zu. Allenfalls jene wenigen, aber starken, durch ihre ökonomische Sonderstellung mit Privilegien ausgestatteten Subfelder der Macht, welche den Zugriff auf die Instrumente zur Konstruktion von kohärenter Globalität erlauben, können sich im Zeichen von Zeitlosigkeit versprechender Wahrheit sehen.

Kulturbegriffe, welche die zeitgenössischen Vorgaben mittragen, werden deshalb wohl oder übel auf das Moment des Statischen und Ewigen verzichten und statt dessen dem Moment der Veränderung als implizitem Teil von Kultur Platz einräumen. Über aktive und reaktive Prozesse der Resistenz und Akkommodation garantiert die Befähi-

---

[2] Wichtige Anregungen zu den folgenden Ausführungen verdanke ich Dr. Alex Sutter, der sich aus philosophischer Sicht mit demselben Phänomen «Kultur» auseinandersetzt.

gung zu kulturellem Handeln die Möglichkeit zum Wandel, beziehungsweise zur Kreolisierung. Kultur kann deshalb nicht mehr mit der Metapher des zeitlosen und ruhenden komplexen Ganzen versinnbildlicht werden. Eine neue Sicht von Kultur wird besser allegorisiert mittels eines sich innerhalb eines zeitlich und örtlich vorgegebenen Perimeters ständig wandelnden Flusses, der sich der wissenschaftlichen Erfassung gerade infolge seiner Prozesshaftigkeit entzieht. Das Konzept der kohärenten Kultur weicht somit dem Konzept einer fliessenden kulturellen Komplexität (Hannerz 1992; Barth 1993: 339). Kultur in dieser neuen Form wirkt durch innewohnende Regeln der Transformation intersystemisch; kulturelle Kontinuen sind schlechthin nur in Form einer Menge von Variationen sichtbar. Zwei grundlegende Feststellungen lassen sich aus dem bisher Gesagten formulieren:

Einmal ist festzuhalten, dass jener an sich trivialen These der amerikanischen kulturanthropologischen Schule, welche besagt, dass der Mensch erst über die Prozesse der primären und sekundären Sozialisation – respektive über die Dialektik von Vergesellschaftung und Individuation – zu einem sozialen, kulturellen und damit zu einem lebensfähigen Wesen gemacht wird, nach wie vor, wenn auch umgedeutet und eingeschränkt, Gültigkeit zukommt. Die Inkorporation von Werten, Normen und Sinngebungen ist auch in einem Feld von sozialer und kultureller Komplexität Teil der Menschwerdung. Allerdings kann diese nicht mehr in der unilinearen kulturdeterministischen Art gewichtet werden, wie dies zur Zeit der klassischen amerikanischen Ethnologie der Fall war, als der menschliche Geist so stark von Tradition und Kultur überschwemmt gesehen wurde (Sapir 1917: 441), dass dem subjektiven Charakter nur noch ein passives und eingekerkertes Dasein zukam. Den neueren Erkenntnissen der Sprachsozialisation zufolge beinhaltet Enkulturation vielmehr die *aktive, kontextgebundene Aneignung* von Wissen und Bedeutungsinhalten im Rahmen einer *guided participation* (Rogoff 1990: 100), innerhalb derer sich subjektives Denken und objektive Struktur in einem einheitlichen Geschehen des interaktiven Aushandelns gegenseitig konstituieren und damit auch wandeln (Schieffelin und Ochs 1986: 183). Die Frage «how could culture be formative and yet the individual be directive» (Fox 1991: 104) wird über die Erklärung, dass Kulturalisation und Individuation Folge ein und derselben Entwicklung sind, hinreichend beantwortet. Aus einer solchen theoretischen Vorgabe folgt eine Sichtverlagerung, welche uns vom Versuch der Betrachtung einer für sich stehenden Kultur wegbringt und hinführt zu jenen dynamischen und komplexen, unterschiedlich mit Definitionsmacht ausgestatteten Feldern des Aushandelns, welche aus teils divergierenden und sich widersprechenden Sondierungs- und Diskurslinien heraus entstehen. Einer solchen Kultursicht geht deshalb eine Grammatik und Syntax – die wieder auf eine kohärente Logik verweisen würden – ab. Kultur ist nicht gleich Sprache in ihren unterschiedlichen Ausdrucksformen (Körper-, Symbol-, Kleidersprache etc.), damit auch nicht gleich Text, der durch dichte Beschreibung erfasst werden kann (Geertz 1987), sondern allein die Befähigung zur Herstellung wechselseitiger symbolischer und sinnhafter Beziehungen und zu interaktiver Bedeutungsformierung. Enkulturative Interaktion besteht demnach in der aktiven Aneignung von Sprach-, Klassifikations-, Wert- und Normvarianten. Genauso wie der Begriff der «teilnehmenden Beobachtung» enthält deshalb auch die Idee der «aktiven Aneignung» zwei ineinandergewobene, sich nur in der Praxis nicht widersprechende Vorstellungen: Jene nämlich eines vorgestellten äusseren Gegenstandes, der über den Versuch der Aneignung seine Gegenständlichkeit ändert.

Soll aber nicht einem allzu positivistischen Wissenschaftsverständnis das Wort geredet werden, darf hinsichtlich der Kulturbefähigung nicht allein von der Existenz eines nach allen Seiten offenen Aushandlungspotentials des Menschen gesprochen werden. «Limits to the negotiability of culture» (Douglas 1978: 6) werden über strukturelle Vorgaben eines sozialen Feldes definiert. Sie führen zu einer Begrenzung, damit auch zu einer Auswahl von angepassten und bevorzugten Denk-, Wahrnehmungs- und Handlungsalternativen, welche in ihrem Zusammenspiel zu dauerhaften Dispositionen, zu feldspezifischem Habitus oder Interaktionsstrategien führen. In der Einverleibung von Struktur sowie der Exteriorisierung von Interiorität ist das feldbezogene *cultural bias* (ebda.) enthalten, jene von Bourdieu mit dem Begriff der Hexis gefasste «dauerhafte Art und Weise, sich zu geben, zu sprechen, zu gehen, und darin auch: zu *fühlen* und zu *denken*» (1976: 195).

Eine Sicht, welche anstelle des Prinzips, dass Kultur Realität sui generis sei, jenes einer semiotischen Praxis (Vervaeck 1984) setzt – Kultur als von Individuen im Lebensprozess erworbene spezifische Dispositionen, welche zu intersubjektiver Bedeutungsbildung und zu sinnhaftem Handeln befähigen –, hat für die heutige Auseinandersetzung rund um die Frage des Multikulturalismus weitreichende Folgen. Werden monolineare und monokausale Konzepte von Kultur zurückgewiesen, dann verlieren auch Begriffe, welche an eben diese Vorgaben geknüpft sind, ihre Aussagekraft. Dazu gehören insbesondere die Ideen von Multi- und Plurikulturalismus selbst, aber auch Integrationsbegriffe wie kulturelle Assimilation, *melting pot* und andere (Nyberg Sorensen 1993: 31). Weil Sinngehalte in und über die (politische, soziale und ökonomische) Praxis selbst ausgehandelt werden, ist Integration analytisch nicht mehr als Wechsel von einem kulturellen System in ein anderes denkbar, sondern nur noch als selbst existentes, soziales Interaktionsfeld, in welchem einerseits Prozesse der Kreolisierung verdichtet ablaufen, damit Kultur in Form neuer Habitus aufkommt, andererseits Kategorien einer neuen Öffentlichkeit erarbeitet werden. Nicht der Sachverhalt der Kreolisierung als Resultat interaktiver Sinnsuche und Symbolbildung ist damit erklärungsbedürftig, sondern der Umstand, dass in besonderen gesellschaftlichen Situationen, welche den beteiligten Akteuren aus unterschiedlichen Herkunftsfeldern ungleichen Zugang zur Definitionsmacht zugestehen, einseitig Assimilation vorgeschrieben und somit die kulturelle Befähigung zur interaktiven Sinnbildung unterbunden wird. Die Frage nach gelungener, misslungener oder erschwerter Integration von Migranten in eine Aufnahmegesellschaft kann aus diesem Grund nicht mit Kultur, mit kultureller Prägung oder gar mit der Inkonzilianz von kulturellen Werten und Normen beantwortet werden. Kultur hat keine eigene *facultas* oder gar eine eigenständige *proprietas* aufzuweisen. Sie ist modales Akzidens und besitzt demnach lediglich *dispositio* oder *habitus*, weshalb ihr auch keine eigene Wirkung – weder eine solche resistierender noch eine solche adaptiver oder assimilatorischer Art – zukommen kann. Es gibt kein Kultur-Sein.

Kultur kommt allenfalls – der Praxiologie von Bourdieu (1976:139-202) folgend – in und über jene dauerhaften Dispositionen zum Ausdruck, welche den Habitus von Menschen bilden und als Verknüpfung objektiver Strukturen und subjektiver Sinngebung Ausdruck von sozialen Feldern sind. In diesem Sinn bestimmt nicht *die* türkische Kultur den Eingliederungprozess von Türken in der Schweiz, sondern einerseits das soziale Feld, aus welchem Migranten stammen (ländlich, urban, Schichtzugehörigkeit, Alphabetisierungsgrad etc.) und das dauerhafte Dispositionen in Form von Handlungsstrategien und Weltsichten erzeugt und naturalisiert, andererseits die sozialen Felder, in welche Migranten im Aufnahmeland integriert werden, die selbstverständlich gleichermassen über naturalisierte Habitus verfügen. Dispositionen lassen die Suche nach alternativen Handlungsstrategien zu und befähigen somit zu Prozessen der Integration, beziehungsweise zu solchen der Kreolisierung. Da ihnen jedoch Trägheit anhaftet – von Bourdieu selbst mit *Hysteresis* bezeichnet – ist der Wechsel von einem Feld in ein anderes – von einer Unter- in eine Oberschicht, vom Land in die Stadt, von einem Land in ein anderes – durch eine verlangsamte Anpassungsdynamik gekennzeichnet. Nicht kulturelle Persistenz ist deshalb verantwortlich für das – insbesondere für Erstgenerationsmigranten – typische Merkmal einer feldbezogenen oder feldethnischen Enklavenbildung, sondern die Dialektik von existierenden Integrationsschranken und Beharrungsvermögen von Habitus.

Damit gelangen wir zum zweiten Punkt, welcher aus dem oben dargelegten Verständnis von Kultur gefolgert werden muss. Er besagt kurz ausgedrückt, dass die Befähigung zu sinnhaftem Handeln und zu interaktiver Bedeutungsformierung zwar die Konstruktion von vereinigten und geschlossenen Bedeutungswelten ermöglicht, die Existenz von sozialen und politischen Kollektiven jedoch nicht aus der Kultur, sondern allein aus der sozialen und politischen Praxis heraus erklärt werden kann. Wird Kultur nicht mehr als Diktion von komplexen Ganzheiten, sondern allein als Ausdruck einer semiotischen Praxiologie gesehen, dann ergibt sich notgedrungen für die Ethnologie das methodologische Gebot, Kultur nicht mehr mit Termini des Kollektivs in Verbindung zu bringen, welche die Existenz des kulturgebundenen Objekts glauben machen wollen. Kollektive Handlung und Kultur sind – allerdings nur auf der Ebene der Analyse – als getrennte Felder zu betrachten. Sie können nicht einmal dort als kongruent interpretiert werden, wo eine solche Angleichung in der *native ideology* – im Sinn von: «Unsere Kultur ist so» – artikuliert wird (Handler 1985). Ethnien und Kulturen, respektive ethnische und kulturelle Identitäten, Bezeichnungen und soziale Praktiken demnach, welche das Bild vereinigter Akteure entwerfen, sind Inhalt der Analyse und nicht Gegenstand von implizit gegebener Kultur (Kirshenblatt-Gimblett 1992:53). Damit entfallen aber auch automatisch die Annahmen, dass einerseits irgendeine «objektive kulturelle Differenz» zwischen solch kollektiv gebundenen Akteuren bestehen könne und dass andererseits Traditionen, welche für solche Kollektive sinngebend und existenzlegitimierend wirken, Ausdruck spezifischer Kulturen seien. Kultur stellt allein die Mittel zur sozialen Interaktion und zur intersubjektiven Symbolbildung zur Verfügung, sie zeichnet jedoch nicht verantwortlich für die Resultate solcher Prozesse, das heisst weder für die über die Interaktionspraxis entstandenen sozialen und politischen Körperschaften noch für die mehr oder weniger verbindlichen Symbolwelten.

Vielleicht ist gerade vom Standpunkt einer postulierten begrenzten Kulturwirkung her erklärbar, weshalb über die intersubjektive Praxis trotz allem beharrlich Kollektive geschaffen werden, die nach Benennung verlangen und die dem Bild von vorgestellten komplexen Ganzheiten nahezukommen suchen. Dazu können sowohl Rituale gehören, welche über spezifische Dramaturgien komplexe Ganzheiten entwerfen, als auch Ethnien und politische Organismen unterschiedlicher Natur – von der *primitive community* bis hin zu Nationalstaaten –, die kontextgebunden, sporadisch oder stetig an der Herstellung von kollektiven Identitäten arbeiten. Das Bild der *complex wholeness*, welches von solchen sozialen und politischen Einheiten zumindest auf der symbolischen Ebene entworfen wird, enthält häufig ziemlich genau jene Merkmale, welche wir nun über Seiten hinweg den «Kulturen» abgesprochen haben, nämlich Homogenität, Kohärenz und Konsistenz. Wenn einem solchen Gebilde eine entsprechende Logik vorderhand abgeht, dann kann diese über das Herstellen von Gemeinschaftlichkeit geschaffen werden. Das *tuning-in* von sozialen und politischen Körperschaften im Sinne des Erzeugens einer *unity of feeling* (Fernandez 1986) beinhaltet sowohl die Einbindung in eine gemeinsame Geschichte als auch die Rhythmisierung von Lebenswelten.

Komplexen Ganzheiten kann deshalb die Existenz nicht abgesprochen werden, nur dürfen sie nicht als Kulturen gesehen werden, denen eine unhinterfragbare Logik zugrunde liegt. Gebilde dieser Art bedienen sich allein der intersubjektiven Befähigung – der Kultur – zur Erstellung von monolithischen und wahrheitsschaffenden Symbolwelten. Sie können deshalb nicht über den Kulturbegriff erfasst werden, sondern allein über solche wissenschaftliche Konzepte, die der Frage nach der gesellschaftlichen Definitionsmacht vorrangig Platz einräumen.

SCHLUSSFOLGERUNG

Die eingangs des Artikels aufgeworfene Frage nach dem Sinngehalt und der Tragweite von Kultur als künftigem wissenschaftlichem Konzept kann an dieser Stelle fürs erste beantwortet werden. Die Aufteilung des klassischen Kulturkonzeptes in Kultur einerseits – sinnhaftes Handeln und intersubjektive Symbolbildung – und komplexe Ganzheit andererseits – konstituiertes, abgrenzbares Kollektiv – scheint insofern sinnvoll zu sein, als durch sie wenigstens die Analyseebenen geklärt werden. Die Kritik am Kulturkonzept der klassischen Ethnologie richtet sich vor allem gegen die Vermischung von Kultur und komplexer Totalität, nicht jedoch gegen das Konzept der Enkulturation. Während die Erstellung von komplexer Ganzheit als sozietaler Prozess zu verstehen ist, der sich im Spannungsfeld ideologischer Argumentation – von essentialistisch gegeben (orthodox) bis hin zu kontextgebunden konstruiert (heterodox) – bewegt, ist die Frage nach der Ausstattung des Menschen mit den spezifischen und feldbezogenen Instrumenten der Wahrnehmung, des Denkens und Handelns auf einer anderen Ebene zu diskutieren. Ein wissenschaftlich valider Kulturbegriff muss auf der zweiten Ebene angesetzt werden und deshalb – genauso wie das mit anderen wissenschaftlichen Schlüsselbegriffen ebenfalls zu geschehen hatte – auf das Wesentliche zurückgebunden werden, um in einer neuen, schlichteren Fassung analytischen Nutzen zu erbringen.

BIBLIOGRAPHIE

ANTHIAS Floya and Nira YUVAL-DAVIS
1992   *Racialized Boundaries. Race, Nation, Gender, Colour, Class and the Anti-racist Struggle.* London and New York: Routledge.

APPADURAI Arjun
1991   «Global Ethnoscapes: Notes and Queries for a Transnational Anthropology», in: FOX Richard G. (ed.), *Recapturing Anthropology. Working in the Present,* pp. 191-210. Santa Fé: School of American Research Press.

BARTH Fredrik
1969   *Ethnic Groups and Boundaries. The Social Organization of Culture Difference.* Bergen/Oslo: Univ. Forlaget.
1993   *Balinese Worlds.* Chicago: The University of Chicago Press.

BENEDICT Ruth
1966 [1935] *Patterns of Culture.* London: Routledge.

BERRY John W.
1994   «Coûts et avantages du multiculturalisme, un point de vue canadien», in: CALOZ-TSCHOPP Marie-Claire (éd.), *Europe: Montrez patte blanche!* pp. 415-433. Genève: Centre Europe-Tiers Monde.

BICKERTON Derek
1975   *Dynamics of a Creole system.* Cambridge: University Press.

BOURDIEU Pierre
1976 [1972] *Entwurf einer Theorie der Praxis.* Frankfurt: Suhrkamp.

CLIFFORD James and George E. MARCUS (eds.)
1986   *Writing Culture. The Poetics and Politics of Ethnography.* Berkeley: University of California Press.

COHEN Abner (ed.)
1974   *Urban Ethnicity.* London: Tavistock.

DITTRICH Eckard J. und Frank-Olaf RADTKE (Hg.)
1990   *Ethnizität.* Opladen: Westdeutscher Verlag.

DOUGLAS Mary
1978   *Cultural Bias.* Royal Anthropological Institute of Great Britain and Ireland. Occasional Paper no. 35.

DRUMMOND Lee
1980   «The Cultural Continuum: A Theory of Intersystems». *Man* 15: 352-374.

ESSER Hartmut
1983   *Die fremden Mitbürger.* Düsseldorf: Patmos.

FERNANDEZ James W.
1986   «The Argument of Images and the Experience of Returning to the Whole», in: TURNER Victor W. and Edward M. BRUNER (eds.), *The Anthropology of Experience*, pp. 159-187. Urbana and Chicago: University of Illinois Press.

FINKIELKRAUT Alain
1990 [1987] *Die Niederlage des Denkens*. Hamburg; Rowohlt.

FOX Richard G. (ed.)
1991   *Recapturing Anthropology. Working in the Present*. Santa Fé: School of American Research Press.

FOX Richard G.
1991   «For a Nearly New Cultural History», in: FOX Richard G. (ed.), *Recapturing Anthropology. Working in the Present*, pp. 93-113. Santa Fé: School of American Research Press.

FUCHS Lawrence H.
1992   «Thinking about Immigration and Ethnicity in the United States», in: HOROWITZ Donald L. and Gérard NOIRIEL (eds.), *Immigrants in Two Democracies. French and American Experience*, pp. 39-65. New York: New York University Press.

GEERTZ Clifford
1963   «The integrative revolution. Primordial sentiments and civil politics in the new states», in: GEERTZ Clifford (ed.), *Old Societies and New States. The Quest for Modernity in Asia and Africa*, pp. 105-157. New York: The Free Press.
1984   «Distinguished Lecture: Anti Anti-Relativism». *American Anthropologist* 86: 263-278.
1987   *Dichte Beschreibung*. Frankfurt: Suhrkamp.

GLAZER Nathan and Daniel P. MOYNIHAN (eds.)
1975   *Ethnicity. Theory and Experience*. Cambridge, Massachusetts and London: Harvard University Press.

HANDLER Richard
1985   «On Dialogue and Destructive Analysis: Problems in Narrating Nationalism and Ethnicity». *Journal of Anthropological Research* 41 (2): 171-182.

HANNERZ Ulf
1992   *Cultural Complexity. Studies in the Social Organization of Meaning*. New York: Columbia University Press.

HERDER Johann Gottfried
1984 [1774] «Auch eine Philosophie der Geschichte zur Bildung der Menschheit», in: HERDER Johann Gottfried, *Werke*, Bd. 1, S. 589-689. München: C. Hanser.

HOFFMANN-NOWOTNY Hans-Joachim
1992   *Chancen und Risiken multikultureller Einwanderungsgesellschaften*. Bern: Schweizerischer Wissenschaftsrat.

INGOLD Tim
1994   «Introduction to Culture», in: INGOLD Tim (ed.), *Companion Encyclopedia of Anthropology*, pp. 329-349. London and New York: Routledge.

KAHN Joel S.
1989   «Culture. Demise or Resurrection». *Critique of Anthropology* 9/2: 5-25.

KEESING Roger M.
1974   «Theories of Culture». *Annual Review of Anthropology* 3: 73-97.
1987   «Anthropology as Interpretive Quest». *Current Anthropology* 28: 161-176.

KING Anthony D. (ed.)
1991   *Culture, Globalization and the World-System. Contemporary Conditions for the Representation of Identity.* Houndmills: The Macmillan Press.

KIRSHENBLATT-GIMBLETT Barbara
1992   «Performing Diversity», in: AKE Daun, Billy EHN and Barbro KLEIN (eds.), *To Make the World Save for Diversity*, pp. 51-62. Helsingborg: Schmidts Bocktryckeri.

KÖCK Wolfram K.
1987   «Kognition – Semantik – Kommunikation», in: SCHMIDT Siegfried J. (Hrsg.), *Der Diskurs des Radikalen Konstruktivismus*, S. 340-373. Frankfurt: Suhrkamp.

KROEBER Alfred R.
1952 [1917] «The Superorganic», in: KROEBER Alfred R. (ed.), *The Nature of Culture*, pp. 22-51. Chicago: The University of Chicago Press.

KROEBER Alfred R. and Clyde KLUCKHOHN
1952   *Culture. A Critical Review of Concepts and Definitions.* New York: Random House, Vintage Books.

LANGER Susanne K.
1984 [1942] *Philosophie auf neuem Weg. Das Symbol im Denken, im Ritus und in der Kunst.* Frankfurt.

MALINOWSKI Bronislaw K.
1979   *Argonauten im westlichen Pazifik.* Frankfurt: Syndikat.

NYBERG SORENSEN Ninna
1993   «Creole Culture, Dominican Identity». *Folk* 35: 17-35.

OLWIG Karen Fog
1993   *Global Culture, Island Identity. Continuity and change in the Afro-Carribean community of Nevils.* Chur: Harwood Academic Publishers.

PARSONS Talcott
1951   *The Social System.* New York and London: The Free Press and Collier Macmillan.

PARSONS Talcott and Edward SHILS
1990   «Values and social systems», in: ALEXANDER Jeffrey C. and Steven SEIDMAN (eds.),
            Culture and Society. Contemporary Debates, pp. 39-46. Cambridge: Cambridge
            University Press.

RADTKE Frank-Olaf
1990   «Multikulturell – Das Gesellschaftsdesign der 90er Jahre». *Informationsdienst
            zur Ausländerarbeit* 4/90:27-34.

ROGOFF Barbara
1990   *Apprenticeship in thinking. Cognitive Development in social context.* New York:
            Oxford University Press.

SAHLINS Marshall
1981 [1976] *Kultur und praktische Vernunft.* Frankfurt: Suhrkamp.

SAPIR Edward
1917   «Do we need a ‹Superorganic›?» *American Anthropologist* 19:441-47.

SCHIEFFELIN Bambi B. and Elinor OCHS
1986   «Language Socialization». *Annual Review of Anthropology* 15:163-191.

TAGUIEFF Pierre-André
1992   «Die Metamorphosen des Rassismus und die Krise des Antirassismus», in: BIE-
            LEFELD Uli (Hg.), *Das Eigene und das Fremde,* S. 221-268. Hamburg: Junius.

THOMPSON Richard H.
1989   *Theories of Ethnicity. A Critical Appraisal.* New York: Greenwood Press.

TYLOR Edward B.
1958 [1871] *Primitive Culture.* New York: Harper Torchbooks.

VERVAECK Bart
1984   «Towards a Semantic-praxiological Approach to Culture Creation», in: PINXTEN
            Rik (ed.), *New Perspectives in Belgian Anthropology,* pp. 37-62. Göttingen: Hero-
            dot.

Jean-Luc ALBER

MULTICULTURALISME ET ETHNICITÉ À L'ÎLE MAURICE

ENTRE DISCOURS PROPHÉTIQUE ET PENSÉE ORDINAIRE

> *Il est surprenant de voir tout ce qu'il reste à faire pour mettre au*
> *point une ethnographie post-coloniale qui aurait pour objet la vision*
> *que les gens du Tiers-Monde ont d'eux-mêmes et de leur société, de*
> *son passé, de son présent et de son avenir, de sa place dans le monde,*
> *une analyse culturelle de leurs fantasmes et de leurs certitudes.*
> *(Hannerz 1986: 3)*

Ile Maurice, juin 1990. Un village côtier du nord-est où j'ai vécu une importante
partie des neuf mois d'un séjour de terrain qui est sur le point de s'achever. Le
Championnat du monde de football en Italie bat son plein. Rivés à leur poste de
télévision, mes informateurs se montrent peu disposés à parler d'un autre sujet et peu
disponibles, d'autant que certains viennent à peine d'entamer la période de coupe de la
canne à sucre qui durera jusqu'en novembre. La France, que beaucoup auraient soutenue,
a été éliminée durant la phase de qualification préliminaire, alors que l'Angleterre,
l'autre puissance coloniale qui a marqué l'identité historique du pays de manière
indélébile, et qui de fait connaît de fervents supporters, reste encore en course pour le
titre.

L'épisode se déroule dans une «butik», autrement dit un établissement public qui
habituellement sert à la fois de magasin d'alimentation générale et de lieu de
consommation de boissons alcoolisées. Chose assez rare, ici les deux fonctions ne sont
pas associées et, à l'exception des quelques touristes féminines qui de temps à autre s'y
égarent pour le plus grand amusement des habitués, *labutik bati* n'accueille que les
hommes venus boire le rhum blanc (avec une préférence marquée pour la variété la
moins raffinée, *le Goodwil*, considérée comme plus pure et plus virile) et accessoirement
la bière locale, assimilée à un non alcool.

L'après-midi touche à sa fin. Les clients ont beaucoup bu, certains déjà depuis dix
heures du matin, dès leur retour de la pêche, d'autres seulement depuis le milieu de

l'après-midi, une fois terminée leur journée d'artisan, ou à peine sortis de l'usine, de l'hôtel ou de l'établissement sucrier qui les emploient. Les discussions sont animées. Les parieurs font des pronostics sur la rencontre qui aura lieu dans la soirée en évaluant bruyamment leurs chances d'empocher la mise. Soudain, ma présence dans un petit groupe de cinq hommes - trois Tamouls et deux Créoles[1] - fait dériver la conversation vers la qualité du football suisse par opposition au football mauricien. Un participant avec lequel j'entretiens d'étroites relations fait mention d'une défaite par 5 buts à 0 d'une des meilleures équipes de la *Sunny League* (première division mauricienne), *le Cadets Club*, dans un match amical contre le FC Sion en camp d'entraînement l'année précédente à l'île Maurice. Il prétend aussitôt que ni le *Sunrise Sporting Club*, équipe dont il est chaud supporter comme la plupart des Tamouls, ni la *Fire Brigade*, qui, elle, recrute en principe ses partisans chez les Créoles – et tout particulièrement parmi ceux des milieux populaires – n'aurait subi une telle défaite. Prudent, je réserve mon avis.

On en vient alors à comparer le niveau des footballs européen et africain et à considérer comme une injustice le fait de n'offrir que deux tickets de participation à ce dernier continent, compte tenu de l'excellente prestation de ses représentants à la présente Coupe du monde. Mes interlocuteurs s'interrogent alors sur les chances de la sélection mauricienne de triompher de la redoutable équipe du Ghana durant la prochaine phase éliminatoire de la Coupe africaine. Ils dissertent sur la pertinence d'avoir fait confiance à un entraîneur français, en lieu et place d'un britannique, en usant de stéréotypes pour contraster à l'extrême les qualités des deux *types* de football et comparer leurs potentialités respectives de s'adapter à la *mentalité* mauricienne. Tous en revanche s'accordent à admettre qu'il valait mieux choisir un étranger, afin d'éviter les risques de favoritisme ethnique qui pourraient venir parasiter le travail d'un sélectionneur local.

Un des interlocuteurs créoles que je rencontre pour la première fois, et qui a pris soin au préalable de relever le mariage d'une de ses sœurs avec un de mes compatriotes vaudois, commence subitement à se moquer des mauvaises performances de l'équipe nationale helvétique. Alors que, indulgent, il met les résultats médiocres de la sélection mauricienne sur le compte de l'amateurisme et des carences alimentaires, il décrète que les Suisses, malgré leur mode de vie privilégié, sont irrémédiablement destinés à voir leur participation aux rencontres de haut niveau être assurée par des arbitres, dont au

---

[1] A Maurice, le terme «Créole» *(kreol)* est polysémique. Dans son acception générique, il désigne toute personne de religion chrétienne issue d'un métissage ou supposée métisse. Sans autre précision, il sert également à dénommer les individus assimilés aux descendants des esclaves africains. L'ensemble représente plus d'un quart de la population totale. Les Tamouls (habituellement appelés *Madras* en langue créole, mais aussi *Tamul* et *Tamil*) représentent quant à eux environ 13% des 52% de Mauriciens de religion hindoue que compte le pays, soit 7% de la population globale.

passage il loue la précision, en ironisant sur l'erreur d'appréciation commise par l'un d'entre eux lors de la finale de la Coupe du monde de 1966 qui a vu le triomphe de l'Angleterre sur l'Allemagne. Estimant probablement que je vais riposter, il me prend de vitesse en déclarant avec un certain emportement que, si en Italie son pays n'est également représenté que par un arbitre, l'île Maurice, contrairement à la Suisse, a déjà été championne du monde de football!

INTERMÈDE: L'ETHNOLOGUE-INTERLOCUTEUR

Ce type d'épisodes est le lot de tout ethnologue sur le terrain. Il démontre la complexité d'une entreprise impliquant un rapport particulier aux personnes et situations qui constituent les repères de la vie quotidienne. Évanescent et rémanent, le terrain est nulle part et partout. Il se dérobe en même temps qu'il se donne à voir sous ses innombrables figurations. C'est fréquemment à travers la communication ordinaire que l'ethnographe fait l'apprentissage des perspectives culturelles et des systèmes de pertinence (Geertz 1986; Schutz 1987) de ceux qu'il cherche à comprendre. Ce mode de connaissance tient une place prépondérante, bien que difficile à estimer, dans la recherche. Mais l'obsession de la compréhension fine des événements interactifs qui surviennent de manière impromptue et représentent autant d'échantillons de la texture signifiante à interpréter entraîne une implication dont les limites débordent à coup sûr le cadre professionnel fixé initialement (Moerman 1990).

Rares sont les cas où l'ethnologue ne participe pas aux situations qu'il étudie; encore plus rares sont ceux où, hors du rituel de l'enquête, il n'est pas considéré et n'agit pas comme un simple interlocuteur, derrière lequel travaille parfois en sourdine mais bien souvent s'oublie, au moins provisoirement, le chercheur. Non qu'il s'agisse là d'une technique d'observation ou d'un choix méthodologique délibéré, mais simplement du fait qu'il est impossible et inapproprié, du point de vue des règles de la communication en face à face, de se comporter comme un interviewer à plein temps, sans être rapidement traité comme une personne indésirable ou une sorte d'idiot culturel (Garfinkel 1984). C'est pourtant lorsque l'ethnologue tient le rôle d'un protagoniste comme un autre que sa présence (étrangère) sert le mieux de déclencheur à des phénomènes de production identitaire du plus grand intérêt empirique. L'exemple rapporté en amorce de cet article en est l'illustration.

Fidèle au principe de saillance (Douglas et Lyman 1976; Nagata 1974), il démontre que l'identité a besoin de l'interaction pour se réaliser. Les participants à l'événement décrit construisent leur raisonnement pratique en recourant spontanément au procédé de dichotomisation nous/eux. Les catégories sociales mises en opposition reposent sur trois modes d'identification: *l'identité nationale, l'appartenance continentale et l'identité ethnique*. Enfin, le recours à la *filiation historique* vient brouiller le jeu des catégorisations précédentes par une réactualisation opportuniste de la citoyenneté britannique.

PLURALITÉ DES ADHÉRENCES ET FLEXIBILITÉ SITUATIONNELLE DES RESSOURCES IDENTITAIRES

Hors de circonstances exceptionnelles, l'argument de dernière urgence qui clôt la séquence de la boutique ne manquerait pas d'étonner, voire de contrarier tout Mauricien. Il fait appel à un raisonnement spécieux qui tient du sophisme, mais démontre que la production de l'identité sociale est labile, stratégique et dépendante du contexte (Herzfeld 1992). En ce domaine, les acteurs sociaux font pragmatiquement feu de tout bois.

Au moins depuis l'indépendance politique acquise en mars 1968, et plus encore depuis l'accession au statut de république en mars 1992, on peut affirmer qu'aucun Mauricien ne se considère ni ne se réclame plus de la citoyenneté britannique. Le lien avec l'ancienne métropole[2] reste pourtant encore bien ancré dans la mémoire des adultes, notamment parmi les survivants des 48 % qui se sont prononcés contre l'autonomie au référendum de 1967. Le vote s'est en bonne partie joué sur des critères ethniques puisque les Hindous, démographiquement majoritaires, ont pu imposer l'indépendance au reste du pays. Face à une situation politique peu sûre et à une économie chancelante et peu prometteuse, beaucoup d'individus ont alors décidé de profiter de leur passeport britannique pour tenter leur chance en métropole. Cette vague d'émigration a eu entre autres conséquences d'étendre les relations familiales à l'Angleterre. Un quart de siècle après l'indépendance, la relation symbolique avec ce pays, encore fréquemment attestée chez les particuliers par des portraits de la reine Elisabeth pendus au mur, n'est pas tombé dans l'oubli. Si, contrairement à celle de l'Alliance française, l'activité culturelle du *British Council* est aujourd'hui plutôt discrète, le système scolaire mauricien reste, lui, calqué sur le modèle britannique. Les produits anglais jouissent d'une réputation de solidité et de qualité sans égale, la mention *made in Britain* passant pour le gage absolu de fiabilité technologique, image positive d'autant moins porteuse de conflit et de contradiction qu'elle est, maintenant que personne ne regrette plus la période de domination anglaise, presque totalement vidée de ses enjeux coloniaux.

---

[2] L'île Maurice a appartenu à la couronne d'Angleterre de 1810 à 1968. De 1715 à 1810, elle était en revanche sous juridiction française.

Le lien historique avec la Grande-Bretagne constitue donc une ressource actualisable selon les circonstances. Bien qu'atténué, il fait encore partie du dispositif identitaire mauricien. Dans l'épisode résumé ci-dessus, cette trace est mobilisée pour servir une démonstration dont mon interlocuteur entend tirer parti en transférant sélectivement un attribut prestigieux à l'île Maurice.

En d'autres occasions, la France joue un rôle similaire, voire plus déterminant, chez tous ceux qui revendiquent une ascendance avec l'hexagone[3]. Ce qui semble aller de soi pour les Blancs – appelés également «Franco-mauriciens» quand bien même la double nationalité est loin d'être la règle – ou pour les métis assimilés aux descendants des colons européens peut toutefois s'étendre virtuellement à tous ceux qui, au gré des circonstances, réinstituent la filiation coloniale ou exploitent à toutes fins utiles leur imprégnation culturelle française pour actualiser un aspect pertinent de leur répertoire identitaire.

Cette tendance va d'ailleurs au-delà de la simple stratégie conjoncturelle puisque, d'une manière générale, la culture européenne, et partant occidentale, n'est plus conçue aujourd'hui comme le monopole exclusif des chrétiens, qu'il s'agisse des Blancs ou des membres de la bourgeoisie créole. Cette relecture est en partie le fruit d'un changement qui s'est progressivement installé avec la généralisation de l'instruction obligatoire et le décloisonnement de l'île.

A côté des biens de consommation dirigés vers une clientèle ethnique (comme par exemple les films, surtout sur cassettes-vidéo, et la musique indiennes ou encore les vêtements, les parures, les denrées alimentaires ou les objets de culte), les produits occidentaux ont pénétré tous les circuits domestiques. Sans se répandre de manière uniforme, notamment en raison de la stratification économique, ils ont touché toutes les communautés.

Quel que soit leur groupe ethnique, les étudiants qui reviennent diplômés de leur séjour à Paris, Londres, Manchester ou Strasbourg, comme les autres Mauriciens qui ont vécu ou voyagé dans les pays occidentaux, contestent l'accaparement des valeurs et

---

[3] La politique économique et culturelle agressive de la France dans cette zone de l'Océan Indien, relayée par la proximité géographique de la Réunion (département français d'outre-mer) comme tête de pont, joue un rôle considérable d'imprégnation et de polarisation par-delà les frontières ethniques. Cette présence insistante exerce une attraction culturelle notable, même si elle suscite par ailleurs des réactions de protection et de défense identitaire à coloration nationaliste.
Au plan des relations politiques extérieures, l'île Maurice sait jouer sur plusieurs tableaux et multiplier les atouts en se mettant dans le sillage des plus offrants. En plus de son appartenance au *Commonwealth*, elle semble avoir choisi d'ancrer sa destinée dans le champ d'action dominé par la France. Le dernier sommet de la francophonie (octobre 1993,) qui s'est justement déroulé dans l'île, semble avoir à la fois concrétisé et renforcé cette option.

des systèmes de significations qu'ils ont incorporés et qu'ils diffusent autour d'eux. L'influence de ces expériences toujours plus nombreuses sur les consciences individuelles vient renforcer le rôle des médias et l'action du système éducatif pratiqué dans l'île. En dépit d'ouvertures notables aux langues, aux religions et aux contenus culturels des différents groupes ethniques d'origine indienne et chinoise, il est en effet certain que les programmes scolaires et médiatiques restent essentiellement orientés sur les valeurs et les références européennes. Les compétitions sportives, la vie politique, la littérature et la musique françaises et anglo-saxonnes constituent à cet égard des sources d'intérêt de tout premier plan.

Le marché des biens culturels occidentaux est donc le théâtre de réajustements et de conflits d'appropriation, dans la mesure où tout individu disposant ou se réclamant d'une compétence acquise est actuellement en mesure de contester la légitimité unique d'une identification fondée sur la filiation biologique, l'appartenance religieuse ou le capital culturel hérité.

Si la centration symbolique sur l'Europe est forte, le rapport avec le continent africain ne bénéficie en revanche ni du même prestige ni d'une valorisation comparable. Il est significatif que, contrairement à ce qui se passe depuis une vingtaine d'années pour la partie indienne (hindoue et musulmane) de la population mauricienne, aucun mouvement populaire de reconquête des origines n'ait vu le jour parmi les assimilés aux descendants des anciens esclaves africains. Ceux-ci revendiquent avec force leur adhésion au monde occidental et plus marginalement une mauricianité ayant pour signification l'appartenance au monde créole. Les tentatives de réhabilitation de l'africanité autochtone, orchestrées par le Centre culturel africain, semblent devoir être irrémédiablement considérées comme un processus de folklorisation, greffé sur un vide d'identification.

De manière assez générale, la référence à l'Afrique, donnée comme synonyme de hasard de l'appartenance géographique, permet, comme c'est le cas dans mon exemple de conversation autour du football, de soutenir l'idée d'une discrimination des pays du Nord envers le Sud. L'île Maurice est alors présentée comme subissant, avec le reste du Tiers monde, les désavantages de la périphérie[4].

---

[4] Un discours plus récent qui sous-tend un positionnement différent existe aussi. Il émane des milieux économiques, cabinets d'expertises comptables en tête, qui cherchent à vendre des prestations de services aux entreprises européennes en se présentant comme «spécialistes africains». Ce discours est en adéquation avec la politique de diversification économique qui a pour objectif de donner à Maurice le rôle de plaque tournante du commerce régional, et à sa culture l'image d'une culture de médiation entre les continents. Un dossier d'une trentaine de pages intitulé *Maurice l'atout cœur de l'Océan Indien* (*Paris Match* 2533, mai 1994) offre une excellente ilustration de cette définition de soi à des fins stratégiques.

Cet épisode interactif fournit également des indices convaincants de l'existence d'une conscience nationale en voie de consolidation. Contredisant les prédictions pessimistes des observateurs de la période qui a suivi l'indépendance (Benedict 1961, 1965), le sentiment de fierté nationale est aujourd'hui présent dans l'ensemble de la population. L'autonomie politique a peu à peu contribué à façonner l'idée d'un intérêt supérieur aux formes de solidarité ethnique et, partant, à faire naître un patriotisme mauricien.

Le sentiment national reste cependant souvent dominé par des attachements primaires de nature ethnique. Cet aspect ressort bien dans le passage de mon exemple où un participant compare trois clubs de football mauriciens: *Cadets, Sunrise* et *Fire Brigade*. Il faut savoir que jusqu'en 1982, le recrutement des joueurs se faisait sur des critères explicitement communautaires. Des équipes de la première division jusqu'aux clubs de village, le monde du football était un miroir qui reflétait assez fidèlement les subdivisions ethniques du pays. Les clubs portaient d'ailleurs couramment des dénominations sans équivoque. Ainsi les *Cadets* s'appelaient les *Hindu Cadets* et le *Sunrise Sporting Club* les *Tamil Scouts*. Les Musulmans étaient quant à eux représentés par les *Muslim Scouts*, devenus les *Scouts*, alors que l'équipe des Mulâtres portait le nom, qui existe toujours, de l'association sans mention ethnique explicite qu'ils sont seuls à fréquenter: le *Racing Club*[5]. Avec le *Dodo Club*, les Blancs partageaient jusqu'à l'indépendance une situation nominale analogue, mais contrairement à ces derniers, et conformément à leur attitude de repli de la scène socio-culturelle adoptée à cette époque, ils ont préféré retirer leur équipe d'un championnat dans lequel ils craignaient de devenir la cible de ressentiments raciaux.

La volonté politique de décommunaliser le sport, en rebaptisant les clubs et en ouvrant le recrutement aux joueurs des autres communautés, n'a eu pour l'instant que peu d'effets sur le comportement des supporters qui restent attachés pour l'essentiel à l'équipe qui continue de symboliser leur groupe ethnique. Quelques exemples de création de clubs sur une base régionale constituent toutefois des signes visibles de désethnicisation dans le domaine du football. Du temps est cependant encore nécessaire pour voir si les changements initiés par le Ministère de la jeunesse et des sports apportent les résultats escomptés.

Le fait de préférer confier la responsabilité de la sélection nationale à un entraîneur extérieur est, lui, en accord avec l'idée persistante que chaque personne qui détient une position de pouvoir risque fort d'agir comme protectrice des membres de son groupe,

---

[5] La relation entre ce club et le groupe des Mulâtres ou *gens de couleur* est tellement bien établie dans la perception sociale de l'ethnicité que le mot créole *resing* («racing») a, par le jeu de la métonymie, pris la valeur d'un ethnonyme.

attitude que, par ailleurs, ils poussent souvent celle-là à adopter. L'opposition entre *communalisme*[6] d'un côté et *mauricianisme* de l'autre constitue un des schémas interprétatifs directeurs de la politique et de la pensée courante mauricienne. L'accusation de communalisme est de fait toujours dirigée vers les autres à seule fin de jeter le discrédit sur des actions dont on entend se démarquer ouvertement. Cependant, s'il est impossible aujourd'hui de s'affirmer communaliste sur la scène publique sans encourir immédiatement des risques de réprimandes à connotation morale, la solidarité qui détermine des alignements sur une base ethnique reste dans bien des cas prédominante (Alber 1990).

La compétition ethnique trouve naturellement beaucoup d'autres voies de réalisation que le football. La politique en est une privilégiée. Sous sa forme explicite, elle est toutefois largement transfigurée dès lors qu'elle est réputée mettre en danger les intérêts de la nation mauricienne.

MULTICULTURALISME, IDÉOLOGIE ET IDENTITÉ NATIONALE

L'île Maurice entend clairement se donner l'image d'une société ayant réussi à intégrer ses apports culturels successifs d'une manière harmonieuse et équilibrée. Les thèmes de creuset des cultures planétaires en modèle réduit et de laboratoire de l'humanité font partie du répertoire de représentations véhiculées par l'idéologie officielle, abondamment relayée par le discours médiatique (ou savant) et la pensée courante.

Il n'est pas une publication consacrée à la société mauricienne qui ne mette en exergue son pluriculturalisme, jusqu'à la plus grande exagération de son caractère kaléidoscopique[7], pas un dépliant touristique qui ne fasse usage de la richesse des contrastes humains et culturels comme argument de vente[8], pas un chauffeur de taxi qui n'épargne au nouvel arrivant son couplet sur le nombre des *nasyon* qui composent

---

[6] Le terme «communalisme» est un anglicisme qui a originellement servi à désigner la forme politique du conflit entre Hindous et Musulmans ayant abouti au partage de l'Inde (Dumont 1966). A l'île Maurice, ce terme est utilisé dans le sens étendu qu'il a pris par la suite. Il qualifie l'ensemble des procédés visant à favoriser ou défavoriser un groupe ou à privilégier ou léser un individu relativement à son appartenance ethnique. Les tensions intercommunautaires qui en résultent sont comprises comme sa conséquence.

[7] Ainsi, Dinan (1986), commentant les résultats du recensement de 1983, fait mention de 22 langues parlées dans le pays et de 87 religions dénommées. Ne faisons toutefois pas porter à cet auteur la responsabilité d'un mode de sollicitation des informations qui comporte la tentation de la démesure, d'autant que son analyse sort indemne du piège qui est tendu.

[8] «Nous sommes le carrefour des civilisations et le touriste peut découvrir en une seule fois, l'Inde, l'Afrique et la Chine, harmonieusement assemblées sur moins de 2000 km².» Ou encore: «Notre

la mosaïque mauricienne, pas un discours de la fête de l'indépendance qui n'omette de porter en première ligne la valorisation de la diversité culturelle comparée selon les cas à l'arc-en-ciel ou à la salade de fruit[9].

Un recueil, regroupant une série de discours prononcés par le Ministre de l'éducation, des arts et de la culture durant les cinq années précédant la célébration du vingtième anniversaire de l'indépendance, traduit bien l'esprit que le gouvernement s'efforce d'incarner et de promouvoir vis-à-vis du multiculturalisme mauricien ou mauricianisme (Parsuraman 1988)[10].

Pour qui sait l'interpréter, la composition de l'ouvrage est à elle seule significative d'une intention implicite. Exception faite des prises de parole occasionnées par des événements de politique extérieure, qui saisissent l'opportunité de poser le nationalisme et le *nouvel humanisme* pratiqués à Maurice comme exemplaires, la sélection des discours semble avoir été conçue de manière à ce qu'aucune communauté ne soit oubliée. L'ouvrage présente en conséquence une sorte de catalogue des subdivisons de la société mauricienne dotées d'une pertinence ethno-culturelle.

L'ensemble des allocutions se moule dans un paradigme discursif unique. A l'exclusion des phrases dirigées vers l'auditoire qui s'est rassemblé pour marquer une occasion spécifique (inauguration d'une exposition, d'un monument ou d'un centre culturel, commémoration d'une date historique, organisation d'une conférence sur une langue minoritaire, publication d'un ouvrage consacré à un sous-groupe de la population mauricienne, célébration d'une fête religieuse, etc.), les propos s'adressent à des destinataires que l'on veut interchangeables. La même idéologie d'«unité dans la diversité» est distillée quelle que soit la communauté réunie. La mise en relief positive des divers enracinements historiques semble rimer avec l'instauration d'un bonheur collectif. Dans chaque allocution, la réhabilitation des héritages attribués aux différentes communautés est donnée comme la solution pour construire une culture nationale plurielle, garante d'équilibre sociétal.

---

plus grande richesse, à Maurice, est notre population plurielle, hospitalière et chaleureuse, parlant anglais et français. Tous ces ingrédients font que le touriste ne se sent jamais étranger mais, au contraire, intégré dans une grande famille.» (Noël Lee Cheong Lem, Ministre du tourisme, interview publiée dans *Paris Match* 2533, p. 20).

[9] Réprouvant en revanche la métaphore uniformisante de la *compote*.

[10] Monsieur Parsuraman, membre d'un parti pluri-communautaire bien que majoritairement hindou (le Mouvement socialiste mauricien), qui a su conserver le pouvoir depuis sa création en mars 1983 en changeant plusieurs fois d'alliance politique, est toujours en charge de son Ministère. Cinq ans après leur publication, les options énoncées et les présupposés qu'on peut déceler dans ces discours restent inchangés.

L'accent en ce domaine est mis sur le respect de la continuité politique. La ligne idéologique poursuivie est présentée comme le renforcement d'une politique inaugurée par le premier gouvernement de l'île Maurice indépendante[11], en accord avec les principes de base du *Commonwealth*. L'échec de la politique culturelle de valorisation du créole expérimentée durant les neuf mois (juin 1982-mars 1983) de pouvoir d'un autre parti, le Mouvement militant mauricien, fait l'objet d'un paragraphe significatif de la façon dont le thème de la créolisation a été perçu comme une tentative d'effacement des particularismes culturels marquant les identités ethniques[12].

> Dans un passé récent un certain conformisme unitaire a menacé des structures qui avaient mis des siècles à s'enraciner, mais les fleurs qui s'épanouissent dans le terroir ne peuvent être détruites pour faire place à une culture de laboratoire, pour satisfaire des exigences académiques et cérébrales stériles, car la culture n'existe pas pour les besoins d'un homme, d'un parti, d'une idéologie. (Parsuraman 1988:1).

L'éloge du multiculturalisme constitue le topique central de l'ensemble des discours. A un premier niveau de lecture, son évocation relève du simple constat. Décrit comme résultant d'une conjonction d'événements issus des hasards de l'histoire, il est présenté comme un trait constitutif de la société mauricienne. Cette idée apparaît de manière explicite dans plusieurs allocutions sous des formulations presque identiques.

> We are a multi-racial, multi-lingual and multi-religious society living in harmony and believing in peaceful coexistence. The cross section of our population having roots in Africa, Europe and Asia, has all along our history lived like brothers and sisters, while developing greater understanding and affinity. We have been inspired by the principles of tolerance, mutual respect and appreciation. We have today evolved as a nation with deep faith and respect for one another through cultural unity, solidarity and integration.[13] (Parsuraman 1988: 5).

La pluralité des races, des langues, des religions et des origines est posée comme un fait au même titre que les valeurs de respect, de tolérance, de compréhension, d'estime

---

[11] Il s'agit du gouvernement travailliste dirigé de 1968 à 1982 par le Premier Ministre indo-mauricien Sir Seewoosagur Ramgoolam (1900-1985), considéré de façon mythique comme le père de la nation.

[12] Une politique culturelle analogue menée aux Seychelles à la même époque s'est notamment concrétisée par l'accession du créole au statut de langue officielle. L'homogénéité ethno-culturelle du pays explique probablement l'accueil favorable de cette politique auprès de la population seychelloise, alors qu'à Maurice, les groupes d'origine indienne ont farouchement manifesté leur hostilité.

[13] Symptôme du bilinguisme qui prévaut dans les situations officielles, les discours sont rédigés parfois en français, parfois en anglais. Cette alternance se retrouve également entre la *preface* et l'avant-propos.

mutuelle voire d'affinité qui garantissent la coexistence pacifique des groupes séparés par ces différences. La métaphore de la nation comme famille apparaît de manière constante.

INVENTER MAURICE OU LE MULTICULTURALISME COMME PROPHÉTIE

Le discours politique ne peut construire sa validité à partir d'une simple prétention de prise en compte de la factualité du monde, fût-elle bâtie sur la profession de foi. Sa dimension créatrice consiste à faire apparaître la réalité comme nécessairement inachevée, afin de faire admettre simultanément que ceux qui l'énoncent sont les opérateurs indispensables d'un accomplissement souhaité par tous, parce qu'idéal pour chacun.

Cet aspect apparaît fortement en d'autres paragraphes des allocutions de Parsuraman où l'inventaire cède la place à la prédiction. D'évidence empirique, d'état accidentel, le multiculturalisme devient alors un modèle sociétal à atteindre, une utopie à conquérir, un rêve à réaliser. Les paroles qui mettent en scène cette nouvelle figuration prennent la forme d'énoncés prophétiques (Schwimmer 1986). Leur dimension onirique est présente jusque dans le lexique utilisé. La dédicace du Premier Ministre Aneood Jugnauth (accompagnée d'une photographie le montrant à sa table de travail) offre un exemple particulièrement révélateur de textes où l'homme politique laisse le champ libre au visionnaire.

> Pour un pays plein de promesses comme le nôtre, il faut nourrir un *rêve*. Maintenant que nous avons le pied à l'étrier pour le trajet vers l'indépendance économique, je vois poindre à l'horizon un éblouissant avenir pour notre pays. Avec l'an 2000 qui nous guette, et à l'occasion de ce vingtième anniversaire de notre accession à l'indépendance politique, je *songe*[14] à une nation mauricienne dont aucune section n'aura de raison d'envier aucune autre[15]. A une nation mauricienne dont l'unité sera pour tous et chacun une riche source d'inspiration (Parsuraman 1988).

Si comme le stipulent certaines théories anthropologiques sur le nationalisme, «la création d'un état est dans une certaine mesure la prophétie auto-réalisatrice du développement d'une nation» (Hannerz 1986: 5), à Maurice c'est l'État qui se donne pour mission de (ré)générer une nation culturellement plurielle. Moins qu'une intention, le mauricianisme est montré comme un processus en cours, mû par un acte d'invention volontaire.

---

[14] C'est moi qui souligne.
[15] Relevons au passage le présupposé qui concède que ce n'est pas le cas actuellement.

L'Ile Maurice offre l'exemple d'un pays qui s'est engagé à se créer, à «conquérir» une culture, en même temps qu'une nation. Et ce, en s'insérant dans le contexte d'une interaction entre développement culturel et développement économique.[16]

Bien que les moyens d'action proposés pour faire éclore cette culture en gestation soient peu explicites, les recommandations à suivre sont clairement énoncées: «puiser du passé, autrement dit, des racines et autres sources vives, toute la substance et l'énergie devant lui permettre d'investir dans le présent et surtout l'avenir.»

La voie indiquée est celle d'un égalitarisme différentialiste:

Ce processus qui nous engage, sœurs et frères mauriciens, enfants de l'Ile mère: pays privilégié, à nous enrichir de nos différences; ce phénomène de convergence et d'élan ascensionnel qui touche à l'unité – pas nécessairement à l'uniformité – ce processus, ce phénomène ne saurait se maintenir sans le support et le mécanisme d'une politique culturelle fondée à la fois sur le rêve et la réalité.[17]

Elle fait écho à chacun des discours qui s'appliquent à reformuler les mêmes vœux, en rappelant que l'avenir étincelant qui est promis aux Mauriciens passe par la confiance et le soutien de la politique culturelle menée par le gouvernement en place.

Mais il y a plus. Prise par son élan rhétorique, l'ambition affichée dans le recueil déborde fréquemment les limites de l'espace national. La première phrase de l'avant-propos se borne à atténuer par une tournure hypothétique la prétention à l'universalisation du cas mauricien: «Si l'Ile Maurice voulait se prévaloir de sa propre expérience pour offrir au monde un modèle exemplaire, c'est avant tout, par sa ‹conquête› d'une culture nationale que notre pays offrirait le modèle le plus fascinant.»[18] La dernière phrase y ajoute l'ensemble des souhaits que l'ouvrage devrait aider à réaliser: «Puisse-t-

---

[16] Cette citation ainsi que les trois qui suivent sont tirées de l'avant-propos, non signé, du livre de Parsuraman (1988). Je suppose que l'auteur de ces lignes n'est pas Monsieur Parsuraman lui-même mais l'écrivain et directeur du Centre culturel africain Monsieur Jean-Georges Prosper, d'ailleurs remercié dans la préface de l'ouvrage pour avoir aidé à sa publication.

[17] Cette image du mélange différentiel est un motif récurrent. Ailleurs, dans l'avant-propos, on peut aussi lire: «Ces diverses cultures qui ici se rencontrent, se croisent, se mêlent, jusqu'à se fondre presque – sans toutefois se confondre.»

[18] Plus explicite de cette volonté à se réclamer du rôle de paradigme, le discours de clôture au sommet de l'O. U. A. tenu à l'île Maurice en 1986 comprenait les propos suivants: «Au prime abord, il était impérieux que cette population mauricienne, dans sa diversité raciale, linguistique, confessionnelle et culturelle retrouve ses racines, son authenticité, afin de mieux appréhender la nature de sa participation à l'édification d'un mauricianisme intégral; et à un niveau plus élevé, son apport créateur et distinctif au rendez-vous de l'universel. Nous retrouvons ici cet autre exemple de diversité culturelle, linguistique, religieuse, qui en Afrique, s'avère être une réalité vivante, diversité que nous avons jusqu'ici réussi à convertir en un facteur d'équilibre et d'unité. Comment expliquer autrement l'inspiration du poète-académicien, l'ancien Président Léopold Sédar Senghor, qui appelait l'Ile Maurice: Ile exemplaire pour l'Afrique!» (Parsuraman 1988: 79).

il amener à conclure sans hâte que l'Ile Maurice peut véritablement et admirablement engendrer une culture nationale! Valoriser des cultures ancestrales! Contribuer à la culture universelle!»

Ces ultimes propos montrent que le multiculturalisme mauricien n'est pas seulement pensé comme spécifique dans sa réalisation concrète escomptée, mais comme transférable en tant que modèle de réussite pour le reste de l'humanité, deuxième aspiration qui ressemble étrangement à un désir d'inverser le cours de l'histoire en faveur des anciens pays colonisés, soudain métamorphosés en sociétés-phares.

L'EXPLOITATION ETHNIQUE DE L'IDÉE DE CULTURE PLURIELLE

Le phénomène ethno-culturel à Maurice se caractérise tant par sa prégnance et son immédiateté que par la multiplicité des formes contradictoires par lesquelles il se manifeste. Massif et évident en première approximation, il se dérobe à l'analyse plus fine dès qu'on entend en fixer la fluidité des contours. Aucun thème n'est à la fois plus affirmé et nié à la fois. Aucun aspect de la vie mauricienne n'est à ce point déployé au grand jour et euphémisé.

Les contenus culturels des différentes communautés d'origine ont perdu de leur spécificité au fil du temps et les circonstances de la vie quotidienne ont conditionné l'émergence de styles de vie débordant les frontières ethniques. Avec la créolisation et l'occidentalisation, les différences se sont estompées, ouvrant le champ à une culture faite de références, d'aspirations et de valeurs en partie communes. Depuis plusieurs générations, le lien entre appartenance ethnique et stratification sociale est pratiquement rompu. L'accroissement de la mobilité des individus a de fait conditionné l'apparition de sous-cultures relatives aux inégalités et aux clivages socio-économiques. Le multiculturalisme d'état exerce donc une action de retour aux sources à la fois stimulante et normative dans la mesure où, paradoxalement, les traits des cultures populaires qui se sont le mieux maintenus ont tendance à se révéler incompatibles avec cette nouvelle quête d'authenticité (Alber 1993).

Mais le multiculturalisme n'est pas seulement une carte de visite qui connaît la faveur gouvernementale; il a également valeur d'auto-stéréotype constitutif de la pensée ordinaire mauricienne. Si les membres de la société en arrivent aujourd'hui à se concevoir à travers l'image fragmentée qui a été modelée, notamment pour répondre à la consommation touristique, il serait erroné de réduire le succès du multiculturalisme à sa valeur de marchandise. La diversité culturelle apparaissant comme la forme idéologiquement honorable et politiquement encouragée de la pluralité qui caractérise la société mauricienne, elle est aujourd'hui un véhicule privilégié de la compétition ethnique. La défense et la revalorisation des héritages culturels particuliers sont devenues un lieu d'affrontements intercommunautaires fréquemment exploité par les ambitions personnelles. Les rivalités s'exercent dans trois secteurs privilégiés: le domaine religieux, le domaine éducatif et le domaine linguistique. A titre d'exemple, l'enseignement à choix des langues et des cultures dites ancestrales dans les écoles primaires est régulièrement l'objet de luttes derrière lesquelles se profilent intérêts professionnels et lobbies ethniques. De façon semblable, l'année civile est jalonnée d'une quinzaine de *congés publics*, les uns obligatoires, les autres optionnels, qui correspondent aux célébrations des calendriers religieux chrétien, hindou, musulman et bouddhique. Là encore, la recherche d'un équilibre entre les différentes communautés donne lieu à de fréquents remaniements et à d'incessants tiraillements. Sur le même principe de partage équitable, l'attribution du temps d'antenne et le découpage linguistique des programmes de la télévision et de la radio nationale sont basés sur un savant calcul entre langues pratiquées dans l'île et idiomes emblématiques des différentes subdivisions ethniques.

«L'ÉTRANGER» OU LES RÉSISTANCES AU MAURICIANISME

Si dans leur île les Mauriciens déclarent se sentir chez eux, ils font aussi l'expérience quotidienne d'une altérité ethno-culturelle consistante. Qu'on ne s'y trompe pas, en dépit de sa généralité, le proverbe créole qui énonce *fami la gres, etranze la pusyer*[19] désigne comme «étrangers» les membres des autres communautés et comme «famille» son propre groupe. Entre citoyens mauriciens, le thème de la différence ethnique donne lieu à des conflits de légitimité visant à définir des degrés d'authenticité mauricienne.

---

[19] Littéralement «La famille offre la graisse, les étrangers la poussière».
Chose également symptomatique le mot *etranze*, calqué sur le français est souvent utilisé dans le cas où les Mauriciens font parler une voix qui les désigne comme immigrants. Cet emploi polyphonique a pour intérêt de montrer que les Mauriciens sont habitués à se penser les étrangers d'autres qui les accueillent chez eux comme membres exogènes. La forte émigration économique vers les pays d'Europe, le Canada, l'Australie ou les pays du Moyen-Orient a touché pratiquement toutes les familles mauriciennes. Parfois, ces expériences ont été couronnées de succès et ont donné lieu à des établissements définifs. Mais la migration a également concerné (et concerne encore) une population flottante moins chanceuse, souvent sans formation suffisante pour espérer une intégration concluante. Le portrait du clandestin, travailleur sans papiers toujours en danger d'exclusion, fait aujourd'hui partie du paysage social et mental mauricien. Il constitue un thème récurrent des chansons populaires ou *sega* qui présentent couramment ce détour par l'ailleurs comme concourant à la dissipation d'un sentiment d'appartenance culturelle incertaine.

Deux catégories de nationaux constituent des exemples de citoyens de deuxième zone: les ressortissants de Rodrigues et de Diégo Garcia, deux îles dépendantes de Maurice. Les immigrés rodriguais éprouvent toutes les peines à s'implanter et occupent ordinairement les positions les plus basses et excentrées de la société mauricienne. Les Ilois de Diégo Garcia souffrent d'une marginalisation encore plus radicale. Ces pêcheurs traditionnels ont été expulsés de leur île, cédée avant l'indépendance par l'Angleterre aux Etats-Unis pour y établir une base militaire parmi les plus importantes de l'Océan Indien. Ne pouvant user d'un statut de réfugiés dans leur propre pays et ne figurant dans aucune statistique, ils tiennent une place indéfinie dans la société mauricienne. Les uns comme les autres sont, de par leur phénotype africain, assimilés aux Créoles les plus démunis dont ils viennent en principe grossir les rangs.

Au pôle opposé de ces citoyens suspectés d'insuffisance nationale se trouvent les étrangers qui profitent des avantages symboliques de la xénophilie autochtone. Le mot *turis* désigne plus que les 375.000 touristes annuels, sur une population d'un million deux cent mille résidents. En l'absence d'indications plus précises, il peut aussi qualifier tout étranger vivant à Maurice dont on ne peut déterminer l'origine nationale. Les épouses ou époux de ressortissants mauriciens vivant dans l'île, comme les coopérants ou les investisseurs venus de l'extérieur, sont désignés par leur nationalité, si on la connaît, à l'exception des Indiens qui reçoivent habituellement l'appellatif dépréciatif de *kabrilenn*[20]. S'ils ont la peau blanche – une chance intrinsèque – les *turis* appartiennent à une catégorie sociale réputée riche, matériellement aisée et éduquée.

Ils ne rencontrent pas les difficultés des nombreux Mauriciens de naissance qui ont quitté le pays dans les années précédant l'indépendance et qui désirent revenir y vivre, un passeport étranger en poche. Accusés d'avoir quitté le bateau dans les années noires et de rentrer pour profiter de la situation économique favorable, enrichis de l'argent gagné à l'extérieur, ils se heurtent jusqu'à aujourd'hui à une fin de non-recevoir de la part du gouvernement. La polémique est d'autant plus vive qu'elle concerne pour l'essentiel des membres du groupe minoritaire créole qui sont partis, craignant peut-être de faire les frais d'une politique de discrimination du fait de l'hégémonie politique hindoue.

Longtemps, les Blancs ont incarné pouvoir politique, puissance économique et modèle culturel à imiter. S'ils ont aujourd'hui perdu la direction des affaires politiques du pays et se sont repliés sur la sauvegarde et l'accroissement de leurs acquis financiers – en partie dans l'intérêt de l'économie nationale – ils conservent une prétention à affirmer leur supériorité culturelle et leur statut de premiers bâtisseurs de la société mauricienne.

[20] Littéralement «chèvre de l'Inde».

Corrélativement à cette conviction, une partie d'entre eux continue à estimer que la désignation «Mauricien» ne mérite d'être appliquée qu'aux membres de leur groupe[21].

L'arrivée au pouvoir des Hindous a concrétisé leur place centrale dans la société mauricienne de l'après-indépendance. Constituant la majorité démographique du pays, ils ont réussi à ébranler la prédominance de l'Eglise catholique en donnant une place prépondérante à l'indianisation d'une société que les autres les accusent de vouloir trop modeler à leur image (Benoist 1989). L'homogénéité hindoue n'est cependant pas sans faille et les subdivisions tamoule, télégoue et marathi possèdent chacune leur groupe de pression. Au plan symbolique, il est significatif de relever que les Tamouls ont construit une partie essentielle de leur argumentation identitaire sur l'idée d'une implantation mauricienne plus ancienne de cent ans sur les autres Indiens (Alber 1994).

Mais Tamouls et autres Hindous savent resserrer les rangs lorsque les 16 % de Musulmans se montrent trop exigeants ou menacent de déstabiliser le jeu des forces en présence par un vote groupé, s'ils ne bénéficient pas d'un traitement spécifique inspiré de la *Charia*.

Coincés entre le prestige identitaire et la puissance économique des Blancs dans le secteur privé, et la prédominance des Indiens en politique et dans le secteur public, les Créoles occupent sans doute la position la plus précaire de la société mauricienne contemporaine. Du fait de leur fragilité dans le domaine de la propriété foncière, ils se voient souvent affublés de la métaphore dépréciative de *lokater* («locataires») du pays. Contraints de chercher une esquive à la forme de mauricianisme prônée par le Gouvernement, quelques intellectuels et artistes créoles répondent depuis peu au reproche d'avoir une identité sans enracinement historique que le métissage est la seule forme d'authenticité des habitants d'une société créole. Il y a toutefois fort à parier que cette riposte calquée sur l'esprit de la créolité développé par les écrivains des Antilles françaises aura beaucoup de difficultés à pénétrer la pensée courante.

---

[21] Les Franco-Mauriciens savent également mettre l'accent sur leur mauricianité, en affirmant l'existence d'un habitus culturel et linguistique acquis historiquement qui les distingue des manières de vivre, de se comporter ou de s'exprimer propres à ce qu'ils ont pu observer de l'Europe contemporaine. Dirigée vers les autres Mauriciens, la même déclaration peut toutefois prendre la signification d'une déclaration d'allégeance envers la société actuelle et d'une volonté d'y collaborer.

RÉFÉRENCES

ALBER Jean-Luc

1990   «Aspects de la production des identités ethniques à l'île Maurice», in: ALBER
        Jean-Luc (éd.), *Vivre au pluriel: production des identités à l'île Maurice et à l'île de
        la Réunion*, pp. 5-19. Saint-Denis: Université de la Réunion (Publications de
        l'U.R.A. 1041 du C.N.R.S).

1992   «Métissage et verrouillage ethnique à l'île Maurice: emplois d'une notion et
        pratiques sociales», in: ALBER Jean-Luc, Claudine BAVOUX et Jean-Luc WATIN
        (éds), *Métissages: anthropologie et linguistique*, pp. 83-94. Paris: L'Harmattan.

1993   «Emploi de la pensée et pensée mode d'emploi en contexte pluriethnique», in:
        HAINARD Jacques et Roland KAEHR (éds.), *Si..., regards sur le sens commun*, pp.
        89-114. Neuchâtel (Suisse): Musée d'ethnographie.

1994   «Ethnicité indienne et créolisation à l'île Maurice: les Madras, les Tamouls et les
        autres», in: FOURIER Martine et Geneviève VERMES, *Ethnicisation des rapports
        sociaux: racismes, nationalismes, ethnicismes et culturalismes*, pp. 126-129. Paris:
        L'Harmattan.

AMSELLE Jean-Loup et Elikia M'BOKOLO (éds.)

1985   *Au cœur de l'ethnie*. Paris: La découverte.

ANDERSON Benedict

1983   *Imagined Communities: reflections on the origin and spread of nationalism*. Londres:
        Verso.

AUGÉ Marc

1994   *Le sens des autres: actualité de l'anthropologie*. Paris: Fayard.

BENEDICT Burton

1961   «Mauritius at the Crossroads». *The British Journal of Sociology* XII/4: 387-392.
1965   *Mauritius: the Problems of a Plural Society*. London: Pall Mall Press.

BENOIST Jean

1989   «De l'Inde à Maurice et de Maurice à l'Inde, ou la réincarnation d'une société».
        Revue Carbet 9: 185-201.

D'ANS André Marcel

1994   «Langue ou culture: l'impasse identitaire créole», in: *International de l'imaginaire*
        1 (Le métis culturel), pp. 73-98. Paris: Maison des cultures du monde.

DINAN Monique

1986   *The Mauritian Kaleidoscope: languages and religions*. Port-Louis (Mauritius): Best
        Graphics Ltd.

DOUGLASS William A. et Stanford M. LYMAN

1976   «L'ethnie: structure, processus et saillance». *Cahiers internationaux de sociologie*
        (Paris) 56: 197-220.

DUMONT Louis
1966   *Homo hierarchicus: le système des castes et ses implications.* Paris: Gallimard.

GARFINKEL Harold
1984(1967) *Studies in Ethnomethodology.* Cambridge: Polity Press.

GEERTZ Clifford
1986   *Savoir local, savoir global: les lieux du savoir.* Paris: PUF.

GELLNER Ernest
1989   *Nations et nationalisme.* Paris: Payot.

HANNERZ Ulf
1986   *Le monde en créolisation.* Université de Lyon 2: Association de Recherche,
            d'Interventions et d'Etudes Sociologiques et Ethnologiques. [trad. d'une confé-
            rence donnée à l'Université de Philadelphie en février 1986, 23 p.].

HERZFELD Michael
1992   «La pratique des stéréotypes». *L'Homme* 121, XXXII (1): 67-77.

MOERMAN Michael
1990   *Talking Culture: ethnography and conversation analysis.* Philadelphia: University
            of Pennsylvania Press.

NAGATA Judith A.
1974   «What is a Malay? Situational Selection of Ethnic Identity in a Plural Society».
            American Ethnologist 1/2:331-50.

PAINE Robert
1981   *Politically Speaking: cross-cultural studies of rhetoric.* Newfoundland Inst. Soc.
            Econ. Res. Philadelphia: I.S.H.I.

PARKIN David
1984   «Political language». *Annual Review of Anthropology* (Palo Alto) 13: 345-365.

PARSURAMAN Armoogum
1988   *From Ancestral Cultures to National Culture MAURITIUS.* Moka (Mauritius): Ma-
            hatma Gandhi Institute Press.

SCHUTZ Alfred
1987   *Le chercheur et le quotidien: phénoménologie des sciences sociales.* Paris: Méridiens
            Klincksieck.

SCHWIMMER Eric
1986   «Le discours politique d'une communauté papoue». *Anthropologie et Sociétés*
            (Québec) 10/3:137-158.

Marie-Claire Caloz-Tschopp

Le politique et la philosophie politique de John Rawls aux prises avec la société multiculturelle

> *«On la trouvait plutôt jolie, Lily*
> *Elle arrivait des Somalies, Lily*
> *Dans un bateau plein d'émigrés*
> *Qui venaient tous de leur plein gré*
> *Vider les poubelles à Paris».*
> Lily, chanson de Pierre Perret.

La philosophie politique dans les recherches et les débats sur la société multiculturelle

Aujourd'hui dans le débat politique général, on observe la construction et la circulation d'arguments autour du thème du «choc des civilisations et des cultures». Les conditions et les limites du pluralisme politique des Etats-nations sont discutées... et disputées dans ce contexte. Avec la chute du mur de Berlin et la fin de la guerre froide, les vieux problèmes du politique sont ré-évalués à la lumière de ce nouveau prisme explosif. A propos de l'immigration, un autre débat sur les «chances et les risques» de la société multiculturelle semble avoir pris le relais de ce débat politique général. Le thème du colloque «migration et ethnicité» s'inscrit au cœur d'une telle controverse. La mobilité des populations est un phénomène qui interpelle la philosophie politique dans la mesure où se mêlent des sociétés, des Etats, des frontières, et où des conflits de pouvoir ont lieu entre des nationaux et des non-nationaux (étrangers) autour des frontières. A partir de recherches actuelles en philosophie politique, je tenterai d'apporter des éléments de réflexion à ce sujet.

411

Les déterminismes qui pèsent sur *la dynamique Etat-Société, l'être et le devenir du politique quand il est pris dans l'Etat-nation* m'intéressent en priorité. En quoi l'Autre, quand il est étranger, rend-il visible certains blocages du politique et de l'Etat-nation souverain (national/non-national, accès aux droits déterminés par l'accès au territoire de l'Etat-nation, articulation Etat-Société, visions de l'intégration, de l'éducation, de la citoyenneté, du pluralisme politique, etc.)? Dans une perspective de travail interdisciplinaire soucieuse des rapports sociaux, à côté des recherches en sociologie, en ethnologie, en sciences de l'éducation, en psychologie, en économie, en droit, etc., il est donc intéressant de connaître aussi ce que fait la philosophie politique dans ce domaine[1].

Dans ma démarche, je désire appliquer le souci de «réflexivité» de Bourdieu (1992) au domaine de la philosophie politique. Que devient *le politique* défini par la philosophie politique quand il est confronté à la société multiculturelle? Qu'est-ce qui est alors défini par la philosophie politique comme *faisant partie* du politique (du public) ou *hors* du politique (de l'ordre du privé, du domestique, du «culturel», de l'humanitaire)? A partir de quels raisonnements et de quels critères? La définition des fondements de la démocratie, du statut des droits, l'accès ou la négation aux droits en découle directement... Les fractures autour du *public* et du *privé*, mises en œuvre dans la philosophie politique, recoupent-t-elles d'autres fractures observables sur le terrain de l'immigration et du droit d'asile (humanitaire-politique, différence culturelle en tant que naturalisation de faits sociaux)[2]?

Pour restreindre le champ de ces questions, je choisis de les mettre à l'épreuve dans l'œuvre[3] d'un philosophe politique nord-américain contemporain, John Rawls[4]. Ce philosophe s'occupant de justice, pour qui Kant a été un des cadres de référence, a construit sa réflexion en partant du fait historique de la séparation de la politique et de la religion. A partir de la sécularisation, il a rappelé que toute réflexion sur la justice et le droit, sur la liberté et l'égalité devait avoir des fondements politiques et non philosophiques (au sens étroit et lié au religieux) pour qu'un «compromis» basé sur le pluralisme soit possible. Pour Rawls après Kant en effet, le politique désigne cette aire restreinte qui est la sphère *publique et des droits* (en opposition au privé).

---

[1] Je remercie les organisateurs du Congrès de m'avoir permis d'apporter ce point de vue complémentaire.

[2] Un mode de raisonnement qui exclut certaines questions et certains sujets du politique et donc des droits.

[3] Principalement dans son livre *Justice et démocratie*, 1993.

[4] Né en 1921, Rawls a effectué l'essentiel de sa carrière à Cambridge, où il a enseigné la philosophie à l'université de Harvard. Il est surtout connu pour un livre «Théorie de la justice», publié aux Etats-Unis en 1971, qui a suscité de nombreuses polémiques.

La philosophie politique (et non plus la philosophie morale) a un sens pour Rawls dans la mesure où elle participe à l'élaboration de doctrines ou conceptions compréhensives, de normes collectives, accompagnées d'un discours de légitimation qui justifierait le recours à la violence étatique, et aussi à l'inverse à un discours critique qui démonte une telle légitimation. La philosophie politique de Rawls, à l'égal de celles d'Habermas et d'Apel accorde un rôle actif au politique dans ce que Wicker (1993) appelle les «barrières structurelles» déterminant les conditions de la société multiculturelle[5].

Précisons d'entrée que je me restreindrai à une publication de l'auteur (Rawls 1993a) qui contient des éléments directement en rapport avec la société multiculturelle. Au moment où j'écris mon article, je n'ai pas encore eu accès à un article récent de Rawls sur le droit des gens[6], qui développe des idées sur le droit international à la suite de critiques reçues à son livre (1993a). Il y développe les idées déjà présentes dans son livre récent: on peut étendre à la société des nations, et donc aux principes du droit international, les hypothèses rationnelles antérieurement élaborées dans le cadre d'une société de personnes humaines.

Je me limite ici à décrire et à analyser le cadre central de Rawls – *la définition du politique* confrontée à la société multiculturelle –, sans entrer dans une analyse détaillée de ses implications à toutes sortes de niveaux, ce qui exigerait de longs développements. Nous verrons que sa théorie de la justice, qui était une *philosophie morale*, devient une *philosophie politique* lorsqu'il aborde la question du pluralisme, incompatible avec les doctrines libérales et aussi avec les conflits dus aux relations internationales et aux migrations. Elle est basée sur le pluralisme, la tolérance qui s'exercent dans la «société raisonnable des peuples»[7] à laquelle appartiennent à des titres divers deux types de société – «les sociétés libérales» et «les sociétés organisées selon un principe hiérarchique». Nous verrons que le cadre central de Rawls pose des problèmes pour la société multiculturelle quand la forme du politique est celle des Etats-nations[8].

---

[5]   S'il n'y a pas de mesures concrètes pour une société multiculturelle, au-delà des instruments normatifs que nous connaissons (lois, structures institutionnelles, etc.), ce fait doit notamment être mis en relation avec ce qu'est et ce que fait la philosophie politique (définition du politique, du pouvoir, de l'Etat, des sujets politiques, de la participation politique, liée à l'Etat-nation, et à une vision du politique confinée dans un cadre du rapport Etat-individu, etc.).

[6]   Mon article a été rédigé avant la parution d'un article de Rawls sur le droit des gens: Rawls J. (1993): «The law of peoples», *Critical Inquiry*, The University of Chicago Press, automne 93, vol. 20, no. 1.

[7]   Rawls exclut ce qu'il appelle les régimes tyranniques ou dictatoriaux.

[8]   Je n'aborde pas ici les limites de la «démocratie constitutionnelle» du point de vue de la société multiculturelle. Cela exigerait d'autres longs développements.

La question peut paraître étrange à certains[9]. Elle est pourtant d'actualité, semble-t-il, en France (Manin 1988) et en Suisse, et ceci même dans certains milieux qui s'intéressent à la société multiculturelle. Certains comparent l'œuvre de Rawls à celle d'un Locke ou d'un Machiavel. En Allemagne et en Italie, il existe des écoles rawlsiennes. Dans le monde anglo-saxon, on compte par centaines les études et les cours qui lui sont consacrés. Rawls a un impact réel sur la pratique et la philosophie du droit (avortement, [non-] constitutionnalité des lois à propos de l'homosexualité, questions d'immigration, etc.). Il est régulièrement cité dans les exposés des motifs de décisions juridiques. En recentrant la philosophie analytique anglo-saxonne (Van Parijs, 1982) dont il provient, Rawls a été un moteur et un protagoniste du développement de questions politiques et sociales dans la philosophie du monde anglo-saxon (analytique et autre, courants utilitaristes, libertariens, communitariens, marxistes, etc.). En Allemagne, il est en dialogue avec Habermas, avec qui il avoue des «divergences mineures», alors qu'il se dissocie complètement du relativisme de Rorty. Considéré comme apport, ou comme «fléau», il semble donc aussi incontournable[10] que Disneyland (voir revue Commentaire no. 38, 1987; Williams 1993).

Rappelons brièvement que Rawls et Dworkin (1993) ont mené une critique de l'utilitarisme[11] et du type de consensus qu'il propose, tout en posant la question de la justice sociale et des droits et en faisant ressortir son incompatibilité avec l'utilitarisme classique. Dans son ouvrage sur la justice, Rawls s'est aussi opposé aux libertariens, du *moins d'Etat*, par exemple à Nozick (1988). Mais Rawls s'articule dans ses écrits récents à un autre débat, celui qui oppose *individualisme* et *holisme* dans les démocraties libérales. L'œuvre de Rawls est liée à la question du pluralisme politique et culturel, ses potentialités, ses limites, ses conflits.

[9] «Imaginons que Rousseau (ou Montesquieu) publie aujourd'hui son Contrat social et que tout le monde dans le monde entier en parlerait, le commenterait, en reconnaîtrait l'originalité et la portée. Dans le monde entier sauf en France» (sauf en Suisse?). Voir Maggiori R. (1993): «Le tour de Rawls». *Libération*, 7.10.1993.

[10] Citons à titre d'exemple, la position d'un libertarien, pourtant opposé à Rawls, R. Nozick (1988): «La Théorie de la justice est une œuvre systématique de grande envergure, puissante, profonde et subtile, dans le domaine de la philosophie politique et morale, et qui n'a pas d'équivalent depuis que John Stuart Mill a écrit son œuvre, si on peut les comparer (...). Les philosophes de la politique doivent désormais ou bien travailler à l'intérieur de la théorie de Rawls, ou bien expliquer pourquoi ils ne le font pas» (cité par R. Maggiori, *Libération*, 7.10.1993).

[11] Signalons à ce propos que des travaux ont eu lieu sur l'utilitarisme en philosophie et en droit, par exemple à Genève. Voir: Mulligan K. et R. Roth (1993): Regards sur Bentham et l'utilitarisme, Droz, Genève.

Pour bien situer Rawls, rappelons encore qu'outre les libertariens, au moins quatre autres grands courants d'idées en philosophie politique s'affrontent actuellement autour de cette question:

1) la vision «contractualiste» de la communauté politique (avec la référence à Rousseau et Kant), en essayant de dépasser les aspects universalistes et formels (Rawls, Dworkin, Höffe);

2) les communitariens qui recherchent une conception de la communauté et du soi, en ancrant le citoyen dans sa culture pour parvenir à un consensus acceptable et durable (Taylor, Walzer, Sandel);

3) Habermas qui cherche à concilier universalisme et particularisme à l'aide de l'idée de communauté discursive ou d'éthique communicationnelle;

4) Lefort, Castoriadis, Balibar et, d'un autre point de vue, Arendt qui réfléchissent à la notion de *pouvoir* et de *démocratie* confrontée à la crise de l'Etat-nation et des frontières.

Je me restreins à Rawls dans cet article, dans la mesure où sa pensée est une référence pour les pays les plus puissants de l'hémisphère Nord, et où il influence les pratiques scientifiques, juridiques et administratives gouvernementales qui ont des incidences dans la mise en œuvre de mesures pour une plus grande effectivité de la société multi-culturelle.

LES FRONTIÈRES DU POLITIQUE REDESSINÉES PAR LA SOCIÉTÉ MULTICULTURELLE CHEZ RAWLS

Dans l'œuvre de Rawls, on pourrait aborder les questions de «migrations et d'ethnicité» de plusieurs côtés: vision de la modernité, de l'individu, de la personne, de la société, conception de la «culture», assimilation de la culture au politique[12]. Je me situerai ici en amont de ces questions. En suivant l'argumentation de Rawls de l'intérieur et en la confrontant aux rapports sociaux, je choisis d'aborder Rawls avec une question centrale qui détermine la manière de poser et d'argumenter les autres questions: *la définition du politique et de la démarche de philosophie politique de Rawls, en regard à la société multiculturelle.*

---

[12] Revendication de la culture, perfectionnisme et culture, rôle de la tradition, culture publique et politique; rapports politique/religion, conception du consensus par recoupement, etc.

La définition du Politique et de la philosophie politique de Rawls

Quant à sa démarche, dans son récent ouvrage, Rawls part d'une difficulté principale, qu'il n'a pu surmonter avec sa *Théorie de la Justice* (1987). Il faut, écrit-il, qu'il existe une compatibilité entre la «stabilité d'une société démocratique» et une «théorie de la justice comme équité». La tradition libérale qui a émergé des guerres de religion a bien inventé la notion centrale de pluralisme, mais elle n'a cependant pas fourni une conception de la justice qui soit indépendante, c'est-à-dire qui applique le principe du pluralisme à elle-même, notamment quand elle impose ses doctrines et notions (individualisme, utilitarisme), à l'égal d'autres courants philosophiques, moraux, religieux. En partant de «l'existence d'un monde définitivement divisé», il faut donc, pour que le «pluralisme» soit une réalité, élaborer une conception politique de la justice qui soit indépendante d'idées philosophiques non pluralistes. A cette fin (Rawls 1993b), la notion et la réalité du politique[13], le pouvoir, la violence, oubliés par la pensée libérale, doivent y être réintroduits. Il s'agit de passer d'une *philosophie morale* soucieuse d'éthique à une *philosophie politique* qui inscrive les principes de justice dans la structure et la vie politiques et dans l'éducation. Il fait cette déclaration dans le contexte de la société américaine confrontée d'un côté à l'ultra-libéralisme et de l'autre au fait multiculturel.

Je ne m'arrêterai pas ici au virage théorique de Rawls, impliquant une nouvelle manière de définir le politique dans son ensemble[14] et la philosophie. Je me centre sur son processus de redéfinition lorsqu'il est en rapport avec la société multiculturelle. Rappelons brièvement que, dans la préface de son dernier livre (1993), il se demande, à propos de sa première œuvre sur la justice (1987), s'il faut la considérer comme une «doctrine compréhensive» ou comme une «conception politique de la justice». Il rappelle que sa théorie de la justice se proposait de remettre en cause l'utilitarisme et de «généraliser et de mener à son plus haut degré d'abstraction la doctrine traditionnelle du contrat social» (Rawls 1993:8). Il annonce que son dernier livre n'est plus une «philosophie morale», mais développe une «conception strictement politique». La question centrale de Rawls est celle de la «stabilité d'une société démocratique»[15].

---

[13] «La pensée libérale élude ou ignore l'Etat et la politique pour se mouvoir dans la polarité de deux sphères hétérogènes: la morale et l'économie (...). Le concept politique de lutte se mue en concurrence du côté de l'économie, en débat du côté de l'esprit». C. Schmitt (1972) cité par Audard (1993).

[14] Détacher le domaine du politique de celui des doctrines philosophiques, morales ou religieuses particulières qui ont tendance à le dominer et à mettre en danger le pluralisme. En lisant cela, on ne peut s'empêcher de le mettre en rapport avec le débat *politiquement correct* engagé dans plusieurs universités américaines.

[15] Notons que le mot «démocratie» n'apparaît pas dans le glossaire de ses deux livres. Par contre on y trouve le mot «démocratie (théorie économique de la)» et «démocratie constitutionnelle». TJ 642.

La société démocratique «moderne» (Rawls 1993:9) n'est plus une «société bien ordonnée», au sens d'une acceptation des deux principes de justice ou encore des principes de base de l'utilitarisme. Elle est caractérisée «par une pluralité de doctrines compréhensives, religieuses, philosophiques et morales» incompatibles entre elles, dont aucune ne peut prétendre être imposée à l'ensemble des citoyens. Le problème est alors de savoir comment une «société profondément divisée, par des doctrines incompatibles entre elles, religieuses, philosophiques et morales, peut exister de manière durable» (Rawls 1993: 10). Sa perspective, celle du «libéralisme politique»[16], à partir «d'idées fondamentales, latentes dans la culture publique d'une démocratie», formule les valeurs politiques essentielles d'un régime constitutionnel. Elle propose un «composant», un «module» pour construire ce qu'il appelle un «consensus par recoupement».

Voilà ébauchés à grands traits par Rawls, le cadre, les tâches, les enjeux d'une démarche non plus de philosophie morale, mais bien de philosophie politique. Cela implique une redéfinition du politique, du pouvoir, de la violence, du rôle de coercition de l'Etat, de la communauté politique, de la coopération en cas de conflit, etc., ce que je ne discuterai pas ici. Rawls effectue son virage face aux utilitaristes qui, bien qu'ils acceptent l'idée de pluralisme, ont la prétention d'imposer leur doctrine (individualisme, utilitarisme) aux autres partenaires de la société démocratique.

Mais en lisant son dernier ouvrage, on peut penser que Rawls a un autre problème en tête lorsqu'il effectue son virage: celui de la société multiculturelle et aussi d'autres doctrines non pluralistes (nationalisme, fondamentalisme religieux). Audard nous en fournit un premier indice lorsqu'elle précise dans son introduction que Rawls tente d'adapter le concept du politique au fait du pluralisme «ou, pourrions-nous dire, du multiculturalisme», écrit-elle (Audard 1993:13). C'est précisément en s'attachant aux transformations de la définition des frontières[17], des modalités, de la dynamique du politique et du rôle de la philosophie politique que l'on peut faire un tel constat, comme je vais le montrer. *A côté de sa polémique avec les libertariens et les utilitaristes, la société multiculturelle est au cœur de la redéfinition du politique et du projet de philosophie politique de Rawls, quoique jamais directement nommée quand il annonce son virage théorique.*

---

[16] Il faut entendre ce terme dans le contexte nord-américain.

[17] Voir à ce propos une publication qui aborde la question au niveau européen et des rapports «Nord-Sud»: Caloz-Tschopp M.-C., A. Clévenot et M.-P. Tschopp (éds.) (1994): Asile – Violence – Exclusion. Histoire, analyse prospective, Université de Genève, Cahier de la Faculté de Psychologie et des Sciences de l'Education, Genève. Commande: Anne Ischer, Université, FPSE, 9 rte de Drize, CH-1227 Carouge-Genève.

A propos d'un tel silence, on peut penser qu'il désire peut-être distinguer la sphère philosophique de la sphère politique en n'énonçant pas clairement le poids, l'influence des questions et des enjeux de la pratique politique sur son projet de philosophie politique. On peut penser que sa prise de position philosophique – son virage, où il se place dans le champ de la philosophique politique – se fait plus en interaction avec des philosophes politiques – les utilitaristes et dans une moindre mesure les libertariens – que directement en interaction avec d'autres questions brûlantes de société[18]. Il n'est pas sans intérêt de souligner que la diversité des cultures soulève, pour Rawls, des questions de *tolérance*. Rawls rappelle bien dans la préface que ses questions sont «des questions anciennes posées à propos de la tolérance religieuse au moment de la Réforme et qui sont peut-être même plus anciennes» (Rawls 1993: 10).

Il n'est pas sans intérêt de constater que Rawls abandonne son concept étroit de *rationalité* (Rawls 1993c) qui renvoie à une philosophie de la connaissance et soucieuse de *vérité* au sens logique dans la construction des principes de justice. Il se dirige vers ce que nous pourrions appeler une *philosophie du jugement,* avec les questions du *débat,* de *persuasion, d'éducation* pour la construction d'un «consensus par recoupement». En clair, pour lui, le statut de la pensée est aussi remis en cause par les problèmes qui ébranlent la stabilité des sociétés démocratiques. En ce sens, il rejoint les préoccupations d'autres philosophes politiques de la génération antérieure, par exemple Arendt (réfugiés, Etat-nation), ou même certains contemporains comme par exemple Castoriadis (crise de la pensée, critique de la rationalité gréco-occidentale).

En résumé, la genèse de la philosophie politique et son développement (ses bases, ses postulats, ses méthodes, ses buts) sont donc déterminés par la société multiculturelle. Les modalités des transformations dans l'institution conflictuelle du politique rendent visibles les nœuds de contradiction que posent la société multiculturelle et ses incertitudes. Le politique subit le même sort que d'autres concepts-clés, comme celui d'Etat-nation, de frontière par exemple. Il se transforme tout en devenant un lieu de lecture des contradictions qui traversent le politique à propos de la société multiculturelle. Balibar (1992) a montré combien la notion de frontière, dans son indétermination, sa polysémie, son hétérogénéité, est un des lieux de lecture des changements, des démarcations, des différenciations de classe internationale, des modes d'exclusion différenciés du système économique et politique mondial.

---

[18] Bourdieu a bien montré pour un autre philosophe (Heidegger) que les liens entre la sphère philosophique – ce qu'il appelle son espace mental – et l'espace social ne sont jamais directs, mais exigent une transformation pour que ce passage ne soit pas lisible et pour «rendre méconnaissable le produit final et les déterminants sociaux» (Bourdieu 1988, L'ontologie politique de Heidegger, Minuit, 53). Il ne s'agit pas ici d'assimiler Rawls à Heidegger, mais bien de délimiter un problème.

Le cadre et les limites du politique – et du pluralisme – chez Rawls:
l'Etat-nation, le système d'Etats-nations

Qu'est-ce qui est *dans le politique* et *hors du politique* (et des droits) – du privé – pour
Rawls? Qui fait partie du politique? Qui sont les membres de la *polis*, de cette société
de démocratie constitutionnelle? Qui participe au consensus par recoupement et qui
en est exclu? Quelle est l'étendue du politique, dans la manière pratique qu'a Rawls de
reformuler, après Kant, la question de l'universalisme? Pour aborder les questions qui
m'intéressent chez Rawls, je ne procéderai pas ici à une déconstruction de certains des
concepts-clés qu'il utilise, notamment de celui d'Etat-nation, de peuple, de nation, de
frontière[19].

Pour Rawls, la forme du politique d'une communauté politique est l'Etat national[20] – Rawls parle de «nation» –, et son régime est la démocratie constitutionnelle[21],
dans une «société internationale d'Etats-nations» (Rawls 1993: 350)[22]. En effet, pour
Rawls (1993: 335), la relation politique est

> une relation entre des personnes, à l'intérieur du cadre de la structure de base de la société,
> composée d'institutions de base où nous accédons à la naissance et dont nous ne sortons
> qu'à notre mort (...). Une société politique est fermée, et nous n'y entrons ou ne pouvons y
> entrer de manière volontaire pas plus que nous ne pouvons en sortir volontairement.

Pour préciser ce qu'il entend par «volontairement», il donne comme exemple le droit à
l'émigration qui, pour lui, est une démarche volontaire relevant de la liberté de pensée
et de la liberté de conscience (Rawls 1993: 335, note 15). L'émigration n'est pas un fait

---

[19] L'analyse de la genèse de tels concepts serait très utile dans son œuvre pour préciser les référents non
explicités et par ailleurs pour montrer la construction et l'usage (usage descriptif d'un concept,
passage non questionné d'une donnée sociale à un concept). Une telle question dépasse le cadre de
cet article. Un chercheur en droit international, qui a parcouru quelques grands textes de la
philosophie politique (Bodin, Machiavel, Hobbes, Hegel, Révolution française), a montré les
frontières conceptuelles, les ambiguïtés, les polysémies autour du concept d'Etat-nation (Rigaux
1993) et leurs conséquences dans la philosophie du droit et dans les représentations du politique.

[20] Par exemple, à propos du *modus vivendi* que suppose son modèle, et des valeurs à prendre en
compte, il précise encore que la communauté ne peut être constituée qu'en tant qu'elle est «politique»,
c'est-à-dire qu'elle est constituée dans les limites de l'Etat-nation. Pour illustrer cette limite, il précise
qu'il exclut de la sphère du privé les Eglises, les sociétés scienfiques, les associations qui poursuivent
une existence propre (Rawls 1993: 260, note 17).

[21] Par exemple, «une conception politique de la structure de base doit aussi pouvoir être généralisée en
une conception politique pour une société internationale, composée de démocraties constitu2tion-
nelles.» (Rawls 1993: 332, note 13).

[22] Rawls précise bien son cadre et ses références: «Nous commençons par des sociétés (fermées) et
nous établissons une société internationale d'Etats. Ceci nous situe là où nous sommes et suit les
tendances historiques des sociétés démocratiques.» (Rawls 1993: 350).

structurel, elle est de l'ordre de la volonté individuelle. Au sens où elle est volontaire, elle est de l'ordre de l'associatif, de la sphère du privé, mais pas du politique. En ce sens, il pourrait chanter la chanson de Pierre Perret mise en exergue...

Par cette opération, l'Etat-nation affirme, clôture son territoire et son espace politique et de citoyenneté, en tout cas dans un sens, celui de l'entrée[23]. Les immigrants sont, par cette opération, exclus du territoire de l'Etat-nation et exclus du politique, ne disposent ni d'un droit d'accès au territoire, ni d'un statut de sujet politique dans la démocratie constitutionnelle, dans le cas où ils ont réussi à obtenir d'être résidents dans les pays de travail. Les immigrants pour motifs de persécution sont également exclus du territoire et donc aussi du politique[24], en tant qu'ils seraient supposés migrer volontairement pour fuir la persécution. Voilà renforcée, par une théorie et une philosophie politique sur la justice, la situation discriminatoire, *provisoire* (Sayad 1991), consubstantielle à la migration sous ses formes de travail et de persécution.

Rawls, en effet, ignore ou ne prend pas en compte le fait que la frontière *national/ non national* à la base des Etats-nations est une des catégories fondamentales qui institue l'étranger (Sayad, 1991), le requérant d'asile (Rigaux, 1985), et les exclut des principes de justice et des droits, ces derniers étant liés à l'accès au territoire de l'Etat-nation (Caloz-Tschopp 1988, 1992). Pour Rawls, «la structure de base est le système social global» (...) «en tant qu'elle constitue un contexte social et un système fermé». Rawls (1993: 52) précise que, pour construire sa théorie, il se base sur le «cas illustré par une nation, conçue comme un système de coopération sociale plus ou moins autosuffisant et possédant une culture plus ou moins complète» (1993: 52). Il postule donc que le concept de nation est une totalité homogène avec deux caractéristiques: *coopération sociale* et *culture*[25].

On peut se demander si le concept de nation et son illustration concrète peuvent être considérés comme «un fait social total» (Mauss 1980) dans une économie-monde où les échanges transforment la nature et les frontières des Etats-nations (Wallenstein 1992). On peut douter que les deux critères soient suffisants pour délimiter une nation et que la coopération sociale soit un principe reconnu ou un fait dans les entités fermées que sont les Etats-nations. Par ailleurs, on peut encore se demander si les frontières

---

[23] Pour la sortie, la libre circulation sans entraves de ses citoyens qui disposent d'un passeport-privilège est postulée comme naturelle et non comme un passe-droit. Ce fait a produit des réactions de certains pays, qui ont imposé un visa de réciprocité à la suite de mesures de visas prises à l'encontre de leurs ressortissants.

[24] Et donc de la possibilité d'un droit d'asile qui est de l'ordre du politique en tant qu'il concerne les rapports d'Etats à Etats et d'individu à Etat dans le contexte des rapports internationaux dominants.

[25] Je n'aborde pas ici l'analyse de la définition de ce concept et de ses implications.

externes peuvent être définies par une homogénéité postulée de la coopération sociale et de la culture[26]. On peut se demander finalement s'il est possible de définir théoriquement le champ du politique, ses bornes et son régime (démocratie constitutionnelle), en l'insérant dans une réalité socio-historique empirique, géographiquement située (les USA, ou un pays qui aurait des caractéristiques proches, dit Rawls).

Etat-nation et peuple – Un universalisme politique
réduit à la société «moderne», à l'Etat-nation et à la démocratie constitutionnelle

Quand Rawls dessine la clôture de la communauté politique, il suit les frontières des Etats-nations. On assiste chez lui à une sorte de *réduction hobésienne du politique à l'Etat-nation et au régime de démocratie constitutionnelle,* tel qu'il est pratiqué empiriquement dans certaines régions du monde. Il écrit, par exemple: «... un des rôles de l'Etat, même si ses frontières peuvent sembler arbitraires d'un point de vue historique, est d'être le représentant d'un peuple, au sens où il prend la responsabilité de son territoire et de sa population, de la protection de son environnement et de ses capacités économiques à long terme» (Rawls 1993:351). On doit constater que pour Rawls, dans sa manière d'envisager les choses à ce niveau, il y a assimilation entre *peuple* et *population.*

Il construit la notion de peuple à partir du territoire de l'Etat-nation, même quand les frontières sont historiquement arbitraires. On fait partie d'un peuple/population pour autant qu'on est à l'intérieur des frontières de l'Etat-nation. Une telle conception pose d'importants problèmes théoriques pour une conception de la justice dans une société multiculturelle, pour qui l'immigration est un fait. Il est vrai que pour Rawls, l'acte d'é/immigrer n'est pas un acte politique et public, mais un acte volontaire et domestique... Cette conception pose aussi des problèmes insolubles aux peuples sans Etat, problème d'actualité que nous ne pouvons pas approfondir ici.

Par ailleurs, on peut aussi se demander s'il est possible, tant théoriquement que pratiquement, de procéder par raisonnement analogique pour étendre la structure de base fermée de l'Etat-nation à un système international d'Etats-nations. Les mêmes critères sont-ils valables alors que la nature des deux phénomènes n'est manifestement pas la même? En faisant un pas de plus, lorsque Rawls postule la coopération, tout en

---

[26] Soulignons que ce postulat d'homogénéité culturelle est en contradiction flagrante avec son postulat central de la pluralité religieuse, philosophique et morale, à moins que celles-ci ne fassent pas partie de la «culture».

prévoyant que les partenaires sont les représentants des Etats, on voit qu'il assimile la notion de peuple, d'ethnie à celle d'Etat[27]. Mais on peut se demander comment il intègre la division entre peuple, ethnie et Etat qui est un fait théorique, historique, empirique pour beaucoup d'Etats-nations.

Rawls précise que loin d'être historiciste ou relativiste, sa conception est «universelle, en ce sens qu'elle peut être élargie de manière valable pour indiquer ce que serait une conception raisonnable de la justice internationale» (p. 350). Il précise cependant «qu'universel» signifie en fait *monde moderne* et que sa conception n'est pas applicable à certaines sociétés «parce que les faits généraux que nous avons relevés ne correspondent pas à leur cas» (p. 350). La manière de juger de son universalité est, selon lui, de mesurer si elle est valable pour une «société internationale d'Etats-nations» où les partenaires sont des représentants d'Etats.

CONCLUSION: AUX PRISES AVEC LA SOCIÉTÉ MULTICULTURELLE, RAWLS RESTREINT L'UNIVERSALISME ET LE PLURALISME POLITIQUE QU'IL PRÉCONISE

En conclusion, nous voyons que la redéfinition du politique se fait dans un cadre restrictif, historiquement et géographiquement localisable, même si Rawls s'en défend. Elle est en contradiction avec la réalité des échanges de l'économie-monde et aussi avec les modes du politique autres que celles de l'Etat-nation (peuples sans Etat). On voit se développer une philosophie politique qui, pour fonder des principes de justice, pose et avalise de nouvelles frontières entre le politique et le non politique en les accrochant aux frontières de l'Etat-nation, ce qui a pour conséquence – dans les Etats-nations – que des membres *résidents* des démocraties constitutionnelles (travailleurs immigrés, réfugiés, etc.) se voient sans possibilité d'acquérir une position de sujets de droit, et ainsi rejetés dans la sphère privée des milieux associatifs, classés eux aussi du même coup dans la sphère privée.

Une telle philosophie politique se met ainsi au service de sujets qu'elle privilégie, tout en en ignorant d'autres. Les tensions Etat-Société, les énigmes et les conflits posés par la trilogie Etat-nation-peuple se muent en une réduction du politique dans le cadre étroit de l'Etat-nation et du régime de la «démocratie constitutionnelle». De ce cadre qui définit le politique et les droits, les sujets de l'intérieur sont confinés à une situation

---

[27] Il est par exemple frappant de constater, à la lecture d'une telle phrase, l'assimilation qu'il fait entre *peuple* et *Etat*: «... les principes de la justice internationale incluront un principe d'égalité entre les peuples.» (Rawls 1993: 351).

d'apartheid et les sujets de l'extérieur, partenaires actifs de la société multiculturelle, sont exclus: les peuples sans Etats, les migrants, résidents provisoires, tant comme sujets individuels que comme peuples ou ethnies. La philosophie politique de Rawls veut se recentrer ainsi sur les intérêts des membres des sociétés fermées – les Etats-nations et démocraties constitutionnelles du monde moderne –, qui se voient assiégés par les migrations.

On peut penser, que loin de résoudre des problèmes dans ce cas, la philosophie fait surgir *dans les marges* de nouvelles questions quant à la justice pour l'ensemble des sujets du politique et des droits: tant pour ceux qui sont *dedans* que pour ceux qui sont *dehors* du politique du point de vue de Rawls. Comme l'ont souligné certaines études sur la famille (Nussbaum 1993), les migrations seraient-elles, à l'égal des femmes, l'autre parent pauvre de la philosophie politique de Rawls? Du fait que les deux situations et statuts seraient considérés comme volontaires, ils feraient partie de la sphère privée de l'existence, qui incarne la fraternité naturelle, la générosité, la solidarité privée. Ils ne feraient pas partie de la sphère publique, politique de la justice et des droits. Se situeraient-ils au-delà de la justice? Chez Rawls, les similitudes de raisonnement sont étonnantes entre les questions des femmes et celles de l'immigration. Ce n'est pas la première fois qu'une telle similitude doit être constatée dans des études scientifiques.

Dans la *Théorie de la justice*, Rawls avait ouvert des espoirs, lorsqu'il avait avancé l'idée d'une «position originelle», d'un «voile d'ignorance», qui permettait à des individus théoriques, qui créent une société et choisissent des principes de justice, d'ignorer leur place, classe sociale, fonction, statut dans la société à venir pour prendre en compte le bien-être de tous, à tous les niveaux de l'échelle sociale, et de choisir n'importe quelle place. Il avait tenté de montrer (Rawls 1987: 417-419) comment il était possible d'utiliser la position originelle à un plus haut niveau, mais sans aborder la question des catégories discriminatives de l'Etat-nation pour certains sujets de justice. Les nouvelles formes de présence et les conflits de la société multiculturelle ont montré que la démarche de philosophie politique de Rawls, lorsqu'elle définit le politique, n'a pas (encore?) réussi à étendre le voile d'ignorance sur l'Etat-nation et ses frontières.

Une telle démarche de pensée – de raison et de jugement – n'est pas étrangère aux limites actuelles des démocraties libérales qui s'arrêtent aux frontières de l'Etat-nation. Elle met en péril la justice dans la mesure où l'on considère qu'elle ne peut se limiter aux frontières. En ce sens, on assiste à un paradoxe lourd de conséquences quant à la justice. A propos de société multiculturelle, une philosophie politique restreint la sphère du politique et rejette des questions de justice dans l'ombre du privé. Elle installe une division discutable entre les membres d'une communauté politique plutôt que d'établir des principes de justice pour tous. Clandestins dans leurs conditions matérielles, des sujets concernés par la justice deviennent les clandestins d'une philosophie politique qui se préoccupe pourtant de justice...

On doit constater finalement que Rawls, dans sa nouvelle étape argumentative, n'a pas quitté le «cercle de la démonstration» (Ricoeur 1988), et que, tout en se déplaçant d'une philosophie morale vers une philosophie politique, il ne s'est pas affranchi, malgré son affirmation (1993c), d'une démarche métaphysique abstraite, dans la mesure où les principes d'équité ne prennent pas en compte, dans le politique et les droits une part importante de la réalité des rapports sociaux nationaux et internationaux. Ou pour le dire en d'autres termes, «il ne faut pas séparer l'ordre politique des rapports sociaux» (Terré 1988). Reste ouverte la question de savoir si, dans la suite de ses recherches de philosophie politique, Rawls parviendra à ne pas séparer une théorie de la politique de l'analyse des rapports sociaux.

ELÉMENTS BIBLIOGRAPHIQUES

ARENDT Hannah
1949   «The Rights of Man. What Are They?». *Modern Review* III/1: 24-37.

AUDARD Catherine
1993   «John Rawls et le concept du politique», in: RAWLS JOHN, *Justice et démocratie*, pp. 13-35. Paris: Seuil.

BALIBAR Etienne
1992   *Les frontières de la démocratie.* Paris: La Découverte.

BERTHOUD-AGHILI Novine et Marie-Claire CALOZ-TSCHOPP
1993   «La Suisse de demain et la mobilité des populations: nouveaux enjeux pour la recherche en Sciences de l'Education». *Cahier* no. 68, Université de Genève, Faculté de Psychologie et des Sciences de l'Education, 9 route de Drize, CH-1227 Carouge-Genève.

BOURDIEU Pierre
1992   *Réponses.* Paris: Seuil.

CALOZ-TSCHOPP Marie-Claire
1988   «Des transformations de l'Espace-monde, par l'Etat-nation et les exilés. Constats concernant la dynamique des représentations de l'espace dans le domaine du droit d'asile». *Espaces et Sociétés* 54-55: 201-240.
1992   «La zone internationale et le droit d'asile en Europe. Les limites d'une communauté d'Etats... de droit et l'exercice de la démocratie radicale», in: JULIEN-LAFERRIÈRE François (éd.): *Frontières du droit, frontières des droits. L'introuvable statut de la «zone internationale»*, pp. 17-31. Paris: L'Harmattan/ANAPE.

1994 «Le modèle des trois cercles, un enjeu de ‹civilisation›», in: *Europe: montrez patte blanche! Les nouvelles frontières du laboratoire Schengen*, pp. 316-352. Genève: CETIM.

CASTORIADIS Cornelius
1975 *L'institution imaginaire de la société.* Paris: Seuil.
1986 *Domaines de l'Homme. Les carrefours du labyrinthe II.* Paris: Seuil.

DWORKIN Ronald
1993 *Life's Dominion, an Argument about Abortion and Euthanasia.* London: Harper Collins.

GONZALEZ CASANOVA Pablo
1993 *Ciudadanos, proletarios y pueblos. El universalisme hoy.* Texte d'une conférence à Paris à l'EHESS, avril 1993.

GUILLAUMIN Colette
1992 *Sexe, race et pratique du pouvoir. L'idée de nature.* Paris: éd. Côté-femmes.

HÖFFE Otfried
1991 *La justice politique.* Paris: PUF.

HOFFMANN-NOWOTNY Hans-Joachim
1992 *Chancen und Risiken multikultureller Einwanderungsgesellschaften.* Berne: Conseil Suisse de la Science, Rapport-FER 119.

MAUSS Marcel
1980 *Sociologie et anthropologie.* Paris: PUF.

NUSSBAUM Mary
1993 «Justice pour les femmes». *Esprit* 191: 48-62.

NOZICK Robert
1988 *Anarchie, Etat et utopie.* Paris: PUF.

RAWLS John
1987 *Théorie de la justice.* Paris: Seuil.
1993a *Justice et démocratie.* Paris: Seuil.
1993b «Le domaine du politique et le consensus par recoupement», in: John RAWLS, *Justice et démocratie*, pp. 321-357. Paris: Seuil.
1993c «La théorie de la justice comme équité: une théorie politique et non pas métaphysique», in: John RAWLS, *Justice et démocratie*, pp. 205-243. Paris: Seuil.

RICOEUR Paul
1988 «Le cercle de la démonstration», in: AUDARD Catherine et al., *Individu et justice sociale. Autour de John Rawls*, pp. 129-145. Paris: Points-Seuil.

RIGAUX François
1994   «Aux frontières du droit, de l'aide humanitaire et de la politique», in: CALOZ-
            TSCHOPP Marie-Claire, Axel CLÉVENOT et Maria-Pia TSCHOPP (éds.), *Asile –
            Violence – Exclusion en Europe. Histoire, analyse, prospective,* pp. 363-371. Cahier
            de la faculté de Psychologie et des Sciences de l'Education, Genève.

SAYAD Abdelmalek
1991   *L'immigration ou les paradoxes de l'altérité.* Bruxelles: Ed. de Boeck Université.

TERRE François
1988   «Préface», in: AUDARD Catherine et al., *Individu et justice sociale. Autour de John
            Rawls,* pp. 9-20. Paris: Points-Seuil.

TOURAINE Alain
1994   «Note sur Rawls», in: TOURAINE Alain, *Qu'est-ce que la démocratie?,* pp. 172-177.
            Paris: Fayard.

VAN PARIJS Philippe
1982   «La nouvelle philosophie politique anglo-saxonne». *Revue philosophique de
            Louvain* 80: 620-652.

WICKER Hans-Rudolf
1993   «Migration, ethnicité et paradoxes du multiculturalisme dans les sociétés
            industrialisées», in: Coordination Asile Suisse, MODS, SOS-ASILE Vaud (1994):
            Europe: Montrez patte blanche! Les nouvelles frontières du «laboratoire Schengen»,
            pp. 395-415. Genève: CETIM.

WILLIAMS Bernard
1993   *Shame and Necessity.* Oxford: Oxford University Press.

Christian J. Jäggi

VON DER MULTIKULTURELLEN ZUR INTERKULTURELLEN GESELLSCHAFT

ÜBERLEGUNGEN AUS KOMMUNIKATIONSTHEORETISCHER SICHT

MULTIKULTURALITÄT ALS KENNZEICHEN MODERNER GESELLSCHAFTEN

Lassen Sie mich vorausschicken: Im Unterschied zu anderen Begriffsverständnissen stellt für mich Multikulturalität *nicht* primär eine Werthaltung der Ideologie dar, sondern ist ganz einfach eine Umschreibung der Tatsache, dass es fast keine monokulturellen Gesellschaften mehr gibt. Bereits vor über 20 Jahren – nämlich 1971 – waren von den damals 132 Staaten lediglich 12 oder 9,1% ethnisch homogen. Bei weiteren 53 Staaten setzte sich die Bevölkerung sogar aus fünf oder mehr ethnischen Gruppen zusammen (vgl. Connor 1972). Wenn wir ausserdem die seither zugenommene Mobilität und die weltweite Migration berücksichtigen, kann man wohl sagen, dass es heute kein Land mehr gibt, das *nicht* multi-ethnisch oder eben multi-kulturell ist. Allein in der Schweiz leben heute Menschen aus weit über 100 anderen Nationen oder Ethnien.

Doch damit ist noch nichts darüber gesagt, wie diese Dutzenden von grösseren und kleineren ethnischen Gruppen interagieren, in welcher gegenseitigen Beziehung sie stehen und inwieweit sie Anteil an den wirtschaftlichen und sozialen Ressourcen und an der politischen Macht haben. Im besonderen stellt sich dabei die Frage nach dem Verhältnis der einzelnen ethnischen Gruppen und Sub-Gruppen zur dominanten Kultur.

DAS PROBLEM SICH WIDERSPRECHENDER KULTURELLER CODES

Alltagsrealität findet immer auf dem Hintergrund eines umfassenden «semantischen Feldes» (Krieger 1993:8) statt, das erst dann als solches erscheint, wenn es mit anderen semantischen Feldern konfrontiert ist. Oder wie es Umberto Eco (1987:108) formulierte: «Eine kulturelle Einheit ‹existiert› und wird insoweit erkannt, als es eine andere gibt, die in Opposition zu ihr steht». Jedes semantische Feld – und damit auch jedes Interaktionskontinuum ethnischer oder sozialer Subgruppen – besteht aus einer Reihe von Schlüsselbegriffen und ihrer Beziehung untereinander. Dieses Geflecht von zentralen Schlüsselbegriffen und ihr Verhältnis zueinander nennen wir im folgenden Code. Unter anderem besteht eine der Funktionen kultureller Codes darin, «pragmatische Formen des kommunikativen Handelns [zu konstituieren], nach denen der Code handlungsmässig verwirklicht und eine Kommunikationsgemeinschaft gestiftet wird» (Krieger 1993: 9).

Solange in einem sozialen Kontext *ein allgemein akzeptierter kultureller Code* besteht, der durch Interaktionen – zum Beispiel im Alltagsverhalten – reproduziert wird, läuft die gesellschaftliche Kommunikation zwischen verschiedenen ethnischen Gruppen mehr oder weniger problemlos. Schwierigkeiten treten aber dann auf, wenn verschiedene kulturelle Codes als Referenz-Codes für das Alltagsverhalten zur Anwendung kommen. Ich gebe Ihnen ein kleines Beispiel, das ich selber erlebte: Zu einer Medienorientierung über ein neu erschienenes Buch zur Situation der Muslime in der Schweiz (Baumann/Jäggi 1991) luden der Hauptautor und ich zwei junge Türkinnen zweiter Generation ein, die bei der Verfassung des Buchs beratend mitgewirkt hatten. Diese beiden Türkinnen erschienen als gläubige Muslimas verschleiert. Nachdem ich der ersten von ihnen bei der Begrüssung spontan die Hand geschüttelt hatte, verbeugte sich die andere mit gekreuzten Händen vor der Brust. Dies, weil gläubige Muslimas (männlichen) Muslimen in der Regel die Hand nicht geben. Im ersten Fall hatte ich – ohne zu überlegen – ganz einfach den dominanten Code angewandt, was von meinem Gegenüber auch akzeptiert worden war, während die andere Türkin auf ihrem eigenen kulturellen Code beharrte. Obwohl ich mir als Ethnologe eigentlich dieser Problematik hätte bewusst sein sollen, fühlte ich mich im ersten Moment verunsichert. An der gleichen Medienorientierung kam es übrigens zu einer weiteren Begebenheit, die illustriert, wie unterschiedlich Handlungen oder in diesem Fall sprachliche Mitteilungen aufgefasst werden können, je nachdem, vor welchem biografischen Hintergrund oder von welchen persönlichen Erfahrungen her (die u.a. vom kulturellen und sozialen Subcode her zumindest mitgeprägt sind) sie interpretiert werden: Der Titel des erwähnten Buchs – das wir übrigens in allen Teilen von Muslimen und Muslimas begutachten liessen und auf ihre Kritik hin zum Teil auch abänderten – hiess: Muslime unter uns – Islam in der Schweiz. Eine der beiden Türkinnen drückte an der Medienorientierung ihre Verwunderung darüber aus, dass hier einmal mehr die Muslime als «unter den Schweizern stehend» oder eben «ihnen untergeordnet» erschienen – sie verstand den Titel in einem wertenden und normativen Sinn, obwohl wir – bzw. der Verlag – «unter» im Sinne von «zwischen» oder «bei» gemeint hatten.

Christian Giordano (1992:206) hat zu Recht darauf hingewiesen, «dass interkulturelle Missverständnisse nicht lediglich individuelle, sondern zugleich auch in eminenter Weise soziale Phänomene darstellen». Ich würde noch weiter gehen: Die Art, *wie mit interkulturellen Missverständnissen umgegangen wird*, bzw. *welche Art von «Lösung» durchgesetzt wird*, ist immer Ausdruck des Verhältnisses der betreffenden ethnischen Subgruppe zur dominanten gesellschaftlichen Klasse und ihrer Kultur.

Interkulturelle Kommunikation kann also nicht idealistisch als willkürliche Aktualisierung *einer* unter «n» möglichen Interaktionsweisen zwischen Angehörigen zweier Kulturen aufgefasst werden, sondern muss als *Ausdruck einer sehr begrenzten Zahl von Interaktionsmöglichkeiten im Rahmen mehr oder weniger deutlicher sozialer Schichtung und Abhängigkeit von oben nach unten* verstanden werden. Je weiter unten die betreffende ethnische Gruppe auf der sozialen Schichtskala fungiert und je geschlossener die betreffende Gesellschaft ist, desto geringer sind im allgemeinen die Interaktionsmöglichkeiten der betreffenden Gruppe nach aussen, und desto häufiger werden interkulturelle Missverständnisse vorwiegend auf deren Kosten geregelt. Mit anderen Worten: Kulturspezifische Unterschiede sind global, aber auch intragesellschaftlich gesehen *fast immer mit sozialer Ungleichheit oder gar Diskriminierung gekoppelt*. Dies zeigt sich immer wieder bei Migrationsbewegungen, die in der Regel zu sogenannten «Unterschichtungs-Prozessen» (vgl. dazu Hoffmann-Nowotny/Hondrich 1981: 614 und Hill 1984: 204-207) führen: Einwandernde Gruppen finden sich im Aufnahmeland häufig am untersten Ende der sozialen Pyramide wieder. Die soziale Ungleichheit zwischen verschiedenen Ethnien zeigt sich aber auch fast in jedem Land an den Ressourcen, die einer Volksgruppe zur Verfügung stehen. Je marginalisierter eine Ethnie oder soziale Gruppe, je weniger sie sich an die dominante Weltkultur oder an die dominante Kultur in der betreffenden Gesellschaft anpasst, desto geringer ist in der Regel auch ihr sozio-ökonomisches und politisches Gewicht[1].

Obwohl es richtig ist, dass marginalisierte Kulturen, Subkulturen oder ethnische Gruppen immer auch Teile *eines einzigen umfassenden kulturellen Systems*[2] – nämlich

---

[1] Allerdings bedeutet das umgekehrt nicht, dass eine möglichst weitgehende Übernahme von Werten, Normen und Verhaltensweisen der dominanten Weltkultur automatisch eine grössere Teilhabe an politischer Macht oder an wirtschaftlichem Einfluss auf globaler Ebene mit sich bringt.

[2] Weil in jedem System «Strukturbildung ... immer Beschränkung der Freiheit von Kombinationen von Elementen» (Luhmann 1977:13) ist, und weil «die Umwelt eines Systems ... alles [ist], was durch das System ausgegrenzt wird, also nicht zu ihm gehört» (Luhmann 1977:13), kann geschehen, dass das dominante kulturelle System ausgerechnet solche Inhalte ausschliesst, die für die subkulturelle Gruppe oder die ethnische Minderheit konstitutiv sind. In diesem Fall stehen die Angehörigen der betreffenden ethnischen Minderheit oder Subkultur vor einem ernsthaften Identitätsproblem.

der dominanten Kultur – sind, in welchem es durch die Widersprüche zwischen marginalisierten Kulturen, eingebrachten Kulturfragmenten (zum Beispiel von Immigranten) und Subkulturen durchaus auch zu Konflikten und gewaltsamen Auseinandersetzungen kommen kann, gibt es offensichtlich eine ganze Reihe von verhältnismässig autonom strukturierten Ebenen des Alltags, die ineinander greifen und mehr oder weniger starke Auswirkung auf das Verhalten haben. Je nachdem sind diese Ebenen stärker von der einen oder der anderen Kultur und den damit verbundenen Verhaltensmustern geprägt.

Daran ändert nichts, dass häufig von Aussenstehenden nur eine einzige dieser Ebenen wahrgenommen wird, welche dann je nach Zeitgeist, ideologischem, politischem und sozialem Hintergrund eine identifikatorische Rolle bekommt. So werden in der Schweiz Jugendliche zwischen 16 und 20 Jahren, die eine Lehre absolvieren, einen Job ausüben oder arbeitslos sind und deren Eltern aus Italien oder Anatolien stammen, pauschal als «Italiener», «Türken» oder «Ausländer» etikettiert. Und dies, wie Giovanna Meyer-Sabino (1987:11) unterstrich, obwohl sich die – übrigens keineswegs ein für allemal fixe – Identität jugendlicher Ausländerinnen und Ausländer aus einer Vielzahl von Elementen zusammensetzt: Alter, Geschlecht, sozialer Position, religiöser Ausrichtung, politischer Einstellung, Ausbildung, beruflicher Identifikation usw. Die Nationalität oder die ethnisch-kulturelle Zugehörigkeit ist nur eine – wenn auch wichtige – Eigenschaft unter anderen. Offensichtlich ist die einseitige und ausschliessliche Einstufung als «Ausländer», «Italiener», «Türke» usw. in vielen Fällen eine *Folge selektiver Wahrnehmung durch die Umwelt*. Menschen und Gruppen werden so auf eine einzige und oft willkürliche Wahrnehmungskategorie reduziert. Die vielfältigen sozialen und persönlichen Zusammenhänge werden ausgeblendet, wodurch die Wirklichkeit reduziert und nicht selten verzerrt wird. So ist das Alltagsverhalten, Denken und Fühlen bei einem vor dreissig Jahren eingewanderten türkischen Arbeiter, der die ganze Zeit in unserem Land gearbeitet hat, anders als bei einem soeben in die Schweiz eingereisten türkischen Arbeitsuchenden oder einem in der Schweiz geborenen und aufgewachsenen Jugendlichen, dessen Eltern vor Jahren in die Schweiz eingewandert sind.

Um aber nicht in eine schematische Sichtweise zu verfallen, muss hier angefügt werden, dass die Betroffenen selbst sich kaum je einseitig als «zweite Generation» oder als «Pioniereinwanderer» usw. empfinden. In den weitaus meisten Fällen erfolgt bereits auf individueller Ebene eine grosse Syntheseleistung, etwa wenn am Mittagstisch neben den politischen Ereignissen im Aufnahmeland gleichermassen die politische Entwicklung im Herkunftsland diskutiert werden.

Rassismus ist eine interessengeleitete Art selektiver, aber systematisierter Wahrnehmung, die ihrerseits wieder als Begründungsmaterial für ethnische Unterdrückung und Diskriminierung dient. Anders gesagt: Rassismus ist ein abwertendes Weltbild gegenüber anderen Kulturen, Ethnien oder Rassen, das diese Sicht auch in der Praxis umsetzt und legitimiert[3].

Kommunikationstheoretisch könnte man sagen, dass in Begegnungssituationen mit anderen kulturellen Codes und damit verbundenen Verhaltensweisen und Lebensformen die Schwierigkeit besteht, die fremden Interaktionsmuster des Gegenübers mit dem Instrumentarium des eigenen kulturellen Codes zu verstehen. Systemtheoretisch ausgedrückt: Wesentliche Teile des Interaktions-Codes des Gegenübers sind durch das System des eigenen kulturellen Codes ausgeschlossen. Der fremde Code bzw. die damit verbundenen Interaktionen erscheinen damit für das eigene kulturelle System letztlich als Perturbationen oder Störungen (vgl. dazu ausführlich Krieger 1993:14). Nun gibt es *zwei Möglichkeiten*: Entweder definieren sich das (eigene) kulturelle System und der dazugehörige Code neu, indem wesentliche Teile des fremden kulturellen Codes neu als konstituierende Elemente in das (eigene) kulturelle System integriert werden[4], oder aber, der fremde kulturelle Code und seine Erscheinungsformen im Verhalten werden als «Umwelt» im Luhmannschen Sinn klassifiziert und damit aus dem eigenen kulturellen Code ausgeschlossen.

Weil aber jede Kultur auch grundlegende Elemente aufweist, die universellen, also transkulturellen anthropologischen Charakter haben, werden zentrale Elemente der fremden Kultur so umgedeutet, dass ihr anthropologischer oder – wenn man lieber will – universell-menschlicher Charakter geleugnet wird. Es versteht sich, dass zumeist beide Möglichkeiten in verschiedenen Kombinationen miteinander vorkommen. Ich denke, diese Tatsache ist ein Grund, warum der Rassismus derart schwierig zu umschreiben ist, und warum Rassismus so viele Äusserungsformen annehmen kann. Nur noch soviel: Wenn die andere Kultur, wenn andere kulturelle Interaktionsformen und Codes als ausserhalb des eigenen kulturellen Systems klassifiziert werden, bestehen psychologisch auch kaum Barrieren, um Menschen anderer Kulturen als nicht-menschlich, als tierisch oder was immer abzuqualifizieren. Gleichzeitig bewirkt diese Abqualifizierung, dass zentrale Codes des eigenen kulturellen Systems reduktionistisch reinterpretiert werden, wodurch wiederum die eigene soziale Wirklichkeit verzerrt wahrge-

---

3 Beide Definitionen stammen aus Jäggi 1992: 29 bzw. 25.
4 Dabei werden die betreffenden Inhalte zumeist auch neu definiert oder zumindest modifiziert.

nommen wird (etwa im Stil: wir haben Arbeitslosigkeit, weil zuviele Ausländer bei uns leben). Dies darum, weil mit dem Entschluss, den fremden kulturellen Code bzw. die Menschen, die ihn durch ihre Interaktionen ausdrücken und reproduzieren, als «Umwelt» des eigenen «Systems», also nicht als Teil des eigenen kulturellen Codes anzusehen, auch die im eigenen kulturellen Code implizit oder explizit enthaltenen universellen anthropologischen Inhalte ent-universalisiert bzw. auf den eigenen kulturellen Code reduziert werden, was auch eine Reduktion oder Verzerrung der Wahrnehmung sozialer Wirklichkeit und Zusammenhänge bedeutet.

ZUM PROBLEM INTERKULTURELLER KOMMUNIKATION

Es stellt sich nun die Frage, welche Bedingungen erfüllt sein müssen, damit der eigene kulturelle Code reinterpretiert und nicht der fremde kulturelle Code als ausgeschlossene – und damit negierte – «Umwelt» des eigenen kulturellen Systems aufgefasst wird. Mein amerikanischer Kollege David J. Krieger (1993: 17 ff.) hat mit Blick auf religiöse Systeme vorgeschlagen, sogenannte primäre Codes von sekundären Codes zu unterscheiden: Jedes System wird durch die zentralen Codes und deren Beziehungen untereinander definiert. Weil jedes System sich selbst definiert[5], hat es auch die Möglichkeit, die Inhalte zentraler Codes und ihrer Beziehungen untereinander zu verändern. Umgekehrt besteht aber das Problem, dass die Veränderung auch nur einiger weniger zentraler Codes unweigerlich auch das System massiv verändert oder gar zerstört. Wenn es nun gelingt, sogenannte primäre Codes in einem kulturellen Kontext herauszuarbeiten, können sekundäre Codes derart modifiziert werden, dass sie bisher fremde Kulturfragmente oder Codes nicht mehr als systemfremd auffassen. Krieger (1993: 21) unterschied in diesem Zusammenhang zwischen Umwelt-1 und Umwelt-2:

> *Umwelt-1* ist die *originäre und ursprüngliche Umwelt,* die das System ausgegrenzt hat, um sich als System zu konstituieren. Diese Umwelt ist die unbestimmte Kontingenz, die durch den primären Code zu einer systeminternen Umwelt, d.h. zur bestimmten Kontingenz reduziert wird ... *Umwelt-2* ist die *systeminterne Umwelt,* oder die mögliche Alternative, die das System annehmen kann, ohne seine Identität, d.h. seine Selbstreferenz, zu verlieren ... Die Leistung des primären Codes besteht darin, Umwelt-1 in Umwelt-2 zu transformieren.

---

[5]   Selbstreferenz bzw. Autopoiesis, vgl. Luhmann 1985:57-70.

Wenn Umwelt-1 zu Umwelt-2 transformiert wird, werden bisher als systemantagonistisch angesehene Werte, Normen oder Verhaltensweisen auf einmal zu potentiellen oder sogar aktuellen Interaktionsgrundlagen und -inhalten innerhalb des Systems.

Selbstverständlich geschehen diese Prozesse gegenseitig, das heisst bei beiden beteiligten kulturellen Systemen. Aber die Frage, welches System sich vor allem an das andere anpassen muss – aber auch kann, wird unter anderem durch das gesellschaftliche Kräfteverhältnis und die herrschende politische Kultur beeinflusst.

Veränderungen auf der Ebene sekundärer Codes geschehen in der Regel schritt- und stufenweise, und in unterschiedlichem Ausmass je nach Lebensbereich.

Bei migrierenden Bevölkerungsgruppen[6] verändert sich nach und nach der Geltungsbereich des (bisher) geltenden – primären und sekundären – Codes, und zwar abhängig von der Zeitdauer des Aufenthaltes im Einwanderungsland, von der Art der Beziehung zum Herkunfts- oder Heimatland, von den Kontakten zu ebenfalls in das gleiche Land übersiedelten Landsleuten, von der Fähigkeit und Bereitschaft, die fremde Sprache zu lernen und die eigenen Lebensformen an die der neuen Gesellschaft anzupassen.

Praktisch immer entwickeln Immigrantengruppen neue sekundäre Codes, und zwar zuerst in alltagsrelevanten Bereichen (Arbeitsbereich, Verkehr mit Stellen und Behörden des Aufnahmelandes, später im Kontakt mit schulischen Stellen, usw.).

Dabei unterscheiden sich diese Codes nicht nur inhaltlich, sondern auch punkto Geltungsbereich zwischen erster und zweiter und weiteren Einwanderungsgenerationen. Bei der zweiten Generation entstehen in der Regel Kommunikationsräume oder soziale Kontinua (z.B. im Schulbereich, mit Gleichaltrigen, mit anderen Angehörigen der zweiten Generation usw.), welche Elemente sowohl der Herkunftskultur als auch der dominanten Kultur bzw. deren Codes beinhalten.

Schematisch gesehen können die benutzten Codes bei der ersten und der zweiten Einwanderungsgeneration folgendermassen aussehen (die Höhe der Vierecke symbolisiert die jeweilige Bedeutung des betreffenden Codes bzw. Kontinuums):

---

[6] Die folgenden Ausführungen stammen – leicht redigiert und gekürzt – aus Jäggi 1993b: 20-26.

Erste Generation:

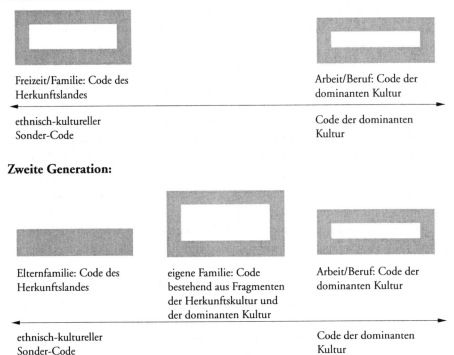

Freizeit/Familie: Code des
Herkunftslandes

Arbeit/Beruf: Code der
dominanten Kultur

ethnisch-kultureller
Sonder-Code

Code der dominanten
Kultur

Zweite Generation:

Elternfamilie: Code des
Herkunftslandes

eigene Familie: Code
bestehend aus Fragmenten
der Herkunftskultur und
der dominanten Kultur

Arbeit/Beruf: Code der
dominanten Kultur

ethnisch-kultureller
Sonder-Code

Code der dominanten
Kultur

Das Entstehen neuer Kommunikationscodes, die Elemente sowohl des Herkunftscodes als auch des dominanten Codes des Einwanderungslandes enthalten, scheint darauf hinzudeuten, dass bei der zweiten (und darauffolgenden) Einwanderer-Generation(en) die Fähigkeit zunimmt, neue Codes zu entwickeln. Gleichzeitig ist auch anzunehmen, dass mit jeder weiteren Generation die Bedeutung des dominanten Codes der Aufnahmegesellschaft bzw. dessen Geltungsbereich zunimmt.

Angesichts dieses Sachverhalts ist offenbar bei der zweiten Generation weniger von einer ambivalenten Identität bzw. des «Nicht-mehr-Wissens, zu welcher Kultur der/ die Betreffende gehört» («weder Fisch noch Vogel») auszugehen[7], sondern von einer

[7] Das schliesst natürlich nicht aus, dass es bei persönlicher Desintegration und fehlenden sozialen oder beruflichen Perspektiven zu Identitätsproblemen oder Überidentifikation mit der Herkunfts-kultur – bzw. Werten und Vorstellungen, welche der Herkunftskultur zugeschrieben oder mit die-ser identifiziert werden – kommen kann. Vgl. dazu etwa die Untersuchungen von Alexis Aronowitz (1988) über türkische Jugendliche in Berlin, aber auch Caritas Schweiz 1988.

grösseren Variabilität benutzter kultureller Codes bei gleichzeitig wachsender Fähigkeit der Synthetisierung zusätzlicher Codes.

Berufstätige Männer:

Freizeit/Familie: Code des
Herkunftslandes

Arbeit/Beruf: Code der
dominanten Kultur

ethnisch-kultureller
Sonder-Code

Code der dominanten
Kultur

Berufstätige Frauen (Teilzeitarbeit):

Freizeit/Familie: Code des
Herkunftslandes

Arbeit/Beruf: Code der
dominanten Kultur

ethnisch-kultureller
Sonder-Code

Code der dominanten
Kultur

Nicht berufstätige Frauen:

Freizeit/Familie: Code des
Herkunftslandes

Arbeit/Beruf: Code der
dominanten Kultur

ethnisch-kultureller
Sonder-Code

Code der dominanten
Kultur

Ebenfalls verschieden ist die Situation von Männern und Frauen der ersten Einwanderungsgeneration. Das letzte Beispiel (nicht berufstätige Frauen) bedeutet, dass der soziale Bezug zu Personen ausserhalb der Familie, bzw. die Fähigkeit, in anderen sozialen Interaktionsgruppen bzw. sozialen Kontinua integriert zu sein, praktisch nicht vorhanden ist. Dies zeigt sich etwa bei nicht berufstätigen ausländischen Frauen darin, dass sie oft nach fünf, zehn oder mehr Jahren Aufenthalt in der Schweiz nicht in der Lage sind, Deutsch zu sprechen. Diese Frauen leiden oft unter persönlicher Isolation, Einsamkeit und unter starkem Heimweh. Nicht selten ist ihr Leidensdruck so gross, dass er sich in Form von psychischen oder physischen Krankheiten manifestiert.

Für jede Art interkultureller Kommunikation ist also die Fähigkeit, von einem sozialen Kontinuum in ein anderes wechseln zu können, von entscheidender Bedeutung. Fehlt diese Fähigkeit aus irgendeinem Grund, so laufen Menschen und Gruppen, die mit Menschen aus einem anderen kulturellen Umfeld konfrontiert sind, Gefahr, sich blind und unreflektiert auf abwehrende Grundhaltungen zurückzuziehen. Fremdenfeindlichkeit und Rassismus sind Beispiele solcher abwehrender Grundhaltungen.

Entscheidend ist nicht die Frage, ob und wieviele Menschen aus anderen Kulturen in ein Land einwandern, sondern die *beidseitige* Fähigkeit bei Immigranten und einheimischer Bevölkerung, erfolgreich zu kommunizieren, trotz unterschiedlichen kulturellen und sozialen Codes.

In der Situation kultureller Begegnung oder Konfrontation können Angehörige der zweiten Einwanderungs-Generation einen entscheidenden Beitrag leisten: Weil sie aufgrund ihrer persönlichen Biografie gezwungen waren, in ihrem persönlichen Umfeld neue soziale Kontinua mit entsprechenden abweichenden sekundären Codes aufzubauen, in welche Elemente sowohl der Herkunftskultur als auch der dominanten Kultur des Einwanderungslandes eingeflossen sind, besitzen sie in der Regel eine gewisse Leichtigkeit im Umgang mit verschiedenen kulturellen Codes.

Es ist wahrscheinlich, dass in den nächsten 10 oder 20 Jahren die Frage der intragesellschaftlichen Kommunikation zwischen einer wachsenden Zahl ethnisch-kultureller Gruppen und Subkulturen, aber auch zwischen den verschiedenen sozialen Gruppen, zu einer wichtigen Frage werden wird. Sollte es nicht gelingen, der wachsenden Ghettoisierung ethnisch-kultureller Minderheiten, aber auch der Marginalisierung von Randgruppen entgegenzuwirken – u. a. durch eine Verbesserung intra-gesellschaftlicher Kommunikationsfähigkeit –, so drohen wichtige soziale Errungenschaften verloren zu gehen. So lassen sich bereits heute Anzeichen ausmachen, wonach der Generationenvertrag zur Sicherung der Altersvorsorge (Umlageverfahren der AHV) durch eine zunehmende Polarisierung zwischen den verschiedenen Altersgruppen gefährdet sein könnte. Ähnliche Zeichen einer zunehmenden Entsolidarisierung sind u. a. zwischen verschiedenen Jugendszenen, aber auch zwischen Menschen, die Arbeit haben, und Arbeitslosen, sowie zwischen Gutverdienenden und wirtschaftlich Schwachen festzustellen.

Dieser wachsenden sozialen, weltanschaulichen und zum Teil auch ethnischen Polarisierung kann letztlich nur durch den Aufbau geeigneter gesellschaftlicher Einrichtungen entgegengewirkt werden: Nur wenn es gelingt, den *Dialog* zwischen allen einzelnen ethnischen und sozialen Gruppen zu *institutionalisieren* und damit diese Gruppen auch an der politischen Macht zu beteiligen, wird es gelingen, dem Aufbau einer interkulturellen Gesellschaft auch in der Praxis näherzukommen.[8]

BIBLIOGRAPHIE

ARONOWITZ Alexis
1988   «Acculturation and Delinquency among Second Generation Turkish Youths in Berlin». *Migration* (Berlin) 4/1988:5-36.

BAUMANN Christoph Peter und Christian J. JÄGGI
1991   *Muslime unter uns. Islam in der Schweiz.* Luzern: Rex-Verlag.

Caritas Schweiz
1988   *Die undefinierbare Generation. Italienische Jugendliche in der Schweiz. Ein Mehrgenerationenprojekt.* Luzern: Caritas Schweiz. Berichte 5/1988.

CONNOR W.
1972   «Nation-building or nation-destroying». *World Politics:* 319-355.

ECO Umberto
1987   *Semiotik. Entwurf einer Theorie der Zeichen.* München: W. Fink.

GIORDANO Christian
1992   «Begegnung ohne Verständigung? Zur Problematik des Missverständnisses bei Prozessen der interkulturellen Kommunikation», in: REIMANN Horst (Hrsg.), *Transkulturelle Kommunikation und Weltgesellschaft,* S. 192-223. Opladen: Westdeutscher Verlag.

HILL Paul Bernhard
1984   *Determinanten der Eingliederung von Arbeitsmigranten.* Königstein/Ts: Hanstein.

---

[8] Vgl. auch Jäggi 1993a:211-226.

HOFFMANN-NOWOTNY Hans-Joachim und Karl Otto HONDRICH
1981   «Zur Funktionsweise sozialer Systeme – Versuch eines Resumés und einer theo-
          retischen Integration», in: HOFFMANN-NOWOTNY Hans-Joachim und Karl Otto
          HONDRICH (Hrsg.), *Ausländer in der Bundesrepublik Deutschland und in der
          Schweiz. Segregation und Integration: Eine vergleichende Untersuchung*, S. 569-
          635. Frankfurt/New York: Campus.

JÄGGI Christian J.
1992   *Rassismus. Ein globales Problem*. Zürich/Köln: Orell Füssli.
1993a   *Nationalismus und ethnische Minderheiten*. Zürich: Orell Füssli.
1993b   *Zum Problem der interkulturellen Kommunikation im globalen und mikrosozialen
          Kontext*. Interkulturelle Texte 4. Meggen: inter-edition, Institut für Kommunika-
          tionsforschung, Bahnhofstrasse 8, CH-6045 Meggen.

KRIEGER David J.
1993   *Arbeitspapiere zur interreligiösen Umweltethik Nr. 1: Methodologie*. Meggen:
          inter-edition, Institut für Kommunikationsforschung, Bahnhofstrasse 8, CH-
          6045 Meggen.

LUHMANN Niklas
1977   *Funktion der Religion*. Frankfurt: Suhrkamp.
1985   *Soziale Systeme. Grundriss einer allgemeinen Theorie*. Frankfurt: Suhrkamp.

MEYER-SABINO Giovanna
1987   *La generazione della sfida quotidiana*. ENAIP – Formazione e Lavoro.

ALBER Jean-Luc, ethnologue et sociolinguiste. Lecteur au Romanisches Seminar de l'Université de Bâle. Directeur du Département d'ethnologie de l'Université de la Réunion (1988-1989). Chargé de cours à l'Université de Neuchâtel: Institut de linguistique (1991-1992), Institut d'ethnologie (1992). Recherches en Suisse et dans l'Océan Indien (île Maurice, île de la Réunion, Madagascar). Publications sur l'ethnicité et la communication interculturelle.

BOLZMAN Claudio, dr. ès soc., études de sociologie et d'écologie humaine en France et en Suisse. Actuellement il est professeur à l'Institut d'étude sociales de Genève et chercheur FNRS rattaché à l'Université de Lausanne. Il est l'auteur de plusieurs publications dans les domaines de la migration, les réfugiés, l'identité et les relations interculturelles.

CALOZ-TSCHOPP Marie-Claire, a travaillé dans la formation des travailleurs sociaux et dans projet de recherche en sémiologie. Actuellement assistante (questions transculturelles et philosophie) du Prof. P. Dasen, FPSE, chargée de cours de philosophie à l'EESP à Lausanne, à l'IES et à l'Université ouvrière de Genève. Diplôme travail social IES, Genève; master planification urbaine, Universidad nacional, Medellin (Colombie); licence en Lettres (philosophie), Université de Lausanne. Publications sur le droit d'asile et l'immigration en Suisse en en Europe.

CHEVALIER Sophie, licence en droit (Université de Genève), doctorat en ethnologie (Université de Paris X-Nanterre). Membre associé au Centre d'Ethnologie Française. Elle a conduit plusieurs recherches sous contrat en France et en Suisse, dont une pour le compte de la Direction de la Musique / Ministère de la Culture-Paris sur les pratiques musicales dans l'immigration. Actuellement chercheur associé au Department of Social Anthropology de l'Université de Cambridge, où elle poursuit des recherches sur la consommation et la culture matérielle dans l'univers domestique.

ECKMANN Monique, lic. soc., sociologue, enseignante et chercheur à l'Institut d'Etudes Sociales ESTS, à Genève. Elle travaille dans les domaines jeunesse, formation, déviance et pauvreté.

FIBBI Rosita, études de sociologie et de science politique en Italie et en Suisse. Elle est actuellement chercheuse FNRS rattachée à l'Institut d'anthropologie et de sociologie de l'Université de Lausanne. Elle est l'auteur de plusieurs publications sur l'intégration scolaire et professionnelle des immigrés de la première et de la deuxième génération et sur le mouvement associatif des immigrés.

GALIZIA Michele, Dr. phil., Ethnologe, Assistent am Institut für Ethnologie der Universität Bern. Feldforschung und Arbeiten zum Mensch-Umwelt-Verhältnis, Migration und Ethnizität in Äthiopien (1984-1986) zu Kultur, Politik und Ethnizität in Indonesien (1987-).

HAOUR-KNIPE Mary: En plus de son travail pour la Communauté européenne dont il est question dans cet ouvrage (coordinatrice du groupe travaillant sur les migrants et les voyageurs), Mary Haour-Knipe à participé à plusieurs études suisses d'évaluation de la prévention du sida parmi les migrants. Ses autres sujets de recherche et de publications récents concernent la migration et les familles, le stress, et l'équité sociale et la santé.

IMHOF Kurt, Studium der Geschichte und Soziologie, Dr. phil. I. Leitung von Nationalfondsprojekten in den Bereichen Mediensoziologie, sozialer Wandel und Minoritäten. Oberassistent am Soziologischen Institut der Universität Zürich. Arbeitsschwerpunkte: Minderheitensoziologie, Soziologie des sozialen Wandels, Mediensoziologie, Religionssoziologie.

JÄGGI Christian J., Dr. phil., Ethnologe, studierte in Zürich, Bern und Neuchâtel. Er gründete 1988 – zusammen mit dem Amerikaner David J. Krieger – in Meggen/LU das Institut für Kommunikationsforschung, dessen Leiter er heute ist. Arbeitsschwerpunkte: Interkulturelle Problemfelder, interreligiöse Fragen, sowie Armutsforschung.

KOBI Silvia, licenciée en sociologie, est assistante à l'Institut de Science politique de l'Université de Lausanne. Elle prépare une thèse de doctorat portant sur les mécanismes référendaires et la composante populiste dans le système politique suisse, et est l'auteur de publications sur ces questions.

MUGNY Gabriel, docteur en psychologie, professeur à la Faculté de psychologie et des Sciences de l'Education de l'Université de Genève. Ses recherches, menées en collaboration avec Margarita Sanchez-Mazas, portent sur les processus d'influence sociale et de persuasion, en particulier dans les relations entre groupes.

NETT Jachen Curdin, Lic. rer. pol., Studium der Sozial- und Wirtschaftswissenschaften an der Universität Basel. Seit 1991 wissenschaftlicher Assistent am Soziologischen Seminar der Universität Basel. Forschungsgebiete: Wirtschafts- und Entwicklungssoziologie, Rechts- und Kriminalsoziologie.

OSSIPOW Laurence, cheffe de travaux à l'Institut d'ethnologie de l'Université de Neuchâtel. Recherches sur le thème de l'immigration et de la naturalisation. Thèse sur les réseaux de l'alimentation végétarienne et macrobiotique en Suisse.

ROUX Patricia, docteur en sociologie. Responsable de deux mandats de recherche du FNRS à l'Université de Lausanne. Domaines de recherche: stéréotypes et relations entre générations; représentations de l'égalité et justifications des inégalités entre hommes et femmes; racisme et xénophobie; changement d'attitude et influence sociale.

PÉREZ Juan Antonio, docteur et Professeur de psychologie sociale à l'Université de Valencia (Espagne). Domaines de recherche: conflit et changement d'attitude.

PIGUET Etienne, économiste et géographe, lic. HEC mention Economie Politique, Maître assistant à l'Institut de Géographie de l'Université de Lausanne, termine actuellement une thèse de doctorat intitulée: «Migration et Entreprenariat, enjeux théoriques et méthodologiques». Membre fondateur du GRIM (Groupe de recherches interdisciplinaires sur les migrations) à l'Université de Lausanne.

PTEROUDIS Evangelos, licence et maîtrise en Sciences sociales et politiques de l'Université de Lausanne. Assistant diplômé à l'Institut de Géographie de la Faculté des Lettres à l'Université de Lausanne. Projet de thèse sur les politiques migratoires de l'Etat-nation grec. Sujets d'intérêt: migrations de population, Grèce, politiques migratoires, identité nationale, Etat-nation, représentations sociales.

RADTKE Frank-Olaf, Dr. phil. habil., Studium der Soziologie, Psychologie und Pädagogik in Frankfurt am Main, Berlin und Bielefeld; Professor für Erziehungswissenschaft an der Johann Wolfgang Goethe-Universität in Frankfurt am Main.

SANCAR Annemarie, Dr. phil. Ethnologin. Assistentin am Institut für Ethnologie der Universität Bern, forscht im Rahmen des Projektes Mulktikulturalismus, Demokratie und europäische Integration der Europäischen Union.

SANCHEZ-MAZAS Margarita, diplômée en psychologie et assistante en psychologie sociale à la Faculté de psychologie et des Sciences de l'Education de l'Université de Genève. Ses recherches, menées en collaboration avec Gabriel Mugny, portent sur les processus d'influence sociale et de persuasion, en particulier dans les relations entre groupes.

STEINER-KHAMSI Gita, Dr. phil., Professur für Vergleichende Erziehungswissen-schaft, Columbia University, Teachers College, New York; Projekt- und Evaluations-leiterin verschiedener interkultureller Bildungsprojekte; Publikationen zu interkultureller Bildungsforschung, Feministischer Theorie und Multikulturalismustheorie.

VIAL Marie, études de science politique, de statistique et de droit en Belgique, aux Etats Unis et en France. Actuellement elle est chercheuse FNRS rattachée à l'Institut d'anthropologie et de sociologie de l'Université de Lausanne. Elle est spécialiste de méthodologie appliquée aux sciences sociales.

WERBNER Pnina is a Senior Lecturer in Social Anthropology at Keele University, UK, whose work has focused primarily on issues of migration, ethnicity, religion and politics among South Asian immigrants to Britain. She is currently researching trans-national Sufi cults in Britain and Pakistan and is directing a major project on South Asian popular culture in Britain.

WICKER Hans-Rudolf, Professor für Ethnologie an der Universität Bern. Forschungen in Alaska, Paraguay und der Schweiz zu Themen im Bereich der Ethnosoziologie, Medizinethnologie und Migration.

WIMMER Andreas, PD Dr. phil., Studium der Ethnologie, Soziologie und Publizistik. Doktorat zu Theorien des sozialen Wandels. Habilitation mit einer Arbeit über den sozialen Wandel im indianischen Mittelamerika. Seit 1994 Oberassistent am Ethnologischen Seminar der Universität Zürich. Mandate in entwicklungspolitischer Beratung, Mitglied wissenschaftspolitischer Kommissionen, Mitherausgeber einer ethnologischen Schriftenreihe.

ZNOJ Heinzpeter, Doktorat in Ethnologie, seit Herbst 1994 Nachdiplomstipendiat an der Yale University. Feldforschung in Zentralsumatra und Studien zu Kultur, Geld-theorien und Marktintegration.